근대 기행문 자료집
5
평 안 도 · 함 경 도

일러두기

1. 이 책에 실린 자료는 1910년을 전후한 시기부터 1945년까지 근대 잡지에 실린 기행문이다.

2. 표기법은 원문을 그대로 수록하는 것을 원칙으로 하였다. 그러나 오기가 분명한 경우는 바로 잡았고, 원문 해독이 어려운 글자는 ●로 표시하였다.

3. 띄어쓰기는 자료 원문의 상태를 그대로 살렸으며, 띄어쓰기가 전혀 되어 있지 않은 경우에만 현재의 표기법에 따라 교정하였다.

4. 기사, 단편소설 등은 〈 〉, 단행본은 《 》로 표기하였다.
   단, 원문의 강조나 대화에 사용된 「 」『 』등은 그대로 두었다.

한양대학교 동아시아문화연구소 동아시아문화자료총서 2

근대 기행문 자료집

5

평안도 、 함경도

서경석 · 김진량 : 김중철 · 우미영

민속원

근대 여행은 개항과 쌍생아이다. 근대 여행자는 그로부터 탄생하였다. 개항의 문은 자기정체성을 향한 내부로의 발길과 타자를 향한 외부로의 발길을 열었다. 이들의 족적이 거대한 글의 숲으로 남았다. 무심히 지나쳤던 그 숲에 들어 나무 하나하나를 살펴보기 시작했다. 개항과 더불어 열린 여행길이 시간과 공간에 대한 인식을 어떻게 바꾸었는지 또 여행자의 내면은 여행과 어떻게 관련되는지를 밝혀보고자 했다. 근대 기행문이 보여주는 세계 재편의 역동성 ― 정치, 사회와 문화, 문학 등 ― 에 잠겨 여러 해를 보냈다.

근대의 기행문에는 미지의 세계에 대한 호기심으로 가득하다. 이 호기심은 미지, 탐험, 설렘 등의 단어를 연상시키며 여행의 의미를 추가한다. 들추어보면 이는 외피일 뿐이다. 이를 통해 여행의 정치성은 멋지게 포장된다. 사실 여행이란 배움으로 미화된 예속의 길이자 발견과 확장으로 미화된 침탈의 길이다. 두 길 모두 미화된 명분에 유혹된 길임이 분명하다. 근대의 기행 자료들은 여행이 단순한 설렘의 기록을 넘어 타자 ― 개인이든 국가이든 ― 를 장악하려는 정체성의 정치 행위임을 여실히 보여준다. 이런 점에서 근대의 기행문은 여행(자)이 이 세계와 관계 맺는 방식을 복합적으로 보여주는 소중한 자료이다.

이번에 펴내는 근대 기행문 자료집은 국내 기행문 편이다. 경성과 전국일주, 경기도와 충청도, 금강산을 포함한 강원도와 전라도 및 제주도, 경상도와 황해도, 평안도와 백두산을 포함한 함경도. 해방 이전의 지역 구분에 따라 각 지역을 다섯 편으로 엮었다. 각 편에 실린 해제가 말해주듯 이 시기 기행문은 근대 조선이라는 세계를 창출하고 변화시키는 데 여행자의 발걸음 하나하나가 얼마나 큰 힘을 발휘하는지를 역동적으로 보여준다. 100여 년 전의 그 힘은 지금도 동일하다. 지금 세계를 향해 딛는 우리의 발걸음이 얼마나 무겁고 또 신중해야 하는지를 그 시절의 여행(자)들에서 배운다.

근대 기행문에 관심을 두고 일을 벌인 시점은 2002년과 2003년 사이의 어느 때이다. 그 사이 세상이 크게 달라졌고, 연구자들도 여기에 적응하느라 몹시 분주했다. 여행과 기행문에 대한 생각도 거듭 조절해야 했다. 이런 이유로 전체 5권의 자료집 해제 방식도 서로 상이하다. 오랜 시간을 끌었다고 자료의 완결도가 높아진 것 같진 않다. 여기에 수록하지 못한 자료도, 실린 자료에서 읽어내지 못한 글자도 많다. 이어지는 작업 속에서 우리의 허점이 더 많이 드러났으면 좋겠다. 어설픈 민낯은 관심 속에서만 드러나기 때문이다.

행당산 기슭에서
편자 일동

차례

6

함경도咸鏡道, 백두산白頭山

함경도咸鏡道

백두산白頭山

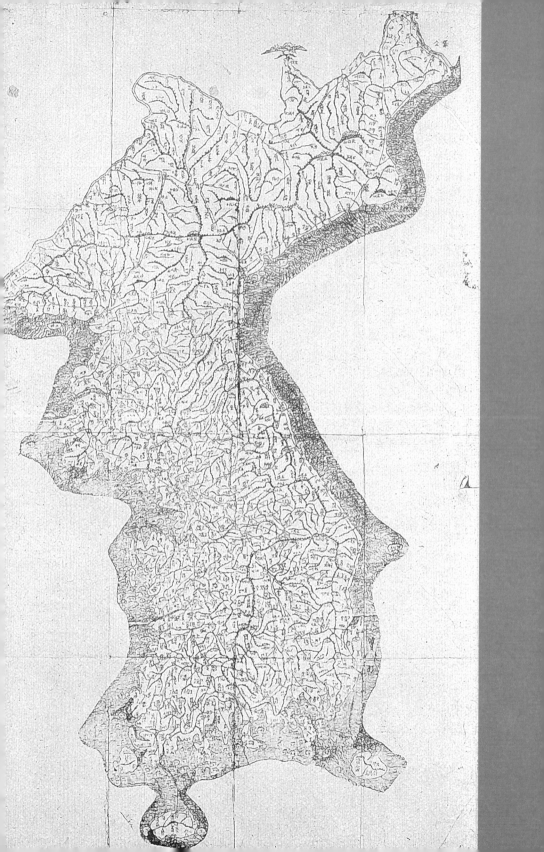

OI

평양,
평안도

平壤, 平安道

평양
平壤

平壤行

최남선

《少年》2년 10권, 1909년 11월

최남선이 평양까지 열차로 이동한 과정을 기록한 글이다. 1909년 9월 19일
일요일 오전 9시 15분 남대문발 신의주행 제일열차로 평양행에 오른다. 글의
서두에 오래도록 평양 보기를 마음으로만 그리다 어떤 행운으로 평양행에 나
서게 된 만큼 열차에게 고맙다고 길게 서술한다. 남대문역을 출발한 열차가
지나는 거의 모든 역과 철교, 터널의 이름을 기입하고 그 인근에 연관된 역사,
경험, 열차 내의 풍경을 상세히 기술한다. 필자가 기록한 여정을 간략히 소개
하면 다음과 같다.

남대문역 - 용산 마포 - 동막 공덕 - 탁지부 연와제조소 - 수색역 - 일산역 -
금촌역 - 문산포 - 터널 - 임진강 철도교 - 장단역 - 송도 - 개성역 - 토성역
- 연와제조소 - 계정역 - 잠성역(岺城驛) - 용진강 철교 - 한포역(汗浦驛)
- 남천역 - 제삼남천철도교 - 총향산터널(葱香山洞道) - 제사남천철도교
- 물개역 - 총향산터널(葱香山洞道) - 차유령터널(車踰嶺洞道) - 신막

역 - 평송천철도교(坪松川鐵道橋) - 서흥역 - 서흥천 - 흥수원터널(興水院洞道) - 흥수원천철도교(興水院川鐵道橋) - 흥수역 - 검수천철도교(劍水川鐵道橋) - 화계천철도교(花溪川鐵道橋) - 청계역 - 산수원천철도교(山水院川鐵道橋) - 마하역 - 사리원역 - 사동천철도교(沙同川鐵道橋) - 심촌역 - 황주역 - 흑교역 - 중화터널(中和洞道) - 만리강철도교(萬里江鐵道橋) - 역포역 - 연와제조소 - 제1 제2 대동강철교 - 평양역.

이 중 '연와제조소'는 당시 일제가 조선의 궁궐 영건 및 개수를 담당해온 영선도감 또는 공조를 대신해 새로 설치한 탁지부 건축소(1906.9~1910.8)의 하위 시설이다. 근대적 관립시설을 건립하는 데 소요되는 벽돌의 원활한 수급을 위해 전국 주요 도시에 설치한 것을 확인할 수 있다.

평양에 도착해 출구에 이르자 순사가 여행 이유, 행선지, 성명과 연령 등을 기록하고 내보낸다고 썼다. 비가 오는 중에 우산도 없어 인력거를 불러 타고 먼저 **학교로 향한다. 처음 만나는 평양이 무슨 의사로 이리 험상스럽게 하고 있느냐 아쉬워 하는 한편 평양을 사랑한 것이 얼굴이 아니라 속마음이라 평양도 그 뜻을 알고 이리 함인 듯하다 스스로 위로한다. 평양에서의 행적과 인상 소감에 대해서는 다루지 못하고 다음 기회를 보겠다고 글을 마무리한다.

김진량
(이하 각 편 해제 필자 동일)

九月 十九日, 日曜, 前 九時 十分 南大門驛發 新義州行 第一列車.

나는 너에게 感謝한다. 長城一面에 溶溶한 물과 大野東頭에 點點한 山은 내가 詩人의 입으로 平壤의 조흠을 알고, 「三政丞願을 말고 平安監司願을 하소」는 내가 旅客의 글노 平壤의 조흠을 알고, 檀箕兩朝二千年都邑터로는 내가 歷史로 因하야 平壤을 생각하고, 關海兩西六十七州中心地로는 내가 地理로 因하야 平壤을 생각하고 돌팔매ㆍ밧기론 平壤의 風習을 익히듯고, 妓生 帶子론 平壤의 特産을 오래듯고, 乙密臺ㆍ七星門으론 古戰場 밟을 생각이 간절ㅎ고, 練光亭ㆍ浮碧樓론 錦繡江山 볼 마음이 그윽하고, 그림으로 보아 大同門을 웃지하면 보고, 말노 드러 咸從栗을 웃지하면 먹나하며, 모통이 모통이 平壤求景의 생각이 소사나와서 平壤이란 뉘집 娘子는 얼마ㅅ동안 나의 想思人 ㄴ러*애이리라. 그러나 五百五十里 머나먼 길을 一瞬千里 나르난듯한 汽車가 생긴 뒤에도 쌔를 맛나지 못하야 平壤城圖八幅屛을 對할 쌔마다 「想思不見이내 眞情」만 嘆息하더니 네가 나에게 무슨 갑흘 恩惠가 잇관댄 나를 天一方 우리님의 곳에 실어다가 매친 마음을 푸러주겟다 하나냐. 오냐 이것저것 무를 것 업다 잘만 태워다고 詩로 글노 말노 일노 듯기만 하야 가삼이 타던 못본 우리님이 얼마나 잘낫나 시원하게 눈으로 좀 보자. 이러케 고마운 너에게 말노만 感謝하겟나냐. 約小하기는 하다마는 四圜三錢 주난 것이니 小禮를 大禮로 알아 한참 酒次나 하여라. 나는 다시 너에게 感謝한다.

―――(道中雲烟)―――

마음은 몸을 싸르고 몸은 汽車를 싸라 龍山新開地의 宏壯한 日本官舍와 日人市井을 놀나면서 새로짓난 龍山驛舍 엽헤 暫時 멈춘 後 뒤ㅅ거름으로 義州ㅅ집아 平壤집아 어서보자하고 나아갈새 沿江 上下에 第一盛榮하다하야도 우리 눈엔 그 모양이 貧寒한 漁村갓흔 龍山ㆍ麻浦와 近江部曲에 第一殷富하다하야도 汽車에선 그 家宅이 亂雜한 豚柵갓흔 東幕ㆍ孔德里를 보고 불상한 이사람아 게어른 이사람아 하야 한번 品傷하고서 半空에 놉히 쌔여난 度支部煉瓦製造所烟突에서 쑴어나아오난 黑烟이 무슨 意味가 잇난듯하야

---

*　본문에 초성 자리에 ㄴㄹ이 함께 있으나 한글 프로그램에서 입력 불가.

近世文明과 烟突의 關繫며 二十世紀 以後의 機關과 原動力 等 問題를 생각하난데 水色驛에서 停車치 아니한 汽車가 一山驛에서 暫時 停車하난지라. 고개를 들고 내여다보니 酒幕巨里엔 혹 불면 날너갈쯧한 白衣兩班들이 塲보시기에 雜踏한 모양이오. 東北方으로 보이난 高峰山에는 蒼翠가 써러질 쯧한데 그리로부터 열닌 넓으나 넓은 들은 익어가난 벼가 豊年빗흘 쯰여 가지런히 고개를 숙엿더라. 다시 나아가 設始한지 얼마되지 아니하난 金村驛에서 名色으로만 停車한 後 한숨에 汝山浦로 드리대겟다고 汽車가 허위단심(噓噫嘆息)하고 다름질하난데 偶然히 문이 열님으로 그 다음에 달닌 二等車室을 드려다보니 어늬宅 媽님인지 곱게 바른 粉얼골과 곱게 비슨 기름머리와 곱게 裝束한 비단옷으로 곱게 안지신 한 분 貴婦人이 계신데 다른 옷은 곱게 할 줄은 아시면서도 기다란 담배ㅅ대 물고 烟氣피난 것이 곱지 못한 줄은 모르시난듯 하야 洋漆幹竹마친 푸릇불긋 파란노은 담배ㅅ대를 무시고 조곰 附益해 말하면 汽罐車烟筒과 競噴(아직 이 文字로 形容코자 하오)을 하야 優勝旗 엇을만콤 피난 것을 보니 내 생각에는 그만흔 外國人中에서 구태여 담배 잘자시난 자랑을 저대지하실 것이 무엇잇노 하얏스나 그의 생각에는 그것이 한참 行世ㅅ보인지도 몰을지라. 얼골만 쌘히 치여다보더니 汽車가 汝山浦 에 이르러 멈추엇다가 다시 써날 째에는 문이 다쳣슴으로 그 구경도 다시는 못하다. 汝山浦는 驛에서 멀지안케 잇스니 長湍皐浪浦로 나아오난 新溪 · 兎山 · 麻田 · 積城 · 長湍 等地에서 나난 穀屬(더욱 大豆)의 臨津江에 써서 仁川 으로 가난 歷路에 잇슴으로 商況이 꽤 盛繁하다고 하나 그러나 汝山浦에 往來하기는 前後 六七次로대 客主란 것이 웃더케 우수운지 點心 한 번 맛잇게 먹어보지 못하얏고 去年 겨을에 왓슬 째에는 偶然히 塲날이라 매우 飮食이 잇다하기로 食商客主로 간즉 猪肉에 饅頭에 다른 째보담 낫기는 한데 못처럼 썩국에 饅頭를 한그릇 식엿더니 饅頭素는 고기가 不足하얏던지 버러지가 두어개 드러서 脾胃만 거슬녓노니 여긔만 그런것이 아니라 그 더러움을 쏘한

可知오. 또 어늬 쌔는 汽車에서 나려서 낫療饑를 할 次로 五里나 되난 浦口까지 나아가도 밥 쌔가 지낫다고 먹을 것 잇단 食商客主가 한하도 업서 이것도 商業上小中心地,ㄴ가 하기도 하얏스며 또 浦口란데는 役軍과 行商들이 만흔 故로 하야 風紀의 紊亂함이 말과 생각밧기니 이는 大盖 쌔긋한물이 恒常 더러운 罪惡의 種子를 運漕하난데 便利한 까닭인듯 하더라. 驛을 지나 五里이나 나아가 밝안 대낫에「람푸」를 켜난 것을 본즉 긴 洞道가 當頭한 줄을 아모라도 알지라. 이구석 저구석 올녓던 窓을 나리기에 惹端이 나더니 果然 조곰 잇다가 汽車의 行進하난 소리가 다름으로 그런줄 알고 잇난데 이제나 저제나 하나 쐐 한참 나아가난 故로 鐵道誌를 펴본즉 延長이 七百五十九呎이라 하얏더라. 얼마가지 아니하야서 臨津江流의 돗개에 이르러 獅子奮進의 勇으로 突前하던 汽車가 瞥眼間 奠雁廳新郎 압헤 拜禮하라나가난 新婦의 거름이 되기에 異常하야 내여다본즉 怪異치안타 기나긴 江에 노힌 一千六百呎가 더 되난 긴 鐵道橋가 나무로 노흔 假橋,ㅁ으로 아모리 失手는 업스리라 하야도 千萬을 念慮하야 速力을 大減함이러라. 이 다리 東便 녑헤는 方塲 鐵架木橋의 工役이 盛大하야 泛彼中流한 大小船隻이 거의 다 이 役事에 從事하난 것인데 한가운대는 한참 地臺를 싹키에 奔走하며 兩녑헤는 各두間式 鐵欄까지 둘너쳣스니 畢役할 期限이 應當 멀지아니하얏슬지라. 江原道 谷中으로서 흘너나아오난 이 물이 한참 隆冬에 平板갓히 얼어붓고 눈석긴 바람이나 펑펑부난데 그의 허리를 豪氣騰騰하게 넘어가면서 三百年前 苦戰를 追懷할진댄 이 또한 詩人의 조흔 題目이 되겟더라. 江을 건너갈사록 田野는 漸漸 열니고 穀屬은 더욱 더욱 豊穰하니 알괘라. 이는 長湍豆의 産地로다 하야 京近人의 며주콩·밥팟을 供給하난 쌍이 네더냐하고 바라보난中 汽車가 長湍郡 中西面에 잇난 長湍驛을 거쳐서 다시 써나난데 우리 崔哥가 자랑할 만한 名祖오 우리 國民이 다갓히 崇敬할만한 大經綸家 武愍公 崔瑩의 祠堂이 잇난 德物山이 이 近處려니 하고 얼업시 뒤리번 뒤리번 내여다보나 엇던 것인지 알지 못할너니 偶然히 압헤 안진 한 사람이 갓히 탄 사람에게 가르치난 모양으로 西便으로 멀니 보이난 透迤한 連山中 獨秀한 高峰을 가르치면서 저긔 저山이 德物山이니 예서 二十里오. 山쓱댁이에 簇生한 松林이 崔將軍 祠堂 잇난 곳인데 祈福禳災에 靈驗이 偉大하거니 前에는 神의 威嚴이 매우 大段하야 만일 그 압흐로 지나가난 方伯守令이 牲果로 致誠을 하지안커나 쏘 行客이라도 車馬間 無難히 타고가기만 하면 큰 罰力이 立至하더니 어늬 째 어늬 守令이 白馬를 잡아 피를 쌕린 뒤로 그 일이 업서졋거니 이러니 저러니 여러 가지 俗忌와 迷信을 주거니 밧거니 하난 통에 겨오 山과 祠堂을 아른 뒤에는 祈禱 · 致誠 等 일홈으로 어리석은 百姓들이 거룩한 사람을 辱보히난 일을 웃지하면 아주 업서지게 할씰의 方策을 思究하다. 한참 나아가다가 松都 조곰 못밋쳐서 緣路東便으로 넓은 벌판길 녑헤 홀노 웃둑섯난 조고만 石塔을 보고 敬天寺 寶塔을 聯想하야 憤한 마음이 불끈불끈 소사나오더니 이럭저럭 松都를 다다랏난지 半넘에 頹圮한 城壁 넘어로 되지못한 二層屋의 洋制도 아니오. 本國制도 아닌 것이 쎄죽쎄죽 나온 것을 보고 아아 될 썬 文明과 얼開化의 보기실흔 것을 代表하기 爲하야 네가 나를 맛나냐 하고 敬德宮을 지나서 開城驛에 이르러본즉 웃더한 사람이 쩌나시난지 褪色다된 厚祿褲套와 이귀저귀 쑤그러진 中高帽(實物은 그러치 아니한듯하나 나보기에) 쓴 어늬 나라 兩班이 餞別次 로 無數히 느러섯난데 나보기에는 내가 이 驛을 通過함으로 나를 맛기 爲하야 나옴인듯 하야 억개가 크게 버러지더라.

　　將次 松京을 등지고 쩌날새 西門을 보고 한 詩가 잇스니

　　허술한 門樓위에
　　허술한 支揭ㅅ軍이 안젓네
　　두손을 무릅압헤 맛잡고
　　곰방대에 담배를 피우면서

松岳山連峰위엔 마음업난 구름이 오락가락하고
滿月臺地臺아래엔 개똥감춘 풀포기가 푸릇누릇하도다
그가 얼업시 보난 것이 무엇인고?

半千年 王業이 길기도하거니와
三國을 統一하야 처음으로 高麗한 半島에 帝國을 세우니
쏘한 盛하도다
그러나 지금은 거림자도 없구나
그가 얼업시 생각하난것이 무엇이뇨?

한 世上을 고요하게 지낼새
너에게 자랑할것 自負할것 한아 업섯도다
그러나 大皇祖의 宏遠한 規模를 現實할양으로
사랑과 을흠의 大帝國을 이 人間에 세울양으로
그리하야 主의 뜻을 이루고 아울너 우리나라의 흙이 윈 地球中 가장 큰 것을
만들양으로

그 목숨을 내여논 崔瑩은
高麗史의 저녁노을 이러니라 죽이긴 죽이고 죽기는 죽엇서도
오호! 이 淚腺이 넉넉지못한 사람은 피로 代身하야 우난곳이로구나.
그가 얼업시 도라다보난것이 무엇이뇨?

南蠻(安南·섬羅等)이 方物을 드리고
東夷(蝦夷·琉球等)가 臣되기를 願하니
한째 榮華가 너도 쏘한 「로오마」로구나

그러나 槿花의 하루아참이 되고 말미 웃지함이뇨

우리가 禮成江의 일홈을 생각하매

불상타함을 끄리지아니하겟네

그의 얼업시 슯흔뜯을 가진듯함이 무엇이뇨

담배烟氣는 무럭무럭 그의 얼골을 덥도다

한 대가 다 타면 다시 닫아부쳐 썰고 담기를 쉬지아니하난도다

그는 支揭ㅅ軍이어늘

벌이할 생각은 털긋만치도 업난듯 담배만 업시하난도다

쌀업서 애쓰난 그의 안해

옷헐어 살 드러난 그의 자식

그를 보니 보지안어도 생각하겟네

살님의 괴로운 싸홈에 疲困하얏나냐

새쳐 올나가난 烟氣ㅅ속에 쉼(安息)을求하나냐

그럴것도 갓지 아니하다

「배곱하!」 소리가 그의 귀를 싸릴터인데

그래도 담배만 쎅 쎅

城밋헤 웃둑웃둑선 石碑는

뉘집 烈女 ㄴ고

知覺업난 새들은 함부로 똥을 쌀넛도다

끼룩끼룩 소리하난 저 기럭이

———때———알어차렷나냐! 하난것 갓다

그러나 또 한 대 담났고나

낫겨운 해는
눅은 빗흐로 계어르게 門樓와 밋 그를 비취ᄂ다
허술한 집을 쏘일째에는 해도 허술한듯
얼업난 사람을 쏘일째에는 해도 얼업난듯

너의 支揭가 썩을때까지라도 그리만하고 잇거라
내가 타고 안진 汽車는 暫時도 그치지 안네
아마 다시는 못보겟다 잘잇거라
나는 올때가 잇서도 네가 웃덜지?!

城넘어로 或 머리만 或허리까지만 或 길고 或 짜르게 或 흐릿하고 或 드러
웁게 或 샏죽하고 或 펑퍼짐하게 或 푸르고 或 붉게 松岳의 連峰이 날늠날늠
기웃기웃하난 것을 도라다보면서 出發ᄒ야 五里許에 잇난 一千一百八十八
呎의 긴 洞道를 쌔져 土城驛에 이르니 먼저 눈에 씌우난 것은 鐵路線路西便
에 잇난 煉瓦製造所인데 또한 日本사람의 經營인듯하고 다음 눈에 드러오난
것은 西北便으로 멀지아니한 곳에 잇난 적은 언덕을 둘너싼 土城이니 松林이
森束하야 別노 一趣가 잇스며, 조고마한 乾川橋(一〇〇呎)를 건너서 金川郡
東面에 잇난 鷄井驛을 지나난데 이 驛에서 東南으로 멀지 아니한 곳에 有名
흔 靑石關이 잇다하나 이 近處에는 더욱 적은 丘陵이 만히 起伏한 故로 차져
보려고 가르치난 사람의 손을 쌀아 눈을 암만 주어도 엇지못하고 다만 이곳에
서 압흐론 汽車가 靑石을 鑿開한 峽道로 한참 감으로 靑石關의 일홈이 徒爾
함이 아님을 알앗고, 長位川을 건너 同郡內面에 잇서 禿山이 四圍한 岺城驛
을 거쳐 二十里나 나가다가 一千十一呎나 되난 翠屛까지 튼 龍津江의 긴 鐵

橋를 건너서 푸른 풀과 푸른 물이 서로 비최고 흘으난 물과 도라가난 물네방아가 서로 도와주난 光景을 보면서 平山郡 金岩面에 잇난 汗浦驛에 이르러보니 邑이 멀지아니하야 그러한지 장차 出荷하려하난 穀包와 炭石이 山갓히 싸혀잇고 또 東美運送部支店이라 其他 內外國人의 運送業者가 만흔 것을 본즉 可히 짐작할만하며 여긔서 汽車가 물을 느허가지고 다시 써나가난데 線路東便에 比較的 成한 石城이 보이되 그 길이가 매우 길고 또 東으론 龍津江을 씨고 西北으론 平野를 안아 形勝이 매우 조흐며, 이 다음 同郡 上龍岩面에 잇난 南川驛에 이르러보니 山間 僻小한 驛에 숫섬이 만흠을 보건댄 果然 薪炭의 産地갓흐며, 여긔서 七里許에 가서 第三南川鐵道橋(二六二呎)를 건너 卽時 또 三百二十呎되난 葱香山洞道를 나갈새 董越의 記와 王敏의 詩를 생각ᄒ고 그 以後 멧百年ㅅ동안 支那의 遊客이 이곳을 爲하야 錦繡를 앗기지 아니한 勝地도 이제와서는 爆藥은 그 배를 쭐코 鐵路가 그 밋흘 쇠여 惡魔의 닙김과 갓흔 煤烟이 晝夜로 더러힘을 생각하고 爲하야 一歎을 發하다. 예서부터 第四南川鐵道橋(一七一呎)를 건너서 同郡 安城面에 잇난 物開驛에서는 停車도 아니하고 葱香山洞道(一四〇呎)를 건너 一千二百呎의 車踰嶺洞道를 싸져 얼마 아니가서 瑞興郡 禾回坊에 잇난 新幕驛에 이르니 이곳 附近은 다 土地가 膏沃하야 農産이 豊饒하고 또 薪炭의 産地로 有名한데 모다 이 驛으로 모여들어 鐵道로 各處에 헤쳐감으로 商況이 자못 繁盛하나 鐵路에서 나려다보건댄 눈에 씌우난 것은 오직 되지못하게 지엿서도 二層집의 連墻接廡한 것이 다 日本人이러라. 여긔서 汽罐車를 밧고아 가지고 坪松川鐵道橋(一二〇呎)를 건너 瑞興郡 中部坊에 잇난 瑞興驛에 이르러서는 南川에서부터 써러지던 비가 매우 形勢가 늘어 窓鏡바닥에 水晶구슬 동그란 것이 뱅그를 쏙씌고 쏜살갓히 垂直線으로 써러지난 것이 맛치 나리긋난 劃을 붓대일 때 멈추멈추하다가 쭉 나리쏩난듯 하더라. 十里ㄴ지 二十里ㄴ지 한참 와서는 東便으로 瑞興郡 邑內가 보이난데 眞所謂 胥山臨流하야 景勝도 할쯧하고 土沃産饒하야 民生도 견대일만한 조흔 곳이라난데 마조 보이난 山麓에는 盖瓦도 바로잡고 아귀土도 새로 물닌 官舍가 보이난데 그것이 郡衙 L지 校宮인지는 몰으겟스며 밧흘 隔하야 보이난 客舘은 쏘한 荒頹하야 볼 것이 업더라. 瑞興川에 이르러서는 車가 가만가만히 가난데 兩山이 서로 써안으려고 眉去眼來하난 사이를 싸져나간즉 푸른 疋 비단갓흔 내가 쏘 노엿고 四面에 稚松이 소담스럽게 덥힌 山이 屛風모양으로 둘넛난데 山은 물을 끼고 잇고 물은 山을 졋해 흘너 別노 한 乾坤을 自成한中, 벼가 누우럿케 닉어 黃金이 一面에 쌀니고 白鷺가 틈틈이 나르난 곳에 쏘한 韻致잇게 나무로 집웅을 이은 집이 自然에 調和하야 헤여져잇고 곳곳이 허리긴 黃海道 소가 풀을 쯧고 잇서 오래 自然의 美를 주렷던 눈을 한써번에 배불으게 만드러 怳惚히 잘그린 油畵를 對 하난듯 神聖한 靈界에 드러온듯 하니 아모리 沒風流한 내기로 여긔야 그져가난수 잇나냐.

仙源이 어대매냐 보이나니 桃花로다,

닭을 鳳으로 봄도 눈에 眼鏡이라하니,

우리는 이곳구븨구븨에 標石세고 가려하노라.

瑞興川흘으난 물은 有情코 多情하야 참아 바로 가지 못하난데 맵시잇고 볼치좃케 요리 쌔쑬 요리로 곱으리고 조리 얼씬 조리로 돌녀 쏩을거리기를 말지 아니하난데 鐵路와 汽車는 無情도 하고 昧情도 하야 그대로 一字로 남의 허리를 멧번式 타고 한번도 흘씀 도라보난 일 업시 가니 타고 안진 내가 얼만콤 未安하더라. 예서는 興水院洞道(五五七呎)와 興水院川鐵道橋(三〇〇呎)를 지나 鳳山郡 龜淵坊에 잇난 興水驛에 이르니 이곳은 瑞興 鳳山 兩郡의 境界인데 穀屬集散의 小中心이오, 다시 劍水川鐵道橋(二〇〇呎)와 花溪川鐵道橋(一二〇呎)를 건너 同郡 同坊에 잇난 淸溪驛을 지나 山水院川鐵道

橋(二○○呎)를 건너 馬河驛에 이르니 이곳은 鳳山同郡土城坊에 부첫다난데 東北에는 멀니 丘陵이 連亘하고 西北에는 길히 田野가 平衍하더라. 예서부터 써나가난데 나의 자리 엽헤 그 何父인듯한 산아희게 쌀녀가난 한 계집아해가 잇서 椅子의 걸어안진 저의 嚴親의 두 무릅사이에 머리털이 다박다박하난 고개를 이리저리 부비면서 臙脂ㅅ빗 닙살을 열엇다 다닷다하야『달아달아 밝은달아』를 마치면『형님형님 四寸형님』을 始作하고 고양이소리를 쓰치고는 닭의 울음을 쓰내여 잠시도 쉬지아니하고 곳잘노니 그 近處에 안진 사람의 視線이 말큼다 이 兒孩몸으로 集注하얏난데 日本人까지라도 人情은 잇난지 行具를 열어 柑子 멧 개를 주니 조곰도 어려워아니하고 밧난데 그리하난 동안에도 노래는 暫時도 쓰치지 아니하야 그 어엿븜과 그 天眞스러움이 참 사람의 精神을 쌔앗고 少不下 나한사람으로 하야곰은 一切의 邪念 · 惡念 · 陋念을 비질하야 업시하난지라 이에 그 게ㅅ발갓흔 손을 잡으면서 일홈을 무르니 얼는 대답하기를『点順이』하고 쏘 나를 물으니『인제 설흔式 네 번하고 스물 한번만 밤을 자면 다섯 살이야』라고 매우 어렵게 말하매 滿座가 다 그 대답의 奇異함을 놀나하며 그 눈을 본즉 나와갓히 온갖 더러운 것이 한째 마음속에 업서진듯 하더라. 이에 나는 저 지지밧게는 더러운 것 못보고 진쌍밧게는 더러운데 쌔져보지 못한 그의 쌔끗한 눈과 쌔끗한 몸─하나님이 계시다하면 應當 저모양 갓흘 거룩한 그가 은제까지던지 저대로만 잇서 이 怪惡한 사람이 모도여된 怪惡한 世上에 한 사람이라도 聖潔한 天女를 두고십흠을 心祝하고 아울너 이 자리에서 이 아해를 볼째 사람들이 이 아희게 가지난 이 생각을 할 수 업스면 다만 한 刻동안이라도 왼 世上사람이 왼통 가지고 지내엿스면 좃켓다고를 空想하다가 今時에 다른생각이 나서 아니다 안될 말이다 그 아희가 아직 우리들 갓히까지는 아니되엿서도 그를 사랑한다난 그의 父母와 그의 집안 食口와 밋 이웃사람들의 성가스럽게 놀녀준다고 벗하난 中에 이믜 愛憎이란 感情도 배홧슬 것이오 所有權이란 惡魔의 法律도 알앗슬지니 나의 생각이 妄佞이니라 함으로 저 혼자 멈추멈추하난데 등뒤에 안젓난 日本人 內外가 男便이 잇다가 『고도모쏘 유우와 가아이몬데쓰네.』(어린애란 어엿분 것이로군)하매 그 女便의 대답이 『혼쏘데쓰네. 못도모 고레니와 깃도 오시다가 데끼룬데쓰요.』(그래요, 더욱 이 아희는 아우를 타난 모양이오)하난 것을 그건너 안졋던 되지못한 者가 남의 말에 홍두쌔를 집어느허 朝鮮사람은 어려서는 우리보담 더 쪽쪽하다가도 二十만 넘으면 어림이 업서가니 이상타 하난 소리에 성이 불끈나서 치여다보더니 車가 맛참 沙里院驛에 멈추더니 오르고 나리기에 奔走하야 이생각 저생각 다 업서지다. 沙里院은 鳳山郡 北 二十里되난 沙院坊에 잇스니 有名한 鐵産地 載寧의 郡治가 여긔서 四十里오 쏘 四圍에 豊饒한 農産地를 끼고 잇서 米穀의 集散이 盛大할 쑨 아니라 西南北에는 大野가 茫茫하야 眼界가 窮盡함이 업고 西北에는 水易河가 흘너가서 水陸 兩方으로 四通八達한 한 市塲인데 近年에 이르러 鐵道까지 開通된 故로 한層 더 市況이 繁昌하얏스니 每月 陰曆으로 五·十日에 열니난 塲에는 한 塲에 賣買하난 金額이 一萬圜이 넘난 海西에 멧재 아니가난 큰 市塲이라 近處에 産出하난 穀屬이 車便으로는 京城方面으로 船便으로는 兼二浦와 甑南浦로 運搬하야 各處로 헤져가난데 水易河 줄기에 石灘浦·鐘路浦·禾易浦·石海浦·唐浦 等 다섯浦口가 잇서 다 穀屬의 出浦가 만타더라. 생각하건댄 去今六年前에 京義線이 아직 軍用鐵道로 잇슬 쌔―客車란 것은 貨車에 조고만 琉璃窓을 멧개박은 麁陋한 것이오. 線路는 治道가 변변치 못하야 車의 울니고 한들이난 것이 大段할 쌔에 只今보담 갑절이나 되난 賃金을 주고 이곳에 와서 비로소 海西의 흙을 밟아보고 海西의 물을 먹을새 生來에 처음으로 客主ㅅ집 밥을 사먹으면서 아참마다 穀包의 斗量하난 것을 보고 저녁마다 貿穀商들의 국수出歛하난 것을 참여하면서 數三日 지내난中 비로소 松都商人의 영악한 것을 알고 海西客主의 이악한 것을 구경하얏슬 쑨이러니 이제는 싼갑에 그쌔대이면 宣化堂갓흔 車를 타고 安穩하게 여긔까지 와보

니 밧바서 나리지는 못하나 前日에 보지못하던 外國人의 商廛이 거의 整齊하
게 市街를 이른 것을 보고 새삼스럽게 놀남을 禁치 못할 쑨 外에 더욱 이 鐵道
의 일노 여러 가지 感慨를 抑制치 못하다. 이곳에서는 比較的 오래 停車한
뒤에 十許里를 나아가 沙同川鐵道橋(一二〇呎)를 건너 東으로 淸幽한 一境
을 別成한 正方山을 씨고 停車도 아니하고 黃州郡 靑龍坊에 잇난 沈村驛을
지나 第一黃州川(三二〇呎)·第二黃州川(四八〇呎) 兩鐵道橋를 건너 黃
州驛에 이르다. 黃州邑은 東南으로 十里許에 잇스니 處地로 말하면 李檣詩
에 『嵒嶺之西西海頭 界文平壤是黃州』라 한 것이 한 句에 다하얏고 物色으로
말하면 古人詩에 『只把靑山當城郭 萬家籬落繞黃州』라 한 것이 쏘한 近似한
데 驛에 다다르지 못하야 東便으로 山에 依支하야 城을 올니싸코 그 압흐로
黃州川이 흘너가난 것을 보나니 이는 곳 黃州郡城이오. 城위에 翼然한 한 樓
가 잇서 물에 비최엿스니 이는 곳 月波樓오. 樓下에 石壁갓흔 것이 길게 나리
질녓스니 이는 곳 有名한 赤壁이라. 이 고을의 이 다락 위와 이 다락의 이 壁
밋헤 바람이나 多情하게 불고 달이나 有心하게 밝은 째에 幾多의 佳人은 鶯
囀과 鶯唱을 자랑하얏슬 것이오. 幾多의 詞客은 瓊章과 玉什을 앗기지 아니
하얏스리라마는 이제보건댄 다만 가는 물ㅅ결이 언덕을 沐浴식히난 곳에 漁
艇두서넛이 흔들한들함을 볼 쑨이니 우리도 쏘한 古人을 爲하야 而今安在哉
의 嘆息을 一發할지라. 古城아래 흘으난 물아 듯나냐 못듯나냐 對答이나 좀
하얏스면 하다가 偶然히 생각하니 이 城은 千餘年前에 築成한 것인데 그 土
役이 마추려할 새 役費가 다하야 쯔치려 하얏더니 한 寡婦가 私財를 義捐하
야 功이 一簣에 이지러지지 안케 하얏다하니 古人은 잇고 업고 웃지되얏던지
只今에 녜전 築城보담 더 時急한 쏘 다 各其 必要한 子弟敎育에 對하야 能히
이 寡婦人의 썽그림을 본밧난자가 잇난가 업난가를 듯고자하다. 大抵 黃州
의 일홈을 내게 닉히 듯게한 者는 實노 黃苧이라 九蒸九炮의 製法도 드럿고
生苧의 分別도 알아 귀로는 매우 오래 交分이 잇던대라 初面은 初面이나 얼

만콤 반가우며, 驛은 南坊에 잇스니 兼二浦線의 分岐點인데 생김생김 異常한 客車가 「兼二浦行」이란 貫子를 부치고 잇난 것이 보이며, 有名한 棘城벌과 其他 다른 곳의 産物이 만히 이곳으로 모여들어 集散함으로 穀包의 싸힌것도 無數하더라. 여긔서 新大韓少年의 胸度갓히 넓고 新大韓少年의 所見갓히 열녀 얼는 보기엔 긋도 업난 큰 들의 가운대를 나아가난데 釜山行의 南行列車가 疾風갓히 가를 시쳐간 뒤에 後江川과 白石川의 두 鐵道橋(前者는 一二〇呎, 後者는 六〇呎)를 건너 黑橋驛(黃州郡 高井坊)을 지나 一千三百八十六〇呎의 길게 쭐닌 中和洞道를 싸져나오니 긴들과 큰 벌판이 依然히시원하야 全國到處에 海上의 波浪갓히 山岳이 起伏하얏다난 우리나라에도적으나마 쏘한 이만한 平野가 잇슴을 까닭업시 깃버하난데 偶然히 不快한말이 나의 귀를 찌르니 그 말은 곳 이 近邑 아모곳에 有名한 鐵鑛이 잇난데所産이 豊富하야 한 큰 財源이어늘 生期長斯한 韓人들은 밤낫보면서도 내바려두어 하날이 주신 金穴을 열지 아니하다가 異竟 礦山法에 依據하야 許可엇은 某外國人에게 쌔앗겻다난 外國人 甲乙의 이약이라. 이말만 들어도 自然心事가 좃치아니한데 더욱 이 始來 을 다 이약한 뒤에는 『어대로 보던지 韓人은 無心人이야』하난 것을 들은즉 곳 이 廣座中에서 나의 얼골에 춤을 배앗난것 갓기도 하고 너도 그中 한놈이지 무엇이 지질하랴 하난것 갓기도 하야 속이불끈불끈하고 가삼이 두근두근하니 남이 보기에는 아마 얼골까지도 프르락희락 하얏슬네라. 萬里江鐵道橋(二四〇呎)를 건너 力浦驛에 이르니 이 驛부터는 平壤에 부친 쌍이라(龍淵坊). 얼마아니가서 큰 煉瓦製造所가 보이더니卽時 只今까지 지나온 큰 등성을 감친 큰 물이 希望이 洋洋하고 活氣가 騰騰하게 쓴긔잇게 길게 빗겻스니 이는 무를 것 업시 檀箕以來 四千年의 光榮잇난 北韓의 歷史를 남은 다 이져버려도 저혼자는 다 아난 大同江이라 누가잇서식히난듯 今時에 大同江아! 너는 나를 모르리라마는 나는 너를 相思한지 오래다. 오냐 내마음이 滿足하다. 半面도 업난 이 손을 저리 조흔 낫으로 마져주니 너를 그리던 본의잇다!를 불느면서 石多山은 어대며 箕子陵은 어댄고 平壤의 市街는 조긔쯤 잇스려니 綾羅·半月의 고은 섬에는 어늬 여을을 만드럿스랏다 하야 여러 가지 空想을 그리난中 江中의 羊角島로써 兩部에 갈닌 第一·第二 兩 大同江鐵橋의 二千八百二十呎(第一이 一四四〇 第二는 一三八〇)의 길이를 豪氣잇게 건널새 우아래로『烟波縹渺連天遠 沙水澄明徹底淸』(權近詩)의 光景을 마음대로 집어먹을 양으로 내여다보니 앗갑다 비가 工巧히 세우쳐 처음 對하난 大同江이 내게는『浪高如屋雨如拳』의 變性을 보이더라. 即時 平壤驛에 이르니 空然히 가삼이 두근두근하난데 鐵路線路에 개고리가 나게된 물을 미토리 새버선으로 절벅절벅 건너가서 出口에 이른즉 아마 虎列刺病의 嫌疑로 뒤를 調査하려함인지 巡査가 서 所從來와 所向處와 姓名과 年齡을 一一히 記錄한 뒤에 비로소 내여보내난지라 마음이 自然히 不安하며 及其 나서본즉 쌍은 억척이오 雨具는 업서 갈일이 싹하매 은제 閑悠하게 平壤 最初의 景光을 삷힐 수 업난지라 얼는 人力車 한 채를 불너타고 먼저 〇〇學校를 차져가기로 하다. 그리하야 밤낮으로 戀慕하던 平壤은 비를 仲媒하야 서로 對하난데 풀엇던 머리도 쪽지고 더러운 얼골도 쌔긋하게 하야 모처럼 오난 손님을 마짐이 適當하거늘 무슨 意思로 이러케 험상스럽게 하고잇나뇨. 이편으로 말하면 쏘한 얼만콤 섭섭하나 그러나 내가 너를 멀니 찾기까지 사랑하난 것은 너의 것 얼골이 아니라 속마음이어니 너도 아마 내쯧을 짐작하고 이리함인듯 한즉 오히려 마음이 滿足하노라. (『平壤最初의 印象』以下는 다시 機會를 보라)

평양행

이동원

《서울》 6호, 1921년

수감생활을 하는 지인을 면회하기 위해 평양을 다녀온 일을 기록한 글이다. 간략한 여정과 함께 경로에 마주치는 사람과 사건에 따라 떠오르는 자신의 인상과 비평을 주로 기록하였다.

필자는 경찰의 감시를 받는 주의 인물로 평양행 열차를 타기 위해 남대문역에 나왔을 때 경찰이 차표를 사주고 먼저 들어가게 해준다. 이로 인해 주의인물로 편리할 때가 있다고 생각한다. 시간이 되어 차가 출발하자 "어린 벗에"라는 원고를 쓰기 위해 골몰한다. 차 안에서 어떤 여학생으로 보이는 젊은 여자와 노인 사이에 있었던 대화를 옮긴다. 노인이 여성에게 행선지를 묻고 대화를 이어가려 하자 여자는 불쾌한 기색으로 자리를 옮긴다. 노인이 공부한 여자라 저렇게 되느냐 하자 필자는 공부 안 해 그렇다면 노인을 위로한다. 조선 여자가 본래 양이나 비둘기 같이 마일드하더니 지금은 호랑이나 사자 같이 와일드 하여진 것이 무슨 까닭인지 자문한다. 이어 배운 여성들이라도 앞에

현대식 신사가 앉으면 이와는 다른 대접을 할 것이라 비판하고 여학생이 학교에서 수신서를 배울 때 삼강이나 오륜보다 장자에 불순이라는 신도덕을 특별히 연구했을지 모른다 탄식한다. 한편 차중에 맹인이 한 사람 승차해 필자 앞으로 다가오므로 평소 맹인들에게 호의를 가졌던 필자가 자기 뒤에 앉도록 안내한다. 맹인은 필자에게 단소 한 곡조를 불어주겠다 청하고 차 안에서 그가 부는 영변가를 듣는다. 맹인의 연주가 매우 뛰어나 그의 슬픔과 아픔이 단소 구멍으로 소리가 되어 나오는 것 같다는 생각을 한다.

이튿날 아침 평양에 도착할 때 해가 아직 떠오르지 않은 상태이다. 역앞 여관에서 자고 아침을 먹은 후 인력거를 타고 '그곳'(지인이 수감중인 형무소)에 가 C군의 안부를 묻고 면회를 청하지만 불가하다는 말을 듣는다. 나중에 다시 와서 사식 차입의 허락을 받아야 한다는 말을 듣고 시내로 돌아온다. 시내 금성병원 원장 C와 인사하고 그 집에 며칠 묵기로 한다. 오후에 시내에 가서 수감중인 C와 P에게 차입할 것을 사서 상점에 맡긴다. 시내에서 서점을 운영하는 K군과 몇몇 지인을 만난다. 또 다른 지인 K군의 거처를 방문하고 그 서재가 정재된 것에 감탄한다. K와 같은 청년을 가진 것이 평양의 자랑이고 조선의 자랑이라 생각한다.

다음날 평양의 자랑이라 부른 K군, 남포 출신으로 최근 출옥한 R군, 기독서원 K군 등과 함께 부벽루와 을밀대를 탐방한다. 평양에 대한 인상을 묻는 K의 질문에 평양 시가 확장을 신문에서 보고 목격하기는 처음인 것을 생각하고 반세기만 지나면 평양은 공업지로 조선의 대도회가 될 것이라 생각한다. 그에 반해 K는 평양에 대해 개탄한다. 돈만 아는 평양 사람, 신문 잡지의 독서력이 없는 평양, 기독교 감리교와 장로교의 경쟁이 과열한 평양을 문제로 지적한다. 서울로 돌아올 때 K와 R이 정거장까지 나온 것에 대해 사람은 마음으로 사귈 것이고 세상에 있는 그 어떤 물건으로도 아니라 생각한다.

平壤行을 하게 된 理由는 말치아니하거니와 아모리 보와도 不祥事라고 할 만 하다. 全體로 보와도 그럿코 同勞共苦하던 C君의 一個人으로 보와도 亦是 그러하다. 人生은 本來 明日의 出來事를 不知하고살으라는 命令下에 生活하지만 就中 近頃의 우리의 生活과 갓치 走馬燈의 觀이 有함도 흔하지 못하다. 如何間 夜間 十一時의 北行列車를 苦待하야가지고 南大門 停車場에 나오닛가 나와 갓흔 方面으로 가려는 사람들이 各各그 先을 抑制하려고 뒤쓸는다. 나도 一列로 竝立하야 出札의 時間을 기다리는 叢衆에 석겨서 뒷 사람한테 밀려서 압흐로 나가고 잇노라니 本町署에서 勤務하는 K君이 내가 가는지 엇지 알앗던지 目的地도 뭇지 아니하고 슬그먼이 車票를 사주며 京釜 線을 通行하는 奉天行은 恒常 자리가 좁기가 例事니 먼저 드러가라고 하며 出入門을 열고 안으로 引導하더니 구석房에 가서 쑤군쑤군하고 車票를 찍어 다준다. 이런째에는 注意人物로 便利할째가 잇슴을 째닷고 世上의 萬事가 一利一害라고 생각하엿다. 尾行을 當하여 성가신 째도 만이 잇지만 一夜 의 安眠을 엇으리만한 便利도 적지 아니하다. 京釜線車가 南大門驛에 到着한 後 乘客들이 下車한 다음에 널직한 자리를 혼자 차지하고 안져잇다가 밧게 나가닛가 文興社의 R君과 S君이 왓다. 三四日이면 도라올 旅行인대 深夜를 不關하고 餞送을 나오는 好意는 感謝할 쑨이엿다. 定刻이 되매 車가 汽笛이 잇슨 後에 出發을 始作한다. 나는 「어린벗에」라는 原稿를 쓰기 爲하야 흔들니 는 車間에서 抑志로 되지안어 글재로 쓰고 잇섯다. 이것이 비록 單行文이나 내게는 여러가지 意味를 가진 것이다. 人生의 새 經驗한 一段이라고 할 수도 잇고 或은 엇던 點은 回轉期의 一劃이라고 함도 可하다. 이 原稿를 쓰노라고 餘念이 업는대 엇던 女學生인지 머리를 뒤ㅅ덜미에다 틀어부친 女子가 車間 으로 드러와서 두리두리하더니 마참 내내 엽헤 안젓는 年輩가 六十이 넘은 老人겻헤 자리를 占領하고 冊褓를 푸러놋코 무슨 편지인지 이리뒤젹 저리뒤 젹 하고 잇다. 나는 그것을 잇다금 겻눈으로 보기만 하며 내일에 골몰하엿섯다. 그런대 어느덧 十二時가 거진되엿다. 그 老人은 잠도 아니자고 잇다금 菓子를 먹고 잇더니 무슨 생각이 잇던지 無心中에 그 女學生 보고 어대를 가시오 무럿다. 그 女子는 모슨 辱이나 當한것처럼 開城이오 하고 픽 쏘아서 對答하고 성낸 얼골을 하엿다. 感情으로 사지 아니하고 다만 天眞에서 나히 그만하도록 사라온 그 老人은 其女子의 語態도 생각지 못하고 쏘다시금 곳 갓다오시우 하고 무럿다. 그 女子는 그 쌔야말로 정말 怒하여 그건 아라 멀하오 하고 핀잔을 주고 조금 잇다가 다른 자리로 갓다. 그 老人이 턱이 업는지 멍하니 한참 그 女子를 멀니 보더니 엽헤 잇는 나를 向하야 여보 이양반 내가 그 말 무른 것이 무슨 큰 失數던가오 하며 뭇는 것 갓기도 하고 嘆息함도 갓햇다. 나는 우스면서 연세 만흐신이가 그런 건 웨 무르섯슴닛가 하니까 그 老人이 다시 나도 쌀자식이 멧잇기로 남의 쌀이라고 그럿케 工夫하는 것이 貴여워서 무럿지오 하며 개탄하는 語調로 다시 말을 하더니 빗웃는 語態로 너도 머리 싹고 工夫한 男子로고나 하는 表情을 하면서 工夫하면 뎌러케 다 무섭게 되나요. 老兄도 學校卒業하엿소 하며 그 女子의 분을 내게 다 푸르려 든다. 나는 분한 老人을 對應하기가 未安하야 工夫하면 그런 것이 아니고 工夫아니함으로 그러치오. 그런 女子가 萬若 工夫나 아니하엿던덜 엇던 言行을 할지 누가 암닛가 하고 그 老人을 安靜식이려 하엿다. 그제야 그 老人도 더 怒한 말을 發하지 아니하고 그만 우스면서 그래서야 누가 쌀을 學校에 보내겟소하고 마즈막 말을 긔운 업시 맺고 만다. 이 쌔에 나는 이런 생각을 하엿다. 朝鮮女子는 本來로 羊이나 비달기와 갓치 마일드하더니 只今은 호랭이나 獅子와 갓치 와일드하여진 것은 무슨 까닥일가. 時勢가 그들을 뎌럿케 와일드하라要求하엿다. 쏘는 自己들이 自取하얏다 이것이 조흔 徵兆일다 不吉한 表象일다. 勿論 우리는 女子들에게 無理를 行하고 말하면서 無條件的 順從과 恭順을 請求하려하지도 아니하지만 그만한 일에 老人으로 赤面케 하는 것은 아모리 보아도 稱讚할 수 업다. 그것도 只今 自己의 身分을 젊은 靑年이 무르면 코침을 한번 주는 것도 痛快하갓지만 自己의 父親이나 다름업는 老人을 그럿케 待接하는 것은 其코침이 잘못되엿다. 日間에 所謂 工夫하엿노라고 머리트러붓친 女子는 번적하면 男子가 女子를 薄待하더니 自己네는 男子의 附屬品이니 하는 새 文學을 製造하야가지고 써들지만 뎌럿케 老人을 待接하는 것도 附屬品을 免한다거나 薄待를 免하는데 큰 貢獻은 업슬 것이다. 如何間 그런 것이다. 女子界에 對한 吉事라고 壯談할 수 업다. 新知識을 아지못하는 老人 國文모르고 漢文모르고 算術, 物理, 日本語, 英語에 에이쎄씨, 歷史니 地理니 다 모르는 老人은 勿論 뎌럿케 梨花學堂式으로 머리갈나 붓친 아가씨 눈에야 참말 價値업시 보일 것이다. 그러나 그들이 압에 萬若 하이칼라 洋服이나 잡아쟷치고 대가리에는 밀기름이나 발나서 짝 갈나붓치고 金테眼鏡에다 팔둑 金時計에 香내가 물큰물큰 나는 所謂 當代 紳士가 섯스면 옷슬기를 녓슬가 하야 손이 여러번을 나가고 쏘는 상판에 紛이 써러젓슬가 하야 周圍에 잇는 反射面에는 행여나 얼골을 빗치여볼가 하련만 나만은 老人이라고 저러케 薄待가 甚하도다. 以前에는 三綱이니 五倫이니 하면 禮義도 직힌다고 햇다더니 只今은 그 그림자도 업다. 五倫가운대 所謂 長幼有序라는 것은 根本부터 破壞로다. 長者를 尊敬함은 東西를 勿論하고 差異가 업다는대 뎌 女學生들은 學校에서 修身書를 배울 째에 長者에 不順이라는 新道德을 特別히 硏究하엿는지도 몰낫도다. 嗚呼라 뎌런 女子들이 부르지지는 所謂 新生活이여. 참말 命數가 얼마나 남앗나하는 생각으로 남모르는 가슴을 혼자 알코 잇노라니 汽車는 어늬 停車場에 停車하엿는대 盲人하나이 막대를 휘둘으며 車間을 더듬어 드러온다. 나는 平素에도 盲人을 썩 조와하얏슴으로 내 엽에 와서 서가지고 자리를 찻지못하는 盲人을 引導하야 내 등뒤에 안치윗다. 나는 턱업시 親한 벗이나 만난 것쳐름 깁벗다. 그 盲人은 가슴에 붓친 무슨 板대기를 내게 다 내밀어보이며 自己가 가는 停車場은 몃치나 되느냐고 뭇는다. 그의 路程記를 보니 얼마 더 아니 가서 下車할 사람이다. 등에 질머진 것은

그의 모든 살님 卽 이 世上에서 가지고 잇는 財産全部, 가슴에는 조고마한
木板에 어대를 간다고 路程記, 한손에는 그이 갈 바를 가르쳐주는 指南針이
라 할가 곳 우리의 눈이다 눈을 쌔서 손에 들고 다닌다 하면 알기 쉬운 말이다.
쏘 한손에는 短簫를 들엇다. 그것은 그이 生命을 이 世上에서 支持식이는 福
神의 權化로다. 그 것을 불어가지고서야 겨우 남 먹다 남은 밥을 엇어먹고
입다 남은 옷을 엇어 입는다. 그가 내게다 한 曲調 불닛가 請하기로 快諾을
하엿다. 明月下에 山川을 쑤르고 다라가는 汽車의 가운대서 들니는 短簫의
처량한 노래여. 音樂의 神 뮤즈나 降臨하는 것 갓햇다. 寧邊歌를 부는대 슬픈
대목이 너머 갈 쌔에는 슬픈 表情 깁분 곳에는 愉快한 表情 그가 短簫부는
동안에 나는 그이 얼골에 表情만 보왓다. 그는 果然 藝術家이다. 그 短簫하나
에 全人이 表現된다. 그것을 불 쌔에는 눈 못보고 배고푸고 옷 못닙은 모든
서름을 일어버리고 이저버리고 淸雅한 소래나는 短簫의 소래에 푹 醉한다.
全人이 그 가운데 드러가서 그의 슬픔과 압흠이 短簫구멍으로 소래가 되어나
오는 것이다. 나는 藝術의 貴함을 다시 쌔다랏다. 그 변변치 못한 短簫라도
그것으로 그는 사는 것이다. 이 世上에서 남들이 가지고 조와하며 웃는 黃金
이나 사랑은 못가젓스나 오즉 그 短簫하나의 그가 가진 것이오 모든 것이다.
몇 曲調드른 後에 略干한 金錢으로 報酬를 주고 자리에 안저서 다시 더 이런
생각 뎌런 생각 하다가 안즌 채로 잠이 드럿다. 쌔치니 그 盲人은 언제 나렷다.
翌朝에 平壤驛하니 아즉도 東天에서 해가 오르지 못하엿다. 그 압 旅館에 드
러가서 밤사이에 못잔 잠을 자고 朝飯을 먹은 後에 人力車를 命하야 타고 그
곳에 가서 C君의 安否를 뭇고 面會를 請하니 言不可當이라고 한다. 얼마 後
에 다시와서 私食差入의 許諾을 밧으라는 命令을 밧아가지고 大同門通錦城
病院으로 그 人力車를 타고 갓다. 二年前과는 其病院이 만이 變하엿다. 變한
것이 아니라 發展이엿다. 院長C氏를 만나 오래 隔阻한 人事를 하고 下平의
目的을 告한 後 그 집에다 本營을 陳하고 數日間 滯留하게 되엿다. 其日午後

에 街家에 나가서 C와 P에게 差入식일 것을 사다가 두엇다가 明日午前을 기다리기로 하엿다. 物品을 사서 商店에 맛기고 西門밧게 K君의 學監노릇하고 잇는 女學校를 가려다 基督書院主 K君이 街家에 안젓다가 반가이 마주나오면서 엇더케 왓느냐고 多情하게 뭇는다. 其書院은 아즉 建設中이다. 設備完全치는 못하나 新刊雜誌가 수두룩하게 노인 것과 文房具와 書籍이 整齊하게 노인 것을 보닛가 金錢이라는 或은 동글하거나 쏘는 종희자박지하나만 目的하는 것과는 갓지 아니함을 發見하엿다. 그 길로 西門外 S女學校에 가니 아가씨 되기도 하고 大部分 아즉 未成品인 아해들이 몬지만은 마당에 庭球도 치고 遊戱하는 것을 보닛가 큐-피드의 사랑의 살대가 언제 날너올을지도 몰랏다. K君도 반가이 만내고 쏘는 H市에 가서 工夫하던 K孃도 만내엿다. 그길로 쏘다시 발을 돌녀서 日間은 東亞日報紙上에 霽月과 論戰하던 總大將 K君을 차자갓다. 君의 卜居는 참말 筆耕家치고는 그야말로 理想的이엇다. 繁雜한 거리를 써나서 閒寂한 곳에 華麗치는 아니하나 무엇이 숨어잇고 或은 보이는 것 갓흔 집 쏘 君의 書齋야말로 참말 잇고십게 맨드러노왓다. 東南西로 바람이 불거나 해가 빗치면 언제던지 빗치우게되고 北面壁에는 書籍이 갓득이 싸여잇다. 君은 내가 드러가는 쌔에 맛치 寫眞現像을 하고 잇다가 藥뭇고 물뭇은 손으로 握手를 請하며 반가이 마저준다. 나는 이번에 平壤에 가서 밧은 印像中에 第一强한 것이고 쏘는 오래 남을 것이라고 생각한다. K君은 年齡으로 分類하면 少年의 部類에 屬할 것이고 얼골의 表情까지 아즉도 少年을 말한다. 나는 K君을 批評할 言辭가 업섯으나 다만 로시아의 쏘스토에쯔스키나 라스킨에 幼年時代는 K君과 갓햇슬가 하엿다. K君과 갓흔 將次 靑年을 所有함은 平壤의 자랑이고 쏘는 우리 朝鮮의 자랑이라고 생각한다. 其表請에는 天才의 閃光이 보엿다. 나는 무엇보다 K君의 發展을 밋는다. 平壤의 名物은 手巾과 국수로다. 이번에 국수도 하로에 五六番式 실컨 먹고 수건도 실컨 보왓다. 전반 갓흔 녕초당기에다 얼키설키 둘너언고 가는 모시수건을 질ᄭᅵᆫ잘나맨 것은 멋이 드럿다고 할는지 그다지 美的이라고 稱讚하고 십지는 안엇다. 差入事件으로 그곳을 다시 人力車우에 안저가다가 磚九里라는 것을 보고 D군의 妻家이 이곳 잇슴이 생각나서 差入식이려갓다가 못식이고 도라오는 길에 집을 차자갓다. 차즈려고 만이 고생을 하다가 간신히 차자가닛가 移舍를 하엿다. 番地도 모르고 그 移舍한 新舍를 차자가려고 冒險을 始作하고 보는 사람마다 무러가지고 간신히 그집을 차젓다. D君의 夫人 C氏는 産後에 아즉 몸이 편치 못하야 對客하려 나오지는 못할 터이니 안房으로 드러오라는 命令이라 初面은 初面이지만 비위좃케 쏘내맘가운대는 舊面갓흔 맘을 가지고 안房으로 드러가닛가 얼골빗이 蒼白한 夫人이 압헤 어린 아해를 누여 놋코 이러서서 人事를 하고 나더라 안즈라고 勸한다. 그래서 나는 누구라고 일흠을 告하닛가 더욱 반가워하며 눈을 내리깔고 어린아해를 본다. 必要업는 것이라도 禮套로 멧마대 니야기하고 어린 애기를 좀 보자고 請하야 快諾을 엇어가지고 보닛가 卵生毛가 얼골을 덥헛는대 나는 얼핏 이애가 언제 孃이 되나하고 멧분동안 보다가 다시 자리에 안저잇노라니 平壤의 名物 冷麵이 한상 드러온다. 나는 D君의 夫人을 보고서 여러 가지 늣김이 잇섯다. 그가 獄中에서 고생할 째에 母體에서 자는 그 애기도 獄苦를 가졋겟고 只今은 産後가 二週間이 넘엇서도 아즉 快差하지 못함도 역시 獄苦의 餘毒이엇다. 그리고 그는 世上에서 建設하노라고 無限한 勞力을 하엿다. 그 얼골이 蒼白한 것은 建設의 苦라고 할가 努力이라고 생각하엿다. 그집을 써나서 大本營으로 가서 平安이 쉬이고 其翌日은 平壤의 자랑이라고 부른 K君과 特赦로 出獄한 南浦의 前科者 R君 基督書院의 K君과 四人이 作隊하야 浮碧樓 遠征을 始作하얏다. 浮碧樓의 美는 永遠한 것이다. 나갓흔 雜輩의 讚辭는 도로혀 그 美觀을 損傷하리라고 退步한다. 그리고 慕華熱의 餘毒이라할는지 우리의 歷史上에 謎와 갓흔 箕子墓도 求景하고 日淸戰爭에 彈丸의 傷處를 만이 가진 압하하는 乙密臺로 보고 도라오는 길에 K君이 내게다 平壤의 槪觀을 뭇는다. 平壤의 市街擴張은 新聞에도 보왓지만은 目擊하기는 난 처음인대 舊市街의 東으로는 右便이오 西로는 左便인 한녑은 죄다 허러서 곳처지엇는대 二層집으로 朝鮮式 洋製 或은 淸國집이 잇는 것이 나로 하야곰 平壤은 只今 再築期에 잇다는 것을 말하는 것이고 將次 半世紀만 되면 平壤은 工業地로 朝鮮의 大都會가 되리라는 것을 내게다 누가 말해주는 것 갓했다. 일즉은 朝鮮의 文化를 中心하엿던 平壤이 長久한 時間을 醉眠에 잇다가 今日이야 新活氣를 가지고 二十世紀의 文明과 步調를 갓치하라는 것 갓했다. 그런대 K君은 平壤에 對하야 大端히 慨嘆을 한다. 平壤사람들처럼 돈만 아는 사람들도 朝鮮에는 업스리라고하며 新風潮가 그럿케도 世界를 뒤집혀도 如前히 돈만보고 싸라가며 日間에 朝鮮 新刊雜誌가 各處에서 歡迎인대 오즉 平壤에서만 沈黙하고 讀書力 업슴이 平壤이 都會치고 朝鮮에 第一이라고 한다. 그리고 또 하나 慨嘆할 것은 基督敎長監理敎의 競爭이 쾌 甚한대 其例를 들면 崇德中學校라는 것도 長監敎會와 合同하랴하다가 쓰더서 둘을 맨들고 崇義女中學校도 合同하야 잘하던 것을 쏘 쓰더서 둘을 맨드럿다한다. 이말을 드르닛가 예수가 말슴하시기를 집이 집과 서로 싸오면서 자못 한다는 말은 平壤 信者들은 쩨서내버린 것 갓다 쏘 其中에 滑稽하기도하고 痛快한 것은 女子들이 合同하야 무슨 일을 하나하려면 監理敎便 女子들은 自己네는 ○○○○出身이고 學問이 놉흐니 모든 會의 權利를 다 맷기라고 號令하고 長老敎便에는 그러지안는다하야 서로 곳 싸옴만하고 아모것도 아니된다한다. 朝鮮에서는 ○○○○하나만 두고 다른 女學校는 다 업시하던지 그리지 아니하면 ○○○○課程을 좀 낫초야지 그대로 하다가는 그것은 戰鬪準備하는 곳이지 사람을 養成하야 事業을 目的하는 것과 百里의 差가 잇다. 될 수가 잇스면 ○○○○은 우리 半島에 女學校 大本營을 삼고 其他의 女學校는 聯隊를 삼앗스면 理想的이 될 것이다. 平壤서 엇던 親故가 이런 忠告를 한다. 내가 ○○○○攻擊하얏다고 ○○○○出身인 平壤女子는 다 憤慨하고 내가 다 엇더케

하던지 손맛을 보이련다고 참 可笑롭다. 朝鮮에 잇는 것을 다 稱讚하고 마지막으로 時間이 잇고 稱讚할 物件이 업스면 그째는 稱讚하리라고 決心한다. 女子들은 엇써튼지 稱讚만 하야주면 조와하는 무슨 先天的 固有性이 잇는지 모르겟다. 남조타하라고 無條件으로 稱讚하기는 실으닛가 나는 辱을 먹어도 내눈에 보이는 대로 말함이다. 나를 야속다만 말고 그둘이 좀 反省을 하얏스면 그 學校出身이 京鄉間에 엇던 稱讚을 밧고 잇나. 平壤에서도 ○○○○出身이 업스면 批評欄이 寂寞하갓고 로만스가 들니지 아니할만하드라. 歸程에 K君과 R君이 몬지만은 길을 거러서 停車場까지 나왓다. 사람은 마음으로 사귈 것이다. 世上에 잇는 아모 物件도 아니다.

一九二0, 六, 四 京義線中에서

西京行 (紀行)

赤羅山人

《신민》 6호, 1925년 10월

〈신민〉 편집인으로 추정되는 필자의 평양 기행문이다. 서두에는 남쪽 산읍 출신이라 평양을 아직 구경하지 못하던 차에 사정을 들은 회사 동료의 주선으로 평양행에 올랐다고 여행 동기를 소개한다. 이어 경성역에서 출발한 때부터 평양을 두루 구경하고 다시 다른 도시로 떠날 때까지의 일정을 순차대로 서술한다. 평양까지 가는 기차 여정을 묘사할 때에는 일본인뿐인 2등 객차 안에서 겪는 심리적 불편함을 자세히 표현한다.

평양에 도착한 뒤 첫 일정은 신민사 지국 직원의 도움을 받아 관민 기관과 단체를 찾아 인사를 하는 것이다. 이 과정에서 명물이라는 냉면과 맹물장국을 맛본 소감을 쓰고 사이에 평양의 역사, 명승지, 인정 풍속을 간단히 정리한다. 둘쨋날에는 장로교전선대회를 참관하고 숭의여학교를 방문한 뒤 오후부터 주요 고적과 명승지를 탐방한다. 이틀 동안 대동문, 연광정, 의열사, 을밀대, 모란봉, 영명사, 부벽루, 기자릉 등을 둘러보고 각각의 내력을 관련된 한시와 함께 소개한다.

평양의 명소와 고적을 둘러본 감상은 스스로 이상스러웠다고 하는데, 그 이유는 이들 고적지의 설명문이 대부분 일본의 전쟁 역사를 기념하는 관점으로 기술되어 있었기 때문이다. 조선의 고적이 일본의 자취로 설명하는 것이 우습기도 하지만 그것이 통용되는 세상이라는 사실에 개탄한다.

　　내가 西北地方을 그리워한지는 발서 올에이다

　　그 中에도 平壤 아니 平壤이라하기보담도 西京이라는 일홈이 나에게는 얼마나 情답게 들이는지 몰으겟다 죠그만한 半島 안에서 나이가 三十이 갓가웁도록 그 憧憬하는 西京을 보지 못하엿다 함은 말하기에도 죠금 붓그러운 일이다 그러나 南方의 山邑에 生長하여서 서울이란 곳에도 마음놋코 한참 잇서본 적이 업는 나로서는 도리혀 當然한 일이라고도 아니할 수가 업다 나의 이 이야기를 들은 L氏는 썰々 우스며「이달 編輯이 맛거던 이 멍텅구리에게 平壤구경을 쫌 씩여야겟군」한 것은 지난 八月初旬이엿섯다 그러나 긋쌔는 맛츰 編輯도 느저섯고 또 西鮮地方의 水害로 汽車不通을 傳하든 쌔이엿슴으로 못처름 가는 旅行에 마음이 될 수 잇는데로는 愉快할 쌔를 가리는 것이 죠켓다 하여서 그럭저럭 미루어온 것이 겨우 今番에 實行된 것이엿다 그리고 여기에 한가지 말하여 둘 것은 朝鮮總督府 鐵道國의 特別한 御恩寵이다 萬苦에 그 御恩寵으로 御下附된「京城安東鎭南浦間」이라는 그나마 돈 만이 잇는 紳士淑女들만이 타게 되는 말만 들어도 웃슬웃슬한「二等」이라는 優等無料乘車券이 아니엿섯드면 내가 西京을 만나 볼 날은 다시 無期延期가 되엿슬 것은 아는 사람들의 한가지 證明하는 것이다

京城驛發

如何間 내가 奉天行의 特急列車를 타게된 것은 一九二五年 九月十三日밤 七時二十分이엿다 事實은 그 前日일 十二日밤에 出發할 豫定이엿섯스나 그날은 맛츰 왼終日 추근추근이도 비가 왓는 故로 旣往이면 晴明한 秋天日氣를 가리서 써나겟노라고 다시 하로동안이 延期된 것이다 그러나 十三日에도 亦是 快晴이 되지 못하고 꿀무리한 鬱症나는 날세이엿다 乘車券에는 九月十二日부터 同二十六日 까지라는 期間잇는 것이엿는 故로 될수 잇는데로는 限한 쯕 차도록 利用하여줄 必要도 잇고하여서 不得已 十三日밤에는 아모레도 아니 써날 수가 업섯다

올나가보니 車室은 意外에 滿員이엿다 쏘—이의 周旋으로 겨우 半席을 어더안게는 되엿스나 萬若 이러할 것이면 도리혀 나의 分에 適當하고 마음편한 三等室로 갈 것을 하는 不平이 써돌엇다 나는 먼츰 室內를 한번 휙 둘너보앗다 먼츰 자리를 占領하고 안즌 그들은 모다 「어줍지못한 侵入者가 들어왓고나」 하는듯이 보게 실케 기름씨인 쯩々한 얼골들을 나에게 돌여 녹일듯한 視線을 보내고 잇섯다

그리고 그들은 누구나 다 一體하게 지르々한 洋服에다 스프링코—트을 바처입고 同盟한듯이 그들의 쯧기에는 金時計줄이 電燈빗을 바다서 번져 그렷다 나는 마음이 異常히도 쑤릿쑤릿하여지며 몸덩어리가 瞥眼間에 더 적어진듯한 생각이 낫다 이것이 아마 돈업는 사람이 當하는 一般의 悲哀일 것이다 「에라 그만 三等으로 가버릴가보다」 하고 일어서려고 하다가도 「어데 죠금만 더 견대보자」 하는 마음이 다시 생기고 하엿다 이것이 나의 조그만한 自尊心이엿다 朝鮮사람이라고는 오즉 나 하나 쑨이엿다 그들의 점지안은체하는 컬々한 목소래로 서로서로 마주안저서 하는 談話 가운데는 잇다금 「죠—센진 죠—센진」 하는 소래가 나의 귀에는 바늘로 씨르는 듯하게 들녀왓다 그러나 나는 맛츰네 그 자리에 안저백이기를 決心하엿다 「내가 避하여주면

저이들은 더욱 편하게」「왜 나의 權利를 버릴 必要가 잇나」나는 이럿케 생각
하엿다 略 한時間을 지나고 나니 쏜—이는 寢臺를 나리우기 始作하엿다 室
의 半部 以上은 寢臺의 設備로 占領되엿스나 거기에 쌀어서 나에게 깁븐 結
果를 준것은 증글증글하게도 보기실튼 大部分의 그들이 寢臺 안으로 들어가
바리고 다시는 꼴을 보지안케된 것이다 나는 인제는 내 世上이다 하고 나의
짐싹을 단겨놋코는 두칸 자리에 다리를 마음것 펼첫다 窓外는 暗黑의 世界
汽車는 그 世界를 쏠코 北으로北으로 달어낫다 나는 마음이 노이자 어느듯
잠이 들엇다

날나서 쌔여보니 時計는 열두時에 十分이 지낫섯다 쏜—이에게 平壤을
물으니 아즉도 한時間 以上이나 더 가야겟다고 한다 잇째부터 나는 헌들이
며 안저서 平壤가서 할 일 旅行日程가튼 것을 얼능얼능생각하엿다 旅行에
익숙지 못하고 兼하야 싹업는 외로운 旅行이엿슬 샌 쏘한 가보랴고 하는 곳
에도 알아서 引導하여줄만한 親舊도 아모것도 업섯다 그러한 故로 내가 어
느날 어데로 가겟스니 잘 附託을 한다는 편지라던지 쏘는 어느 時間에 거기
를 가겟스니 마즘을 나와달나는 電報라던지는 一切 나에게는 必要치 안엇다
다만 乘車券이 指定한 場所期間이면 어느 곳에라도 마음 向하는 곳에 나리
기 酌定하고 그나마 一冊의 旅行案內書도 가지々 아니한 말하면 無計劃한
대중업는 旅行者이엿다 그러한 一方 新民社로 볼 째는 旅費를 내여서 安東
縣싸지 出張을 보내는 것이니 될 수 잇는대로 雜誌도 좀 잘 宣傳하고 人氣를
끄을만한 죠혼 資料도 만이 어더와서 十月號에는 旅行記事로 좀 잘 채워보
자는 쯧이 업지 아니할 것이다 이러한 責任感이 나에게는 죠금도 업섯다 할
수는 업스나 그보담은 이모레나 平壤을 한번 보자는 遊覽客的 氣分이 만엇
슴은 事實이다 그러나 이 아모레나 平壤을 한번 보자는 遊覽客的 氣分이 만
엇슴은 事實이다 그러나 이 아모레나 平壤을 한번보자는 그 생각 가운데는
무슨 남에게 나의 見識을 자랑해 보겟다든가 쏘는 名勝地를 돌어 단엿노라

는 自滿心으로보담은 先人의 자최를 차즈며 幽閑한 自然의 靜寂한 품 안에서 얼마만이라도 나의 詩想을 기루어보자는 생각과 또 한가지는 都市의 奔走한 곳을 써나서 느진 가을의 田園을 맛볼가하는 나의 隱遁的 氣分으로써이라함이 쏙이지 아니하는 나의 告白일 것이다 簡單히 말하면 나의 平壤을 보고저 함은 商業地의 平壤 工業地의 平壤보담은 歷史의 平壤 쏘는 古蹟의 平壤을 보고저함이다

平壤驛着

平壤驛에 나리게 된 것은 새한時가 지난 夜半이엿섯다 그는 마티 부그럼만은 處女처름 깁흔 안개의 븨일에 싸여 처음보는 사나히에게 갓가이 하지 아니하리라는듯 하엿다 이 깁흔 밤에 더구나 첫날밤에 나도 彼女에게 面迫하지 못할 體面을 가젓섯다

十四日 平壤에서 나의 唯一한 東道가 될 新民社 平壤支局을 第一着으로 往訪하지 안을 수가 업섯다 職員諸氏는 모다 처음 만나는 나에게 실치 안은 印象을 주는 好人物들이엿다 그 中에도 더욱히 金鎭杓 金澄植 韓弼德 三氏는 모든 點에 對하야 갓々네 나에게 便宜를 준 一面如舊의 벗이 되엿다 나의 旅行의 쯧을 알게된 諸君은 무엇보담도 먼츰 平壤의 名勝을 紹介하겟노라고 하엿스나 나는 두고 악기는 心理로서 그보담 人物의 訪問을 먼츰 하자고 請하엿다 이것이 亦是 나의 責任感에서 나온 것일는지도 몰으겟다

平壤名物의 冷麵

金澄植 金鎭杓 兩氏의 案內로 官民數個處의 訪問을 맛치고 大同樓 밋헤 잇는 冷麵집 二層에 안저서 屹々한 巨樓를 치어다보며 平壤名物의 冷麵를 먹는 것도 果히 납부지 아니한 快味이엿섯다 그러나 古蹟探訪은 오늘의 日課가 아니엿슴으로 나는 그분네들에게 大同樓에 對한 이야기를 만이 뭇지도

아니하엿고 쏘한 아즉 여기에 同樓의 말을 하려고도 아니한다

歷史의 平壤

平壤이라면 우리 白衣族의 歷史의 發源地 檀君께서 비로소 神都를 定하신 以來 四千餘年間 幾多의 盛衰와 興亡이 썩어짜이고 數업는 눈물과 우슴이 엉키인 짱이다 箕子의 來到說에 對하야는 모든 史家가 그 虛妄함을 傳함에 다시 말하고저 아니하거니와 燕人 衛滿이 箕子의 四十一世孫 箕準을 追放하고 王儉城을 據하야 衛滿朝鮮을 構成하엿다 함을 信할 째는 적어도 箕子의 後裔가 平壤에 來住하엿슴만은 事實이라 아니할 수가 업다 漢武帝가 衛滿을 討滅하고 樂浪 臨屯 玄菟 眞蕃의 四郡을 置하게 됨에 平壤은 當時의 王儉城으로써 樂浪郡이 되엿섯다 그리하야 그 後 漢昭帝는 四郡을 改하야 二府에 分함에 玄菟와 眞蕃은 平野州督府가 되고 樂浪과 臨屯은 東部都督府가 되엿섯스나 其實은 何等의 變遷도 업섯다 漢末에 至하야 扶餘族의 威勢가 四圍에 셀치게 됨에 東三省의 一帶를 비롯하야 都成을 築하고 드듸여 平壤을 回復하야 只今까지의 外敵을 驅逐할 째의 그들의 秋天가티 놉흔 意氣야말로 比할 째가 업섯슬 것이다 高句麗가 비로소 平壤에 都하기는 東川王朝이엿섯스나 그後 平原王에 이르기까지 遷都가 前後八九回에 及하엿고 都城을 築함이 쏘한 六處의 多數이엿다 그러나 맛츰내는 올에 平壤에 都하엿스니 鷄林八道는 잇째에 처음 統一을 見하게 되엿고 멀이 遼東은 高句麗의 일홈에 셜엇섯다 굿째이다 平壤은 當時 强大한 高句麗의 堂々한 帝都로써 그 얼마나 隆盛과 繁華를 極하엿던가 그後 高麗 太祖 唐의 大都護府를 擊退하고 이어서 여기에 王都를 定하야 西京 又는 鎬京이라고 改稱하엿섯다 王都를 옴긴 以後도 발서 九百餘年이나 되엿섯스나 平壤은 항상 西朝鮮의 重鎭으로 쏘는 歷史의 녯서울로 우리들의 머리를 써날 째는 업섯다

名勝의 平壤

그나마 全然히 歷史的 記錄을 써나서 地理上으로만 觀察하드레도 南京城에 五百里(日本里程五十里) 北義州에 五百里(日本里程五十三里) 東元山에 五百里(日本里程五十二里)를 拒한 中央地點을 據하야 北方은 光風山及 東山의 산맥에 依하엿스니 地勢가 稍히 隆起하엿고 西方은 老鶴山及 大寶山의 連山에 限界되야 南方에 向할사록 廣潤한 平野는 一望渺茫하게 열엿다 普通江은 이 平野를 貫通하야 大同江(浿江 又는 王城江)에 合하니 大同江은 곳 平壤府의 東南을 머리하야 흐르는 漾々한 大江이다 江의 源流는 둘이 잇스니 一은 寧遠郡 加幕洞에서 發하야 成川의 沸流江이 되고 西南으로 江東을 지나 平壤에 來한 者이오 一은 陽德郡 文音山에서 發하야 西北으로 흘너 平壤에 至하야 兩流는 合하야 大同江을 成하고 다시 西南으로 흘너 龍岡에 이르러 黃海에 注入하니 그 一帶의 平野는 土地가 肥沃하고 灌漑가 至便할 쑨 大同江의 澎湃한 水勢는 舟運의 便이 쏘한 적지아니하다 將來 大工業都市의 平壤을 造成케 함도 全혀 이 大同江의 水力에 잇다 大同江의 越便은 一帶의 平野를 隔하야 멀니 平安黃海의 諸山脉과 相接하야 마티 天然的 一大圓形의 山城을 築한듯한 感이 잇다 平壤府는 이 山城 內의 中央部를 占하야 北으로 大方山을 등지고 南北으로 二萬五千戶의 住戶가 櫛比히 布置된 一大雄都이다 大同江岸의 右便에 沿坐한 山은 곳 有名한 錦繡山이니 牧丹峯 乙密臺 淸流碧 等은 모다 이 山中의 一角이오 練光亭 浮碧樓 玄武門 等은 모다 이 天然의 山川을 利用하야 築造한 人工物들이니 진실로 錦繡山의 일홈에 붓그럽지 아니할 大自然의 傑作이다

人物의 平壤

山川의 明媚함을 싸라서 人物들이 모다 俊秀하게도 생겻슴은 쏘한 自然의 調和라할가 더구나 平壤市街를 건일쌔 그 數업시 만나게되는 婦人네들의

멀금한 態度에는 나는 참으로 南男北女라는 말의 證明을 본듯하엿다 南男이
야 잘생겻는지 엇던지를 잘 알 수 업거니와 西北의 婦人네들이 南쪽 婦人들
보담은 數層의 出色이 잇다는 것은 旅行者의 한가지 말하는 바이다 더구나
그들의 머리에 두른 雪白의 布巾은 南方婦人네의 色長衣(무름개)에 比하야
數倍의 高尙한 맛이 잇다 記者는 그 雪白의 頭巾을 볼 째 이것이 長白山의
象徵이나 안인가고도 생각하엿스며 特히 平壤婦人의 그것을 볼 째는 牧丹峯
이 聯想되기도 하엿다 그리고 이 女子의 白頭巾에 對比할 것은 男子의 黑탕
건이다 이것은 或 李朝五百年間의 反動的 氣分으로도 볼 수 잇고 또는 그
反對로 녯習俗을 버리지 아니하고 직힌다고 할 수도 잇게스나 如何間 女子의
白頭巾과 가튼 好印象을 가질 수는 업다

南方의 濃厚한 階級的 氛圍氣에 生長한 나로써 西北人의 美點을 가장
讚揚할 것은 무엇보담도 그들의 平等的 直質한 態度라 하겟다 점지않은 紳士
도 市井에 行商하는 婦女子에게까지라도 서슴지 안코「네— 어드메 가섯습
됫가」하고는 그들은 반듯이 모자를 벗고 공손히 인사들을 한다 그들에게는
낡어쌔진 班常의 區別이 업스며 沒落되여가는 貧富의 差別이 甚치 아니하며
時代撞着의 貴賤의 區分이 업다 나의 눈에 비치인 西北地方의 世界는 南方
에 比하야 確實히 時代的 進步가 잇다고 생각되엿다

平壤名物의 맹물장국

夕飯 後에는 多少 疲의 勞를 感하엿스나 尹斗星氏의 案內로 新舊市街를
一巡하고 大同橋의 鐵橋를 건너 船橋里까지 往還하엿다 兩岸人家의 電燈
이 大同江의 碧波에 빗치여 恍惚한 水國의 龍宮을 보는듯 하엿다 同氏의 引
導로써 平壤名物의 一種인「맹물장국」을 試嘗한 것도 旅行者의 快味라 아
니할 수가 업다 더구나「맹물장국」에 對한 尹氏의 說明이 그럴듯 하엿다「서
울의 설넝탕으로 알어서는 안됩니다 첫제 정하고 둘제 맛잇고 셋제 갑싸고

넷제 補身되고 이럿케 具備한 食料品은 全鮮에도 아마 그 짝이 업슬 것임니다」 이럿케 홀륭한 「맹물장국」의 宣傳을 記者에게만 할 쑨만 아니라 同氏는 쏘한 新民讀者 여러분에게까지 紹介하여 달나는 附託이 잇섯다 그런데 그 말이 더욱 홀륭하다 「雜誌에다는 이럿케 자미잇게 써주시오 平壤맹물국─하거든 나는 大同江물로만 알엇더니 한번 그 맛을 본 뒤에는 大同江물이 모다 맹물국이라도 다 마서바리겟드라고」 氏의 말과 가티 맹물장국은 그 量과 肉汁의 濃厚에 對하야는 「설넝탕」에 못함이 잇슬지나 其他의 諸點에 잇서々는 모다 「설넝탕」 以上의 風味가 잇슴을 記者도 首肯하지 아니치 못하엿다 이러한 맹물국으로써 同氏와 相別하고 나는 홀로 十二時半까지 소래 업시 나려가는 껌은 大同江을 나려다보며 練光亭 엽흘 건일엇다 멀지 아니한 곳으로부터 妓生의 凄凉한 노래소리와 함쎄 둥당둥당하는 長鼓소리가 江물을 싸라 흘너왓다 나는 여기서 멀지 아니한 곳에 料理집이 잇슴을 斟酌하는 同時에 杜少陵의 「商女不知亡國恨 隔江猶唱後庭花」라는 句가 문듯 생각이 낫섯다

長老敎全鮮大會

十五日 맛츰 第十四回 長老敎全鮮大會가 열엿슴을 들엇는 故로 西大門外의 同會場을 往訪하여 보앗다 그러나 議決事項에 對하야 外來者로 하여금 窺知케 할만한 何等의 準備物도 업섯는데는 하는 수 업섯다 그리고 會場의 四壁에 나란히 부처둔 表는 모다 무슨무슨 費用에 對한 計算及 決算表이엿다 이러한 天堂에서도 金錢의 會計는 分明히 하는가 보다는 생각에 싸라서 돈은 貴重히 對接할 것이라는 생각이 나의 머리에 써돌게 된 以外에논 아모 어든 것 업시 돌아오고 말엇다

問題의 金順愛孃

그 다음에는 崇義女學校를 往訪하엿다 諸者 여러분께서는 或 짐작하실이가 잇슬는지는 몰으나 同校의 女學生인 金順愛孃과 米國人 宣敎師「말콤손」이라는 사람 사이에 일어난 알듯하면서도 썩 잘 몰을 異常한 問題를 解決하여 보자는 記者의 好奇心으로이엿섯다 맛츰 正午가 되여서 男子先生은 한분도 잇지 안엇는 故로 同校寄宿舍々監인 女先生을 만나서 이야기하엿다 그러나 先生은 썩 怜悧하게도 問題의 核心을 左右로 避하엿다 한말로써 선생의 答辯을 말하면「말콤손」이라는 그 者만이 죽일 놈이다 왜 그러냐하면 宣敎師라는 神의 命을 傳하는 者가 純潔한 處女에게 獸行을 敢行하려다가 맛츰外人에게 들켜서 遂行치 못하엿는 까닭이다 事實 그러하엿슬는지도 몰으겟다 그러나 當時 喧傳된 新聞의 記事와 某可信할 方面의 調査를 綜合하여보면 先生의 答辯과는 全然 相反된다 九味浦의 避暑地에는 女學生의 寄宿所가 잇섯는데도 不拘하고 金順愛孃만은「말콤손」宅에서 起臥한 事實로 보아도 그 兩人의 關係는 오래동안 繼續된 모양이라 하며 그 當時 와서는 金孃은漸次 將來의 身上을 생각하게 되여서「말콤손」에게 關係를 拒絶하여온 最後의 暴發이 七月二十九日夜에 이러난 事實이라고 한다 그리고「말콤손」은 金孃의 拒絶에 答하되 내가 너의의 몸을 診察하여 봄에 임의 나의 血肉을 가지게 되엿슴을 엇덧케할가하는 威脅的 言辭에 對하야 萬若 金孃은 何等 自愧할 事實이 업섯다 하면 그 翌三十日에 九味浦에 잇는 醫師 崔某에게 診察을 請한 意味는 어느 곳에 잇섯는지? 이것도 萬若 全然한 無限浪說이라하면 記者는 金孃에게 對하야 그윽히 同情하는 同時에 이러한 浪說은 하로일즉 世人의 記憶으로부터 살아지기를 바라고 마지 안는다

古蹟의 歷訪

午後 金瀅植氏의 案內로 名勝古蹟의 歷訪을 始作하엿다

大同門

平壤六門中 東門에 相當한 門이니 大同江畔에 巍然屹立한 三의 一大
樓閣이다 그 建築의 精妙함과 그 結構의 雄壯한 點에 잇서々 半島歷史의
好資料이오 世界建築學上의 一大參考가 될 것이다 同門은 距今 五百餘年
前 太祖朝의 建築으로써 中宗 辛丑에 一旦兵燹를 過하야 宣祖 十年에 다시
改築한 者이니 昔日은 京城에 來往하는 惟一의 要門이엇섯다 樓下의 巡査
派出所에서 열쇠를 비러 門扉를 열고 三層에 올나 市街를 俯瞰하니 平壤의
人烟은 一眸에 모여들엇다 只今까지 平壤에서는 同樓를 凌駕할만한 大建
築物이 잇지 아니함에 그의 堂々한 體軀는 五百年 以前과 매양 한모양 平壤
의 市民을 支配할 힘을 가젓다 詩人 金仁存의 同門樓에 寄한 一首의 詩가
잇스니

　　大同江上見樓□ 門銷荒烟晝不明 飛棟入雲星可摘 虛窓近水月光來
　　山羅屛障陰和合 樹□簾□翠作埋 咫尺無山一登覽 更言海外訪蓬萊

同人의 大同江에 寄한 詩에

　　雲卷長空水映天 大同樓上微華筵 清和日色節簾幕 施旋香烟泛管絃
　　一大長江澄似鏡 兩行垂柳遠如烟 行者乙密臺前景 千□千年表未然

두 詩句를 對照하여볼 째 우리는 그 江上에 屹然한 門樓의 雄姿를 幻想케
되는 同時에 쏘한 同樓에 對한 追憶의 感이 업지 아니하다

練光亭

大同樓에 隣接하야 亦是 大同江畔의 巖上에 翼然이 선 一樓亭이 잇스니

이것이 곳 有名한 練光亭이다 周圍에 木欄을 둘너 一般의 任意出入을 禁하고 特別한 觀覽客에 限하야 열쇠를 빌니는 것은 大同樓와 갓다 亭은 距今 四百餘年前 當時의 監司 許硡의 建立한 者로 其後 明의 萬曆 丁丑에 道尹 柳思規가 이것을 修築하엿고 其後에도 種々의 修理를 加하야 今日에 至하엿다는데 金學士黃元의 有名한 聯句「長城一面溶々水 大野東頭點々山」의 額은 鐵綱의 歲置로써 아즉 左右의 기둥(柱)에 附着되여잇다 練光亭에 寄한 一二의 詩句를 들면

白練橫晴溪 烟光淨一川 危亭天上坐 彷彿欲登仙

×

華亭高構浿江邊 春晚煙花滿眼前 爲客不烘傷往事 倚□猶覺□吟□

成□影裡魚吹浪 綠柳陰中人喚船 腸斷一聲何處笛 夕陽驚起白鶴眠

義烈祠

壬辰亂에 金應瑞 將軍과 呼應하야 倭將 小西行長의 亞將을 處置하여바린 義妓 桂月香娘의 忠魂을 吊祭하는 祠堂이다 그 碑銘에 依하면 憲宗 乙未에 當時 觀察使 鄭元容이 老妓竹葉의 口傳과 平壤誌의 記錄에 依하야 비로소 桂娘의 祠宇를 建設하엿다 한다 神匣에는 亦是 壬辰亂에 賊軍의 行辱을 避하야 墜城自殺을 圖한 府妓玉介娘과 이 祠宇를 修築한 女慈善家 金召史 夫人의 幻釋한 想像畵를 列揭하야 配亨하엿스니 只今까지 春秋二期에 分하야 平壤의 妓生組合에서 亨祀를 擧行한다고한다 그러나 이 亨祀도 只今은 名色쑨인 貧弱한 行祀에 지나지 못하고 一般은 平壤府의 古蹟을 말할 새 이 義烈祠는 數에도 넛치 아니하려고 하게 되엿다 이 祠門을 마음잇게 來訪하는 者 쏘한 몃사람이나 될가 義娘의 忠魂은 맛당히 地下에서 울 것이다 周圍의 秋草는 마음대로 기럿는데 호올로 夕陽의 빗살이 기우러가며 빗쳐줄

다름이엿섯다

乙密臺

臺는 牡丹臺에 對峙한 錦繡一角의 峰巒이니 臺上의 絶壁에 危坐한 建物은 距今 六百年前의 築造로써 四虛亭이라 일홈한다 壬辰의 亂 臺上의 松枝에 戎衣를 걸어서 日軍을 威脅한 例가 잇고 坐 日淸의 役에는 淸將 馬玉昆이 此에 據하야 固守하엿슴으로 日軍이 最히 苦戰한 場所라 한다 낫에도 오히려 蟋蟀이 滿山한 乙密臺의 가을은 더욱히나 쓸々하엿다 이 附近 一帶에다 百萬圓의 豫算으로 大公園의 設計가 되여잇스나 經費의 關係로 아즉까지 實行치 못하고 잇다 한다 間々히 記者와 가튼 遊覽客들도 업슴은 아니엿지마는 茶亭의 老婆가 짯뜻한 가을빗살에 쬬여서 낫죠으름하리맛콤 閑散하엿다 乙密臺에 寄한 絶句가 잇스니

錦□山上頭 一臺平如掌 恐有天上仙 乘風時來往

牡丹峯

乙密臺와 마주 안즌 錦繡山의 高峯은 곳 牡丹峯이다 이 봉오리를 올나서 左右를 俯瞰할 째 나는 孔夫子의 泰山에 올은 늑김은 이러하엿는가 하고 생각하엿다 南 千仞斷崖 우에 兀然히 端坐한 것은 四虛亭이오

脚下 溪壑이 서로 連한 鬱蒼한 松林間에 쓴믄쓴믄이 노여잇는 古色蒼然한 建物들은 永明寺 浮碧樓 得月樓 等이다 東 푸른 밋싹리의 그림자를 잠기우고 어엽븐 綾羅島를 싸고도라서 기름가티 구믈구믈기여가는 것은 곳 大同江이니 江流로부터 漸々 眼瞳을 들어볼 째는 廣漠한 平野가 祥原中和의 連巒이 森々하기 그림과 가티 가로막을 째까지 열여잇다

昔日은 牧丹峯 우에도 樓閣이 잇섯다 하나 只今은 그 자최가 엄다 牡丹峯

에 寄한 詩가 잇스니 其中 一二를 들면

山開錦繡□春陽 更有奇峯猶占芳 萬壑千岩如衆卉 他□□質□花王

×

聞道牡丹峯 牡丹花已老 莫恨峯無花 峰名亦自好

永明寺

牡丹峯에서 急坂을 나려 浮碧樓로 가는 길 層岩을 등지고 果히 넓지 못한
基地에 안즌 一宇의 奄子는 곳 永明寺이다 이 죠그만한 奄子의 냇일을 들으
면 丹碧이 燦爛한 堂々한 殿堂이 只今 남어잇는 것 以外에 八個所의 多數에
及하엿고 平安道內 各寺의 宗山으로 僧徒를 썰게 하엿섯다 한다 그러하던
것이 그 몹슬 日淸亂에 아모 罪업시 兵燹에 걸어서 모든 伽藍은 灰燼에 歸하
고 오즉 그 一棟이 남게 되엿다 한다 그 建立의 歷史도 千餘年의 歲月을 經하
엿스니 卽 高句麗廣開王 二年에 創設한 者라 한다

永明寺의 西便에 麒麟窟이라는 一岩窟이 잇스니 傳說에 依하면 甲午年
北城을 建設할 째 이것을 發掘한 것으로써 窟內에 들어가보면 隨處에만은
屈曲이 잇고 그 屈曲에 싸러서 或은 階段도 잇고 或은 平臺도 잇서 싯까지
갈 째는 東明寺에 通하게 된다하며 쏘한 一說에는 東明王이 麒麟을 타고 이
窟을 通하야 大同江中에 잇는 朝天石이라는 바위에 단엿는 故로 일홈을 麒麟
窟이라 하엿다고 한다 그러나 記者는 不幸히 이 窟을 보지 못하엿다

浮碧樓

牡丹乙密 兩臺의 밋 溪壑이 다한 곳에 大同江의 絶壁에 危坐하야 飄然이
날어갈듯한 樓名은 곳 浮碧樓이다 그 일홈이 말하는 바와 가티 그의 半身은
只今 千年이 지나도록 變치 아니하고 항상 浿江의 碧波中에 잠겨잇다 樓는

高句麗時 永寺明僧 南軒興上人의 刱始이니 平壤一의 古建物이다 浮碧樓라는 일홈을 엇기는 只今부터 八百年前 高麗 睿宗大王 西巡의 車輩가 이 樓에 停留되엿슬 째 群臣을 모아서 盛宴을 베풀고 從臣 李顔으로 하여금 命名케 하엿섯다 한다 高麗의 英傑 金富軾先生의 詩가 잇스니

朝退離宮得勝遊 無窮景象赴双眸. 雲邊列峀重々出

城下寒江漫々流. 柳暗誰家沽酒店 月明何處釣魚舟.

牧之會□爲閑客 今我猶嫌子自由.

箕城八景의 詩에

樓倚錦繡山 而俯浿江水 浮影碧波中 朱□落鏡裏

浮碧樓로부터 轉綿門을 지나서 江岸의 좁은 길로던지 江流의 적은 樓船으로던지 牡丹峯 우에 夕照가 빗치고 綾羅島畔에 점은 煙氣가 써들 째 清流壁을 치어다보며 가만가만이 집을 向하야 드러올 째는 이 世上에도 이럿케 살 맛이 조흔 곳이 잇는가가 疑心이 난다

箕子陵

乙密臺의 西便 老松이 桼差한 一帶의 丘陵은 곳 兎山이오 兎山의 丘上 松間에 隱見하는 一坐의 殿堂은 곳 箕子陵이니 箕子는 距今 三千餘年前 殷紂의 叔父로써 紂王의 暴虐을 諫하야 듯지 아니함에 곳 殷나라를 써나 五千人의 從者를 다리고 東으로 朝鮮을 건너와 平壤에 都하야 四十一代 一千年間의 王이 되엿다함이 卽 箕子朝鮮의 史記이다 그러나 近來 諸歷史家의 研究에 싸러서 箕子의 來都는 只今의 遼東地方이오 平壤은 誤傳이라는 說이

漸次 有力하기 되엿다 그리고 이 陵墓는 距今 八百餘年前 高麗 肅宗 十年에 箕子의 墳塋을 차저서 비로소 이곳에 奠祭하엿다고 傳하나 그 事實의 如何는 只今까지 分明치 아니하다 其後 李朝 成宗 十二年에 舊祠를 增築하고 其德을 追頌하야 碑를 세우고 李良으로 하여금 文를 撰케 하엿스니 現今의 箕子의 碑文이 곳 그것이다

節을 携하야 墓殿 內에 入함에 墓前에 선 左右의 石像은 입을 다무리고 永遠히 말하지 아니함에 넷 자최의 眞否를 알지 못하거니와 눈을 쌈고 가만히 墓側에 안즘에 나의 생각의 나래는 소래업시 三千年前의 넷시절로 날어갓다 決然히 祖國을 써나 雄圖를 품고 東方으로 向하던 太師의 悲壯한 幻影이 나의 눈 압헤 얼넝그렷다 松風이 蕭々히 느진 가을을 아리외는 소래 사이로 일홈을 몰으는 새의 울음은 마리 古人의 述懷를 듯는 듯 하엿다

이 以外에 平壤의 名勝은 아즉 玄武門 七星門 普通門(一名 又陽關) 萬壽臺 關帝廟 等이 잇다 그러나 번그러움을 避하기 爲하야 여기에 一々히 쓰지 아니하고저 한다 그리고 只今 日本사람들이 全力을 드려 發掘中에 잇는 大同江越便의 般橋里인 古樂浪遺蹟도 될 수 잇는데로는 가서 보렷고 하엿스나 그것도 如意히 잘되지 아니한 中 十七日 早朝에 다시 新義州 安東縣 方面을 向하야 써나게 되엿다 그러한 故로 平壤의 이야기는 未盡하고도 皮相的이나마 이만 쓰고 긋치고저 한다

마즈막 平壤의 名所古蹟을 본 나의 感想이 異常스러운 것을 附記하고저 한다 그것은 四千餘年間의 祖先의 자최까지 남사람의 일홈으로 改作되엿는가 하는 슬픈 늣김이다 간곳마나 그 名所古蹟을 說明하는 文句에는 「文祿役에 小西行長이 엇젓느니 日淸戰爭에 엇덧케 싸왓느니」 하는 것이 그 大部分의 說明語가 되여잇다 그러면 이것은 그들의 古戰場의 記念이오 遺物이라는 意味로의 古蹟이라는 세음인가 모든 것을 마음데로 하는 그들이니 무슨 文句를 羅列하거나 亦是 그들의 마음데로 할 쑨일 것이다 그러나 사람의 깁피박히

인 자최에다 아즉 바람비도 체 맛지 아니한 몬지를 薄紗와 가티 살々 덥퍼 쌀고 이것은 나의 자최이다고 하는 心理야말로 생각하여보면 우서운 것이나 그것이 훌륭하게 通用되는 世上임을 엇덧케 할가

　十七日에 平壤을 써나 宣川 新義州 安東縣 回路에 鎭南浦까지 瞥見하엿 습니다 그러나 公然한 수작이 너므 길엇섯는 故로 남어지는 다음號에 機會잇 는데로 쓰게하고 平壤까지로 爲先 이 記行은 끈어 바렷슴니다

　　　　　　　　　　　　　　　　　—一二九五, 九, 二六—

그런 幸福과 順境이 쏘다시 왓스면

KS

《신여성》 4권 7호, 1926년 7월

필자의 여학교 생도 시절을 회고하는 산문이다. 어린 시절의 한때 평양을 방
문한 내용을 담고 있지만 기행문으로 보기는 어렵다. 필자는 아버지가 딴 살
림을 해 홀로 자신들을 키운 어머니 아래에서 상대적으로 자유롭게 자랐다고
회고한다. 관립여자고등보통학교에 다닐 때 학교 분위기는 엄격했으나 혼자
만은 마음 편하고 자유롭게 생활했고 유달리 장난을 잘했다고 기억했다. 하
기 방학 때 친구집을 차례로 돌며 놀기로 해놓고 정작 필자의 집으로 찾아오게
된 날 아무 말도 남기지 않고 형(손위 언니)와 평양으로 놀러간다. 평양에서도
철없는 장난으로 재미있던 것을 기억한다. 대동강에서 배를 타고 놀 때 다른
놀이 배에서 장구치는 것을 듣고 좋기도 하고 밉기도 해 먹던 참외를 던져 기
생의 적삼을 버린 일, 을밀대에 산보하던 중 뚱뚱한 양복쟁이와 홀쭉한 트레
머리 여성이 고개를 숙이고 발을 맞춰 걷는 것을 보고 비아냥거려 같이 간 사
람들을 웃긴 일 등을 회상한다. 당시 자신의 생활이 아름다운 한 쪽의 그림 같

다 생각하며 현실의 비애를 잊게 할 그런 행복의 시간이 다시 오지 않나 하는
바람으로 글을 맺는다.

누구를 물론하고 맛나는 사람마다 약하다 활기가 업다하는 나도 그자미
만튼 녀학교 재학시를 회상하면 쏘다시 기운이 난다.

더욱이 나이(年) 어린측으로는 공부나 작란이나 할만치 햇다고 하는 나는
동모들사이에 인심을 엇기도 만히엇고 일키도 만히 일엇다. 어릴 쌔부터 아
버지는 싸로 살림을 하고 어머니 품에서만 자랏다. 나에게는 옵바와 언니가
잇다. 어머니는 늘 우리들에게「나는 너희들을 좀 자유롭게 만들겟다. 나와
가튼 모양이 되면 엇저겟니! 그러나 너희들의 행동에 대하여는 너희들이 전책
임을 가지고 주의하여 모—든 것을 하지안으면 안된다」하엿다.

그러기쌔문에 우리의 생활은 비교적 자유로웟다.

그쌔 나와 형은 관립녀자고등보통학교에 단일쌘데 이 학교는 지금도 그
럿치만 그쌔에는 더욱이 규측이 엄하여 학교라고 가기만하면 형사가 무엇이
나 한아 발견하려고 이곳저곳 눈을 노려가며 보는 것과 가티 선생들은 학생들
의 일동일정을 엇더케 야단스럽게 감시를 하엿는지 모른다.

분을 발러도 말, 깃도구두를 신어도 말, 조은 당기를 듸려도 말, 비단저고
리를 입어도 말, 반지를 쎠도 말, 아모럿튼 잔소리란 잔소리는 다—하여 학생
들이 긔를 못폇스나 나 혼자만은 퍽도 마음이 편하고 사지를 마음대로 놀럿다
고 생각한다. 수예(手藝)나 리과가튼 것은 상당히 발달이 되엿섯스나 운동에
관한 것은 아조업섯대도 가하다. 이런데 나는 유달리 작란을 잘하여 엇던 쌔
는 작란에 정신이 팔려 종치는 소리를 못 듣고 늦게 드러가기와 한 시간이나

두 시간 안 드러가기가 예사이엿다. 그리고도 선생 무서워 할 줄을 모르는 나를 보면 선생도 기가 막히는지 별로 책망도 안하엿다. 그러케 놀기에 밋첫다가도 선생이 뭇는 말은 곳잘 대답을 하기 쌔문에 여전이 귀염은 밧엇지요. 엇던 학교에든지 잇는 일이지만 쇠맹이들로 조직된 나의 클럽(구락부)은 회원이 여덜명이엇섯다. 그 중의 대장이 곳 나엿섯는데 노는 시간만 되면 쎄를 지어가지고 미운 사람 놀려먹기와 원수진 사람 원수 갑기와 자미잇는 작란치기에 퍽도 깃벗다. 그 쌔로 말하면 실로 전체(全體)의 세포(細胞)가 환희에 춤추는듯한 행복된 날이엇섯다.

싸쯧한 봄바람에 노래하는 새들과 가티 자유를 사랑하고 천진을 사랑하는 우리 클럽은 철장과 가트면서도 락원인 학교를 쎠나서 제각각 헤지는 하기 휴가를 당할 쌔마다 서로서로 붓들고 울엇다. 이학년 하휴를 당하엿슬 쌔 우리는 모혀 이 녀름을 엇더케 지나면 좃켓느냐는 회를 열엇다. 나는 사흘만큼식 우리가 모다 모혀 차례로 오늘은 누구의 집 이다음날은 누구의 집 이와 가튼 방식으로 단이며 놀자고 하엿다.

첫날이 즉 대장인 우리집에 올차롄데 나는 아모 말도 업시 방학하든 그 잇튼날 형과 가티 평양으로 놀러갓다. 그러케 친하게 놀면서도 그러케도 생각이 업시 어려서 어느날은 제동모들이 올터이니 평양갓다고 말이라도 하여달란 말한마듸 어머니에게도 부탁을 안하엿다. 정한 날이 되어 동모들이 왓다가 어머니에게 평양갓다는 말을 듯고 그 중의 제일 친한 동모아가 「네가 그러케 무정하게 말 업시 간 것을 알고 나는 얼마나 울엇는지 눈이 다—부엇다」는 편지를 하엿슬 쌔 나는 「네가 그러케 만히 울엇스면 눈물도 만히 나왓슬 터이니 그 눈물을 이곳으로 보내주면 내가 개학 쌔 올라가면 너를 더욱 사랑하겟다」하는 답을 보냇다. 지금 생각하면 이 말이 엇더케 우수운지! 다시 한 번 그런 쌔가 그러케 어린 말을 할 수 잇을 쌔가 온다면 얼마나 깃블가 한다. 또 한가지는 대동강(大同江)에서 배를 타고 놀다가 다른 노리배(遊船)가 압흘 지나며 소리하고 장구치는 것이 듯기도 좃코 밉기도 하여 참외먹든 것을 던진 것이 엇던 기생의 적삼 압섬에 써러저 적삼버렷다고 야단하는 꼴이 너무도 우수워 남은 죽겟다고 야단을 치는데 나는 좃타고 손벽을 치다가 형한테 꾸중 당하든 생각, 한 번은 여럿이 을밀대(乙密臺)에 산보 갓슬 째 쭝쭝한 양복쟁이와 홀쭉한 트레머리 무엇인지는 몰라도 하여간 모양을 내고 발을 맛추어 거름을 거르면서도 고개는 숙이고 피차에 말업시 부벽루를 지나 영명사 압흘 지나 을밀대로 올라오는 것을 본 나는 그 두사람의 모양이 퍽도 우수워서 다른 동모들에게 「저긔 무슨 맛에 쭝단지가튼 남자와 가티 심심하게 말 한마듸도 못하고 이 더운데 이리저리 도라단여?」 하닛가 가티갓든 사람들이 모다 박장대소를 하든 것이 생각난다. 그와 가티 나는 철부지엿섯다. 보는 것 듯는 것이 모다 우습고 깃벗섯다. 남은 사랑에 취하여 유쾌한 마음으로 시원한 곳을 차저단이며 사랑을 속살거리는 것을 모르고 무미하다고 한 것을 생각하면 얼마나 현실 사회에 조곰도 집족이 업는 환경 가운데서 자유롭게 자란 것을 짐작하겟다. 지금 녀학교 학생들에게 비교하면 쑴 속에서 노래하는 사람 모양으로 아모 근심걱정 번민을 조곰도 모르고 지난 것이 엇더케 생각하면 유치한듯도 하나 엇더케 생각하면 인생의 가장 귀한 귀한 천진을 오래보존한 것이라고 생각된다. 그 째의 나의 전생활(全生活)은 아름다운 한 쪽의 그림과 갓헛다. 이와 가티 나의 녀학교 재학시대는 깃붐으로 충만하엿섯다. 공부를 하면 자긔가 엇더케 되는지 공부란 것이 사람에게 얼마나 필요한 것인지 나는 도모지 몰랏다. 그러타고 공부는 조곰도 안하고 놀기만 한 것도 안이엿섯다. 이러케 행복스럽고 쾌할하든 녀학교 재학시대가 지금도 째째로 련상되며 쏘한 째째로 사회의 불합리를 모르고 현실의 비애를 잇게할 그런 행복과 순경(順境)이 쏘다시 안오나?하고 가만히 바랄적도 잇다.

—씃—

大同江배노리

平壤紀行의 一節

金永鎭
《新民》 제4권 29호, 1927년 9월

필자가 사흘 간 평양을 여행하고 서울로 돌아오던 마지막 날 오후 서너 시경부터 밤기차를 타기 전까지 몇 시간 사이의 일화를 대화체를 많이 섞어 기록한 산문이다. 유명한 평양의 대동강 뱃놀이가 지루하고 생기 없는 시간 때우기로 그려져 있다. 필자는 일행 K와의 평양 여행에서 회계를 담당하는 중이다. 마지막 날 친구 K는 대동강에서 기생을 데리고 뱃놀이를 하고 가자며 택시를 부르고 여관 주인까지 동행하자고 한다. 그러나 필자는 예산이 부족한 것을 생각해 뱃놀이를 거절하지만 사정을 모르는 친구의 성화로 결국 차를 타고 일단 모란봉으로 이동한다. 모란봉에 있는 유명 일본식 음식점에서 맥주를 마시고 돈이 부족한 대로 간단하게 뱃놀이를 하기로 하고 선착장으로 이동한다. 이 사이 평양에 기생이 성한 것을 소비에스 러시아에서 레닌과 트로츠키의 초상을 걸 때 평양에서는 대표 기생의 사진을 건다는 말로 표현한다. 배타는 곳에서 우연히 만난 서울 친구 O까지 합류해 세 사람이 배를 탄다. 배가 능라도 버들 아래 이르자 모란봉에서 마신 술에 취한 K는 뱃전에 누워 코를 곤다. O는 혼자 창가, 육자배기, 노랫가락 등을 혼자 부른다. 행상으로 오는 배에서 정종 한 병을 사서 마신다. 술을 마신 O군도 잠이 든다. 필자는 혼자 남아 행상 뱃사공과 평양 기생과 뱃놀이에 대해 묻고 대답한다. 사공이 배를 몰아 연광 정 아래로 가는 동안 재미없는 뱃놀이에 필자도 잠이 든다. 황혼 무렵 잠이 깨어 왔던 곳으로 돌아간다. 다시 모란봉 일본 음식점에 들어가 주인과 잠시 이야기하고 기생 사진이 든 그림엽서를 산다. 자동차를 불러 타고 열시가 채 안 된 시각에 기차역에 도착해 차 시간을 기다린다. 일본어 신문 일면에 크게 난 평양 기생 기사를 읽고 쓴웃음을 짓는다.

『여보게. 원 일부러 平壤을 왔다가 배노리도 한번 못하고 써나다니 말이 되는가. 오늘만 자고 가세. 자고가.』하고 K君은 쯧싸지버틴다. 나도 은근이 맘이 업는 것은 아니엇스나 이번 旅行의 全會計를 맛튼 나로서는 주먼지ㅅ 속을 잘 짐작하는지라. 그야말노 여싸지와서 챙피한 꼴이나 보이지 안어야 될텐데하는 責任感이 未嘗不 톡톡히 잇섯다.

『平壤이라구 배노리야 달을텐가. 開城 滿月臺가 기다리고 잇다네. 어서 가보아야지. 정 배노리가 願이라면 서울가서 漢江에서는 못하겟는가』旅館 ㅅ집 主人까지 참견한 터이라. 돈업단 말은 참아 못하고 K君에게는 눈만 주는 판이다.

『그건 무슨 말인가. 大同江 배노리와 漢江 배노리가 그래 갓단 말인가』 그는 아즉도 알러채리들 못하는 모양이다.

『그야 그럿습니다. 平壤구경을 오시는 손님이면 배노리가 데일이지오. 어죽이나 쒸가지고 얌전한 기생이나 두엇 불러서 배노리나 하시고 써나시우

구려. 이왕이면』쑹쑹보 주인쟁이가 속 못채리고 툭 튀여드러 맛방망이를 처준다.

『주인 자동차 한 채 불러주시오. 그리고 주인도 갓치 갑시다.』싹 한사람이다. 이 말을 듯고 나는 이마를 씽그럿다. 그러나 이 말이 막 써러지자마자 전화를 거는 주인이 더욱 싹햇다. 응. 그러면 조흔 수가 잇다. 一圓均一의 탁시-즘이야 타고 停車場으로 달녀도 關係치는 안으리라고 속으로만 셈을 대고 하는대로 버려두엇다. 十分도 채 되지 못해서 쑹쑹하는 自動車ㅅ소리가 들녓다. 나는 이미 酌定한 바가 잇는지라 쌘-이를 식여 튜랑크를 들니고 나갓다. 뒤를 도라보니 주인이 싸라나선다. 이건 큰일이다. 나는 실그먼니 手段을 부렷다.

『자- 주인 쏘 오면 뵙겟쇠다. 알녕히 게시우.』그제야 주인은 눈이 둥그러지며 뒤ㅅ거름질을 친다.

『아 서울노 가세요. 배노리는 엇저고?』

『글세 일이 밥버서 가야겟쇠다. 배노리는 다음와서 하지요』K君이 입버릴 여가가 업게스리 다 내가 가루맛해서 팡패매기를 치고 말엇다.

『아니 배노리 가는 길이얘요. 어서 올나타시우 주인.』K君은 도리여 싹하다는 낫으로 나를 바로보며 주인에게 재촉을 한다. 주인은 웬 셈인지 정신을 채릴 수 업다는 듯이 대답을 안코 멍하니 바라만 보고 잇다. 그리는 중에 나는 K君의 엽꾸리를 손가락으로 쑥 찔넛다.

『그러면 주인 알령이 게십시오. 쏘 오면 만나겟습니다. 자- 運轉手 갑시다. 하하』이제야 K君은 눈치를 알어켯다. 그러나 K君이 알어켠 눈치는 달은 눈치다. 내가 주인을 씨우고 배노리가자는 쯧으로만 解釋한 모양이다.

가자는 말이 써러지자 發動을 식히고 기다리던 運轉手는 쑥 써낫다. 써나는 方向인즉 牧丹峰으로이다. 나의 豫算은 아주 글럿다. 自動車를 불를 재 牧丹峰까지 갈테란 말을 해두엇슴으로 怜悧한 運轉手는 아주 方向을 그리로 틀고 기다리든 판이다. 써나자고만하니 約束한 方向으로 써날 수 밧게. 하하 배노리는 기어코 해야만 될가부다. 그런데 주먼지ㅅ 속은 精確히 얼마나 남엇나. 가만이 싸지어 보니 한 十餘원쯤이면 써버려도 서울까지 거러가든 안켓다는 豫算이 섯다. 이미 豫算이 서고 보니 배ㅅ 속이 턱 나려안는다. 이 째야 비로소 눈을 들어보니 自動車는 벌서 市街를 버서나 山ㅅ그늘이 나려 깔닌 淸流壁 밋길을 살갓치 다라나는 中이다.

平壤의 ㅅ녀름은 무엇이 제일 조흐냐고 무르면 나는 이럿케 對答하련다. 箕子林 깁숙한 솔밧 속에 들어가 푸른 풀을 깔고 누어서 먼데서 흘러오는 배ㅅ 다래기를 그윽히 들르며 朦朧하게 낫잠을 자는 것도 조코 달 둥실 쓴 밤에 가장 그리운 이와 한가지 조그만한 배를 저어 안개 씬 綾羅島 버들 밋흘 한박귀 휙 도는 것도 조치마는 夕陽이 牧丹峰에 걸니고 落照가 江畔을 빗칠 째 淸流壁은 치어다 보고 大同江은 나려다보며 다만 홀로 집팽이를 휘두르며 쏜푸라나미ㅆ의 팔랑거리는 닙사귀 사이로 轉錦門을 바라보며 어슬렁 어슬렁 거러가는 맛이다.

귀로는 노리ㅅ배(遊船)로부터 흘러오는 세버들 가지 갓흔 메로듸-의 기생의 愁心歌를 들르며 눈으로는 반반한 바위위다. 나도 나도 하며 닷토아 얼굴을 내밀고 잇는 크고 적은 無數한 일홈들을 눈에 씩이는 대로 읽으며 가는 것도 쏘한 興을 돗는다.

×

自動車는 山ㅅ 허리에 잇는 오마씨야라는 日本사람 찻집압헤 와 대엿다. 오마씨야는 말은 차ㅅ집이라구 해도 料理도 채리고 기생도 불르는 모양이다. 더구나 요지음은 料理店(朝鮮, 中國料理店)과 기생 사이에 서로 爭議가 생겨서 기생은 一切 朝鮮요리ㅅ집 支那요리ㅅ집에는 가지 안키로 約束이 되어 잇슴으로 日本요리ㅅ집 中에도 이 경계조코 시원한 오마씨야가 가장 繁昌하다는 말을 들럿다. 위선 우리도 平壤滯留 사흘동안에 凡 세 번을 오는 셈이다. 주인 내외는 아주 오도쑤 이상이 되어서 조화라구 굽신굽신 한다. 如何間 우

리는 테쓸 한個를 占領하고 쎄-루를 請햇다. 히야시 쎄-루의 시원한 맛이란
등골에 흐르는 쌈의 顔色을 업게 하엿다.

『K君 자네 살찐 理由도 相當하구려.』

『하하. 눈치 업다는 말일세 그려.』

『아니. 눈치는 너머 쌜나서 탈이데. 쑹쑹보 주인을 씌여 걸니는 場面갓흔
데는 아주 手段이 놀납든데.』

『그럼 웨 남의 엽쑤리는 쑥 씰넛는가.』

『밤 열두시까지 汽車時間을 기다리랴면 배멀미나 알치 안을는지.』

『아. 앱분 기생만 잇스면이야. 배멀미쯤이야.』

『글세 사람은 누구나 제 自身을 몰르는 터이니 내 얼굴이 얼마나 앱브기
보이는지.』

『이건 웨이래. 기생업는 배노리가 세상에 어데 잇는가.』

『세상에 업는 일을 해보는 것이 우리가 지금 할랴고 하는 大同江배노리ㄹ세.』

『안데안데. 공연히 時間만 가네. 자 어서 배노리 準備나 하세.』

무엇이 얼마, 무엇이 얼마하고 豫算을 데보고는 『二十五圓만 쓰면 훌늉하
겟네. 자 어서.』

『쓰일 돈은 十圓인데 쓰고 십흔 곳은 二十五圓이면 不足額 十五圓은 누가
낼가…….』

『아니 참말하세. 돈 업는가.』K君은 마지매한 얼굴노 무럿다.

『아마 그런가보이. 그러나 배노리는 할테니 걱정말게. 자- 배타로 가세.』

우리는 배타는 場所로 나려갓다. 막 배를 타려는 판에 『이거 어드럿케 된
일이우』하며 등을 탁 치는 사람이 잇다. 놀나서 돌아보니 그는 서울서 안 平壤
친구다.

『얼마만이애요. 그동안 웨 그럿케 뵐 수 업섯습닛가.』

『내가 서울을 못가니 그럿쇠다. 그런데 배를 타시는 판인데 웨 이럿케 소

조하시우.』

『소조하다니요. 친구가 잇고 술이 잇고 한데 또 무엇이 필요해요. 배노리에는.』

『한가지 쌔젓쇠다. 꼭 필요한 한가지가 업는걸』

『何如間 갓치 탑시다. 배나 타고 안저서 배노리법을 좀 가르켜 주소구려.』

平壤은 두말 할 것업시 기생의 세상이다. 다른 곳에서는 기생이란 말을 하기에도 붓그러울 만한 자리에서도 여기에서는 마음놋코 이 얘기 할 수가 잇다. 나는 엇썬 險口친구에게 이런 말을 들른 일이 잇다. 「平壤사람은 아들을 나엇슬 재는 그리 반가워하들 안어도 쌀을 나으면 아주 깁버한다. 어려운 사람들씨리의 生産 인사에 쌀이라면은 아이구 자녜넨 인저 그것만 고이 키워 낫으면 밥걱정 업겟슴네하고 慶賀와 羨望을 함씌 表하는 것」이라고. 그럿타. 쏘베ㅅ트 露西亞에서 레-닝과 토로ㅅ커-의 肖像을 걸째면 우리 平壤에서는 代表的 기생의 寫眞을 건다. 이것은 쪽갓흔 의미로서이다.

×   ×

배에 오르니 째는 正히 午後 네時다.

배에는 K, O, 나 세사람 外에 배부리는 사람이 잇고, 그래두 사이다-ㅅ병, 간두메ㅅ통, 과자ㅅ봉지도 궁그럿다. 『어데로 가요』하고 사공이 뭇길내 어데라두 시원한데로만 가자고 하엿다. 사공은 배를 저어 綾羅島 버들 밋흐로 간다. 거기에는 이미 정말 노리ㅅ배가 두 척이 대여 잇다. 우리가 탄 배도 그 近處에 가서 대엿다.

오마씨야에서 마신 술이 돈 듯하다. 배를 대이자 말자 K君은 눕더니만 五分이 못되어 코를 곤다. O君은 혼자 興이 겨워서 唱歌, 六字백이, 노래가락 할 것업시 아는데로 다 느러놋터니만 그것도 미천이 씬어저 버렷다.

『원참. 싱거운 배노리!』그는 혜를 한번 차고『여보시우. 소리나 좀 하소구려. 그럿케 興趣가 업단 말이우.』

쌔건이도 안타까운 모양이다. 그러나 나는 빙그레 우서만 보엿다. 이 째에 우리 배를 向하야 저어오는 조그마한 배가 잇다. 무슨 일인가 하고 기다렷더니 그것은 行商배이다. 우리 배에다 싹 갓다 대여놋코는 무엇을 사라고 勸한다. 一升入 正宗 한 병을 삿다. 正宗을 사기는 삿스나 먹을 사람이 업길내 사공도 이리오소 술판이도 한잔 먹으오 하고 선심을 썻다. 불행이 사공은 술을 못먹는 사람이오 술판 사람은 시원스리도 바다서 한곱썩 드러켠다. O君도 두곱부를 거듯 마시더니 K君과 丁字가 되어 씨러젓다.

엽혜 잇는 배는 하고 흘씀 것더보니 요리ㅅ상과 기생이 잇기는 하나 亦是 倦怠인 모양이다. 或은 코를 골고 或은 기생과 이애기하고 쏘 或은 멍하니 안젓다. 별 수 업는 모양이다.

『여보 배노리 재미란 이런게요.』나 하고 싹 마주대여안즌 장사배ㅅ사람에게 무러보앗다.

『글세요. 손님쎄서 하시기 달녓지오.』그는 도로혀 나에게 뭇고 십흐던 눈치이다.

『손님이 엇덧케하면 재미잇는 노리가 될가요.』

『기생이 잇서야 판이 어울니지요. 기생업시는 아모래도 틀니는 모양입디다.』

『그런데 저 배에는 기생이 잇서도 웨 저 모양이우.』

『거기는 아마 싀골 손님인가봐요. 손님이 서툴면 기생인들 무슨 재미잇나요.』

『오늘은 배노리가 그리 만틀안은 모양이오그려. 언제라두 이 모양이우.』

『요지음은 요리ㅅ집과 기생싸흠으로 아마 그런가봐요.』

『平壤 기생 中에 누가 제일 앱버요.』

『앱븐 것은 다 서울노 쏩혀가고 그리 앱브다고 할 것도 업서요.』

『그래두 그 中에 앱븐 것이 잇겟지요.』

그는 누구누구하고 四五人 손을 쏩앗다. 그러나 내가 엇던 것인지 알 리는 업섯다.

『기생은 배노리라면 조화하나요.』

『과히 조화하지 안습니다.』

『그건 웬일일가.』

『수가 틀니면 손님이 배를 태워가지고 혼을 내여주는 수가 만은 째문에 여간 친한 손님이 아니면 배를 잘 안탑니다.』

『그런 일이 더러 잇섯나요.』

『바루 일전 날 밤에두 잇섯는데요. 기생이 죽겟다구 물에 싸지려 야단을 치니 째려준 손님도 어이가 업는 모양이얘요. 그러나 마진게야 어데로 가나요.』

이 이얘기조차가 倦怠다. 나는 더 듯기가 실엇다. 술갑을 치루어 주고 사공을 불러 배를 모라 練光亭 밋흐로나 가자고 햇다. 배를 저어 나갈 째는 나도 그만 잠들고 말엇다.

×　　　　　×

쌔여보니 이미 黃氏이다. 배를 練光亭 밋헤다 대여 놋코 사공은 배ㅅ머리에서 담배를 피우고 안젓다. 배貸를 엇을 째 세시간 半으로 約束을 햇스니까 벌서 時間이 지냇슬는지도 모른다. 두 사람은 아즉도 자고 잇다. 사공에게 돌아가자고 하고 두 사람도 쌔와 일러켯다.

『그래. 배노리 맛이 엇던가.』

K君은 입맛만 쩍쩍 다신다. 그리고 그는 四方을 둘너 보앗다.

『그만 나가세. 汽車時間은 엇던가.』

배는 逆流로 올라가기 째문에 힘이 들엇다. 저녁 烟氣는 江물에 써돌고 쌀내하던 어마니들도 모다 도라갈 準備를 한다. 그 中에는 벌서 쌀내는 다 해놋코 山기슷 바위틈에 안저서 몌을 감다가 사공의『배가오』하는 소리에 놀내서 물 속으로 들어가는 女子도 잇다. 轉錦門 밋 배대이는 場所에 배가 다은 것은 無慮 三十分이나 걸닌 後이엇다. 날은 이미 캄캄하다.

배에서 나리니 쏘 오마씨야로 밧게 갈 대가 업다. 나의 처음 생각은 배에 나려서는 浮碧樓에 안저서 달을 기다려 乙密臺 一帶의 밤 情趣를 맛보려 한 것이다. 그래서 나는 압서 浮碧樓로 들어갓다. 텅 뷔인 浮碧樓는 찬 바람이 써돌아 들어가기도 무서운 듯 햇다. 兩君은 곳 不平을 말한다.

『거기는 무엇하려는가.』

『여보게 돈 업스니 하는 수 잇는가. 여기서라도 車ㅅ時間을 기다리는 수 밧게.』

O君이 먼츰 오마씨야로 거러갓다. K君과 나는 不得已 그 뒤를 싸랏다. 집 압 길가의 사구라나무 밋헤 노아둔 테-쌀에 가서 자리를 잡엇다. 이상스러히 손님은 한 사람도 업다. 주인영감상이 나와 배노리는 재미가 잇섯느냐하고 인사를 한다.

밤은 되고 다른 손님이 업고보니 그럿케 繁華하던 아오마씨야도 山ㅅ허리에 잇는 한 쓸쓸한 외ㅅ단 주막에 지내지 안는다. 兩君은 머리를 테-쌀에 박고 죽은 듯 안젓다. 不幸히 하늘이 흐려지니 달 볼 可望도 쓴처젓다. 牧丹峰과 乙密臺는 싯썸은 巨人과 갓치 우리를 나려다 보며 서잇다.

『주인. 이 집을 세운지는 얼마나 되우.』

『그것은 벌서 二十餘年前이엇서요. 日淸戰爭이 긋나자 곳 세윗스니까.』

『쇄 오랜 歷史를 가젓구려. 그런데 여기는 어느 째가 제일 繁昌해요.』

『겨울을 쌔놋코는 다 괜찬키는 하나 그 中에도 봄이 아마 제일 조흔 모양이애요.』

말 對答을 하면서도 주인장이는 淸流壁 길을 바라보며『하 오늘 밤에는 손님이 업스려나. 아마 조금 더 잇서야 올테로군.』하며 나려다 보고 또 나려다 보앗다. 돈도 돈이거니와 그는 아마 쓸쓸한 모양이다. 그의 마누라는 부엌에서 무엇을 하는지 보이지 안엇다.

『停車場으로 가세. 여기서 세시間이나 더 기다리겟는가.』K君은 이 째야 입을 씌ㅅ다.

나도 엇덧게 할가하고 생각든 터이라 여기에 붓터 안젓스려면 차라리 停車場에 나가 기다리는 것이 조흘 듯도 하다.

『그럼 그럿케 하세.』

주인에게 自動車를 부탁해 두고 나는 일어서서 이리저리로 건일엇다.

『이 山에는 새는 업서요. 잘 울음우는 새 말이애요.』

『업서요. 새는 아모 새도 업습니다. 그리고 이 山에는 丹楓이 업는 것이 쏘한 遺憾이애요. 여러 번 심어도 보앗스나 잘 붓들 안어요. 아마 丹楓은 土質에 맛잔는 모양입니다.』

풀밧헤서 녀름벌기소리만 요란히 들녓다.

卒然히 생각이 나기로 風景과 기생의 繪葉書 몃 장을 삿다. 사고 십헛다는 것보다 한 時間이나 안젓다 거저 일러서기가 未安하엿슴으로 팁을 몃 十錢 주는 대신으로이다.

조금 잇다가 自動車가 왓다. 주인에게 인사를 하고 우리 一行은 牧丹峰을 作別햇다. 自動車는 고요한 밤山의 ㅅ空氣를 헤치고 달러갓다.

停車場에 오니 아즉 열時가 채 되지 안엇다. 우리는 여러 사람들에게 석겨 待合室에서 時間을 기다렷다. 停車場의 電燈ㅅ불은 유난이도 밝엇다.

나는 눈 압해 잇는 日文新聞 쏘각을 들엇다. 一面에 바루 一號 活字로 크게 쓰인 것이 눈에 씌엿다. 읽어보니 그것은 亦是 平壤기생 자랑이다. 뭇무에 니, 林무에니 하는 두 기생에 對하야 代理總督이 엇젓느니, 皇族隨行員 某侯爵이 엇젓느니, 달콤한 이얘기를 느러놋코 世界的 美人으로 推薦하노라는 名文이다.

나는 그 新聞 조각을 던저버렷다. 그리고 눈을 감엇다. 나의 입에는 苦笑가 씨올랏다.

(一九二七. 八. 二〇日記)

龍岡溫泉行

___

金一葉
《불교》 88호, 1931년 10월

김일엽이 남편(재혼한 남편 하윤실) 요양을 위해 용강 온천에 다녀온 일을 기록한 기행문이다. 용강은 필자의 고향이며 일찍 부모가 돌아가고 형제를 잃어버리고 십여 세에 떠난 곳이다. 이 때문에 필자는 오랜만에 고향을 찾는 길이지만 별로 좋은 줄도 모르고 차중에서 잠만 자고 있었다 표현한다. 고향을 찾는 기쁨보다는 이 년 전 결혼을 위해 남편 고향 대구를 찾을 때와 같이 남편이 여전히 애인을 대한 듯 다정하고 자신 또한 남편에 대한 감정이 여전해 '결혼은 사랑의 무덤'이라는 것이 헛된 말이라 생각하며 관세음보살에게 감사한다.

늦은 아침 진남포에 내려 자동차로 덕동이란 곳에 이르러 정류장에서 가까운 어릴 때 동무 집을 찾는다. 이로부터 연락이 되어 부모 생시에 친하던 이들과 일가들이 모여든다. 어쩐지 눈물이 핑그르 돈다고 썼다. 시간이 얼마 남지 않아 섭섭해 하는 사람들을 뒤에 두고 일가 중 가까운 9촌숙과 남편과 셋이 어머니 무덤을 찾는다. 볕 잘 들고 아늑하고 조강하고 뒤로 제물에 돌벽이 된 가운데 묻고 각색 꽃을 심어 백화만발한 곳으로 표현했다. 어머니 묻히신 지 이십년, 아버지 돌아간 지 16년이지만 새무덤 같이 그대로인 것을 다행으로 생각한다. 돌아오는 길에는 광양만 이모집을 찾아 시골의 인정미와 고향의 정을 새삼스럽게 느낀다.

온천으로 이동해 집을 빌려 자취를 한다. 습기가 많고 몹시 서늘하며 서해 바람이 끊이지 않고 불어 낮에도 방문을 열어놓고 누워 있기 어려울 지경이라 표현했다. 남편과 갯벌에서 장난꾸러기처럼 뛰어논다. 닷새에 한 번 장이 서는데 장군은 모두 여자이며 농사 일도 거의 여자가 한다고 썼다. 이 때문에 서북여자들은 기상부터 씩씩하고 대담하고 활발하며 가정적으로 사회적으로 여권을 차지하고 있다고 생각한다. 일반적으로 미모의 소유자라고 감탄한다.

남편이 다소 효과가 있어 온천 물이 관세음보살의 화신이라 믿는다. 여러 지방 여러 계급 사람이 모이는 곳이라 포교당 세워 도학 높고 신심 굳은 열성 있는 포교사가 포교를 하면 중생을 얼마나 많이 건질까 생각한다. 온천의 효과로 자녀가 생긴다면 완전한 포교사가 되어 언천이나 고향에 먼저 불법을 전하는 이가 되겠다 빈다.

平南 龍岡은 나의 故鄕이다 그러나 十餘歲에 故鄕을 써낫고 니여서 父母가 別世한 後 兄弟좃차 갓가운 一家좃차 잇지 아니한 故鄕인지라 그리하야 이 넓은 天地에 어듸다가 발길을 옴기여야 조흘가하고 싯까지 외로울 째에도 故鄕땅을 밟지 안이하엿섯다 그러나 째々로 어렷을 째 記憶이 穌生될 째는 도라가신 父母를 哀慕하는 情과 함끠 故鄕 동무 親戚이 어렴풋이 그리웁고 외싸로운 山꼴에 뭇처서 風雨에 싯치고 흘너나릴 외로운 어머니의 무덤이 아렴풋이 눈 압헤 낫타나며 언제나 한번은 故鄕을 차저가서 省墓도 하고 살아

잇는 이들이나마 고루고루 차저보고 어렷을 때 밟든 山川이나 바라보앗으면 하고 寂寞히 생각하든 것이다

　모든 것이 預定되엿든 일이엿든지 남편의 休暇를 利用하야 弱한 남편의 健康을 조곰이라도 回復期로 옴기게 해볼가 하는 것이 □□가 되여 釋王寺를 갈가 三防을 갈가 어듸를 갈가 하는 것이 남편이 妻家故鄕을 좀 가보고 십다 하는 생각과 姨母님이 내가 姙娠못하는 것이 冷한 싸닭이니 溫泉浴을 하여보라는 勸誘로 因하야 故鄕싸을 意外로 일느게 밟게된 것이다 平素에 좀처럼 故鄕싸을 발버볼듯 십지안튼이만큼 깃불듯도 하것만은 父母가 도라가고 兄弟를 니러버린 寂寞한 故鄕이라는 생각좃차 니저버린지 오래엿건만은 엇썬지 別로 죠흔줄도 모르고 아무데나 남편과 同行이라는 든〃한 마음 外에 그저 無心하야 차 속에서 잠만 자고 잇엇든 것이다 그러나 二週年前에 結婚式을 擧行하기 爲하야 남편을 싸라 남편의 故鄕인 大邱로 向하든 째와 感想은 多少 다를지 모르지만은 남편의 態度가 그째나 맛찬가지로 愛人을 對한듯이 多情하고 나의 남편에 對한 感情도 쏘한 如前한 것을 늣길 째『結婚은 사랑의 무덤』이라는 것이 우리에게는 헛된 말이다 하고 생각되는 同時에 觀世音보살의 감사하는 생각과 아울너 이제브터도 늘 모든 일이 如意하여지이다 하고 連하여 觀世音보살 觀世音보살하고 입속으로 부르고 잇엇다

　붉으레한 아츰해가 車窓을 쑤러 왼몸에 휘감기는 것을 겨우 쎄처버리고 창 압헤다가 안즈니 인제는 나의 故鄕 갓가운 平壤의 드을이 눈압헤 展開된 것이다 벌건 진흙싸에 수수나무 조나무가 믈결지여 흐늑어리고 사이에 씨어 잇는 쬐기쬐기논에는 어린 벼나무들이 바람에 하늑하늑 움즉이고 잇다 멀니 병풍처럼 둘녀잇는 아련히 보히는 平凡하고 나지막한 山들은 고요히 田園을 둘너 보호하고 잇는 것이다 여기저기에는 햇득햇득 기음매는 男女의 모양이 한가히 보이고 農夫의 벌건 종아리가 술밧을 햇치고 지나는 것이 順良하고 부즈런한 모양 그것인듯 보인다 그리고 넓은 논에 홈으로 물을 퍼서붓고 잇는

사람은 퍽 안타가워 보인다 조개비로 퍼붓는듯한 그믈로 그 넓은 논에 解渴을 언제나 식일가 함이엿다 그리고 엇썬 사람은 鐵道沿邊에다가 집터를 닥는지 혼자서 흙을 한짐식 한짐식 저다가 붓고 잇다 늘 보이는 土窟모양의 집이나마 의지할가 함이렷다 엇잿든 나의 故鄕은 景致로 몹시 보잘것업고 논은 극히 드믈고 모다 生産價로 低廉한 田園쑨이다 改良되지 못한 原始的에 갓가운 農事로는 어느 程度까지라도 努力의 報酬는 어려울 것이다 그리하야 왼家族 이 一年열두달동안에 하루도 쉬일새업시 북썩이에 머리를 트러박고 손과 발을 놀니고 잇건만은 것친 飮食과 쑤러진 옷 박게는 도라가지 안는 것이다 農夫도 每有飢寒之苦하고 織女도 亦無遮身之衣란 말은 이를 가르침일 것이다 모도가 苦悶相이 아니라 할 수 업는 것이다 世上에서 物質로 좀 나은 生活을 하는 사람인들 무엇 그리 新奇할 것이 잇을 것인가 그래서 쌔다른 사람은 娑婆世上에 나기를 免하려는 것이다

　느진 朝飯째나 되여서 鎭南浦驛에 나려서 自動車로 나의 出生地인 德洞 이라는 곳에 니르럿다 停留場에서 第一 갓가운데를 차즈니 어릴 쌔 동무의 집이엿다 동무의 어머니로 내가 왓다는 것을 一家들에게 알니엿다

　父母生時에 親하든 이들 一家들은 今時에 모혀들엇다 발가벗고 쮜여단 니든 어린이들은 어른이 되엿고 靑春紅顔이엇든 이들은 白髮이 휘날닌다 今昔의 感이랄지 엇썬지 눈물이 핑그르 도는데 처음 이 동리에 드러설 쌔에는 길거리에도 밧둑에도 낫모르는 집들이 數업시 늘엇고 거기서 빼꿈이 내여다 보는 어른들도 물그럼히 처다보는 아해들도 모다 눈녁여 보앗지만 서투르기 싹이 업드니 이 一堂에 모흰 이들은 모다 나를 爲하야 情을 주름살 속에 감초 앗든듯 반가움을 눈동자 뒤에 숨겻든듯 얼마나 반갑게도 마저주는지 엇썬 이들은 『아 네가 아무로구나 산 사람은 그래도 맛나보는 것이루구나』『아! 너를 맛나기는 쑴밧기다 아무데로 시집간 우리 쌀이 너를 보면 얼마나 반갑겟 늬』하며 눈물을 흘니는 이도 잇고 아해들을 주렁주렁달고 다라드러오는 村

마누라가 누구인가 하고 가만히 드려다보면 웃는 모습이 어릴 쌔 소꼼동무이
엿다 意外에 맛나 서로 무엇을 무러야 올흘지 모슨 니야기를 몬저 하여야 올흘
지 생각나는대로 그저 頭緖업시 직거리는 동안에 自動車시간이 갓가워오는
것이 애닯엇다 그리고 그들은 如出一口로 아버지의 耶蘇信心을 稱讚하고
착함을 말하엿다 다른 信者들은 다 못가도 아버지만은 天堂에를 갓으리라
한다 아버지는 善人이엿든 것이다 耶蘇와 갓치 愛他如己하엿든 것이다

아버지 生前에 佛法을 드를 期會가 잇엇으면 하는 생각을 하다가 그래도
변통업는 信者인 아버지는 사랑하는 딸인 내가 佛敎信者라는 말만 드러도
눈물을 흘니며 하나님아바지께 기도하자고나 아니하엿을가 생각하엿다

정말 時間이 얼마 남지 안엇다 섭섭해하는 여러사람을 뒤에 두고 家中에
第一 갓가운 九寸叔과 남편과 나와 셋이 어머니의 무덤을 차젓다

아버지가 뭇사람을 자긔몸갓치 사랑하엿지만 더욱이 당신의 안해인 나의
어미니를 사랑하고 위하여 주든 것은 지금까지 아싸까지도 여러사람의 話頭
에 올낫섯지만 肉體는 아무것도 아니라는 예수敎信者인 아버지로서도 어머
니의 屍體가 뭇치인 그 무덤을 얼마나 所重히 녁엿든지 第一 볏 잘들고 안옥
하고 조강하고 쏟 뒤로 빵 도라 제물로 돌벽이 된 그 가운데에다 뭇고 무덤가
으로는 각색곳을 심어 百花가 滿發하엿섯다 그리고 잘 看守하엿든 탓으로
어머니가 뭇치신지 二十年 아버지 도라가시고 버려둔지 十六年이나 風雨에
싯기엿건만은 아직도 새무덤갓치 고대로 잇엇다 寂寞하게 無常을 늣기면서
도 저윽히 安心하엿다

中道에 廣梁灣 姨母집을 차젓다 어렷을 째 外家집에서 듯든 姨母의 반가
운 목소리 外家집 부억문에서 웃든 그 눈초리가 새삼스럽게 追憶을 니르킨다
外할머니가 表從姨從 여러 아해들 압헤 실과 갓흔 것을 내여노흐면 혼자 먹는
다고 삿타구니로 모라넛튼 벌거숭이 姨從도 堂堂한 紳士가 되여 은근히 마저
준다 압뒤집□ 生死를 모르고 지나는 도회에서 살든 나는 시골人情昧 故鄕의

情을 새삼스럽게 늣기지 안을 수 업섯다 그래서 사람마다 故鄕 故鄕하고 故鄕을 그리워하는 것이로구나—하고 생각이 드럿다 그리고 간대마다 아는 사람 간데마다 웃는 얼골 간데마다 귀에 닉은 소리가 들니는 이럿케 情다운 故鄕 반가운 故鄕을 거의 니저버리고 지날번하엿고나 하는 생각을 하며 溫泉을 向하엿다

故鄕에 잇는 溫泉이지만 어렷을 째라도 한번도 와본적이 업고 쏘 溫泉에 對한 常識이 도모지 업섯지만은 지금 와서 溫泉이 엇써한 것을 알고보니 우리가 여기 오게 된 것이 얼마나 잘되엿는지 몰으겟다고 생각되엿다 곳 借家를 하야 自炊를 始作하엿다 溫泉地에는 一般으로 濕氣가 만코 쏘 몹시 서늘하여 녀름내 베옷닙을 必要가 업을 것 갓다 더구나 西海바람이 끈이지 안코 불어서 낫에라도 房門을 열어놋코 누엇기가 어려울 지경이다 그리고 허연 소금 덕케 안즌 가업는 갯바닥에는 異常한 海草들이 널녀잇고 멀니서는 갈멕이떼들이 나란히 안저 먹을 것을 찻다가 쎄를 지어 날느는 것도 興趣잇으려니와 얼마라도 넓고 고루운 이 갯바닥에서 구으러도 쉬여도 것칠 것도 써릴 것도 업섯다 우리는 여기서 나희만흔 작난꾸럭이 노릇을 結婚後 처음으로 하여보앗다

그리고 여기에는 바다가 아니만큼 各色 新鮮한 生鮮이 만히 나고 사과며 참외가 맛잇기로 유명한 곳인데 갑도 퍽 헐하여서 사서먹기가 조왓다 그러나 農村이오 축축한 곳이라 파리가 너무도 만흔 것이 몹시 괴로웟다

그런데 이 溫泉에는 場이 닷새만에 한번식 서는데 장군은 거의 女人들이다 海女들은 海物을 가지고 村婦女들은 穀物을 가지고오고 妻子들이 소게다가 솔나무를 싯고 참외를 싯고 오기도 한다 이 장에 와자직껄하는 것이 女聲 쑨이다 그쑨 아니라 農事일도 거의 女子들이 다 한다한다 이 西北女子들은 氣象브터 씩씩하고 大膽하고 活潑하다 그들의 活動은 과연 놀나웟다 그리하야 그들은 벌서브터 家庭的으로 社會的으로 女權을 차지하고 잇는 것이다 그리고 一般으로 美貌의 所有者인데 感歎하엿다

그리고 이 溫泉에 잇는 동안에는 外叔內外분과 外從弟妹들의 情다움을 만히 밧엇다 집에서 길으는 닭을 가저온다 結實이 完全한 옥수수를 골나서 싸다준다 서울사람들의 社交的으로 對하는 것과는 雲泥의 差가 잇는 것을 늑기엿다 밧부게 써나노라고 써날 째 못본 것이 우리도 섭섭하지만 그들은 얼마나 서운해하는지

남편이 여기에서 多少效果는 잇는 모양이엿다 이 溫泉에는 여러가지 成分이 석겨잇는데 胃病 婦人病 半身不隨 류마지스神經痛 皮膚病 等에 特別한 효험이 잇다 한다 의사가 못 곳치는 病院에서 내여보내는 病者 屍身 갓치 써메여온 病者까지 나어가는 일이 째째로 잇다 한다 이 溫泉에 十餘年이나 開業하고 잇는 의사의 말을 드르면 이 溫泉물은 病院약에 比할 수 업는 名藥이라 한다 다른 사람들도 果然 名水야 名水야 하고 讚歎을 한다 나는 이 溫泉물이 관세암보살님의 化身인줄 밋엇다 나 혼자만은 관세암보살님의 慈悲의 마음을 깁히 늑기것만은 모든 다른 사람은 그거 無心하거나 하나님의 은혜를 감사하는 사람들 쓴이다

각 地方사람들이 다 모히고 각 階級 사람이 다 모히고 더구나 可憐한 病者들이 만히 모히는 이런 곳에 布敎堂 하나를 세워놋코 道學이 놉고 信心이 굿은 熱誠잇는 布敎師가 게서서 布敎를 하엿으면 불상한 衆生을 얼마나 만히 건질가하는 생각이 드럿다

溫泉浴을 갓치하는 婦女들 中에 佛法을 아르켜줄만한 사람이 업나? 하고 살피다가 생각하다가 멧사람에게 멧마디 傳하엿지만은 조고마한 信心 하나만 가진 無知한 나의 말이 얼마나 效果가 잇엇을는지

나는 溫泉의 效果로 다행이 子女가 생긴다면 完全한 布敎師가 되여 이 溫泉이나 故鄕에 몬저 佛法을 傳하는 이가 되여지이다 하고 관세음보살님쯰 빌엇다

『싯』

古都의 봄빛, 浮碧樓

파인

《삼천리》제4권 제2호, 1932년 2월

대동강 부벽루에 관한 매우 짧은 단상이다. 기행문으로 보기 어려우나 부벽루의 가치를 당대 최근세사의 흔적이 어린 것으로 평가한 것과 그 아름다움에도 불구하고 제 것으로 가지지 못한 현실과 연결시키는 관점이 이채롭다. 부벽루가 이름난 이유로 필자가 꼽은 세 가지는 대동강에 몸을 던진 의기 계월향의 마지막 눈물이 두리기둥에 뿌려진 것, 예전 대성학교(1912년 일제에 의해 폐교) 학생들의 구둣발 소리가 널마루에 울린 것, 안창호의 독립협회 연설이 천장에 서린 것 등이다. 이에 비해 부벽루의 격을 떨어뜨린 것으로 '심순애'와 수심가를 부르는 서도기생을 든다. 이 둘이 아니었으면 부벽루는 최고의 정신적 양식이 되었을 것이라 평한다. 현재의 부벽루를 표현하는 두 가지로 비유도 이채롭다. 먼저 대동강 사공조차 부벽루 아래에서는 배젓기를 멈추고 풍우에 씻기는 누대를 바라보는데, 천년고도에 쓰러져가는 것만 보이니 사공은 차라리 목석 되기를 원할 것이라 했다. 둘째는 칠성문과 영명사와 부벽루

위에 걸치고 누운 한 덩이 구름도 움직임을 멈추고 잠잠한데, 비가 되어 떨어지면 이 강산 사람의 눈물을 재촉하는 것이 되고 그냥 지나치면 무정하다 할까 해서 '제 것을 가지지 못한 산천의 하늘 위에 든 구름'의 발자취는 쉽게 움직이기 어렵다 한다. 그런 중에 희망을 가지기는, 능라도 강 언덕에 파래지는 풀이 나중에 이 땅 사람의 솟아오르는 생명의 풀이 될 수 있을까 한다.

南原의 廣寒樓는 春香 째문에, 晋州의 矗石樓는 論介 째문에 有名하여젓거니와 平壤의 浮碧樓는 무엇 째문에 저러틋 일홈을 날니는고.

생각건대 七百年 묵은 저 두리기둥에는 大同江에 몸을 던지든 義妓 桂月香의 마즈막 눈물이 싹리어젓슬 것이요, 渾身 熱에 타든 大成學校 學生의 「답보로」 하든 구둣발 소리가 널마루에 울렷슬 것이요, 獨立協會 째 安島山 等의 悲憤慷慨한 演說이 그대로 天井에 서리어 잇는 까닭이겟다.

뒷날 「沈順愛」란 淫婦가 浮碧樓에 나타나지 안엇던들, 또 永明寺 牧丹峯으로 내리 흐르는 달빗을 안고 「愁心歌」를 부르고 안젓는 哀愁의 西道妓生이 나타나지 안엇든들 浮碧樓는 우리의 사랑하는 最高의 精神的 糧食이 되지 안엇슬가.

아아, 저- 江물 우으로 奔走히 놀대질 하여오든 沙工조차 浮碧樓 아래 와서는 배젓기를 닛고 「후유-」 한숨을 쉬며 날마다 風雨에 씻기어가는 이 다락을 바라고 섯고나. 千年古都에 쓰러저가는 것만 보이니 이 슬픔을 보지 말고 차라리 木石 되기를 願함이 아니든가.

勝湖里 우으로 陸軍飛行機에 쫏기듯 너머오든 한덩이 구름도 참아 그대로 지나지 못하여 七星門과 永明寺와 浮碧樓의 머리 우에 허리를 걸치고 가

르누어 잠잠하다. 저 구름이 비되어 써러지면 이 江山 사람의 눈물을 재촉하는 것과 가치 되고 그냥 지나버리면 無情하다 할가 하여 그러함인가, 어려울네라 제것을 가지지 못한 山川의 하늘 우에 뜬 구름덩이의 발자최는.

그러나 저기 綾羅島 江언덕에 풀이 파래지는 것이 보인다. 저 풀이 나종에 이 짱 사람의 소사오르는 生命의 풀이되지 말난 법이 잇겟느냐.

봄아 浮碧樓를 웃게 하여다오!

江西樂水와 大同江 뱃노리

주요한 주요섭

《新女性》7권 7호, 1933년 7월

주요한과 주요섭이 평양의 여름 유희로 강서 약수와 대동강 뱃놀이를 소개하는 내용을 한 편으로 묶어 놓았다. 기행문으로 보기는 어렵고 평양의 여름나기에 관한 수필이라 할 만하다.

주요한은 강서 약수에 관해 쓰지만 그리 호의적인 관점은 아니다. 모란봉과 대동강을 타고난 평양 사람들이 산이 있는 것도 아니고 숲이 있는 것도 아니며 물이 좋은 것도 아닌 강서 약수를 찾는 것은 그들의 물취미를 표현할 뿐이라고도 한다. 특히 약물의 효험이 있다고는 하지만 약물을 핑계로 기생과 '랑데뷰' 하거나 정체모를 여성들이 사내낚기를 하기 위해 모여드는 곳이라 냉소한다. 그럼에도 불구하고 여른 한철 강서 약수에 가서 자연의 기운을 느껴보는 것이 나쁘지는 않다고 마무리한다. 강서 약수가 구약수와 신약수로 나뉘는 바 조용한 곳을 원하는 이는 구약수로, '놀러' 가는 사람들은 신약수로 가는 모양이라 덧붙인다.

주요섭은 대동강 뱃놀이에 관해 쓰고 있는데, 평양은 대동강이 있어 평양이요 대동강은 평양이 있어 대동강이라는 말로 시작한다. 그만큼 평양과 대동강은 뗄 수 없는 관계인데 여름날 대동강에 가보면 평양 시민 전체가 나온 것 같다 한다. 여름 두 달 동안 대동강 유희에 던져지는 돈만도 십만 원이 넘는데 매일 저녁 20척 이상의 놀이 배를 볼 수 있다고도 한다. 기생과 술을 동반한 놀이배는 부자들의 놀이지만 돈 안 들이고 할 수 있는 대동강 뱃놀이가 바로 '어죽 놀이'라 소개한다. 이름은 어죽 놀이이지만 실제로는 닭 한 마리, 솥 하나, 장작 한 단을 작은 배에 싣고 나가 끓여먹고 오는 것을 말한다. 진짜 어죽을 먹고 싶다면 돈 1원만 들이면 3, 4인이 배불리 먹을 만한 어죽을 원하는 장소와 시간에 배달해주는 것도 가능하다 한다. 이 어죽 놀이야말로 평양에서만 가능한 향락이라 마무리한다.

강서약수는 평양사람들의 피서지다. 여름이 되면 안악네들의 입에 약수 약로수 소리가 오르고 나린다. 훌륭한 자연의 경치를 타고난 평양 사람으로서 경치는 보잘 것이 업는 강서약수를 좃타고 하는 것은 알지 못할 일이다. 그러나 모란봉과 능라도를 타고난 평양 사람이 자연에 대해서 몰취미하니만치 강서약수라는 것이 평양사람들의 몰취미를 표현한 것이라고 볼 수도 잇다.

산이 잇는 것도 아니요. 숩이 잇는 것도 아니요. 물이 조흔 것도 아니오. 오직 쇠비린내 나는 소위 「약물」을 중심으로 여관 몟집서 잇는 것이 강서약수다. 긔 약물이 소화불량에 효험이 잇다고 하야 마른 굴비를 씹어가면서 박아지도롱이로 퍼붓는 사람도 잇다. 그러치 아니하면 약물은 핑게요. 기생하고 「란데부」 하기 위해서 그리고 정체모를 여성들이 사내낙기하기 위하야 모여드는 곳이다.

「약물」이 효과가 잇는지 업는지 그것은 모른다. 만성위장병 환자가 그물을 서너주일 퍼마시면 확실히 효과가 잇다는 것은 요새 신식 의사들도 시인을 하는 것이라고 한다. 그러나 위장병을 고치러 가는 여펜네를 보랴고 울화병을 고치러가는 여펜네들이 만치안을는지. 그리고 자칫하면 얌전한 새서방님이 되려 병통을 엇어가지고 오는 일이 가끔 잇지 안을는지.

모란봉과 대동강을 두고 강서약수로 가는 것이 경치를 차저가는 것이 아닌 것은 이상과 갓다. 그러나 씌끌세상에 사는 도회인으로서 요구하는 모든 것은 거긔다 잇다. 쌔끗한 공긔 선명한 태양광선은 먼지에 좀먹은 우리의 내장을 씨서내리기에 족할 것이요. 논드렁에 우는 개구리소리 원두막 미테 익어가는 참외넝굴 넝양에 나붓기는 수수이삭은 자연의 취미를 무진장하게 주는 여러 폭의 그림들이다. 이런 것은 하필 강서약수에만 차즌것이 아니겟지마는 강서약수가 이만한 선물을 우리에게 준다하면 여름의 멧칠을 보내기에 적당한 자격이 업다고 못할 것이다-비록 객주집 부엌에 파리가 왕성하고 어스름 저녁에는 모기가 아우성을 친다하드라도.

강서약수는 구약수와 신약수가 잇다. 평양서 자동차로 직통하기도 하고 진남포선을 타고가다가 중도에 나려서 자동차를 타도된다. 더벙어리 총각들은 자전거로 팔십리길을 왕복하는 것을 재미로 안다. 물맛은 신약수가 조타고도 하고 풍긔상으로는 구약수의 여관들이 좀 낫다고 할 수 잇다. 그래서 조용하기를 원하는 이는 구약수로 가고「놀러」가는 친구들은 신약수로 가는 모양이다. (以上주요한氏)

平壤은 大同江이 잇서 平壤이오. 大同江은 平壤이 잇서서 大同江이다. 그처럼 平壤과 大同江은 密接한 關係를 가지고 잇다. 特히 여름이 되면 平壤은 大同江우에 산다고 말할 수 잇다. 平壤人은 大同江업는 여름을 想像할 수도 업는 것이다. 물우에는 노리배로 물속에는 海水浴(아니 江水浴인가?)으로 砂邊에는 「모래렴」(新式말로는 太陽沐浴이라고 하는 것)으로 여름날

大同江에나 가보면 平壤市民全體가 다 大同江으로 모힌듯 십흔 感을 준다.

물이 어쩌케 새팔하든지 시골할머니가 치마고름을 담거보아 파란물이 오르나 아니 오르나를 실험해보앗다느니만치 고운 물결을 가진 大同江. 옛날부터 全朝鮮的으로 가장 有名한 妓生을 가진 平壤이 능나도 수양버들 아래 어울러질 째 어씨한잔 술이 업슬수 잇스며 한마대 노래가 업슬수 잇스랴?

여름 두달둥안에 (장마째를 쌔고) 大同江에 던저지는 돈만도 十萬圓넘으리라고 하니 넘우도 遊興氣分에 넘치는 都市가 아닌가 하는 感이 잇다. 여름날 저녁에 모란봉에 올라보면 능나도 근처로 슬슬 기는 노리배가 平均 二十隻式을 每日볼 수 잇스니까!

그러나 妓生과 술과 노리배는 쌕르조아지들의 노름노리요. 돈만히 안들고 하로를 유쾌하게 보내는 노리가 잇스니 有名한 어죽노리이다. 어죽이라 햇스니 고기어字이면 생선죽이어야 할 것이나 그 實인즉 닭고기 죽이다. 二三人이 작반해서 매생이(조가마한 배) 한 隻을 어터타고 거기에 닭 한 마리 솟 한 개 나무 한 단 쌀 한 되 고치장 이러케만 실으면 넉넉하다. 매생이를 半月島에 대이거나 능나도 수양버들 아래 대이거나 쏘는 아주 上流로 올라가거나 해가지고 활작 벌거벗은 후 王流에 째씻처버리고서 한사람은 닭퇴고 한사람은 쌀 일고 한사람은 불째고⋯⋯萬一 女子친구와 同行이 된다면 활작 버서버리지 못하는 고생은 잇겟지마는 割烹에 對한 고생은 업서질 터이니까 그것도 一趣려니!

쏘 萬一에 닭을 잡고 불을 째고 하는 일이 귀찬케 생각 될 것 가트면 大同江 邊에서 잇는 어죽집에 죽을 主文해두면 더욱 경편하다. 한가마에 壹圓內外만 주면 훌륭한 어죽 한가마를 指定한 場所에 指定한 時間에 配達해준다. 그것 한가마면 三四人은 슬컷 먹을 수 잇다. 그리하는 경우에는 이죽을 主文해두고는 그냥 배타고 나가서 슬컷 놀고 잇슬 수 잇다.

이 어죽노리는 아마도 平壤이 혼자 가진 여름 享樂으로 생각된다. (以上 주요섭氏)

檀君陵

李光洙

《삼천리》 제8권 제4호, 1936년 4월

이광수가 평양에서 강동 지역에 있는 단군릉을 탐방하고 돌아오는 과정을 기록한 글이다. 평양에서 강동 지역으로 이동하는 경로에서 만나는 지역과 명승에 대해 소개하고 단군릉 참배를 계기로 조선 사람들이 민족의 위인, 역사, 언어 등 자신들의 뿌리를 찾아 지키고 전수하는 노력이 부족한 것을 비판하는 내용으로 구성되어 있다.

글머리에 단군릉을 탐방한 것은 여러 해 전 여름으로 김성업과 둘이 자동차로 심방하였음을 밝힌다. 자동차의 이동 경로는 만수대-을밀대-모란봉-흥부-해암산 서쪽-대성산 동쪽으로 진행하였다. 이동 과정에 들르거나 조우하는 지역과 명승에 대해 간략히 소개한다. 먼저 만수대는 고구려 옛 대궐터이며 을밀대는 단군 이래 고유의 수도 전설을 가진 을밀선인의 유지라 소개한다. 을밀대에서 모란봉 가는 송림 중에 기린굴이 있어 동명성왕에 관한 유적이라 전하나 무엇인지 알 수 없다 하였다. 필자는 모란봉 앞에 세워진 영명사와 인

근의 풍경에 관해서는 비판적 관점을 보인다. 모란봉 앞에 영명사 같은 야비한 건물이 있는 것은 참는다 하더라도 일본식 식당(お牧の茶屋)이 풍경의 가슴팍이를 차지한 것과 이 천하절경에 아까시아 나무를 난식한 꼴은 차마 볼수 없다 하였다. 아울러 모란봉 정상에다 최승대라는 누각을 지은 것은 모란봉 머리를 잘라버린 것과 같은 파경이라 한탄한다. 모란봉 이름의 유래를 함께 적었다. 모란봉 너머 흥부의 지명은 흥복사라는 절 이름에서 온 것으로 설명했고 흥복사는 본명이 이불란사로 흥국사와 함께 지역 최초의 절이자 고려시대 평양의 서대찰이라 평했다. 이곳을 포함해 사방 이삼십 리 권역의 고구려 수도의 면모가 지금은 모두 사라지고 몇 조각 기와편만 남은 것을 안타까워한다. 두 편의 시조로 세월의 무상함을 한탄했다.

강동에 도착했을 때 수십 명의 지역 인사들이 마중했으며, 그들과 함께 단군릉에 참배한다. 필자는 특히 영광스러운 조상 앞에 불초한 후손들이 엎드렸다 표현하며 단군릉의 보존 상태가 형편없음을 한탄한다. 이와 관련해 조선인이 祖先을 숭배한다 하지만 조상의 조상인 단군릉은 쑥밭이 되게 내버려두고 모든 위인의 분묘는 있는 곳조차 알지 못한다 비판한다. 또한 먹고 마시다 죽은 무명한 조상을 위해서는 족보를 꾸미기에 힘을 쓰면서 민족의 족보인 조선인 전체의 역사와 위인의 전기를 발행하기 위해 푼돈을 내는 사람이 없다고도 했다. 단군릉을 수책보호하고 역사를 편찬발행하고 조선어 사전과 문전을 발행하고 위인 유적을 찾아 기념하고 전기를 편수 발행할 자손이 없는가 한탄한다. 마지막으로 평양이 당나라에 의해 재기의 힘이 없도록 근절될 때 신라가 그 앞잡이를 했다 비판하며, 신라는 삼국 중 가장 노예적 근성을 많이 가진 무리라 평한다. 고구려 문화와 혈통이 끊어진 뒤에 구차한 안전을 도모하는 신라의 혈통과 정신만 남은 것이 지난 천 년의 불행이었다 한탄한다.

벌서 여러해 前 어느 여름날이었습니다. 나는 金性業 君과 단 둘이 江東의 檀君陵을 奉審하랴고 自働車 平壤을 떠났습니다.

우리가 탄 車는 萬壽臺와 乙密臺를 거처서 牧丹峯을 돌아 흥부를 거처 海岩山 西쪽을 스처서 大城山 東쪽으로 東北을 向하야서 江東으로 가게 路次가 되었습니다.

萬壽臺는 高句麗의 옛 大闕터로 昨年에 불에 탄 門趾가 發見되었고 乙密臺는 新羅의 國仙과 같이 檀朝이래의 朝鮮 固有의 修道傳說을 가진 乙密仙人의 遺址.

平壤 서울 自體가 東來 仙人王儉의 宅이라 함은 檀君朝以來로 이 仙道의 旺盛하엿음을 表하는 말일 것입니다. 崔孤雲이 國仙鸞郎의 碑에 國仙道를 말하야 「吾東有道」라 하엿음은 新羅만을 가라친 것이 아니엇슴은 勿論이외다. 高句麗 男兒의 心身을 鍛鍊하야 南北萬里의 大帝國을 세우는 水魄을 갖호게 한 것이 또한 이 國仙道일 것이니 乙密仙人은 그 중 아마 큰 仙人인가 합니다.

乙密臺에서 牧丹峯으로 가는 松林中, 大洞江으로 面한 쪽에 麒麟窟이라는 것이 있어 東明聖王에 關한 遺蹟이라고 傳하거니와 무엇인지 알 수 없고 永明寺는 本來는 高句麗의 宮闕터라고 하거니와 乙密臺와 牧丹峯의 사이 손ㅅ바닥만한 地面이 어떠케도 그러케 深邃하고도 陽明하게 생겻을까 實로 自然의 驚異라 할만한 風景이어니와, 우리네 先人들은 이 風景美를 잘 認識하야 압헤는 宮殿을 지엇고 뒤에 浮碧樓, 得月樓. 轉錦門, 玄武門 같은 것을 지어 비록 半軍用, 半翫賞用이라 하더라도 이 自然의 美을 十分 咀嚼하고 또 補充한 것을 봅니다.

牧丹峯 앞에 永明寺 같은 野卑한 建物이 있는 것은 참는다 하더라도 お牧の茶屋라는 飮食店의 建物이 이 風景의 가슴팍이를 차지한 것과 이 天下絶境에 아까시아 나무를 亂植하여 놓은 꼴은 참아 볼 수가 없습니다. 牧丹峯과

같이 몸ㅅ집이 적고도 모양이 빼난 동오리는 비록 소나무라 하여도 키 큰 나무는 릉할 것이오 다박솔 포기나 香나무 같은 키 작은 나무와 山草만을 남겨서 그 輪廓을 어지럽게 아니하도록 할 것인가 합니다. 더구나 꼭대기에다가 最勝臺라는 樓閣을 지은 것은 牧丹峯의 머리를 잘라버린 것과 같은 破景이니 만일 樓閣을 지으랴거든 峯頭보다 훨신 떠러저서 樓閣이 峯의 가슴에 의지하고 안기도록 할 것이오 峯의 氣勢를 누르도록 할 것이 아닙니다.

牧丹峯이라는 名稱은 太白에서 온 것이 分明합니다. 古朝鮮에서는 나라에는 나라의 太白, 小白이 있고 고을에는 고을의 太白, 小白이 있슴은 現在의 地名을 보아서 分明한 것이니 白頭山은 나라의 太白으로 白山의 머리로서 박머리, 또는 박마리라고 불럿던 것이오. 只今 妙香山도 본래는 太白이어니와 平壤 서울의 地形으로 보면 牧丹峯이 太白이오 乙密臺가 小白임은 의심할 餘地도 없는 것입니다. 太白이라는 漢字를 붙인 山을 只今도 우리말로는 함박 (한박의 音便일것)이라 하고 小白을 쪽박이라고 부르는 것은 江東 사람은 다 아는 배어니와 함박이라는 이름이 함박꽃을 聯想하야 牧丹으로 變한 것도 當然한 일일 것입니다. 江東의 太白 小白이나 吉林의 小白山脈이나 또 서울의 負兒岳, 白岳이나 다 같은 系統의 생각에서 나온 山名일 것 입니다.

牧丹峯을 넘어서면 흥부라는 곧인데 이 흥부라는 地名은 興福寺라는 寺名에서 온 것, 興福寺는 本名 伊佛蘭寺로서 興國寺와 함께 吾土의 最初의 절이자 高句麗 時代의 平壤의 西大剎입니다. 只今도 大洞江의 물을 끌어들여 飮料와 舟運을 兼하엿던 運河의 자최가 남아잇습니다.

이 近傍은 大洞江의 絶壁의 후임한 구비로 길이 낮는데 實로 獨特한 風景을 가진 丘陵地帶라 一面에 高句麗時代의 赤瓦片이 보이고 海岩 거의 다가서 한 조발 속에는 高句麗宮址라는 木碑가 박혀잇습니다. 牧丹峯을 복판에 두고 두는 土城山까지 앞으로는 外城까지, 東으로는 文殊山, 盤橋里, 土城 等地까지 四方二十里 乃地 三十里에 亘한 大都會 던 것은 記錄과 出土品으

로 보아서 分明합니다. 平壤 서울 戶數 二十三萬 人口 一百五十萬, 羅唐聯合
軍이 陷沒시킨 平壤의 옛터전이 이것입니다. 當時의 高句麗人의 文化가 겨
오 千有餘年을 지난 오늘날에 江西五陵의 建築과 壁畵와 得月樓의 세멘도石
柱와 浮碧樓의 礎石 二個와 平壤博物館前의 礎石 二個와, 中城外城의 大洞
江護岸工事인 두텁城 뿐입니다.

> 檀君이 그저께요 東明王이 어제께라
>
> 긔똥 半萬年이 눈감앗다 뜰 새이니
>
> 無窮할 生命혀오매 꿈ㅅ인 듯 하여라.

實로 千年이 暫間이오 五千年이 한참입니다. 一民族의 生命은 「精神잇
고 精誠잇는 努力만 잇으면」永遠無窮한 것이 긔똥 五千年事를 俯仰慷慨할
나위는 없습니다. 지나간 榮光의 回顧에 醉할 나위도 없고 지나간 설음에 恨
嘆할 나위도 없습니다. 오직 現在의 힘과 精誠을 다하야 將來를 쌓을 분이니
因은 반다시 果를 낳는 것이라 내 손으로 쌓는 因을 빼앗음은 하늘도 못하는
것입니다.

> 大洞江 몇 구비오 千구비오 萬구비라
>
> 흘러 흘러흘러 하늘 끝에 닿앗서라
>
> 끊인 듯 이어 흐름이 저 江물과 같아라

大城山은 平壤 서울의 鎭山입니다. 좀더 컷으면, 좀더 높앗으면 하는 感
도 잇으나 그 線의 雄大함이 또한 聖山의 風度가 없지 아니합니다. 傳해 이르
기를 이 山에는 못이 아흔 아홉 개가 잇다고 하는데 아마 軍用貯水池인 모양
입니다.

車가 江東 앞에 다달앗을 때에 江東人士 數十人이 나와 맞아 주섯습니다. 그는 檀君陵을 찾아온다는 나를 반갑게 여긴 것인 듯 합니다. 只今 世上에 일부러 檀君陵을 찾아 다니는 朝鮮人은 아마 極히 드물 것 입니다. 옛날은 옛날대로 崇明의 惡疾이 박힌 先人들은 人民으로 하여곰 檀君의 이름 좇아 못 듣고 三皇五帝를 제 祖上으로 알게한 까닭에 檀君陵邊이 寂寂하엿고 오늘은 오늘대로 그러합니다.

江東人士들은 檀君陵을 잘 守護하지 못한 責任을 累累히 辨明하면서 우리를 檀君陵으로 引導 하엿습니다. 함박, 쪽박이라는 江東太白, 小白이 나는 우리에게 文化를 처음으로 주시고 國家生活을 처음으로 주신 祖上이신 檀君陵 앞에 俯伏하엿습니다. 나를 맞아 주선 이 地方 여러분도 같이 俯伏 하엿습니다. 영광스러운 ×上 앞에 엎더린 不肖한 後孫들! 진실로 不肖한 後孫들이 아닙니까.

바로 陵곁에 집을 짓고 사는 村民까지 이 높으신 祖上의 陵을 고맙게 생각할 줄을 몰라서 鷄犬으로 하여곰 밟게 하는 것을 생각하면 지극히 悚悚한 일입니다.

檀君陵이냐, 아니냐하는 問題가 없지 아니합니다. 그러나 李朝에서도 해마다 江東縣令으로 하여금 致祭를 하여왓고 民間에서도 입에서 입으로 이 무덤이 檀君陵인 것을 전하여 왓으니 檀君陵이 아니십니까. 有識한 체하는 무리들로 하여곰 제 멋대로 檀君의 存在를 의심케하고 檀君陵의 存在를 의심케 하라 하시오. 그러하더라도 우리에게 國家生活을 처음으로 주시고 三百六十事의 文化生活을 처음으로 가라치신 檀君은 儼然한 實在시오 또 檀君이 實在시면 다른데 그 어른의 陵이 發見되지 아니하는 동안 江東의 檀君陵 밖에 우리가 檀君陵으로 생각할 곧이 없지 아니합니까. 그러므로 江東의 檀君陵은 우리 始祖 檀君의 陵寢으로 尊崇하고 守護할 것이 아닙니까.

朝鮮인은 祖先을 崇拜한다고 합니다. 간 곧마다 祖上의 墳墓 앞에는 많은

財物을 들어서 石物을 하여 놓고 祭閣을 지어 놓고 山直이를 두어 守護를 하고 春秋로 省墓를 합니다. 그러하신 바는 祖上의 祖上이신 檀君陵은 쑥밭이 되게 내버려두고 民族의 恩人인 모든 偉人의 墳墓는 잇는 곳 좇아 알지 못하게 되엇습니다

먹고 마시다가 죽은 無名한 祖上들을 爲하야 族譜를 꾸미기에는 힘을 쓰면서도 族譜의 族譜인 朝鮮人 全體의 歷史와 偉人의 傳記를 發行하기 爲하야 分錢을 내이랴는 사람이 없습니다. 잘못된 祖先崇拜는 마츰내 朝鮮을 못 살게 하고 말앗습니다.

只今이라도 어느 財産 잇는 朝鮮人 이 돈 萬圓이나 내어서 檀君陵을 修築 守護케하고 朝鮮史를 編纂發行케 하고 朝鮮語의 辭典과 文典을 發行케하고 檀君에게는 좋은 子孫이오 우리에게는 높은 兄祖인 모든 民族的 偉人들의 遺蹟을 찾아 記念하고 傳記를 編修하야 發行케 할 特志家는 없는가. 얼마 안 되는 돈. 十萬圓이면 足할 일. 이만한 일을 할 子孫은 없는가. 이만 일을 할 子孫은 없는가.

江東人士들은 檀君陵의 修築存護를 爲하야서 義捐金을 募集하엿으나 某事情으로 中止가 되고 잇습니다. 한 사람이 나서시오, 한 사람이!

나는 이날에 猥濫되게 이 地方人士들의 鄭重한 待接을 받고 함박 쪽박과 아달메의 하로를 우럴어보고 限없는 感慨 속에 하로를 보내고 成川의 東明舘과 三登의 三十二舊天을 거치어 水路로 비를 맞으면서 檀君의 옛 서울 平壤으로 나려왔습니다. 朝鮮文化의 發祥地인 平壤, 朝鮮民族의 가장 榮光스러운 歷史를 가진 平壤 風景만으로도 朝鮮人에게 無限한 愛着心을 주는 平壤.

그러나 그 平壤은 千二百餘年前 羅唐聯合軍의 손에 쑥밭이 되어 버렷습니다. 高句麗의 精髓分子 三十八萬人은 捕虜가 되어 唐으로 잡혀갓습니다. 漢族은 代代로 큰 怨讎인 高句麗로 하여곰 再起의 力이 없도록 根絶을 시킬 決心이엿습니다. 그런데 그 앞잡이를 新羅人이 하엿습니다. 新羅人은 三國

中에 가장 奴隷的 根性을 많이 가진 무리. 玉으로 부서진 高句麗의 文化와 血統이 끊어지고 苟且한 安全을 圖謀하는 新羅의 血統과 精神만이 남은 것이 지나간 千年의 不幸이엇습니다.

楊柳 五月의 樓臺, 浮碧樓

大同江畔의 勝景

朱耀翰
《삼천리》 제13권 제6호, 1941년 6월

평양 부벽루에 대해 약간 냉소적으로 표현한 수필문이다. 부벽루 탐방의 과정, 부벽루에 대한 직접적인 감상 등은 표현하지 않아 본격 기행문과는 거리가 있다. 서두에서 모란봉을 중심으로 한 평양의 자연 공원이 누각, 송림, 언덕, 강류 등이 일체가 되어 이루어내는 일상의 풍경임을 설명한다. 부벽루는 이러한 풍경의 중심에 놓여 많은 사람들이 가장 절승한 장소로 생각하지만 필자는 가장 보잘 것 없는 중심이라 표현한다. 부벽루보다는 모란봉 꼭대기에서 보는 금수산, 을밀대, 읍취각, 기자림의 송림과 연광정이 낫다고까지 했다. 과거 부벽루는 평안감사의 호화스러운 놀이터이자 재자과객의 휴식처였으나 이제 그런 기능조차 일본식 식당(お牧の茶屋)에 빼앗기고 손님 기다리는 사진사들이 햇발 피하는 자리이거나 먼지 앉은 돌바닥에 과자 껍질만 낭자할 뿐이라 표현했다. 그럼에도 부벽루가 빠진다면 평양 경승의 가치가 반으로 줄 것은 의심이 없다 한다. 마지막으로 浮碧樓를 보려면 석양에 대동문에

서 배를 띄우고 서서히 상류로 거슬러 가면서 모란봉 일대의 구도를 볼 것을 권한다. 다만 이 구상미 한 가지 외에 다른 것을 구하지 않는 것이 좋은데, 이는 평양 자체가 절묘한 자연과 가장 빈곤한 인공의 합작이기 때문이라는 평가를 곁들인다.

牧円峰을 中心으로 한 平壤의 自然公園 一帶는 一樓 一閣 또는 一丘 一流의 勝景으로 볼 것이 아니오 樓閣은 勿論, 松林과 丘岡과 江流 等等이 混然一體가 되어서 平壤 男女老少의 每日의 每季의 每年의 「멕카」가 되는 것이다.

浮碧樓는 말하자면 綜合的 景勝의 한복판, 아마 正中心處에 처한 一個의 樓閣이니 언듯 생각에 가장 絶勝한 地位를 찾이하였으리라 생각되나 其實은 가장 보잘 것 없는 中心인 것을 어이하랴.

錦繡山의 絶境은 누가 무어라 하드라도 牧円峰 꼭다기에서 眺望四野하는 것이 아니면 大同江上에 一葉을 띄워 夕陽을 背景으로 한 絶壁과 青峯, 및 그間에 点在한 樓閣들을 仰望하는 것이다.

그래서 牧円峰上에는 一時 毀撤되었던 景勝臺가 年前에 再建되어 名實相符한 景勝의 地位를 찾이하고 있다. 眺望으로 보아서는 이 外에 乙密臺와 挹翠閣이 있고 閑座를 위해서는 箕子林의 密松과 그間에 新設된 遊園地가 있고 臨水로 본다드라도 鍊光亭이 浮碧樓를 이긴다.

牧円, 乙密에서 下瞰하여서는 초라한 亭子에 不過한 浮碧樓, 그 안에 들어가 보면 생각 없는 遊客들의 墨痕이 亂雜하고 前面의 防壁과 雜灌木에 가리워 江上清波와 綾羅島 絲柳가 다 보이지 안는 殺風景의 浮碧樓-이미 風光이 그러하니 樓上에 높이 걸린 「第一江山」의 扁額도 其實은 牧円 一帶를 通

稱한 것으로 自他가 共許하는 바요 결코 浮碧樓의 독찾이가 아닌 것이다.

섧도다 浮碧樓야. 옛날에는 平安監使의 豪華스러운 노리터요 才子過客의 눈물을 자아내는 休息處러니 처음에는 그것조차 「오마끼노쨔야」(お牧茶屋)의 류리문 달린 방에게 뺏아끼고 오직 철없는 童孟들과 손님 기다리는 寫眞師들의 햇발 피하는 자리만 되었으니 丹靑 버슨 기둥은 터진 자리에 먼지가 않고 귀들린 돌바닥에는 과자껍질이 랑자할 뿐이 아닌가.

七星門을 외로 두고 高句麗 土城을 더듬어 乙密臺를 찾는 손은 玄武門을 거쳐 最勝臺로 오르니 浮碧樓를 발 아래로 볼 뿐, 大洞江岸을 거닐어 淸流壁을 끼고 韓錦門을 뚫으는 그들도 浮碧樓에는 선거름으로 한번 밟아볼 뿐, 금시에 발을 돌려 永明寺를 거쳐 牧円上峯을 向하게 되니 結局 너를 아끼고 돌아볼 사람은 하나도 없는가보다.

今日의 豪遊長者는 茶屋으로 들고 現時의 才子佳人은 江上으로 뜨니 浮碧樓의 酒宴一席은 封建的 一場夢으로 永久히 스러저버릴 시 분명하다.

그는 그러하지마는 오늘에 어떠한 好事之客이 있어서 樓上에 一宴을 베풀고 歌舞를 크게 벌릴진대 江上의 淸風도 그에 놀아날 것이요 峯臺의 松籟도 그 가락에 마출 것이 分明하니 勝地의 中心임은 앙탈할 사람이 없을 것이다.

最勝臺가 없어도 錦繡山의 景槪가 秋毫도 損傷됨이 없을 것이요 乙密臺조차 可히 缺해도 無方하다고 할 수 있으니 挹翠閣, 轉錦門쯤이야 問題될 것도 없다. 그러나 萬一에 浮碧樓로 하여금 지금 섰는 그 자리에서 없어진다고 하면 錦繡公園의 가치가 半落할 것은 의심이 없다. 於是乎 浮碧樓의 진가를 알었노라. 있으되 그 功을 모르고 없으면 그 虛를 痛感할 것이니 平壤의 浮碧樓는 그 혼이 山河로 더브러 비길 만하다 할 것이다.

浮碧樓를 보고저 하는 이는 夕陽에 大同門에서 배를 띄우고 徐々히 上流로 거슬러 오르면서 牧円峯 一帶의 構圖를 사진틀이나 畵面에 想像하면 그中心前景의 重點될 자리에 반드시 이를 發見할 수 있나니 筆者의 번거로운

描寫를 기다릴 필요가 없다.

　오직 한가지 부탁은 浮碧樓에서 이 構想美 한가지 以外에는 아무 것도 期待하지 말라는 것이다. 建築美라든가 古蹟이라든가 史談이라든가 筆蹟이라든가 或은 또 우리들 凡夫가 要求하는 勝景美라든가 哀愁라든가 壯快라든가 아무 것도 要求하지 말라는 것이다.

　이는 또한 絶妙한 自然의 構想과 가장 貧困한 人工의 合作인 平壤의 性格 그것을 나타낸 것이다.

各地의 녀름과 그 通信

牧丹峰에서

靑吾

《개벽》 50호, 1924년 8월

〈개벽〉 50호 여름 특집 "각지의 여름과 그 통신" 가운데 한 꼭지로, 평남 답사를 위해 떠난 차상찬이 평양 모란봉을 중심으로 여름의 풍경을 소개한 글이다.

평양도 경성만큼 덥지만 모란봉만은 언제나 시원하다. 동남으로는 대동강, 그 위에 부벽루, 연광정, 서북에는 보통大野와 그 중앙의 보통강, 앞에는 을밀대의 녹음, 뒤에는 방림이 있어 차상찬은 이를 사방수풍지지라 평한다. 청류벽의 낙락장송, 백은탄의 물소리, 능라도의 수박, 소낙비 끝에 나타난 무지개 같은 대동강 철교, 영명사의 늦은 종 소리, 반월도에 돌아오는 돛 등을 평양의 명소로 꼽는다. 술 담배 못하는 김기전과 여행하지 않고 박달성과 했더라면 이 좋은 곳에서 유명한 평양 백소주에 닭찜을 준비해 놀아도 보고 싶지만 가난한 동포들을 생각하면 그런 생각조차 다 달아난다고 탄식한다.

모란봉은 역사상 많은 고난을 겪은 곳이기도 하다. 특히 일청전쟁에 고초를

겪은 것은 지금 생각해도 분하다. 지금도 일본육군 제6항공대의 비행기가 수
시로 모란봉 부근 상공을 날아다녀 모란봉 위에 또 포화가 떨어질 날이 있을지
모르겠다 한다. 모란봉 문봉과 무봉에 얽힌 이야기를 소개하며 모란봉가를
잘 부르는 청우를 생각한다.

　春坡동모 京城의 더위는 요좀 엇더함닛가. 이 平壤의 더위도 京城보다
조금 더하면 더하얏지 아마 못지는 안을 것 갓슴니다. 오날도 여관집 마루기
둥에 걸닌 寒暖計가 벌서 100도까지 올낫슴니다. (오후 2시) 더구나 平壤시가
는 도로에 먼지가 만이 잇서서 바람이 조곰만 불면 눈을 뜰 수가 업슴니다.
10만의 전시민은 모도 땀으로 반죽한 먼지 덩이가 되야 허덕허덕함니다. 그러
나 印度가튼 열대의 녀름에도 희말늬야山에는 白雪이 皚皚한 것과 가티 이
뜨거운 平壤의 녀름에도 牧丹峰은 특별히 시원함니다. 이 牧丹峰은 녀름과
함께 어엽부기도 하려니와 平壤市 부근에는 제일 놉흔 명산이외다. 동남으로
비단결가튼 大同江이 漾□이 흐르고 그우에는 浮碧 練光의 天下名樓勝亭이
暴然이 임하엿스며 서북에는 광범한 普通大野가 잇고 그 중앙에 普通江이
長蛇形으로 완연이 흐르며 압혜는 乙密臺의 녹음뒤에는 □山의 芳林이 잇스
니 실로 四而受風之地외다. 이갓치 찌는 더위에도 牧丹峰 꼭댁이에만 올나
가면 오장이 다 시원함니다. 淸流壁의 落落長松은 때때로 바람便에 검은고
(琴) 곡조를 아리우고 白銀□의 물소리는 쉬지 안코 자연의 북을 침니다. 수박
의 명산지 □羅島는 나리다만 보와도 컬컬한 목이 절로 틔워지고 소낙비 끗헤
나타난 무지개(虹)가튼 大同江철교는 바라볼수록 서늘하외다. 永明寺의 느
진 종소리를 드를 때에 누가 塵念이 살아지지 안이하며 半月島에 돌아오는
듯(□)을 볼 때에 누가 □衿이 상쾌치 안이하오릿가. 春坡등도 錦繡江山이

죳타 하야도 님곳 업스면 적막강산이라는 愁心歌를 前日 京城에서 엇던 치구에게 드럿더니 참 과연이외다. 이 시원하고 조흔 牧丹峰에서도 春坡가튼 快漢壯漢의 동모가 업고 보니 도로히 답답하외다. 담배 한대 술 한잔을 먹을 줄 모르는 小春가튼 학자님 동모와 동행을 하지 말고 春坡와 가티 왓더면 오날 가튼 날에 牧丹峰우에서 유명한 平壤白燒酒와 닭찜(鷄蒸)을 준비하야 놋코 平壤名技까지는 부르지 못할지라도 형과 내가 부어라, 먹자하고, 소리도 하며 춤도 추고 잘 노랏스면 그 얼마나 유쾌하겟슴닛가. 그러나 七星門과 토성밧게 사는 가련한 빈민동포들이, 이와 가티 더운 날에 피죽 한그릇을 잘 어더 먹지 못하고 박아지쪽과 오망자루를 둘러 메고 이집저집으로 유리걸식하다가 기진맥진하야 땀을 흘리고 나무그늘에서 느러저 자는 것을 보면 소주생각도 닭찜 생각도 다 어듸로 다러나고 맘니다. 간 곳마다, 날마다 뵈이는 이 비참한 동포들의 생활문제를 어늬 날에나 원만히 해결할가. 春坡동모 이 牧丹峰은 平壤의 중요지대인 까닭에 이 세상에 이름이 놉흔 이만치 經亂도 또한 만이 하얏습니다. 과연 牧丹峰은 冒亂峰이올시다. 高句麗時부터 烽燧臺를 峰上에다 설치하고 사방으로 오는 적을 警備함은 물론이고 高麗時에 妙淸의 亂을 격고 李朝에도 彼 유명한 壬辰亂과 최근의 日淸戰爭을 다 격것습니다. 特히 日淸戰爭시에는 淸軍이 이 牧丹峰을 점거하야 포대를 築하고 사력을 다하야 日兵을 방어하다가 日兵의 元山, 朔寧 兩支隊에게 占奪되고 패전하얏습니다. 지금까지도 석벽과 土臺간에 日軍砲丸에 세례를 바든 흔적이 만히 잇슴니다. 眞 소위 아해들 싸홈에 어룬의 코가 터진다고 淸國과 日本이 싸우는 바람에 얼토당토안은 朝鮮平壤의 牧丹峰이 엇지하야 그 禍를 당하얏슴닛가. 비록 과거의 事라도 생각할사록 분통이 터짐니다. 더군다나 금일에는 日本의 육군 제 6 항공대의 비행기가 더위에 消風을 하너라고 그러는지 平壤시민을 脅威하너라고 그러는지 날마다 늙은 솔개의 썩은 쥐 구하러 단이듯이 牧丹峰부근 공중으로 빙빙 돌아단님니다. 평시에도 이와 갓치하는 양을 보면 이 牧丹峰우에 또 포화가 떠러질 날이 잇슬는지 모르겟습니다. 春坡동모 牧丹峰 통신을 쓰고 붓을 더지랴 하니 牧丹峰 이약이가 또 한가지 생각남니다. 春坡도 전일부터 잘 아시는 바와 가티 이 牧丹峰은 남북 두 峰이 잇는데 전자는 文峰이라 하고 후자는 武峰이라 함니다. 俗傳에 平壤은 文峰이 놉흔 까닭으로 전일 外城에 文士가 배출하얏는데 성내 무사들이 文士의 기운을 抑制하고 자기들이 잘 되게 하랴고 武峰을 놉히고자 하얏스나 文士의 세력에 눌녀서 마음대로 놉히지 못하고 暗夜에 틈을 타서 땅을 파고 콩을 수백석 무든 뒤에 물을 부엇더니 밤새에 콩이 부러 峰이 놉히진 고로 文士들이 이것을 天의 조화라 하야 다시 文峰을 더 놉히지 못하고 지금까지 武峰이 놉흐며 따러서 平壤에 무사세력이 강대하야 젓다 함니다.

이 말이 비록 미신쟁이 풍수의 말과 비슷하나 전일 우리 朝鮮에서 京鄕을 물론하고 문무의 軋轢이 여하한 것을 가히 추측할 수 잇슴니다. 그리고 牧丹峰은 명산인 고로 自來 시인의 題詠이 만히 잇는데 나보기에 제일 운치 잇고 청아하기는 근대 平壤시인 金一翁의「靑黎山 杖皂紗巾, 萬仞山頭曲一身, 此時若有丹峰畵儂作誰家障口人」云云의 詩인 듯함니다. 또 한가지 생각나는 이는 靑友동모올시다. 靑友는 우리새에 다 아는 바와 가티 牧丹峰歌를 제일 잘 하지오. 春坡가 만일 牧丹峰의 여하한 것을 아시고 십거던 靑友동모의 牧丹峰歌를 한번 드르시오. 그 뚱뚱한 목과 큰 성대로「牧丹峰아 牧丹峰아 네가 내 사랑이로구나」하는 시원한 소리는 550리 밧게 잇는 이 동모의 귀에 아즉까지 쟁쟁합니다. 이 동모를 위하야 소식 좀 전하야 주시오.

甲子. 7. 12. 平壤에서

靑吾

평안도
平安道

激變 中에 있는 平北 地方을 暫間보고

妙香山人

《開闢》12호, 1921년 6월

여행의 감상보다 지방의 구체적인 정세를 서술하는 글이다. 삼일운동 이후
지방 민심이 매우 위축되어 있음을 보고하며 이를 타개하기 위해 교회(천도
교) 차원에서 농촌 개량 운동에 적극 나설 필요가 있음을 주장하고 있다.
필자(묘향산인=김기전)가 소개하는 평북 지방의 민심과 실태는 다음 항목을
따르고 있다.

■ 정말로 순사가 아니요?: 선천읍에 내려 아는 사람을 방문했을 때 경험을 중
   심으로 지방 민심이 어떻게 위축되어 있는지를 보여준다. 필자가 찾아간 친
   구의 5살 가량 된 딸이 필자를 가리키며 순사가 아니냐고 거듭 묻다가 가족
   들 모두 아니라고 하자 그제서야 웃으며 필자에게 안긴다. 알고 보니 이런
   현상은 아이뿐 아니라 어른들도 마찬가지여서 무슨 질문이나 대화를 할 때
   항상 먼저 의심하고 누가 엿들을까 염려하는 기색이 뚜렷하다. 필자는 이것
   이 공포에 가까운 것으로 파악한다. 그러면서 그에 대한 반동처럼 일단 의심

이 풀리면 사람들 사이의 정은 이전보다 더 두터워진다고도 설명한다.

- 권토중래의 풍수 영감과 掌議나리: 공동묘지규칙의 철폐(법규상으로는 완화)와 향교재산 還附가 지방에 미친 영향을 설명한다. 도시는 어떨지 몰라도 문화 정도가 낮은 지방에서는 이 두 제도를 실시한 영향이 적지 않다고 한다. 특히 지방 식자들 사이에도 공동묘지의 무덤을 파헤쳐 다시 매장하는 게 유행처럼 퍼져 있으며, 향교 재산을 둘러싸고 지방 유림들이 새삼스럽게 모임을 조직해 향사를 지내는가 하면 향교 안에 구식 서당을 신설해 백일장을 보는 경우가 늘어났다고 지적한다. 평북 지방이 이럴진대 충청도, 경상도 지방은 어떨지 한탄한다.

- 오직 남의 거름이 되는 平安道人: 3.1 운동은 조선인과 일본인의 유일한 자극제, 경성제가 된 바, 조선의 신문화운동은 이를 자료로 하여 비약했다. 특히 황해도와 경상도의 진보 향상은 놀라울 정도이다. 그에 비해 평안도 지방은 제일 많이 죽고 잡히고 맞은 것에 비해 더 많이 떨고 움츠리는 것 외에는 얻은 게 없다. 이는 국경지방이라는 지리적 특성도 있지만 잘 분노하는 만큼 잊어버리기도 잘 하는 평안도 사람의 성격 탓이기도 하다.

- 萬綠叢中 一點紅인 各 敎會: 평안도에는 그나마 기독교와 천도교 신도가 자기 생각을 가지고 자기 할 일을 해나간다. 천도교청년회에서 강습소를 설치하고 기독교에서 여자 서당을 개설하고 있다. 그런데 관청에서는 오히려 교회 하는 일을 이상하게 생각하는데, 이는 조선 사람의 向上熱을 곧 排日熱로 동일시하는 어리석음에서 비롯된 것이다.

- 地方 文化를 그대로 말하는 書堂: 예전에 필자가 다니던 서당을 찾아 그 피폐함을 보고 현재의 평안도가 어떤 상태인가를 짐작한다. 세상이 바뀌어 구학을 전과 같이 존중하지 않을 뿐 아니라 신학은 경시하는 풍조가 있으며, 이 때문에 특히 농촌에서는 이도저도 다 틀리고 순무식자만 생기게 되는 형편이라고 지적한다.

- 過客의 눈에 띠우는 기타 몇 가지: 이른바 지방명예직이 넘쳐나는 것, 재작년 한발에 농사를 망쳐 빚을 얻어 쓴 농민들이 작년엔 곡가가 폭락하는 바람에 여전히 빚에 짓눌려 있다는 것, 排日熱이 강해지는 것과 달리 거꾸로 親官熱이 발흥하는 것, 지방 관리의 비리가 묻히고 마는 것 따위를 비판적으로 기술하고 있다.
- 농촌의 요구는 다못 熱漏 한 방울: 농촌 개량이 시급히 요구된다는 점을 지적하고 이를 담당할 사람이 자격은 오로지 농촌과 농민에게 동정과 열루를 가지기만 하면 그만이라고 주장한다. 3.1 운동 이해로 사람이 귀하며, 특히 동포가 귀한 줄 알았으며, 지식계급의 지도가 필요한 줄 알았다 한다. 이런 상황에서 누구나 성의로서 사귀고 열정으로 도모한다면 못 이룰 일이 없을 것이라고 한다.

　　나는 일즉 某 任務를 帶하고 去 五月 八日 夜, 京城을 發하야 平北의 龜城, 定州, 郭山, 宣川, 鐵山을 暫間 돌아 同 十七日 京城으로 돌아온 일이 잇섯다. 처음 써날째의 생각은 平北地方을 한 번 全部 돌아 그 情況의 如何를 구경하리라 하얏스나 本社의 事情으로 因하야 그만 급작이 中途에서 돌아오고 말은 것이다. 이가티 본 곳이 넓지 못하고 본 期間이 길지 못하며 쏘 짜로 마튼 任務가 잇섯슴으로써 地方의 情況을 뜻과 가티 보지 못한 것은 생각할스록 遺恨이다. 쌀아서 이것이라 하고 내어세울만한 特別資料가 업다. 다못 隨聞隨見의 一端(勿論 發表할 수 잇는 範圍內에서)을 記하야써 地方事情을 알고저 하는 이의 一笑를 사고저 한다.
　　「正말로 巡査가 아니요?」
　　내러갈째에는 그날 밤 차를 탓는지라 平壤驛까지는 非夢似夢中에 지내엇다. 딸아 周圍形便의 如何를 안 길이 업섯스며 平壤에서부터 비롯오 觀察의 눈(勿論 되는대로이다.)을 쓰게 되엇다. 그 前驛에서도 그리하얏는지는 모르나 그로부터의 停車하는 驛은 大槪로 正服巡査가 室內를 一瞥하며 지나간다. 朝鮮人이라고 나 혼자 쑨 (게다가 쏘 洋服을 입엇섯다.)인 二等室이엇슴으로써 그런지는 모르나 그의 一瞥은 甚히 形式的이오. 무슨 意義가 업슨 듯하며 쏘 各驛의 出入口를 보면 巡査와 憲兵이 지키고 서잇는 貌樣은 如前하나 (昨年 春에 京義線을 通過한 事가 有함) 出入人을 搜探하는 꼴은 보이지 안는다. 記者의 下車驛은 宣川邑이엇는대 그곳서 쏘 乘客 對한 別般注意가 업스며 다못 守口驛人이 나의 가진 車票를 처음 보는듯이 注視할 쑨이엇다. 車에서 나리며 곳 어쩐 親舊의 집을 차젓는대 나는 地方을 찾는 劈頭에 그 親友의 어린 딸로부터 意義깁흔 說明을 들엇다. 그 顚末을 報告하면 이러하다. 웃 房에서 親友와 對坐하야 塞喧을 叙하는 中 알엣 房으로부터 「巡査가 아니다. 손님이시다.」하는 말이 連方 들림으로 알엣便을 쳐다 본 즉 今年 五歲頃의 幼女가 나를 보고는 얼굴을 돌이키며 自己母親더러 「正말 巡査가 아니요?」한다. 그래서 나는 반기어 하는 얼굴로써 巡査아님을 말하고 自己의 아버지를 爲始하야 座員一同이 亦是 巡査 아님을 証言한 즉 그 幼女는 그째에야 비롯오 웃음의 낫을 가지고 내 압흐로 오앗다. 이째에 主人은 나더러 「자-이만하얏스면 이곳 形便의 如何를 알겟지오. 검으수름한 옷 입은이만 보면 (나는 그째 검푸른빗의 洋服을 입엇다.) 어린애까지 「巡査임을 認하게까지 될 째에 一般情況이야 다시 말할 것이 무엇이겟소.」하얏다. 내가 두 손을 내여 「이리오너라」하얏더니 그 애는 문득 나의 품에 안기어 반김의 極에 어찌할 줄을 모른다. 그래서 내가 그 집을 쩌날 째까지 그 애는 내 무릅우를 쩌나지 아니하얏다. 아마 잡아가는 巡査인 줄로 알다가 巡査가 아니요 사랑을 주는 동무임을 깨닷게 될 째에 말할 수 업시 깃벗던 貌樣이다. 그 애를 안은 나는 別 생각을 다 하얏스며 別 늑김을 다 가젓섯다. 그 後 約 十日의 期間으로써 여러 地方을 돌며 만흔 사람을 대하는 동안에 나는 그러한 事實을 到處에서 當하얏다. 幼兒에게 쓴이 아니오. 大人에게서 더 만히 그러한 類의 事實을 보앗다. 가다가 或 길을 무를지라도 그는 먼저 疑懼하고 다음에 뭇는 바를 對答하며 鄕黨父老와 對話할 時이라도 그네는 아모것도 아닌 일을 專혀 다른 무엇이 엿들을가 念慮하는듯이 그래서 또 무슨 事端이나 일어날 듯이 甚히, 가늘은 말로써 傳하는 等 그 態는 謹愼이라함보다 恐怖에 갓갑다 하겟스며 또 或 무슨 말을 하고는 그것이 고만 잘못될가 念慮되어 「只今 말한 그것은 無間한 터인 故로 밋고 한 말이니 그러한 것을 或 新聞이나 雜誌上에 發布하여서는 아니되겟다.」고 하는 等, 現今 그 地方 사람들의 살아가는 貌樣은 마치 敵의 內情을 엿보고잇는 斥候가 마른 풀닙을 발끗으로 디디며 바작바작 죄이는 마음성을 艱辛히 鎭定코 一日一日을 지내감과 正히 한가지인 것 가티 보엿다. 그래서 그들은 누구나 對하면 疑懼부터 먼저하며 사람 열만 모이면 또 무슨 問題가 쌀아 이를 것을 근심한다. 또 이런 말을 들엇다. 天道敎 靑年會 龜城支會에서 同郡館西面一帶를 巡講하는 中 某洞에서 例와 如히 講演을 開하얏는데 聽講人은 同敎人 外에 그 洞里 書堂訓長 某가 잇섯다. 그런데 講演途中 正服 巡査 一人이 忽入한 즉 그 訓長은 그만 慌劫하야 달아나고 말앗다는데 그 理由는 同敎를 不信하는 人으로서 그 講演을 來聽하얏다 하면 自己는 그 翌日부터 注目밧는 사람이 될지오. 注目만 바드면 將來가 위태하다 함이라 한다. 地方하고도 鐵道沿邊과 그 邑內는 적이 나흐며 村里는 大槪가 그 貌樣이다. 이에 한 가지 注意할 現狀은 이와가티 一般이 恐怖中에 잇는 反動으로서 누구나 서로 對하야 疑心할 만한 사람이 아닌 것을 確知하게만 되면 그 사람들 사이의 親情은 別로 濃厚한 것이니 이것은 내가 宣川邑內에서 본 그 幼女가 나를 巡査로 疑할 時에는 얼굴을 돌이키던 것이 巡査가 아닌 줄을 알고서는 품안에까지 안기던 그와가튼 理致에서 나옴인 듯하다. 同時에 一般同胞 同胞間이며 團體 團體間의 友誼는 比前 益濃한 듯 하얏다.

捲土重來의 風水녕감과 掌議나리

共同墓地規則의 事實上 撤廢(法規上으로는 緩和이나)와 鄕校財産의 還附는 文化의 程度가 比較的 나즌 地方에 在하야는 果然 不少한 影響을 波及하얏다. 그로 因하야 民衆의 不平이 얼만곰 消失되엇는지는 疑問이나 그로因하야 一部 民心이 새로이 기울어저 向할 方面의 하나를 차즌 것은 事實이다. 그래서 그間 얼마동안은 어쩌케 할 생각조차 내지 못하던 사람들이 公公然히 風水를 차즈며 白骨을 파들추는 等의 求山運動을 起하야 昔者의 共同墓山에는 어린 아이의 骸骨을 除한 外에는 그대로 남아 잇는 쌔가 업스며 暗葬逼葬의 說이 昔日가티 流行하야 鄕村의 夜會에는 此 墓地問題가 그 主된 話題가 되며 所謂 地方의 識者라 할만한 사람도 이러한 醜態를 効하는 人이 不無한 바 或이 그 어리석음을 論迫하면 祖先의 貴骨 이나마 安保할 策을 取함이 무엇이 不可하겟느냐 하는 巧言을 發하야 스스로 其非를 飾하기에 奔走하는 者가 不無하며 쏘 各 郡에는 儒林會라는 것이 新設된 바 該會에서는 今回 還附된 푹은한 鄕校財産을 仍用하야 掌議齊長을 내고 春秋의 祭具를 新備하며 或은 鄕校에 漢學書堂을 新設하고 白日場을 보이는 等 舊日의 復舊에 奔走하는 바 일즉 自己의 時代는 지내어 간 것을 自覺하고 鄕村 或은 山間으로 退臥하야 世降俗末의 嘆을 徒呼하는 俗儒者流는 今日이야말로 天運循環, 無往不復의 此時라하야 塵冠을 更掃하고 鄕校出入을 頻行하야 意氣-顧振(勿論 남들이야 웃지마는 自己싼은 조아서 어찔줄을 모르는 樣) 하며 前日의 軍吏後裔로서 일즉 鄕門에 出入치 못하던 者는 이쌔에나마 한 번 兩班이 되어본다 하야 머리싹고 눈이 펄한「하이카라 靑年이 掌議帖文에 隨喜함과 如한 奇劇이 不無하다. 슯흐다 從來의 因習이라고는 比較的 만히 掃薄된, 그리고 儒林이라고는 옛적 時代에도 別로 旗幟가 不明하던 平北地方이 이러하거던, 하믈며 因習의 王國이오 兩班의 首鄕인 忠淸慶尙道 地方이야 果 如何할가. 일즉 남으로 因하야 잘 못살고 쏘 自己의 어두음으로 因하야 날로 끌러가는 우리의 運命이야말로 넘우 奇窮치 아니한가.

오즉 남의 거름이 되는 平安道人

한 그루의 나무가 잇고 업슴으로 因하야 한 집 或은 한 村은 生色이 나고 못나는 수가 잇다. 그러나 그 나무의 바루 미테든 풀이나 또 집은 그 나무의 그림자로 因하야 돌이어 害를 밧는 수가 잇스며 害를 밧기까지에는 미치지 안는다 할지라도 적어도 그로 因하야 自己의 存在를 完全히 表明치 못하게 되는 것이다. 再昨年 以來의 朝鮮獨立運動은 여러가지 말을 여긔에 할 수 업다 할지라도 그 運動이 잇슴으로 因하야 朝鮮人과 日本人의 唯一한 刺戟劑, 아니 警醒劑가 된 것은 그 運動의 齎來하는 여러가지 結果中의 顯著한 一이라. 朝鮮의 新文化運動은 이를 資料로 하야써 進步라 함보다 寧히 飛躍의 奇績을 收하는 今日이며 特히 黃海慶尙道의 進步向上은 實로 놀라울만큼 되엇다. 그런데 平北咸北의 兩道와 如함은 不幸이라할가 幸이라 할가 刺戟 又는 警醒의 好機에 別로 參與하지 못하고 곳 그 큰나무의 그름재미테 들어가는 풀이 되고말앗다. 그래서 第一 만히 죽고 잡히고 맛고, 그리고 第一 만히 설고 움츠러진 外에 別 取益이 업섯다. 이것은 新聞紙上에 나타나는 일로만 보아서도 能히 斟酌할 일이라. 이러케된 理由는 누구나 認함과 如히 此 兩道는 第一로 位置가 中, 露地方과 相隣하고 第二 北道의 人性, 特히 平安道의 人性은 靑山猛虎格으로서 紆餘屈曲이 업고 直情 徑行的인 바 되거나 안되거나 한 번 생각한 以上은 그대로 하여버리고 마는 性을 가젓슴에 因함일지라. 그런데 猛虎의 性質이란 異常하야 死且不避로 自己가 한 번 겨루기 始作한 以上은 所向無敵의 獰勇을 揮하나 그 境遇를 當하기 以前까지는 어써한 짐승보다도 만흔 恐怖를 感하는 것이다. 平安道 사람의 本性이 거의 猛虎然하야 욱-할째에는 所向無敵이나 그 前이나 또 其後는 거의 아모것도 업는 듯하다. 고로 잘나아가는 사람이 平安道 사람인 同時에 잘 주저안는 사람도 平安

道 사람이며 잘 怒하는 사람이 平安道 사람인 同時에 잘 풀어지는 사람도 平安道 사람이라. 이러한 特性을 가진 平安道 사람은 큰 나무의 바루 그늘 미테 쑥 들어가 잘 나아가다가 잘 썩굴어젓스며 잘 성내이다가 잘 쑥을어지는 等의 일을 反覆 又 反覆하야써 今日에 至하고 말앗다. 그래서 다른 道에서 봄과 가튼 文化運動은 그 迹이 甚微하며 近日에 至하야는 大勢의 稍靜과 가티 初夏의 氣候와 가티 그만 탁 풀어지고 말앗다. 마치 戰鬪에 배부르고 困한 初年兵과 가티 氣窮勇盡하야 모든 것을 귀치 안하는 樣이다. 그래서 돌아간 祖先의 墳墓라도 파보며 스스로 慰安하고 좀 먹은 經傳이라도 再考하며 스스로 足하고 官設團體의 一員이 되어 스스로 마음을 눅으리며 잇는 것 갓다. 一言으로 盡하면 近日의 平安道 特히 北道 사람은 極端으로부터 다시 極端에 옴겻스며 또 옴는 今日이다. 여긔에 무슨 새로운 方策이 無하면 그들의 究境은 救하기 어려운 地點까지에 이르리라고 나는 늘기엇다. 아! 밧고 못바들 困難, 아니 犧牲은 누구보다도 第一 만히하고 宜例히 바들 利益은 다른 어쩌한 道보다도 가장 못밧는 咸平兩北道에 在한 百七十餘萬 兄弟의 不幸도 實로 적은 不幸은 아니로다.

萬綠叢中一點紅인 各教會

불탄집에도 주추돌은 남는다는 셈으로 大部 人衆이 이러텃 풀어지고 無氣力한 中에도 오즉 基督教와 天道教의 信徒가 그 間에 잇서 能히 自己의 생각을 가지고 自己의 할 일을 하여간다. 나의 잘 본 龜城一郡으로 말할지라도 邑內에 天道教 靑年會의 主催로 臨時講習所를 設하야 鄕村子弟를 敎養하엿스며 同郡南市에서는 基督教會의 主催로 女子書堂을 開設하야 附近女子를 敎養하며 同郡塔洞市에는 天道教同地傳教室 及 同地有志의 發起로「歸眞講堂」을 設하야 小學校와 비슷한 程度로써 現在 男女 六十餘名을 敎養하는데 거긔에는 運動場이 잇고 運動具가 잇스며 學生一般은 머리를 싹고 帽子를 쓴 等, 鄕村에서 좀처럼 구경할 수 업는 好範인 바 道廳으로서나 其他 遠地로서 或 貴賓이 來할 時는 그 學生一般을 接見하는 等 자못 當地의 자랑이 된다한다. 그 쁜 아니라 地方에 在하야는 今日 世上의 如何를 말하는 자도 敎會人이며 改造改善을 討議하는 者도 敎會人이며 말할줄 아는 사람도, 말 들을 줄 아는 사람도 敎會人인 바 가만히 보면 골이나 村이나 敎會가 좀 旺盛한 곳은 一般程度가 逈殊한 同時에 多少 活氣가 잇스며 그러치 못한 것은 그저 微微할 쁜이다. 더욱 昨年 來 各 敎會의 地方巡講은 地方人民에게 對한 不少의 興感과 覺醒을 주엇스며 中에도 天道敎側의 講演隊는 同敎의 敎理를 宣傳함과 한가지로 同敎義에 基한 社會改良을 만히 主唱하야 鄕村에 波及되는 效果가 不少하다. 사람 사람이 서로 疑心하고 어근버근 다풀리고저 하는 近日에 在하야도 敎會에 사는 사람쁜은 모일재에 모이며 말할재에 말하며 일할 것을 일하야써 文化의 向上을 務圖하며잇다. 그래서 나는 一條의 生脉이 敎會에부터 잇슴을 보앗스며 또 나 以外의 그 地方 一般 識者도 다 가티 그러한 느낌을 가진 것 가티 보이엇다. 그런데 여긔에 한가지 섭섭한 것은 어썬 地方에서는 그곳의 行政官廳에서나 司法官廳에서나 敎會의 所云爲를 甚히 異常스럽게 생각하야 暗暗히 沮戱코저 하는일이 업지 아니하며 쌀아 下級 官員들은 敎會의 하는일에는 어대싸지 말성을 부리는 것이 무슨 自己의 成績이나 내이는 것가티 생각하는 一事이다. 이것이 무슨 싸닭에서 나오는 것인가 하면 一部 低級의 腦를 가진 官員들은 朝鮮人의 向上熱을 곳 排日熱로 同視함에 因함이며 그 部下에 쌀린 官員은 곳 그에 雷同하는 싸닭이다. 그러나 미듬의 깃븜속에서 生命의 衝動을 노래하는 敎會의 善男女는 그만한 注意에 주저안씨까지 弱한 者들이 아니며 쏘 敎會에 對하야 그리함은 今日 當局의 精神도 아닐 것이다. 여긔에 對하야는 길게 말하고저 아니한다.

地方文化를 그대로 말하는 書堂

그리고 나는 이번 며칠 집에 留할 동안에 나의 出生村인 鳩巖洞이란 곳을 차젓는데 그째 그 村에 잇는 書堂을 보앗다. 그 書堂은 내가 여섯살 째로부터 열다섯살까지 배우고 놀던 곳이며 울고 웃던 곳이다, 쑨 아니라 그 書堂은 그 隣面에 在한 어느 書堂보다도 第一 길고 神聖한 歷史를 가젓스며 位置도 相當하고 建物도 그럴듯하며 쏘한 便에 松亭이 잇고 松亭속에는 그 書堂의 刱設者를 享祀하는 碑閣이 有한 等 書齋로서는 相當한 書齋이엇는 同視에 昔日에는 各處로서 모이는 工夫軍도 적지아니하얏다. 그래서 내가 단이던 그 째 일지라도 五六十名의 冠童이 堂內에 찻스며 各樣 凡節이 可觀할 者ㅣ 頗多하얏다. 그런데 이번에 보니 어찌 놀래지 아니하리요. 門前의 마루는 되는대로 씨그러지고 그 압헤 階石은 모다 허트러젓스며 東便의 松亭은 나무 數가 太半이나 줄고 碑閣은 반 넘어문허저 碑身이 裸體가티 들어낫스며 松亭 全面에는 검불이 그대로 덥히어 사람의 발자쥐는 보랴야 볼 수가 업다. 나는 當年의 盛事를 생각하고 今日의 寂寞을 느낌에 茫然히 行立하야 어찌할 줄을 몰랏다. 書堂 門을 열고 들어서니 알엣목에 冠쓴 初學先生 한 분이 안젓고 그 우으로 머리쏘리 길고 상투놉흔 冠童 五六人이 孟子 小學等의 冊을 노코 안젓슬 쑨이엇다. 어쩌케 더 좀 滋味잇게 하야 갈 수 업느냐고 무른즉 그 先生 은「제가 아모것도 아는 것이 업스니까 그런 생각을 못합니다.」라고 對答하얏다. 果然하다. 先生이고 學父兄이고 아모것도 모른다. 모르니까 當初부터 아모 생각이 나지 못한다. 되는대로 하여가며 날로 衰弊하여 가는 것 쑨이다. 이 어찌 그 書堂쑨이려요. 近日 地方書堂에 通有한 現狀이다. 곳 前日로 말하면 舊學을 一般이 尊重한 同時에 그 學問을 배울 곳은 오즉 書堂이 有할 쑨인 것을 認하얏는 故로 洞里마다 書堂이 有한 同時에 그 書堂은 大槪 繁昌하얏다. 그러나 今日에 至하야는 世上이 前과 다르다하야 舊學을 그러케 尊重히 생각지 아니하며 그 대신에 新學을 主하게 되엇스면 조흐렷만 新學을 亦 輕視

하게 되엇는 故로 鄕村에서는 이것도 저것도 다 틀리고 純無識者만 생기게 形便이 되엇스며 거긔에 或 書堂을 經營한다 하면 그것은 前부터 하던 것이니 또는 書堂財産이 잇스니 繼續하자 함에서 나옴이며 또 兒童을 보내는 사람일지라도 이것을 아니하야서는 將來 希望이 업겟다는 무슨 切實한 생각에서 나옴이 아니오. 집에 잇스면 作亂이나 하고 그거라도 그저 잇는 것보다는 나으리라하는 습습한 생각으로 하는 것인 바 이러한 無誠意한 사람우에서 잇는 書堂의 日益零落은 是 當然할 일이다. 第一 寒心한 것은 아즉까지라도 地方 사람의 多大數는 工夫라하면 다못 文字를 記誦하야 돌아가는 片紙張이나 보고 쓰기 爲함인 줄 알며 거긔 좀 깨엇다는 사람이라야 겨우「工夫하면 이름내고 벼슬하는 것이라.」생각하는 今日인 바 그네에게 對하야는 第一 工夫라 하는 것이 무엇하는 것임을 알게 함이 最可할지니 그 根本觀念을 更新치 안코는 工夫하는 自身이나 또는 그 學父兄에게나 큰 것을 期待할 수가 업슬 것이다. 그러면 如何히 하여야 그 因襲的 觀念을 匡正케 할가. 이것이 今日 農村父兄에 對한 큰 問題이다. 그런데 이것은 全혀 山間僻地의 形便을 말함이오. 地方일지라도 郡內에는 또 큰 거리에는 普通學校나 其他 小學校가 有한 바 그러한 곳이라고 모다 徹底한 自覺미테서 自己의 子弟를 就學시키는 것은 아니지만 如何間 學校는 적고 사는 사람 數는 만흠으로써 入學願者를 幾分의 一以外에 收容치 못하는 바 그 以外의 者는 大槪 書堂으로 轉한다. 그래서 今日은 農村書齋보다 都市書齋가 繁昌하게 된다. 如何間 今日 一時의 急을 求하는대는 都市나 鄕村을 勿論하고 書堂을 改良하야 學校에서 敎授하는 것을 書堂에서 敎授케 할 以外에 他道가 更無하니 이에 假令 三面一校制가 實現된다 할지라도 一般 兒童을 다 收容치 못할 것은 勿論이며 다시 一面一校制를 取한다 하면 그 負擔을 堪當치 못할 것인즉 如何히 생각할지라도 各 洞里에 잇는 書堂을 그 洞民으로 하야금 改良케 하는 策 以外에 아즉은 別 수가 업다. 이것은 地方有志者로서는 다 가티 느끼는 바이라 한다.

過客의 눈에 씨우는 其他 몃가지

그 다음 地方 事情 中 나의 눈에 씌우는 것은 先者地方 諮問機關의 擴張으로 생긴 道郡評議員, 面協議員, 直員掌議(이것은 別것이나) 등 地方 名譽職의 增加로 因하야 一部 民心에 事實上 慰悅을 준 것이며 再昨年의 旱魃로 因하야 官廳의 救濟金 빗내여 쓰고 昨年의 豊登으로 因하야 穀價暴落한 今年에 在하야는 그 빗을 갑노라고 死境에 陷한 一部 農民의 苦況이며 排日熱의 反動으로써 近日에 새로 勃興하는 親官熱의 顯著한 것이며 早婚과 購買婚이 依然히 行하는 것이며 官吏 — 特히 警察官吏의 하는 여러가지 行爲中에는 社會의 批判 — 或은 法律의 制裁를 바다야 할 일이 얼마라도 잇슴에 不拘하고 言論機關의 無有와 地方輿論의 沈着으로 因하야 어두운 대 나서 어두운대서 감추어지는 것이며 이로 因하야 一般 人民은 官署를 무서워하며 미워할 쑨이오. 그를 信用치 안는 것 等이다. 第一 웃으운 것은 地方에 잇는 各 新聞社의 支分局이다. 그들은 新聞記事가 山積하얏슴에 不拘하고 報道할 줄을 모르며 또 報道할 權威를 못가젓다. 죰 잘못하면 地方官署의 注意人이 되는 까닭이라 한다.

農村의 要求는 다못 熱淚 한 방울

내가 이번 平北地方을 暫間 단여오는 中에 가장 深切히 느낀 것은 農村改良이다. 그들의 마음은 비록 풀어지고 그들의 元氣는 비록 沮喪되엇다 할지라도 어느편으로 보던지 到底 前日의 兄弟는 아니다. 어써케 모다 忠實한 것 가트며 友愛에 찬 것 가트며 무엇을 바라고 求하는 것 가트며 쏘는 從來의 자리를 써나서 새로운 무엇에 옴기려는 듯한 氣分이 보엿다. 그래서 무엇이나 말하면 반듯이 귀를 기울이며 或 그러치 안타고 主張하다가도 相當한 理由로써 그러타고하면 곳 贊成의 意를 表한다. 卽 前과 가트면 열마듸의 말에라야 그의 應諾을 得할 意見이엇스면 이제는 한 두 마듸만 하야도 그만이며 前

에 한 두 마듸로 할 말이엇스면 이제는 말 아니하야도 먼저 그리하자 한다. 나는 對하는 父老兄弟에게 마도 만히 말하야 보앗스며 말할 째마다 눈물이 흐르는 듯한 느낌을 가젓섯다. 그래서 이러한 조흔 兄弟를 가지고 웨 스스로 貧弱하얏스며 웨 스스로 愚蒙하얏는가를 생각할 째에는 무엇무엇을 다 던지고 한 낫 農村의 巡禮者가 되어 그 父老들과 그 姉妹들과 가티 울고 가티 웃다가 피가 마르고 쌔가 구더지는 어느날에 그대로 썩구러지고 십허섯다. 오늘날에 잇서 農村兄弟와 가티 일하여 나아감에는 金錢도 智識도 第二, 第三問題이다. 다못 一幅의 同情과 熱淚를 가젓스면 그만이다. 우리 朝鮮사람은 五百年來의 形式的 文治로 쏘는 兩班과 土豪의 暴虐으로 쏘는 最近 十餘年來의 官力政治로 因하야 全體로 感情이 식엇다. 아니 感情에 줄이엇다. 집에 잇스면 父兄이 씀즉하고 洞里에 나서면 洞長 面長이 거드름 부리고 거리에 나아가면 巡査의 얼굴이 무서우며 金力의 자랑으로 오는 富者의 冷淡, 智睿의 자랑으로 오는 識者의 驕態, 어느곳에나 情을 부칠 곳이 업섯스며 누가 情을 줄 사람이 업섯섯다. 이러하던 中 一 昨年 獨立運動이 생긴 以來 사람-特히 同胞가 貴한 줄을 알앗스며 知識階級의 指導가 반가운 줄을 알앗섯다. 이러한지라 今日에 잇서서는 누구나 誠意로써 交하고 熱情으로써 謀하면 아니 될 일이 업고 못할 成功이 업게쯤 되엇다. 그런데 그 地方사람으로써 地方을 改良하기는 자못 容易치 못하다. 第一 隣巫不靈으로 一般이 그를 信用하는 程度가 다르며 쏘 地方이라고는 말금한 곳이라. 족음 누가 무엇한다 하면 곳 四圍로서 注目이 생기는 故이다. 그러나 이 亦 誠意로써 當하면 그만일 것이다. 이 點에서 地方改良의 任에 當할 者는 누구보다도 敎會的 修養을 가진 사람이 相當하니 이리한 사람은 미리부터 사람 사랑할 줄을 알며 쏘 그만한 注目은 언제부터 바다온 故이라. 如何間 今日은 무엇보다도 農村에 잇는 사람이나 쏘는 都市에 잇는 有識階級이나 農村改善에 力을 注하야 먼저 열려가고저 하는 父老의 腦를 開牖시키며 다음 無辜한 어린 子女를 就學케하

며 다음 農村 農村에 潛在한 遺利를 收拾하고 産業을 開發하야 智로나 富로
나 德으로나 全 農村의 程度를 向上 시키는 것이 根本으로 朝鮮을 救濟하는
道이며 모든 光明을 齎來하는 道이라고 나는 다시금 深切히 느끼엇다...「蕪
言多謝」

　　나는 先者 約 二十日間의 時日을 費하야 日本東京을 구경한 일이 잇섯다.
이제 例套의 모든 말은 그만두고 다못 멧가지 所見쏀을 말하리라

自然의 王國 江界를 보고

一記者

《開闢》16호, 1921년 10월

평안북도 강계(현재 북한 행정구역상 자강도 강계시) 지역의 답사기이다. 필자는 개벽의 기자(김기전으로 추정)로서 불명한 목적으로 강계행을 이루었으며 약 일주일 가량 강계에 머무는 동안 보고 들은 내용과 이어 서울로 돌아오는 사나흘 정도의 추가 여정에 대해 기록하고 있다. 전체를 다섯 부분으로 구분해놓고 있는데 1장은 강계 개요와 여정의 첫날, 2장은 강계 경계인 개잿령을 자동차로 넘으며 감상한 장엄한 경관, 3장은 강계의 산과 강이 이루는 전반적인 자연 특성, 4장은 평양과 대비되는 강계읍의 지형과 물산, 그리고 사람(특히 여성)에 관한 인상, 마지막 5장은 기자의 방문 목적으로 추측되는 강계지역 청년회 활동 및 귀로의 활동 내용을 다룬다.

9월 26일 아침 여덟시 남대문역 급행열차 출발해 안주역에서 개천역으로 가는 경편철도로 환승해 오후 7시쯤 군우리에서 하차한다. 군우리가 경편열차 개통 이후 교통 요지로 발전하고 있음을 소개한다. 27일 아침에 자동차를 타고 강계로 넘어간다. 필자는 강계 자동차 여행이 일생일대의 한 쾌락이라 상찬한다. 특히 개잿령 상봉에서 발아래 청천강과 건너편 묘향산을 바라보는 장관은 놀랄만 한 승경으로 길게 묘사된다. 묘향산이 단군탄생의 성지라는 사실과 연관해 필자는 개잿령에서 묘향산을 보면서 단군시조의 하강을 상상하고 이 강을 봄이 단군을 보이며 이 산을 대함이 단군을 대함이라 감격한다.

2장과 3장에서 강계의 자연 특성을 소개한다. 한 마디로 강계를 강과 산의 나라, 자연의 왕국이라 표현한다. 강계의 산은 백두산-황초령-장진고원-설한령-적유령-개잿령으로 이어지고 강은 압록강과 독로강이 휘돌아 합류한다고 썼다. 강계의 강산은 기묘하기보다 웅장하고 여성이라기보다 남성이라 할 수 있는데, 숭산준령과 장강대천이 때로는 유곡절협, 때로는 절봉단애, 때로는 급단장탄, 때로는 유소심회를 만들어내어 다양한 감회를 일으킨다고 썼다.

강계읍의 지세가 평양과 비슷하다고 설명한다. 강계는 옛부터 연화부수형이라 평가되는데, 전면으로 독로강, 좌편에 강계강이 감싸고 있는 중에 주산이 떠가는 배의 형세로 두 강 사이를 지나 연화형을 이룬다고 표현했다. 이 때문에 평양과 흡사하지만 평양과 같은 광야를 두지 못하고 인물이 번성치 못하며 교통이 중심을 얻지 못한 차이가 있다 한다. 산악지역임에도 강계는 산지의 물산과 물의 산물이 함께 풍성해서 이채롭다고 평한다. 한편으로 강계의 여성이 매우 아름다운 것은 대서특필할 것이라 평하는데 조선의 색향이라 할 만하다 했다. 강계 여성은 화려한 옷과 화장의 꾸밈은 없으나 미목 청수하고 피부가 결백하다 평했다. 강계에 창기가 많은데, 일반적으로 포주가 창기를 사거나 남의 처자를 사는 것과 달리 강계에서는 자원하여 창기가 될 수 있으되 매매가 아니라 약속으로 된다는 점이 다르다고 썼다. 강계 청년과 강계 여행하는 청년이 색계의 포로가 되지 않기를 바란다는 우려까지 덧붙였다.

강계에도 청년회 활동과 천도교회 소관의 학교 설립이 활발한 것을 소개하고 천도교청년회와 수양청년회 강연한 사실을 간단히 기록했다. 10월 3일 강계를 떠나 희천과 개천에서 강연하고 6일에 경성으로 복귀하였다.

一

京城에서 新安州가 約 八百餘理(新里數), 新安州에서 軍隅里(价川)가 約 六十餘里, 軍隅里에서 熙川이 二百八十里, 熙川에서 江界가 約 三百六十餘里, 都合 京城에서 江界가 一千五百二三十里假量되는 距離에 汽車의 行程이 八千里이며 輕便鐵道가 六十里이며 自働車行程이 六百四十餘里 假量이엇다. 그리하야 그 中間에 都會라 稱할만한 곳은 京城에서 新安州에 가는 京義線 沿路 八百餘里에는 有名한 開城이 잇스며 平壤이 잇스며 數十의 小都會가 沿在하여 잇스나 其後 新安州로부터 江界까지 거의 七百二十餘里의 中間에는 都會라 稱할만한 都會가 업고 겨우 价川에 軍隅里라 하는 市街地와 熙川에 熙川邑이 잇슬 쑨이오 그리고 熙川으로부터 三百六十餘里 동안은 長山大川, 幽谷絶峽, 層巖絶壁, 高原急坂, 幽林叢石을 緩回屈曲하야서 멀리 鴨綠江中流 沿岸에 據한 一大雄州巨邑은 이곳 江界라는 곳이엇다.

째마츰 菊秋佳節, 한울은 놉고 날은 맑은 九月 二十六日 아츰 여덟時에 南大門發 京義線 急行列車의 첫 고동소리로서 記者의 江界行의 旅行은 열리엇다. 京義沿線에는 方在 가을빗이 무르녹아 正是橙黃橘綠의 好時節이라 살가티 쌔른 直行列車는 어느덧 京安間 八百餘里의 遠程을 突破하고 奉天을 向하야 새고동을 트는데 記者는 다시 方向을 變하야 安价輕便鐵道에 몸을 싯고 淸川江沿岸을 突進하야 軍隅里라 하는 市場에 到着하기는 二十六日 下午七時頃이엇다. 軍隅里라 하는 곳은 价川邑을 距하기 二十里 北便되는 地點에 잇는 한 市場이엇다. 十年前까지는 寂寞하기 짝이 업는 一個農村이엇섯는데 安价線輕便鐵道가 열린 以後로 漸次 發展의 端緒를 열어 日進月步의 勢로 只今은 어느덧 都會의 色彩를 나타내엇다. 그로부터 寧遠, 德川을 가는 大路가 잇스며 有名한 妙香山을 들어가는 길도 그곳이며 藥山東臺(寧邊)의 勝景을 찾는 길도 그곳이며 熙川江界를 直通하는 自働車도 거기서 發端하엿다.

二十七日 아츰열點假量이엇다. 記者는 江界行의 自働車의 一員이 되엿다. 이로부터는 純粹山國의 自然을 맛보게 되엇다. 아니 山과 江의 두 가지의 自然이 活動寫眞모양으로 連해 새 局面을 展開하면서 나아간다. 山의 趣味가 五分이면 江의 趣味도 五分이엇다. 軍隅里에서「개잿嶺」(熙川과 江界의 郡境)까지 近 四百里되는 距離에 줄곳 淸山江을 씨고 올라갈 샏이엇다. 山을 돌면 江이 잇고 江을 건너면 山이 잇다. 山과 江이 連해 交叉되어 海拔數千尺되는「개잿嶺」을 올라가게 된다.

二

江界自働車旅行이야말로 人生一代의 한 快樂이라 할 수 잇다. 高點에 올라 갈스록 自働車의 速力은 점차 緩漫하야지며 어썬 째는 斷崖絶壁의우에서 淸川江의 急湍激流를 굽어보게 되며 어썬 째는 幽谷斷橋의 우에서 崇山峻嶺을 우럴어 보게 된다. 더욱이 놀랄만한 壯觀은 개잿嶺上에서 妙香山을 건너다보는 壯觀이엇다. 개잿嶺의 中麓에서부터 妙香山의 雄姿가 보이기 始作하다가 한번 嶺上에 오르고 보면 妙香山의 全景이 指顧의 間에 徘徊한다. 힘주어 한번 쒸면 개잿嶺에서 妙香山을 단숨에 건너 쒤듯하다. 누구나 다 아는 바와 가티 妙香山이라 하는 것은 自古로 檀君誕生의 聖地라 하야(歷史의 考證은 勿論 업스나 傳來하는 說話에 印想이 되엇던 바 밋 登山함에 臨하야 不知中 이러한 생각이 잇섯슴으로 이 가티 써짐) 朝鮮民族치고는 누구나 다-崇拜하는 名山이엇다. 記者는 妙香山의 雄姿를 接하는 一刹那-무엇이라 말할 수 업는 敬虔의 念이 發하야 한참 동안이나 黙禱를 하엿다. 아-只今으로부터 四千年의 古昔에 桓雄이라 하는 神人이 天符三印을 가지고 天國으로부터 구름을 타고 偶然히 人間에 下降한대가 곳 그의 妙香山이엇다. 생각컨대 檀君神祖께서 저 妙香山에 降臨할실 째에 神眼과 神跡으로 天下를 돌아보고 □□한 民衆을 敎化하기 위하야 數十條의 神詔神約을 創造하고

朝雲暮雨의 變化로써 五千里의 地域을 周遊하얏스렷다. 아-四千年의 古昔, 物換星移의 間에 無常한 人生은 代를 바꾸고 數를 變하얏겟지마는 이 江山은 아즉도 四千年 古昔의 雄姿를 그대로 保全하얏다. 이 江을 봄이 檀君을 봄이며 이 山을 對함이 檀君을 對함이엇다. 檀君께서도 이 淸川江의 맑은 물소리를 들엇슬 것이오 이 개잿嶺의 雄壯한 容態를 接하얏스렷다. 이제 檀君의 神靈은 二千萬 民族의 精神이 되어 四海八方에 그의 靈彩가 매치워 잇지마는 四千年의 古昔에 그의 精靈은 妙香山을 根據로 하고 靈泉이 솟아나서 그가 化하야 구름이 되며 비가 되며 날이 되며 달이 되며 山川草木의 精彩가 되며 人類聖凡의 魂靈이 되어 將次 千古萬古億萬古의 代를 이어 이 江山이 天地에 永遠無窮히 그의 精靈이 磅礴하야 다함이 업시 흘러가리라. 噫흐다. 神聖한 倍達國의 예터인 저 妙香山의 雄姿, 해얌업시 威淚가 흐름을 禁치 못하겟다. 記者는 한참 동안이나 이 大自然의 神秘에 激感한 배되어 머리를 들고 天地를 俯仰하니 가을 夕暮의 絢爛한 烟霞가 妙香山을 둘러잇고 黃菊丹楓의 고흔 色彩가 倍達國의 古藝術을 자랑하는 듯이 燦爛히 山顔에 덥혓는데 自働車는 鈍牛의 步와 가티 천천히 개재ㅅ嶺의 絶頂을 지나 江界境內을 넘어섯다.

三

江界는 實로 自然의 王國이다. 崇山의 主이며 峻嶺의 宗이엇다. 白頭山의 雄壯한 山脈이 黃草嶺에 이르러 長津高原이 되고 그로부터 有名한 雪寒嶺이 되며 進하야 狄踰嶺적이 되며 개재ㅅ嶺이 되어 千枝萬脉이 江界全境에 蟠屈하야 山의 國江界의 雄州가 되엇다. 江界는 다만 山의 國뿐 아니오 쏘한 水의 國이엇다. 有名한 鴨綠江은 江界의 北全幅을 둘러잇스며 禿魯江은 개재ㅅ嶺에서 源을 發하야 江界의 中央을 貫流하야 江界域을 둘러싸고 鴨綠江中流와 合하야 멀리 黃河로 흘러가겟다. 蔚乎蒼蒼한 羣山萬壑의 間에 不盡

의 長江이 끗이 업시 흐르고 흘러 江界의 大動脉을 이뤄노핫다. 江界를 본 者에게 다시 山의 壯觀을 말치 못할 것이오 江界를 본 者에게 다시 江의 美致를 말할 勇氣가 업다. 江의 美 山의 壯은 江界에 이르러 實로 極致를 다하엿다.

朝鮮이라는 곳은 實로 佳麗의 結晶이엇다. 到處에 勝地名區가 업는 곳이 업겟다. 그러나 朝鮮이 아즉도 世界的으로 名勝의 號牌를 엇지 못한 所以는 이 朝鮮의 江山이 佳麗치 못한 罪가 아니오 朝鮮의 人物이 出衆치 못한 所以이엇다. 文學이 出衆치 못하며 藝術이 出衆치 못한 罪는 듸듸어 佳麗한 이 江山으로 只今까지 秘密의 仙人國을 이뤄왓다. 마치 이름 놉흔 金剛寶石이 아즉도 塵土의 中에 무텨잇는 모양이며 香趣잇는 芬蘭이 雜草의 中에 孤獨히 서잇는 狀態이엇다. 朝鮮에 잇는 어느 名勝絶區가 다 그러치 아니하랴마는 江界에 이르러는 더욱이 感想을 切實히 느껏다. 그 연고는 江界는 더욱 交通이 便치 못한 北部一角에 무텨잇슴으로 그만치 雄壯한 江山을 가지고도 이제껏 文士詩人의 話頭나마 되어보지 못하고 오즉 樵夫牧童의 草笛소리의 中에서 千古의 香韻을 감추고 잇섯것다.

江界江山의 壯觀은 奇妙하다 云하니보다 雄壯함이 그의 特色이며 女性이라 云하니보다 男性이라 名稱함이 適當하다. 비록 金剛山과 가튼 奇絶妙絶한 絶勝은 업슬지라도 비록 牡丹峰 乙密臺와 가튼 嬋妍한 態는 업다할지라도 딸아서 朴淵瀑布와 가튼 瀧의 美, 嶺東八景과 가튼 海의 壯觀은 업다할지라도 그는 오즉 方面이 다른 까닭이엇다. 卽 江界의 壯觀은 그 觀察을 다른 方面으로부터 볼 것이엇다. 江界의 槪觀은 崇山峻嶺 長江大川이 陰陽의 勢로써 屈曲緩回한 곳에 或 幽谷絶峽이 되어 武陵의 古事를 聯想케 되엇스며 或 絶峯斷滙가 되어 金剛山의 奇態를 나타내엇스며 或 急湍長灘이 되어 巫峽의 絶險을 이뤗스며 或 幽沼深滙가 되어 潛龍의 神跡을 감춤즉한 感이 업지 아니하다. 弱者가 보면 自然의 恐怖를 禁치 못하겟스나 萬若 大丈夫의 快感으로써 그 現像을 對한다 하면 누구나 七尺長劍을 비겨들고 夕陽을 向하야

劃然一嘯함을 禁치 못하겟다. 그러치 아니하면 몸소 五柳村淵明先生이 되어 江界의 山을 보며 江을 보며 구름을 보며 나물을 캐며 버섯을 싸며 人蔘을 種하며 蜜蜂을 처서 閑暇히 道를 닥고 뜻을 길러 宇宙의 間에 一天民이 됨도 이 江界를 버리고 다시 차즐 곳이 업겟다.

四

더욱 江界邑勢의 姿態는 實로 小江南의 景致를 가지고 잇슬만 하다. 나는 二十八日 上午十二時頃에 江界에 到着하자마자 먼저 江界의 邑勢를 돌아보앗다. 江界城은 自古로 이를 蓮花浮水形이라 하는 아름다운 詩的 名號를 가지고 잇고 그리고 보니 그 名稱은 果然 適當한 稱號라 할 수 잇다. 江界城의 前面으로 禿魯江이 둘렷슴이 마치 平壤城의 前面에 大同江이 잇슴과 恰似하며 江界城의 左便에 江界江의 흐름이 平壤城의 北面으로 普通江이 흐름과 恰似하며 그리고 크도 작도 아니한 江界邑主山이 行舟의 勢로써 兩江의 間을 흘러내려 江界邑이라 하는 蓮花形을 이뤄노핫다. 江界는 정말 平壤과 恰似한 姿態를 가젓다. 萬若 平壤으로 天下의 第一江山이라 할 것가트면 江界도 坐한 天下第一江山의 名號를 가질만하다. 그러나 遺憾인 것은 平壤과 가티 廣野를 두지 못하엿슴이며 人物이 繁盛치 못할 것이며 交通의 中心을 엇지 못한 것뿐이다. 다만 그 山川의 搆造뿐은 비록 小規模일지라도 決코 平壤에 못지 아니하다. 江界의 戶數(邑內)는 겨우 千戶內外에 지내지 못하나 人口의 數로는 훨신 그 以上이 된다 하나니 그로써 能히 江界의 將來의 發展을 占할만하다.

江界가 다른 곳에 比하야 特異하다 생각할 것은 모든 産物이 豊富한 그것이엇다. 普通으로 말하면 黍栗이 잇는 곳에 米가 적은 法이며 山의 生産이 만흔 곳에 水의 生産이 적은 法이다. 卽 하나이 조흔 곳에는 다른 하나이 조치 못함은 地理의 常則이어늘 江界라 하는 곳은 그러치 아니하야 百態具備 兩

美具全의 形便이엇다. 黍栗이 産出함과 가티 白米의 産出이 만흐며 山에는 材木, 人蔘, 葡萄, 維茸, 皮物 等 모든 産物이 豊富한 同時에 江에는 鰻, 熱目, 鄭掌議 等 水産物이 적지 아니하다. 其他 大豆가 나며 牛가 만흔 等-山國으로서 이만한 産出이 잇기는 실로 놀랄만하다.

乃終에 特히 大書特筆할 것은 江界의 女色이엇다. 女子의 人氣가 出衆한 곳이엇다. 萬一 臨筇으로써 中國의 色鄕이라 할 것 가트면 江界는 朝鮮의 色鄕이엇다. 江界境內를 잡아들어 먼저 女子의 物色을 觀察할 것 가드면 다른 곳에 比하야 엉뚱한 差異가 잇는 듯하다. 비록 綠衣紅裳 油頭粉面의 단장은 업슬지라도 컴컴한 木綿치마와 쑬쑬한 玉洋木저고리를 입엇슬지라도 그의 眉目의 淸秀한 姿態이며 皮膚의 潔白한 形色은 실로 山川風土의 佳麗와 女子人物의 淸秀함을 놀라지 아니할 수 업다.

한빈 江界에 投足한 者는 먼저 江界의 妓生을 記憶치 아니할 수 업다. 아니 妓生이 아니오 娼妓의 所産地이다. 그곳 사람들은 흔히 妓生妓生이라 하야 얼른 들으면 京城의 藝妓가튼 것인가 생각하지마는 其實 藝妓는 하나도 업고 純全히 娼妓의 所産地엿다. 그러나 娼妓라 할지라도 普通 京城平壤 等地에 잇는 그것과 가티 陋賤卑劣한 態가 적고 純厚溫恭한 氣色이 만하 보인다. 그 故는 아마 山國의 人情이 특히 純朴한 까닭일 것이다. 그리고 그곳 娼妓되는 節次는 다른 곳과 달라 一種의 特別法이 잇다. 普通 南鮮地方의 娼妓로 말하면 抱主되는 者가 娼妓를 사거나 或 남의 집 處子를 사 가지고 그로써 營業을 하는 것인데 江界에서는 그러치 아니하야 어써한 料理店에 던지 娼妓를 志願하는 處子고 보면 自願하야 娼妓가 될 수 잇스되 賣買로써 되지 아니하고 約束으로써 되는 法이엇다. 그 約束은 甚히 簡單하며 쏘한 自由롭나니 娼妓志願者의 處子가 料理店에 出席하는 날이면 그 날부터 술을 팔고 賣春을 許하는데 前者의 利得은 料理店主가 먹게 되고 後者의 利得은 娼妓自己가 먹는 法이라 한다. 그럼으로 娼妓되고 안 되는 法은 料理店에 自由로 가고 안가는 關係에 잇고 그리하야 그의 解約도 쏘한 自由이엇다. 이것이 江界가 一種 風流鄕될만한 特色이며 쌀아서 江界가 朝鮮의 臨笻되는 特色이엇다. 그리고 그곳은 娼妓쑨이 아니오 京城으로 말하면 所謂 隱君子 가튼 密賣春女가 쏘한 적지 아니한 모양이다. 記者가 그곳 風俗을 仔細히 알기 위하야 어쩐 날 夕頃에 한 酒店에 차저간즉 그 酒店의 處子인 絶代의 佳人이 감안히 警察의 눈을 避하야 가면서 任意로 來客의 歡心을 사고저 하는 꼴을 본 일이 잇섯다. 어쌔쩐 江界는 色鄕이다. 일즉 李文姬라 하는 美人이 日本 守備隊長의 愛妾이 되어 日本으로 건너 갓다가 新義州에 돌아와 藝妓가 되어 當時 高等官幾個人의 身分을 잡아먹은 事實은 天下가 共知하는 바이어니와 이 有名한 李文姬의 出生地도 쏘한 江界邑이엇다. 不恨歸日遲 莫向臨笻去하라는 古詩를 빌어 나는 江界의 靑年과 쏘는 江界를 旅行하는 靑年에게 삼가 色界의 俘虜가 되지 안키를 간절히 바란다.

五

그러나 時代는 漸次 變하야 가겟다. 陽春이 가는 곳은 百花가 열림과 가티 大勢의 所及에는 아모리 遠僻한 地라도 곳다운 所聞이 들리나니 江界는 昨今 靑年의 覺醒이 日進하야가는 모양이다. 江界靑年修養會라 하는 것은 벌서 數年前부터 잇서오며 그리고 이즈음에는 天道敎會의 所管으로 中一學校라 하는 것이 새로 始作되어 余의 愛友인 李正化 吳鳳彬 金文闢 白仁玉氏 등 諸位의 努力은 참으로 可賞한 일이라 하겟다.

내가 江界에 到着한 그 날 밤은 天道敎靑年會의 主催로 講演이 열리엇스며 그 翌夜에는 修養靑年會의 主催로 講演이 잇섯는 바 聽衆은 언제던지 滿員이 되엇다. 그만해도 江界의 前途는 可賀할 일이라 하겟다. 그리고 當地에서는 中一學校期成會라는 것이 組織되어 完全한 中學程度의 學校를 設立하기로 期成한다 하니 그 成敗與否는 將來의 問題려니와 어째쩐 그만한 熱誠

이 울어 나오기도 훌륭한 일이다. 바라건대 江界人士는 一層 더 奮發하야 色
의 江界로부터 文化의 江界로 나아가기를 그윽히 바라는 바이다.

　내가 江界에서 써나기는 十月 三日이엇는데 熙川에서 講演을 열고 价川
에 돌아와 講演이 되고 六日 날字로 京城에 돌아오고 보니 所過의 地에 여러
분에게 弊害를 씨침이 만핫고 利益을 줌이 적엇슴은 호을로 自愧함을 마지
아니한다.

鐵瓮城에서

春城

《백조》1호, 1922년 1월

감상적인 기행 수필이다. 이동 경로는 단순하지만 각지에서 느끼는 정서를 자세히 묘사했다. 철옹성(영변 지역)에 온지 1주일이 넘은 상태에서 빨리 동대를 구경하고 묘향산에 가고 싶어 한다. 그러나 일행 가운데 설야가 이 핑계 저 핑계로 자꾸 연기하는 상황이다. 결국 필자는 일행 중 월성과 함께 우선 구룡강으로 산보를 떠난다. 자전거를 타고 구룡강에 도착해 한동안 물결 흐르는 것을 바라보며 자연의 아름다움에 감탄한다. 월성에게 구룡강 상류 운산 북진의 금광을 외국인들이 무차별 채굴하는 바람에 강물이 흐려졌다는 얘기를 듣고 마음이 상한다. 옷을 벗고 강물에 뛰어들어 헤엄을 치다 모래밭에 나와 낙서를 하며 멀리 떠나 있은 연인을 그리워한다. 풀잎을 따 풀배를 만들어 "아름다운 옛날의 사랑의 꽃을 피우신 오, 김눈꽃씨여"라는 글을 써 강물에 띄운다. 이런저런 공상을 하다 해가 기울어 성내로 돌아왔다.

이튿날 마침내 일행 넷이 아침 일찍 동대를 찾아 떠난다. 동대에 오르기까지 산길을 걸으며 각자 자연미에 흠뻑 취해 황홀해한다. 천계사에서 잠시 쉬며 과자를 먹고 놀다 다시 동대를 향해 오른다. 약산 남문을 지나 동대에 도착해 옷을 벗고 산 아래 경치를 내려본다. 구룡강 일대의 안개 위로 막 떠오른 햇빛이 퍼져 눈 위에 달빛이 퍼지는 듯한 광경을 그린다. 점점 해가 높아지며 경치가 달라지는 모습에 정신이 빠져 화석같이 서 있는다. 이런 강산을 배경 삼아 생활하는 우리 사람은 참으로 행복이라 생각한다. 반석 위에 누워 일점의 티도 없고 흐림도 없으며 평화와 자유를 말하는 듯한 하늘을 바라본다. 이런 곳에서 하늘이나 바라보며 그 욕심 많고 더럽고 싸우고 죽이는 세상에 다시 내려가지 않았으면 한다. 흥에 겨워 일어나 네 다리 활개를 휘두르며 춤을 춘다. 설야의 독촉으로 산을 내려왔다.

田園美의 엑기스 小金剛의 자랑
九龍江沐浴

오날은 八月六日이다. 鐵瓮城에 온지도 그럭저럭 一週日이 넘앗다. 다시금 「無情歲月이若流波」라는 詩가 생각나며 別한 늣김이 가상에 써오른다. 어서 速히 東臺를 求景하고 혼자라도 妙香山을 가야한다 하엿다. 그러나 雪野君은 오날도 이것저것 핑계하고 明日로 延期한다. 나는 다시금 憂鬱을 늣기며 어대 散步라도 가기를 願하엿다. 그러자 畢竟은 月城君과 함께 九龍江求景을 가게되엿다. 하날은 파라케 개이고 日勢는 如前히 사람을 삶아내며 바람은 한點도 불지 아니한다. 두사람은 自轉車에 올나 살갓치 九龍江으로 向하엿다. 南門을 지나고 鶴歸岩을 들녀 於焉間 九龍江에 到達하엿다. 白雲갓흔 모래를 兩岸에 씨고 넓으락 좁으락 溶溶히 흐르는 푸른 물결은 지나간 넷날을그윽히 말하려느라는 無限을 생각하는듯시 고개를 숙이고 或은

微笑하며 或은 소래치며 或은 怒號하며 줄기하게 바다로 向하여간다아. 나는 아지못하다거니와 이 푸른 물결은 언제부터 흐르며 언제까지 흐르랴는가? 그리고 무엇을 위하야 쉼치지 안코 흐르고 잇는가? 그 물결의 빗을 보고 그 물결의 소래를 드를새 나는 엇더한 永遠한 生命에 잡혀드러가는듯시 自然히 옷깃이 正하여지고 발거름이 端正하여진다. 나는 江岸 조고마한 아까시아나무가지에 洋服을 버서걸고 사루마다만 입은채로 고요히 안서 江面을 바라보고 잇다. 어린아가씨의 속삭임 갓흔 실바람이 파란水□이 되이는 듯 마는 듯한 江面를 시처지나갈 새 비단결 갓흔 잔물결은 파로로 몸을 썰며 힌 실 갓흔 문의를 짓고잇다. 그리하고 잇다금 물우로 쒸여오르는 고기 쎄는 찰석찰석 長閑한 四圍의 空氣를 흔들어낸다. 나는 한참 고개를 속이고 沈黙에 잠겨잇다가 다못한마대로 이 九龍江의 發源과 밋中流를 月城君에게 물엇다. 月城君의 對答을 듯건대 이 江은 金銀이 無盡歲으로 만히 掘出된다고 일홈이 놉흔 雲山北鎭안에서 그 淵源이 發하엿스며 山谷과 平野의 七八十里를 흘너 藥山東臺를 한박귀 둘너 淸川江과 合하엿다고 한다. 그리하고 이 九龍江의 물결이 前에는 파랏코 淨하엿스나 北鎭에 金鑛이 開始된 이후에는 쇳물이 석겨서 물빗이 조곰 變하엿다고 한다. 이 말을 드른 나는 北鎭에서 巨萬의 利益을 보는 西洋人은 남의 江山에 잠가둔 寶庫를 도적할 쑨만 아니라 남의 그림갓흔 自然美까지 드럽힌다고 성을 내엿다. 한참동안이나 마음이 좃치못하엿다.

사루마다 입은 채로 물 속에 쒸여 드러갓다. 한참동안이나 滋味잇게 놀앗다. 허염을 치고 물쌈을 하고 潛水질을 하고 天眞爛漫하게 쒸놀앗다. 한참 물속에서 놀다가 저 便 모래가으로 나아갓다. 사루마다까지 버서노코 다못 붉은 몸으로 안고 잇다. 이 쌔를 당하야 나는 原始狀態에 도라온듯한 생각이 난다. 비단 옷에 금時計를 찬 사람이나 무명옷에 草신을 신은 사람이나 그 衣服을 벗고보면 못다 一般일 것이라 하엿다. 엇지하야 쏫 갓흔 몸에 비단

옷만 입으면 貴한 사람이 되고 람루를 입으면 賤한 사람이 되는가? 이것이 世上에 거짓이 안이고 무엇이며 虛飾이 안이고 무엇일가 하엿다. 그와 同時에 世上은 모다 거짓이오 虛飾이라 하엿다.

첫날 新婦갓치 고요한 벌판의 空氣는 長閑하기 긋이 업다. 都會의 空氣는 흔들니고 쮜며 左右치며 소용드리친다. 그리하고 검무겁고 굵다. 그러나 이곳-이 九龍江一帶를 둘녀싼 空氣는 넘어도 潺潺하며 그는 하며 감중연하다. 그리하고 희고 가븨얍고 가슬고 파랏타. 아-神의 往來하는 그 무삼거룩한 쓸이 안인가? 다못 저便에서 들니는 종다리 소래만이 大自然를 노래하는 歌手인듯이 軟한 空氣를 흔들며 淸雅스러히 들닌다. 나는 그 소래를 滋味롭게 들으며 힌 모래 유에 「오- 나의 사랑하는 사람아?」「永遠의 새世上이며?」 하고 글씨를 쓴다. 그러면 몰여오는 물결은 그 글씨를 모다 지워바린다. 나는 지워지지면 쏘 쓰고 쏘 쓰고 하면서 이와갓흔 世亂을 여러번 繼續하엿다. 그와 同時에 사랑하는 ○○○을 생각하엿다. 그는 두 손에 싸리야를 가득히 쥐고 웃는우슴에 눈을 반짝이며 나의 목을 안을듯시 달여드러온다. 그러나 그것은 幻景이다. 그는 數萬里 바다 저便에 잇고 나는 九龍江 한 모퉁이에 잇다. 그 사이에는 水陸 十萬里의 멀고 먼 길이 가루막혀잇다.

「나의 사랑하는 봉성이여? 나는 당신을 잇지 못하나이다. 나의 全存在는 오직 당신에게 잇소이다.」

하는 그의 준 片紙들 생각한 즉 죽고 십게 그가 보고 십헛다. 나는 확닥닥 일으시며 「아 ○○○이여-」 하고 소래를 질넛다. 그리고 본즉 고은 하든 벌판에 큰 波動이 일으며 이편 모퉁이에서 저便쪽까지 「웅-」 소래가 擾亂히 난다. 함께 온 月城君은

「先生님? 그 누구를 그리 野端으로 찻습니까?」

하고 나를 異常스러히 드러다본다. 나도 갑작에 붓그러워젓다. 그저 「심심해서…」 하고 대답하여바렷다. 그리고 본즉 참말 심심하여바렷다. 나는 저便

풀밧에 가서 풀을 만히 써드다가 조고마한 풀배를 만들고

아름다운 녯날의

사랑의 꼿을 퓌우신

오- 金눈꼿氏어?

하는 글싹을 써서 그 속에 넛코 물어 씌웟다. 배는 물결을 짜라 둥실둥실 써나
러간다. 바람 이배는 어대까지 갈가? 하고 나는 싱각하엿다. 淸川江를 나려
黃海水에 들어가 太平洋을 건너가리라 하엿다. 그러면 그이가 이 글싹을 보
겟지 하엿다. 그리고 본즉 空然히 녯날 싱각만 다시 가삼에 살아나며 그림은
마음을 禁치 못하게 한다. 이제부터 오년 전 첫가을 丹楓이 붉으려할 째 그의
손목을 마조잡고 三角山의 丹楓을 짜라가든 것과 이제부터 四年前에 느진
봄어 나날에 그와 함께 明沙十里의 海棠花를 求景갓든 것이 생각난다. 그리
하고 꿈갓흔 將來를 니야기하든 것과 사랑의 단꿈을 못이저하든 것이 눈압헤
아름아름 活動寫眞갓치 낫타난다. 그러나 필경은 그와 함께 멀니 써나게 되
야 春風秋雨째를 쫏차 寂寞과 憂鬱로 지내게 된것을 스러워하엿다. 오렌지
黃昏이 어리운 西便하날을 바라보고 처량히 노래하고 달그림자가 시내에 흐
르는 달밤아래 혼자 散步하는 只今의 외롬을 싱각하고 갑작히 울고 십헛다.
月城君이 업스면 목을 노코 한바탕 우러스면 하엿다. 물은 如前히 촬촬 흐르
고 종다리 소래도 끈치지 아니한다. 저便 小金山 넘으로 눈송이 갓흔 구름이
뭉기뭉기 엉키여 貪스럽게 피어오른다.

　　나는 다시

世上에 사랑이 무엇이며 富貴가 무엇이며 理想이 무엇이냐?

靑春을 앗기느냐?

그것도 오는 압날에

한조박 흙덩이!

쑴갓흔 生의 날우에

무엇을 세우랴는가?

엠틔! 虛空!

이 속에 갓쳐어는

네의 일홈을 가라쳐

사람이라 고함을……

하는 쏘드레르의 詩야말노 人生의 眞面을 貫鐵한 金言이라 하엿다. 世上이
무엇이며 人生이 무엇인가? 웨 나는 살며 무엇을 위하야 사는가? 數億萬의
녯사람은 웨 사랏스며 數億萬 다음 사람은 웨 살야는가? 世上은 쑴이다. 人生
은 그림자다. 쯧도 모르고 意義도 업시 나는 그저 산다. 그러다가 그만 靑山의
一抔土로 도라간다. 톨스토이의 「自殺自殺」 한 말도 거짓말이안이다. 그러
면서도 世上은 웨 님을 죽이고 쌔앗고 속이고 하는가? 잘살면 얼마나 잘살며
못살면 얼마나 못살겟다고? 刹那에서 낫타낫다가 刹那도 업서지는 一生이
냐 하엿다. 空想을 한참하고 보니 해는 漸漸 西山에 기우러지랴 한다. 沐浴을
맛치고 城內로 關하엿다.

藥山東臺

그 다음날 아참이다. 해는 아직 쩌나지 아니하고 蒼白한 아참 烟氣가 城內
에 자옥하엿슬 째 雪野君, 月城君, 韓兢烈君 四人은 東臺로 向하엿다. 아-
藥山東臺! 나는 임이 그 일홈을 들은 지가 오래엿고 쏘는 小金剛이라는 別名
이잇다함드 나의 익히 아는 바이다. 우리 一行은 저벅저벅 힌이슬이 물 우에
쩌러져 방울방울 구슬을 일운 草路를 지나고 파란 물결이 촬촬촬 自然의 오게

스트을 演하고 잇는 시내를 건너 於焉間 山路에 臨하엿다. 비록 三伏炎蒸이
지마는 일은 아참이오. 坮는 樹木이 만흔 곳이라. 淸凉한 氣分이 가삼을 찌른
다. 시르르 松葉을 울니는 바람 소래는 永達의 하-트에서 소사오르는 그 무엇
인듯이 神秘와 幽陰의 맛이 잇스며 밤 꿈에서 새로히 일어난 山鳥의 소래는
어린 아가씨의 어머니를 부르는 목소래와 갓치 貴엽고도 서늘한 맛이 잇다.
우리 一行은 或은 압서고 或은 뒤스며 잇기(苔)와 자각돌이 서로 엉키인 돌길
(石經)을 밟기 시작하엿다. 제各其 自然美의 씬에는 그의 情緖가 動하지안코
는 마지아니하는 모양이다. 單調한 목소래로「아- 景致가 조흔걸」「滋味잇는
곳이다」하고 부르지것다. 그 後에는 모다 고개를 숙이고 다만 步調를 急히
할 쑨이다. 모다 山의 靈氣에 精神이 황홀할 모양이다. 한참 동안이나 말이
업섯다. 그러자 天柱寺에 當到하엿다. 別로히 景致의 조흔 것을 아지 못하겟
다. 뒤에는 萬樹松林! 압헤는 南將臺! 그리고 左右에는 山岳! 바람이 서늘하
고 四圍가 淸閑함은 곳에 特色이다. 우리 一行은 이곳에서 다리를 조곰 쉬이
게 되엿다. 欄干에 걸처안저 四圍을 돌아보니 아직도 아참 煙氣는 다 사라지
지 아니하고 골작이와 樹林 속에 그윽히 잠겨 마치 꿈 속 갓흔 世界를 만들어
노앗다. 싸가지고 온 菓子를 먹고 한바탕 네 사람이 쮜놀다가 다시 東臺로
向하엿다. 넷날의 一實을 말하고 잇는 固城을 엽해씨고 흔른거늘이 흔들니
는 松林田을 지나 한참을 나가니 於焉間 조고마한 城門이 뵈인다. 이것이 藥
山의 南門이라고 한다. 이 城門을 지나서 얼마나가니 아- 宏壯할사 이곳이
藥山의 東臺로다. 四面四五間되는 正方形山頂에 넓타란 盤石이 노혀잇스
니 이를 東臺라 하며 그 盤石 네 귀에는 各各□□□□□대.

　　　大陸群山沒　　　天下有名臺

　　　長空一帶來　　　人間無比石

이라 하엿다. 그러나 그 中「大陸尋山沒」의 한 쪽은 저편낭통으로 써러젓스며「天下有名臺」□□은 이편 싸에 업더러젓다. 그 理由는 들으랴하야도 들으랴하야도 입이 업는지 귀가 업는지 들어도 들을 수 업고 들어도 알 수 업스나 殊常한 멧낫의 鐵釘자욱이 시들스러히 지나가는 비바람에 晞迷 해질 쑨이로다. 盤石 우에 衣服을 모다 버서노코 샤쓰만 입은 채로 快然히 일어서서 西南便을 바라보앗다. 아- 이는 一點의 畵幅인가? 一點의 錦繡 인가? 九龍江 一帶에서 濛濛히 일어나는 하얀 안개는 구름덩이 갓치 이 藥山의 허리를 둘너스며 그리하고 漸漸 저便으로 퍼져서는 나의 눈이 닷는 곳 까지 흰눈꼿갓흔 일개 天地을 일우엇다. 그러나 次次東山에 해사 써오름를 쫏차 金물결 갓흔 해빗이 그 안개 워에 빗치며 맛치 限업는 넓은 쓸 우에 三五의 月色이 흐르는 듯한 光景을 그려놋는다. 그리하고 아지못하게 찻츰찻츰 그 안개가 사라지며 童松이 林立한 적은 山 이며 쏘는 靑草가 욱어진 쓸과 百穀이 爛熟한 田畓이며 其他 시내와 道路가 눈압헤 展開되기 始作한다. 이제야 이 靈山은 幻像을 버서버리고 現實의 正體에 도라오는 것이라 하엿다. 나는 이 아름다운 景色에 그만 정신 쌔저저 한참 동안은 化石갓치 서서 夕景이 조타하지만 엇지 이 景色에 及할 수 잇스랴 하엿다. 내가 活動寫眞을 映寫할 수 잇다하면 이 景色의 千變萬化하는 모양을 撮影하야 世界各國으로 도라만 단이며 한바탕 자랑을 하고십다 하엿다. 그와 同時에 이와 갓흔 江山을 背景삼고 生活하는 우리 사람은 참말 幸福이라 하엿다. 某親舊의「朝鮮을 써나보아야 朝鮮의 江山을 암니다. 滿洲를 갓다 鴨綠江을 밟을 째에는 아- 엇지도 이갓치 아름다운고? 참말 如畵江山이로다」하고 늣겨짐데다 하든 말을 생각하고는 一層 愛着心이 생긴다. 즉히 手帖을 쎄내여

눈송이 안개 우에
金빗 해는 나리다

죽은 듯 潺潺히

실실히 사라지고

아- 안개의 흔들님!

그 속에는 微風이 우슴치며

永遠의 거룩한 愛人을 불너

聖신의 나라를 속삭이도다

그저 멍! 하니 바라만 보고이슬 샌이엇다. 그러나 無意識的으로「아- 참말
조타」하는 소래는 멧番이나 불넌지 아지 못한다. 所謂 礙金流石이라는 晉口
이라도 이곳에서는 미움을 成치 못하겟다. 涼風은 가삼에 불고 山氣는 淸閑
하야 果然사람으로 하야곰 美的 意識과 詩的 心理를 成케한다. 내가 金剛山
은 보지 못하엿거니와 金剛山인들 엇지 이 勝景에야 及할 수 잇스랴 하엿다.
그리하고 峨嵋山의 日景과 라인江의 夜色이 고며 쏜스톤의 하는 卽興時를
記錄하엿다. 그리하고 우리 一行은 저편 南쪽으로 발자최를 옴기엇다. 곳에
는 사람도 갓고 草木도 갓고 즘생도 갓흔 奇石怪石이 좌버러잇다. 그리하고
盤石도 보기 조케 쌀여잇다. 그러나 그 盤石과 돌 우에는 自然美를 捐傷케
하는 沒常識한 사람들의 作亂이 삭여잇다. 곳 金某의 一行이니 李某의 一行
이니 李某의 一行이니 하는 글자가 만히 삭여잇다. 더구나「○○○」「○○○」
「○○○」此諸○○의 일홈은 가장 보기조케 가장 크달나케 삭여잇다. 나는
보기를 다하고 저便의 싸른 곳에 잇는 盤石우에 혼자 누어 푸른 하날을 限업
시 바라다 보앗다. 하날에는 쓴구름이 둥실둥실 써다니고 四面에서는 松風
의 맑은 소래가 씬치지 아니한다. 더구나 無限大, 無限長의 하날. 그 一點의
틔도 업고 흐림도 업스며 平和와 自由를 말하는 듯한 그 하날. 나는 이와 갓흔
곳에서 하날이나 바라보며 그 欲心 만코 더럽고 싸호고 죽이는 이 世上에 다
시 나러가지 아니하엿스면 하엿다. 아- 不公平한 世上 사람을 잡아먹는 世上

사람의 피를 쌜아내는 세상 아- 나는 世上이 世上을 깨처바리고 自由롭고 平和롭고 公平한 새 世上을 만들고 십다 하엿다. 한참 □□을 하다가 다시 화닥닥 일어나 나는 舞蹈을 하기 始作하엿다. 이곳이야말로 나에게 安息을 주고 愉快를 주는 곳인즉 힘써 춤을 추워본다 하엿다. 네다리 네활개를 막두르며 興味잇게 춤을 추웟다, 桃園仙人의 춤인듯 녯날 希臘詩人의 춤인듯 一便으로는 우숨기도 하엿고 一便으로는 意味도 이섯다. 아 괴로운 世上을 다 바리고 自然의 生命과 함께 놀자! 나는 永遠과 融和가 되련다」하는 소래를 愁心歌曲調로 부르며 한참 쮜놀앗다. 그리고 본즉 一行은 나를 보며 撲掌大笑를 한다. 그만 나는 춤을 멋치고 말앗다. 雪野君의 督促에 그만 藥山을 등지고 門內로 향하엿다.

一千里 國境으로 다시 妙香山까지

春坡

《개벽》38호, 1923년 8월

박달성이 "조선문화의 기본조사" 과정에서 평북지역을 답사할 때 방문한 여러 도시와 경관에 관한 기행문이다. 글 전반 일부가 삭제되었다. 오늘날 쉽게 가볼 수 없는 지역이라 필자의 여정을 따라가는 것만으로도 흥미롭다.

여정 중심으로 요약하면 다음과 같다. 신의주에서 압록강을 건너 안동시 답사(5월 19-22일. 안동현 일본 영사관 - 안동 시가 - 元寶山(중국공원) - 해동여관(숙소) - 鎭江山(20일. 일본공원. 시설이 중국공원에 비해 10년 차는 될 듯)) - 의주(22일. 자동차로 의주행. 조, 이, 한 제씨보다 하루 먼저. 통군정 - 여관. 2, 3일 머물러 일 봄) - 신의주(다시 신의주에 와서 조, 이와 만남. "손을 분하여" - 역할을 나누어? 강계행을 작하다.)→新安州(28일 오전 7시 부산직행을 타고 신안주행. 다시 개천행 경편차를 환승 오후 1시 軍隅里 도착. 2시간 기다려 희천행 자동차. 신안주-강계간 자동차 여행을 못해본 사람은 여행하였다 하지 말라. 천하절경, 통쾌. 청천강 끼고 희천 - 狗峴嶺 넘어 - 禿

魯江끼고 내리막길. *이번 글에는 희천까지의 여정만 나옴)→희천(군우리
- 북원거리 - 木藩(?) - 영변 구장시 - 신흥거리 - 월림 - 희천. 일진여관. 시
가 구경. 일박. 29일. 현지인과 희천공원, 구성적, 연무정, 칠성봉, 희천강 낚
시) - 묘향산(30일. 원래 조 씨 일행의 답사지였으나 평생 숙원인 향산 구경을
위해 가로채기로 함. 월림 - 월림강 - 구월림 - 심진정 - 외사자項 - 내사자
項 - 보현사. 보현사에서 일박. 이튿날 조계문, 서산대사사적비, 해탈문, 천왕
문, 만세루, 대웅전, 명부전, 극락전, 수충사 구경. 상원암 등산. 절경에 말을
잃고 입맛만 다심.)

(新義州까지 記事 5頁 削除)

鴨江 鐵橋를 건녀면서

5月 19日 (土) 晴 신의주 來客으로 第一 急한 것은 鴨江 鐵橋 求景. 安東
市街 求景 元寶鎭江 兩公園 求景이다. 依例로 볼거지만 一時가 急한 우리
一行은 安東을 向하야 일즉이 떠낫다.

所謂 東洋 第一의 大鐵橋 鴨綠江 鐵橋 中央은 汽車橋 東西는 往來 人道
橋 日 3時 開閉橋. 이 鐵橋야말로 名不虛傳의 東洋 大建物이다. 形式도 宏壯
하거니와 構造도 健固하다. 12間 3,098呎 工費 175萬圓으로 (明治 35年에 起
工하야 44年에 竣成) 된 이 鐵橋는 滿洲의 관문 朝鮮의 終點 東亞 歐洲 직통으
로 그 位置 그 名聲이 果然 世界에 소리처 자랑할 만하다.

江北 江南에 安東 新義州 兩 國境 大都市가 잇고 江西 江東에 平野가 通
開하얏스니 水陸交通 人文의 集註物貨의 段盛. 엇던 方面으로든지 雄州巨
塞이다.

아- 洋洋勢無窮한 2千里 長江? 언으때 始하야스며 언으때 終하랴는가. 사람을 얼마나 살녀스며 또 얼마나 죽엿는가. 物貨는 멧 萬噸이나 보내스며 또 밧앗는가.

材木은 幾百萬株를 안어내스며 穀物 幾千萬石을 실어내엿는가. 上下에 뷘 틈 업시 無時로 떠잇난 저- 船舶 生을 爲함이냐 死를 爲함이냐. 하도 浩蕩하니 生覺이 頭緒를 못 가리겟다.

아서라 鴨綠江아 네가 分明히 朝鮮의 江이여늘 왜 朝鮮人의 눈물과 怨恨만 밧어드리느냐. 鴨江의 波를 누가 快하다 안이하랴만은 너를 둔 朝鮮人은 悲한다. 綠江의 風을 누가 시원타 안이하랴만은 너를 둔 朝鮮人은 늣기는구나. 아서라 綠江아 綠江의 月을 讚美하는 者 누구며 綠江의 日을 翫賞하는 者ㅣ 누구냐. 綠上의 春波 綠江의 夏濤 綠江의 秋月 綠江의 冬雪 그것이다- 朝鮮人에게는 一點의 慰安이 못 되는구나. 國內로 드러오는 兄弟ㅣ 반듯이 한숨 지우며 머리 숙이고 드러오고 國外로 나아가는 同胞ㅣ 依例로 눈물 뿌리며 얼굴 가리우고 나아가니 웬일이냐 탓이 누 탓이냐? 아무래도 네 탓이지 안이다 너야 무슨 罪랴 分明히 네 罪가 안일 줄 알면서도 하도 抑鬱하야 너에게 뭇는다.

鐵橋 中央에 벗치고 서서 上下左右를 내미러 보고 올녀미러 보면서 두루 엉크러진 抑怨을 풀자 하니 限이 업고 끗이 업다. 압선 자- 어서 오라 뒤선 者- 어서 가자 하니 不得已 밀니여 鐵橋 終點을 발게 되얏다. 守兵 稅官이 비록 銃뿌리를 두르고 눈이 빠지게 注目을 한들 於我에 何關고 坦坦然 國境을 넘어섯다.

여기부터 外國땅이로구나 外國? 何必 外國이랄 것 무엇이냐. 그저- 사람 사는 世界이지 國境? 國境이 다- 무엇이냐.

그러나 말이 다르고 衣服이 다르고 風俗이 다르니 異國 異民族의 觀이 업지 못하다. 牌木에 「小心火車」의 句만 보아도 外國來의 感이 確實히 잇다.

이것도 習慣眼이겟지?

安東 市街를 一瞥하면서

安東縣 日本領事舘에 暫間 들녀 副領事 金雨英氏를 차자 安東의 概況을 듯고 다시 朝鮮人 經營의 商會 裕政號에 들녀 主務 金昶張驥植 兩氏를 차자 安東에 對한 朝鮮人의 商況 及 南滿在留의 朝鮮同胞의 狀況을 듯고 나서 엇던 中國 料理店에서 金雨英氏의 주는 點心을 맛잇게 먹엇다. 不請妓가 自進하야 巡盃酌은 善俗이라 할넌지 朝鮮에 업는 奇風이다.

이제부터는 市街를 좀 볼 밧게 업섯다. 아- 口逆이 나리만콤 醜雜하다. 塵芥 泥梁 曲折 凹凸 게다가 挾窄 냄새나고 몬지나니 코 막고 눈 가리우고 야단니겟다. 그러나 建物들은 堅固雄壯하다. 路傍 飮食店은 참- 더럽기도 하다. 파리와 몬지가 食物은 말고 店人까지 뒤싸서 보이지 안이하니 더- 할 말이 무엇이랴. 警官이란 왜 그리 無能해 보일가. 灰色 服裝에 팔장 끼고 3日 1食도 못한 사람가티 장승 모양으로 우둑허니 선 것은 할 수 업는 허수압이다.

에라. 元寶山이나 求景하자. 彼ㅣ 더럽기로 有名하고 數 만키로 有名하고 갑싸기로 有名하고 들추기로 有名한 中國의 2頭馬車를 元寶山까지 20錢 約定으로 불너 타고 元寶山 公園에를 갓다. 山下에 關廟가 잇고 學校가 잇고 遊樂處가 잇다. 整齊하고 산듯하지는 못하나 그러나 元寶山은 安東의 主山이라 中國 市民의 共同公園이다. 山이 高하고 位가 北이닛가 此 山에만 登하면 安東 全景은 姑捨하고 뒤로 南滿洲 一圓 압흐로 朝鮮 對岸이 統히 눈 아레든다. 金石山에 白雲이 飛散하고 鴨綠江에 舟筏이 往來한다. 西으로 點點한 兄弟山 또 溶溶한 長江 大勢와 東으로 威化島 蘭子島 멀니 統軍亭까지 稀微히 보인다. 허리를 굽혀 安東 行街를 보니 아- 複雜도 하다. 꽝 꽝 퉁탕 別에 別 雜소리가 만히 난다. 귀가 압흐고 눈이 부시다. 生을 찾노라 그리 하겟지만 死가 方今 臨한 듯 하다. 西山이 이른바「萬國都城如蟻蛭千秋豪傑似醢鷄」

의 句가 문득 生覺난다.

누구나 山에 登하고 水에 臨하면 世上을 濛塵視하고 自然을 探賞來함이 事實인 것 갓다. 亭子 잇고 亭子 東西柱에 一首의 句가 부터스니 「人在畵圖中 江流天地外」란 누가 그럴 듯이 白驚을 날니엿다. 나 또한 詩想이 업스랴만은 急進派 反對派의 틈에서 그만 이렁저렁하고 마랏다.

一處 長留客은 우리갓지 안터라. 빨니 단니자 도라 가자 하야 下山하야 安東 3番通 海東旅舘에 宿所를 定하엿다. 訪來한 兄弟들과 懇談으로 繼夜하 니 그나마 外國이라 그런지 別로 情답고 반가웟다.

20日 (日曜) 晴. 元寶山만 보고 鎭江山을 안이 보면 그도 偏狹하다 남으라 지 골고루 보아주자하야 鎭江山에 登하니 그야말로 例의 日本式이다. 말숙 하고 산듯하게 美人式으로 꿈여논 公園 實로 滿洲關口의 자랑거리이다. 밉 던지 곱던지 日本人의 하는 일이야말로 東洋에서는 首位를 안이 許할 수 업 다. 中國 市街를 보고 日本 市街를 볼 때 過하게 百年差를 부티게 되더니 元寶 山 中國公園을 보고 鎭江山 日本公園을 보니 少하야도 10年 差는 되야 보인 다. 그들의 施設이야말로 곰실곰실하게 도하얏다. 此事 彼事에 子息 업는 老 人 모양으로 空然히 心情만 傷해저서 한숨 지으며 곳 도라서고 마럿다.

多恨多情한 統軍亭

22日 (火曜) 晴. 趙 李 韓 諸氏보다 1日을 先하야 洪宇龍씨와 가티 自働車 로 義州에 來하얏다. 女子 名筆로 有名한 李英淑氏의 泰興旅舘에 宿所를 定 하고 卽時로 統軍亭부터 訪問하얏다.

統軍亭! 國境의 一名物 義州의 자랑거리 西道八景의 一. 多情하고 多恨 하고 亦 多事한 統軍亭! 내 너를 그리운지 오래엿다. 本道內에서 이제야 보게 됨은 나의 수치이다. 일홈만 듯고 보지 못하야 궁금하드니 이제는 슬컷 보리

라. 統軍亭아 반가히 마져다고. 생긴지 멧 百年에 얼마나 多事하야스며 얼마
나 多煩하얏는가. 多事한 國境 風波 만흔 鴨江邊에 兀然히 놉피 안자 가는
사람 오는 사람 미운 사람 고은 사람 실은 일 조흔 일 險한 일 쉬운 일을 멧
百 番이나 츠러스며 멧 千 番이나 격것는가

彼ㅣ 所謂 使臣 行次 勅使 行次 얼마나 식그러웟는가. 오는 자 가는 자
반듯이 네 품에 드러 쉬고 가섯지. 彼ㅣ 所謂 使徒令監 郡守나으리 오는 자
가는 자 반듯이 너를 차자 식그럽게 귀엿지. 所謂 詩人墨客 所謂 才子美人
所謂 挾雜亂類 長長歲月 多多日時에 하루에 멧 번 式이나 츠럿는가.

너의 품에서 눈물 뿌린 者도 不知幾千名이고 너의 품에서 우슴 우슨 者도
不知幾千名이고 너를 껴안고 죽은 者도 不知幾千名이고 너로 하야 病든 者
도 不知幾千名이겟지. 아- 多情코 多恨코 多事한 統軍亭아.

鴨江은 如前히 흘너잇고 金剛은 如前히 푸르러 잇고 너조차 如前히 兀然
히 놉하 잇는데 그때의 그 사람들은 어대로 갓드란 말가. 나조차 그- 뒤를 밟을
터이지 아- 多感處로다. 아- 傷心處로다.

壬辰 丙子에 銃 소리는 얼마나 드르스며 日淸 日露에 大砲 소리는 얼마나
드럿는가. 銃알자리 기둥에 完然하고 大砲자리터 밋헤 如前하니 죽을 번 살
번 別別 風波를 다- 격근 너일 줄을 알겟다.

統軍亭 上에 飄然히 올나선 나는 感慨가 無量하다. 過去를 追憶하고 現在
를 생각하니 오직 생기는 것은 傷心 그것뿐이다. 所謂 兄弟之國이니 大小之
國이니 하야 그때의 그 더러운 歷史를 생각하고 所謂 國境이니 要塞이니 하
야 現在의 이 신물 도는 情況을 當하고보니 統軍亭과 갓치 恨도 만코 怨도
만타.

집어치워라. 過去를 恨한들 무엇하며 씨처 버려라. 現在를 怨한들 別數가
잇느냐. 오직 將來뿐만은 우서보자.

於赤島에 夕烟이 들고 馬耳山에 白雲이 이러난다. 楊柳靑靑 蘭子島 沃土

井井 威化島 老松孤立 九龍堂] 이것이다- 統軍亭 下의 景인데 西으로 新義
州 安東縣이 턱 아래 밥상 갓고 南으로 白馬山城이 外衛를 하고 東으로 金剛
山寺가 暮鐘을 울니고 北으로 滿洲 大幅이 倦來하는데 萬里長江이 발 아래
로 흐르고 千戶市街가 눈 아레 노여스니 天下의 絶景은 統軍亭뿐일가 한다.

「長城一面溶溶水 大野東頭點點山」은 平壤에 敵하나 統軍亭에 더욱 近
하다. 「2水中分白鷺洲」는 말도 말고 2水3分 3水4分의 鴨江 列島이다. 淸馬
廊江에는 魚船이 뜨고 鴨綠江에는 商船이 떳는데 白鷺는 片片橫江去하고
漁翁은 徐徐히 그물을 것는다.

丈夫가 보매 한 번 소리칠 것이며 詩人이 보매 한 번 읍흘 것이며 墨客이
보매 한번 그릴 것이며 酒客이 보매 한잔 마실 것이다.

나는 統軍亭에 醉하야 日己盡月將出을 도무지 몰나섯다. 洪氏의「日暮
하니 歸舘이 若何오」하는 말에 비로소 넘우 오랫슴을 깨닷고 後期를 두고
도라셔랴 하니 님을 여이는 듯 寶物을 일은 듯 섭섭하고 끄을니고 하야 발길이
참아 안이 도라선다. 더구나 大陸直通路를 新義州에 빼앗기고 道廳까지 新
義州에 빼앗기게 되야 孤寂히 兀然히 셔서 過去를 늣기며 將來를 悲傷하는
多情多恨의 統軍亭 身勢를 생각하매 一種 同情의 淚가 스르르 흐른다.

旅舘에 來하니 저녁이 드러온다. 배불니 먹고나니 心身이 俱足하다. 누가
客苦를 말하드냐. 主人이 親切하고 飮食이 適口하니 長爲客을 宣言하얏다.

2, 3日 留하면서 볼일을 보고 할 일을 다- 한 뒤에 다시 新義州에 와서 趙
李와 手를 分하야 멀니 江界行을 作하얏다. (義州 新義州 記事 別頁 參照)

新義州서 熙川까지

5月 28日 (月曜) 晴. 午前 7時 釜山 直行을 타고 新安州에 來하야 다시
价川行 輕便車를 換乘하고 同午后 1時 鐵鑛으로 有名한 軍隅里에 着하얏다.
約 2時間이나 기다려서 仝3時에 熙川行 自働車를 탓다.

여기서 미리 한 마듸 말해 둘 것이 잇다. 누구든지 新安州서 江界까지 自働車 旅行을 못해본 者는 旅行하얏노라고 말도 말나는 말이다. 天下의 絶景은 여기에 잇고 平生의 痛快는 此一擧에 잇다고 大히 宣言해둔다. 말만 드러도 精神이 펄닥나는 清川江을 끼고 層巖絶壁 長山大谷 사이로 來來 올나간다. 그리하야 山紫水明의 熙川邑을 지내서 熙川 江界 分界인 狗峴嶺을 넘어서는 다시 江界 名江 禿魯江을 끼고 亦是 奇絶壯絶한 山路石徑 數百里를 내려간다. 참말 불알이 재리고 오줌이 나오리만한 자릿자릿하고 깜즉깜즉하고 그리고 痛快하고 시원한 別에 別 光景을 다- 當하게 되는 곳은 이 安州 至 江界의 自働車行이다.

自働車가 이 몸을 싯고 400里 2等路에 구을기 始作하니 압흐로 清風이요 뒤로 塵煙이다. 軍隅里에서 約 1里許를 나셔니 바로 清川江이다. 右靑山 左綠水 그 사이로 뿡뿡거려 다라나는 自働車 안이 그 안에 안즌 손은 仙臺를 가는 듯 天堂을 찾는 듯 行人도 束手하야 羨望하지만 余 自身도 넘어 조와 죽을 번 하얏다.

北院 巨里를 지나 木藩이를 오니 清南 清北 分界標가 보인다. 安江路 中의 名巨里 寧邊의 球場市를 지나니 이제부터는 正말 山高谷深只聞水流聲이란 그곳이 다 물을 건너면 또 물 山을 넘으면 또 山 비탈을 돌면 또 비탈 絶壁을 지나면 또 絶壁 實로 肝이 마르고 오줌통이 터질 만하다. 닷듯하면 車고 사람이고 왼통 斷崖千尺 萬丈黑沼 中에 콩가루가 되고 말 터이니 엇지 가슴이 안이 조이랴.

그러나 快하다. 清川江은 果然 清川江이다. 물은 엇지 그리 오리빗 갓치 맑고 푸르며 沙石은 엇지 그리 銀떵이 가치 희고 깨끗한지 한 번 보매 精神이 爽快하고 두 번 보매 肉身이 湧躍된다. 奇岩을 볼가 怪石을 볼가 深淵을 볼가 殘灘을 볼가 枝上黃鳥啼 江上魚頭出 엇던 것을 볼넌지 頭緖를 못 차리겟다. 이런 때 귀가 열쯤 잇고 눈이 百쯤 되야스면- 됴켓다.

新興 巨里를 지내 月林에 오니 暫間 停車한다. 月林은 妙香山 入口의 名巨里이다. 香山이 바로 눈압헤 소삿는데 有名한 普賢寺가 1里밧게 안이된다 한다.

香山이 바로 安江 路邊인 줄은 分明히 몰나섯다. 車票를 熙川까지 사스니 엇지 하랴. 마음 갓태스면 熙川이고 江界고 爲先 香山부터 訪問하야스면-- 하얏지만 車票에 拘束되야 不得已 嗟嘆又嗟嘆하면서 香山을 엽헤 두고 이 날은 熙川까지 왓다.

山 조코 물 조코 깨긋하고 정답게 생긴 고을은 熙川邑이다. 사람들도 그런지는 疑問이나 如何間 山中名邑이다. 熙川 敎友 金宗浹氏 案內로 一進旅舘에 宿所를 定하고 卽時로 市街를 一瞥하고 回舘하야 盡夜록토 金宗浹李峻塡康成三羅賜壎 諸氏로 談樂하얏다. (當時의 熙川에는 檀木 盜伐 事件이 起하야 邑內 人士란 擧皆 法網에 걸니여 멀니 義州行을 하고 邑內가 씨츤 듯이 비여섯다)

翌 29日도 亦 晴天인데 金 李 羅氏와 伴하야 熙川公園 舊 城跡 鍊武亭 七星峯을 두루 求景하고 熙川江에서 銀鱗을 釣하야 香酒 數盃로 熙川을 賞하고 客懷를 雪하얏다. 맛을 볼 바에는 熙川雨까지도 엇던가 보라고 天神은 甘雨數滴을 降하야 준다. 그러라고 함신마저 주니 그 亦 그럴 듯 하얏다.

암우리 生覺하야도 平生 숙원이든 香山 求景을 안하고는 못 살겟다. 本來 趙氏 一行의 예정지이지만 내가 橫奪할 밧게 別數 업다. 에라 趙氏에게 告訴를 當할 셈 치고 橫奪하자.

나는 香山行을 決하얏다. 翌 30日 麗明에 簡單한 行裝으로 李峻塡氏와 갓치 徒步로 香山 50里에 登하얏다.

關西名勝 妙香山

關西 名勝 妙香山은 朝鮮國祖 檀君 神人이 誕降處로 朝鮮 8大名山의 1로

太白, 妙香, 蛾嵋의 3名을 有한 것으로 大同, 清川, 兩大江이 挾流함으로 寧邊, 德川, 熙川, 价川 等 10州의 分界가 됨으로 高句麗 金蛙王의 誕生地로 名僧 西山 泗溟이 修道處로 名勝으로 古跡으로 其名이 天下에 冠한 것은 世人이 숙지하는 바다. 西山大師(休靜)는 4山을 評하야 金剛은 秀而不壯 智異는 壯而不秀 九月은 不壯不秀 妙香은 亦壯亦秀라 하야 香山을 朝鮮의 一로 놉혀 노앗다. 이러한 壯亦秀한 妙香山 何時에 機會 來하야 使我로 一見 妙香山은 兒童走卒이 願하는 바이다.

이러한 香山을 이처럼 보게되니 行步와 心氣가 雀躍하얏다. 맛츰 中途에서 香山僧(日本留學生) 金承法氏를 만내여 同行이 되게 됨은 더욱 奇緣이엿다. 月林서 冷麵 1器式 맛잇게 먹고 月林江을 건너 舊月林에서 李璟塤裴晋英 兩氏를 만내여 이제부터 5人 同伴으로 香山行을 作하얏다.

香山洞口白石清川을 밟으며 마시며 夕陽山路에 悠悠히 緩步를 運하야 一步에 一話 十步에 一烟 只在此洞口 谷深不知處를 連해 말하면서 尋眞亭에 小歇하야 外獅子項을 넘어 內獅子項을 도라드니 樹木이 울창한 그 속에 一大寺院이 즐비히 노여스니 이가 곳 香山의 主刹 朝鮮 5大寺의 一이 되는 普賢寺이다.

庭下에 배회하면서 山光水色을 一瞥하고 數步를 連하야 寺院 全景을 鑑賞하고서 客室에 入하야 旅服을 버서던지고 清溪에 濯足하고 淨座에 放臥하니 行苦를 頓忘에 心身이 俱足하다. 맛츰- 庭前이 들내이며 學生 一隊가 드러온다. 엇던 學校인가 하야 마루에 나셔니 平壤 光成高等普通學校 修學旅行團 20名 一行이다. 山中逢學生 便是知己人으로 엇지나 반가운지- 個中에는 適- 나의 母校 京城 普成高等普通學校 今年 卒業生 文學善君이 끼여 잇다. 더욱 반가웟다. 이윽고 山珍野香이 口腹을 慰하니 餘念이 다시 업다. 金承法氏에게 寺의 來歷 山의 全景을 뭇고 자리에 누으려할 제 一殊常漢이 訪來하니 얼핏 보아도 巡査 나부랑이 갓다. 「당신 어대서 왓소」「네 서울서 왓소」「서울서 왜 왓소」「求景왓소 그래 왜 뭇소」「안이 글세요 客報를 할냐구요」 말이 엇지 無識스럽고도 안이꼬운지 픽 웃고 말엇다.

그런데 이와 갓흔 大刹에 엇재 僧侶가 안이 보일가. 勞働者 10數人 食事에 奔走한 數名의 壯丁이 보일 뿐이고 僧侶란 다- 逃亡을 갓는지 隱伏을 하얏는지 도무지 안이 보인다. 經소리 鐘소리 寂然無聞이다. 住持 朴普峯君은 점잔아 그런지 잠이 만아 그런지 來客을 찾기는 姑捨하고「보입겟습니다」해도「就寢 中이시라」고 明日見을 傳達한다. 心思가 불뚝하얏다.

普賢寺는 本來 高麗 第4世 光宗王 19年 距今 900餘 年 前에 龍興郡人 探密祖師의 安心寺 創建에 始하야 其後 高麗 第5世 景宗 3年에 探密의 高弟(親子) 宏廓法師의 創建한 바 (創建 當時 24個 殿所에 3,000 僧侶를 敎養하얏다 한다) 其後 累頹累建 凡 6次의 重刱을 繼하야 只今에 至하얏다 한다. 10餘 年 前만 해도 寺院이 꽤 殷盛하고 僧侶도 多數엿고 學校까지 經營하든 터인데 9年 前 乙卯年 漲水에 山崩寺頹되고 民家 100餘 戶가 流失 人民 數百名이 傷한 뒤로는 그만 運去勢盡하야 只今의 寂寞狀態를 呈하얏다 한다. 山에 樹木이 젹고 沙汰가 만으며 洞口에 人家가 업고 轉石이 塡充된 것만 보아도 그때 慘狀을 可히 알겟다. 寺의 財産은 所有地가 香山 全幅 約 7萬餘 町步이며 秋收錢이 約 萬餘 圓이라 한다. 그리 貧寺는 안이다. 안이 30本山의 第6位에 가는 富刹이라 한다. 그것을 무슨 公益事業에 投하지 안는 것은 무슨 守錢奴化인지? 안이 公益事業에 投資하랴는 氣味가 잇다고 傳한다. 感謝한 消息이다. 留學生이 7, 8人된다 함은 더욱 可賞한 일이다.

5月 31日 (木曜) 晴이다. 早起早飯은 寺中 通俗이다. 아무리 俗客이요 疲困漢인들 別數이스랴. 朝飯 後 住持 朴普峯氏를 차자 談話하고 光成學校 先生 尹宗植康柄鍵쇼-氏를 차자 相歡相慰하얏다.

金承法氏 案內로 光成 一行과 갓치 求景을 떠낫다. 만츰 普賢 全體를 보

앗다. 曹溪門 西山大師 事跡碑(碑文 畧 佛敎通史 參考) 解脫門 天王門 萬歲
樓 大雄殿 冥府殿 極樂殿(西山, 泗溟, 雷黙 3大師影 及 遺物) 酬忠祠(西山書
院 李朝賜) 等 各 寺院을 巡鑑하얏다.

香山의 異跡 及 逸話

妙香 一名은 方丈이요 (金履喬 詩云 古稱 海外之山有方丈故) 一名은 峨
媚요 一名은 太白 (白壁如雪 故로 太白 又云 凌霄 李靑蓮之風彩 西山云 峨嵋
山界正如銀望之如李太白之風神英爽)이요 一名은 妙香(山多香木冬有靑
故로 探密大神刱寺 時名 妙香 又云警世白樂天之文章故香山 雪嶺大師詩
云 山在淸川薩水源雄蟠西塞接天門 更着黃落千林後 香木靑雪裏痕妙香播
名如白香山之文章)이라 한다. 山이고 水이고 人이고 物이고 中國을 依倣치
안코는 된 것이 업다. 妙香山에까지 中國으로 中毒을 식켯다. 우리의 先人들
이야말로 더럽게도 中國에 忠僕이엿지.

一. 檀君事蹟

古記云昔有天神桓因命庶子雄持天符三印率三千降于太白山檀木下謂之神市

主人問三百事此有一熊常祈于神願化爲人神造□艾二炷蒜二枚曰食此不見日

光便得人形態食之七日得女神又視願有孕神假化爲婚而孕生子是爲檀君

太白行云檀□遙想化熊初正是東方民立極香爐峰南岩有□□高四丈南北五肘

東西三肘自然爲鐵堂(東肘逆出玉泉)古檀□其上世傳檀君降生處 今云登天窟

(桓雄自此登天故名)其南十里許檀君□世傳檀君講武處其□下有窟亦稱檀君

窟其北有檀君□杖□內□鉢檀君庵香積庵北有聖庵爲桓因桓雄檀君而所建

이것은 普賢寺 事蹟記에서 抄한 것이다. 紙面을 畧하기 爲하야 演意는
그만 둔다. 이것 뿐으로도 檀君의 誕降에 對한 當時 事蹟은 알만하다.

一. 天帝子解慕漱事蹟

世傳天帝子解慕漱降于扶餘地乘龍車從者百餘止態心山(今香山仙遊峰)朝則
聽事暮則升天世謂之天王卽見河伯女柳花出遊以□劃地而室成置酒設席河伯
奴遣使曰汝是何人留我女王曰我是天帝子願與結婚遂與女同乘龍車到其宮河
伯迎謂曰王是天帝子有何神異王曰惟在所試於是河伯化爲鯉王卽化爲獺河伯
異之遂舘甥而成禮王卽恐河伯無將女之意乘其大醉欲與升天未出水而河伯卽
醒謂其女曰汝不從吾訓擅離辱門貶流□渤水

此亦參考로 一端을 紹介하고 묷한다.

一. 金蛙王 事蹟

夫餘王夫婁無子祭山川祈嗣至鯤淵(今豊川面金將洞)所乘馬見大石對流淚王
怪之使轉其石有一小兒金色金蛙王喜之此豈非天賚我令胤乎乃收而養之名曰
金蛙

一. 朱蒙王 事蹟

夫餘王金蛙得柳花於□渤幽閉室中爲日所照引身避之日影又逐而照之因而有
脈生一大卵日雖雲陰光在卵上欲剖之不得乘之路牛馬避不踐棄之驚覆翼之遂
還其母置于煖處有一男子破殼出啼聲甚偉骨表英奇名曰朱蒙卽東明王也

異蹟과 傳說을 다- 쓰자하니 紙面도 업거니와 支離하기도 하다. 荇人國
定都의 事記도 잇고 妙香法界 8萬의 說도 잇고 獨聖(5百羅漢의 一) 由雪峯
顯聖之說도 잇고 元曉擲盤의 事蹟도 잇고 迷信 만고 傳說 만흔 寺院인지라
別別 怪說 奇說이 만타. 눈 딱 감고 끈어버리겟다. 其中에 西山四溟에 對한
事記나 좀 紹介하얏스면- 하나 그 亦 그리할 必要가 업다. 다만 西山大師의

本名은 玄應이고 法名은 休靜이고 自號는 淸虛이든 것과 完山 崔氏로 其先이 安州에 謫居한 事와 佛家 高僧으로 香山에 常住한 事와 壬辰倭亂에 數千兵을 招集하야 弟子 義嚴, 泗溟, (惟政) 雷默 (處英) 等으로 日兵과 戰爭한 事와 國一都大禪師禪敎都總攝으로 佛에 家國에 兩全한 事와 85歲의 壽로 香山에서 入寂한 事- 그것 뿐을 알면 그만이겠다. 氏의 入寂時에 遺한 「八十年前渠是我八十年後我是渠」의 一句는 무슨 깁흔 뜻이 잇나보다.

우리 一行은 普賢寺 一圓을 求景하고 이제부터는 香山의 名勝 上院庵을 가게 되얏다. 一日 豫定이 上院庵으로 檀君臺까지 갓다가 普賢에 回來할 터이닛가 빨니 단니지 안으면 안되겠다. 튼튼한 短杖 한개식을 들고 으얏차 드얏차 山에 오르게 되얏다. 元氣 만코 興致 만흔 中學生 一隊와 步調를 맛추게 되니 氣運이 百나 더- 난다. 나무를 휘여잡으며 돌을 거더차며 물 건너 山넘어 僅僅히 올나가니 시원한 中嶺上이다.

올녀다 보니 山은 層層 놉핫는데 上上峯을 法王峯이라 하며 내려다보니 물은 출렁 깁헛는데 水名이 아직 업다 한다. 探密峯 上에 까마귀 떼 넘어가고 劍峯中層에는 白雲이 풀풀 휘돌고 잇다. 法王峯은 엇지나 놉흔지 맛치 「石轉千年不到底手長一尺可摩天」의 感이 난다. 白雲深處有人家라드니 山上絶處有農圃는 이야말로 稀罕하다. 老農夫妻ㅣ 한가히 호미질을 하니 山水도 自然 農老도 自然 人間世上 갓지는 안타. 漸漸이 登上하니 果然 적으마-한 草幕이 보인다. 차자 드러가 俗客來를 告하니 老婆 두 분이 두부 만드냐고 磨돌질을 하고 잇다. 祭祀가 잇느냐 무르니 上院庵에 가져갈 두부라 한다. 무서워서 엇더케 사느냐 하닛가 山神이 도아준다고 한다. 아들 딸 工夫 식켜 보랴느냐 하닛가 口腹이 원수라고만 한다. 그래도 도야지도 먹이고 송아지도 먹이고 닭도 친다.

또 가자 어서 가자 하야 層層히 올나셔니 上院庵 近傍이라 한다. 10餘 丈이나 되는 鐵索을 붓잡고 간신히 기여오르니 쏘한 倍나 되는 鐵索을 느리운 急

崖이다. 여긔서는 누구든지 罪가 잇스면 잇는 대로 自白을 하고야 올나가지 그러치 안으면 떠러저 죽는다고 한다. 平壤 날탕 金鳳伊 先達이 婦女들을 꼬여 香山 求景을 식키며 이곳에서 自白說을 聽取하야 謄本을 해가지고 衣服 불버선커리나 잘 엇어 신엇다는 말이 여기서 난 말이다. 果然 兒女子는 속으리만치 急하고 무섭다. 鐵索을 지내 올나서니 이곳이야말로 香山의 第一景 안이 金剛山에서도 일즉 보지 못한 天下의 景. 上院庵前 寅虎臺이다. 遠景은 그만 두고 眼前 足下에 當한 近景만 그려보자. 글로 써볼가. 그림으로 그려볼가 말로 해볼가. 書與言이 俱絶된다. 그저- 어허참- 어허참- 하고 입맛만 다실 뿐이다.

(未完)

妙香山으로부터 다시 國境 千里에

春坡
《開闢》39호, 1923년 9월

"일천리 국경으로 다시 묘향산까지"에 이어 평안북도 일대 답사 여정을 기록한 춘파 박달성의 기행문이다. 길고 복잡한 여정을 이어가고 있어 날짜별 여행지와 경로를 정리해보면 이해가 편하다. 앞의 글과 마찬가지로 현재는 여행하기 어려운 지역의 오지를 매우 세세하게 기록하고 있어 흥미롭다.

상원암 寅虎臺(점심. 오후 1시) - 불영암 - 賓鉢庵 - 단군대(오후 6시) - 보현사(1박)

■ 강계행: 보현사(6월 1일 아침) - 월림리 - 희천(도보. 오후 7시 도착. 1박) - 희천(6월 2일. 자동차비 14원, 트렁크세 3월 90전. 비싸지만 300리 길을 5, 6시간에 돌파하는 멋에 누구나 앓으면서도 타게 된다. 차 타기 직전 경찰서에 가 몇 가지 조사 받음.) - 明文洞 - 구현령(이쪽은 희천, 저쪽은 강계. 이쪽은 청천강 발원, 저쪽은 禿魯江 발원. 고개를 넘는 길이 굴곡이 많고 급경사라 아찔하면서도 흥미. 고개 넘어서는 내리막길.) - 고인동거리 -

전천강 건너 - 전천거리(산읍 중 큰 거리. 우편국, 경찰서, 학교, 민가 수백 호. 30분간 쉬며 점심.) - 別加洞 - 黑崖 - 釜池嶺(일명 不吉嶺. 고개 넘어 강계까지 20여 리. 중도에 마중나온 사람을 만나 동행. 자기를 찾는 것을 보고 순사로 오해. 다시 강계 3리 전쯤에서 마중나온 지인들 만나 하차. 도보로 강계로.) - 강계(석주여관.)

■ 강계: 여관 - 인풍루(여관에 짐 풀고 답사. 독로강(우안)과 西城江(좌안) 이 합쳐지는 절벽에 자리 - 망미정 - 여관(저녁 식사) - 거리 산보 - 요리집(기생 3명. 치마적삼은 무명과 베 - 기생들이 토요회를 조직해 물산운동 하는 중. 노래는 수심가와 난봉가. 술은 농주. 안주는 돼지, 닭고기, 잡채. 더러워 보임.) - 읍내 취재(6월 3일. 〈개벽〉지도 모르는 조선인 군수의 무사안일에 염증. 청년들의 활기에 감탄. 경찰 - 독립당, 독립당 - 촌민, 촌민 - 경관의 관계에 고통 당하는 것은 농민들. 더 많은 사실을 보고 들었으나 다 쓰지 못함.) - 읍내 뒷산 居然亭(6월 4일. 강계 인사 30여 명과 연회.) - 강계(6월 5, 6일 이틀 더 묵음. 비 때문에 6일 출발 못함.)

■ 중강진: 강계(6월 7일. 아침 9시 출발. 흐린 중에 10원에 말 한 필 사서 출발. 유항준은 자전거로 뒤따름. 도보와 말을 이용해 북으로 산길 떠남. "寂寥 도 하고 恐怖도 느끼지만 대산장곡 중에 막대를 끌며 거침없이 들어가는 멋은 내가 나를 보아도 속한 같지는 않았다(70-71쪽)." - 八營嶺 아래(고 개 입구에서 비가 내리기 시작해 고스란히 맞음. 고개 아래 여인숙에서 점심하고 주인이 쓰던 우산 하나를 3원에 삼. 비 그친 뒤 출발) - 팔영령(강계에서 오는 소학생 한 명과 같이 고개 넘음. 2일 전 고개에서 살인사건이 났다는 말은 들은 데다 수림이 울창해 앞이 안 보이고 운우가 대작해 눈코 뜰 수 없으며 고개는 높고도 급해 '가슴이 조박조박하고 머리털이 옷삭옷삭'함 (71쪽). 고개 중간에 자성에서 넘어오는 마차 만남. 강계자성간 모든 물화와 우편 통행을 마차로 함. - 고개 넘어 吏西面 從浦鎭 - 咸興洞(동행한

소학생의 집 박영빈 가에 일박. 비 맞으며 험로 90리 걸어 피곤. 주인이 어려운 살림에도 3형제 모두 학교에 보내는 것에 감탄. 그래서인지 객식 20일에 이 집 밥이 가장 맛있었다. 자성읍까지 80리.) - 麻田嶺(6월 8일. 날이 개어 일찍 출발. 강계자성 분계령) - 인풍동(자성 지방. 점심) - 自作嶺 - 慈城邑(오후 5시) - 서병국가(숙소) - 읍 남산(읍의 전경 살핌. 排布가 55년밖에 안 돼 볼 게 없음. 압록강으로 합류하는 자성강 색은 볼 만하다. 장차 피려 하는 것은 이곳의 산과 물, 그리고 인심풍속이다. 본성 그대로 있는 곳이므로. 1박.) - 자성강구(6월 10일 자성 비 맞으며 출발. 강계 유 씨 외에 자성 김문봉도 동행. 자성강을 따라 40리 내려가 압록강에 자성강이 합류하는 강구, 일명 법동에서 1박.) - 중강진(6월 11일. 짐은 맡기고 큰 비 맞으며 중강진으로 출발. 중강진까지 120리. 압록강변을 따라 피목령, 송덕비탈, 토성비탈, 조율령, 차수령을 넘어 고난은 말할 것도 없으나 '쾌하게 무사히 득달'. 중강진은 국경이나 조선인은 백여호 있으나 못살고, 일본인들 차지. 일본촌 동포 집에 숙소. 1박) - 帽兒산(강 건너 중국 臨江縣 소재. 잠시 구경하고 돌아옴. 1박?)

- 만포진행: 증기선(6월 13일. 아침 6시 飛龍丸 승선. 놓치면 1주일 지나서 선편이 있다 하므로 서둘러 출발. 압록강에는 벌목이 떠내리고 중국 상선이 떠있으나 조선의 것은 아무 것도 없음. 조선 목선은 독립당이 이용한다 해서 모두 소진. 독립당이 유죄무죄간 조선인 생명을 많이 탈취한다는 강변 인사의 말.) - 자성강구(맡겼던 짐 찾아 다시 승선. 김문봉 하선.) - 滿浦鎭(오후 4시 하선. 강계의 명지. 김태석 집에 숙소. 洗劍亭 구경. 국경 수비대가 점령해 구경하기 어려우나 수비대장이 허락해줌. 1박) - 보성학교(당지 보성학교 방문. 1박)

- 초산행: 筏木(6월 16일 뗏목을 타고 초산행. 유씨와 헤어짐. 삯이 없어 경제적이나 위험. "급류나 혹 암석을 당할 때는 실로 간이 마를 일이다. 떼가

급류에 다다라 선두가 쑥 들어가고 후미가 들석 올라갈 때는 사람은 완연히 雲霞에 오르는 듯…(75쪽)") - 高山鎭(고산진에서 뗏목이 더 내려가지 않아 고산진에서 1박) - 新島場(6월 17일. 다시 내려가는 뗏목을 만나 타고 초산 신도장까지 무사히 옴. "고산에서 초산까지 關門라즈(岩子)는 압록강 중 최대 난관이어 고기밥이 될까 눈이 왕사발만해졌다(75쪽)." - 초산읍(전경 살피고 유지 만남. 2일을 쾌하게 지냄.)

■ 의주행: 신도장(6월 19일 오후 7시 초산 출발. 강변 신도장에서 1박. 이후 조선 선편 이용) - 벽동 - 창성(여기서부터 자동차) - 삭주(자동차) - 의주 ("한 달 전에 작별한 통군정을 찾아 안부를 묻고… 위로주에 취하여 통군정 상에 발뻗치고 앉으니 백운은 오락가락 청풍은 徐來 往事가 꿈인 듯".)

前號에 天下絶景-妙香山 寅虎臺 이약이를 하다가 紙面의 關係로 中斷하고 마럿습니다. 이제 다시 寅虎臺로부터 山 거듭 물 거듭 國境千里에 나아가 봅시다.

寅虎臺로부터 江界邑싸지

鐵索을 붓잡고 艱辛히 기여 올나서면 이가 곳 香山의 第一景 寅虎臺이다. 臺上은 百人可坐의 大盤石인데 그 우에 老松 四五株가 亭亭히 섯고 臺下는 斷崖千丈인데 굽어봄애 앗질하야 精神일켓다. 게다가 上院庵 左便 百丈 急崖로부터 千尺 龍湫瀑이 구을너 써러지고 右便 千尺 絶壁으로부터는 百丈 散珠瀑이 直下하니 眞可謂 左右 銀河落九天이다. 銀珠를 쑤리는 듯 玉屑을 헤치는 듯 烟波가 飛散하고 龍鱗이 번득이며 彩虹이 어리엿다. 山極致 水極致 言書俱絶의 此地此臺에 쏘한 上院妙刹이 左右 銀河를 씨고 天心長瀑을 이고 臺의 上面에 飄然히 소사 안저스니 此가 別天地가 안이고 무엇이랴. 天上인지 瑤臺인지 醉한 듯 꿈인 듯 心身이 恍惚하야 엇덜지를 몰나섯다.

上院에 點心 식키고 一行 三十餘名이 臺上臺下로 任去來하면서 下淵에 濯足 上流에 洗面 或은 꼿을 짜며 或은 가지를 썩그니 去自由 來自由에 그만 身이 化하야 京臺人이 된 듯 塵界를 頓忘에 도라갈 바를 아지 못하겟다. 게다가 쏘한 異說이 잇고 奇蹟이 잇스니 彼를 聞할가 此를 見할가 手忙足奔에 二兎追從格이 되고만다. 나는 玄賓大師ㅣ 龍宮去來說을 聞하는데 彼는「神仙窟宅 雲霞洞天」의 岩面 大額字를 發見하고 왁자자 써들며 나는 龍卵取來說에 依하야 卵形의 龍角石을 求景하는데 彼는 金剛門을 出入하면서 俗客流의 刻字評으로 날이 기울 물아지 못한다. 이윽고 點心을 報하니 째는 午後 一時요 水者 岩者 木者 花者ㅣ 一室에 모여 肉口을 만족식켯다.

암으리 上院이 別境인들 엇지하랴. 壇君臺가 二十里라 하니 엇지하랴. 쌜니 가야 보고 온다하니 엇지하랴. 먹은 밥이 자리도 못 잡아서 上院을 下直하니 일은 듯 여이는 듯 발이 잘 안이 움즉엿다. 庵主金龍海君의 親切이 多謝하얏다.

鬱蒼한 樹林사이 山腹石經을 구비구비 휘도라 亦 香山一景이라는 佛影庵에 와서 少歇 해가지고 다시 썽충썽충 내려 쒸어 香山洞底를 것처서 賓鉢庵을 求景하고 여기서부터 檀君洞天白石淸川을 한바탕 올녀쒸여 檀君臺를 向하야 一步休 一步行 하게되니 實로 困難이 莫甚하얏다.

一行이 三十名이나 檀君臺 行路를 아는 者ㅣ 一人도 업섯다. 七八年前에 한번 와 보앗다는 李ㅁ塤君이 同行이엿스나 樹橫石交하니 路ㅣ 未詳이라 하며 普賢寺僧 金承法君이 同行이엿스나 幼時 一見이 終未詳이라 한다. 三四人 或 五六人式 分隊를 하야 此麓彼麓 此谷彼谷을 互相指하면서 그저-저 쏙댁이 저 바위아래거니 하고 正路도 非路 非路도 正路라 하야 或은 沙汰 或은 石徑 或은 측덤불 或은 가시덤불에 업더지며 삽싸지며 씰니며 채이며하야 艱辛히 艱辛히 無作定하고 올나가다 보니 檀君臺 길은 終是 엇지 못하얏다. 우리 隊 一行 五人은 그만 左斷右斷 前絶後絶의 難關中 最大難關인 虎豹亦不近의 絶處에 誤入하얏다. 進亦難 退亦難 大笑無用 長歎無益의 頂點에 이르러 相顧上下에 唯終此地를 待할 쑨이엿다.

絶處逢生은 自古로 잇는 말이다. 天은 抑何心事로 無罪의 우리 檀君遺孫을 此地에 苦死케 ᄒ랴. 檀君은 靈하시고 神이엿나니 엇지 後驗이 업스시랴. 반듯이 우리의 손을 잇그러 주시리라 하야 一段의 勇力을 發하야 生死判決의 最後決心으로 手巾을 結하고 短杖을 連하야 手腰相交한 뒤 달암쥐모양으로 絶壁 數丈을 기여 오르니 稍히 生路가 展開된 듯 長歎과 幷히 微笑가 나왓다. 「先行者야 길이 아직 업느냐. 사람 살녀라」하고 목이 씨저지게 高喊을 치니 바로 頭上 數步地에서 「어이 길이 잇다. 압흐로 數步만 더-나서라」한다. 「아-사럿다. 이제야 사럿다」하고 두어 거름 옴기니 果然 微路가 낫타낫다.

이러케 하야 檀君臺에 오르니 午后 六時이다.

檀君臺에 檀君窟이 잇스니 上下 二窟이다. 쏘한 檀君庵이 잇섯더니 獨立黨의 休息處라 하야 彼-日本巡査들이 亂倒를 식켜노앗다. 椽柱가 相交하고 瓦石이 相枕한 悽愴한 亂色은 夕陽山客의 心思를 餘地업시 不快케 한다. 下窟 檀君井에서 檀君께서 마시시든 玉泉을 한 박아지 퍼먹고 悵然히 佇立하야 古往今來를 想像來하니 「山如前窟 如前한데 人何不 如前고」의 一歎이 發하다가 「誤라 人若如前이든들 人之不幸이 此에 甚할 者 | 無하리라」하야 自慰하면서 上下 二窟에 徘徊하면서 檀君의 當時를 追想하고 吾等의 現時를 생각하다가 日色이 蒼蒼來함을 恐하야 곳 下山하니 다리가 썰니고 배가 출출하얏다.(檀臺記前視)

普賢寺에서 다시 一泊하면서 寅虎 佛影 檀臺行苦를 說盡하고서 翌 六月 一日 早朝에 光成 一行과 가티 香山을 下直하고 月林里에 出하야 光成은 淸川江 船便으로 南을 向하고 나는 數百里 山路로 北을 向하니 섭섭하기 짝이

업섯다. 月林에서 李璟塤 裵晉英 두 분과 短時나마 淸江의 獵會는 퍽 자미스러웟다.

　李口塤君과 가티 五十里 熙川路를 徒步行하야 同日 午后 七時에 熙川邑에 着하니 前日의 知友ㅣ 苦待하고 잇다. 香山談으로써 半夜토록 相交하다가 寢席에 就하니 덩갱이가 홀둑홀둑하얏다.

　六月 二日(土曜) 晴. 이 날은 江界行 豫定日이다. 두고두고 江界 江界하든 판이라 前날의 路困이 풀니지 안치만 일즉 이러나 自動車 票부터 삿다. 車費가 十四圓角數요 도랑크稅가 三圓 九十錢이나 된다. 如干해서는 自動車 行은 念頭도 못내겟다. 그러나 三百餘里를 五六時間으로써 突破하는 멋에 누구든지 씽씽 알으면서도 타게된다.

　九時가 되자 自動車는 고동을 틀기 始作한다. 車에 막 오르려 하는데 엇던 者가 「좀- 보입시다」 하고 붓잡는다. 누구냐 하닛가 警察署라고 하면서 當場에 무러도 됴흘 것을 別事件이나 잇는 듯이 署까지 가자고 한다. 心事가 불둑거리나 억지로 참고 잠간 들녀 두어 마디 對答해 주엇다.

　自動車는 떠낫다. 北으로 北으로 저 멀니 江界를 向하야 다라난다. 한참 가노라니 明文洞이란 큰 巨里가 잇다. 淸川이 흐르는 곳에 石山을 등지고 百餘戶가 左右로 거리를 지어스니 얼핏 보아도 蝎蛹장사나 利로울 듯이 보인다. 잠간 停車하야 警官의 點考를 맛더니 쏘 간다. 彼ㅣ 有名한 狗峴嶺을 當着하얏다. 이 便은 熙川 저 便은 江界. 이 便은 淸川江 發源地 저 便은 禿魯江 發源地. 嶺은 쇄 놉흔 嶺인데 自動車는 그닥 어렵지안케 넘어간다. 그러나 危險은 毋論이다. 屈曲이 만코 元體 急坂인지라 自動車도 씩얼씩얼 한다. 「運轉手야 사람 살녀라 가슴 죄여 못살겟다」 소리가 사람 사람의 입에는 다 담기여슴이 事實이다. 그러나 好奇心 만흔 나는 무서우면서도 生死가 一分一秒에 달녓거니 하면서도 엉등이를 들먹거리며 上下 左右를 番가라 살피이며 間或 뒤도 도라보앗다. 自動車 三四臺가 一路에 追從하는 것이 偵探劇

活動寫眞갓다. 뒷 車에 탄 놈은 말금 警官隊갓고 압 車에 탄 놈은 말곰 惡漢가튼 생각이 난다.

嶺上에 올나서면 좀-시원할가 하얏더니 亦是 가슴이 咨咨하다. 山疊疊水重重 去益深山인데 奈何오. 여기서부터는 禿魯江을 끼고 來來 내려가게 된다. 발서 古仁洞 巨里를 지나 前川江을 건너 前川 巨里에 왓다. 이 巨里는 山邑中 가장 큰 巨里로 江界의 名高한 곳이다. 郵便局 警察署 學校 等 官公舍 또는 民家 數百 餘戶가 잇서 엇던 邑內보다는 確實히 나어보인다. 約 三十分間 休息하면서 點心을 먹고 또 써나서 別加洞을 지내 黑崖라는 險口를 버서나 그냥 죽- 가서 江界邑을 距하기 約 三十里에 잇는 釜池嶺(一名 不吉嶺)을 넘게 되얏다. 亦是 狗峴嶺만 못하지 안은 急路이요 高嶺이다.

嶺을 넘어 洞口를 버서나니 좀- 시원해진다. 이제는 難關은 다-지내엿다. 坦坦大路 二十里(鮮里)만 가면 江界邑이다. 드리 모러라. 왼고동을 트러라. 하야 全速力으로 휙휙 다라나는 판인데 路傍에서 엇던 靑年이 손을 드러 車를 멈추게 하면서 「서울서 오는 朴達成氏 타섯슴닛가」 하고 뭇는 것이 巡査가티 보인다. 「네 제가 기요」 하고 答하면서 누구시냐고 무르니 自己는 江界邑에서 마주나온 兪恒濬이라고 한다. 나는 엇지나 未安하고 自愧한지 二十里 遠距里를 不拘하고 마저주는 未面의 親友를 巡査로 생각키운 것은 이야말로 神經過敏이 안이고 무엇이냐 하야 輕妄을 自責하면서 兪氏에게 失禮를 말하고 車의 運行과 가티 邑內로 直行하얏다.

邑 三里許에 當着하니 路邊 巨里處에 十數人이 行列 지어잇다. 누구들이신가 하고 그냥 지내려 하는데 얼핏 보이는 것이 舊面友 金文鬪 李元行 金道賢 諸氏의 얼골이다. 엇지 반가운지 車에 쒸여내려 손을 잡아 한참 흔들고 나서 다시 金李의 紹介로 나를 마저주기 爲하야 멀니까지 나오신 韓炅夏 尹昌洙 姜炳柱 李應華 金世勳 諸氏에게 相歡禮를 하고 徐徐히 緩步하야 邑內로 드러서니 初行인지라 얼쩔쩔하야 아직 몰으겟다. 諸氏의 紹介로 石州旅

館에 身을 役하얏다.

依例로 볼 것이지만 第一 急한 것은 仁風樓 求景이다. 坯한 江界邑 全景이나 全景을 보기에는 그곳의 第一 高處를 擇하야 登觀할 것이 毋論이나 멀니 西山이나 東山은 今方 못 가겟다. 仁風樓면 全景도 亦是 足이라 하니 仁風樓부터 보자 하고 仁風樓를 向하얏다.

아- 仁風樓! 西道 八景의 一 江界의 代表的 名勝 仁風樓야말로 名不虛傳이다. 樓 自體는 그닥지 表揚할 價値가 업스나 그- 位置야말로 그럴듯하다. 禿魯江 右岸 西城江 左岸 卽 兩江合水의 絶壁上에 자리를 잡아 飄然히 놉핫는데 뒤로 城內 全景 압흐로 長江綠波 더군다나 西城 江邊의 漁歌草笛 靑坡綠林의 鳥歌水聲 望美亭上의 才子美人 笠峯의 落日香峯의 初月 子北寺의 暮鍾 그것이다- 仁風樓의 前後요 左右니 누가 此樓를 擧하야 景의 極을 말치안으랴.

東으로 數町許에 仁風樓의 동생인 듯 좀 더- 少年味가 잇서 보이는 樓亭으로 거름을 옴기니 이가 곳 仁風樓와 伯仲하는 望美亭이다.

「여보 朴公, 來日을 期하고 오늘은 도라갑시다. 날도 저물고 疲困도 할터이니...」하는 엇던 이의 말에 싸라 旅館에 도라오니 어슬어슬 해진다. 저녁 床을 보니 모든 것이 째긋은 하나 飯饌에 약렴이 업시 自然 그대로 삶어 장처노은 것은 山골 風이 確實히 보인다.

저녁을 먹고 외로히 누엇노라니 李金諸氏가 訪來하야 散步를 말한다. 本來 이것저것을 探得하고 이곳 저곳을 단녀 보려고 온 몸이라 엇지 一時나 無意味하게야 보내랴. 夜間 江界市中行은 本來 所願이라 하야 싸라나셧다. 先導者에 싸라 이 골목 저 골목 단니다가 亦 先導者에 싸라 한 집을 차저 자리를 잡고 안즈니 料理집 건너方이다. 속으로「올타 料理집... 江界風을 좀- 보리라. 오 江界美人? 그도 좀- 볼 수 잇슬가. 萬若- 體面이라 하야 안이 보여주면 엇지하노?」하고 自問答을 하면서 눈을 구을너 室內 室外를 살펴보니 째긋치는 못하나 그닥 더럽지는 안타. 이윽고 美人이 드러온다. 또 드러온다. 또 드러온다. 겹처 三美人이 드러와서 느려 안는다. 「妓生? 蝎蛴? 안이 시골 邑處는 妓生 蝎蛴의 別이 업지. 올치 그러치. 大關節 人物들은」하고 슬슬 살펴보니 그닥 美人도 안이요 그닥 醜物도 안이다. 머리治裝 옷治裝을 도무지 안이하고 그저- 막 버리ㅅ 女子가티 당기도 자지당기 치마적삼도 무명과 벼로 수수하게 차린 것은 한 特異한 風이다. 무르닛가 妓生들이 土曜會를 組織하야 一齊히 物産運動을 하노라고 그리한다고 長久性 與否 또는 自被動 與否는 姑捨하고 엇잿든 可賞한 일이다. 노래는 愁心歌 難捧歌 쑨이요 술은 눙酒요 안주는 도야지고기 닭고기雜菜 그것이라. 그런데 좀- 더러워 보엿다.

三日(日曜) 晴. 앗츰 먹은 뒤 金文關兪恒兩氏의 案內로 各官公署 及 民間有志를 차저보고 江界의 狀況을 알기에 좀 奔走하얏다.

郡守란 그- 名辭가 本來- 郡을 직킨다는 것쑨인지? 참말 守直而己요 郡을 爲하야 무슨 活動은 업나보다. 敎育이니 産業이니 그는 日本兩班들이 식켜주고 新聞이니 雜誌니 그는 背日派들이 하는 것이닛가 하야 그저 쑤어온 보리ㅅ자루 모양으로 方 한구석만 직키고 안저스면 그만인 것 갓다. 讀者 九十餘名을 둔 江界邑內요 文化를 中心한 國體가 十三個所가 잇는 아조 活氣가 澎漲된 江界邑內에 所謂 郡守라는 者가 「開闢」이란 무엇이냐고 뭇는 꼴이야 참- 딱해 보인다. 얼골이 다시 한 번 처다 보인다. 可憎도 하고 불상도 해보엿다. 口腹이 怨讐로 빈 倚子만 직키고 안저서 멧 十圓式 엇어먹는 그것으로 滿足으로 알고 世上이 푸러지던지 썩어지던지 「內地 양반들이 依例로 할나고」 하는 것은 郡守類의 普遍이겟다. 말할 것도 업다. 그는 그럿타 하고 이 面에서 獨立黨이 야단을 치고 저 面에서 巡査가 둘이나 被殺을 當하얏다는 消息을 듯고 뭇는데 그저- 「安穩無事」하다는 警察側의 말이야말로 또 한번 픽 우슬밧게 업섯다. 總督政治란 본래- 詐欺的 政治 外飾的 政治란 말이 잇지만...

江界邑內에서 가장 조흔 印象을 엇은 것은 文化事業에 熱中한 靑年들의 活動이다. 根氣의 深淺 活動의 長短如何는 臨時 過客이 알 배 안이지만 如何 間 會로만 해도 修養會 體育會 物産會 禁酒斷煙會 勞働會 敎育會 土曜會等 十三團體가 잇고 (會 만흔 것이 엇던 點에서 或- 不利도 하지만) 靑年들이 모다 活氣가 잇고 實力을 만히 主張함은 무엇보다 됴흔 感念이 생겻다. 그런 中에 가장 抑鬱하고 恨 만흔 것은 無罪의 農村兄弟들이다. 邑內 某氏는 地方 狀況 안이 警察對 獨立黨 獨立黨對 村民 村民對 警官의 狀況을 본 대로 드른 대로 말을 하다가 제 말을 제가 押收하고 입을 막고 長歎과 가티 눈물을 흘니 고 만다. 더욱히 昨年 初冬 ○○面에서 戰死한 獨立黨 ○○○의 最後 事實을 말하다가는 그만 쌍을 치며 天井만 처다본다.

수문 事實 낫타난 事實 큰 事實 적은 事實 말할 것도 만코 呼訴할 것도 만치만 都 트러 쓸걱 생키고 만다는 말에는 나도 是認을 하고 더- 알자고도 안이 하얏다.

四日(月曜)도 亦晴인데 邑內 諸 有志를 차저 놀다가 午后 三時에 邑 뒷山 居然亭에서 三十餘名 江界兄弟로부터 멀니서 온 어린 동생을 爲하야주시는 싸듯한 사랑과 맛나는 飮食을 싯업시 밧으면서 盡日토록 歡樂에 醉하얏든 것은 큰 榮光이며 一邊 愧悚스러웟다.

五日도 晴인데 記事도 더- 엇을兼 그립든 江界에 情도 좀 더- 붓칠兼 江界 邑에서 쏘 묵어섯다. 金成吉 兪濬兩氏의 親切 周到한 案內는 참으로 感謝하 얏다. 六日은 꼭 慈城으로 써날 豫定인데 天은 好意인지 惡意인지 細雨를 내리운다. 短距里면 비록 大雨라도 가겟지만 江界 慈城 百六十里란 實로 太 嶺도 잇고 長江도 잇는 山中險路라 敢히 生心을 못하얏다. 來日은? 하고 支離를 感하면서 五日을 江界에서 보내엿다.

江界에서 中江鎭까지

七日(木曜) 曇. 일즉 이러나 天氣부터 보니 亦是 雨氣가 그냥 보인다. 그러나 안이 갈 수는 업다. 山路닛가 牛馬行이 不吉하나 그러나 行具 쓰는 동무 兼 駄馬 一匹을 十圓으로써 어덧다. 兪恒濬氏 쏘한 同行이 되얏섯다. 九時에 江界邑을 쩌나 或은 徒步 或은 馬上으로 멀니 멀니 北으로 北으로 山 넘어 물 건녀 深山幽谷으로 드러가니 엇던 곳은 寂寥키도 하고 엇던 곳은 恐怖도 생긴다. 그러나 白石淸川 鳥歌水聲 奇岩怪石 茂樹盛林 大山長谷 그 中에서 막대를 끌며 휠휠 것침업시 드러가는 멋은 내가 나를 보아도 俗漢 갓지는 안 엇다. 馬夫에게 村談山話를 뭇고 드르며 徐徐히 가다가 쉬고 쉬다가 가는 그것은 安穩하고도 輕快한 것이 汽車나 自動車以上이다. 險하고 윗달고 무섭기로 有名한 八營嶺 탁을 오닛가 아적부터 굼실굼실 하든 구름은 차차 灰色化가 되더니 終是 비가 되야 부실부실 내리기 始作한다. 雨備가 업는지라 路中에서 함박 맛게 되얏다. 嶺下에 다다르니 맛츰 旅人宿이 잇다. 비도 그을 兼 點心도 할兼 뒤에 自轉車 타고 싸라오는 兪氏도 기다릴 兼 드러안저 點心을 식켯다. 비는 조곰 머즈나 구름은 如前히 黑灰色으로 잇다. 主人에게 私情私情하야 人의 舊雨傘 一個를 三圓으로 사섯다. 이主옥고 點心도 되고 비도 머즈매 곳 出發하얏다. 맛츰 江界邑으로부터 오는 小學生 한 분를 만내여 八營嶺을 가티 넘게 되얏다. 二日前 嶺上에서 中國人 二名이 自己同行(亦中國人) 一人을 打殺하고 奪金逃去 하얏다는 말을 드르니 더-한층 무시무시하다. 게다가 樹林은 鬱蒼하야 尺이 안이 보이고 雲雨는 大作하야 눈코는 쓸 수 업고 嶺은 高하고도 急하니 참말- 가슴이 조박조박 하고 머리털이 옷삭옷삭 하얏다. 톡기만 호독 독 쮜여도 잡쌔질 듯 하얏다.

이러케 무서운 中에 嶺中層을 올나가니 말방울소리 搖亂히 나며 慈城 方面으로 넘어오는 郵馬荷馬 五六匹이 一路에 섯다. 그들을 여이고 쏘 올나가니 쏘한 馬夫들이 넘어온다. 馬夫가 웬 馬夫가 이러케 만흐냐 하닛가

江界 慈城間 모든 物貨 쏘 郵便通行은 全혀 馬背를 賴하닛가 每日 그러케 만타한다.

嶺을 넘어서 長谷을 쭉 버서나니 좀- 시원한 벌판이 보인다. 큼즛큼즛한 瓦家村도 보이고 十里長坪에 田畓도 보인다. 무르니 이 곳이 江界하고 有名한 吏西面 從浦鎭이라 한다. 일즉 京城에서 一面이 잇든 金善女史의 出生地라는 말을 드르매 좀- 더 반가운 感念이 생겻다. 從浦鎭에서 五里쯤 더- 가서 咸興洞 朴永彬家에서 一泊하게되니 이 집 이곳 악가 八嶺嶺 저 便서부터 同行하든 小學生의 집이다. 學生이 엇지 쪽쪽하고 얌진한지 貴家 投宿을 豫約하고 오든 터이다. 江界서 써나길 二三時 뒤에 써나 自轉車로 싸르든 兪氏는 이제야 헐덕 어리며 싸러왓다. 비 마즈며 險路 九十里를 오고나니 좀- 疲困하다. 밥맛이 엇지 됴흔지. 그리고 상투쟁이 主人 兩班은 살림도 구차하다면서 아들 三兄弟를 다- 學校에 보낸다는 것은 實로 驚嘆할 만하다. 엇지 반가운지 兄님! 하고 쫙 매달리고 십헛다. 그래 그런지 客食 二十餘日에 이 집 밥이 第一 맛낫다.

翌 八日은 날이 개엿다. 일즉 써낫다. 여기서 慈城邑은 八十里인데 麻田嶺 自柞嶺 二大嶺을 넘으야 한다.

麻田嶺은 江慈分界嶺인데 江界便은 그닥 놉지 안으나 慈城便은 어지간하게 놉다. 八營嶺과 伯仲되나 그닥 險하지는 안타. 慈城의 名地 仁豐洞(舊中營)에서 點心하고 단대바람에 自柞嶺을 넘어서 午后 五時에 慈城邑에 드러섯다. 邑距 五里까지 마저주는 慈城人士에게 感激함이 넘처섯다. 邑內 徐炳國家에 身을 投하고 卽時로 金鳳紀 金文鳳 李京善 諸氏의 案內로 邑 南山에 올나 邑의 全景을 보앗다.

邑內라야 不過 限 百餘戶 된다. 本來- 邑의 排布가 五十五年밧게 안이된다 하니 무엇이 發展되야스랴. 게다가 深深山골... 그러닛가 보잘 것이 업다. 다만 보잘 것은 邑의 東北面을 휘도라 鴨綠江으로 나려가는 慈城江色 그것

쑌이다. 그러나 고요하고 쌔긋하고 情답고 장차 피려하는 꼿 봉오리가튼 感念이 생기는 것은 이곳의 山과 물이며 人心風俗이다. 將次 開發될 山川이요 將次 鍛鍊될 人民들이닛가 卽 自然 그대로 本性 그대로 잇는 이곳이닛가. 그러케 生覺키운다.

하로를 邑內에서 묵으면서 볼일 드를 일 大槪보고 十日은 비를 마즈면서 亦 慈城쌍이요 鴨綠江邊의 中心地인 中江鎭을 向하야 써나니 이제부터는 江界의 兪氏 외에 慈城의 金文鳳氏도 同行이 되얏다. 慈城邑에서 慈城江을 씨고 四十里를 내려가 鴨綠江邊 慈城江口(一名 法洞)에 一夜를 泊하고 翌 十一日 亦 大雨를 마저가면서 三人이 徒步로 中江鎭을 가게 되얏다. 行具는 慈城江口에 任置해 두엇다.

慈 江口에서 中江鎭은 百二十里인데 來來 鴨綠江邊으로 올나간다. 皮木嶺 松德비탈 土城비탈 早栗嶺 車輪嶺등 三大嶺 二大비탈을 넘고 도라야 되니 쏘한 쌕쌕하다. 大雨까지 降하니 困難은 다시 말할 것도 업섯다. 그러나 快하게 無事히 得達하얏다.

中江鎭은 國境의 一要塞이요 鴨綠江의 中央處라 하야 씀즉히 煩盛한 듯이 生覺키우나 亦 日本人의 南滿 經營에 對한 政治及 産業的 着目地이닛가 朝鮮人에게 何等의 關係가 업다하야도 可하다. 中江洞口에 朝鮮人이 限 百餘戶 居住하나 大槪는 農事 不然하면 外國人의 압헤서 일해주고 生計를 圖得하는 것 쑌이요 十의 九分 以上이 日本人 居留地인데 商業 又는 營林廠을 中心한 筏夫 其他 官公吏들이다.

日本村에 介在한 엇던 同胞의 집에 宿所를 定하고 江을 건더 帽兒山(臨江縣) 市街를 一瞥하고 翌 十三日은 中江鎭을 써낫다. 그저 國境의 要塞이라니까 가 보앗슬 쑌이요 所得은 아모것도 업섯다. 烏首山上 七十里 平原에 무슨 奇石이 잇고 史跡이 잇다하나 船便의 關係로 못보앗다.

中江鎭에서 義州까지

十三日(水曜) 晴. 上午 六時에 우리 一行은 飛龍丸이란 蒸氣船을 탓다. 定期船인지라 이 날을 놋치면 少하야도 一週日을 지내야 船便이 잇다 하닛가 더욱 이 날은 써나게 되얏다. 右 中國 左 朝鮮 千里長江에 汽船이 고동을 울리니 쌔르기도 하려니와 快하기도 하다. 無數한 筏木은 無時로 流下하고 中人의 商船은 浦口浦口에 써 잇는데 오직 朝鮮人은 筏木도 商船도 볼 수가 업고 間或 잇든 나무궤통 木船 그것조차 獨立黨 往來物이라 하야 警官이 沒收하야 消盡하고 마럿다 한다. 獨立黨 말이 낫스니 말이지 鴨綠江은 朝鮮의 江이나 그러나 朝鮮人의 怨讎의 江이다. 江邊 人士에게 드르니 無罪有罪간 朝鮮人의 生命을 數업시 奪取하얏다 한다. 縛繩진 屍體 手足 부러진 屍體 옷 입은 屍體 쌜가버슨 屍體 無時로 써나려 간다하니 아- 얼마나 慘酷한 일인가. 解氷期는 五六名 十餘名 屍體가 浦口마다 밀려들어온다 하니 人間에 如此한 至毒한 慘狀이 어대 쏘 잇슬가. 말을 안이 한다마는... 右岸의 中國人의 사는 꼴이나 左岸의 朝鮮人의 사는 꼴은 形式으로 보아 비슷비슷하다. 靑衣와 白衣가 다를 쑨. 慈城江口에서 金文鳳氏를 작별하고 任置하얏든 行具를 차자 싯고 同 午后 四時에 滿浦鎭에 와서 下船하얏다. 滿浦鎭은 江界의 名地 쑨 안이라 江邊의 名地로 日本이 着目한 곳이라. 江界서 二等路가 들어와 自動車의 便도 잇는 百餘戶 市街이다. 自古로 僉使를 살리든 곳으로 滿浦의 洗劍亭하면 天下의 絶景이라고 써드는 터이다. 市內 金奉碩家에 宿所를 定하고 仁愛醫院 金勝秀氏를 차자 氏의 案內로 市街 及 洗劍亭을 보앗다.

洗劍亭은 鴨江畔 數百丈 絶壁上에 兀然히 놉흔 樓亭인데 只今은 守備隊 所占地이다. 普通으로 求景을 안이 許한다하나 金氏의 眼目인지 記者의 特待인지 守備隊長 千口氏는 親切한 案內를 준다.

翌日은 곳 써나야 겟지만 船便도 업고 그-만튼 筏流도 업슴애 할 수 업시 一日을 더 留하면서 當地 普成學校를 訪하야 敎員 楊喜濟 金錫鴻 諸氏와 交

하다가 翌 十六日은 筏木을 타고 楚山을 向하니 여긔서 兪氏와 또한 分手가 되얏다.

쎄를 타보기는 이번이 처음이다. 賃金이 업스니 經濟上 利益이요 널다란 筏編에 任去來하니 求景이 自由이나 엇잿든 危險하다. 順流야 毋論 便하지만 急流나 或 岩石을 當할 쎄는 實로 肝이 마를 일이다. 쎄가 急流에 다다러 先頭가 쑥 들어가고 後尾가 들석 올나갈 쎄는 사람은 完然히 雲霄에 올으는 듯 머리가 옷삭해지고 先頭가 들석 들리우고 後尾가 쑥 들어갈 쎄는 사람은 完然히 龍宮으로 들어가는 듯 밋구멍이 자릿자릿해 진다. 이러케 하기를 千里長江에 數十 數百번이니 그- 苦生이야 말해 무엇하리. 그러나 격고 나면 快하다.

滿浦를 써나 十里許의 中國岸 碑石里에 廣開土王의 陵及 碑가 잇다하나 中國岸에 下陸키가 到底히 不能하게 되니 엇지하랴. 그저- 瞻望己久에 古事를 追憶할 쑨이엿다.

쎄가 高山鎭까지 오고 마니 不得己 高山鎭에 下陸하얏다가 또 一日을 空費하고 十七日에야 楚山行 筏木을 만나서 楚山의 新島場까지 無事히 왓다. 高山 楚山間의 關門 라즈(岩子)란 鴨江中 最大 難關인바 아조 고기밥이 되나보아 눈이 王砂鉢 만해젓섯다.

楚山邑에 들어 來意를 告하고 張天承씨의 案內로 邑의 全景及 官公有志를 相面하면서 二日을 快하게 지내섯다.

맛츰 이 쎄가 端午日이라 楚山婦女의 燦爛한 治裝과 楚山人士의 壯快한 脚戱를 求景하면서 客苦를 잇게 되얏다. 脚戱에 公普訓導가 一等을 밧고 裁判所 書記가 二等을 하야 二人이 共히 賞品으로써 以文會에 寄附하야 그의 謝禮로 市民이 樂隊行列로써 市中을 一周함을 보고 「야- 山邑하고는 그럴듯하다」고 稱揚하얏섯다.

咸一奎氏에게 楚山狀況을 듯고 楚山名勝 映湖亭에서 市民有志의 情으

로 주는 香盃를 마시고 市民 聲樂大會를 滋味잇게 求景하다가 歸路의 促忙
으로 十九日 午后 七時에 楚山邑을 作別하얏다.

　張天承氏와 가티 江邊 新島場에서 一泊을 하고 이제부터는 朝鮮船便으
로 碧潼을 거처 昌城까지 와서 昌城부터 自動車로 朔州에 왓다가 쏘 自動車
로 義州에 오니 사라난 듯 鄕原에 온 듯 시원하고도 섭섭하얏다. 한 달 前에
作別한 統軍亭을 차자 安否를 뭇고 敎友 崔安國 金子一 金得弼 黃河湜 諸氏
로부터 주시는 慰勞酒에 취하야 統軍亭上에 발 쌧치고 안즈니 白雲은 오락가
락 淸風은 徐來 往事가 쑴인 듯. (쯧)

　附記. 原體 長距離인지라 紀行이 支離합니다. 紙面이 사실 업소이다. 中
間에 만히 略하고도, 이처럼 길어졋습니다. 특히 碧潼, 昌城, 朔州의 紀行은
全削을 하게 되오매 極키 未安하외다. 私嫌으로 아시지 말고 寬厚하게 보아
주시요.

그것이 第一이더라, 초신 行脚의 엿새동안

小春

《開闢》41호, 1923년 11월

김기전이 '안동현'까지 가는 패스를 가지고 봉천행 기차를 타고 가다 선천역에 내려 고향을 찾아 며칠 묵은 뒤 서울로 돌아온 엿새(10월 10일-15일) 일정을 기록한 글. 몇 가지 인상 깊은 사건을 소개하고 말미에 소감과 세평을 아울러 적었다. 소제목에 따라 여정을 살펴보면 다음과 같다.

- 2등 객차에 잘못 오른 조선 여인이 차에 있던 일본인과 일본 아이, 차표 검사하는 사람에 쫓겨나는 모습의 전말을 썼다. 쫓겨가는 그의 모습에서 쫓겨나는 조선 무산자의 모습을 겹쳐 보며 갈 곳이 어딘가 한탄한다.

- 차 중에서 만난 일본 군인이 아침(차 안에서 1박)에 동쪽을 향해 합장 기도하는 모습과 그가 일본인 승객들과 대화하는 전말을 적었다. 일본 지진 중의 경험을 전하는 사람이 "사기 사는 동리에서도 이번 통에 중국인과 조선인이 **되었는데, 겨우 중학교나 졸업한 금일의 일본 청년은 실로 할 수가 없는 도배이라"고 타매하는 말이 있었으며 이에 대해 "그만한 변란에 광증

을 하는 민족이 되어서는 걱정인데..." 하는 일본 군인의 말을 소개. 정확한
의미를 알 수 없음.

- 신천역에 내려 고향 龜城까지 강도 건너고 고개(향산령)를 넘어 70리 길을
걷던 즐거움 소개.

- 검은 옷 입은 자를 순사 아니면 밀정, 중국인 등으로 아는 시골 인심. 실제
검은 옷 입은 자들의 늘 문제를 만들고 향촌을 위협하는 사실을 한탄.

- 고향 마을에서 두 밤을 묵는 동안 사람마다 불러 밥을 대접하고 자고 가기
를 청하는 모습 소개. 그들이 그토록 닭잡고 밥 지어 자기를 붙잡으려는 이
유를 눈물 없이 대답하게 되면 얼마나 다행할까.

- 근래 농촌 사람들이 하는 말. 세금, 각종 부가세와 부과금, 주재소를 지켜줘
야 하는 야경단, 군청 면사무소와 경찰 주재소가 서로 싸우는 일, 어느 동리
에나 퍼져있는 밀정 등에 관한 불안. 물안 중에 있는 사람들은 어떻게든 세
상이 뒤집혀야 한다고 생각.

- 그런 불안 중에 농촌 사람들은 누군가를 기다리며 어떤 세상 오기를 고대
한다.

- 어느 인척 집에 이틀 밤을 머문 이야기. 그 집 딸이 자기를 오빠로 부르며
무작정 남의 집에 시집갈 것을 요구하는 세태를 한탄하고 눈물 흘린 사실
소개. 결혼이 남녀가 합해 새로운 가정을 만드는 것이라 말해줬으나 결국
그 처녀에게 아무 소용없는 말이 되었으리라는 자조. 처녀는 결국 누구의
며느리가 되어 종처럼 살다 자신의 딸도 그렇게 시집 보낼 것이라는 비관.

- 15일 밤 서울로 돌아오는 기차. 짧은 기간이나마 누구를 만나든 지기지우
였던 고향길을 회상. 사람을 접하는 기쁨, 하나가 되는 기쁨, 그것이 제일이
라 생각함.

쫏겨가는 三等客, 그는 돈 업고 권력 업는 朝鮮人老婦

10月 10日이라 기억된다. 그날 밤이다, 나는 安東縣까지 가는 파스를 가지고, 奉天行 열차를 탓다. 共進會의 손님 탓인지, 車間은 각별하게 좁흔 모양이엿다. 그러나 내가 안즌 車間에는, 뷔인 의자가 얼마라도 잇다. 다방머리 日本兒孩가, 슴슴하게도 이 의자에서 저 의자에 오고 가고 하엿다. 가 보진 못하엿스나, 그 다음 車間(1等室)에는, 내가 안즌 간보다도 뷔인 의자가 더 만하슬 것이다. 아니, 아조 한 사람의 승객도 태우지 아니한 空車이엿슬는지도 모른다.

차가 京城驛을 써나기 바로 전이다. 무엇인지 한아름의 짐을 안은 늙은 부인 한 이, 나 잇는 간으로 쒸여 드러왓다. 아마 차시간을 노칠쌘 노칠쌘하게 와서 급한 마음에 爲先 갓가운 대로 드러오노란 것이 그러케 된 모양이다. 그 부인은「이제는 되엿다」하는 듯키, 휘적휘적 자기의 안즐 자리를 차젓다. 그러나 이 일이 엇지 무사키를 바랄 수가 잇스리요, 겻헤잇든 日本人 승객들은 모다 서트른 朝鮮말로「저리가 저리가」를 連해 부르는대, 무단히 이 의자로 저 의자에 오락가락하던 그 다방머리 日本兒孩는, 무슨 의식이 잇서 그러는지 업시 그러는지는 모르거니와, 자기 나라의 말로「요보는 실쿠나, 요보는 실어-」하면서, 어름어름하고 잇는 그 부인의 뒤잔등을 밀고 잇섯다. 그 모양이 맛치, 그와 가튼 돈 업고 힘 업는 朝鮮부녀를 쫏차내이는 데는 자기도 한목 참여할 權能이 잇다고 聲言하는 듯 십헛다. 그런대, 이 부인은 정말로 쫏차내일 사람(給仕)은 왓다, 「차표 보아」하더니, 그는 데문보하고 그 부인의 팔댁이를 잇글고, 업처질 듯 업처질 듯 하는 그의 정경이야 알을 바가 잇스랴, 저 쯧헤 차의 간으로 압송하는 셈이엿다.

三等客 한 사람을 쫏차보낸, 나 안즌 車間은, 쏘 다시 고요하엿다. 「저리가 저리가」하던, 즉 그 여인을 쫏차내던 승객 그들이, 무엇이라고 속살거릴 쑨이엿다. 아마 朝鮮사람에 대한 무슨 공논을 한 것이겟지.

차는 써낫다. 얼마 안해서 車掌의 차표검사가 잇섯다. 내가 내여주는 차표를 보고는, 이상하게도 한참이나 나의 얼골을 처다본다. 마치 네가 엇더케 「이 표를 가젓느냐」 하는 듯 십헛다. 그러나 표가 표이라 「저리가-」 하는 말은 업섯다. 나는 그 순간에 앗가 쪼기여 가든 그 부인네 생각이 낫섯다. 아아 쪼씨여가는 三等客, 쪼씨여가는 無産客, 뷔인 間, 뷔인 자리가 여긔에 잇는대, 그대의 가는 곳이 어대엇넌고.

손바닥을 싹싹 치는 軍人, 아비는 甘粕인데 쌀은 野枝

新安州驛을 지낼 째에는 벌서 아츰해가 환하게 써섯다. 두 겹이나 되는 琉璃로 封鎖된 車室안에도 그 해볏만은 쌋듯하게 듸리쏘엿다. 이 째이다. 내가 안즌 마조 편 의자에는, 어제 밤에는 뵈지도 안튼, 군복은 입엇스나 肩章도 아모 것도 달지 아니한 늙은이 한 분이 잇섯다. 지금, 막, 침대 속으로 튀여나온 것이엿다. 그는, 곳, 햇볏 몰녀드는 동편 창을 향하야 꿀어안는다, 손바닥을 싹싹 치면서, 한참이나 合掌黙禱를 한다. 나는 문득 문제의 甘粕大尉를 생각하엿다. 甘粕 그가 바로 東京刑務所를 탈출하야, 지금 이 자리에 안저, 이러케 합장하는 것이나 아닌가 십헛다. 그의 가족인지, 두어 개의 의자를 隔한 저 한편에는 日本부인 한 사람과 그의 쌀가튼 13,4歲쯤 된 처녀 한 사람이 잇섯다. 이상하게도 그 처녀는 신문 한 장을 들고 잇는데, 그 신문은 甘粕大尉의 大杉榮慘殺事件을 詳報한 大阪每日의 號外이엇섯다. 그 처녀를 볼 째에는 문득, 伊藤野枝가 연상되엿다, 가튼 혈통을 가진 부녀에 잇서, 그 아비를 대할 째엔 甘粕을 생각하고, 그 쌀을 대할 째엔 野枝를 생각한 것, 즉 정반대의 두 사람을 한 혈통의 부녀에게 대비한 것, 내 스스로의 생각에도 일종의 奇異를 느꼇다. 그러나 그 아비가 아츰에 일어나 손바닥을 울리는 一面에, 그 쌀이 신문 호외를 들고 안젓는 한에는, 내의 생각도 그러케 잘못된 것은 아니겟지. 아비는 甘粕인대 쌀은 野枝, 당신네들의 집안도 일로하야 야단이라지.

合掌黙禱를 마친 그 늙은 군인은 무슨 생각으로인지, 그 넘어편 의자에 앉은 젊은 승객을 차자갓다. 그들의 새에는, 곳, 談笑가 시작되엿다. 보건대 그 젊은 승객은 東京부근에 사는 이로서, 이번의 震亂을 격고, 처음 朝鮮을 향해 나오는 모양이엿다. 그는 연해 표정을 변해가면서, 이번 震亂 中에 일어난 여러 가지의 일을 말하는 중 그 말속에는「자기 사는 동리에서도 이번 통에 中國人과 朝鮮人이 ○○되엿는대, 겨우 중학교나 졸업한 금일의 日本청년은 실로 할 수가 업는 從輩이라」고 咤罵하는 일도 잇섯다. 이런 니약이를 듯던 그 늙은 군인은「그만한 變亂에 狂症을 하는 민족이 되여서는 걱정인대... ....」하며, 정말 무엇을 근심하는 듯하엿다. 그러나 나는 그다려 이러케 반문하고 십헛다.「만일 者, 열차 안에서까지 望東合掌하는 네가 당햇스면 엇지 해슬터이냐」고. 아아, 사람이 사람만을 알아, 海洋 이외에 쏘 다른 경계선이 업슬 날이 어느 날 일고.

울열어보느냐 滿山是紅葉, 길 절반 구경 절반, 山間旅行의 흥미

아츰해가 쏙 퍼진즁 낫 쌔이다. 나는 宣川驛에 나렷다. 올철 잡고는 한 번도 못 가본 龜城의 鄕第를 차자볼가 함이엿다. 天道敎 宗理院과 開闢支社를 잠간 찻고, 宗理院에서 집신 한 켜레 어더 차고, 북으로 북으로 나는 고향의 나라를 차자들엇다.

龜城의 우리 집이 宣川邑에서 70里, 그 새에는 강도 잇고 嶺도 잇는대, 그 중에도 香山嶺가튼 것은 龜城, 宣川의 兩郡을 분계하는 嶺으로서, 그 嶺의 안팟글 합하면 근 오십리이나 되는, 길로도 놉흔 嶺이다. 내가 우리 집을 가기 위하야 하루 70里를 것는다 하면, 거의 그 嶺하나를 더듬어 올나가서 쏘다시 더듬어 나려간다는 말에 지나지 안는 것이다. 산골길이란 대개 이러한 것인 줄 알면 그만이다.

지방여행을 해 본 사람은 알겟거니와, 가을 산길을 것는 흥미는 실로 千金

으로도 밧구지 못할 고귀한 것이다. 하물며 자기가 生斯長斯한 고향의 넷 搖
籃을 차자, 步一步 갓가히 드는 그 여행임이리요.

울얼어보느냐 滿山은 千峯, 그 峯의 머리 머리에는 어린이들의 색옷보다
도 더 쌀간 단풍이 점치여 잇고, 내려다보느냐 溪水는 졸졸, 그 물의 구비 구비
에는 다리가 노엿고 살(고기 잡는 것)이 질니여 잇다. 물가에 나즉하게 지여잇
는 幕, 그것은 밤새에 잡히는 고기를 직히는 어부의 駐在所이오, 쇠등으로
말등으로 옴겨가는 짐, 그것은 自春至秋로 野戰山戰한 農軍의 전리품이다.
그 산을 씨고, 그 물을 건네며, 그 農友들을 벗하야써, 구경절반, 길 절반, 가고
쏘 쉬는 興趣를, 아아 무엇으로 形喩하면 조흘가.

鄕村의 平和를 攪亂하는 問題의 썸은 옷

이와가티 길을 것는 중에도, 매양 문제가 되는 것은, 내의 입은 검은 양복
그것이라, 길 갓집을 지내노라면, 그 부근의 「어린이」들은, 「일본녕감이상,
コンニチハ」하고 인사하는 것이다. 이보다도, 더, 이상햇던 것은, 내가 그
날, 우에 말한 香山嶺을 넘을 째에, 그 길가 집에서 부인네들이 팟마당질을
하고 잇슴으로, 나는 내가 어려슬 째에, 나의 형과 쏘는 어머니로 더브러, 그러
케 豆太마당질을 하던 생각이 나서, 가던 길을 멈추고 멀거니 보고 잇섯는대,
그 중의 노부인 한 분이 그것 참 웃어우네 하는듯키 나를 보면서 「무엇을 그러
케 보고 잇서, 님자네 나라에서도 이러케 농사들 해먹고 사나」하며, 히죽버룩
우섯다, 그래서 나도 우섯더니, 그 녑헤 잇든 젊은 부인 한 분이 「오마니두,
그 사람이 어듸 되놈이요,」할 째에, 나는 문득 그 마당을 써나섯다. 그러한
일도 잇섯다. 썸은 옷만 입으면 일본녕감이다. 쏘는 되놈이다, 쏘는 순사, 아
니 稅吏도 된다. 썸은 옷, 썸은 빗, 이는 향촌에 대한 일대의 驚異이다, 아니
威嚇이다. 그러나 썸은 옷을 입은 사람은 해마다 해마다 불어가는 수로써 향
촌을 출입한다. 어린이 그들이 무의식하게 「령감이상 コソニチハ」를 부르게

된 이만큼, 자조 자조 출몰한다. 향촌의 모든 문제는 매양 썜은 옷 입은 자들을 중심 삼아 轉輾되는 것이다. 아아 썜은 옷, 너는 어느 날까지 향촌을 威嚇하는 자가 될 것인가.

어대를 가도 殺鷄白飯, 무엇 째문에 殺鷄白飯

70里를 거러서 차자든 고향도, 단 하루동안 밧게 더 잇슬 수가 업섯다. 내정된 일정이 그 밧게는 더 못되는 故이다. 낫으로 하루동안을 묵는다 함은 밤으로 잇틀 밤을 지내게 된다는 말과 한가지이다. 나는 결국 잇틀 밤을 고향의 집에서 지내게 된 것이다. 그러나 나는 그 귀중한 하루를 그저 집에서만 보낼 수가 업섯다. 卿黨의 父老를 차저, 隣里의 친척을 차저, 이 집 저 집으로, 이 마을, 저 마을로 轉輾하엿다. 간 곳마다 殺鷄白飯이요, 맛나는 이마다 하로 밤 니약이하자는 것이다. 먹고 쏘 먹고, 자고 쏘 자되, 그리하기를 한달 쯤이나 해서는 쯧이 날쯧 십지도 못햇다. 나는 실로 싸흠 싸우다 십히하야, 그 향연 그 만류를 회피하엿다. 그러나 그와가티 회피함도 공이 업서서, 단 잇틀 밤 자는 것을, 하루 밤은 隣洞의 엇던 친족의 집에서 지내고, 바루 거긔서 回程을 하야, 宣川驛으로 도로 나오고 마럿다. 나오는 中路에서도 거의 피신하다십히 하엿다. 붓잡히면 쏘 먹으라 하고, 자라 하겟는 故이엇다.

동무야, 그 어룬들이 웨 그러케까지 나를 반겨할고, 쏘는 그러케까지 붓잡아가며 니약이 하자는 것이 과연 무엇일고, 아아 동무야, 내가 이 말을 눈물이 업시 대답케 되엿스면, 얼마나 다행할고.

이 사람에게 드르나, 저 사람에게 드르나 쏙가튼 意味의 쏙가튼 不安

「이러케 稅納이 놉하가서야, 사람이 살 수가 잇소, 국세도 국세려니와, 시시한 附加稅와 特別收歛, 이것 엇지 백성이 살수 잇단 말이요, 面所를 짓느니 駐在所를 짓느니, 쏘는 그것을 수리하느니, 그런 것은 쏘 다 그만두고 일지라도, 日前에는 東京震災에 義捐金을 거둔다고, 일등 이등, 등수 푸리를 해서, 성화가티 돈들을 바더갓겟지」

「면마다 하나식 잇는 巡査駐在所, 그것은 대체 무엇을 하는 것이람, 주재소의 담은 두 길 세길 놉히 쌋고, 그 문을 직히기는 村農民다려 하라겟다. 夜警團이란 대체 누구를 위한 夜警인고, 월급 바다먹고, 權 부리고, 촌사람의 왕노릇하는 순사의 밤잠 잘 자게 하는 夜警인가, 그 버릇에도 쏘 걸핏하면 막 두다려 주것다.」

「군청과 경찰서, 아니 駐在所員과 面所員은 웨 그러케 싸홈질 하기가 일수일가. 宣川山面面所에 잇는 서기 金某는, 그 곳 駐在所派에게 깜작 못하게 올키여서 懲役까지 가게 되엿다나. 고래 싸움에 새우 등 터진다고 그들 그르는 통에, 애매한 백성들만 곤란하지」

「사람의 마음이 엇지면 이러케도 낫브게 될가, 서로 잡아먹으려 하는 것쑨일세 그려, 어느 동리에나, 村密偵, 하나, 둘 업는 곳은 업다네, 심한 자는 순사에게 쌀 주고 勢道하는 자도 잇스니까」

「이 세상이 언제나 망하겟노, 이러케나 저러케나 씃이나야 하겟네, 너, 나 할 것업시, 지금 사람 이대로 둬두고는 될 일이 업네, 아조 쑥리채 뒤집어 업허야 되네」

이 말은 근래의 향촌사람(도시 사람도 그러하지만)치고, 如出一口로 하는 말이다. 그들은 모다 그와 가튼 불안 중에 잇다. 이 세상에서 조그마한 희망도 가지지 안흔 극단의 불안 중에 잇다. 「죽이 되던, 밥이 되던, 좌우간에 변해나 보아라」, 이것이 그들의 최후의 縷望이다.

簞食壺醬으로 누구를 마즈려노

우에 말한 바와 가티, 근래의 촌민들은 극단의 불안 쏙에 들어 있다. 썸은 옷 입은 사람만 지내가면 순사인가 놀내고, 두 마듸 말만 곱집어 무르면 密偵

인가 져퍼한다. 그러나 그들은 隱隱히 기다리는 사람이 잇다. 아니 기다리는 세상이 잇다. 그 사람만 오면, 그 세상만 되면, 이제 죽어도 한이 업다고 한다. 그들은 그 사람들을 맛기 위하야, 언제부터 簞食과 壺醬을 준비햇스며, 그 세상을 축하하기 위하야, 새 의관과 새 문물을 꾸미며 잇다. 그러면, 그 사람이 엇더한 사람이며, 그 세상이 엇지된 세상일가. 그것은 고대하는 그들도 모른다. 그러나 그들은 밋는다. 밋어도 확실히 밋는다. 이젼에 무서운 곳에 범이 난다는 말이 잇다. 이 말이 어느 정도까지 實말이라 하면, 밋는 곳에는 무엇이 날고. 人心이 天心, 천리의 돌아가는 대로 되겟지.

二八處女의 호소, -그는 우리 여자의 역사적 원한의 대변자

나는, 이번 길, 오고가고 하는 중에, 路中의 엇던 戚叔의 집에서 하로 밤, 아니 잇틀 밤을 잔 일이 잇섯다. 그 집에는 방년 二八의 처녀가 (금년에는 기어코 시집을 보내야 쓴다) 잇섯다. 그는 나를 오라버니라 불넛스며, 연장한 친오라버니를 가지지 못한 그는, 거의 도에 넘을 만치 나를 친애해섯다. 그 밤이다, 그는 자기의 양친이 잠든 째를 타서, 오즉 하나인 자기의 동무, 나에게, 이러케 말햇다.

「오라버니, 나는 이런 말이고 저런 말이고, 오라버니 한 분 밧게는, 더 말할 곳이 업습니다. 만일 옵바 한 사람만 업섯던 덜, 나는 영영히 우스며 니약이할 길이 업슬번 햇습니다. 네, 오라버니…」

그는 한참 말의 새를 씌우더니

「오라버니, 혼인하는 법은, 대톄, 웨, 생겻소. 부모라는 이는 자기의 딸자식을 헴들만큼 길너서는 그러케 제 맘대로 이 사람을 줘도, 저 사람을 줘도 그만임니까. 그리고 여자 된 사람은, 그러케 싀집의 종 노릇 하고, 남편의 종 노릇하는 법임니까.」

그는 울듯한 표정에, 잠간 얼골을 돌리여, 나의 시선을 피하면서,

「나는, 이젠, 그만 죽엇스면 조켓습니다. 남의 종이 될 것 밧게 더 남은 것은 업스니까요」

그는 피하려든 울음을 결국 못 피하고, 시집간 지 일년만에 도라와 죽은 자기 형님의 니약이를 加添하며, 늣겨 울엇다.

이 말을 듯고, 이 광경을 당한 나는, 무엇이라 말할 바를 몰랏다. 그의 울음이 싯나며, 다시「오라버니」할 새에 나는 겨우 아래와 가티 말해 주엇다.

「혼인이란, 아니, 한 처녀가 다른 한 남자에게 시집간다는 것은, 그 본의대로 말하면, 그 쳐녀 쏘 남자가 엇던, 그전부터 잇던 집에 들어가, 그 집에 附屬한다는 것이 아니라, 한 처녀 한 남자가 서로 합하야, 전에 보지 못하든, 한 개의 새로운 살림을 創造한다는 것이지오. 그러나 지금 혼인은 그러케들 하지를 못하지오.」

아아 처녀는 내의 그 말을 엇더케 드럿슬가. 쏘는 아무러케 들엇든, 그에게 무슨 소용이 잇서슬가. 그는 이 가을이나 겨을 안으로, 결국 누구의 며느리(그러타, 안해가 아니오 며느리이다.)로던지 갈 것이다. 자기의 하는 말과 가티, 그는 시부모의 시형제의, 남편의 종이 될 것이다. 처음엔 울지며, 그리다가는 단념할지며 결국은 自安할지며, 究竟에는 자기 亦, 자기의 쌀을 자기가 처분하되, 지금 그의 부모가 그를 처분함과 가티 할 것이다. 果是 얼마나 무서운 因果이냐.

누구를 만나도 知己知友

초승달이 西天에 기우러저, 씀즉하게도 창백한 빗을 흘니든, 10月 15日 밤, 나는 역에까지 나와준, 여러 知友와 싸수한 인사 속에서, 宣川驛을 써낫다. 처음의 계획을 무참하게도 변하야, 그 밤 그 아침으로 서울로 오고 마럿다. 단 6日의 走馬看山이엿지만, 나의 느낌은 컷스며, 나의 어듬은 만핫다. 어대를 가도 殺鷄白飯이라 함은 일즉 써노흔 말이거니와, 어대를 가도 知己知友

이다. 전부터 알든 이는 물론, 처음 보는 이도 그럿타. 아아 本社가 나에게 얼마 동안의 시일만 더 빌녀주엇다 하면, 나는 얼마든지, 더, 만흔 동무와 접햇슬 것이다, 더, 하나가 되엿슬 것이다. 접하는 깁븜, 하나가 되는 깃븜, 나는 그것이 제일이더라.

雜觀雜感

靑吾

《開闢》51호, 1924년 9월

평안남도 답사기 말미에 "총관"이라는 제목으로 묶인 다섯 편의 글 중 하나. 평남 각지를 답사하며 보고 겪은 사건, 일화를 소개하고 간단한 소감을 붙인 글이다. 그의 표현대로 "감상이라면 감상, 기행이라면 기행, 허튼수작이라면 허튼수작...(127쪽)"이라 할 만하다. 각지에서 겪은 일화를 생생하게 묘사해 당대의 민심과 시정을 초상처럼 그려내고 있다. 소제목을 따라 여정을 정리하면 다음과 같다.

- 평양 역두의 살풍경: 7월 10일 아침 다섯 시 경 평남 답사의 첫 기착지로 평양 역에 내림. 칼 찬 경찰(칼치장사) 5, 6명이 달려들어 방금 차에 실려온 동아일보와 조선일보를 압수하는 광경을 목격. 평남행의 첫 구경.
- 삼년간에도 대변천: 평양 본지 3년 되었는데, 그 사이에 많은 변화. 대동강 철교, 하늘 나는 일본 비행기, 부영 전철, 설암리 천도교당, 창전리 기독교당, 종로 보통학교, 칠성문과 토성 밖 빈민굴 수 5, 6배 증가, 여관에 찾아오

는 걸인 10배 증가(3년 전에는 못보던 모습).

- 感慨無量한 부벽루前의 石楊: 삼년 전에는 '해항음악단'을 이끌고 평양 방문. 당시 기념촬영을 했던 부벽루 석탑을 다시 찾아 감회를 느낌.

- 예절이 살인: 대동강 홍수가 한창이던 때 어떤 노인이 강 어구에서 목욕을 하다 여성들이 오자 몸을 피하려다 물에 빠져 죽은 사고 소개. 홍수가 아니라 예절 때문에 죽었다는 한탄.

- 점점 늘어가는 倭服: 평남에는 일본옷 입은 사람이 점점 늘어간다. 군수나 관청에 다니는 자들은 말할 것도 없고 보통 인민도 입고 다니는 자가 종종 보이고, 가뜩이나 도마 위의 고기 신세인 조선사람들이 '도마에 끈 달린 신'을 곧잘들 신는다.

- 듣기 싫은 시대일보 문제 이야기: 경성과 마찬가지로 가는 곳마다 시대일보 이야기. 비록 천박하지만 일반이 얼마나 사랑했던지 짐작. 팔아먹은 육당의 고명도 떨어질 것이라 해석.

- 전국에 희유한 평남 법조계의 현상: 평남은 다른 곳과 달리 일본인보다 조선인 변호사 세력이 우월하다. 일본인 변호사 5명이나 조선인 변호사는 16인, 일본인이 조선인에 사건을 위임하나 조선인은 일인에게 위임하지 않음. 특히 이혼 소송이 많아 평양재판소는 월요일을 이혼소송일로 특정.

- 내가 얻은 신칭호: 지방 다니면서 얻어듣는 칭호도 다양하다. 함경도: 독립주사나리, 장의님, 조감님(향교교감), 초시님, 아바이. 경상도: 碩士. 평안남도: 풍헌님(대동강변 사람에게), 기수나리(용강에서 측량기수인 줄 알고). 자칭 차천자.

- 극단극단의 평남인 성질: 평남인들은 과격하다가도 즉시 화해. 격렬하기도 극단, 풀어지기도 극단. 격렬한 애국자(이재명, 장인환, 전명운, 안창호)가 있는가 하면 극단의 친일자(선우*, 선우갑, 김명준)도 있다. 친일단체 국민협회각파유지연맹, 동광회의 중요 인물도 대개 평남인.

- 모기와 혈전하던 강서약수평 일야: 기양에서 강서로 가는 중로에 있는 새로운 약수터에 일박한 이야기. 여관이 깨끗지 못한데다 주변에 소똥말똥이 가득 찬 개천이 있어 모기와 각종 벌레가 극성. 심지어 음식에도 벌레들이 있어 먹지 못하고 약수터에서 물 마시고 목욕하고 들어와 모기장을 빌려 간신히 누움. 그러나 이번에는 벼룩 등이 몰려들어 고생. 여기다 옆방에는 기생과 건달들이 모여 수심가에 주정까지 하는 바람에 잠을 못자고 시를 짓는 둥 고생하다 간신히 잠든 이야기.
- 남무관, 여무상: 평안도 남자들은 갓을 안 쓰고 맨 머리나 탕건으로 다니며, 여성들은 치마를 안 입고 속옷만 입고 다닌다. 경제적일지 모르나 美로나 風紀로나 개량할 필요.
- 가상한 부녀의 농작: 남선이나 동부조선과 달리 평안도에서는 여성이 농사도 짓고 노동일도 한다. 심지어 일본인 청부업자는 부녀자들만 모아 건축현장의 기초공사를 하며, 중국인 채마밭에도 조선 여자들이 김매기를 한다. 당연하고 가상한 일.
- 유능제강의 천도교인: 평안도에는 어디에나 천도교인이 있지만 특히 읍보다는 촌에 많다. 촌 사람 중에서도 특히 약하고 세력없는 사람들이다. 그러나 기미년에 고초를 당한 것도 그들이고 희생되거나 갇힌 것도 그들이다. 지금도 그들은 조직이 의연하고 신념이 의연하고 집회가 의연하다. 다들 기진맥진이지만 천도교인만은 여전히 생기가 있다.
- 월급 받은 이들의 自暴自棄: 조그만 시골 마을에서는 관공서에 다니면서 월급 받는 이가 지식계급이고 유력인물이다. 그러나 그들이 하는 일은 술집 다니며 계집 이야기 하는 일, 월급날 기다리거나 윗사람에게 아첨하는 일 뿐. 그것이 사람의 최종 만족이라면 너무 우습다.
- 십여일 만에 신문을 보던 기쁨: 수재로 경의선이 불통돼 평양에서부터 신문, 편지를 받지 못하다 진남포, 용강을 지나 강서에 와서 10여 일 전의 신문

이 그제야 오는 것을 보고 죽은 사람 만나는 것보다 기뻤다.

- 형사 何不來?: 지방에 다니면 형사 따라오는 것 때문에 귀찮았는데, 이번 평남 취재에는 독립군 때문에 바빠서인지 형사가 안 따라다닌다.

- 산간벽읍의 기관: 영변, 덕천 등지는 집집마다 일본인 약 광고가 붙어있다. 전일 헌병보조원의 행*하던 이야기, 고치 공동판매에 손해본 이야기 등. 시가는 단순하고 가옥은 靑石瓦가 많으며 영변은 산이 높아 낮에도 蜀中에 여행하는 듯.

- 평남은 냉면國: 평남은 어딜 가나 냉면이 많고 먹기도 잘 한다. 특히 평양은 냉면 빼고는 요리가 별로 없다. 잘 되면 하루 수입 300원까지 된다(한 그릇에 15전).

- 인간도처유고인: 새로운 곳에 갈 때마다 아는 사람이 없어 외롭겠다 생각하지만 가면 꼭 몇 씩은 아는 사람이 있을 뿐 아니라 몰라도 대하면 친구처럼 반가워한다.

- 유감천만의 순천, 중화 양군: 순천, 중화 양군을 다 못 본 것이 미안하다.

이 記事는 日誌中에서 抄出한 것인데 感想이라면 感想, 記行이라면 記行, 허튼 酬酌이라면 또 허튼 酬酌이다. 本來 잘 쓰나, 못쓰나 平南 全體에 關한 感想을 두어 줄 쓰랴고 問題를 생각하엿섯는데 及其也 小春 동무의 쓰는 感想文의 題目을 보니, 亦是 大同小異하얏다. 한 집안에 오소러 감투 둘식 잇는 것이 자미업는 것과 가티 한 道에 쪽가튼 感想을 쓰는 것이 別로 神通할 것 갓지 안어서 나는 그만 동 곳을 쌔서 꽁무니에 트러바고 거지(乞人)의 씰에 기통 뒤지 덧이 日誌冊을 뒤저서 두어 마듸 쓴다. 말이야 자미가 잇거나 업거나 平南 一隅를 다녀왓다는 表情쑌이다. 讀者厚恕

平壤驛頭에 殺風景

平壤驛의 電燈이 써지랴 말랴 하던 七月 十日 아츰 다섯時 假量이엿다. 나는 車에서 나려 平壤停車場 出口로 나가랴닛가 瞥眼間에 칼치 장사 五六人이 누구를 今時에 잡어 먹을 듯이 驅步를 하야 停車場으로 달녀 든다. 나는 무슨 爆彈 犯人이나 所謂 不逞 鮮人이 侵入한 줄 알엇더니 及其也 보닛가 不逞紙 東亞日報와 朝鮮日報를 통거리로 매의 쐥 차 가듯이 押收해 간다. 押收를 해가면 그저 押收할 샏 안이라 칼치 장사님이 殺氣가 騰騰해서 新聞가질너 온 配達夫들을 쏨짝 말나고 號令 법석을 한다. 不逞 鮮人이나 잡엇스면 賞金이나 먹지 만은 賞金도 못 먹을 不逞紙 押收하는데 그다지 豪氣 잇슬 것이 무엇이냐. 그만해도 벌서 鄕邑 巡査의 本色이 뵈인다. 그런데 그때 거긔에 온 新聞은 日本것이 十餘 種이고 朝鮮新聞이라고는 단 두 種이 왓는데 싹도 업시 가저가는 것을 보닛가 엇지나 안타가운지 알 수 업섯다. 世上 놈이 다 活氣잇게 사는데 惟獨 朝鮮 놈만 국축을 밧고 사는 것이 그 자리에도 나타난다. 나는 小春과 한참 보다가 아이고, 언제나 저런 꼴을 안이 보나 하고 電車停車場으로 갓다. 이것이 平南行의 첫 求景이엿다.

三年間에도 大變遷

나는 平壤을 본 지가 벌서 三年이 되얏다(壬戌 春期에 來壤한 事가 有함) 그동안에 大同江 上에는 鐵橋가 뇌고 空中에는 日本 飛行機가 날이고 街路上에는 되박만하고도 高價인 府營電車가 긔여 단인다. 또 薛岩里의 天道敎堂, 倉前里 基督敎堂, 鍾路普通學校도 다 못보던 大建物이다. 그리고 七星門 밧과 土城 밧게 貧民 戶數가 五六倍나 늘고, 旅館에 차저 오는 乞人이 十倍나 늘엇다.(안이 三年 前에는 잘 보지도 못하얏다) 建物이 늘고 다른 施設이 느러가는 것은 時代 進運에 짜러 依例 잇는 일지지만 乞人 貧民이 작구 느러가는 것은 그 무슨 現狀이냐. 바로 말하면 朝鮮人의 生活이 年年 破滅되는 現狀이 안이냐. 그것을 볼 째에 엇지 가슴이 압푸고 써가 씰알리지 안을까 부냐.

感模無量한 浮碧樓前의 石榻

나는 三年 前 봄에 海港音樂團을 引導하고 이 平壤에 왓섯다. 그 싸에 그 一行과 가티 浮碧樓 前 石榻에서 紀念 撮影을 하얏섯는데 이번에 特別이 그 寫眞을 가지고 왓섯다. 그 싸에 잇던 石榻과 사구라 나무는 依然이 잇다만은 나의 背後에 섯던 韓容憲君과 나의 엽헤 안젓던 「까자」와 「마리쇠」孃은 볼 수가 업다. 韓은 只今 勞農政府의 學務次官인가 무엇이 되얏다고 傳하고 兩 孃은 一去에 無消息이엿는데 이곳에 當하니 스사로 感慨가 無量하다.

禮節이 殺人

한창 大同江 洪水가 난 뒤 다 엇던 老人 한 분이 大同江口에서 沐浴을 하는 데 마츰 女子들이 洗濯을 하러 오닛가 老人 싼은 禮節을 채린다고 몸을 避하 다가 失足되야 아주 龍宮으로 永避하게 되얏다. 아- 이것은 洪水가 殺人한 것이 안이라 禮節이 殺人한 것이다. 인제는 그 놈의 禮節을 집어 치여라 사람 이 죽어도 禮節이냐.

漸漸 느러가는 倭服

平北에는 今年 內로 獨立軍이 漸漸 느러간다고 야단인데 平南에는 日本 服이 漸漸 느러간다. 郡守 其他 官廳에 다니는 者들은 元來 夏節이면은 「유가 다」 입기를 제의 아비祭에 道袍 입덧이 依例 입으닛가 別로 말 할 것도 업지 만은 普通 人民도 입고 단이는 者가 種種 뵈이고 또 갓득이나 俎上之肉이 된 朝鮮 사람들이 더 한층 俎上肉이 되고 십푼지 도마에 씬달인 신을 곳잘들 신 는다. 이것도 한 奇怪.

듯기 실은 時代日報 問題 이약이

京城에도 그러치만 시골에도 간 곳마다 時代日報 이약이에 귀가 압핫다. 그것을 보면 時代日報가 비록 日字는 淺薄하지만 一般이 얼마나 사랑하얏던 것을 짐작하겟고 싸러서 그 報의 功魁者인 六堂君의 高名도 一堂만치나 잘 전할 것 갓다.

全國에 稀有한 平南法曹界의 現狀

何地方 何方面을 勿論하고 日本人의 勢力이 朝鮮人보다 몃 倍나 優勝한 것은 事實이다. 그런데 惟獨 平南 辯護士界는 朝鮮人의 勢力이 日本人보다 優越하다. 人數로 말하야도 全道 內에 日本人은 五人, 朝鮮人 十六人 約 三 倍 强이고 事件도 日本人이 朝鮮人에게는 委任하나 朝鮮人이 日本人에게 委任하는 事가 殆無하다. 쏘 한가지 珍奇한 것은 離婚訴訟이 他道보다 特多 하야 平壤 裁判所에서는 月曜日을 離婚訴訟日로 아주 特定하얏는데 그 날에 는 傍聽客도 만커니와 如花如月의 美人들이 구름 가티 모혓 잇다. 이것은 참 他道에 업는 볼 만한 現狀이엿다.

내가 어든 新稱號

地方에를 만이 단니닛가 稱號도 쏘한 만이 엇는다. 咸鏡道에 가서는 獨立 主事나리. 장애님(掌議). 조감님(鄕校校監) 초시님(初試). 아바야(如京城당 신)의 稱號를 만히 듯고 慶尙道에서는 아즉까지 碩士의 말이 남어서 각금 碩 士소리를 들엇더니 이번 平南에 와서는 風憲님, (平壤 大同江변 사람에게) 제장님. (齊長, 江西에서) 枝手나리. (龍岡에서 들엇는데 내가 踏査왓다닛가 測量技手로 안 듯)라고 부르는 소리를 들엇다. 地方마다 말이 다르닛가 稱號 가 各各이다. 압다 마음대로들 불너라, 나는 장난으로 自稱 車天子라고 하여 보왓다.

極端極端의 平南人 性質

平南人의 性質은 참 알 수 업다. 싸우는데도 츰음에는 不問曲直하고 「쌍」소리 한 번 하고는 머리로 밧고 손으로 처서 彼此 流血이 浪籍하다가도 卽時 和解하고는 술집으로 가서 허허한다. (平壤에서 數次 보고 肅川에서도 一次 봄) 所謂 「猛虎出林」의 性質이 되야 그러한 지 激烈하기도 極端이오 푸러지기도 極端이다. 近來의 人物을 보더라도 李在明, 張仁煥, 田明雲, (스틔분暗殺者) 安昌鎬 가튼 激烈한 愛國者도 잇고, 그와 反對로 鮮于珣, 鮮于甲, 金明濬 가튼 極端의 親日者도 잇다. 所謂 國民協會 各派 有志聯盟, 同光會의 重要人物은 大概 平南 人物이다. 이것이 참 무슨 性質인지 알 수 업다.

蚊軍과 血戰하던 江西藥水坪 一夜

해가 無鶴山에 뉘엿뉘엿 다 넘어가고 저녁 煙氣가 岐陽驛으로 살으르 돌던 어느 날 저녁 째엿다. 나는 岐陽驛에서 馬車를 잡어 타고 江西邑으로 向하얏섯다. 中路에서 新藥水터가 咫尺에 잇단 말을 듯고는 본래 江西藥水를 한 번 맛보랴 하던 차에 올타 좃타구나 하고는 藥水터에서 一夜를 자고 翌日에 郡의 볼 일을 보기로 作定하얏다. (邑에서 약 四五里) 말을 말어라. 只今 생각하야도 씀즉씀즉하다. 旅館에 들어서기 前에 벌서 장마통에 굴멋던 모기들이 사람 料理를 한 밥 먹겟다고 四面으로 아우성을 치고 달녀 든다. 그 旅館은 所謂 第一 조타는 二層집이지만 衾枕도 업고 방도 퍽 不潔하다. 周圍에는 말간 쇠똥 말똥만 싸인 더러운 개천 쓴이오 할우살이, (蜉蝣) 개풍덩이, 火蛾 가지각색의 天下 虫類가 다 모와들어 燈불도 켈 수 업고 또 그 버레들의 소리가 엇지 야단인지 平壤의 飛行機 소리보다 귀가 압퍼 견딜 수 업다. 밥과 물에도 말간 버러지 天地다. 밥도 먹지 못하고 우둑허니 暗黑한 房 中에 안젓다가, 旣往이면 藥水나 먹자 하고 蚊軍과 決死戰을 하면서 藥水터에 가서 한 그릇을 잔득 먹고 (味如稀燒酒面有鐵臭) 또 椒井(亦不潔)에서 沐浴을 하고는 들어 와서 主人에게 特請하야 혼모긔장(蚊帳)과 취한 이불을 한아 어더 가지고 혼자 모긔장을 친 뒤에 이불을 펴고 그래도 不潔하다고 行具 中에 잇는 白木 褓를 쓰내 더퍼씨워 놋코는 藥水야 사람 살녀라 하고 누으니 그제는 좀 살 것 갓다. 그러나 웬걸이요, 조곰 잇더니 平壤의 蝎軍돼가 몰녀든다. 春紅인가 누구 兄弟 外에 또 한 妓生하고 平壤 浮浪者 몃이 겻방으로 오더니 새장구를 가저 오너라 술을 가저 오너라 하고는 밤새도록 愁心歌, 難逢歌를 하며 兼하 야 酒酊까지 한다. 客地에서 돈 안주고 妓生소리 듯는 것이 慰勞될 듯 하지만 은 하도 식그럽게 구닛가 다 귀치안코 또 그者들은 그러케 놀는데 나는 혼자 말둥말둥 잇스닛가 心情만 산압다. 에라 구만 두어라. 잠 못 자긔는 一般이니 冊이나 보자 하고는 燈불을 켜니 또 버러지들이 달녀 들어서 툭 쓴다. 그것도 할 수 업서서 韻字을 내 가지고 詩를 짓다가 詩도 못 짓고 구만 잠이 들엇다. 이것은 이번 旅行 中 第一 紀念되는 일이다. (그 다음 舊藥水터를 보니 旅館과 여러 가지가 比較的 淸潔하다)

男無冠 · 女無裳

慶尙道 사람은 網巾을 안이 써도 갓은 꼭 쓰고 단니는데 平安道 사람은 갓을 안이 쓰고 宕巾, 或 밋머리로 出入 하기를 例事로 한다. 그리고 女子들은 普通 치마를 안이 입고 속옷 바람으로 단인다. (都會 市街地는 比較的 少함) 갓 안이 쓰고 치마 안이 입는 것이 經濟上으로는 或 有利할지 不知하나 禮節 로는 贊成할 수 업다. 特히 女子는 衣服의 美로 브던지, 風紀 上으로 보던지 早速히 改良할 必要가 잇다.

可尙한 婦女의 農作

南朝鮮이나 東部 朝鮮을 보면 婦女들이 紡織은 할지라도 農作을 하는 것은 別로 업다. 그러나 平南의 婦女들은 男子와 가티 김도 매고 쏘 품아시도 한다. 男子와 混同하야 일 함은 勿論이고 外國人과도 가티 한다. 特히 鎭南浦 가튼 데는 집을 建築하는데 日本人의 請負業者가 朝鮮 女子를 募軍으로 모와 가지고 基礎 工事를 하는데 女子들이 「잉여라자」 하고 소리를 하면서 지경을 닷고 쏘 江西平野에는 淸人이 朝鮮 女子를 모와 菜田을 매는데 朝鮮 女子는 「휘기야 인저는 구만해」 하면 淸人은 「부싱부싱, 일너케 하면 우리 살남이 밋저」 하는 것은 참 可觀. 何如間 農業國인 朝鮮에서 婦女까지 農作을 하는 것은 참 當然하고 可尙한 일이다.

柔能制强의 天道敎人

本道의 어데를 갈지라도 天道敎人이 잇고 天道敎堂이 잇다. 그들은 그 郡을 치고는 邑內에 젹고 촌에 만흐며, 村사람 치고도 第一 財産 업고 勢力 업는 柔弱한 사람들이다. 그러나 그 고을에서 생긴 일치고 第一 어럽고 끔즉한 일이란 그들이 다— 치럿다. 지나간 己未年 일 가튼 것도 郡部에 잇서는 오로지 그들의 所爲이엿다. 犧牲된 이도 全數가 그들이오, 拘囚되기도 大槪는 그들이엿다.

只今 地方을 다니며 보면 모도가 죽엇다. 氣盡脈盡하야 도모지 가태를 거두지 못한다. 그래도 그들을 차저 보면, 如前히 生氣가 잇다. 組織이 依然하고, 信念이 依然하고, 集會가 依然하다. 朝鮮에 東學이 생긴 것, 아모리 보아도 偶然한 일인 것 갓지가 앗타. 平南을 돌며, 이 생각이 더욱 깁헛다.

月給밧는 이들의 自暴自棄

조그마한 시골 郡內에서, 官公吏 가튼 月給 밧는 이들을 除하고 보면 다시 別 사람이 업다. 그들이 卽 그 곳의 知識階級이오 有力人物이다. 그런데, 그들의 大槪는, 事務時間만 맛치면, 그만 술집으로 다라난다. 술먹고 계집 니야기

하는 것, 月給날 기다리는 것, 져보다 놉흔 사람에게 阿諛하고 저보다 내리켜
보히는 사람에게 威張하는—그것 밧게는 아모 것도 하는 것이 업다. 아아 그들
의 自暴棄, 그보다 좀 더 달니 나아갈 수 업슬가, 고것이 사람의 最終 滿足이라
서야, 나무 우습지 아는가.

十餘日만에 新聞을 보던 깁씀

平壤 잇슬 째부터 水災로 京義線 不通이 되야 新聞도 못보고 書信도 못보
고 小春도 쏘한 한 번 相分 後로 彼此 消息이 渺然하얏다. 그 째의 각갑함이야
엇지 다 말하랴. 그러다가 鎭南浦, 龍岡을 다녀서 江西에 오니 十餘日 前의
新聞이 그제야 왓다. 죽은 사람 맛난 것보다도 더 깁버서 廣告 한아 냄기지
안코 다 보왓다. 水災도 戰爭이나 震災만이나 하다.

刑事何不來?

잔치집에 가고 십허도 사돈집 강아지 싸러 단이는 것이 보기 실타고 地方에
를 단이면 刑事 巡査의 쏫차 단니는 것이 귀치 안터니 이번 平南에는 간 곳마다
차저 오는 것이 업다. 國境 方面이 각가워서 獨立軍 侵入에 눈이 희여젓스닛가
如干 文化運動으로 돌아 단니는 사람은 留意로 안이하는 貌樣이것다.

山間僻邑의 奇觀

寧邊, 德川 等地의 山間 僻邑을 보면 집집마다 壁上에 日本人의 藥廣告
(星胃散, 仁丹)가 붓텃다. 日本 商人의 廣告力이 큰 것도 놀납거니와 峽邑人
의 情緖가 單純한 것도 可知하겟스며, 또 곳곳마다 前日 憲兵補助員의 行悖
하던 이약이와 繭共同販賣에 損害본 이약이에 귀가 압푸고 邑의 市街는 大
槧江을 臨하야 一字街로 單純하게 되고 家屋은 靑石瓦가 만코 特히 寧遠은
山이 놉하서 晝短夜長하고 奧地에 入하면 白晝에 杜宇가 悲鳴하는데 맛치

蜀中에 旅行한 것과 如한 感이 잇다. (蜀은 文字上으로 보왓지)

平南은 冷麵國

冷麵이 平南 飮食物 中 名品이라는 말은 京城에서도 이미 배불이 들엇다. 그런데 實際에 본 즉 참 果然 名物이다. 料理法도 料理法이어니와 맛도 조코 먹기도 퍽 잘들 먹는다. 어듸를 가던지 別食도 冷麵이오 點心도 冷麵쑌이다. 다시 말하면 平南에는 冷麵을 除하고는 料理가 別로 업다 하야도 可하다. 特히 平壤은 冷麵의 本産地로 冷麵家도 만코 팔니기도 잘한다. 한집에서 興成 잘 될 쌔는 日收入 三百圓까지 된단다. (一器 普通 十五錢) 나도 十餘日동안에 二十餘器를 멋엇는데 갈 쌔마다, 冷麵집에, 서기고 살만토치소, 맛박어치소 계모(芥子)도 주고 외집(苽菜) 한 그릇 주소 하던 소리가 아즉까지 귀에 錚錚한다.

人間到處有故人

平壤을 써나서 다른 곳으로 갈 쌔에는 인제 가는데는 아는 사람이 한아도 업스니 퍽 孤寂하겟다고 생각하야. 그러나 事實 가서 보면 한 郡에 아는 친구가 몃 식은 다 잇고 또 初面이라도 對하면 모도 舊面과 가티 반가워하고 歡迎한다. 참 그것처럼 깃쌘 일은 업다. 特히 平南에 기신 여러 團體와 兄弟에게 感謝의 意를 表하고 또 언제까지던지 精神으로 意味잇게 서로 각금 만나보고 合하기를 祝願한다.

遺憾 千萬의 順天, 中和 兩郡

우리의 생각까지는 잘 보나 못 보나 平南 全幅를 한 곳도 쌔놋치 안코 方方谷谷行行盡하야 水水山山個個知하랴고 初也作定하얏섯다. 그러나 世事는 都是難測이라 意外의 水災로 中路에서 許多 日字를 虛費하고 編輯期가 絶

迫하게 되니 本意와는 아주 틀녀 平南 重要地인 順天, 中和 兩郡을 다 못보게
되얏다. 이것은 참 우리의 千萬遺憾이다. 特히 兩郡 兄弟에게 厚恕를 乞하며
또한 後日에 다른 機會를 지어 반가이 握手하기를 顧望한다.

八月 二0, 朝, 牛耳洞에서

旅中雜感

春坡

《開闢》70호, 1926년 6월

박달성이 여행 중 차상찬에게 보내는 편지 형식의 글이다. 2등 패스를 가졌으나 3등칸으로 가게 되는 사연, 2등 칸에서 본 사람들의 인상, 2등 칸에 있는 사람들의 인상 비교 등을 기록하고 있다. 필자는 2등 칸에서는 왠지 자기 자리가 아니고 눈치가 보이는 듯해 3등칸으로 옮긴다고 밝힌다. 그러면서 3등칸에서는 모두가 형제같고 재미있지만 책 읽는 이가 없고 정치나 경제 등 들을 만한 이야기 하는 사람이 없어 섭섭하다고 평한다. 3등칸 안에서도 양복 입은 자는 오입하고 놀고 먹은 이야기만 주로 한다는 인상도 덧붙인다. 단순히 요금에 따라 2등과 3등이 구분되고 사정에 따라 각 칸을 이용하는 정도로 심상히 보지 않고 등급 차이에 따르는 문화적 해석까지 덧붙이는 필자의 인식이 흥미롭다. 왜 3등에 들어야 편하고 2등에서는 공연히 자격지심을 느꼈어야 했을까? 필자 스스로 밝히는 이유가 아니라 지금 독자의 시선으로 생각하면서 읽는 것도 재미있겠다.

靑告兄. 六月號 編輯에 얼마나 분주하심니까. 春坡는 이곳 저곳에 발길 닷는 대로 잘 돌아단님니다. 모든 것이 써날 째 생각과는 다르나 그러나 몸에 別故障업고 到處에 親舊잇스니 적이 慰安이 됩니다. 이제 旅榻의 一眼을 비러 旅中雜感一節을 草해 들이오니 바다보시고 公開하랴거든 하십시오. 小春 小波 懷月 曉山 慶植 其他 全社友가 다들 安寧하시겟지오?

靑吾兄. 兄도 아시다십히 二等「파쓰」를 가젓다고 꼭 二等室에 젯치고 안졋기는 참말 거북하엿슴니다. 그래서「내 處地에 二等이다-무슨 말러죽을 二等이냐」하고 곳 三等室로 갓슴니다. 이것은 이번샌이 안이라 番番히 그러해 왓슴니다.

靑吾兄. 朝鮮人이요 貧者라 해서 自抑之心에서 그리하는 것이 안이라 그래야 될 여러 가지 條件이 잇는 것은 兄도 미리부터 아시지 안슴니까.

平均制는 우리의 主唱만이 안이라 우리의 實行이니까 말할 것도 업지만 人의 一二等이나 車의 二三等도 우리에게는 問題가 안인 것은 事實이지오. 그러나 現制度가 뵈여주는 事實이니 엇지함니까. 본대로 적을 밧게 업슴니다.

靑吾兄. 타고 십허 탄 것이 안이라 보고 십허서 탓슴니다. 그들의 꼴악산이를 보고 십허서 실증이 나지만 잠간 구경삼어 탓슴니다.

日本人 西洋人 쏘는 朝鮮人-二等에 안즌 그들은 二等客 體面保持로 해서 그런지 衣服이며 動作이며 言行이 퍽도 점잔어 보임니다. 外樣으로 보아 내가 第一 末者인 듯 함니다. 或者들은 눕고 或者들은 談話하고 或者들은 新聞 或은 雜誌를 보고 男女 다 各各 제멋대로 함니다. 나는 談話할 동무도 업고 눕기도 실코 그래서 某 日報夕刊을 들고 안저 이리 뒤적 저리 뒤적하노라니까 車掌이 와서 票檢事를 합니다. 外樣이 二等은 過한 듯 한지 留心히 봅니다.

不快를 늣겻습니다.

青吾兄. 나는 三等室로 자리를 옴겻습니다. 여긔는 男女老少가 다-내 동무 갓습니다. 朝鮮服이 半部 以上임니다. 貧者가 半部 以上임니다. 엇잿든 심심치는 안습니다. 드를 말 못드를 말 形形色色임니다. 昌德宮 니약이가 거의 全部임니다. 農事ㅅ니약이 장보든 니약이도 만코 아들장가 보내든 니약이 딸 시집가든 니약이도 잇습니다. 그런데

青吾兄. 洋服쟁이-그 中에 말숙하다는 친구의 니약이는 거의 全部가 料理집 妓生집 色酒家ㅅ집에 다니던 니약이 임니다. 그들은 地方富者의 자식안이면 郡廳員이나 學校教員임니다. 京城가서 한바탕 잘 놀든 니약이를 주고 밧고 함니다.

青吾兄. 이 三等車室內에서는 ○○人을 제하고는 新聞雜誌보는 자도 업고 政治談이나 經濟談이나 其他 드를 만한 니약이는 한 사람도 하는 者가 업습니다. 一般의 程度를 可히 알겟습니다. 너즈즐하고 물넝물넝한 것이 아무리 차저보아도 제법 씨박인 친구는 업습니다. 퍽도 섭섭하얏습니다.

青吾兄. 農村에는 起耕이 한참임니다. 갈고 뿌리고 뭇고 거름깃고-꽤들 밧븐 모양임니다. 車中에서 잠간 보아도 農軍 그들은 배가 안곱흘 듯함니다. 일을 그러케 하니 배가 왜 곱흐겟습니까. 그러나 그들은 배가 곱파 못살겟다 함니다. 옷도 집도 모다 일한 그것과는 正反對로 不足해서 못 살겟다 함니다. 矛盾도 이런 矛盾이 업겟지오. 그러나 그들은 風雨 무릅쓰고 晝夜로 힘껏 일함니다. 貴여운 친구들 임니다. 손목을 붓들고 울고 십습니다.

青吾兄. 小春兄이 언제 말합듸가. 「朝鮮은 桃花園」이라고요. 果然 그럿습니다. 驛路를 지날 째마다 村家의 後園에서 넘겨다보고 웃는 그 赤粉紅 桃花色은 참말 보기 좃습니다. 엇던 집에 던지 桃花 二三株는 다-잇습니다. 車

中에서 내려다 보는 맛이 더욱 좃습니다.「桃花流水口然去 別有天地非人間」
이라고 果然仙境인듯 人間은 안인것 갓습니다. 到處에 靑山이오. 處處에 流
水인대 그 中에 香花桃花가 滿開하얏습니다. 桃花樹下의 素服美人은 仙女
인듯 芳草에 노는 少年은 仙童인 듯 그러케 淸談해 보임니다. 朝鮮은 과연
萬國의 公園이요. 地上의 仙境임니다.

　靑吾兄. 모란봉의 暮春도 보고 삼화花園의 暮春도 보앗습니다. 自然의
美는 到處가 그럴듯 하나 人間의 美는 차즐 곳이 업슴니다. 暮春이라 그런지
모다 시들고 조을고 느러지고 生氣는 차즐 곳이 업슴니다. 기지게 하는 친구
하펌하는 친구 한숨짓는 친구 그저 그런 친구뿐임니다. 落心됨니다.
　靑吾兄. 이 地方도 喪票단 친구가 만슴니다. 男女學生은 거의 全部이고
其他 商民農民할 것 업시 爭皆喪票를 부쳣슴니다. 想像밧김니다.
　靑吾兄. 問題의 平電은 아직 解決이 못되야 平壤은 그 問題로 物論이 大
端함니다. 消燈하는 친구가 續出함니다. 資本의 橫暴는 이럿슴니다.
　靑吾兄. 到處에 못살겟다든 친구뿐이요. 살겟다는 친구는 업스니 엇지
함니까. 무엇으로써 그들에게 生氣를 주고 希望을 주어야 되겟슴니까. 가티
落心하고 드러누어야 될는지오. 생각이 漠然-함니다. 그 째 彼此에 責任感을
한 번 더 가저 봅시다.

　靑吾兄. 南浦 平壤을 다녀서 李團동무와 가티 順安에 왓슴니다. 農村에
게신 方祥鎬동무를 차저가 하로밤 자미를 보앗슴니다. 꼴비는 少童과도 酬
酌해 보고 고기낙는 漁夫와도 니야기 해 보앗슴니다. 農村이야말로 은은하고
후한 이 맛이 잇슴니다. 압흐로 肅川 安州 博川 定州 宣川을 다녀서 六月 初旬
에는 歸社하겟슴니다. 安寧히 게서서 일만히 하십시요. 아직 이만-

靑吾兄. 한 말만 더 붓치겟습니다. 肅川에서는 李泰夏兄을 차저서 하루ㅅ 밤 자미를 보앗습니다. 種鷄를 잡아줌은 넘우나 過한 待接임니다. 十六日 十一時 車로 萬城에서 文振三兄을 찻고 午後 四時 車로 安州에 왓습니다. 新安州驛에서 金偉濟兄을 맛나서 安州까지 同行하야습니다. 裴義贊兄은 定州에 다니러 갓다 함니다. 다른 동무는 다들 안녕하심니다. 하루묵어 博川으로 가겟습니다. 到處에 注目하는 친구가 만습니다. 時局이 時局인지라 怪事가 안이겟지요. -그만-

西行雜記

春坡

《開闢》71호, 1926년 7월

박달성이 개벽 확장 관계로 서선 지역을 출장했다 차상찬에게 보낸 편지 형식의 글이다. 초반부에는 지역 답사 소식이었으나 후반부는 경성으로 돌아와 유치장에 갇히는 경과를 소개하고 있다. 지역 답사 내용은 별다른 것이 없다. 들르는 도시를 중심으로 여정을 요약하면 다음과 같다.

안주 - 박천(명소 대봉산 주변 풍광) - 운전역 - 정주(정주역에서 비를 만나 짐과 옷을 염려해 인력거를 탔다 지나가는 농민들에게 욕을 먹고 다시는 인력거를 타지 않을 결심. 정주 남문외 농부님 제씨에게 감사의 글이라도 내고 싶음.) - 고읍역(일신동이나 오산 근처에 토탄이 흔해 논에서도 쉽게 채취. 쌀도 얻고 연료도 얻어 일거양득.) - 삭제 - 곽산(곽산 명물 반지회.) - 선천 - 철산 - 귀경 회로.

6월 7일 숙천에서 서울로 직행한다. 여기서부터 경찰에 체포되어 구금되는 과정을 기록하고 있다. 숙천역에서 차를 기다리면서부터 경찰의 검문을 받고 평양에서 이원(시대일보)과 동행하면서 개성, 장단, 일산 등을 지나며 계속 검문을 당한다. 경성역에서 마침내 체포되고 역전파출소를 거쳐 본정경찰서 고등계까지 옮겨가게 된다. 취조 후 잠이 들었다 새벽 4시에 다시 고등계로 끌려가 한 시간 이상 취조당한다. 이후 5일간 구금 끝에 방면된다.

글 곳곳에 검열로 삭제된 부분이 많아 검문과 체포, 구금의 이유를 명확히 알기 어렵다. 그러나 글 속에 잠시 인용된 신문 기사와 역사적 사실 등을 참고하면 1926년 순종 승하 후 6.10만세운동 계획이 탄로나 천도교인 등이 대대적으로 검거된 사건과 연관된 것으로 보인다.

靑吾兄, 安州서 적어드린 所感 一節은 보섯는지오. 지금은 博川에 왓슴니다. 孟中里는 좀더 繁昌한 感이 잇스나 博川邑은 別로 發展의 氣色이 업슴니다. 舊津 前後의 그 有名하든 乾畓들이 이 大旱時節에 綠水洋洋의 水畓化가 된 것이 前에 못보든 現像임니다. (博川水組로 因해서)

靑吾兄. 旅館을 定하자 곳 博川醫院의 金禮容씨가 차저 줍니다. 그는 十餘年前 京城서 가티 지내든 친구임니다. 퍽 반가웟슴니다. 到處有故人逢輒相吐情—이야말로 旅中의 一大 慰勞임니다. 崔宗楨氏를 차저보고 곳 台峯山에 올나갓슴니다.

靑吾兄. 博川의 명소는 大寧江도 잇고 元帥峯도 잇고 多福洞도 잇지만 其中 名所는 바로 이 台峯임니다. 平壤의 牧丹峯이나 京城의 北岳이나 쏘는 泰川의 烏山가티 바로 博川邑의 鎭山이요 主峯임니다. 松林이 욱어진 天然公園임니다. 前面에는 棋局가튼 千戶市街와 舊津平野가 노여 잇고 後面은 洪景來江과 大寧江이 휘도라 잇슴니다. 元帥峯은 바로 건너편이요 多福洞은 바로 元帥峯下임니다. 台峯後麓 大寧江岸 天丈絶崖 우에 안저 多福洞을 건너다 보며 洪景來 好漢의 當年事를 追想해 보니 果然 感懷無量입니다. 山河는 依舊한데 人傑은 何處去의 嘆이 생깁니다. 元帥峯을 한 번 더 처다보고 大寧江을 한 번 더 굽어보고 洪景來를 한 번 더 생각하면서 大寧江邊을 휘도라 旅館으로 도라왔습니다. 韓燦燮氏가 차저줍니다. 崔, 金, 韓 諸氏를 모시고 夜深토록 所懷를 相換하고 翌朝에 볼 일을 대강 보고 午后 一時 車로 定州를 向하얏습니다.

青吾兄. 雲田驛에서 엇던 村兩班이 飛降을 하다가 몹시 닷쳐 썩구러진 것을 보고 가슴이 서늘하얏습니다. 드르닛가 그는 郭山 某占卜者를 차저가든 사람으로 멋모르고 一等車를 탓다가 怯이 왈칵 나서 三等車로 옴겨 타려다가 그리 되얏다 합니다. 村사람인지라 乘車 下車에 對한 常識도 毋論 缺如하겟지만 農事方劇에 占卜者를 차저가든 그것이 同情보다 辱이 먼저 갑니다. 그러나 當厄을 未免하야 피를 콸콸 쏫으며 넘어저 잇는 그 慘景은 實로 가슴이 서늘합니다. 드르닛가 生命에는 關係가 업스리라 합니다.

青吾兄. 비가 부슬부슬 내립니다. 喜雨요 甘雨입니다. 農軍들은 퍽도 깃버합니다. 나도 깃벗습니다. 定州驛에 내리닛가 비가 몹시 내립니다. 雨中임도 不拘하고 支社의 金道賢氏가 驛頭까지 마저줍니다. 驛에서 城內까지 가기는 쇄 먼 距里입니다. 旅中이라 무엇보다 衣服이 問題이고 또는 行具가 問題엿습니다. 生覺다 못하야 本意는 안이지만 臨時方便으로 人力車를 탓습니다. 무슨 罪나 犯하는 듯 얼굴이 확근확근해젓습니다. 「무서운 골에 범(虎) 난다.」고 안인게 안이라 逢變을 當하얏습니다. 人力車가 約 一馬町쯤 가자 뒤에서 엇던 壯漢들이 「이놈아 거러 가거라. 다리가 부러젓늬. 남 다 거러가는데 혼자 제치고 안저서 이놈아.」 하는 소리가 겹처 들니엿습니다. 가슴이 쯧금햇습니다. 人力車 채를 뷔여 잡고 當場 쓰러내리는 듯 머리까지 옷삭옷삭햇습니다. 當場 쮜여내려 謝過를 하고 십흐나 임의 그리된 일에 그리하는 것이 더 庸拙해 보이고 말로라도「小生의 本意가 안이오니 容恕하십시오. 旅中이라 衣服과 行具를 爲해서 不得已 이리되얏습니다.」하고 懇請을 하고 십흐나 前遮後基의 車獄인지라 그리하지도 못하고 쌈만 흘닐 쑨이엿습니다. 人力車軍에게 追兵이 急하니 速行速行을 재촉햇스나 如此泥中에 此亦 無理엇습니다. 그는 더구나 中國人인지라 말까지 몰읍니다. 참말 거북하엿습니다. 支社門 압에 當到하고 보닛가 大難關이나 버서난 듯 가슴이 鎭靜되얏습니다.

뒤에 오든 金道賢氏의 니약이를 드르닛가 그들은 定州 南門 밧 農軍들이라 합니다. 소스랑 메고 호미 차고 팔다리 거더 붓친 農軍이엿다 합니다. 早朝에 나이가 盡日 더운 쌈 흘니며 갈고 메고 하는 農軍들이라 합니다. 그들에게는 依當히 辱을 當해도 좃습니다. 도리여 感謝하엿습니다.「定州南門外農夫님 諸氏에게」라 하고 陳謝文을 보내고 십헛습니다. 假言이 안이라 眞情이엿습니다. 如何한 境遇라도 다시는 人力車 안 타기로 햇습니다.

靑吾兄. 支社의 金公善兄은 쾌 奔忙하게 지내는 形便입니다. 農民聯合會를 組織하고 그 聯合會 主催로 端陽佳節을 利用하야 農民大運動會를 開催한다 합니다. 그래서 農民運動에 注力하는 某某 同志와 連日 會議하기에 퍽 밧븐 모양입니다. 洪鍾炫 承天佑 徐仁和氏가 차저 줍니다.

靑吾兄. 翌日은 金公善兄과 가티 古邑驛에 갓습니다. 崔昌瑞 崔聖濟 金起鴻 諸氏를 차저보고 만흔 同情을 어덧습니다. 만나는 곳에 그닥 薄待가 업슴을 깃버합니다. 이는 春坡라는 個人을 爲함이 안이라 開闢社라는 그 機關을 爲함이겟지오. 社를 爲하야 더욱 忠實히 일하자는 責任感이 格別히 생김니다. 崔聖濟氏 宅에서 하로밤 農村동무들과 자미잇게 지내엿습니다. 種鷄ㅅ맛보다 되비지ㅅ맛이 더 조왓습니다.

靑吾兄. 이곳에는 무엇보다 土炭(俗名넉)이 有名합니다. 논둑마다 土炭을 만히 캐내여 말니는 것을 보고 처음은 못(池)판 자리의 泥土로만 아럿더니 집집의 마당에서 泥土가 山덤이 가티 싸인 것을 보고야 그것이 土炭인 것을 아럿슴니다. (무러 가지고야) 드르닛가 이 日新洞 近處나 五山 近處에 土炭이 第一 만히 나는데 논바닥에서 얼마든지 캐내인다 함니다. 캐내여 燃料에 쓰고도 그 논에 벼는 그대로 심는다 함니다. 此所謂 씽 먹고 알 먹는다고 이곳 논들은 쌀 내고 燃料 내고 함니다. 福地임니다. 그러나 아직 人工이 未及하야 外地 輸出은 못하고 當地에서도 山의 柴炭보다는 不便하다는 말이 만슴니다. 將來 잘 利用할 수 잇는 好燃料임니다.

五山學校는 시간이 밥버 訪問치 못하고 定州邑으로 드러갓슴니다.

(원문은 이하 105쪽 하단과 106쪽 상단이 삭제)

靑五兄. 여행이 지리한지라 雜聞雜見도 지리함니다. 노루글로 후덕덕후덕덕 됩니다.

郭山에서는 李國榮 申裕權 李鎭秋 기타 여러 동무를 만나 郭山 名物 반지膾 (서울 웅어膾 비슷한 것)며 어북국으로써 자미잇게 노랏슴니다. 그리고 臨海面 觀舟面 등 농촌을 차저 金義壽 池應革 崔重謙 姜壎采 諸氏에게 농촌에 관한 니약이며 교육상황을 보앗슴니다. 就中 臨海面의 水畓이며 觀舟面의 永昌學校는 기억이 새롭슴니다. 宣川에 잠간 단녀 지사원 일동 及 李君五씨와 一夜間 회담하고 鐵山에 가서 朴英 鄭允錫 金明壽 宋根柱 鄭有轍 朴鳳樹 기타 諸氏와 邑村에서 2일간을 交遊하다가 回路에 車輦館에 들녀 崔龍雲 鄭龍赫 金槙學 劉永宣 諸氏의 안내로 시가지 及 농촌을 두루 구경하고 回路에 登하얏슴니다. 별로 怪聞異狀은 업섯슴니다.

入京之初是何地獄

靑吾형. 西行雜記를 쓰든 끗테 유치장의 5일간을 적어들일가요. 형은 7일인가 8일인가 된다지오. 小春 石溪 朮村 小波 할 것 업시 이번 노름은 다가티 츠럿지오. 다가티 조선놈이란 간판에다가 겸하야 때가 때인지라 면할내야 면할 수나 잇슴닛가.

靑五형. 此所謂去亦難來亦難이고 出沙地入地獄임니다 그려. 조선놈은 언제든지 이 모양일가요.

靑吾형. 그 날이 바로 6월 7일임니다. 형님은 발서 유치장 맛을 보든 때임니다. 이번 사건을 西隅의 一行客이야 엇지 생각이나 하얏겟슴닛가. 때가 때인지라 혹―엇더려니? 하는 의문 뿐이엿지 이번 사건의 正中은 못하얏든 것이 사실임니다. 그날 밤 肅川 李泰夏씨 宅에서 자고 이날 오후 1시 직행을 타게 되얏슴니다. 서울 오면 무슨 큰 수나 생길 듯이 서울이 몹시 그리웟슴니다. 그나마 月餘를 떠낫든 까닭이겟지오. 누가 기다리는 듯 차시간도 몹시 느저 보입듸다. 결국! 수는 그 수요, 기다리든 사람은 그 사람이엿지오. 肅川驛에 나와 차를 기다리노라닛가 俗所謂 나으리님 한 분이 居住姓名을 뭇습듸다. 본색을 말하닛가 그는 별말 업시 도라섯슴니다. 차를 타고 족음 오노라닛가 양복쟁이 나으리님 二三人이 車中으로 왓다갓다 하며 맛치 獵犬이 虎穴이나 찻는 듯 눈이 쎨개 도라단닙듸다. 족음만 똑똑해 보이고 수상한 듯 하면 누구심닛가 어듸 사심닛가 무엇 함닛가 하고 예의 수첩을 끄내들고 뭇고 적고 힐난하고 심하면 行具까지 수색합듸다. 나 亦 그들의 눈에 걸녓슴니다. 명함 주고도 짐까지 보엿슴니다. 그들의 껏덕대는 꼴이야말로 코허리가 시어 못보겟슴듸다.

平壤을 오닛가 승객이 무려 천명은 되나 봅듸다. 차를 둘인가 하나인가 더 다나 봅듸다. 그 만흔 사람 중에서 맛츰 李團군을 보앗슴니다. 문안 뒤끗테 서울행 여부를 무르닛가 「내일 간다」고 하면서 내렷다가 明日 同行을 말합듸다. 그래 나는 明日 同行이 不如今日同行이라고 今日 同行을 强勸햇슴니다. 그래 車中에서 차표를 사가지고 동행이 되엿슴니다. 坐를 정하자 李군의 말이 「서울 무슨 일이 낫나 봅듸다. 지금 전차를 타고 平壤每日社 압흘 지내노라닛가 대서특필로 뚜렷이 광고가 붓텃는데 전차 속력에 全文을 자세히는 못보아스나 「90여 무엇이 천도교 본부 포위」라는 것은 보앗다」함니다. 무슨 사건인지 몰나 피차에 궁금하얏슴니다. 黃州를 오닛가 點人 나으리들의 교대가 잇더니 開城 오닛가 또 교대가 됩듸다. 長湍을 지나 一山 쯤 오닛가 그들은 또 우리의 행색을 유심히 보더니 누구냐고 뭇슴듸다. 姓名一出에 熟面인 듯이 그들은 「그럿슴닛가」하고 다시 뭇지 안코 도라섭듸다. 급기 京城驛에 내리니 豫期의 出迎人이란 하나도 보이지 안슴듸다. 마음에 퍽 섭섭해지면서 「무슨 일이 과연 생겻나」하고 의심이 왈칵 낫슴니다. 출구에 나오닛가 構外에서 부인 두 분이 마저 줍니다. 안부를 相交하는 찰나에 악가 車中의 그 日人 나으리님이 엇던 딴 日人에게 「고레가가이뱌샤, 고레가지다이닛뽀(李군을)」라고 하면서 引渡를 합듸다. 「소—까 좃도맛데」하고는 니여 驛前 파출소로 끌고 갑듸다. 파출소에는 발서 3, 4명 청년이 붓들려 잇고 뒤밋처 작구 드러옵듸다. 근 한 시간 반이나 몸검사 짐검사를 당하고 그대로 가겟다 하닛가 좀 기다리라고 하더니 鍾路인가 本町인가 전화를 하더니 本署까지 가야겟다고 우리 두 사람에게 조선 나으리님 한 분을 것다려서 보내임니다.

결국 本町警察署 高等係까지 왓슴니다. 열한 시가 넘엇슴니다. 주임이 안 계시다고 안저 기다리라고 함니다. 저녁을 식켜놋코 심심은 하고 해서 테블 우에 노인 신문을 보앗슴니다. 3면을 펴처들자 마자 눈에 굉장히 눈에 띄이는 것이 「9대의 자동차로 천도교당 포위, 불온문서 다수 압수, 천도교 간부 모모, 개벽사 모모, 기타 200여명 검거」운운의 굉장한 제목이엿슴니다. 「일은 낫다」하고 자세히 내려보노라닛가 조선인 나으리님이 오더니 「보지 마십시오. 이것은 압수된 신문임니다.」하고 빼아서 감니다. 「가저 가시오. 다 보앗소.」하고 의문에 의문을 겹처 하면서 저녁을 먹노라닛가 주임인가 한 이가 드러옵니다. 차례차례(우리 외에 2명) 대략한 청취를 하더니 내일 다시 뭇겟다고 차례차례 유치장으로 보내임니다. 새로 한 시가 넘엇슴니다.

이리하야 入京之初에 유치장 맛부터 보게 됩니다. 간수 1명이 守直할 뿐이요 각 방은 모다 잠드럿습니다. 똥통 겻혜 좀 빈틈이 잇기에 그리로 가서 쓰러저 누어 가지고 事件如何를 이리저리 생각하다가 원체 피곤한 몸이라 그만 잠이 드럿습니다. 잠결에 「복구닷세어」 하는 소리가 들이입니다. 눈을 비비고 니러나닛가 형사 나으리가 유치장 문을 딸칵 열더니 나오라고 합니다. 이 안인 밤 중에 웬일인가 하고 나아가닛가 노끈으로 허리를 묵슴니다. 고등계로 끌려 올나갓습니다. 새로 네 시를 땡땡 칩니다. 비상시기인지라 또 자기 네딴은 나를 重大犯으로 嫌疑한지라 비상한 訊問을 합니다. 西鮮行 자초지종을 日誌하듯이 시간을 따라 다 읽거 밧첫습니다. 죄는 업스나 퍽 괴로윗습니다. 왼 京城이 모다 잠드럿는데 새로 네 시에 고독키 訊問을 당하는 꼴이 억울하고 분통하야 견댈 수가 업섯습니다. 약 한 시간만에 유치장으로 다시 오니 발서 東窓이 훤하고 모든 囚徒들은 선잠을 깨는 듯 기지게를 켜며 하펌을 합니다. 똥통을 타고 안저 뿌지직 뿌지직 똥싸는 친구도 잇고 「아구데구」 신음하는 사람도 잇슴니다.

掃除를 하고 걸네로 얼굴을 딱고 괴양이 밥통 가튼 변도를 먹고 同留人들과 인사를 햇슴니다. 大連서 온 全致恒군과 前夜同入한 崔上德군 외에 절도, 스리, 아편범이엿슴니다. 건너방의 李團군이 각금 건너다 보며 눈우슴을 침니다.

(원문에 109쪽 상단과 하단 일부 삭제)

靑吾형. 이번 노름에 許益煥형이 까닭업시 (아무도 그럿치만) 그 독한 매를 마저가며 4, 5일 同苦한 것이라든지 李團군이 동행한 嫌으로 4, 5일 同苦한 것은 극히 미안하얏습니다. 그러나 피차 동일한 처지에 미안 여부는 問할 곳 答할 곳이 업겟지오. 우리끼리는 한 번 웃고 마럿슴니다. 그밧게 별 수가 잇슴닛가. 그럿치요 靑吾형.

地下金剛, 蝀龍窟遊記

金泰洽

《佛教》 제86호, 1931년 8월

필자가 노산 이은상과 더불어 묘향산을 여행한 일을 쓴 기행문이다. 필자는 불교 승려로 늘 산행을 일삼았으나 최근 도시 생활을 이어오는 까닭에 여름이면 한번씩 어느 산수든지 보고와야 마음이 놓이는 형편이다. 다행히 올 여름에 노산이 함께 향산 구경을 하자고 제안해 영변에 있는 묘향산과 함께 약산동대, 서너 해 전 발견된 지하 금강 동룡굴까지 한꺼번에 구경하기로 원하고 출발한다.

글의 구성은 전반부와 후반부로 구분할 수 있다. 전반부는 일정 전체를 요약하고 있으며, 후반부에 전체 일정 중 하루에 지나지 않은 동룡굴 참관기를 자세히 묘사하고 있다. 전체 일정은 6월 4일 출발, 5일에 묘향산 보현사에 도착해 일주일 이상 머무르며 기도와 설법, 강연을 수행하고 14일 보현사를 떠나 동룡굴을 참관하고 15일에는 구장이라는 곳에서 다시 전도 강연, 16일에 영변 시내 보현사 포교당으로 옮겨 기숙하며 다시 설법과 강연을 하며 약산 동대를 보고 18일에 출발해 19일 서울로 돌아오는 과정이다.

이 여정 가운데 지하금강이라 불리는 동룡굴 구경은 특히 인상적이었던 것으로 보인다. 동룡굴 참관에는 보현사 여러 승려와 사무원이 합류해 16명이 일대를 이루어 굴을 찾게 된다. 굴에 들어가기 위해 먼저 용산면사무소에서 입굴료(일인당 65전)와 환복료를 지불하고 옷을 갈아입고 흰 장갑과 모자까지 갖추게 된다. 자동차로 용등동 운학점까지 이동하고 이어 도보로 산행해 굴 입구까지 이동한다. 굴의 입구는 한증막이나 도자기 굴처럼 땅으로 경사되어 뚫리고 한기를 일으킨다고 적었다. 굴 입구에서 안내원에서 동굴의 내력과 발견 과정을 듣는다. 동굴은 고구려 보장왕 당시 신라의 침공이 있을 때 왕이 묘향산 보현사의 개산조의 제자되는 적조대사에게 불상과 경전, 폐물 등을 수습해 난을 피해 봉안하도록 요청하자 적조대사가 이 동굴에 숨어 불상을 봉안하고 피난하였다고 한다. 이와 함께 동굴 근처 용문사 개창 설화도 듣게 된다. 이후 2, 3년 전에 용산면 서기 최완규 등 일부 청년이 이 굴을 탐사해 답사로를 확보하고 각 지점에 새로이 명명한 뒤 개방하게 되었다는 내력을 전한다.

동굴 탐사자들이 새로 붙인 명칭을 따라 동굴의 주요 지점에 대한 인상을 기록하고 있다. 이를 간략히 보이면 다음과 같다. 등용문 - 사다리 - 세심동 광장(높은 천장 위에 종유석이 고드름같이 매달림) - 다불동 - 대치암 - 종성동(백여 평 넓이의 종 소리가 나는 종유석 지대) - 안민동(2백여 평. 토민들이 피난한 곳. 온돌과 기구 흔적, 위조 주화 주조 흔적) - 미륵탑 - 금강동 - 석운동 - 정유동(금강산 일만이천봉을 거꾸로 매어달아 놓은 듯한 무수한 종유석 지대. 위로 솟아 오른 종유석) - 상험동(험해서 갈 수 없음) - 선무대 - 연병장(이백여 평 광장. 학교 운동장 같은 곳) - 세심당(연못) - 무사탑(누구에 갑옷입은 무사 같은 모습) - 무영당 - 음양수(천장에서 내려온 남근 모양 종유석과 바닥의 여근 같은 석단에 물이 넘침) - 천사동(험해서 갈 수 없음) - 암파동 - 한동 - 미륵암 - 전복동(기어 들어가고 나오는 곳) - 지하 양실(서양 사람

응접실 같은 곳) - 동진상(어린아이 상 같은 바위) - 편복동(무수한 박쥐) -
처용석 - 구룡폭 - 성불령(동굴 속 험한 고개) - 성불동(천태만상의 바위) -
석계문 - 정류벽 - 다불동(불상과 금수 모양 종유석) - 관음암 - 사자암 - 적
조탑 - 불영탑 - 천불동 - 명부동(명부전과 같은 천진석이 앵무탑, 토필암과
함께 서있는 곳) - 용연(길이 100미터 폭 40미터. 배로 건넘) - 황천강등대
(망두석) - 등화동(강물과 목선)과 칠보당 - 벽천동(천장이 높아 보이지 않
음) - 수정탑 - 해태탑 - 선종탑 - 금강동(은파가 깔린 1,450평의 광장. 팔음
석금강탑) - 금강탑(장대한 탑. 기념사진) - 성지와 석룡 - 만물초(금강산 만
물초와 같음) - 회정 - 칠성동(쇠사다리로 들어간 지동) - 만련담(논둑처럼
솟은 사이로 맑은 물이 고임) - 칠성동(수세미 같은 종유석이 만악천봉 같이
드리움) - 출굴. 전체 답사에 4시간 반 이상 걸림.

○○

時□이 推移함을 따라서 今日에 있어서는 運動熱이 매우 팽창케된 故로
엇던 사람이든지 山岳을 跋涉하게 되여잇읍니다. 그러나 멧十年前만 하야도
山岳의 專門家는 우리 雲水衲僧을 除하고는 볼 수가 업섯습니다. 우리 雲水
衲僧의 生涯라는 것은 一衲一鉢로써 無適不可의 天下無碍客이 되야 身閑心
閑의 淸楚한 生活로 過平生하는 것이 一大快事가 되여잇기 때문에 冬三朔
夏三朔에 看經把定의 淨業을 勤修하는 時期를 除外하고는 全혀 山岳探勝의
雲水客이 되고 맙니다. 筆者도 일즉히 出家하야 硏心求法할 때에 今日 此山
明日 彼山의 格으로 山水에 行脚하든 것이 오즉 淸淨한 生活이엿읍니다. 그
러나 數三年前부터는 偶然히 都市生活을 짓게되야 드러가나 나오나 답답한
生活을 하게됨으로 憂鬱症을 나슬 길이 업슴니다. 그래서 每年夏間이면 어

느 山水든지 보고와야만 저윽이 着心이 됩니다.

○○

그런데 今番에는 鷺山李殷相君이 本是부터 佛敎를 조와하는 데다가 山岳까지 조와하는 性僻이 잇서서 올여름에는 期於히 香山을 한번 가자고 졸다 댐니다. 그래서 나 亦是 가려운 곳을 글거주는 것 가태서 떠나기로 決心하엿 음니다. 그래서 鷺山君과 나와는 六月 四日에 出發하야 緇素가 同樂하면서 香山行을 지엇음니다. 그런데 내가 이번에 香山行을 지음은 決코 山水만 보려는 것은 아님니다. 山에 가서는 祈禱를 하고 절에 가서는 說法을 하고 市場이나 邑家에 가서는 傳道를 하자는 세가지 大願으로 나슨 것임니다. 그런 가운데도 平安北道 寧邊골에는 天下名勝인 妙香山이 잇음은 勿論이어니와 三四年前에 發見된 地下金剛의 蝀龍窟이 잇고 놀기조흔 藥山東臺가 잇음니다. 그래서 이번 거름에는 이 三大名勝을 모조리다 보겟다는 願望을 가지고 六月 四日에 發程하야 五日에 妙香山 普賢寺를 드러가이 一週日 以上을 虛費하고 山岳과 寺庵을 巡禮하며 庵子마다 가서 기도를 하고 큰 절에서는 說法을 하며 經冊을 박히며 講演도 하야 갓든 目的을 다- 達하엿음니다. 그리고 十四日에 떠나서 蝀龍窟을 參觀하고 球場이라는데서 一夜 傳道 講演까지하고 十六日에 出發하야 寧邊 本邑에 드러가서 普賢寺 布敎堂에 寄宿하면서 二日間의 說法과 講演을 게속하고 藥山東臺까지 본 뒤에 十八日에 出發하야 十九日에 入京하게 되엿음니다.

○○

그런데 이제 내가 特別히 紹介코저 하는 것은 蝀龍窟임니다. 그럼으로 蝀龍窟遊記라는 題目下에서 쓰고저 하는 것임니다. 蝀龍窟은 价川서 自動車를 타고 妙香山으로 드러가는 途中 寧邊郡 龍山面 球場市에서 十里밧게

잇는 것이니 그 窟속의 雄莊한 것이라든지 雄大한 것이라든지 奇奇妙妙尖
尖한가지 보지 아니한 사람의게는 言語로써 表現할 수가 업슴니다. 그저 엄
청난 窟이요 別有天地非人間 그대로라고 밧게 아모말도 할 수가 업게됨니
다. 心行處滅이요 言語道斷이라 함은 이 窟을 두고서 한 말 갓슴니다. 妙香
山 普賢寺에서 떠날 때에 우리 두사람의 一行이 蝀龍窟을 보러간다고 하닛
가 本山의 宗務所에 잇는 金瑁晟 金炳瑞 兩師를 비롯하야 職員一同이 總動
員이 되여서 其外여러분을 合하야 十六名의 一團이 出發하야 이 窟을 찻게
되엿슴니다.

○○

　누구든지 이 窟을 드러가려며는 龍山面事務所에 드러가서 엇더한 手續
을 거치지 아니하면 아니됨니다. 그 手續이라함은 別것이 아니라 窟에 드러
가는 入窟料가 잇고 또는 入窟時에 普通倚伏으로서는 드러갈 수가 업슴으
로 勞働服같은 洋服을 비러서 가라 입지 아니하면 아니됨니다. 그래서 우리
一行은 面所에 드러가서 面職員을 차자보고 保勝會主任인 永島氏를 차저
본 뒤에 入窟料 一人分 六十五錢을 支佛하고 衣服稅까지 支佛한 後 입고 갓
든 옷을 훌덕훌덕 버서버리고 郵便配達夫服裝같은 勞働服을 가라 입엇슴니
다. 그리고 하얀 장갑을 끼고 農笠같은 草帽를 쓴 뒤에 十六名一團이 蝀龍窟
을 向하니 마치 어느 紡績會社의 職工이 풀니여서 노리를 가는 것 갓슴니다.
그러나 이런 가운데도 自動車를 타지 아니하면 아니된다 함으로 自動車數
臺를 分乘하고 瞬息間에 어느 山모통이를 지내넘어서 龍登洞 雲鶴站이라는
마실을 當到하니 이곳에서는 自動車로 더 갈 수 업스니 나리라고 함니다. 그
래서 이곳에서 나려서 徒步로 山비탈가튼데도 올라간즉 數十名의 人夫들이
窟로 通하는 新作路를 새로 닥노라고 야단법석임니다. 우리는 鳥路같은 舊
道를 버리고 새로내는 新作路로 잡아드러서 올라가다가 길을 채 내지 못한

곳에서는 밧두럭을 그대로 밟고 올라갓음니다. 그래케 야단스럽게 이름이 놉흔 窟도 入口는 드려다본즉 마치 한증막이나 沙器나 陶器굿는 窟처럼 땅 속으로 傾斜되여 뚤려잇음니다. 그러나 窟內로부터 石油내를 合처서 寒氣 가 襲來함니다.

○○

이곳에서는 미리 入窟의 注意가 업서서는 아니된다하며 面所職員으로 잇는 鄭成三君이 우리 一行을 案內하는 責任上으로 窟에 對한 來歷과 窟內 步行의 注意件을 說明하야줌니다. 드른대로 이 窟의 來歷을 紹介하건대 距 今一千二百六十四年前 卽高句麗寶藏王二十六年(新羅文武王七年丁卯) 時에 新羅王이 高句麗를 征伐占領하려고 大兵을 發하야 高句麗國境을 처드 러갓음니다. 그래서 寶藏王은 크게 놀래서 香山의 普賢寺開山祖인 探密大 師의 弟子되는 寂照大師를 請하야 佛像과 經典과 幣物을 付托하면서 下命 하되

「只今 國內에 戰亂이 危急하니 大師는 獨身으로라도 難을 避하야가면서 此佛像과 經典을 神林에 奉安하야 香典을 끈치말기를 바라노라.」
하엿음니다. 그래서 大師는 王命을 바다가지고 佛像과 經典을 모시고 數名 의 僧侶及弟子와 같이 難을 避하야 다라나오든 中 神林이 鬱蒼한 龍門山下 를 到着하엿음니다. 四方을 도라본즉 이곳이 山明水麗하야 隱身避難의 適 所임을 깨닷고 依止處를 求하든 中에 一大石窟을 發見하엿음니다. 그래서 大師가 이 窟속으로 드러가려한즉 알 수 업는 虹霓雲橋가 窟속으로 湧出하야 하날에 다터니 五色의 神龍이 隱然히 나려와서 大師를 擁護하고 點頭禮拜를 함니다. 그래서 大師는 隨行僧 一同의게 下敎하시되

「이 窟은 우리 佛像의 奉安所로 하날이 주신 靈地니 이곳에서 勤修奉行할 지어다.」

하신 後 此窟을 蜈龍窟이라 命名하시고 窟內에 드러가서 佛像을 奉安한 後
에 戰亂이 鎭定될때까지 約一年半을 避難하섯다 합니다.

○○

大師는 이곳에서 避難한 後에 窟밧글 나오시여서 東으로 얼마를 가다가
목이 말러서 어느 개천에서 百八念珠를 버서노코 물을 마시고 잇자니가 난데
업는 神鹿 一頭가 와서 大師의 念珠를 메고 叩頭百拜한 後 꼬리를 흔들며 어
듸론지 引導를 합니다. 그래서 大師는 神鹿을 따라서 가다본즉 神鹿은 간곳
이 업고 精舍 一宇를 세울만한 절터가 있을 뿐입니다. 그럼으로 大師는 이곳
에다가 寺刹을 이룩하시니 龍門寺가 그것임니다. 龜門寺는 이 窟에서 東方
으로 略十里半밧게 나아가서 잇다함니다.

이와 같이 本窟은 古代에 잇서서 發見된 것이지마는 爾來 土民들의 避難
所로 利用되야 中古는 勿論이어니와 日淸戰役과 日露戰役때에도 地方의 農
民들이 親戚故舊를 招來하야 數百名이 이 窟에서 隱居하엿다 합니다. 그러
나 그들은 만일 이 窟이 잇음으로 公開하면 避難所로서의 價値가 없어진다
생각하고 緘口無言하야 秘密을 직혀왓슴으로 近年까지도 이 窟이 잇음을
土民 外에는 아는 者가 업섯다 합니다. 그러튼 것인데 再昨年 四月 二十一頃
에 本面의 書記로 잇든 崔完奎君이 壯丁靑年七八人과 協力하야 決死隊를
組織하고 이 窟의 所在를 探知한 後 千幸萬苦와 九死一生의 힘을 다하여 只
今과 가치 發見하엿스며 따라서 窟內의 洞名과 奇形의 命令도 崔氏가 다 부
첫다 합니다.

○○

그런데 이 窟이 崔氏의 誠力으로 發見되야 世界的으로 알니게 되엿으니
米國에는 「만모으스」 洞窟이 잇고 伊太利에는 「보-다-미야」 洞窟 이고 日

本山山口縣에는 秋芳洞窟이 잇서 世界의 名鐘乳洞窟로 姉妹를 다투고 잇으나 이 蝀龍窟은 우에서 枚擧한 三者보다 훨석 雄大하고 奇妙함으로 이 窟이 世界石鐘乳窟가운네는 居甲이 된다고 합니다. 우리 一行은 鄭氏의 말을 듯고 窟속으로 드러감니다.

龍門寺 어데메뇨 山밧게 머러잇고
千年往事를 무를 길이 업서할제
山밑에 陷地一穴을 蝀龍窟이라더라

이 굴의 所在山名은 龍門山이니 龍門山南麓에 굴둑같이 아가리를 버리고 잇는 窟속을 드러가매 몟 사람의 案內者는 石油桶을 들고 솜밤맹이에 石油칠을 하야 불을 부처가지고 한거름 두거름 드러감니다. 洞窟의 아가리는 놉히 一米半과 넓히 三米半의 楕圓形으로 되야 數百十層의 土階로 傾斜진 곳을 八十메돌이나 드러가는데 벌서부터 다리가 다름박질을 하야지며 발목이 떨님니다. 이러케 떨면서 너려가다본즉 나무門이 잇슴니다. 이것은 窟속에서도 아주 窟속으로 드러감을 表示한 木戶임니다. 이 門을 드러스니 十餘메돌이나 가로질닌 斷崖가 잇는데 쇠로 맨든 사다리가 흔들흔들하며 달려잇슴니다. 녯날에 窟속에서 五色龍이 이 門으로 나왓다고해서 이 門을 登龍門이라고 합니다. 여기서부터 窟속 距里를 略二千九百米 又는 二千米라고 하는데 이것은 直線을 가르친 距里지마는 우리 里數로 따진다면 略十五里나 二十里는 넉넉되는 것 갓다고 합니다.

○○
登龍門에서 쇠다리를 타고 발발떨면서 나려가니 八百餘坪이나 될만한 廣場이 나스는데 이곳을 洗心洞이라 합니다. 果然 洗心이 되는 듯 배창자 속

에서부터 서늘하야저 올나옵니다. 天井을 치어다보니 까마케 올려다보히는
데 無數한 石鐘乳가 고드름같이 매여달녀 잇음니다.

　이곳에서 右便으로 꺼어잡아드러 鷲岩을 바라보며 多佛洞을 一巡하고
大雉岩을 지나서 三米突가량을 가다가 竪穴로 나려스면 鐘聲洞이라는 곳이
나스는데 이곳의 鐘乳石은 어느것이든지 건듸리기만하면 鐘소리가 난다고
해서 鐘聲洞임니다. 이곳은 百坪內外나 됨직한데 無數한 鐘乳石이 形形色
色으로 달려잇음니다. 이곳을 조곰 지난즉 安眠洞이라 하는 곳인데 二百餘
坪이나 됨직하야 보임니다. 이곳은 넷날에 土民들이 戰亂을 避하야 安眠을
이루엇다고 해서 安眠洞인데 只今까지도 溫突이 그냥 노여잇고 石臼가튼 器
具도 잡바저잇음니다. 이곳이 日淸戰役時와 日露戰役時에도 避難民이 屯
聚하여잇든 곳이라 함니다. 또는 暴富가 되려고 私鑄錢하는 사람도 잇게된
지라 只今도 二錢五分이라쓴 白銅貨가 發見된다고 함니다.

　　登龍門 나려서서 洗心洞 一巡하고
　　鐘聲洞 지내처서 安眠洞 잡아드니
　　어지버 苦海火宅이 꿈속인 듯하여라.

　　○○
　安眠洞에서 빠저나오며 彌勒塔에 參拜하고 金剛洞을 一巡하고 石雲洞
을 얼는 지내 鐘乳洞을 드르스니 이곳은 金剛山의 一萬二千峰을 그대로 드러
다가 까꾸로 매여다라논듯 無數한 白玉같은 鐘乳石이 巨大하게 매여달려잇
음니다. 그런데 專門學者의 說明에 依하면 고드름가튼 鐘乳石一個가 一寸
式을 長生함에 約四百年間의 時日을 要한다고 함니다. 그런즉 이곳의 鐘乳
石은 멧萬年式이나 컷는지 年數조차 가릴 수가 업슬 것 갓음니다. 이 鐘乳洞
에는 無數한 둘것이 天井으로부터 나려온 것도 壯觀이지만은 밑으로부터 우

의로 소사올나간 것도 奇觀입니다. 이곳에서 바른便으로 깁숙하게 드려다보히는 곳이 잇는데 이것을 上險洞이라 합니다. 그러나 이곳은 險해서 갈 수가 업다 함으로 그만둡니다. 仙舞臺를 지내서 練兵場이라는 곳을 到着하니 二百餘坪이나 너른 廣場이 나스게 됩니다. 이곳에는 마치 엇던 學校의 運動場과 같이 노혀잇슴니다. 이곳에서 더 지내간즉 洗心塘이라는 못이 잇는데 돌을 주어던지니 한참동안이나 드러가는 소리가 남니다. 적어도 두서너길은 되는 듯 십슴니다. 그리고 武士塔이라는게 잇는데 天然的으로 갑옷을 입고 투구를 쓴 一員大將이 길을 막아서 서잇는 것 갓슴니다. 護法神將이라 할까요 武士塔을 보며 武影塘을 도라스니 이곳도 물이 相當하게 고여잇는데 더욱이 그엽헤 陰陽水라는 것이 잇는게 한 韻致를 도와줍니다. 天井에서는 男根같이 듸리운 石端에서 물이 출々 흐르고 地上에는 女恨 가치 된 石端에서 물이 흐르는데 上水와 下水 합처서 넘처 흘음니다. 우리는 이것을 떠먹기 爲하야 몃번이나 밋그러지고 넘어졋는지 모름니다. 이곳을 지내간즉 天上洞이라는 洞窟이 잇는데 이곳은 험하야 갈 수 업다 함으로 바라만보고 지낫슴니다. 그런데 이곳 길가에 무슨 人形같은 험살구진 바우가 움둑 소사잇슴니다. 案內者가 이 바우의 이름을 지엇스면 조켓다고 하기에 우리 一行은 우스면서 達磨岩이라고 하면 조켓다고 하엿슴니다. 岩波洞과 幹洞과 彌勒岩을 얼는 지내 顚蒩洞을 當하엿스니 이곳은 泰山峻嶺을 올나가서 기여드러가고 기여나오는 곳임니다. 崔完奎氏가 最初 探險을 할 때에 四十메돌이나 되는 이곳을 드러간바 맛이 구들장밋 고래꾸녕을 뚤코 가는 것처럼 기어드러갓다고 함니다. 우리는 案內者의게 이런 說明을 드를 때에 간담이 서늘하엿슴니다. 이곳을 넘어간 즉 地下洋室이 잇는데 水百坪이나 되는 방안이 天井이나 左右 雙壁이 西洋사람의 應接室을 그대로 옴겨노은 것 갓슴니다.

○○

이곳을 지내서 조금 더 간즉 越便洞窟壁에 발가버슨 어린애像같은 것이 매달녀 잇슴니다. 이것은 아즉가지 이름이 업는 故로 命名에 異論이 분々하엿는바 或은 童眞像이라 함이 조타고도 하고 或은 歡喜天像이라 함이 조타고도 하엿슴니다. 그러나 우리는 發見者의 意思를 尊重히하야 함부로 命名하기를 질거하지는 아니하엿슴니다. 이곳을 지내서는 또다시 蝙蝠洞을 차저가느라고 泰山峻嶺을 넘게 되엿슴니다. 고개를 넘어서 더욱 컴々한 洞窟을 드러다보게 되는데 이곳은 無數한 박쥐들이 색기를 치고 잇다고 합니다. 處容石을 보고 한 곳을 當到하니 龍瀑이 흘으는 것처럼 鐘乳石이 야단스럽게 瀑布形을 짓고 잇슴니다. 九龍瀑이라 할는지요. 이제 부터는 말만드러도 고마운 成佛嶺이라는 큰고래를 넘슴니다. 엇지도 險한지 그만주저안고 십흠니다. 올나가면서도 苦哉를 叫喚케 됨으로 時調 한 首를 읊엇슴니다.

發心하면 如來地에 쉽사리 간다드니
이고개 成佛嶺은 왜이리 어려운가
아마도 부텨되기는 어려운가 하노라

그렁저렁 이고개를 넘어서 成佛洞을 드러스니 千態萬象이 벌려잇는데 駱駝갓흔 바우도 잇고 모란꼿송이같은 傘盖도 잇고 千塔萬塔이 가진 各色의 佛身을 化作하야가지고 서잇슴니다. 石溪門을 지내서 淸流壁을 안고도니 多佛洞을 當到하엿는데 佛像도 만으시거니와 獸形과 物像도 만슴니다. 觀音岩같은 꼭 幀畵에서 본 그대로 補陀洛迦山에서 儼然히 안지시엿는데 그미테 南巡童子같은 立石이 더욱 걸작으로 되여잇슴니다. 獅子岩을 엽헤 끼고 佛影塔을 向하는 길에 寂照塔이 서잇스니 이것은 寂照大師가 想必이 多佛洞에 기섯스리라 推測하는바 龍門山 龍門寺에 노여잇는 寂照浮屠같은 것이

이곳에 잇음으로 寂照塔이라 한 것임니다. 우리 一行은 다- 이 塔앞에서 禮敬
을 드렷음니다.

> 녯날에 寂照스님 佛像經典을 모시고저
> 蜈龍窟 차자드러 研心修道 하시다가
> 浮屠를 예남기시고 法身간 곳 업서라

○○

우리 一行은 寂照塔을 意味깁게 參觀하고 千佛洞으로 드러서서 天眞佛
에 頂禮하며 冥府洞을 차저왓음니다. 이곳은 말이 寺院에 冥府殿같이 十大
王이라 할만한 天眞石의 大王이 둘러스고 鸚鵡塔과 土筆岩이 서잇슴니다.
裟婆의 罪人들이 드러와서 作罪를 隱諱하면 앵무가 告發하고 土筆로 記錄한
다는 意味인지요. 이곳을 지나서 龍淵을 다다르니 長은 百메돌이나 되고 幅
은 四十메돌이나 되는데 四五尺이나 넘는 江水가 溶々하게 괴여잇음니다.
그래서 이곳은 배를 타고 건너가게 됨니다. 別有天地非人間이란 말이 남아
잇음은 이런 곳을 두고 한 말 갓음니다. 이 江을 건너스니 江邊에 웃둑소슨
望頭石같은 것이 서잇음니다. 그럼으로 우리는 이것을 가르처서 生死바다를
건너가는 黃泉江燈臺라고 하엿음니다.

> 冥府洞 깁흔 골에 十大王이 둘러잇고
> 閻羅王 冊床 앞에 土筆岩이 서잇으니
> 龍淵潭 흘으는 江은 黃泉인가 하노라

이곳을 지나서 한모통이를 도라가니 藤花洞이라 함니다. 그런데 이곳에
도 江물이 출렁출렁하게 괴여잇는데 木船이 왓다갓다함니다. 이 江을 건너서

서는 寶幢가튼 幢石이 四五메돌이나 놉히 소사잇슴으로 우리 一行은 이것을
七寶幢이라고 불넛음니다. 이곳을 지내서 더 간즉 碧天洞이라는 곳이 나오
는데 엇더케도 天井이 놉흔지 아모리 불을 처들어서 비추어보아도 보히지를
안슴니다. 우리는 이곳을 어름어름보고 水晶塔과 해태塔과 仙鐘塔을 휙〻지
내서 金剛洞에 드러갓음니다. 이곳은 一千四五百坪이나 널분 廣場인데 따
에 깔닌 石紋이 銀波가치 깔녀잇음니다. 그래서 이것을 銀波庭이라 함니다.
그리고 一面으로는 八音石金剛塔이 서잇는데 크다란 塔體에 고두름가치 달
닌 鐘乳石이 치는대로 여러가지 소리가 남니다. 우리 一行 中에서 엇던 분이
短杖으로 여러개를 한데 겸처서 울려본즉 마치 피아노 建盤을 어지럽게 눌으
는 소리가 들님니다.

○○

　이곳을 지내서 一處를 當到하니 金剛塔이라는 大規模의 塔이 서잇는데
雄壯하기가 比할대가 업슴니다. 우리 一行은 이곳에서 紀念寫眞을 백혓음니
다. 사진을 박히고 한 곳을 當到하니 城池라는게 잇는데 無數한 城址처럼 岩
石이 둘러서 톱날가치 重〻疊〻하게 깔녀잇고 그 안에는 말근물이 괴여잇음
니다. 그리고 그 엽헤는 石瀧이 보기조케 빗겨잇슴니다. 우리 一行은 다시
거름을 빨리하야 萬物草를 當到하엿음니다. 이곳은 金剛山의 萬物草같이
奇〻怪〻 妙〻한 物形이 石壁에 달려잇음니다. 이 곳이 蜈龍窟內에서는 終
點이 되여잇는 듯함니다. 萬物草미테는 水深 數丈의 못이 잇음니다. 우리는
이곳을 마주막으로 보고 回程하야 오다가 支洞으로 드러가게 되는데 四十五
메돌이나 되는 쇠사다리를 딋고 올라가서 七星洞으로 넘어감니다. 그런데
이곳의 쇠사다리를 타고 올나갈제 그야말로 魂飛膽傷한 일이 몃번인지를 알
수가 업섯음니다. 이곳은 다시 바우 窟門으로 通해 나아가게 되는데 萬連畓
이라는게 노여잇음니다. 흡사히 논두룩가튼 것이 尺餘나 놉게 소사서 겹〻으

로 니를 마처서 널려잇음니다. 그리고 논갈은데는 무릅까지차는 말근물이
우중중하게 괴여잇음니다. 이곳에서 우리 一行은 논두룩 가튼데로 발고가느
라고 애를 쓴 사람이 만은데 물에 빠지는 것은 勿論이어니와 손바닥가지 傷한
사람도 잇섯음니다.

○○

七星洞을 當到하니 이곳은 그릇씨는 수셈이외와 가튼 石鐘乳가 萬岳千
峰과 가치 듸리워잇음니다. 그리고 城壁가치된 岩壁에 無數한 고두름이 달
려잇는데 때리는대로 다른 소리가 남니다. 이것을 百音石이라 할는지요. 앗
가 드러갓든 藤花洞으로 나오는데 盤石우에 熊骨이 保存되여잇음니다. 이것
은 어느 녯날에 미련한 熊君이 蜈龍窟을 探勝하려 드러왓다가 失路餓死한
가엽슨 死體인듯합니다. 이곳서부터 다시 드러다든 길로 쏜살같이 나오는
回路인 故로 左右엽도 도라보지안코 나왓는데 入窟時로부터 略四時간半 以
上이나 걸렸음니다.

그러면 筆者가 蜈龍窟을 參觀한 이애기는 이것으로써 끗치낫음니다. 그
런데 이곳을 보고난 筆者의 感想을 말할것 갓흐면 이굴이 佛敎와 깁흔 關係
를 가지고 잇는 것인데 게다가 崔完奎氏가 이 굴을 發見하고 이 굴의 個所를
命令할 적에 여러가지로 硏究를 하든 끗헤 金剛山을 일부러 가서 보고와서
佛敎式으로 命名하얏다 함이 무엇보다도 筆者의 印象을 깁게 합니다. 그리
고 崔完奎氏 以外 沈化明 金一燦 沈明道 等 六七 靑年이 決死班을 組織하야
七日 以上의 食料品을 携帶하고 이 무서운 굴 속을 探險하얏다 함이 무엇보
다도 人間의 힘이 偉大하다는 것을 證明하는 듯합니다. 그리고 모든 發明 모
든 發見을 外人의게 빼앗기지 아니함이 업는 이때에 우리 朝鮮사람 靑年의
힘으로 이러한 功績을 이루엇다함은 이 窟의 名聲이 世界的으로 커감을 따라
서 朝鮮사람의 힘을 자랑할 수 잇다고 생각합니다. (了)

西鮮國境의 傳道行脚記

金泰洽

《불교》제103호, 1933년 1월

승려 김태흡이 신의주에서 불교 포교를 위한 강연을 수행하면서 압록강 건너 안동 시가지를 구경한 내력과 귀경길에 평양에 들러 지인을 만나고 고아원 방문, 대중 강연 등의 일정을 소화한 내역을 정리한 글이다. 글은 크게 신의주 매지정(梅枝町)이라는 곳에 있는 불교포교당을 중심으로 강연과 관계 인사를 만난 내용, 낮 시간 동안 압록강 철교를 건너 안동 시가지를 자세히 구경하고 도관과 전각에 예불한 내용, 그리고 귀경길에 평양에 들러 유점사포교당을 중심으로 영명사와 고아원 방문, 부벽루와 을밀대 답사, 대중 강연 등의 내용을 담은 세 부분으로 나누어볼 수 있다

11월 28일 구의주에서 신의주까지 자동차로 이동해 의주여관에 투숙하고 장세국이라는 남선 출신 인사가 개설한 신의주 불교포교당을 참관하고 지인들을 만난다. 이튿날 낮시간 동안 안동현을 구경하기로 하고 아침 일찍 포교당에 들러 장세국 씨를 만난다. 그가 불교 포교를 위해 노력하는 것에 감동하며 이야기를 나누고 저녁에 돌아와 강연하기로 약속한다. 안동 시가지 구경

을 마치고 저녁에 돌아아 포교당에서 강연하고 이튿날 다시 한 번 강연해주기로 약속한다.

안동 시가지 구경을 위해 압록강 철교를 넘는다. 세관원들의 조사를 받고 강의 규모가 크고 철교 일부고 개폐식이라는 사실에 놀란다. 안동 시가지는 경성보다 더 번화한 모습이라 평한다. 안동 시가지가 신시가지와 구시가지로 나눈 것을 보고 각각 일본인과 중국인이 주로 거주하는 것으로 이해한다. 구시가지 중국인 상가에는 밤이면 철책으로 골목을 막아 마적 습격에 방비하는데 신시가지 일본인 상가는 조명이 밝고 일본 경찰이 지키고 있어 마적들이 들어갈 엄두도 내지 않는다는 얘기를 듣는다. 원보산이라는 곳에서 중국식 사찰인 도관이 있는 것을 발견하고 시주돈을 내고 예불한다. 한편으로 압록강변 강둑에 중국인 시신이 아무렇게나 버려져 있는 것을 보고 괴로워 한다. 일본 신사와 공원이 있는 진강산 공원을 구경하고 안동 철도정거장을 구경한다. 시간이 조선 시간보다 한 시간 빠르며 기차 시각을 표시할 때 24시간 형식으로 표시하는 것을 보고 놀란다. 저녁 다섯 시가 되어 다시 철교를 건너 의주여관으로 돌아온다.

신의주에서 이틀간의 일정을 마치고 12월 1일 오후 9시에 귀경길에 오른다. 평양에 도착하자 지인들을 만나기로 한 것을 떠올리고 하차한다. 유점사포교당에 들어가 지인들을 만나고 저녁 식사 후 요청에 따라 불교강화를 해준다. 이튿날 영명사에 가서 절의 규모다 매우 짜임새있게 좋아진 것을 보고 감동한다. 이어 부벽루와 을밀대를 구경하고 다시 교당으로 돌아온다. 저녁에 고아원에 가서 참관하고 "불교의 우주관과 인생관"이라는 제목으로 강연한다. 이튿날 명성학교에 가서 학생들에게 "자비의 극치"라는 제목으로 강화하고 영명사 관계자들과 함께 저녁 식사를 한다. 국경 지방을 순회해보니 서도 지방은 기독교에 염증이 난 청년들이 불교 얘기에 관심을 많이 가지는 듯하다는 소감을 적었다. 일부 내용이 삭제되어 불분명하다.

◇

二十八日 어제밤에 나린 눈이 왼누리를 銀世界로 장식하게 되엿다. 오늘은 舊義州를 등지고 新義州로 出發하는바 自動車部를 나오니 나를 見送하려 나온 손님도 만커니와 어떠한 牧使가 왓다가느라고 그를 見送하려 하야주려 나온 손님이 男女間에 如干 만치를 안타. 失明이 되엿는지 압도 못보는 牧使인 모양인데 信望이 相當한 모양이다. 自動車난 까소링냄새를 피우드니 달리기를 始作한다. 이날은 吉日인지 장가가고 싀집가는 新行하는 패가 여럿이다. 十一時頃에 新義州를 到着하야 義州旅舘을 當到하니 平北妙香山普賢寺의 本山住持 金法龍和尚과 該寺法務 盧相學氏 두분이 드러잇다. 서로 뜻밧게 異常한 곳에서 만나게된지라 如干 반가운 것이 아니엿다. 두분은 道廳의 用務와 該 本山末寺의 視察次로 나온 것이라한다. 이런얘기 저런얘기 하는 바람에 해가 저무럿다. 이곳에는 張世國氏라는 有志紳士가 南道釜山 사람으로 三十年前에 이곳에 와서 開港時代부터 알들하게 治産에 注意하야 只今은 相當한 資本을 갓게되엿는데 氏는 本是부터 信佛心을 敦厚한 故로 自宅一部를 布敎堂으로 充當식혀가지고 萬年寺 深福寺 等 멧절의 연합으로 新義州 佛敎布敎堂이라는 看板을 걸고 佛敎宣傳에 努力한다고한다. 나는 듯기에도 넘어 감사한 일인 故로 저녁을 먹고 梅枝町을 차저서 敎堂을 拜觀하엿다. 應接室과 法堂을 通하야 十餘間을 넉々한지라 人員百五十名쯤은 無難히 收容하겟다. 觀音佛像이 기신데 萬德의 尊相이시다. 佛像에 拜禮한 後 應接室을 드러가니 法侶 四五人이 반가히 마저준다. 그런데 들당선으로 明夜에 講演을 請하겟다고 한다. 그래서 容易하게 許諾하고 밤이 깁도록 談話하다가 旅舘으로 도라왓다. 그리하야 金和尚과 가티 막혓든 積懷를 풀다가 잠이 들고 마랏다.

◇

二十九日 오늘은 安東縣을 구경하기로 생각하얏다. 金法龍 和尙과 盧氏는 義州部廳을 단여서 金剛寺로 出張을 간다함으로 아침에 일즉히 그네들과 作別하고 新義州敎堂을 차저갓다. 그래서 張世國先生을 訪問하려하는 刹那에 氏가 나를 차저왓다. 氏는 比較的 短軀에 캐량캐량하게 생긴 양반인데 퍽연삭삭한 性格을 가진 분이다. 文學으로는 充分하지 못하나 語學으로는 六國의 말을 한다고한다. 만일 氏가 글까지 잘하엿드면 一世이 名人이 되엿슬지도 모를번하엿다. 財産을 직히는이만치 퍽 채림채림이가 儉素하다. 年期는 五十으로부터 六十을 向하는 路中에 잇슬 듯하다. 그런데 佛敎라면 엇절줄을 모를만치 佛敎事業에 佛敎狂말을 듯는다 하며 佛敎를 조와하는 고로 僧侶라면 엇던 僧侶던지 그의 過失을 보지안코 尊敬한다고 한다. 氏는 나를 보더니 못내 사랑하며 멧달 멧칠이라도 가치잇자고 事情을 한다. 그리고 내가 이 敎堂을 訪問한 것이 퍽 반가운 일이라고 致賀하며 이 敎堂을 여려논지 今年 四月 八日부터라 멧달이 되지 못하나 眞實한 信徒가 百餘名이 갓가운데 지금도 차츰차츰 募集되는 中이라고 한다. 氏는 各處로 사람을 보내며 오늘 저녁에 佛敎講演을 드르러오도록 하라고 吩付한다. 나는 이날에 晝間에는 別일이 업슴을 말하고 安東縣구경을 하겟다고 한즉, 崔載聖, 林光洙 兩和尙이 案內하야주겟다고 나선다. 그래서 나는 그네와 가티 떠나서 國際鐵橋인 鴨綠江다리를 건느게 되엿다. 溶々한 江水가 悠然히 흘러나리는데 보지는 못햇스나 마티 楊子江의 一部를 갓다노은듯 朝鮮에서 다른 곳에는 볼 수 업는 江이다. 幅으로 말하면 京城 漢江의 二部半이나 될만한데 물빗의 모양이 마치 바다와 갓다. 그런데 벌서부터 성해가 나려서 집채가튼 氷片이 둥실둥실 떠나려간다. 그리고 그 어름새로 支那人의 떼木도 흘러가고 船舶도 흘러간다. 鐵橋의 欄間이 열두 채나 되는데 가운데 한 채는 開閉式으로 되여가지고 잇다. 이것은 다른 까닭이 아니라 船舶들의 水上往來를 틔여주자는 것

이라한다. 그러나 저러나 그 육중한 것이 機械의 使用에 依하야 斷絶되엿다가 다시 붓게되는 開閉式의 機械文明의 威力이 엇더한 것을 아는 同時에 人間의 힘도 크다는 것을 늣기겟다. 橋上에는 安義兩地에 絡繹不絶하는 손님이 往來하느라고 人力車, 自動車, 自轉車, 步行客, 무엇무엇 하여서 끈어질 새가 업다. 日氣가 치운데다가 江風이 억센 고로 모든 사람들은 다름박질을 하며 단인다. 우리 三人도 줄다름질로 건너가매 마티 國境을 넘어서 쪼겨가는 것갓다. 그런데 步行客보다 타고 단니는 손님들을 더 尤甚하게 警官들이 調査하며 稅關官吏들이 성가시게 구는 모양이다. 우리는 行具하나엄는 單身으로 드러가는 바이라 그들이 와서 어름어름 만저만 보고서 그대로 보내준다. 우리 三人은 新市街地로부터 舊市街地의 끗나는데까지 모조리 구경하며 가기로 하엿다. 新市街는 一番通 二番通 이와가티 數字푸리로 길을 내서 六番通까지 大路가 잇고 그 大路를 中間으로 멧번식을 끈어서 길을 내엿는데 마티 袈裟의 條數나 꼬누판가티 되여잇다. 그런데 新市街地는 大部分 日本사람이 만히 살고 舊市街는 支那人의 部落뿐이다.

◇

　우리 三人은 市街의 복파길인 四番通으로부터 始作하야 舊市街의 곳가지 가는데 中間에서 이리저리 구석 골목을 왓다갓다하며 나아간다. 그런데 安東縣의 版幅을 論하면 京城의 二分一은 실하게 될 것가트며 그리고 市街의 繁昌과 物貨의 豊富는 오히려 京城보다도 나을 것 갓다. 이곳에서 第一먼저 눈에 띄이는 것은 毛皮類이며 支那人의 馬車와 人力車엿다. 그리고 모든 雜貨는 支那사람의 適當한 것뿐이다. 우리는 新市街보다 舊市街를 더욱히 눈익혀보며 또는 컴ㅅ한 골목 가운데도 드러가서 그네의 生活狀態를 注目하야보앗다. 그런데 新舊市街를 比較하야보면 新市街는 밝고 깨끗하고 舊市街는 컴ㅅ하고 沈ㅅ하며 不潔하다. 그리고 商店의 家屋으로보면 舊市街

가 더욱히 雄壯한 建物이 만타. 모다 煉瓦로 지은 것인데 대개 二層三層의
집이 만타. 그런데 舊市街에는 한토막식 끈어저 드러가는 골목入口에 반드시
가시鐵로 맨든 防禦門이 잇다. 그래서 이것을 낮에는 띄여서 다른 곳에 노아
두엇다가 밤이되면 막는다고 한다. 무슨 까닭이냐 하면 馬賊들이 襲擊함을
防止함이라 한다. 이와가티 가시 鐵門을 닷고 武裝한 自警團이 직히고 잇다
가 그들이 번적하기만 하면 무를 것도 업시 射殺한다고 한다. 그럴것 가트면
엇재서 新市街에는 업느냐고 한즉 新市街는 넘어도 電燈이 輝煌하고 日巡警
이 직히는 고로 敢히 그들이 덤비지를 못하는 까닭이라 한다. 우리는 이와가
튼 것을 보고 元寶山이라는 데를 올라갓다. 別로히 훌륭한 山은 되지 못하나
그런대로 支那式의 公園을 꾸며노은 山이다. 그런데 이 山에는 道觀이 하나
잇다. 그리고 그 안에 學校가 잇다. 우리는 道觀인 道廟로 드러가니 相當한
建物이 서잇는데 殿閣額面에는 南海慈雲이니 迷津普濟이니 海天活佛이니
하는 扁額이 부터잇다. 그래서 事務室 가튼데를 차저가서 案內를 請한즉 欲
心이 더덕더덕하게 부튼 五十年期의 典型的의 支那人의 뚱뚱보가 하나 나오
더니 天神 地神 水神 三神을 모서노은 殿閣을 여러노고 초뿔을 피며 香을 한
봉이나 뜨더서 태워준다. 그리고 돈을 노으라고 한다. 그래서 돈을 二三錢노
앗더니 절을 하라고 하며 鐘을 땡땡 처준다. 이곳을 단여나와서 다른 殿閣을
가자고 한즉 다 그런 것이라하며 도모지 가지를 안는다. 웨그러냐고 한즉 獻
錢이 적어서 香갑도 안이되는 까닭이라고 한다. 그럼으로 돈을 더줄터이니
가자고 한즉 헤-하며 조흔낫으로 나서준다. 이번에는 觀音殿을 드려가니 觀
音菩薩像과 準提菩薩像과 地藏菩薩의 等像이 기시다. 그래서 돈을 十錢假
量이나 노앗더니 아주 대단히 조아한다. 나는 三菩薩像에 至誠으로 禮拜하
고 나왓다. 平素에 드른즉 支那의 道觀절은 佛像과 神像을 석거서 모신다고
하더니 그말이 꼭맛는 말이다. 우리 三人은 다시 關公을 모신 殿閣을 가니
이곳에는 浩然正氣라는 額面이 부터잇다. 그리고 赤馬 黃馬의 等像이 서잇

다. 이것을 대강대강보고 그 다음에는 支那人이 사는 속골목으로 드러서 이리저리 도라단이며 밝은 場面도 보고 어두운 裡面도 살펴보앗다. 그런데 놀낼 것은 鴨綠江邊으로 싸올린 築堤가 잇는데 이곳에는 支那人 死體의 遺骸를 그대로 내버려노은 것이다. 그러나 이것을 보고도 支那人들은 無心하다. 新作路가튼 大路의 築堤라. 오고가는 사람이 만컨만서도 木塊나 石塊를 對함갓다. 그네를 無神經한 사람이라 할는지 또는 達悟한 사람이라 할는지는 나는 解釋하기가 퍽 괴로윗다.

◇

우리는 이것을 보고 다시 鎭江山이라는 公園으로 올라갓다. 이곳에는 安東神社와 日本절인 臨濟寺가 잇는데 퍽 公力을 드린 公園이다 드른즉 이 公園은 滿鐵會社에서 數十萬圓을 드려가지고 꾸민 公園이라고 한다. 植物園도 잇고 動物園도 잇고 兒童의 遊劇場도 잇서서 사람이 絡繹不絶하는 곳이다. 이곳에서 安東縣一帶가 一目瞭然하게 보힌다. 이곳에는 忠魂碑가 잇는데 대단히 큰 규묘로 탑을 싸서 모아노앗다. 이 忠魂碑는 日淸日露 兩戰役에 戰亡한 將卒의 死骸燒盡의 遺灰를 奉安한 것이라고 써노앗다. 우리는 이것을 보고 다시 나려와서 安東停車場을 드러가 보앗다. 一, 二等 待合室과 三等 待合室을 둘러보고 플라토홈까지 둘러보앗는데 相當한 施設이라 하겟다. 驛夫와 助手가튼 것은 대개 支那사람인 모양이다. 그런데 나로 하야곰 놀래게 하는 것은 첫재에 標準時計의 時間差違다. 내 時計로는 四時인데 安東驛의 時計는 三時로 잇다. 이와가티 한 時間이 늦게간다. 웨그러냐고 엽헤 사람에 무른즉 朝鮮은 日本東京을 標準함이요 安東은 上海를 標準함이라 한다. 또 둘재에 놀낸 것은 安東驛列車着發의 時間表이다. 午前 午後의 別이 업시 十三時 十六時 十九時 二十一時 二十三時 二十四時 이와가튼 時間이 써잇다. 이것은 무슨 까닭이냐 한즉 一週夜의 二十四時間인고로 그대로 通用함이라

고 한다. 何如間 나는 눈을 둥그러케 뜨고 對하지 안을 수가 업섯다. 우리의
三人一行은 아침 아홉시에 떠나서 해가 떠러질 때까지 安東市를 구경하고
저녁다섯시半이나 되여서 다시 國際鐵橋를 건너서 義州旅舘으로 도라왓다.
그리하야 저녁밥을 마티고 梅枝町敎堂을 차저가니 임의 信男信女가 百餘名
이나 모혀서 나를 기다리고 잇다. 그래서 도거리로 人事한 뒤에 곳 講壇에
올라서서 「彌陀의 本願과 浮土建設」이라는 題로 두시간이나 지나도록 一場
講話를 演說하얏다. 여러 信者들은 모두들 滿足하여한다. 講話가 마티자 茶
啖이 잇엇는고로 十二時가 넘도록 信者와 가티 질겁게 談話를 하엿다. 그런
데 信者中으로부터 「先生가튼 이가 달마다 날마다 올 사람이 아닌즉 明夜一
夜만 더 머물러서 講話를 하여주기를 바랍니다.」이와가티 말하는 사람이 잇
자 一齊히 異口同音으로 請한다. 그래서 나는 固辭不得하야 快히 許諾하고
旅舍에 도라와서 자고 마럿다.

◇

　三十日 오늘은 不可不 新義州에서 묵게되는 날인고로 新義州의 市街를
一巡하기로 하엿다. 朝飯後에 張世國先生의 案內로 學校, 道廳, 府廳, 營林
廠, 稅關裁判所 等의 큰 建物을 모조리보고 또는 市街의 中心되는 店舖所在
地를 一貫하야 보앗다. 新義州는 三十年以來로 새로된 市街地라 묵은 建物
은 하나도 업고 모다 새로 지은 家屋뿐인데 터가 널기를 限이 업다. 마치 大邱
와 가티 된 곳이다. 鴨綠江沿岸으로 벌려잇는 平原인데 無限際로 너른 곳이
다. 그럼으로 市街도 장내성이 잇게 널직널직하게 자리를 잡고 잇는지라 어
데를 가든지 四通五達한 큰길이 노여잇는고로 가삼이 쉬원하다. 우리는 市
街를 一巡하고 高等普通學校압헤 기신 彌勒佛을 親見하게 되엿다. 石像으
로 造成된 佛體가 兄弟와 가티 두분이 나란하게 서기시다. 그런데 몟千年이
나 되신 부처님인지 眼耳鼻口를 刻한 곳이 사라올라서 額面이 어름하게 보인

다. 나는 佛像의게 절을 하고 張氏의게 來歷을 무른즉 張氏는 이와가티 對答한다. 이 佛像은 어느때에 造成되엿는지 그것은 알 수 업는 일이나 이제로부터 七八十年前에 이곳에 사람이 살다가 大江이 汎濫하는 바람에 사람은 죽고 집은 떠나려가고 논밧은 무치고하야 아주 이곳을 屠戮식혓다. 그 後에 空地가 되야 멧해를 지냇스나 大江은 安東縣便으로 물러가고 이곳은 다시 汎하지 안는 고로 百姓들은 제각기 이곳에 와서 제멋대로 占領하고 논도 풀며 밧도 가라먹게 되엿다. 그런데 엇던 사람이 밧을 파다가보니 밧으로부터 이 彌勒像이 나오시게 된지라. 이 어른을 이러케 모서 노코 이곳에 집을 짓고 살게되엿는데 한집식 두집식 집이 생김으로부터 이곳을 彌勒洞이라고 이름을 짓게 되야 지금도 이곳을 彌勒골이라고 하는바 이동네뿐이 아니라 이 新義州全體가 彌勒골이라고 한다. 新義州가 이와가티 佛敎의 因緣이 깁흔곳인데 至今에는 예수교가 第一, 第二, 第三, 第四敎會까지 잇서서 번성하나 佛敎堂은 今年四月부터 내가 하여 논 것밧게 업스니 참 憤해 죽을 노릇이라고 하며 氏는 感慨無量하야한다. 그리고 彌勒님의게 子孫을 비러간 사람도 만타고 한다. 나는 저녁의 講演時刻이 됨을 기다려서 가겟노라 하고 곳 旅舍에 도라와서 原稿를 쓰다가 午後 일곱시쯤 되야 梅枝町을 차저갓다. 信男信女가 송곳꼬질터가 업시 모혀잇다. 그런데 더욱이 感激되는 것은 村에서 꿀에 발들을 하야가지고 드러온 村夫村女가 數十名式 모혀든 것이다. 그래서 나는「釋尊의 救世本懷」라는 演題로 釋尊一代記를 紹介하야 佛陀의 救世本懷를 講說하엿다. 여러 信男信女는 다 처음밋는 信者인만큼 如干한 熱誠이 아니다. 講演이 끗난 뒤에도 質問과 談話가 퍽 길엇다.

◇

十二月 一日 이날은 午後 九時에 여러 信男과 信女의 包圍가운데서 新義州停車場에 나와서 그네들과 作別하고 新義州를 떠나서 서울로 올라오게

되엿다. 京城을 떠난지 임의 一週日 以上이 되엿는고로 궁금하기도 하고 또는 남의 學校의 時間을 마타가지고 넘어도 闕席을 만히 하여서 未安하기도 하다. 그래서 여러가지로 밧분 생각에 急行列車의 더된것을 원망하엿다. 그러나 列車가 平壤에 當到하니 이곳을 그냥 떠나갈 수가 없다. 楡岾寺 住持 金雲岳 和尙과 平壤佛敎靑年會의 有志 尹柱逸, 劉濟奎, 文學善 諸氏가 或은 面請으로 或은 書面으로 平壤傳道를 하야달라하며 언제든지 꼭 한번 나려와 달라고 한 일이 한두번이 아니엿다. 또는 三年前에 이곳을 와서 大々的으로 一週日 以上을 傳道한 일이 잇엇는 고로 넷날의 記憶을 새롭게 이르키는 지라. 如何間 들려가리라 생각하고 下車하야 卽時 電車를 타고 新倉里에 下車 하야 倉田里에 잇는 楡岾寺布敎堂을 차저드럿다. 金寶蓮和尙고 玄瑞鳳 鄭禪翁 三和尙이 반갑게 마저준다. 그런데 마침 華嚴山林에 法會가 열려서 信男信女가 多數히 雲集하야 不時의 盛況을 이루엇다. 그 가운데는 顔面이 익은 信者도 한두분이 아니다. 이럭저럭 이얘기를 하다가 夕供을 마치고나니 첫대접으로 저녁에 佛敎講話를 하야 달라는 것이다. 그럼으로 멧百里의 鐵道에서 부댁긴 몸이지만은 사양하지 안코「信解와 行證」이라는 題로 講話를 하야 마추엇다. 그리고 여러 信者와 가티 이얘기를 하다가 밤이 깁헛는고로 자고 마랏다.

◇

十二月 二日 오늘은 아침에 일즉히 이러나서 洗手拜佛하고 朝供을 마춘 뒤에 玄和尙과 가티 永明寺를 올라갓다. 住持 李雪湖和尙은 出他不在하나 金正完, 崔文錫, 金震培, 鄭興昌 諸氏의 여러 親知가 반갑게 마저준다. 그런데 永明寺가 三年前에 볼때 보다는 아주 딴판이 되엿다. 큰방에도 부텨님을 모시고 嚴淨하게 꾸며노앗으며 法堂에도 祈禱法場답게 嚴肅하게 꾸며노앗다. 그리고 千日祈禱를 始作하야 晝夜로 木鐸聲과 鐘聲이 끈일새업시 精進

을 하는 中이다. 그런데 한가지 놀내게 된 것은 法堂엽혜 노혀잇는 새로 단청한 집이다. 이것이 그전에 못보든 집이라 무슨 집이냐고 한즉 李和尚이 住持로 被任된 後 첫 紀念으로 信徒의게 淨財를 어더서 지어노은 三聖殿이라 한다. 아마 三間이라도 큰 三間이나 되겟는데 썩 잘지은 집이다. 이것만하야도 永明寺의 面目一新을 볼 수가 잇다. 道場의 內外庭園도 淸潔하게 치워노아서 보는 사람으로 하야곰 말근 마음을 갓게한다. 그리고 四集들을 읽는 沙彌僧들이 잇서서 글소리도 갓금갓금 들린다. 玄和尚과 나는 永明寺를 一巡한 뒤에 浮碧樓에 올라서 大同江上에서 부러오는 바람을 쏘이고 다시 乙密臺에 올라서 四隣을 眺望한 뒤에 淸流壁을 나려다보며 실금실금거러서 敎堂으로 도라왓다. 尹, 劉, 文 三先生이 차저와서 孤兒園으로 가자고한다. 그래서 갓더니 첫 注文이 저녁에는 靑年會員과 平壤有志를 爲하야 講話를 해줄것 明日晝間에는 敎堂所屬인 明星學校生徒를 爲하야 講話를 하야줄 것 또 明夜에는 白善行紀念館인 平壤公會堂에서 一般人士를 爲하야 公開講演하야줄 것 等의 注文이다. 그래서 다- 그리하자고 承諾하니 여러 會員들이 번개가티 모든 準備에 敏活하게 活動을 開始하는 모양이다. 孤兒園은 兒童이나 限四五十名 收容되여잇는 建物인데 洋室로 그럴듯하게 지은 집이다. 이것은 尹先生이 苦心努力하야 이루어서 只今은 財團法人으로서 經營하는 바 尹先生이 園의 大小事를 全部 마타보는 고로 佛敎靑年會員의 俱樂部처럼 되여잇다. 그럭저럭 저녁이 되엿는 고로 靑年會員과 有志紳士가 相當하게 敎堂으로 모혀든다. 그럼으로 나는 定刻을 어귀지안코「佛敎의 宇宙觀과 人生觀」이라는 題로 두어時間 게속하야 講義式으로 般若心經을 基本으로 하야 講說하엿다. 講話가 끗나니 暴彈가튼 質問이 四方에서 이러난다. 그래서 모다 答辯하고 房으로 도라오니 여러 信者가 만히 차저와서 佛敎敎理의 討論이 이러난 바 그가운데는 異敎徒가 한두사람 석겨서 必死의 힘을 다하야 敎理相爭의 理論이 展開되여서 한참동안 滋味잇게 싸왓다.

◇

十二月 三日 오늘은 午前 十一時에 布敎堂의 所屬인 明星學校에서 二百
七十餘名의 學生을 爲하야 佛敎에 對한 講話를 하야달라고 한다. 그래서 快
히 承諾하고 멧々先生과 가티 學校를 구경하얏다. 이 學校로 말하면 내가 三
年前에 왓을 때에 터만 사노코 잇든 것인데 그간에 煉瓦建築으로 相當하게
지여 노앗다. 이것 대문에 多少債務가 잇어서 퍽 困難하게 지내오든 것인데
近日에 멧멧 有志의 後援미테서 圓滿하게 解決되엿다고 한다. 校長 尹柱逸
先生으로부터 모든 指揮가 잇엇든 故로 二百七十餘名의 男女生徒가 모혀잇
다. 그래서「慈悲의 極致」라는 題로 한 時半이나 佛敎講話를 하엿다. 강화가
끗난 뒤에 永明寺로부터 金春隱, 鄭興昌, 崔文錫, 金震培 네분이 와서 저녁
이나 한때가티 하자하며 어데로 가자한다. 그래서 따라갓드니 엇던 信徒
의…*別가운데서 갈리고 마랏다. 그런데 이번에 朝鮮國境을 巡廻한바 나의
感想이 되는 것은 어느 곳이든지 佛敎를 밋겟다는 사람이 時々로 느러가는
것이다. 그리고 또 한가지 顯著하게 보히는 것은 基督敎가 西道에 宣傳됨이
오랜이만큼 基督에 물려서 厭症난 靑年이 만은 것이다. 그럼으로 이들은 佛
敎의 이얘기만 드르면 눈을 둥그라케 드고 趣… 사람이 만타. 그런고로 今後
의 … 西鮮地方이 有力하다고 늣 … (끗)

妙香山의 回想

金道泰
《신여성》 7권 6호, 1933년 6월

김도태가 금강산과 비교해 묘향산의 빼어난 점을 중심으로 정리한 글이다.
기행의 현장감이나 사실감은 떨어지나 묘향산에서 볼 수 있는 승경에 대해
금강산과 비교하며 자세히 묘사하였다. 글 말미에는 산의 가치가 사람 많은
곳에 있지 않으면 그 이름이 드러나기 어려운 점을 지적하고 그런 점에서 금강
산이 서울과 가까운 이점이 있음을 말한다.

글의 서두에는 묘향산의 원래 이름이 태백산이었으며 고려조에 와서 탐밀
대사가 안심사라는 절을 개창하면서 향산이란 이름을 붙인 이후부터 태백
이 묘향으로 고쳐졌다고 설명한다. 사대 명산에 대한 청허(서산)대사의 평
을 인용해 묘향산이 장엄할 뿐만 아니라 아름다운 것을 금강산과 비교해 설
명한다.

금강과 비교해 묘향이 표고가 높고 기괴함에서도 금강에 뒤지지 않으며, 사
찰의 수에서 묘향이 금강의 세 배에 이른다고 한다. 사찰에 있어 금강산의 유

점사보다 묘향산 보현사가 역사상으로나 현재 규모에서 앞선다고 지적한다. 또 금강산의 정양사와 묘향산의 상원암을 견주는데, 승경이라는 점에서 정양사는 상원암에 몇 층 떨어진다고 주장한다. 그 이유로 상원암 찾아가는 행로의 험준함, 상원암 주변 풍경이 금강과 다름없으며, 좌우에 천신폭포와 산주폭포가 있고 중앙에 용추폭포가 있는 것을 들어 금강의 모든 경치를 넉넉히 이길 만하다고 썼다. 그러나 금강산은 서울이 가까운 반면 묘향산은 서도에 치우쳐 찾아오는 사람이 적은 것이 흠이라 하였다. 그럼에도 묘향의 자연만은 금강보다 우승한 점이 많오 금강이 이미 속화되고 말았으나 처녀의 묘향산을 구경하는 것은 의의가 깊다 한다. 단군이 났다는 굴, 서산대사와 사명당의 유적, 지하금강 동룡굴을 추천하며, 불자의 말로 내세극락에 인연이 깊은 사람이라야 입산한다는 말이 있다는 것도 덧붙인다.

　　再昨年에 다녀온 나로서는 그동안 모든 것을 忘却하여버리고 머리 속에 어렴풋하게 남어잇는 記憶으로 다시 한번 回想하기가 매우 困難한 일이다.

　　그러나 稀微한 기억이나마 이 아래에 생각나는 대로 無秩序한 그대로 적어보려 한다.

　　이 山의 本名은 太白山이다. 太白이라함은 白頭山도 太白이요. 慶北 奉花에도 太白山이 잇다. 그러면 엇지하야 그와가티 太白이 여럿이 잇느냐 하면 本來 白頭山이 太白山이엿는데 우리 祖先들이 이 山附近에서 살다가 차츰 半島로 來往할 쩨에 故鄕의 山名을 짤아 지은 것이나 안인가 하는 推測이 잇다. 그러타면 太白山이 여러개 되는 것이 無理도 안인듯 하다.

　　그러면 太白山이라 하든 것을 어느 쩨에 妙香山이라고 곳첫는가. 이것은 至今으로부터 約 九六六年 高麗 光宗 十九年(西曆九六八年 戊辰)에 探密大

師라는 이가 이 山에 들어와 安心寺라는 蘭若(절)를 刱建하고 香山이라는
일홈을 붓친 後부터 太白이 妙香으로 곳처진 것이다.

山의 位置는 平北 寧邊郡을 中心삼아 平南北에 蟠坐하엿고 여러 峰中에
毘盧峰이 第一놉다.

我東에 四大名山이 잇스니 東에 皆骨(金剛)이 잇고 西에 九月山이 잇고
南에 智異山이 잇고 北에 妙香山이 잇다.

이 山에는 普賢菩薩이 常住하는 곳임으로 娥媚山이라는 別名을 가젓다.

淸虛大師(西山大師)의 四山評을 보면

金剛은 秀而不壯하고 智異는 壯而不秀하고 九月은 不壯不秀하고 妙香
은 亦壯亦秀라 하엿다.

淸虛大師의 評은 너무나 偏見이 안인가 하는 疑問이 잇슬지도 모르겟스
나 그의 來歷을 보면 몬저 智異山을 보고 다음 金剛을 보고 那終에 妙香山에
서 餘年을 맛추엇슨즉 淸虛大師의 評이 決코 誇大한 評은 안이다.

우리는 지금 金剛과 妙香의 長短을 比較해보는 것도 滋味가 잇슬 듯 하다.

위선 金剛이 秀而不壯이라 하엿스니 그 놉피를 比較해보면 金剛의 毘盧
峰은 一三八六米요. 妙香의 毘盧峰은 二二二九米다. 그러고본즉 妙香의 優
越한 것이 確實하며 깔아서 壯嚴하기로 金剛보다 나흔 點도 證明되는 바이다.

그 다음 金笠의 金剛時에 奇奇怪怪奇奇裡. 人仙鬼佛總相疑. 平生詩爲
金剛惜. 詩到金剛不敢詩. 라 함과 가티 果然 金剛의 奇怪야 天下無變이라는
것은 누구나 肯定하는 바이다.

그러나 妙香의 奇怪를 보아라.

上元庵의 뒤에 둘너잇는 白玉가튼 諸峰은 金剛의 新舊萬物相을 한데 묵
거노은 것보다도 더 奇怪한 景色이 싸여잇다. 壯嚴하기로는 妙香이 第一이
요. 奇怪하기로는 金剛 妙香이 同列에 處하게 된즉 妙香이 加一點한 勝利를
엇을 것이다.

셋째로 寺刹의 數를 보쟈.

東國輿地勝覽에 金剛內外山共有百八寺라 하엿고 妙香山中有三百六十虛이라 記載되여잇다. 이것으로 보면 金剛은 妙香의 三分一도 못된다.

楡岾과 普賢兩大寺는 모다 朝鮮에 有名한 巨刹이다. 楡岾寺는 關東의 大本山이요. 普賢寺는 關西의 大本山이다. 普賢寺의 古記를 보면 李朝時代의 朝鮮佛敎의 總支配權을 가젓든 곳으로 歷史上으로나 現在의 規模로나 到底히 楡岾寺가 쌀으지 못할 點이 만타.

그리고 正陽寺와 上元庵을 견주어 보면 正陽寺는 金剛의 焦點이라 할 만한 곳이다. 金剛의 諸峰을 一目瞭然하게 굽어볼 수가 잇스며 開雅한 點이라든지 天下의 勝景이라 함은 金剛을 보는 사람은 누구나 嘆賞치 안을 이가 누가 잇겟는가.

그러나 妙香의 上元庵에 比하면 正陽寺의 勝景이라는 것은 멧層 떨어지지 안을 수 업다.

爲先 普賢寺에서 上元庵 차저가는 行路의 險일나 金剛의 新萬物相 가는 길과 類似한 골이다. 그것이 表訓寺에서 正陽寺 가는 類가 안이다. 途中에 引虎岾라는 골이 잇스니 古記에 「上元前有引虎岾昔時無路夏五月雨雪有虎細雪而上從以開經故名」이라 하엿스니 옛날에는 人跡不到處 卽 通行하기 어려웟든 곳임을 알 수 잇다. 至今도 그곳에는 鐵索을 붓들지 안코는 올나갈 수가 업게 되엿다.

上元庵에 올나 안저보면 뒤에는 新舊萬物相의 諸峰과 가튼 모든 峰列이 노피 노피 소사잇고 압흐로는 正陽寺에 金剛의 諸峰을 바라보는 그것과 가티 妙香의 諸峰이 그 압헤 總集하여 잇슴을 볼 수 잇다.

庵子의 右便에는 天神瀑가 約三町此便에서 흘너나리는데 그 흐르는 模樣은 九天에서 銀河의 一端이 쏘다저나리는 듯하다. 그 놉피는 約 二〇〇尺.

左便에는 散珠瀑가 잇는데 數十길우에서 큰 岩石에 부드쳐 떨어지는 물

은 億이랄가 萬이랄가 數업는 白珠가 방울방울 훗터지는 光景은 참으로 形言할 수 업다.(高約一○○尺)

中央에는 龍湫瀑가 잇다. 이 瀑布는 妙香에서 第一 노픈 瀑布. 高가 三○○尺.

金剛의 九龍瀑에 匹儔할 만하다. 削壁에 흐르는 물은 白龍이 굽을 거리는 것과 恰似하다.

金剛의 諸峰을 굽어보는 그 點으로만도 金剛의 核心이라고도 하고 天下의 絶勝이라고도 하는 正陽寺야 말로 絶勝안인바 안이지만은 妙香의 上元庵은 妙香의 諸峰을 總察하는 點만도 正陽보다 못하지 않을 터이지만은 그 우에 萬物相이 둘러잇고 三大瀑布가 흘너가는 그 中央에 位置를 定한 이 上元庵은 다시 업는 絶世의 勝景이다. 이 上元庵 한아로도 金剛의 모든 景致를 넉넉히 익일 수 잇다.

그러나 아모리 名山이라 하더래도 사람 만은 곳이 안이면 일홈이 들어날 수가 업다. 金剛은 朝鮮의 首府인 京城이 갓가운 關係로 古來로 文人 墨客이나 紳士淑女들이만이 尋訪하엿슴으로 그들의 筆舌로 만이 宣傳하여준 德澤으로 그의 名聲이 世上에 들어낫지만은 妙香은 西道의 一隅에 偏在하엿슨즉 오는 사람이 自然히 적엇섯다. 오는 사람이 적은이 만치 일홈이 宣傳되지 못한 것이 事實이다.

또한 李朝時代에는 西道사람을 매우 劣等視 하는 惡風이 잇슨즉 사람도 그리하엿거든 더구나 山川이야 더 말할 수 업섯다.

그리고 金剛山은 지금 交通이 매우 便利하게 되엿다. 안저서 長安寺까지 가게 되엿스니 오작이나 便利하게 되엿는가. 그러나 妙香은 지금 가려면 京義線 新安州驛에 나려서 价川線을 밧구어타고 价川軍隅에서 下車하야 淸川江의 上流를 씨고 六十里를 가면 球場里라는 山中 小都會處가 잇다. 그곳은 世界第一의 地下金剛이라는 蛛龍窟이 잇는 곳이다. 그곳서 다시 六十里를 가면 月林江에 到着된다. 月林江 건너 約 十五里 가면 普賢寺에 이르나니 비로소 探景을 始作하게 되는 것이다.

그러나 妙香의 自然만은 金剛보다 優勝한 點이 만코 金剛은 임이 俗化되고 말앗스나 幽閒貞靜한 處女의 妙香山을 구경하는 것은 기픈 意義가 잇슬 줄로 確信하는 바요. 우리 先朝들을 統治하시든 檀君의 나섯다는 窟이라든가 壬亂에 功이 만흔 西山大師 그 後 日本에 修交使로 갓든 四溟堂의 遺蹟을 찾는 것과 世界第一의 地下金剛이라는 蝀龍窟을 兼하야 一次 차자보는 것이 조흔 것이요. 佛者의 말이지만은 妙香에는 來世極樂과 因緣이 기픈 사람이라야 入山한다는 말이 잇스니 或 우리가 來世極樂에 갈만한 因緣을 짓기 爲하여서라도 一次 가는 것이 조흘 줄로 생각하야 橫說竪說로 적는 바이다.

尋寺巡禮記 (一)[*]

張慧月

《불교》107호, 1933년 6월

장혜월이 평안도 일대의 사찰을 순례하면서 사찰 소개와 함께 해당 지역의
불교 진흥 사업 양상과 교세 등을 소개하는 기행문이다. 본문 내용에 따르면
불기 2960년(서기 1933년. *이 글에 사용되는 불기는 1966년 이전에 사용되
는 북방불기에 따른 표기이다.) 2월 22일부터 3월 16일까지 거의 한 달 여에
걸친 기록이다. 전체 구성은 일지 형식으로 날짜별로 이동한 내역과 활동 사
항, 동반한 사람 등을 수록하는 방식이다. 두 편으로 나누어 연재했다.

1편의 내용은 여정을 출발하는 1933년 2월 22일부터 2월 28일까지의 기록
이며, 평안북도 구성군의 길상사, 서산포교당, 만년사, 동림사지, 태천읍 양
화사포교당, 영변 학귀암, 영변포교당 등을 답사하고 있다. 길상사는 육백여

정보의 삼림과 오백여 두의 수입이 있는 사찰이며 대웅전이 웅장하고 도량도 청정하다고 썼다. 서산포교당에 가는 길은 시인 김소월, 신도 홍병일과 동행한다. 서산포교당에서는 인근 신덕동 서산학원과 냉정학원 생도에게 동화를 들려준다. 서산포교당이 대정14년(1925)에 건립되었다고 소개했다. 삼국시대 고찰로 유명하던 동림사가 폐사가 되어 터만 남은 것을 보고 동지에 포교당 건축이 필요하다고 역설한다. 태천읍에서 양화사포교당을 방문하고 관계자들을 만난다. 양화사도 탐방하는데 평북에서는 묘향산 보현사 다음이이며 연 수입이 칠백여 석에 이르러 태산군에서 일등이라 소개한다. 영변포교당 건립에 공이 큰 스님과 인물을 소개한다. 영변포교당은 대정15년(1926) 준공되었으며 신도 수가 증가하고 소년단과 소녀회까지 있다고 소개한다. 아울러 탐방하지 못한 국청사 포교당에 관해서도 소개하였다.

佛紀 이천구백육십년 이월 이십이일 律灰自動하야 天時相崔하고 暖氣方歸하니 地脉이 先知라 一支嶺梅는 己綻雪中한데 百種園花는 猶待春風하는 初春佳節을 卜하야 尋寺巡禮의 길을 떠낫다 崔七根君과 동행하야 姜邯贊의 勝地인 功秀山을 끼고돌아 天劍山下吉祥寺로 가는길에 龜城郡梨峴面大安洞和信少年會員四十三名의게 約二時間동안 童話를하여주고 吉祥金鑛의崔允涉兄을 찾저보고 吉祥寺 洞口를들어가니 蒼松의千支萬葉에는白雪이 안저서 百花滿發의 別境이되여잇고 때々로 寒風이불어치며 윙-하고 가지가지가소레를친다 吉祥寺에 倒着하니 林和尙은 出他不在함으로 法堂에들어가 佛前에拜禮하고 歸路에登하엿다 吉祥寺는 六百餘町步의 森林과 五百餘斗의 收入이잇는 寺刹이다 大雄殿도 雄壯하고 道場도 淸淨하더라

二月二十三日 單身으로 行裝을차려 西山布敎堂으로 가는길에 「진달내꽃」티라는 詩集까지 發行한 金素月兄과 信徒 洪炳一氏를찾다 兩氏가다-佛

敎信徒로 洪氏는 아이들이잡은새를사서 노아주엇다는 逸話도잇는이며 本是學者라 佛敎書籍을 多讀하기로는 언만흔 僧侶보다 나으신이다 雲溪布敎堂建築件에 對하야 約一時間假量討議하고 金素月兄宅에서 點心을먹은後 新德洞西山學院生徒五十餘名의게 童話를하여주고 西山布敎堂附近冷井學院生徒四十餘名의게 亦是童話를하여주고 布敎堂을차저가니 布敎師 車抱山스님은 龍天方面에 傳道의길을 떠나시고 아모도업슴으로 百八契長金龍煥氏를차젓다 金龍煥氏는 實業家로 有名하야 現西山公立普通學校期成會副會長이요 養蜂組合長及洞區長을 兼任하야 面內信望이 敦篤할뿐아니라 佛敎獨信者로는 龜城郡內의 模範信徒이시다 念珠는자나깨나놋는적이 업고 家族一同이 朝夕誦呪를한다고한다 이 西山布敎堂은 龜城郡西山面大星洞에 在하니 여긔서는 龜城萬年寺前住持金俊洽和尙의 功績을 써야되겟다 金和尙은 佛敎를위하야 熱烈히活動하는 靑年으로써 佛化事業에 獻身的이다 內로는 寺院의 整理와 道場淸淨에盡力하고 外로는 信徒募集에 努力하야 全部信徒八白餘名에達하여 官界市井을莫論하고 山部僻地로하여금佛陀의 慈悲生活에잠기게하여 一見佛界와 如하다 그래서 西山布敎堂도 純全한金俊洽스님의努力으로 創立된것으로써 工費 六白餘圓을投한 瓦家朝鮮式으로 大正 十四年十月二十五日에 奉佛式을擧行하엿다한다 目下信徒三白餘名으로 敎徒中金龍煥氏의 熱心은 實로讚揚할만하야 布敎堂建設도 同氏의힘이 不少할뿐아니라 布敎堂基地도 無償提供하고 薪炭도 金氏의 負擔이라고한다 더욱이 同敎堂에 佛供하는이는 擧皆所願成就하야 隣近에 名聲이자자함으로 앞으로益々發展할줄로 確信한다 金氏宅에서 夕飯을 먹고 西山布敎堂에서 十五里假量이나되는 萬年寺를 訪問하는 途中 前住持金俊洽宅을 訪問하니 金和尙은 多年間나의게 鞭撻의 勞를잡든이로서 敎界에대한 現狀及雲溪布敎堂建築件에對하야 彼我間 隔없이 披露하면서 萬年寺를當到하야 新住持金龍海和尙을차저보인 後 約一時餘의 法談을謹聽하얏다 多

年妙香山普賢寺構內眞常學校及香山學院에서 敎鞭을잡으시든것이라 圓光和尙의 俗人五戒(一事君以忠, 二事親以孝, 三交友以信, 四臨戰無退, 五殺生有擇)를말슴하여주시며 더욱히佛敎를미드랴면「중」(比丘)이되지안으면안되는것이니 十戒를基礎로하고 念佛과參禪을 本業으로하야 살어서는 此世의 善人이되고 死則極樂世界에往生하고 又惑生時에 見性悟道하야 無量한 法樂을 눌이는事를銘心하야 그대로행하여야한다는말슴을듯고 屈岩寺監院及金俊洽兄의 案內로 信徒申金宋氏經營인 龜城旅館에投宿하다

二月二十四日 近日東京서 歸鄕한 張德賢兄과 同行하야 東林寺基趾를 차저가니 東林寺는간곳업고 빈-터만남아잇다 羊腸九曲인 一洞天이다 아마 東林寺時代에는 分明한 別有天地로 初見의 俗眼을驚異케하엿을 것이다 山監張賢吉씨 引導로 金谷洞許區長을차저 東林寺의 略歷을무러보니 本是東林寺는 三韓古刹로 麗山東林으로 有名하야 龜城八景에들뿐만안이라 伽藍도 莊嚴하던 것이 張俊斗住持當時에 獨立軍의 被害가잇엇고 趙梵音住持當時 廢寺가되엿다고한다 金谷洞서 約二十里나되는 東山新市를와서 李枝壁兄宅에 投宿하다 夜間은 金張兩書記의 來訪이잇서 東林寺趾에布敎堂建築을力說하다 朝鮮佛敎는 對內對外의모든점을보아 危機에 濱하야잇는 것이 事實이다 對內的으로는 僧侶의 不統一 寺刹債務의 增加 財團法人의 不充實等이요 對外的으로는 反宗敎思想의 瀰漫 一般社會로붙어의 疎遠等이라 이러한 內外多事의 秋에 際하야 相助協力하야 千五百年의 久遠한 歷史를가진 朝鮮佛敎로하야금 苦海衆生을 濟度함에 文子그대로의 寶筏이되여지는 것이다

二月二十五日 東山新市를 出發하야 泰川郡西面石城洞 李晃柱兄을 차젓다 本是東京서 五六年을 갓이잇든 親友라어떠케반기여마저주난지 온 家族의반겨하시며이런 深山幽谷에어떠케찾어왓느냐고 일변 點心을하며 일변 蓄音機를튼다 퍽어나어수선하다가 點心을 畢한 後에 三人이 空氣銃을가

지고 뒷산에올나가서 陽地邊잔디밧헤안저서 遠近의 山川을 望見하다가 一大論爭이나섯다 主人李兄은 天道敎系統이요 同行인 德賢兄은 無宗敎派요 筆者는 佛敎便이라 長時間의 論戰을하다가 서로 呵呵大笑하고 말엇지만은 筆者의 說往說來한 要領은이러하엿다 朝鮮에 在하야 最高한 者-何 最美한 者-何 世界的으로 矜*되는 者-何 學術上光輝잇는 者-何요하면 一曰佛敎的 遺蹟이요 二曰佛敎的産物이라할지니 千載의 暗塵이 愈往愈塞하야 有萬의 奇偉가 形神이 兩亡하엿슬망정 國寶-홀노 此中에 存하고 民粹-오히려 此裡에 餘한지라 繪畵彫塑-然하며 建築製造-然하며 *煤한 一券經이라도 然하며 剝苔한 一片碣이라도 然하며 一區의 勝景과 一座의 屋間도 古色과 佳譽를 保有한 者난 總히 佛陀의 慈光을 被한 者안임이업도다 抑又佛法은 原來 無邊함으로 世界萬古에 有名한 學者들이 哲學科學心理學等을 間斷없시 橫竪說去할지라도 究竟에는 世尊의 說하신바 範圍以內에 一斑을 窺得키 不能한지라 彼儒敎의 福善禍凶은 佛敎의 做人受報요 彼道敎의 修養心神은 佛敎의 息忘修心이요 彼仙敎의 離脫邪念은 佛敎의 欣上淨妙利 壓下苦*障이요 彼婆羅門敎의 梵呪祈禱는 佛敎의 誦呪供齊요 彼回敎의 來世福樂은 佛敎의 往生天道요 彼火秩敎의 陰陽善惡은 佛敎의 善惡業報요 彼基督敎의 永生天堂은 佛敎의 人天因果에 不過할뿐임으로 彼道敎主老子도 釋迦牟尼佛을 吾之師라하얏스며 孔子도 西方에 有大聖人云하얏스니 佛敎는 宗敎의 宗敎요 釋尊은 聖人의 聖人이라 故로 人中聖은 孔子요 天中神은 耶蘇요 人天大導師卽天中天聖中聖은 오즉 三界大導師요 四生慈父이신 釋迦牟尼佛인 則 今日과 如히 人類의 知識이 漸次로 發達하야 社會의 秩序가 漸々複雜하여지고 許多한 宗敎가 發生하야 惑은 上帝를信한다 惑은 天主를侍한다 惑은 玉皇을 親見한다 惑은 太上老君을 迎接한다 形々色々으로 昨日에 一人이 刱一敎하고 今日에 一人이 刱一敎하야 自家의 門戶를 開放하며 自家의 旗幟을 堅立하야 聰明士流는 岐路에 彷徨하며 愚夫愚婦는 外道魔窟에

顚沛出沒하야 宗敎界에 一大修羅場을 形成한 此時라 大力量大勇氣로 勤精泮新하고 磨拳擦掌하야 魔雲을 一掃하고 慧月이 圓現케할나면 오직 佛敎를 信仰하야 佛法僧三寶에 歸依함만 갓지못하다고 力說을하엿다

　二月二十六日 張德賢兄은 龜城邑으로가고 李晃柱兄과 同行하야 約二十里나되는 泰川邑까지오며 白頭登山의 行程及準備를뭇기에 筆者는登山經驗을보아 大綱말을하여주엇다 陽和寺布敎堂을 방문하엿다 布敎師金龍波스님은 信徒宅葬禮에가시고 財務宋宗善스님과 法務明濟漢스님과 마츰 陽和寺山監李宗弼스님도 邑에보실일이잇서 나려오섯슴으로 반가이찾어보입고 佛敎誌를보고 잇노라니 布敎師스님이오시서 點心을 가저다주심으로 먹고 數日間新聞을 가지고 陽和寺로向하엿다 陽和寺布敎堂은 泰川邑中央에現立하야 規模壯大하기로 有名하고 前住持金承法스님의 敏活한 計劃으로 工費一萬四千餘圓을 投하야 大正十五年에建築한바 輪廓의 極妙하고 佛像丹靑等이 精緻莊嚴하야 郡內의 雄大한 建物이라고한다 눈을마즈며 陽和寺洞口를다다르니 白樺落葉金松雜木들이 落葉은되엿슬망정 빽々이돌여선 가운데를 한참을나가노라니 金碧丹靑이 燦爛한 香積山陽和寺에到着하얏다 伽藍도 平北에서는 妙香山普賢寺의다음이요 平北末寺의 首班地라 年收入七百餘石으로 泰山郡一等이라고한다 맛츰 强盜事件으로 東面駐在所首席이 왓다가는모양이며 住持康圓月和尙과 鄭監院과 前太和學院敎師金丙善스님과 前見性庵監院方聖杰스님을 차저보입고 夕飯을 筆한 後에 여러스님내와갓치 이야기를하다가 十一時傾쯤되여 住持和尙이 十里나되는 곳에사람을보내여 국수를 사다주시여 感謝히먹고 睡榻에就하야 夢中客이되엿다.

　二月二十七日朝 鐘聲에잠을깨여 洗手를하려나아가니 밤새도록싸인눈이 全山萬樹에 白花를피여노코 萬岳千峯이 銀世界를形成하엿다 法堂에단여나와 早飯을 畢한 後에 떠나려하니 여러스님내가 挽留도할뿐아니라 參考

書籍도 있고 눈도와서 길이험하겟기에 하로묵어가게하고 權相老和尙著朝鮮佛敎史略史에서 西山大師에 關한 分을 抄하여보앗다

二月二十八日 陽和寺를떠나 武昌市와 八院市를지나 詩人墨客과 才子佳人의 足跡이 連絡不絶하는 藥山東臺下鶴歸庵을차저올나가니 絶岩翠壁이 遠客의 初眼을 驚異케하는 一個庵子가잇으니 이곳이鶴歸庵이라 住持朴月周和尙을차즈니 赴任初頭임으로 萬般가지가 未備하나마 一夜宿泊을하고가라고하시지만은 一時라도 速히鄭布敎師를맛나보고 싶허서 저녁을먹고 달밭에 寧邊邑을향하엿다 寧邊布敎堂을차즈니 鄭潤海和尙이게심으로 關西佛敎社復興策을 講究한 後 布敎狀況을 請問하엿다 同布敎堂은 平北의 鐵甕城인 寧邊城內에 在하니 布敎師鄭潤海스님과 監院鄭現月스님의 熱心으로 目下信徒數가 男四○○人女五○○人으로 年增加하는 趨勢이며 少年團과 少女會까지잇고 樂器도모다 具備되여잇다 同敎堂의 創立은 大正十四年四月에 現普賢寺拷問 朴晉峰和尙及 趙梵音 康圓月金月峰和尙등 諸氏의 活動으로 工費八千圓을 投하야 大正十五年二月에 竣工된 大建物로써 寧邊城內에 一異彩를 呈한다 又鄭布敎師의 活動으로 八院面石城洞에 天佛寺布敎堂을 本敎堂의 支所로 設立한바 信徒三百餘名으로海月出場布敎를한다 朝鮮의 各宗敎界를보면돈이업고 貧弱하여도 그들은홀륭한 敎堂을세워놋코 相當히布敎를하여니아간다 如何間 우리 佛敎에서도 雨後竹筍처럼 到處에布敎堂이 建築되는바 특히 各本末寺住持의 熱誠을바란다 今番巡禮에는 尋訪치못하지만은 平安北道에第三位의 稱이잇는 國淸寺布敎堂은 京義線車輩舘驛前에在하니 同寺住持韓性海스님의 努力으로 工費九千二百圓을 投하야 大正十四年八月에 起工하야 同十五年十月에 竣工된 廣大한 建物이잇고 新義州張世國 舊義州李允根 江界金月峰 中江鎭 尹自難諸氏의 活動으로 布敎堂을 建築하고 敎化事業과 衆生濟展에 努力하야 實跡을 擧한다고하니 關西佛敎界의 欣幸할일이다

尋寺巡禮記 (二)

張慧月

《불교》 108호, 1933년 7월

장혜월이 평안도 일대의 사찰을 순례하면서 사찰 소개와 함께 해당 지역의 불교 진흥 사업 양상과 교세 등을 소개하는 기행문의 2편이다. 2편은 3월 1일부터 16일까지의 기록인데 영변을 거쳐 서산대사의 탄생지가 있다는 안주를 탐방한 다음 영변 인근의 여러 사찰을 순례한 사실을 적고 있다. 먼저 3월 5일까지 영변읍내 영변포교당에 머무르면서 포교사 스님에게 '서산대성 찬영회'를 설립해 기관지 발행 등을 도모해보자는 제안을 하나 시기상조이고 중대한 문제라 사사로이 결정하기 어렵다는 대답을 듣는다. 이어 영변불교소년단의 창립과 활동에 관해 소개하고 영변의 명승지인 약산대와 천주사를 구경한다. 동관암을 참관하고 부인 신도들에게 강화를 하는 등의 일정을 소화한다. 3월 6일에 자전거로 북송리역으로 이동하고 이튿날 3월 7일에 안주로 이동한다. 안주에 관해서는 수나라 침입 시 을지문덕 장군이 청천강에서 홀연히 나타난 칠불의 가호로 수나라군을 전멸시켰다는 설화를 소개한다. 청천강

안에 자리한 백상루를 참관하고 칠불사로 이동한다. 칠불사에서 서산대사 탄생지가 동면 서산골에 있다는 말을 듣고 찾아갔으나 아무 유적도 없고 그에 관해 아는 사람도 없어 영변으로 돌아오는 귀로에 오른다. 영변 독산면의 차홍균이라는 사회사업가 집에서 一泊하고 그의 활동을 소개한다. 독산공립보통학교 뒷산에 있는 차 선생 기념비를 구경하고 영변으로 돌아와 약산 동대를 구경하고 이어 樓雲寺를 방문한다. 저녁에 강습소에 가서 불타의 성훈이라는 제목으로 강화한다. 3월 9일에 이명로 스님과 자전거로 오봉사로 이동한다. 오봉사에서 감원 안덕연 스님에게 전 주지 박무착 스님의 천도기도회에 관한 이야기를 듣는다. 박무착 스님이 일경의 독립단 수색에 저항에 절문을 열어주지 않는 중에 일경이 총을 난사해 사망하고 이후 그의 유혼이 절에 떠돌았으나 현재 주지의 천도제 이후에는 나타나지 않는다고 한다. 3월 10일 부처님 열반일에 눈이 많이 내리고, 절에서 좋은 조반을 먹는다. 이튿날은 명로 스님의 병이 위급해 야간에 사하촌에 두고 온 약 가방을 가지러 혼자 내려간다. 눈이 깊고 길이 험한 중에 오봉사 뒷산에는 호랑이도 있다는 말을 들어 여러 가지로 겁을 내며 겨우 약가방을 가지고 돌아온다. 12일 눈이 녹자 봄이 오는 것을 느끼고 만해 스님의 불교지 권두언을 떠올린다. 무서운 겨울 뒤에 바야흐로 오는 새봄이 향기로운 매화에게 첫 키스를 주듯 우리도 새 봄을 맞기 위해 모든 것을 제 힘으로 창조하는 용자가 되자는 내용이다. 만해의 문장이 읽을수록 폐부를 찌르는 것 같고 흰 색 중의 검은 점이 대조 작용으로 시작 효과를 주는 것과 같다 평한다. 3월 13일 오봉사를 떠나 백벽산 견성암으로 이동한다. 견성암은 청결하고 한적미가 있고 소쇄정돈이 잘 돼 있다 느낌을 받는다. 다음날 견성암에서 10리 가량 떨어진 원적사를 방문한다. 원적사에는 서산 삼대조라는 남아대사(嵐峩大師) 비가 있다. 원적사는 원래 유서 깊은 삼국시대 고찰이었지만 오랫동안 주지 없는 절로 지내다 근년 화재로 대웅전이 타고 산신각과 칠성각 등 재실만 남은 것을 현재 주지 김월봉 스님과 감원

최순근 씨 열성으로 법당을 창건하고 불사를 겸행하여 구면목을 다시 보게 되었다는 내력을 적는다. 인근에 있는 우천 약수를 탐방한다. 우천 약수는 원적사 창건 당시 주인 없는 황소 한 필이 나타나 절 준공 시까지 기와를 운송해 주다 발병이 나 굴레를 벗겨주었더니 이 약수를 찾아놓고 종적을 감추었다는 설화를 가지고 있다. 3월 15일 밤새 내리던 눈이 개이지 않은 중에 계획한 대로 견성암 뒤 백벽산 등산을 혼자 시작한다. 등산로를 벗어나 능선을 통해 관음봉 정상을 올라 광대미려한 장관을 구경하고 견성암 만만세를 삼창하고 하산을 시작한다. 그러나 이미 길을 잃은 상태라 되는대로 내려오다 완전히 길을 잃고 겨우 인가를 찾아 한운룡 씨 댁에 투숙한다. 이튿날 원적사로 돌아가는 산길을 포기하고 운산읍으로 나와 견성암으로 가는 칠십 여 리 길을 통해 돌아온다. 여러 스님과 기도객들이 죽은 사람이 돌아온 양 반겨준다. 모든 사람들에게 걱정 끼침을 사죄하는 한편으로 견성암 관음대성의 가피 묘력 덕분이라 한다. 견성암 이름을 통해 견성의 의미를 논술하고 글을 마무리한다.

三月 一日 아츰 自動車時間에 未參되여 安州로 가지 못하고 寧邊서 묵게 되엿다. 同鄕 張丙日君은 齒科醫로 僅萬餘圓을 잡엇스니 丙日君의 立場으로써는 成功이라고 할 수 잇다. 今日은 寧邊市日이라 市場을 一巡하고 布敎堂에 가니 寧邊 農業學校長이 와서 布敎師 스님은 法堂에 들어가시고 忠南 瑞山 天藏寺僧인 李學聖스님을 맛나게 되엿다. 李和尙은 鮮滿關門인 新義州水道局 뒤에다 淸溪寺를 建築하다가 經費不足으로 賣藥을 하야 竣工코저 하는 熱誠을 잇는 靑年僧侶를 맛나 說往說來하노라니 校長夫婦는 가고 布敎師 스님이 들어오시기에 西山大聖 讚仰會々則草한 것을 보입고 關西佛敎社의 復興보다 本會를 創立하고 附帶事業으로 機關紙를 發行함이 엇더합닛가

하니 아직 時機尙早일뿐안이라 이런 重大事는 輕々히 斷案을 나리울 것이 못되고 本寺住持及宗務所諸和尙과 議論 後가 안이면 對答할 수가 업다고 하시더라. 妙香山 普賢寺는 關西의 絶勝한 大伽藍이요. 西山大師는 其山에 對한 開山第二組라 하겟고 香爐峰上에 石枕을 도두어베고 塵世를 굽어보든 西山大師의게 逆臣 汝立上 그와 무삼 干連이며 妖僧 無業은 그와 무삼 嫌隙 인가. 積年에 修養을 得한 身으로 一朝에 縲絏의 苦를 被하얏다가 一枝의 竹과 數句의 張本이 되야 龍蛇의 變에 口輿가 播遷함애 毗猍의 場에 虎錫이 振鳴하야 七千의 僧兵을 驅하야 百萬의 大軍을 當하니 戰袍는 袈裟요 武器 는 錫杖이로되 能히 大聲疾呼하여 能히 攘臂橫行하얏스니 그 膽略은 如何하 며 그 氣魄는 如何한가.

三月 二日 鄭布敎師스님과 關西佛敎社記者이며 寧邊佛敎少年團長 梁 基炳 氏의 挽留로 日曜日까지 寧邊邑에서 滯在하게 되엿다. 寧邊佛敎少年 團의 創立은 佛紀 二九五七年 九月 四日이엿다. 그 以前에는 寧邊에 少年團 이라고는 업섯다. 그럼으로 本少年團은 群星中의 明月과 갓이 그 勇姿를 出 現하야 健全한 發達로 나날이 자라난다고 한다. 더욱이 佛陀의 大慈大悲아 래서 꾸준히 마음을 딱고 實行을 바르게 하여 內로는 自我의 修養에 努力하 고 外로는 一切衆生을 濟度하는 慈悲心을 體驗하는 그 精神이야말로 一般 少年團體에 업는 일이다. 佛敎의 各紀念日에는 歌劇 講演 等을 公開하야 佛 陀의 根本精神을 中外에 宣揚하며 團員五十餘名은 擧皆佛敎에 入敎式을 擧行하여 言行共히 少年의 義務를 實行하며 巡廻布敎와 夜學說敎를 隨時 開催하야 少年團의 根本的을 貫徹하기에 不斷努力한다.

三月 三日 藥山臺와 天柱寺를 구경하얏다.

三月 四日 今日 布敎堂에서 朝鮮佛敎略史에 依하야 義僧軍略史를 뽑 앗다.

三月 五日 東觀庵에 갓다가 回路에 沐浴을 하고 布敎堂에 가니 佛供이

들어 回向을 하고 大衆供養을 하며 監院에 나가자고 하기에 鄭監院宅에 가서 떡 菓子 果實 等을 飽食하고 布敎社室에 돌아왔다. 本是 寧邊은 密雲寺趾가 되기 때문에 寧邊布敎堂을 密雲布敎堂이라고 하며 藥山東臺로 有名하기 때문에 藥城佛敎會라고 한다고 한다. 夜間은 婦人信徒五十餘名의게 講話를 하여 주엇다.

三月 六日 李明魯스님과 自轉車리레를 하며 安州 北松里驛前을 當到하니 저녁때가 되엿는지라. 明魯스님은 自轉車로 安州 七佛寺로 가고 나는 北松里에 宿泊하게 하엿다. 訪問하려든 趙秉先生은 驛長을 辭職하고 義州 進出을 하신 貌樣이며 이 附近에서 만이들 滿洲方面에 活躍하는 貌樣이다.

三月 七日 아츰 첫車로 安州 七佛寺로 向하엿다. 隋煬帝가 國命을 賭하면서 高句麗侵入의 擧를 決行함은 高句麗와 突厥의 間에 聯合의 成立될것은 疑慮하야 二十萬大軍을 거느리고 鴻千里 淸川江岸까지 처드러왔다. 當時 高句麗軍의 大將 乙支文德이 隋의 大軍을 우습게 물리침은 七佛의 佑護로 奇功을 세윗다한다. 破竹文勢로 처드러오든 隋軍이 淸川江을 當到하니 엇던 龍子七人이 우습게 渡江함으로 淸川江이 얏튼줄알고 敵將이 渡江을 命하야 敵軍의 太半은 溺死를 하고 남은 敵軍은 乙支文德의 逆襲으로 겨우 生遠하여간 者 不過幾人이라 한다. 이 淸川江을 渡江한 龍子七人은 佛의 化身이라하야 百祥樓對岸 風光이 絶勝한 곳에 佛寺를 創建하야 世々生々에 香花를 끈치 안는다고 한다. 싀골다운 閑寂하고 平和스러운 古邑風景의 香氣를 힘껏 드러마실수 잇는 淸川江岸의 安州邑 邑의 西山에 그림갖이 웃득소슨 古代樓閣이 잇스니 이를 百祥樓라 한다. 筆者 百祥樓에 올나 눈을 멀리 平北의 曠野로 보내니 溶々히 흘으는 淸川江의 銀波는 結氷으로 볼 수 업스나 妙香連山의 雲煙이 渺茫한 끝에 련한 바라빛을 虛空에 그리고 잇다. 百祥樓에서 나려와 七佛寺를 차저 李炳荷스님을 맛나보고 西山大師誕生地를 물어보니 東面西山골만 차지면 된다고 함으로 安州城을 들녀 東面을 向하엿

다. 西山골 崔村을 當到하니 數十戶村落이 널여잇슬뿐이요 아모 보잘것이
업슨 中 西山大師의 傍孫인 崔日環氏를 차즈니 도리혀 筆者의게 禪師의 事
績을 뭇는 形便이라 아무 所得이 업시 歸路에 登하엿다. 安州를 떠나 平北
寧邊郡 獨山面 東一 車弘均氏宅에 가니 車先生은 道評議會員으로 會議에
가시고 게시지 안으나 日暮하야 車氏宅에서 一夜宿泊을 하다.

　三月 八日 敎育과 社會事業에 一生을 밧이는 崇佛家인 車弘均氏를 紹介
코저 한다. 先生은 壯年四十三의 圓滿한 人格을 具하야 일직 붓어 社會事業
과 育英事業에 着眼하야 熱々히 活動하엿나니 무엇보다도 本籍地이며 居住
地이 獨山面에 育英機關이 업슴을 功實히 늣기여 去大正十五年 十一月에
三萬圓의 巨額을 獨自로 憑出하야 現今의 獨山公立普通學校를 率先設立하엿
스며 그 外에 定州 五山高等普通學校와 寧邊公立農業學校에 三千圓을 施
한바 實로 一生을 通하야 誠力의 人이요 事業의 人이니 엇지 平北社會에서
車先生을 讚賀치 안으며 存在를 그냥 볼 것인가요. 數年前 同志와 有志 諸氏
가 發起하야 獨山公立普通學校後山에 車氏의 記念碑를 建立하엿다더라.
車先生의 記念碑를 求景하고 獨山面을 떠나 藥山東臺에 올으니 金碧丹靑이
燦爛하게 보인다. 이 林將軍의 祠堂은 自古로 郡民의 信仰의 焦點이 되여잇
든 곳이라 오는 陰曆 十七日에 祭祀를 한다고 한다. 樓雲寺를 當到하니 住持
金乘法和尙은 平壤에 出張中이시고 監院 金栢峰스님은 寧邊邑에 가신 故로
法堂에 들어가 恐縮跪坐하야 三寶禮讚을 하고 客室로 도라오니 栢峰스님
夫人이 點心을 주심으로 感謝히 먹고 布敎堂에 오니 鄭布敎師스님이 石城으
로 가신지라. 明魯스님 案內로 石城을 가니 金世寶 金崇寶 金善寶 金允屹
金祥寶 車騎喜氏 等 여러 信徒네들이 반가이 마저주시며 夕飯後 講習所에
나려가니 信徒 六十餘名이 오섯기에 佛陀의 聖訓이라는 題로 約二時間假量
이야기를 하고 鄭布敎師는 地藏經法門을 하시엿다.

　三月 九日 鄭布敎社스님은 感氣로 便치 안어 妙香山가기는 後期로 밀고

李明魯스님의 案內로 自轉車리레를 하며 五峰寺를 向하엿다. 中途에 前八院面長 梁奎氏를 차저보입고 五峰寺洞口를 들어서니 金魚水氏의 山遊吟이 生覺난다. 山좋고 물맑은데 盤石이 더욱 좋을시고 숩사이 바람이니 숨은 꽃에 鄕妓로다. 벗좇아 때맞첫스니 해가는 줄 몰을네라. 五峰寺後 天門峰은 碧空을 찔을듯이 大自然의 神秘的 靈威를 보으며 佇立로 하여잇고 奇峰怪岩은 屛風처럼 들녓스니 아마도 小金剛은 이곳인가 疑心하며 五峰寺에 當到하니 住持 黃海山和尙은 寧邊邑에 가시고 監院 安德演스님과 在留容 韓氏가 반가이 마저주심으로 夕飯을 먹은 後 前住持 朴無着스님의 薦度地藏祈禱會 말을 들엇다. 雲水僧으로 댕기든 朴無着이 오래전에 寧邊郡 八院面 五峰寺에 와서 그 절 房主로 잇섯는대 大正九年 十二月 八日 밤中에 雲山郡 北鎭警察署員이 所謂 獨立團搜索次로 그절을 왓는데 無着이 夜中에 慌怯함을 不勝하야 門을 구지닷고 여러주지 안음으로 署員들이 怪常히 역여 銃끝혜 軍刀를 박아가지고 窓門을 衝刺하니 無着이 房안에서 그 軍刀를 잡아당김으로 이에 署員들은 더욱 異常히 역여 가젓든 모젤式 六穴鉋로 房內를 亂射하야 殺害를 當한 爾來 十有餘年에 한번도 薦度齋를 못하야주엇다. 그런대 여름날 陰雨한 黑夜에는 鬼哭聲이 啾々하야 無着의 幽魂이 낫타나 悲哀하는 光景을 居僧이 늘 目擊하엿다. 이제 黃海山和尙이 無着의 靈魂을 薦度하여준 以後로는 幽靈이 낫타나지안는다고하며 韓氏는 多年金剛山長安寺에서 잇섯스니 만치 金剛山이야기를 滋味잇게 하여준다. 五峰寺는 十年前 不意의 火災에 罹하야 巨大한 伽藍이 거의 烏有에 도라가다 싶이 하얏다. 그런대 不幸中多幸으로 現法堂만은 奇異하게도 그 怪災를 免하야 昨春黃海山和尙과 安監院의 誠力으로 法堂을 灑新케하며 丹靑을 새로하야 現今에 至하엿다 한다.

三月 十日 今日은 涅槃日이라. 朝鍾聲에 잠이 깨여 門을 열고 바라보니 昨夜의 尺雪에 丘陵坑坎은 다 平々坦々하게되고 塵堆翼壤은 다 皦々潔々

하게되니 是可謂一變淨土인가. 다만 바라보니 南山口頭에 蔚然 蒼空만 녯빛을 띄여잇고 其外에는 銀海萬頃뿐이로다. 洗手를 한 後에 涅槃節儀式에 參席하엿다. 朝飯床을 바드니 飯食이 燦爛하다. 安監院은 京畿道僧侶인만치 多年經驗이 잇고 涅槃節이라 準備가 豊富한 탓이지만은 오늘까지에 寺刹飲食으로는 처음 먹어보는바이엿다. 눈도 오고 兼히 同行인 明魯스님의 몸도 便치 안타고 하여 하루 묵게 하엿다. 十餘年前 佛敎叢報를 보다가 和蘭「라이덴」大學敎授 디-레 博士의 宗敎表示를 보앗다.

　　三月 十一日 明魯스님의 病은 낫지를 안코 監院은 武昌볼일이 잇서 길을 떠남으로 終日 讀書와 巡禮記를 쓰다가 夕飯을 畢하고 約三時間假量을 잇노라니 明魯스님의 病이 危急하야 下村李士俊氏宅에 두고온 藥가방을 가저오야겟는데 韓氏는 맛 웃房에서 자고 明魯스님은 못가게 함에 不拘하고 便所에 가는 척하고 나와 夜中임에 不拘하고 愚勇을 써서 그냥 나려뛰엿다. 森林은 四面을 빈틈업시 막아놋코 白雪은 大地를 덮어놋코 蒼空의 月色도 皎々히 밝아서 天地가 모다 雪白月白하니 이 中에 거니는 나의 心琴인들 아니 희다고 할가. 萬一 明月에 一個人이나 一彊土의 所有이엿으면 발서 어늬 强權者가 動岳掠奪하야 갓을 것이요. 나와 갓튼 淸閑者流야 엇지 빗치나 어더보리요. 五峰寺後 天門峰下에 猛虎가 잇다는 말은 寧邊서도 들엇으며 昨日 安監院의 말에 호랭이가 잇다금 나려와서 단닐적에는 반다시 가마귀가 벅석한다는 말을 들엇스니 나는 自然히 情趣에 陶醉하면서도 猛獸의 活躍에 怯내지 안흘 수 업섯다. 달은 잇서도 나무 때문에 어둠컴컴한 林間에 무엇이 붓석할 때마다 놀내지 안을 수가 업섯다. 아- 韓氏와 同行하엿드면 이런 心勞가 업슬 것을 남의 단잠을 깨우기가 무엇하여 이런 고생이로구나. 머리깔이 꼭々 해지며 땀으로 全身을 적서노앗다. 내가 이럿케 卑怯兒인가. 東京震災에도 혼이 나보고 露滿國境을 넘다가 銃을 두방식 마지면서도 눈을 깜작안이하든 者가 이럿케 무서울 것이야 잇나. 아마도 나이 몇살 더 먹은 關係인가? 如何든 精神

만 똑々히 차렷다가 虎狼이가 오면 잡아타고 갈 셈치고 두주먹을 감처쥐고
五里가 넘는 人家村을 七顚八起하며 九曲羊腸의 길을 달니고 나니 實노 死
境이엿다. 李士俊氏宅에서 藥가방을 가지고 올나오노라니 韓氏가 알고 마중
을 와줌으로 참말노 반가워섯다. 名魯스님은 藥을 좀 먹고나드니 어렴풋이
잠이 든다. 우리도 그제야 비로소 자리를 깔고 夢中人이 되엿다.

　三月 十二日 어적게 온 눈은 어느듯 녹아버리고 驚蟄을 지난 緣故인지
寺前는 둑에서 먹우리가 펄펄뛴다. 初春을 當하니 萬海和尙의 佛敎誌卷頭
言이 生覺난다. 싸인 눈 찬바람 둑은 기운 모든 것이 넘우도 森凜하야서 언는
것 한아도 무섭은 겨울안인 것이 업는 듯하고 스々로 香氣를 吐하고 잇는 梅
花 새봄의 秘密을 저혼저 알엇다는 듯이 微笑를 감추고 잇다.그렇다. 消長
榮枯 興亡 盛衰의 循環이 宇宙의 原則이다. 失意의 沙漠에서 헤메는 弱者도
絶望의 虛無境은 안이니라. 得意의 絶頂에 춤추는 强者도 悠久한 閑日月은
안이니라. 싸인 눈 찬바람에 아름답은 香氣를 吐하는 것이 梅花라면 거친 世
上과 苦海에서 眞正한 幸福을 엇는 것이 勇者니라. 꽃으로서 梅花가 된다면
서리와 눈을 怨望할 것이 업고 사람으로서 勇者가 된다면 幸運의 機會를 기
대릴 것이 업나니라. 무서운 겨울이 뒤에서 바야흐로 오는 새봄은 香氣로은
梅花에게 「첫키쓰」를 주나니라. 困難의 속에 숨어잇는 幸福은 스스로 힘쓰는
勇者의 품에 안기나니라. 우리는 새봄의 새봄을 맞기 위하야 모든 것을 제힘
으로 創造하는 勇者가 되여요 하엿고 同和尙 採根譚 講義序에 立於紅塵萬
丈之中 而已有白雲流水之趣 處於蕭瑟寂寞之濱 而早懷廣濟天下之志 在於
困苦慘憺之境 而一任鳶飛魚躍之機 居於威福隆盛之時 而能持臨深履薄之
戒 함이 生覺난다. 魏文帝가 文章은 經國의 大原이며 不朽의 盛事로다. 年壽
는 때가오면 盡하고 榮華 그몸에 止하나 文章은 無窮한 것이라 함과 갓치 同
和尙의 文章은 熟讀할사록 肺腑를 찔느는 것 갓타야 萬福叢中에 一點紅格
이며 白中에 黑點이 對照作用에 依하야 視覺上効驗이 有함과 갓다하노라.

三月 十三日 學聖스님이 좀 差度가 잇기에 섭섭하지만은 作別을 하고 多年憧憬하엿든 白碧山 見性庵으로 向하엿다. 途中 新明學校에 들녀 童話를 하여주고 同校 金先生成俊氏의 懇曲한 指導에 依하야 白碧山을 처다보며 洞口까지 다다랏다. 見性庵 指導標에 依하면 三十一町이라 하엿더라. 高自赫氏의게 길을 무러 타박타박 올나오니 見性庵이 보인다. 큰절보담 淸潔하고 閑寂味가 잇으며 夕鍾聲에 아울러 高聲念佛聲이 나의 耳口을 亂折하며 碧山은 擁城하고 樹陰은 濃厚하야 山味는 新鮮하고 心神의 爽快하여 집은 果然 處仙의 福地로다. 마당에 들어서니 道場築石이며 掃灑整頓이 어너 灑落한 禪室道場에 들어선 듯하다. 이것이 모다 住持 金月峰和尙과 監院 李泰興스님의 알뜰한 護三寶의 形迹이라. 客室로 들어가니 住持月峰和尙은 香山 本末의 巡回布敎師이니만치 世界 布敎堂에 가시고 監院스님은 病氣로 寧邊邑에 診察하려가시고 沈允植 吳處玉 裵德讚 玄應哲 李順發 諸스님과 祈禱客의 男子四人 夫人 二人이 게심으로 一々히 차저서 밤 깁도록 이야기를 하다가 各々 자기 房으로 헤여젓다.

三月 十四日 吳處玉氏의 案內로 十里가 넘는 圓寂寺로 向하엿다. 圓寂寺洞口龍淵瀑布를 가니 飛瀑과 奇峰이 重複하엿는대 西便으로 屛風갓흔 蒼碧이 웃둑 솟고 사람이 쪼아오른듯한 龍淵은 深히 二十餘尺이다. 深碧色인 水面은 碧琉璃를 녹여논 듯이 綠陰美의 配置만 잇엇던늘 別有天地非人間을 連想케 하엿을 것이며 李太白의 廬山瀑布만은 못할지라도 長江一曲의 萬疊靑山을 뚤고나와 쾅쾅쏘다저서 或은 瀑布가 되고 或은 澄潭이 되고 或은 流水가 되는 景致야말로 莊嚴雄大하야 不遠千里하고 차저온 遊客의 興을 도다준다. 淸凉世界인 龍淵瀑布를 떠나 圓寂寺前을 當到하니 乾隆二十九年 二月 建立한 西山三代嵐崒 大師의 碑文이 잇고 目的地인 圓寂寺를 當到하니 崔順根스님이 舊面親友처럼 接待하여주면서 某紙面을 通하야 알엇노라고 한다. 절녑 淸溪水에 洗手하려 나가보니 구름 우에 聳出한 白碧山이 一片雲

霧는 소용돌고 녯일을 하소연하는 듯한 山神閣은 黙々히 서서잇다. 이 圓寂寺도 見性庵보다 歷史가 깊은 三韓當時古刹이엿지만은 風々雨々累百年에 佛法이 不振하엿던 緣故인지 止住僧이 업고 다만 無人空山에 孤寺危庵으로 五十年前까지 겨우 維持하여 나려오다가 엇던 樵夫의 衝火로 因하야 大雄殿은 烏有에 歸하고 不幸中多幸으로 山神閣 七星閣及齋室만 남엇던 것을 龍淵洞 信徒 故表在述氏와 見性庵 住持 金月峰和尙과 圓寂寺 監院 崔順根氏 熱誠으로 法堂을 創建하고 佛事를 兼行하야 舊面目을 다시 보게 되엿다. 點心을 畢한 後에 崔監院의 案內로 雲山泰川郡界에 湧出하는 牛泉으로 向하엿다. 途中 牛泉藥水의 傳說을 들어보니 圓寂寺 創建 當時 主人업는 黃牛 一匹이 出現하여 同寺竣工時까지 와(瓦)를 運搬하여주다가 발덧도 나고 등이 다서 굴비를 볏겨노왓드니 黃牛가 自己傷處를 治療하기 爲함인지 이 藥水를 發見하여노코 踪跡을 감추엇다고하야 後人이 此를 牛跡藥水 或은 牛泉이라고 하며 每年 秋夕이 되면 隣近 水客으로 人山人海를 이룬다고 한다. 誠飮하어보니 定州 玉壺洞 藥水及 龜城 古城 藥水와는 其味를 달니하여 鷄卵味가 잇으며 이곳에도 亦是 表氏가 觀音堂을 짓고 觀世音菩薩을 모섯더라. 藥水를 떠나 裵德讚 吳處玉 崔順根 諸스님네와 同行하야 日暮後에 見性庵에 歸還하엿다.

三月 十五日 밤새도록 오든 눈이 아직 개이지 안엇으나 本是 計劃하엿든 바라 白碧山 登山을 始作하엿다. 雪滿乾坤에 大地는 銀世界로 化하야 하얏케 싸인 積雪이 발등을 파뭇게 한다. 案內도 업시 單身으로 눈길에 타박々々 올나가노라니 흘너나리는 淸溪水는 結氷이 되야 여울마다 寶玉眞珠로 莊飾을 하여잇고 눈덮인 어름판에 操心々々 것너가다가 失足하야 氷上에 보기좃케 나가잡바졋다. 너무 혼이 나서 方向을 轉換하야 에라 山등으로 올나가자 하고 길도 업는 石壁을 기여올나 잇갈나무 잣나무를 회여잡으며 올라가니 톡기똥이 솟붓々々 잇음이 人跡不到處라. 발길좃아 붓지 안은 亂動石岩을

원숭이처럼 기여올나 四面을 眺望하니 落々長林은 휘느러지고 萬年落葉이 물쿳々々함이 五百年 千年의 原始林임을 깨닷게하며 나무들은 몟千年前부터 절노나서 절노크고 절노크서 절노 죽으며 또다시 절노다서 절노 크는지라. 消長榮枯가 둘이 안이요 生滅이 하나임은 이를 보아 알지며「아 山林에서 自由가 잇도다.」를 自然히 謳歌하는도다. 올녀다보니 萬壑은 千峰이요. 나려다보니 千仞徒壁이라. 白碧山에 第一 놉흔 觀音峰은 白雲天上에 屹立하고 岩色雲色 空色들이 한데 어울너 白化聖母觀世音菩薩과 如히 儼然하게 聳立하야 無言의 說法을 듯겨주는 것갓다. 見性庵을 眼下로 굽어보며 約四十分동안 올너가니 層岩絶壁이 다닥치는지라. 올나도 갈 수 업고 나려도 갈 수 업서 옆으로 떠러저서 觀音峰을 끼고 돌아 峰上에 올나서니 千山萬野 발아래요. 九重天이 손우이라. 神秘스런 長風소래 浩然之氣도라준다. 妙香連山의 보라色빗과 雲山平野의 眺望은 實노 雄大美麗하야 筆舌로는 盡치 못할 壯觀이엿다. 觀音峰은 下道하며 見性庵 萬々歲를 三唱하고 도라서니 仙人의 都府를 떠나 三界火宅으로 나려오는 듯하며 本是 길을 일흔바라 되는대로 나려온즉 대굴々々 굴기도하며 絶壁을 나려뛰다가 다리도 불어질번하여도 보며 하도 山勢가 險峻하야 虎狼이 발자국을 딸아 圓寂寺便을 向하엿다. 無人空山을 헤매여보기도 처음이며 이런 눈 속을 걸어보기도 처음이라 겨우 圓寂寺 東山을 올나서니 이 곳 또한 絶壁이라 나려갈 수가 업슴으로 다시 한 峰을 건너노라니 左右는 絶壁이라 광대 줄타듯기 겨우 건너가서 엇든 길이 넘는 바우를 나려뛰니 그 앞에도 百尺斷崖인지라 나려도 못뛰고 올녀도 갈 수 없어 進退維谷은 이를 두고 한 말이로구나. 人家는 멀어서 소리친대야 所用이 업고 衣服을 全部찌저서 줄을 매자니 줄 맬 곳이 업는지라. 참말로 生? 死?의 岐路에 彷徨하엿다. 一步錯하면 千仞의 구렁에 떠러질 것이요. 一步得하면 更生의 臺에 올을 것이라. 아- 엇절가? 動物園 獅子처럼 왓다갓다 보앗스나 別로 神奇한 妙策이 나지 안는지라. 날은 저무러오고 衣服은 젓어 춥기는 하고 배는 곺아 죽을 地境이라. 올려다보니 진달내 한푹이가 겨우 손에 닷는지라. 生死의 鍵은 네의게 잇다 하고 最後의 精力을 다드려 겨우 기여올라 튼々한 松林을 잡으니 實로 地獄에서 極樂에 간 듯하다. 다시 陜洞이라는 人家村을 차저 韓雪龍氏宅에서 投宿하다.

三月 十六日 韓氏 집에서 바로 圓寂寺 가는 길이 잇다고 하지만은 昨日 너무 혼이 나서 雲山邑으로 돌아서 見性庵까지 오니 約七十里라. 寺前을 當到하여 여러 스님내와 祈禱客을 맛내니 엇더케나 반겨하시는지 죽엇든 사람이 다시 살어온다고 하며 엇저녁 苦待타 못하여 졈(卜)도 하여보고 二三次차즈려도 가보앗스며 萬一 今日까지 못찻는 時에는 警察署에 屆出하자고까지 하엿다고한다. 李德成 吳處玉 李順發 等 여러스님네가 길을 달니하야 昨夕과 今朝에 二次式이나 찾어보앗으나 登山한 자최 좇아 업슴으로 空路로 돌아왓다하며 그길로 登山은 不可能하며 千峰寺趾로 돌아가는 길이 잇다고한다. 如何튼 寺內 諸氏의게 곳 걱정을 식켜 미안하오며 筆者로서도 九死一生의 一大經驗을 得하엿을뿐안이라 虎狼이 밥이 되지 안음과 千尺斷崖에서 墮死치 안음은 靈驗이 만으신 觀音大聖의 道場이니만치 加被之妙力인줄 確信하는 바이오며 只今도 虎狼이 우는 소리가 隱々히 들려옵니다. 이 見性庵에 雲水衲僧이 만이 모인다는 말을 들엇더니 果然입니다. 關西第一 이 祈禱處이니만치 食糧도 念慮없고 人心도 厚한 寺刹이라. 今夜도 八道僧侶가 다- 모여 잇어 慶尙全南忠淸京畿江原咸鏡黃海平南道形便을 다들어 알수가 잇습니다. 저- 雲水僧의 生涯라는 것은 一衲一鉢로써 無適不可의 天下無碍客이되야 身閑心閑의 淸楚한 生活로 過平生하는 것이 一大快事일 듯합니다. 見性庵縣板은 朴庸鳳이라는 十九歲處女의 筆이라하며 見性庵이니만치 韓龍雲師의「禪과 人生」을 볼진댄 見性이라는 自性을 본다는 뜻이니 禪을 짜어서 恬頭의 疑情을 破하면 一切 公案이 一時 頓破하야 了了히 佛性을 보게 되는 것이다. 그러나 或은 自性은 體가 없어서 形色이 없거니 어찌 視覺으로 能히

볼바리요. 性을 본다는 것은 性을 覺한다는 말이라하고 或은 性은 能히 눈으로 볼배 안인 則 마음으로 보는 것이라고 하야 見性에 對한 解說은 자못 不一한다. 그러나 佛性은 눈으로 能히 볼수가 잇나니 性은 形色이 잇는 까닭이라. 웨 그러냐하면 '言語道斷心行處滅'한 法性 만이 佛性이 안이요 山山水水花花草草 어느것 한아도 佛性이 안인 것이 없는 까닭이다. 그러면 山山水水花花草草는 누구든지 볼수가 잇는 것인則 一切 衆生이 다- 見性한 것이여니 何必參禪의 悟를 기달여 비로소 見性한다하리요 하는 質問이 잇슬 것이다. 그러나 一切 衆生이 다-見性한 것이다 그러나 迷한 者는 스스로 見性한 줄을 알지 못하나니 悟者의게는 六根六塵도 互用되는 것이며 '色卽是空空卽是色' 임으로 眞空妙有가 非一非二인 것이다. 그럼으로 見性이라는 것은 마음으로 볼 수 잇고 六根六塵으로도 볼수가 잇는 것이다. 靈雲祖師가 桃花를 보고 見性하엿나니 그것은 누구라도 아는 일이지만은 靈雲이 桃花를 보고 見性할 때에 그 桃花가 靈雲을 보고 見性한줄은 千古에 아는 사람이 없나니 그것은 一大恨事이다 라고 하엿드라. 見性庵을 떠나 蝀龍窟(地下 金剛)로 가는 길이오며 西山大師 誕生地 及 白碧山 藥山東臺를 잘써보랴고 하든 것이 筆者의 菲才와 時間의 侳偬으로 龍頭蛇尾가 된 平凡錯雜한 紀行的 印象記에 끈치고 말엇사오며 各地에서 後援하여주신 諸寺 諸和尙의 여러 가지 懇曲한 厚遇를 受함을 感謝하나이다.

關西八景 두루 돌아,
平壤에서 藥山東臺까지(其一)

金性睦

《삼천리》제7권 제9호, 1935년 10월

김성목의 관서지방 기행문이다. 여정은 삼천리사 관계자로서 지방의 시사를 찾아가는 도중 명승지를 둘러보는 형식으로 기록되어 있다. 1편과 2편으로 나누어 연재했다. 1편 본문 내에 소개한 자작 시조와 인용한 민요 노랫말이 재미있다.

1편은 7월 21일 경성을 떠나는 것으로 여정을 시작해 평양을 거쳐 영변 약산 동대, 묘향산을 탐방한 기록이다. 평양에서는 연광정을 먼저 구경하고 시조를 남긴다. 이어 안주에서는 백상루를 찾아 역시 시조를 남긴다. 개천읍에 가서 어떤 청년에게 삼천리 잡지 한 권을 판 이야기를 쓴다. 특히 그가 지역 거부의 아들임에도 돈 있는 이들이 신문 잡지의 가치를 높이 보지 않는 것에 탄식한다. 개천에서는 특별한 구경을 하지 않는다. 영변으로 이동하는데 영변행 일자는 8월 21일로 경성 출발 시점과는 한 달 가량 시차가 있다. 자동차로 영변행을 시작하고 도중에 차를 나룻배에 싣고 강을 건넌 뒤 영변 철옹성 남문으로 들어간다. 영변에서 삼천리지사 직원 등 3명이 함께 약산대를 구경한다. 도중에 영변직 방직회사를 구경하고 약산 등산을 시작한다. 노정은 석계 - 허물어진 성첩 - 천주사 - 솔 숲 사이 산길 - 병풍 같은 바위와 뾰족한 봉우리 - 동대로 이어진다. 동대에서 영변성 읍내와 구룡강을 내려다보며 감상한다. 정상에서 사진을 찍고 송진우, 이광수 등이 소낙비를 피했다는 바위굴을 구경하고 하산한다. 하산 후 영변읍내에서 들은 노랫가락을 소개한다.

山도 조커니와 바다는 더욱 조타.

四面이 것침업는, 맑고도 맑아 水晶갖흔 東海蒼波의 춤을 추는 鬱陵島에서 나의 어린 넋을 길너준 나의 마음이라! 靑山에 올라안저 四方을 내려다보면 大丈夫의 浩然之氣는 것칠곳 업시 울어나는지라, 나는 廣闊한 바다에 愛着心이 생긴다. 섬에서 자라난 나를 아홉 살이 될낙말낙해서 疊疊山谷 江原道! 하늘에서 내리면 첫 동리나 아니인가 할 만큼 山골인 平昌고을 개수퉁々이 山골, 오소리의 떼는 대낮에도 人家에 내리는 무시무시한 곳에 부모따러 온 나인지라! 항상 바다를 그리워하엿다. 마음도 자라고 몸도 커진지라, 東에 번쩍 西에 닷는 滋味는 부러울 것 업는 터이다. 昨年 가을이다. 關東八景을 求景하리라 하고 竹杖芒鞋丹瓢子로 大活步치며 白福嶺을 넘어 東海岸에 施設한 竹西樓와 鏡浦臺라, 흥이 나서 永平바다의 갈바람에 흰돗달아 달니는 배처럼, 한창 잘거더러 거리고 가는 판에 「스톱」을 當하여 버린후로 분함을 참아가다가 이번 關西八景의 길을 써나기는 七月 十二日 午前 十時 二十分 京城驛發 北行列車에 몸을 실엇다. 일노부터 關西八景의 一部分과 世界에도 하나쑨이라고 하는 地下金剛! 地下世界인 龍蝀窟이며 四大名山에 하나인 妙香山을 踏査하엿는 바, 여긔에 맨처음으로 平壤練光亭에 올나 한 조각 그리운 그를 사모하는 글을 두려한다.

練光亭 밤이 되니 德岩도 고요해라
桂月山 그리워서 왓슴을 몰으는지
香은 간곳이업고 바람만 소매친다
×
大同江 깁흔물은 練光亭 품에안고
香이라 節介佳人을 여긔에 놀게하니
능나도 수양버들 저절노 안너너홀

平壤練光亭이라 모란봉이라 勝地가 만치요 만은 다음 긔회로 밀우고 成川巴江의 밤을 그리오리다.

降仙樓 선녀내려 巴江에 배띄우고
十二連峯 둘너막고 왼밤을 춤을 춘들
芙蓉을 그리는 마음 그 뉘가 위로하리.

다음은 安州이외다. 長霖에 시달니기 七日에 旅舘에 잇는 마음엔 장마비라도 끄지 못할 火가 드럭나옵듸다. 그러나 여긔에서 安州城에 歷史라든가 現在 安州에 發展 與否라든가를 쓰려고 하엿소이다만 그만 쓰지 못하고 다못 百祥樓에서 한조각 글을 써보앗든 것을 다시 올닌다.

甲옷에 투구쓰고 三지창 휘두르며
十만淸兵 넋잃게 하든 그偉力이
半쪼각 碑石과 石像 풀밧헤 잇슬줄야

×　×

忠臣의 會議樓는 쌕쥐의 舞臺요

城밧게는 乞人이나 四海泰平紅顔靑年

애매한 병아리집아 료리갑 놉다든가

　여긔서 써나 价川邑에 이르니 아침에 엇던 靑年이 와서 三千里한권 보겟
다고 파시요 한다. 그리고 三十錢은 빗싸니 二十錢에 하라고 한다. 나는 빗싸
지는 안타는 一張설명을 햇드니 돈이 업다고 해서 그냥 二十錢에 주엇다. 그
리고나서 그가 누구인가 알아볼 째 내 엇지 탄식 아니하리요. 百萬長者가 아
니인가. 安州城內 某氏의 넷재아들이라든가 셋제아들이라든가 한다. 참 돈
잇는 이가 그런 것이야. 그래도 某氏의 名聲놉하 차저가니 七十老人이라 그
러한지 新聞雜誌하는 거는 할 일 업서 그런다고 하는 말을 그 입에서 듯고
참으로 탄식하엿다. 나는 이런 말을 그만 더 쓰고저 하지 안코 价川에 無盡臺
를 구경하려 하엿지만 엇던 친구의 말에 별로 볼것이 없다기에 그만두기로
하고 그 길로 寧邊으로 발을 돌니엇다.

　八月 二十一日

　이른 아츰 일즉이 나의 벗 洪亨義君과 가벼운 行裝을 하여 寧邊行 自動車
에 몸을 던젓다. 한달만에 다시 보는 天地, 그 동안에 벌서 넓은 밭에는 주먹
갓흔 조이삭이 고개를 숙이고 잇다, 한참이나 가든 車는 커도 적도 아니한
알마즌 나룻배에 올너탄다. 自動車가 배우에 타고 自動車우엔 내가 타고 그
래서 건닌 우리는 서로 우서가며 여보게 無知가 나흔 劇을 격것군, 서로 농담
을 해가면서, 어느듯 鐵瓮城南門으로 드러서 寧邊邑에 다으니 벌서 点心째
엿다.

藥山東臺를 올너

　邑에 니른 우리는 三千里支社를 차저 鮮于海星氏와 三人이 同行 七十里格으로 三人 同行藥山臺에로 올넛다. 여름날의 일기는 아직껏 넥타이, 양복을 입고는 아직껏 넥타이, 양복을 입고는 登山이 不可能이래서 登山服을 갈아입고 鮮于海星氏는 寫眞機를 들고 一行 三人은 寧邊市街를 버서나 紡織會社의 寧邊織짜내는 아가씨네의 一心不亂으로 일하는 光景을 求景하고 나와서 적은 石溪를 건너 城壘의 허무러 잇는 곳을 지나 감돌아 올너가노라니 天桂寺란 절이 잇다. 여긔에서 쌈을 그닐면서 甘露水에 목을 추긴후 다시 뒤山을 오르는데 只尺이 深山으로 여기는 벌서 深山이엿다. 松間右巡을 발버 올으니 숨사히의 못새들은 무어라고 재잘거리는지 모르겟스나 勝地를 차저드는 우리보고 인사하는 듯 우리가 가도 그다지 무서워하지도 안코 도망도 안는다. 저편 산에서는「두견」이 처량히 우는데 千尺直下의 屛岩錐峯은 奇々妙々한데, 비둘기 날어 넘나드는 이곳은 正是仙界非人間이 아니면 그 어데 쏘 잇스랴? 올느고 쏘올나 한 城門을 드르스니 白晝라도 여긔는 어둑컴컴한지라 욱어진 森林을 지나 웃둑나서니 이곳이 東臺이다. 短杖를 바위우에 던저두고 네활게 피어 불어 오는 바람 마음껏 안고 틔끌세상 니즈려 하오니 一望千里에 眼下界는 漰然한데 寧邊城邑內 사는 사람은 仙界人인가 하리만치 바라뵈이고 발아레 九龍江은 석양에 反射하여 金인가 玉인가 黃龍인가? 무엇인지 쒸노는 듯 쓸는 듯 반작이는데 天水一碧에 山影을 품에 안고 白沙千里 구비구비 山野 절벽을 감돌아 淸川江에 흘너 내리고 大山巨岳이 屈伏한 듯 小丘細峯은 돌녀 잇는데 나의 마음은 風光에 도취되엿는지라 奇岩怪石은 千態萬相이라 일홈조차 鳳翔臺, 鶴歸臺, 鶴歸庵瀑布이며 九龍江을 向해잇는 龜岩은 邑內에 富豪家를 輩出한다는 傳說까지 잇는 奇怪岩이며 엇더케 싸허 올녀노핫는지 돌우에도 돌노 된 東臺를 찾는 이 몃 千이나 될는지! 참으로 碑林滿山의 格이다. 그 곳 바위우에 색엿스되『天下有名臺, 人間無比石』

이라고, 美讚, 感讚한 글은 사실로 녯사람이나 오늘의 우리까지 이곳에 발길을 멈추게 만든 「藥山東臺」이엿다. 쏘 색엿스니『大陸群山沒, 長空一海水』라고 함도 잇고『千載仙歸松上鶴, 四方妓唱酒中花』는 녯날 吳將軍의 計교로 淸兵이 싸홈 한번 못하고 平伏한 째에 글인 듯 하다.

나도 흥겨워 입에서 나오느니
藥山臺 올느니 淸風은 부러오고
아득한 저西편엔 바다가 하물하물
한조각 白雲이 쓰니 千峯은 자는도다
××
九龍江 白沙장에 兵士가 力技하고
飮방누 五十唱妓 술과 춤이 한창인데
吳將軍 큰呼令에야 淸兵혼 잇섯든지

이곳이 歷史的으로도 朝鮮을 빗내게 한 곳이다. 우리 一行 三人은 「카메라」압헤 잠간 섯다가 이 바위 저 바위를 단이는 中 前年에 宋鎭禹氏, 李光洙氏가 소낙비에 피한 바위굴도 求景하고나니 째는 夕陽 붉은 햇님은 西山에서 숨박꼭질 하려고 드러가는 듯하야 우리도 허는 수 없이 가든길을 도라섯다. 올나갈 째보다 내려오는 것은 쉬웟다. 내려오는에 洪군은 대단히 쌀낫다. 나는 뒤에서 짜라가기에 힘이 들엇다. 다시 내려 天杜寺 望月亭에서 피곤한 몸을 쉬면서,

天杜寺 望月亭에 달뜨기 바라노라
달님이 떠오르면 우리님 보려 하오니
明月아 山中孤客을 그냥 두고 가련가

여긔에서 내려와 맑은 물에 몸을 씻고 寧邊邑俗塵에 파뭇치니, 黃昏이라. 賣
笑婦들은 노래가 한창일러라. 귀를 긔울이니,

「寧邊에 東臺야 에헤 에헤야. 네부대 平安히 잘 잇거라, 나도 明年 陽春은
佳節이라. 또다시 맛나 보잔다. 南山을 바라보아라. 진달네 花草가 滿發하엿
난데 아레쑝잴눅 느러진 큰 아기 날만 졸졸 싸러라. 싸러라 밋처라 뒷동산
李花庭 속으로 날만 졸졸 싸러라. 싸르고 십흔 마음 에헤이에헤이 영평 바다
조수 밀 듯 하건만 媤父母와 家長이 쩌리고 쩌리워 나 못싸르겟구나.」

「달아달아 발그신 달아. 에헤이 님의 東窓에 빗치신 달아. 부대 平安이
에헤이 너 잘잇거라.」

「竹杖芒鞋丹瓢子로 千里江山에 이에헤에헤 드러를 가니 瀑布도 좃커니
와 灑山이 여기로다.」

旅舘의 밤은 적막해 내일에 볼 邑內勝地이며 蜈龍窟이며 妙香山을 생각
한다. 어느새 나는 夢中世界로 달니는 몸이 되여 버렷다. (繼續)

關西八景 두루 돌아,
地下金剛蝀龍窟에서 妙香山까지(二)

金性睦

《삼천리》 제7권 제10호, 1935년 11월

김성목의 관서지방 기행문이다. 여정은 삼천리사 관계자로서 지방의 지사를 찾아가는 도중 명승지를 둘러보는 형식으로 기록되어 있다. 1편과 2편으로 나누어 연재했다. 2편은 글이 완성되지 않고 중동무이된 느낌이다.

2편에는 지하금강이라는 동룡굴을 탐방한 기록이다. 영변에서 8월 24일까지 체류하며 음박루(飮博樓), 남문루, 육승정 등을 구경한 감회를 짧게 소개한다. 8월 25일에 자동차로 개천까지, 화차로 구장까지 이동에 여관에 투숙한다. 26일 동룡굴을 탐방하기 위해 단체객을 기다려 일행으로 합류해 동룡굴로 이동한다. 필자 일행은 다른 사람들과 조를 만들어 길잡이를 따라 탐사한다. 동굴 내부 탐사 과정은 〈불교〉 86호에 실린 김태흡의 "동룡굴유기"에 비해 대체로 소략하게 소개했다. 비교를 위해 탐사 경로를 보이면 다음과 같다. 동굴 입구(종 4척5촌, 횡9척) - 지하일정(입구 지나 평평하고 천장 높은 곳) - 철재 사다리 - 洗心洞(안내원 동굴 유래 설명. 세 갈래 경로. 왼쪽 두 갈래는 아직 길이 나지 않은 상태) - 安眠洞(구들장과 취식 흔적. 동전 위조처) - 탐방객들은 서로 손을 잡고 이동 - 종유동(종유석, 석순, 석주, 석폭, 선무대 등 천태만상의 석상을 경치라 할 수도 없고 그렇지 않다 할 수도 없는 몽중 세계라 표현) - 연병장 - 은하폭포 - 무사탑 - 天上洞 가는 길(지하대양이 가로막힌 곳이라 소개). 글은 이후 이어지지 않고 마무리되었다.

寧邊邑에서 三日동안 잇스면서 아침이면 飮博樓로 달녀가 돌틈으로 졸졸 허르는 구슬같은 맑은 물에 니 싹고 손 싯고 물 마시니 俗界에서 버서난 듯 저녁노을 붉게 빗최고 南門樓에서 平和한 寧邊고을을 바라보든 것과 金붕어 뒤노는 六勝亭에 안저 半만 남은 하얀 달이 神秘스러운 못우에 빗최이든 달밤 하날은 고요하고 쌍은 조름조는 데 다못 蒼空에 푸른 별들만이 무슨 神秘에 醉한 듯이 반짝반짝 눈을 휘둘우고 잇는 데 우리 두 사람도 말업시 처다만 보고 잇섯다. 이런 勝地속에 항상 살아가는 사람은 얼마나 幸福되랴? 우리는 잠간 지나가는 過客이엿다. 世上에 幸樂도 亦是 그러치 안허랴? 우리는 이런 情景 속에서 오래 잇고저하나 가야할 몸들이래서 八月 二十四日 寧邊邑을 뒤에 두고 自動車로 价川까지 그리고 火車로 球場까지 가서 第一旅舘이란대서 짐을 내렷다.

△地下金剛 蛛龍窟을 더러가

八月 二十五日 主人의 말을 듯고 흔 신짝을 엇어 신고 간단히 채리고 나서 써나려하니 두분이 가시면 案內料를 三圓이나 냄니다. 잇다가 다른 사람이 쏘 올터이니 어너 단체에 加入해서 더러가면 五, 六十錢이면 됨니다 하기에 우리도 올케녁여 쏘한 日曜日인 만큼 만히 올 것을 밀우워 생각하고 기다

리노라니 아침車에 五十여명이나 探勝客이 列車에서 밀녀 나온다. 우리는 다른 적은 列車에 갈아타고 한참 가노라니 車는 멋고 사람은 내린다. 우리는 바로 蛛龍窟 압인가 햇드니 아직도 五里(朝鮮里數)나 가야한다고 합니다. 그래서 구비구비 山골 좁은 길을 걸어서 돌고 돌아 올너가노라니 風景이 鮮明타함보다 일은 가을이래서 微風에 흔들니는 풀 이싹이 더욱 빗나고 잇드이다. 僅々히 山中턱에 니르러도 어듸가 窟인지를 알 바 업다. 그래서 물어니 여긔서 조곰만 더 가면 잇습니다하기 열발자욱 가락마락해서 탁 압헤 막아선 것이 窟門이엿소이다. 세멘트로 색인 글자가 地下金剛蛛龍窟이라고 쓴 것이외다.

△

우리 一行은 난후어 더러가게 되엿다. 우리 組는 여긔저긔서 온 이로 組合해서 一組를 만더럿는데 其中에 軍人이 한사람 女敎員이 한사람 엇던 老人이 아들 두 아희를 다리고 오고 女學生이 세사람 專門學校學生이 한사람 그리고 우리 두사람으로 一聯隊가 되여 길잽이에 뒤를 싸라 더러가게 되엿다. 그러케도 무더웁든 날 쌈을 흘니든 우리는 갑작이 北永洋에 나간듯이 쓴듯한 추운 감을 쌔다럿다. 길잽이 말이 洞窟入口에 縱이 約四尺五寸이고 橫이 九尺이외다-한다. 果然 그다지 크지 안는 굴어구이다. 좀 쑤버러 더러가니 그곳에 그냥 서셔도 닷지안흘만치 놉흔 데를 내려가노라니 매우 싸팔막저잇다. 길잽이 말이 여긔가 地下 一町입니다. 여긔서부터 사닥다리로 내려감니다. 몃해 전 갓지는 나무다리엿습니다만은 지금 鐵橋를 내려노화서 安全합니다. 그러나 진흙이 뭇어서 밋쓰러우니 단단히 붓들고 내립시요 한다. 果然 直下斷崖은 약 四十餘尺이나 되여 보히는데 캉캄한 아래 世上은 어듸인지하는 무시무시한 첫 번 찬는 우리로서 누구나 소스러 오르는 것이올시다. 다리를 붓들고 내려가 보니 이곳은 窟이 아니라 조곰만 보태면 地下世界 등불만 업스면 暗黑

世界이엿서 造物主가 天上天下 쌍아레 물 속이란 말삼인 卽 地下에도 世界를 配設하섯단 말삼이 곳 이것일는지 神秘境에 잇슴을 깨다럿다.

우리 길잽이는 집행이를 집고 一張說明을 한다.「이 굴이 全體가 大鍾乳洞임니다. 距今 一千二百六十餘年前 卽 高句麗 寶藏王二十六年에 新羅國 將卒이 高句麗를 칠 때 寶藏王과 또 寂昭禪師 以下 僧侶가 避身한 곳이외다. 그새 佛像도 安奉하고 食物도 貯歲해서 一年이나 戰爭이 멋기까지 잇든 곳이고 또한 蛛龍窟 첫번 發見은 그 寶藏王 臣下가 避身하여 이곳에 니르니 山水明麗하야 隱身하기 조흔 곳이라고 四面을 살펴보니 쯧박게 무지개가 하늘노부터 땅에까지 다엿는대 五色의 神龍이 隱然히 下降함으로 이상타하고 차저가 보니 雄大한 石窟이 잇는지라 探査한 바 一行 僧侶까지 이곳에 避身하엿든 靈域이래서 일홈을 蛛龍窟이라고 함니다.

여긔는 洗心洞임니다. 여긔서 길이 세갈레로 난윗는 데 왼편으로 뚤어진 두 굴은 數十메돌까지는 더 거러갈 수 잇서나 저편을 모르고 아직 길이 나지 아니하여 못감니다.」쾨손?을 치는데는 第一 獵奇心의 우리로서 춤을 삼키게 한다. 길잽이에 뒤만 싸라 한참 가노라니 安眠洞이란 데를 닥첫는 데 그곳엔 구들장이 잇고 솟글고 밥해 먹든 자최가 잇고 즈즐편한데 멧十년 前에 二錢五厘銅貨를 僞造하든 곳이라고 함니다. 그리고 여긔에서 避亂을 한다니 그그야 그를쯧 하늘이 문허저도 쌍만 아니쯔면 살겟지. 이 쌍 속에 새 한머리 아니 나러 올터이니 安眠하엿슬는지도 모를 것이다. 길엔 진흙이 쌀녀는 데 물이 흘너 밋쯔럽다. 그래서 마치 永上으로 러가는 사람처럼 언제 한마당칠지 조심조심해서 가는데 뒤 더러진 女學生들은 참다못해 불구염치하고 우리들의게 손을 내밀며 분덜어 주기를 要求한다. 그래서 한 學生式 붓들고 가나 결국 한사람이 남은 니가 할 수 어시 그 學生에겐 나의 집행이를 주어서 집고 단기라하엿다. 그래서 모두가 神秘境에서 손에 손을 맛잡고 너머지지 안러려하여 밧작붓터 서서 거러가는 樣을 그래서 鍾乳洞에 니르럿다. 淡黃色에 半透明

體鍾乳石이 막두석갓치 생겻는데 우에서부터 고두름갓치 내리붓흔 놈이 鍾乳石이고 땅에서 점々 쏘사오른 놈이 石筍이라고하고 上下가 連合된 것을 石柱라고하여 이런 둘들이 가득한데 미럭이처럼 생긴 놈이 彌勒塔 三百年이나 자란 것이고 쏘 날즘생 들즘생 안즌 놈 선 놈 그야말노 千態萬象이엿다. 羅列한 그 石像을 경치라고도 할 수 업고 그러치 안타고도 할 수 없어 夢中世界라 할 수 밧게 업다. 폭포갓치 생긴 놈이 石瀑, 鍾乳石이 벌거득 배를 내민 곳이 仙舞臺이외다. 여긔서 조곰 나아가노라니 매우 너른 곳이 잇는 데 練兵場 周圍가 二千坪이나 된다고 합니다. 그 압헤 우렁차게 한줄기 써러지는 물소리에 귀를 기우르니 그곳은 銀河瀑布라고 합니다. 멀니 보이는 것이 武士塔 거긔서 그림자 빗최는 못임니다. 조곰 가니 거긔서는 올흔 편으로 가는 길이 天上洞 가는 길인데 멋해 前에 모 탐험가가 가다가가다가 보니 큰 못이랄지 地下大洋이랄지 씃도 보이지 안는 大洋이 가루막히여서 더 가지 못햇다니 맛치 希望峯을 찻든 그런 호긔심이 생겻건다.

紀行 大同江

初夏의 浿江을 禮讚하며

梁柱東

《삼천리》 제12권 제5호, 1940년 5월

양주동이 대동강의 아름다움을 예찬한 수필문이다. 제목과 달리 대동강 일원의 명소가 서로 어울려 자아내는 아름다움을 옛 사람의 시부에 나오는 표현들을 인용하고 자신의 분석을 포함하여 설명하고 있을 뿐 명소를 답사하는 경과와 소감을 그려내지는 않았다. 글의 구성은 서론격으로 대동강의 아름다움에 대한 예찬, 강의 명칭과 경개, 강물의 맑음, 주변 산세와의 조화 및 누대, 대동강의 아름다움을 조망하는 세 가지 방법, 마지막으로 조선의 오대강(한강, 낙동강, 압록강, 두만강, 대동강) 중 여성적 특성으로 구분되는 대동강을 천하후세에 널리 알리고 자랑할 것을 촉구하는 내용으로 이루어졌다. 부기로는 대동강과 평양의 명칭을 언어사적으로 해석하는 내용을 덧붙였다.

麗代의 詩人 金學士 黃元이 일즉 浮壁樓에 올라 古今의 題詠을 보니 모두 그 뜻에 차지않는지라 板額을 모조리 불사르고 온 終日 欄干에 의지하여 苦吟한 끝에 오직「長城一面溶溶水 大野東頭點點山」이란 一句를 얻고 詩思가 涸渴하므로 痛哭하고 下樓하엿다는 이야기는 너무나 有名하다.

「長城一面溶溶水 大野東頭點點山」. 이는 人口에 膾炙되는 名句요 또한 佳句이다. 누구나 그 樓에 올라 그 江山의 風景을 對하량이면 無意識間에 입안에 떠오르리만치 叙實的이면서도 含蓄이 있는 一句이다. 이만한 佳句를 을프던 金黃元으로서도 이 浿江을 中心으로 한 이른바 錦繡江山의 絶境을 充分히 詠寫하지 못하고 文思의 不足함을 스스로 痛哭하엿다 한다. 이것은 다만 好事者流의 造話가 아니오. 아마도 事實일 것이다. 이만치 浿江의 形勝은 文으로 可히 表現치 못할 絶景이 있고 才로써 足히 말하지 못할 妙境이 있다.

世上에 絶勝이 많다하나 발이 정작 그 고장에 미치고 눈이 바로 그 眞景을 보게될때 이른바 幻滅을 느끼지 않을만한 곳이 몇군데나 되는가. 멀리 바다를 건너 黃石公園이나 락키連峯 或은 나이야가라, 歐洲로 가서는 瑞西의 諸湖, 水都 베니쓰, 어느 것이 名勝이 아니랴만는, 大槪는 實不如名으로 듣든바의 比하여 뜻밖에 平凡하더란 것이 彼地遊覽者의 率直한 告白이다. 蘇杭이 좋다하고 奏淮와 西湖가 좋다하고 長江을 거슬러 瞿塘灔澦堆나 巫山十二峽의 景槪가 天下에도 絶景이라하나, 이 亦是 古今 許多 文人墨客들의 題詠으로 말미아마 誇大히 宣傳되엇을 뿐, 하물며 寒山寺, 姑蘇臺따위의 荒凉한 遺墟쯤이야 凡庸以外의 무엇이 있으랴.

이른바 제논에 물대이는 格인지는 모르겠으나, 누가 무엇이라 하여도 天下의 絶勝은 半島에 있고 半島에 名僧이 많다하나 山으론 金剛의 萬二千과 물로는 浿江의 溶溶水가 으뜸이라 함이 나의 持見이다. 그것 무슨 말인고하면, 오직 金剛과 浿水만이 名不虛傳의 奇山妙水요, 들었으면 들었을사록 보면 보드새 實이 오히려 名을 지나치기 때문이다. 풋글이나 하는 사람으로도 막상 金剛에 이르량이면 敢히 글을 읊조리지 못하고, 좀 된 글句나 엮든 者로서도 정작 浿江에 와서는 애오라지 한숨이나 쉬일뿐이리라. 사람은 부질없이 「몽·블랑」이나 「미씨시피」, 「히말라야」나 「나일」만을 일커르니 이 아니 딱한 노릇인가.

西京에 寓居한 것이 일직 十年을 헤였고 浿水 一帶를 逍遙한 적이 한두번이 아니언만, 그 偉大한 造物主의 神品을 보면서도 그것의 萬一을 描寫하는 한 章의 노래 한 篇의 文을 만들지 못하였다. 「眼前有景道不得」이라 함이 이를 두고 이름인가. 이는 無論 나의 不文의 所致려니와, 設令 내게 絶大한 文才가 있고 靈妙한 詩思가 있다한들 이 自然의 神品을 造化의 妙手를 어떻게 輕率히 노래하랴. 天來의 藝術家로서도 여기에 와서는 문득 畵意와 畵筆이 한꺼번에 萎縮됨을 經驗할 것이다.

안탑가워라 浿江의 形勝이여. 이 一帶의 絶景은 可히 붓으로 그릴만한 것이 아니오 입이 있으면 오즉 禮讚이나 할 것이다. 「따뉴브」를 그리랴. 黃河를 그리랴 「깬디스」를 그리랴. 만은 우리의 浿江은 描寫가 있을 수 없고 오직 禮讚이 있을 뿐이다.

○

衆水成滙, 名爲大同, 晶羔滉漾, 抱鎬歛灃. 浮鋪素練, 皎若靑銅. 解錦纜·浮蘭舟, 中流回首, 怳然如在畵屛中也.

이것은 崔滋·三都賦中에 浿水를 노래한 一節로 몇 十字 안되는 글을 가지고 浿江의 大體를 捕捉한 名品이다. 「뭇들이 몽였으므로 그이들이 大同」이라 한 것을 보면, 大同의 語義는 莊子에 이른바

大同而與小同異, 此之謂小同異. 萬物畢同畢異, 此之謂'大同異. (天下)
倫與物相忘 大同乎涬溟 (在宥)

이라 한 것이 그것일 것이다.

「勝覽」을 按하건댄 大同江은 一名 浿江이오 又名 王城江이라 한다. 그런데 後者의 名稱은 없어지고 前者만이 大同의 雅稱으로 世上에 알려저있다. 「浿水」란 元來 이 江의 原名인 「발내」(沸流江) 또는 「벌내」(列水)의 音轉 「뱃내」의 漢譯이다. 浿江이 鴨綠이냐 或은 平山의 猪灘이냐, 또 或은 遼東의 水名이냐 數三說이 學界에 錯綜하여 있지마는 여기는 구태여 穿鑿할 必要가 없겠다. 文獻上으로는 唐書에

平壤城 漢樂浪郡也. 隨山屈繚爲郛, 南涯浿水.

라 하였으니 여기의 浿水는 大同江일시 分明하고 史上의 同名異水는 어찌되었든 浿水라면 누구나 大同江의 別名인 줄을 안다.

陽德 · 孟山 흐르는 물은
浮碧樓 앞으로 감도라 든다.

이 西京의 竹枝詞마따나 이 江은 根源이 둘이 있으니 하나는 寧遠의 加幕洞에서 發하였고 또 하나는 陽德 · 北文音山에서 發하였다. 前者는 途中에서 여러 小支流를 合하면서 或은 順川江 城岩津이 되고 或은 禹定淵 雜派灘이 되었으며, 後者는 成川에서 沸流江이 되고 江東에서 前者와 合流하여 西津江이 되었다가 平壤府 東北 四十里쯤 와서 春漲으로 有名한 西都 八景의 一인 馬灘이 되고, 다시 南으로 흘러 綾羅島 · 白銀灘이 되었으니 정작 大同江은 白銀灘으로부터이다. 崔滋의 賦에 「衆水所滙」란 것은 以上의 經緯를 말한 것이다.

○

大同江의 물은 맑기도 有名하다. 前揭한 賦에도 「浮鋪素練, 皎若靑銅」이라 하였고, 金仁存詩에

一帶長江澄似鏡, 兩行垂柳遠如煙

이라 하였거니와, 둘다 이 江의 實景을 말한 것이다. 大同江 물은 가까이 보면 글자대로 碧水요 綠波요 멀리 보면 그야말로 素練이오 明鏡이다. 저 黃河에서 보는 것같은 진흙빛물은 찾으려야 찾을 길이 없고 鴨綠·洛東에서와 같은 澎湃한 巨波와 洶湧한 急流는 보래야 볼수가 없다. 實로 맑고 깨끗하고 從容하는 溫藉한 것이 이 江의 特色이니, 이물의 흐름을 形容하랴면 아모래도 溶溶이니 漫漫이니 滉漾이니 하는 따위의 글字를 쓰지 않을 수가 없다. 白銀灘이란 이름도 이 깨끗한 江물의 여흘진 것을 形容함이오. 陳嘉猷詩에

遠水疑從銀漢落, 綵舟如在畵圖行.

이라 한 것은 그 前句가 單純한 誇張法이 아니오. 그 희맑은 것을 그대로 詠嘆한 것이다.

그야 毋論 大同江이라도 장마 때에 洪水가 지면 진흙빛물의 急流가 없음이 아니나 그러한 水害도 다른 江에 比하면 程度가 甚하지 않다. 얼른 생각하면 그 大江이 한번 汎濫하는 날이면 平壤全市가 고대 淹沒될듯 싶지마는 그렇다고 平壤市는 커녕 綾羅一島도 況水되는 적이 極히 稀罕하기 때문에 綾羅島가 成川서 떠나려온 常浮島라는 傳說이 생기고 옛날 堪輿家들의 「平壤은 舟形이라」는 說話가 있다. 이와같이 大同江은 洶湧澎湃한 洪濤急瀾이 그 特色이 아니오. 차라리 平穩緩慢한 깨끗한 흐름을 그 자랑으로 삼는다. 東波

詩에「若把西湖比西子, 淡粧濃抹總相宜」라 하여 西湖를 기린 것도 있거니와 大同江을 사람에 비긴다면 아모래도 男性이 아닌 女性이오 女性이라도 凡女가 아닌 美人인데 그 雍容한 氣象과 發越한 精神은 또한 淑女요 才媛이다. 歐語에 河川을 흔히 女性으로 取扱하거니와 그 참된 實例는 오직 大同江에서 볼 것이다.

○

馬灘을 지나 白銀灘의 急流數谷을 지나 바로 城東一帶로 감도라드는 大同江이 제아모리 曲線美를 發揮하고 울트라 · 모던의 流線美를 나타내였다 하드래도 한줄기 江물만 가지고는 半島의 絶勝, 아니 天下의 絶景을 形成하지 못할 것이다. 美人이 美人이 되려면 自體의 美도 必要하거니와 若干의 化粧濃抹은 있어야 하고 格에 맞는 衣裳과 佩物, 侍童과 侍女를 必要로 한다. 하믈며 알맞는 짝으로서의 配景- 곧 好水는 好山을 가저야한다. 이러한 意味에 있어서 大同江 一帶의 山水는 天下에도 可謂 유닉한 것이라 하겠다.

江을 건너 平野를 건너 東으로 東으로 바라보면 멀리 江東 · 三登의 蜿蜒한 連峯이 水墨畫屏처럼 둘러있고, 東北으로는 高句麗 · 平原王의 安鶴宮 遺址가 있는 大城山이 外廓을 이루고, 가까이 나려와서는 바위틈에서 술이 흘러나온다는 傳說이 있어 史道로 하여금「至今流不盡, 平壤多醉人」이라 노래케한 酒岩을 起點으로 한 小山脈이 大同江을 沿하여 弓形으로 나려오다가 府北에 와서 錦繡山을 이루었고, 錦繡山의 精華는 大同江을 直接 굽어보는 牧丹峯과 좀 떠러저서 나려다보는 乙密臺로써 代表되었으니 兩者의 連結線을 底邊으로 한 正三角形의 面積은 松杉이 交翠한 常綠의 箕子林과 香魂玉骨이 무처있는 저 嬋娟洞이 그것이다. 牧丹峯을 나려서 高麗 以來의 名刹인 永明寺와 江을 끼고 綾羅島를 바라보는 浮碧樓. 그 어느것이 絶景이 아니며 名畫가 아니랴. 一高一低 一曲一折이 모조리 造化의 周密한 加工이오 自然

의 微妙한 絶品이다, 牧丹峯 우에 막대를 멈추고 浮碧樓가에 欄干을 의지하야 이 一帶의 勝景을 展望하는 者ㅣ 누구나 「어허 江山이 그림같고녀!」 한마디를 發하지 않을 수 없을 것이다.

牧丹峯의 最高點을 차지하고 서서 南으로 바라볼작시면 淸流碧 아래를 沿하야 潺潺히 흘러가는 浿江의 一幅素練이 德岩을 지나 練光亭大同門을 안고 돌면서 平壤의 全市를 넌즛이 감싸으니 人道敎 以南 大同江鐵橋에 이르기까지 點綴된 市街는 完然히 煙景이다. 鐵橋우에는 黑煙을 吐하는 鐵馬가 轟然한 소리를 지르며 지나가거니와 거기서 長江이 다시 구뷔처 나려가면 古來로 才子 · 佳人의 斷腸處가 되어있는 저 南浦가 있지 않은가. 鄭知常 詩에

雨歇長堤草色多, 送君南浦動悲歌
大同江水何時盡, 別淚年年添綠波

는 얼마나 哀調를 띠운 □綿한 노래이냐. 浿江을 노래한 詩가 만으되, 이 한 篇은 그 中에도 미상불 絶唱이다.

○

北으로 馬灘, 南으로 南浦까지 이르는 大同江의 絶勝한 景槪, 더구나 江左를 沿하야 錦繡山의 背景과 淸流壁 練光亭을 點綴한 構圖- 浿江을 中□으로 한 이 一帶의 形勝은 글자대로 錦繡江山이다. 이 江山의 好處를 鑑賞하라면 그 方法은 무릇 세가지가 있으니 하나는 앞에 말한 바와 같이 牧丹峯이나 乙密 · 浮碧에 올라서서 東南一帶를 展望하는 것이오. 하나는 좀 멀리면 練光亭에서 가까이면 長慶門 舊墟쯤에서부터 淸流壁 아래를 거르면서 綾羅島一帶를 바라보는 것이다. 나는 後者를 좋아한다. 올려다보면 綾羅島를 둘러

줄줄히 느러진 버들가지는 古人詩 그대로 「兩行垂柳遠如煙」인데 그것의 그
림자가 江물에 거꾸러저 水道橋 밑 一帶의 江물은 글자대로 碧波요 濫泓이
다. 그것을 俯瞰하는 錦峯과 碧樓, 이를 그림이라할까, 幻境이라 할까. 그러
나 이 두가지보다도 더 좋은 方途는 直接 江上에 輕舸를 띠우는 것이다. 그것
은 俗稱 「매싱이」라는 葉大의 小舟로도 좋고, 華麗한 畵舫으로도 可하다. 各
히 長處가 있기 때문이다. 또 酒岩 밑에서나 綾羅島 附近에서 흐름에 따라
나려가도 좋고, 大同門 附近에서 漫漫한 長江을 거슬러 올라가도 可하다. 어
느 것이나 妙味가 있기 때문이다. 夕陽도 좋고 月夜도 좋다. 微風에 輕艣를
저어 潺潺히 흐르는 푸른 기름과 같은 水面을 미끄러저 나가며 兩岸 一帶의
山水를 展望하는 맛은 雅趣를 지나 醍醐味에 가깝다. 鄭道傳辭에

江之水兮悠悠, 泛蘭舟兮橫中流. 高管激噪兮歌聲發, 賓宴譽兮獻酬. 或躍兮錦
鯉, 飛來兮白鷗.
煙況況兮極浦, 草萋萋兮芳洲. 覽時物以自娛兮, 蹇忘歸江夷猶.

云云한 것은 너무나 煩雜한 感이 있으나 그 逸興과 高趣만은 充分히 알만하
다. 옛날 사람들이 男兒一代의 理想으로 한번 西道伯이 되여 大同江上에 載
妓隨波任去留를 願한 것은 所以然이 없음이 아니리라. 箇中에도 吾人의 눈
섭을 찡그리게 하는 것은 浿江諸詠中의 明使 · 淸使들의 마음껏 享樂한 글句
들이다. 陳鑑詩에

華筵要遣遲遲飮, 桂掉先敎緩緩行.

이라든지 金湜詩에

浪高如屋雨如拳, 人在江頭泊畵船.

咫尺樓臺飛不上, 尋常詩酒慣相牽.

便拚客路三千里, 算作浮生五百年.

安得魚龍齊起躍, 掃開雲霧見靑天.

따위를 보면 그들의 得意然한 船遊의 風景이 完然하지 않은가. (그런데 金湜 詩의 首句는 誇張이 너무도 甚하다. 물결이 집채같단 말은 이 江에 쓰지 못할 것이다. 나는 어떤 風雨大作하는 날 浮碧樓에 올라 江上의 雨景을 바라본 적 이 있거니와, 물결의 조금 설네는 모양이 아모리 誇張하여 말하드래도 눈섭 을 찡긴 佳人以上의 暴威는 아니었다. 浿江을 보는 者ㅣ 그 雨中景을 또한 잊지 말 것이다.) 往日에만 그러하였으랴. 지금도, 浿江의 船遊는 흔히 載酒 載妓가 한 條件이 된 양하야 俗子遊朗의 風流ㅅ거리가 되여있다. 이는 浿江 을 爲하야 遺憾이라면 遺憾이려니와 도리켜 생각건댄 그들은 원악 浿江의 眞美를 맛보지 못할 것이매 靈區의 眞面目에 關할배 없는지라. 노닐때로 노 닐라 할 것이다.

나는 浿江一帶의 形勝을 생각할 때마다 畵道에서 말하는 소위「波斯氈絨 設」(Persian darpet theor)을 聯想한다. 좋은 그림은 제대로 바로 놓고 보아도 좋고 거꾸로 매여달고 보아도 그대로 아름답다는 것이다. 이 浿江을 中心으 로 한 이른바 錦繡江山이야말로 波斯의 氈絨以上의 一大藝術品이 아니냐. 높은데서 展望하여도 좋고, 下流에서 올려다 보아도 좋고, 江上에 앉아서 四 圍를 둘러보아도 좋고, 淸和한 날이면 江中에 倒影된 水中錦繡가 더한층 奇 觀이다. 全身 半態 大寫·小寫가 모조리 佳麗아님이 없고 雅致아님이 없으 니 浿江이야말로 天成의 一幅女人圖가 아니고 무었이랴.

○

朝鮮의 五大江은 제각기 特色이 있다. 鴨綠·豆滿은 國境朔方에 있느니
만치 그 거츠른 물결과 急한 氣象이 趨趨한 武夫의 風이 있고, 漢江은 闊達한
襟度와 雍容한 姿態가 어딘지 모르게 王者의 氣象이 있다. 洛東江은 車窓에
서 暫間 내여다보거나 近年에 종종 傳하는 大洪水의 消息을 듣거나 急流激
湍이 峽谷을 구비처서 岸壁을 따리는 모양이매 이는 本是 快漢의 本色이다.
하늘이 五大江으로 하여금 모조리 洶湧한 荒波를 가지게하였던들 朝鮮의
水勢ㅣ 男性的으로만 치우칠것을, 진작부터 알맞은 配合을 잊지 않아서 女
性的인 大同江 한줄기를 中間에 가로 그어놓았으니, 造化의 妙手를 또한 驚
嘆하지 않을 수 없거니와 이러한 意味에서 大同江은 五大江 中에서도 가장
特色있는 江이라 할 것이다.

무릇 勝地가 勝地됨에는 세가지 條件이 必要하다고 본다. 첫째는 天成의
靈區로써 絶景과 奇觀을 가진 것이오, 둘째는 史蹟의 異와 人事의 妙가 可히
後人遊覽의 자최가 될만한 것이오, 셋째는 以上의 두가지를 或은 글로써 或
은 노래로써 널리 天下後世에 알리고 자랑함이다. 그런데 浿江은 어떠한가.
浿江은 첫째 條件으로 보아 天下의 으뜸이 될만하다. 경방진 옛날의 支那使
臣들이 속으로는 驚嘆을 마지않으면서도 겉으론 小邦의 것이라하야 小錢塘
이니 무엇이니 하였지만은 公正한 眼目으로 볼 때에 이 江의 絶景을 저 錢塘
·西湖따위에 比할 것이 아니다. 그러면 둘째 條件은 어떠한가. 浿江을 中心
으로 한 朝鮮의 古文化- 古朝鮮은 母論 句麗와 樂浪, 高麗의 西京, 李朝의
平壤, 上下數千年間의 文化史的 意義, 史上에 點綴된 幾多의 陳迹과 揷話,
어느 것으로 보거나 미상불 東方文化의 一重要한 樞點아님이 없다.

말할 것도 없이 古朝鮮時代엔 이 浿江中心의 古都가 史記의 소위「平壤
仙人王儉文宅」으로「王儉城」(검잣) 又는「險瀆」(검터)한 稱으로 오랫동안

古文化의 中心地가 되었었고 나려와 箕準·衛滿時代에는 漢族과의 角逐地가 되었으니 그 結果로서의 이른바 樂浪의 文化는 平壤府南十里許 大同江 南岸一帶(現土城里·貞栢里其他)에 그 本據를 두었었다. 그 陳迹이 近年에 陸續發掘되야 內外의 學的興味를 提供함은 周知의 事實이다. 그러나 一方 이 江을 境界로 한 그 北岸一帶는 自來로 句麗의 勢力範圍였으니, 句麗가 蔚興南下함에 미처 東川王의 平壤城, 故國原王의 黃城, 長壽王의 大城山城·安鶴宮城·王城, 밑 平原王의 長安城等이 모다 이 江沿岸 一帶에 修築되야 燦爛한 文化를 자랑하였었다. 다음 近古에선 麗初에 新修된 西京과 在城, 成·穆年間엔 契丹과의 抗爭으로 仁宗時엔 妙淸의 亂으로 한동안 어수선도 하였거니와 長樂宮·龍堰宮·大華宮 等은 모다 이에 前後하야 史上에 興滅된 이 古都의 陳迹이다. 더 나려와 近世의 幾多史蹟이야 煩設할 必要도 없으리라. 依依한 一條의 長江·沼々한 一片의 古城을 둘러 얼마나 만은 史跡과 遺痕이 各字의 마음을 설네게 하는가.

이러한 地理的·歷史的 幾多의 長點과 特色 아울러 陳迹을 가진 西京, 西京에도 大同江- 이는 確實히 半島隨一의 名勝이오. 同時에 足히 天下에 일커를만한 勝蹟이라 하리라. 그러나 이로써 다만 游子一時의 散策·游覽의 고장을 삼는 以上으로 참으로 이를 勝蹟化하고 名區化하랴면 우리는 다시 前述한 셋째 條件을 想起치 않을 수 없으니 이 名區와 勝蹟을 絶世의 大文章 或은 驚人의 巨篇으로써 能히 天下後世에 널리 알리고 자랑할 者는 누구뇨.

[附記]

西京을 中心으로 한 若干地名의 原稱을 附記하여둔다.

平壤의 原名은 「벌내」이니, 本是 大同江의 原稱으로 저 史記의 「洌水」와 同素隱에 이른바 「潮水」 乃至 成川의 「沸流江」은 곧 이 「벌내 발내」의 借字이며, 「浿水」는 「볽내」의 音轉 「뱃내」의 借字이다. (大同江의 又 一別稱 「蛇水」

는「뱃내」의 다시「뱀내」로 訛傳된 것.) 이「벌내」란 水名에 依하야 그 都城을
亦是「벌내」(平壤)과 仍稱한 것이다.「大同江」이란 稱號는「벌내」의 俗稱「한
내」(大江)를 後世에 漢字로 雅驛譯한 것에 不外한다.

　　平壤의 古稱「王儉城」(史記)은 母論「검잣」(王城)의 借字이며,「險瀆」(後
漢書)은「검터」(王址)의 借字이다.「樂浪」은 特히 大同江南岸 渡頭一帶의 稱
으로「ㄴㄹ」(나리)의 借字이니「津·川」의 義이다. 牧丹峯은 後世에 그 原義
를 몰라 或 峯上에 牧丹꽃이 있었다, 或은 峯狀이 牧丹과 같다 云謂하나 모다
漢字義에 拘泥된 謬說이오, 그 原名은「한붉뫼」(大白·大朴)이니「永明寺」
는 바로「한붉뎔」의 義譯이다.「한붉뫼」가 音韵的으로「한박뫼」(含朴山)로
音轉된 結果「함박곳」(芍藥)과 混同되야 牧丹으로 對譯한 것이다. 이에 依하
야「錦繡山」도 實은「검수리」(神峯)을 後世에 그럴듯이 漢字로 雅譯한 것이
오, 大同江上流의「酒岩」은 古者에 술이 岩間에서 湧出하였다는 傳說까지
생겼으나 그 原義는 單純히「수리재·수리바회」(車峴·鵄述嶺·鷲岩.「峯
岩」의 義譯이다.「白銀灘」은 말할 것도 없이「핸여흘」(白灘) 또는「한여흘」(大
灘)의 雅譯. 乙密臺의 稱은 俗에 乙密이란 古仙人의 遺跡으로 解하나 그곳은
元來 麗·睿宗時代 所築인「龍堰宮」의 遺址로서「龍堰」의 原稱은「미르터」
인바 該宮은 上下二部가 있엇음으로「上龍堰」곧「우웟미르터」(웃밀터)가
「乙密臺」로 音譯된 것이다.

仙境妙香山

盧天命

《삼천리》 제12권 제7호, 1940년 7월

노천명이 여름 휴가로 묘향산을 탐방한 경과를 쓴 기행문이다. 여행이란 갑자기 훌쩍 떠나는 것이 진미라 전제하고 자신의 묘향한 구경 또한 의외의 수확이라며 글을 시작한다. 일하던 신문사에서 사원에게 주는 5일의 휴가를 경의선 패스와 함께 장마 기간에 얻게 된다. 이에 친구 두 사람의 집이 있는 묘향산과 동룡굴을 목적지로 삼고 여행을 시작한다. 서울에서 기차로 출발, 평양에서 만포진선으로 환승한다. 차 안에서 승객들의 모습을 간단히 그리고 자신의 행선지인 동룡굴이 장마 기간이라 관람하기 어려울 것이라는 차장의 설명에 실망한다. 연변에 옥수수가 많이 경작되는 것을 보고 놀란다. 오후 다섯 시 25분에 묘향산역에 도착해 보현사 구내 여사에 숙박한다. 이튿날 상원암에 오르려 계획했으나 보슬비가 내리고 안개가 자욱해 근처 보현사를 먼저 탐방한다. 화웅전, 만세루 등의 전각을 구경하며 크고 오래된 절의 웅대하고 장한 멋을 감상한다. 숙소로 돌아오는 길가에 옥수수가 탐스러운 것을 보고 사고

자 하나 농부들이 절 근방에 있는 것은 먼저 부처님게 불공을 드리고야 먹는데 옥수수는 아직 드리지 않아 팔 수 없다는 답을 듣는다. 이튿날도 보슬비가 오는 중에 안내원을 따라 상원암 탐방에 나선다. 여러 차례 물길을 건너고 아름드리 수목이 뻗어있는 산길을 올라 인호대를 지나 상원암에 이른다. 점심을 먹고 다시 산록을 돌아 단군굴, 금강굴을 보며 귀로에 든다. 저녁이 가까워 보현사를 지나 여사로 돌아온다. 보현사를 지나며 백발의 스님들과 어린 상좌들이 나란히 앉아 목기에 밥을 떠 식사하는 모습을 본다.

旅行이란-

미리부터 날을 받고 동무를 짜고- 이리하여 갖후어진 만반준비 아래서 行해지는 것보다는 모름직이 뜻하지 않았다가 갑작이 行裝을 차려가지고 훌쩍 떠나보는 것이 實로 멋있는 것이며 또 여기 旅行이 가지는 낭만의 眞味가 있는 법이다.

혼자 이렇게 길을 떠나 車간에서야 全然 아지 못하하는 사람과 이웃해 앉고 혹은 마주앉는다는 것은 첫재 神經이 疲勞하지 않아 좋고 다음으로 마음대로 내 생각을 달리기에 좋은 것이다.

내가 妙香山의 絶境을 구경한 것도 이런 意外의 收穫의였던 것이다.

내가 다니든 新聞社에는 社規에 근면히 일을 한 社員에게는 일년에 二주일 동안의 請暇를 준다는게 있었다. 이는 일의 편의를 따라 놀게 되었으므로 실상은 기껏해야 한 댓새 노는 폭이었다.

이 휴가는 흔히들 三伏중에 얻어 썼으며 社員들은 번가라 이 휴가를 얻어야 했다.

이것이 社의 철도국 「파쓰」와 함께 나한테 돌아온 것은 한창 장마 때였다.

모처럼 얻는 休暇를 장마 때 받기는 아닌게 아니라 좀 애석한 감이 없잖았으나 이 비가 그치고 보면 그때 임시는 또 일이 한창 바쁜 때라 몸을 빼기가 좀 어렵게 되었기 때문에 나는 그대로 휴가를 받기로 했다. 어째떤 나는 京義線「파쓰」를 社에서 얻어 왔다. 그리고는 이 닷새라는 日數와 약간의 金額을 消費하고 어떻거면 最大限度의 經濟價値를 거둘건가를 궁리를 하자 나는 부썩 이 기회에 동룡굴과 묘향산엘 가고 싶어졌다. 그때 妙香山엔 C友가 있고 녕변엔 H友의 집이 있어 휴가를 말거던 저막금 저 있는 데로 놀러오라던 차라 내 욕심은 동룡굴엘 들려 妙香山으로 돌아오기로 했다.

밤차를 타고 가다보니 서울서 오든 비는 어디선가 걷고 이대로 나간다면 좀더 北쪽으로 가고보면 아주 快晴일런지도 모른다.

나는 뷰-로에서 얻은 까이드뿍을 뒤적거리며 처음 타보는 滿浦鎭線의 連絡을 살폈다.

다음날 아침 平壤驛에서 滿浦鎭線을 가라탔다.

車가 마치 經便鐵道처럼 자그마한게 여기서는 等級을 가릴 나위가 없이 되었다.

떠날 시간이 되었는데도 車는 물려 數十分 동안을 체면없이 지체한다.

생수겹수건을 날라갈 듯이 쓴 젊은 女人네가 하나 車ㅅ간으로 오른다.

오르자 그 애인은 미리부터 자리를 잡고 앉은 中年男子를 보더니 서슴는 기색도 없이

「아 어더메 가십네까」

하고 北女의 기상을 뽑자 그도 반갑게 웃으며

「데 뭐사니 陽德 물좀 하래갑네다」

하는걸 보니 서로 잘 아는 터이인상 싶으나 그 쾌쾌한 기상이 맘이 든다.

「그럼 順川서 가라타시야 갓시다레. 난데 熙川 좀 갑네다」

그들의 會話에서 順川서 가라타면 陽德이라는 湯地가 있다는 것쯤 어섬

푸렸이 짐작할 수 있었다.

그리고 나서 車掌한테 나는 동룡굴 가는 길을 한번 더 자상하게 무렀다.

「이것좀 보세요. 동룡굴을 구경하랴면 球場서 내려 어떻게 가나요. 무슨 뻐쓰의 便이라도 있나요」

내가 이렇게 묻자 차장은 다소 당황한 빛을 띠우며

「동룡굴요. 동룡굴엔 지금 장마제서 못봅네다.」

「그래요.」

내 말세는 자연 힘이 없었을 수 밖에 없었든 것이 플런의 절반이 휙 꺾기메 라―

「묘향산두 그럼 비가 많이 와서 못보게 될까요.」

「거긴 괜치않을 걸요.」

차장의 괜치않을께라는 말은 그 말 자체가 표현하듯이 나를 安心시켜 주지 못했다.

「휴가를 좀 있다가 맡을걸 그랬나보다.」

허나 나는 不安에 눌리는 것이 잃어서 窓 밖으로 얼른 눈을 줬다.

高粱이나 조가 심어졌어야 할 데 가도가도 자꾸 나타나는이 옥수수 밭들 이다.

여기선 웬 옥수수를 저처럼 많이 심느냐고 무렀더니 이 지명에서 들은 이 옥수수가 한 큰 농사라는 것이다. 이걸 몇 백石씩 한다는데 내가 좀 놀라는 기색을 보자 나와 얘기를 하든 女人은 나더러

「어디까지 가요.」

하고 묻는다.

「묘향산까지 가요.」

「어디메서 오시나요.」

「저― 서울서 옵니다.」

車깐에 올르는 사람들의 方言이 다 달라진만큼 서울이 저- 멀리 떠러져 있다는 것으로 느껴졌으매 내「저- 서울」이란 말을 그러고 보면 지나친 誇張도 아닌 듯 싶다.

午後 五時 二十五分 마침내 妙香山驛에 도착했다.

비가 오신 뒤인 듯 땅은 지나 요행 우비가 없이도 다닐만 했다. 驛에서 내리니 얼마 안 가서 바로 自働車部가 있는데 여기서 한 二十分 동안을 자동차로 가야 정작 妙香山 어구에 대이는 것이었다.

여기 사람들은 妙香山을 갔다 妙字는 뢇하고 그냥「香山」이라고 부르는 것이었다.

妙香山을 본 사람이라면 누구나 확실히 妙香山이라기 보다 香山이라고 부르는데서 더 친밀감을 느낄 줄 안다.

이제부터는 香山이라고 부르며 얘기를 하기로 한다.

우선 旅勞를 普賢寺 構內 한 旅舍에다 풀고 다음날은 새벽 일찌기 香山의 제일가는 名勝인 上院菴엘 올르기로 했다.

그랬던 것이 아침 일찍암치 이러나보니 보슬비가 내리고 山을 치어다보니 자욱하니 안개가 둘려 봉오리들이 구름 속에 솟은 듯 山에 올르기는 장히 어렵게 됐다.

하는 수 없이 이날은 여관에서 바로 머지않은 普賢寺를 보기로 했다.

普賢寺는 香山의 主刹로 이는 普賢寺 北쪽 安心寺에 있는 宏廓禪師의 學德이 높아 이를 흠모하고 四方에서 弟子들이 모여드니 靖宗 八年에 二十四殿閣의 大伽藍을 刱建하고 三千僧徒가 모였다는 역사 깊은 절로 朝鮮 五大寺에 든다는 크고 늙은 절이다.

和雄殿 萬歲樓 등을 절하고 보는데 圓柱며 天井의 丹靑들이 낡아 그 빛을 아라보기 어렵게쯤 되었으나 그 雄大하고 壯한 맛이 넝넉히 새뜩한 새것을 압도하고 남음이 있음을 본다.

巨大한 鍾이며 어마어마하게 큰 북이 한번 울리량이면 그야말로 娑婆衆生의 괴로움과 번거러움을 어루만저 위로해줄 것 같다.

殿堂안에 이렇게 들어보고 또 뜰악에 나와 거니러 보며 지난날의 幽香을 삼가 맡아보는 중 비록 佛敎이치에는 어두우나 따지고 캐는 미운 순간이 용납되지 않고 다만 경건히 머리가 숙으러짐을 어찌할 수 없다.

전에는 이런 殿閣이 二十여 채가 이아경에 즐비했었다는 데 장구한 세월을 지나는 동안 그 중 허무러지고 혹은 헐려서 오늘에는 불과 十여 채에 남짓하나 잔디밭 지름길을 사이에 두고 혹은 드딤돌로 돌이 띠엄띠엄 서 있는 殿閣들은 三千僧徒가 모였다는 찬란한 옛날을 足히 상상하고 남음이 있게 해준다.

절ㅅ간 울안 處處엔 이끼 낀 큰 石碑를 본다. 닥어서서 碑文을 언뜻 보면 모르는걸 빼놓는채 西山大師니 泗溟大師의 친한 이름들이 나오는 게 반가웠다.

이렇듯 늙은 귀한 절이 사람의 손이 잘 안가고 建物이며 모든 것이 崩壞의 歷的過程을 老軀 그것처럼 가만이 앉아서 받고 있는 것 같이 보여 큰 가마솥이 걸린채 반은 문허진 부뚜막을 한 어느 殿閣의 부엌을 나스며 우리 一行은 이 절의 재정을 공연히 걱정하며 旅舍로 向했다.

결어내려오려니까 길ㅅ밭엔 옥수수가 탐스럽게 되어있다. 밭직이 인상 싶은 여인에게 우리는 그 옥수수를 좀 쪄서 팔 수 없느냐고 무렀더니 그 女人은 지극히 몇 마디 안 되는 말과 태연한 태도로 안 된다고 一蹴해버리자 두번 말을 건네지 못하고 네려오다가 또 한군데서 이번엔 農軍같이 보이는 사나이에게 또 좀 사자고 했더니 돈을 줘도 팔 수 없다는 것이다. 어째 그러냐고 무르니 이 근방에 있는 것들은 무엇이고 먼저 부처님께 불공을 드렸다가야 먹는 법인데 옥수수는 아직 드리지 않았으니까 아무도 지금은 먹을 수 없다는 것이었다. 이 山간에서 太古的 堯舜을 만나는 듯 오늘의 우리에게선 잊어버려진 아름다운 풍속에 부디칠 때 우리들은 마음에 부끄러운 데를 감출 길이 없었다.

그 翌日날도 아침에 날세가 깨끗지 못하고 산허리엔 안개가 자욱하고 빨래를 축이기 좋으리만치 이슬비가 나리는 것이었다. 엊저녁에 부탁해 놨든 上院菴에 올라갈 案內者가 왔다. 비가 와 어디 山에 올으겠느냐고 걱정을 한즉 이런 비쯤은 해가 퍼질 때쯤 되면 개인다고 하며 여기는 원체 높고 깊은 산이 돼서 언제나 아침 역엔 산허리의 안개가 거치느라고 이슬비가 좀 내리고 날이 아침부터 들기가 어렵다는 것이다.

山사나이가 오죽이나 산꼴 천기를 잘 알랴-하고 우리는 輕裝을 하고 쾌히 그 뒤를 따라섰다. 오늘은 우리 一隊에 學生이 하나 加入됐다. C에게 들으니 普賢寺에 주인을 한 東京某大學에 다닌다는 靑年인데 얌전한 품이 同行을 해도 괜찮을 게라는 데에 그를 본 印象이 내게도 異議가 없었다.

욱어진 풀 속에 여기저기 우뚝우뚝 서 있는 碑石들을 끼고 우리는 普賢寺 뒷山으로 上院菴 가는길을 헤쳤다.

칙넝쿨에 걸리고 돌각댁이 우로 넘어스다보니 一條淸流가 우리 앞을 가로막는다.

양말을 벗고 운동화를 손에 들고 그 내를 건느자 다시 양말을 신고 것노라니 우불꾸불 山을 끼고 地帶가 높아지는 곳에 이번에는 瀑布같이 쏟아지는 물이 또 길을 가로막지 않는가. 우리가 또 발을 벗으려드니 案內者의 말이 上院菴까지 가자면 이런 물을 數없이 건너가야 할테니 그양 들어스라는 것이다. 이 좋은 경개를 보거던 신둥매를 맨채 물을 건너간들 어떠리하고 그대로 좇으니 山사나이의 말은 마자 과연 우리는 수탄 淸溪를 건너서 山腹에 이르렀다. 이제로부터 이런 내는 없으나 延延히 올라가는 것이 슬며시 숨가쁜 길이다. 그렇다고 해서 강파로운 驗한 길은 아니오 천상 거를만한 길인데는 둔한 山허리지만 원체 높이 올라가는게고 보니 자연 나같이 心臟이 弱한 사람은 자꾸 쉬여가자는 말이 一行을 웃기는 모양이었다.

　몇 百年을 묵은 나무들인고 아름드리 樹木들이 체격이 좋은 靑年처럼 알마치 부대해가지고는 서로 엉킴이 없이 하늘로 하늘로 죽죽 벋었다. 세상이 괴로워지거던 香山으로 들어와 저 나무들을 툭툭 찍어 통나무로 집을 짜고 맑은물 푸른山을 싫도록 보며 살까 보다 - 이런 생각을 하는 새 一行들은 제법 나를 뒤에 뒀다. 案內者는 香山歌를 들으며 鬱鬱蒼蒼한 樹間小路를 따라 앞서거니 뒤서거니 하며 보는 左右의 勝景은 아픈 다리를 달게 잊어버릴만 하다. 아름드리 박달나무며 香木들이 우리가 가는 길에 내내 느러서 있다. 기름으로 윤을 낸 것 같이 고은 박달나무의 몸도 뛰어나거니와 雪岩大師詩에도 「山在淸川薩水源 雄蟠而塞接天門 更看黃落干林後 香木靑靑雪裡痕」香木이 많다고 했거니와 香山이란 이름이 모름직이 香木이 많은데서 나오지 않았나 모르겠다. 어느듯 햇살이 피어 우리는 그늘 아래로 들어서 가길 좋이하고 그럭저럭 한나절이 가까웠다. 잡새소리하나 들리지 않고 시내도 보이지 않는데 어디선가 물소리만이 들려와 한나절 山속의 고요함을 일층 더 느끼게 해준다. 맑은 空氣와 山精氣를 마음껏 마시며 우리는 引虎臺를 지나서 上院菴에 다달었다.

　上院은 法王峯 아래 天紳瀑 龍淵瀑 散珠瀑을 안ㅅ고 멀리 東으로 日出峯 月出峯을 구버본다.

　上院에서 우리는 잠깐 지친 다리를 쉬고 걸머졌든 점심들을 달게 먹은 후 上院을 떠나 一條의 長瀑들을 뒤로 두고 山麓으로 돌아가 머루 다래 넝쿨들이 엉킨 데로 내려스다가 갈대를 헤치며 다시 기어올르는 山마루에 金利塔이 높게 서 있는데 여기서 우리는 마즌 편에 있는 檀君窟을 바라본다. 岩穴이 穹窿하여 집같이 되었는데 穴口의 높이는 一丈半 널비가 五十尺 속의 기리가 三十五尺이나 된다고 하나 골작우니를 하나 사이에 두고 바라보기에는 별로 큰 것 같지 않었다.

여기서 傳說을 씨브며 우리는 山허리를 타고 푸른 羊齒類들을 헤치며 歸路로 향하는 것이다.

中路에서 西山大師의 靜修處였다는 金剛窟을 보며 내려오는데 풀리다 남은 구름이 蓮花峯 허리에 둘린 양은 仙女의 羽衣가 아닌가 싶고 遠近連峯들이 비를 먹음은 듯 자진 안개에 둘려서있는 景은 잘된 한 幅의 東洋畵를 보는 듯, 우리는 돌아서서 한참 황홀했다.

돌아오는 길에 우리 一行은 香爐峯 頂上에 올라 香山의 소위 八萬四千峯을 내려 굽어보는 壯觀을 못 가진 것을 유감으로 생각하는 것이었으나 나는 이것으로 足했다.

일찌기 西山大師가 朝鮮의 四대 명산을 評하기를 「金剛秀而不壯하고-즉 金剛山은 秀하나 壯하지 못하고, 智異壯而不秀라-智異山은 壯하되 秀하지 못하고 또 九月不壯不秀라-九月山은 壯하지도 못하고 秀하지도 못한데 妙香亦壯亦秀라-곧 香山은 壯하고 또 秀하다- 」하어 第一位에 놓았다고 하니 우리가 보고 이렇게 취함도 지나침이 아닐 줄 안다.

저녁때가 가까웠을지음 피곤한 다리들을 이끌고 平坦한 길로 내려서 旅舍로 드는 길에 앞서 본 普賢寺를 지내느라니까 念珠를 목에 건 白髮이 된 시님과 어린 상좌들이 나란이 앉아 木器에다 밥을 떠 묵묵히 食事들을 하고 있다.

그 앞을 지나는 우리는 은연중 잡담을 삼키고 옷깃이 염여졌다.

우물ㅅ가에서는 女人이 고사리를 헹기고 있다. (끝)

紀行 統軍亭

田榮澤

《삼천리》 제12권 제10호, 1940년 12월

전영택이 십년 전 통군정을 탐방한 기억을 더듬어 당시의 회포를 풀어 적은 글이다. 요동평야 남면에 유유히 흐르는 압록강변에 우뚝 솟은 통군정이 흉중에 큰 뜻을 품은 경세남아가 한번 올라 쾌재를 부를 만한 자리라 의의를 밝힌다. 어느 봄날 저녁 의주성 성내에 사는 친구와 함께 산책처럼 읍의 북쪽 언덕으로 걸어 통군정에 이른다. 정자 마루에 앉아 장강의 푸르름을 보고 건너편 대호산의 기봉과 구련성의 웅자, 안동 시가지와 신의주 시가지, 강 가운데 위화도와 강물이 흘러간 끝에 아련한 용암포 하구, 강물 위에 떠가는 기선 등이 그려내는 절경의 유장하고 호탕함에 매료된다. 이후의 글의 내용은 현재 유객의 한가한 자리가 되었지만 역사상으로는 요동 정벌군의 망대와 야영지였으며 외적을 물리치는 방어사의 어마어마한 군비 포대였다는 사실을 되새기며 이와 관련된 역사적 사실을 기술하는 것으로 이루어졌다. 마지막으로 조선 최초의 천주교 순교자 김대건 신부가 중국 땅에서 신학을 마치고 조선으

로 돌아올 때 이 압록강 건너에서 통군정을 바라보며 느꼈을 감개를 생각하며
글을 마무리한다.

安州에 百祥樓, 義州에 統軍亭은 關西의 名勝地로 朝鮮사람치고 모르는
이가 없다. 그 중에도 統軍亭은 半島八景의 하나로 이름이 높을 뿐 아니라,
歷史의 遺蹟으로, 잊지 못할 곳이다. 더욱이 國境의 關門으로 浩瞎한 遼東平
野 南面에 悠悠히 흐르는 鴨綠江邊에 屹立한 偉觀은 胸中에 雄圖를 품은 經
世男兒가 한번 오르매 快哉快哉를 부를 만한 자리다.

이 統軍亭이 언제 建立되었는지 詳考할 바 없으매 자세히는 알 수 없으나
高麗때에 이미 있었든 것이 分明하고 지금으로부터 三百年前 宣祖께서 亂을
避하야 이 땅에 이르러 明의 授兵을 鴨綠江에 마지하고 還京 後에 記念으로
이를 修築하고 其後 肅宗朝에 府尹 洪處厚가 改築하였다고 한다. 何如間에
그 이름이 統軍亭인 것을 보아서 우리 祖上들이 遼東遠征의 壯擧를 試할때마
다 大軍을 統御하고 號令하든 軍事上에 極히 重大한 地點이든 것은 넉넉히
짐작할 수 있다. 麗朝時에 遼兵이 邊地를 侵害하는 것을 防備하기 爲하야
設備한 烽火臺라는 民間의 傳說은 너머도 無識하고 消極인 말이다.

줄기차게, 嚴然이 흐르는 鴨綠江의 푸른 물결을 줌차서 바로 건너 胡地의
大虎山과 멀리 九連城의 疊郭이 바라보이는 大陸의 門어구를 엿보는 義州城
北의 이 樓亭은 匹夫匹婦의 눈에도 尋常치 않게 보일 것은 當然한 일이다.

내가 이 統軍亭에 놀아 본 것은 벌써 十年前 옛일이라 히미한 記憶을 더듬
어 생각나는대로 그때의 感懷를 적어 보련다.

때는 마츰 봄날의 夕陽. 義州城 內에 사는 某友와 한가지로 지팽이를 끌고

徐徐히 邑의 北쪽 언덕을 向하야 걸음을 옮겼다. 이윽고 펀펀한 언덕 가까이 이르며 空中에 우뚝 솟은 듯한, 古色이 蒼然한 樓閣의 처마 한끝이 보인다. 나는, 아직 國境을 넘어 大陸의 한끝에 발을 디려 놓아 본 일이 없는지라, 우리 땅의 한끝에 나서서 渺茫한 遼東大野一瞥之下에 내다 볼 적에 우리 祖上이 크다란 野心을 가지고 雄飛하든 舞臺가 눈앞에 展開되매 내 가슴은 壯快하고 感慨한 나마에 문득 가슴은 뛰놀았다.

頹落한 담과 군대군대 빠진 마루가 모처럼 멀리서 온 客의 마음에 쓸쓸한 感懷를 주는 것을 도라 볼 새도 없이 나는 마루 한 끝에 앉아 눈을 들어 앞을 내다 보았다. 悠悠히 흐르는 長江의 碧이 우선 눈에 띄우고 건너편에 點點이 앉어있는 大虎山의 奇峯이며 九連城의 雄姿, 가까히는 安東市街와 新義州 市街가 빤히 보이고, 저편으로 江 가운데 누어있는 威化島와, 멀리 鴨綠江이 구비구비 흘러간 저 끝에 멀리 雲霧가운데 아득히 보이는 龍岩浦河口의 模樣이 그리고 江上에 閒暇히 떠나가는 光景을 볼 때에 突然이 大家의 名作인 風景畵 한幅을 對한 듯한 絶景은 그저 雄大하다. 悠長, 浩蕩하다는 말 밖에 더 할 말이 없었다.

마츰 힌 煙氣를 吐하면서 鴨綠江 물위로 달리는 쇠당나귀의 기운찬 고동 소리에 문득 정신차린 나는 비로소 옆에 동무가 서 있는 줄을 깨닫고 그를 도라보고,

『참 좋은데!』
한 마듸 부르짖었다.

『좋지, 시언하지! 그래두 우린 그렇게 좋은 줄을 몰으겠어!』

『여기서 사는 이는 늘 보니까 그렇게 좋은 줄을 모르는지 모르거니와 나는 이렇게 시언한 景致는 처음인데!』

나는 친구로 더브러 이런 이야기를 하면서 樓亭이 남아 있는 터전을 살펴

보았다. 周圍가 萬餘坪이나 될 듯한 편편한 地址臺에는 각색 花草樹木이 茂盛하야 一大公園을 지었는데 군대군대 통나무를 꽂고 걸상을 設置하야 近代 都市公園의 美와 施設을 가초아 놓은 품이 매우 깨끗하고 情楚하여 마음에 들었다.

들은즉 해마다 사구라꽃 필 때에는 꽃노리하는 손들이 放歌亂舞하야 一場浪藉한 風景을 일운다고 한다.

나는 생각하였다.

오늘날에는 이 땅이 비록 無心한 醉客의 노리터로 化하였지마는 예로부터 얼마나 많은 名人志士가 斯亭에 올라서 가슴에 사모친 感懷에 눈물지었으며 詩人墨客이 발을 멈추어 名句絶唱을 吐하고 才子佳人의 가슴을 뛰게 하고 노래가 울어나게 하였든고.

그리고 지금은 이 넓은 이 터가 遊客收童의 閒暇한 자리가 되였지마는 옛날에는 壯烈肅然한 遠征軍의 望臺와 野營處가 되였을 것이오 近古에 이르러서도 契丹, 金人 等 外賊을 물리치는 防禦使의 關防으로 어마어마한 軍備砲臺이었다. 近代에는 日淸 日露 兩役에 다 我軍의 司令部를 두고 敵軍을 指呼의 間에 몰아 大捷을 期한 곳으로 當時 敵彈이 많이 들어 백혔든 痕迹이 亭柱에 歷然이 남어 있어 東洋平和와 大陸經營에 奮鬪하든 戰跡을 黙黙이 말하고 있다.

×

우리편에서 滿洲大陸으로 進擊한 일이 여러 번 있었으나 그 가장 오랜 史實은 아마 新羅의 金允中(庾信의 孫)이 唐의 要請으로 渤海를 치려고 大軍을 거느리고 義州 近方에 이르렀나가, 積雪이 丈餘로 길을 찾을 수 없고 方向을 알 수 없어서 事勢 不得已 도라온 일이 있었고 其後에 高麗 恭愍王時 西間島征伐과 其後 다시 遼陽을 攻陷한 일이 있었지마는 가장 大規模로 大陸遠征

을 圖謀하였든 것은 高麗 末年에 崔瑩將軍의 主張과 指揮로 新興 明나라의 遼陽攻擊을 斷行하였든 것이다. 이 實로 千古 以來에 가장 恨스러운 일이다.

大槪 高麗가 그 建國理想과 地理的 關係로 北進略策을 取할 수밖에 없어 늘 東北과 西北으로 進出을 꾀하였으나 번번이 如意치 못하였는데 마침 元이 衰弱해지고 明이 新興勢力을 떨치는 틈을 타서 恭愍王은 크게 氣勢를 얻어 國內의 元의 勢力을 排擊하고 北方邊境의 地域을 回收하는 等 排蒙政策을 取하는 同時에 一面으로 明과 通和策을 取하였든 것이다. 그러나 恭愍王 二十三年에 明使 蔡斌 等이 돌아가는 길에 그를 護送하든 金義라는 사람에게 殺害를 當한 事件이 이러난 以後 明의 態度가 突變하야 威壓을 加하려 하였다. 그러자 禑王 十三年에 遼東으로부터 도라온 者가 『明帝는 장차 處女, 秀才, 宦官 等 各 一千, 牛馬 各 一千을 要求하려고 한다.』고 報하였다. 이 말을 듣고 朝廷에서는 모두 크게 근심하였으나 오직 崔瑩將軍은 『明이 이같이 할 진대 兵을 이르켜 치는 것이 可하다.』고 强硬이 主張하였다. 高麗에서는 처음부터 對明國交에 자못 誠意를 보여 왔으나 明의 態度가 이렇게 까다라워지니 朝廷에는 崔瑩을 中心으로 排明熱이 날로 높아졌든 것이다. 이러한 즈음에 明의「通聘拒絶」과 本來 元에 屬하였든 鐵嶺以北의 地를 遼東에 부칠랸다는 報를 듣고 王께 勸하야 秘密이 遼東征伐의 計劃을 세웠든 崔將軍은 마츰내 八道에서 大兵을 徵募하여 우선 東郊에서 閱兵하고 禑王은 遼陽攻擊의 令을 내렸다. 이때에 일즉 北賊 南冠을 擊破하야 大功을 세움으로 當時 崔瑩와 어깨를 견울만한 位勢를 갖었든 李成桂는 여러가지 理由로 屯師의 不可함을 말하였다. 그러나 崔瑩은 王에게 自己의 主張을 끝까지 세워 드디어 遼東攻伐을 斷行하기에 이르렀든 것이다.

그때에 明의 遼東兵이 다 北元征伐에 나가고 遼陽의 防備가 虛弱하다는 情報가 있고 兼하야 元으로부터 遼東夾擊을 請해 온 일까지 있으므로 崔瑩은 遼東征伐에 자못 自信을 가지고 擧事를 하였든 것이다.

四月에 褐王이 平壤에 나아가 그곳으로 各道의 兵師를 集中하고 妙香山 等地의 僧徒를 召集하야 軍에 充當하고 大護軍 裵短을 시켜서 鴨綠江上에 浮橋를 架하게 하였다.

崔瑩은 八道都統使가 되고 曺敏修로 左軍都統使, 李成桂로 右軍都統使를 삼아 五萬大軍을 몰아 國境을 向하야 遼陽進擊의 壯途에 올랐든 것이다. 褐王은 崔瑩으로 더브러 平壤에 留駐하야 全軍 指揮에 當하고 있는데 李成桂, 曺敏修는 威化島에까지 이르러서 回軍하기를 奏請하여 보았으나 종내 聽許되지 아니하자 마즘 딴 野心을 품고 있던 李成桂는 一代의 決心과 勇斷으로 回軍을 敢行하야 槍머리를 꺽구루 大軍을 끌고 도라섰다. 이것이 有名한 威化島回軍이라는 것이니 이 事件은 다만 崔瑩의 千古 遺恨일 뿐만 아니라 對外的으로 보아 朝鮮史上의 一大痛恨事라고 할 것이다.

元의 勢力은 떨어지고 明의 勢力은 떨치지 못하는 過渡期인 이때에 無主空地같은 遼東(今日의 滿洲)을 처서 東明舊域을 恢復하여 一擧에 歷史的 問題를 끝내려고 하였든이 壯擧가 第三次의 遠征을 最後로 永久히 失敗에 돌아갔으니 眞實로 恨事가 아닐 수 없다.

슬프다 崔瑩장군은 松京에 앉어 있어도 能히 天下의 大勢를 살피고 曠漠한 大滿洲를 내다보고 一擧에 征伐하야 高麗民의 舞臺를 넓히고저 하든 雄圖를 품어 모든 사람이 反對하는 것도 介意치 아니하고 斷行하였거늘 같은 將軍 李成桂는 必是 統軍亭上에 올라서서 눈앞에 展開된 沃野大陸을 몸소 바라보았으려마는, 半島안에 東方과 西北에 進路가 매킨 踟躇하게 된 좁은 地域에서 王노릇 할 榮譽에 汲하였든고. 或 契丹 女眞 等 征伐의 經驗으로 너머 눈이 밝음이었든가, 荒漠한 大陸을 바라보다가 자기의 力量을 살피어 卑怯한 마음이 이러났든가, 爲人이 崔瑩만큼 크지 못하여 小成에 滿足하려 하였든가.

아깝다. 崔將軍이 遼東遠征의 大擧를 李成桂 等 丈夫에게만 매껴두고

平壤城內에 閒悠하게 머물어 있지 말고 親히 軍士를 거느리고 나와서 적어도 義州에까지 와서 日淸戰役 時의 山縣이나 日露戰役에 黑木大將과 같이 統軍亭에다가 司令部를 두고 全軍을 號令 督勵하야 大陸으로 大陸으로 疾風같이 進軍케 하였드면! 하는 恨歎을 뜻있는 사람이 뉘 아니하랴마는 統軍亭도 主人은 만나지 못하였음을 얼마나 恨하였으랴.

나는 統軍亭上에서 黙黙이 이런 생각을 하고 혼자서 옵저렸다.

統軍亭아 말 무러보자 저기 저 威化島에서

李成桂 말머리를 돌리며

回軍令을 내릴 때에

네 얼마나 怨痛하였너냐

아깝다 네가 입이 있었드면

成桂야 썩썩 進軍을 해라

도라서지말고 進軍을 하라

소리소리 질으지 웨

成桂 도라서면 너라도 代身

「앞으로갓!」 號令을 못했너냐.

나는 도리켜 일즉이 井上圓了博士가 此亭에 來遊할 때에 읊었다는

義州城畔統軍亭 戰跡風光一望靑

皇澤潤如春雨晴 十霜洗盡血痕睦

라는 一詩를 읊저리고 數없이 고개를 끄덕이였다.

「때가 있고 사람이 있는 것이로구나」 하고.

또 내가 이 統軍亭에 와서 잊지 못하고 가슴에 떠올는 생각은 天主教의 最初 殉教者인 金大建 神父다. 廈門에 가서 神學을 修하고 이 땅에 매마른 心田을 開發하여 예수의 十字架殉死의 道와 救靈新生의 福音을 傳하려고 萬難을 무릅쓰고 國境을 넘을 때에 마즘내 鴨綠江 對岸에 이르러 멀리서 故國의 山川을 바라보고 統軍亭의 雄姿를 건너다보고 그는 얼마나 가슴이 뛰놀고 속이 졸였든고. 甚한 監視와 檢査를 幸이 벗어나서 國境內에 들어선 그가 도리켜 統軍亭을 도라보고 얼마나 가슴이 두근거리고 神에게 눈물로 感謝를 드렸으랴. 이때에도 統軍亭이 말을 한다면 이 靈界의 勇士가 도라오는 것을 보고 기뻐 歡迎하는 말 한마디를 하였으리라고 나는 믿는다. -끝-

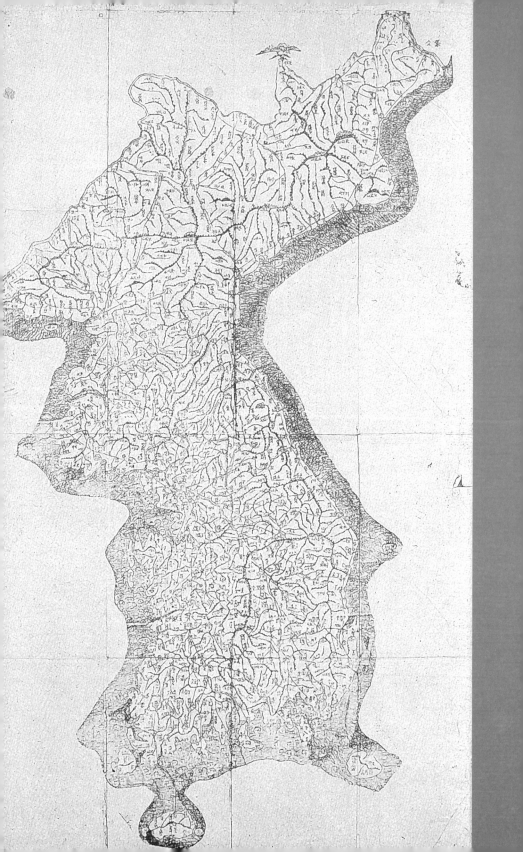

O2

함경도,
백두산

咸鏡道, 白頭山

함경도
咸鏡道

咸興陵行陪從記

何夢
《靑春》 제8호, 1917년 6월

하몽 이상협이 1917년 5월 순종황제가 조선 건국의 발상지인 함흥에 행행하여 궁능묘에 제사를 지내는 의례를 행할 때 열차로 동행한 여행기이다. 최남선에게 보내는 편지 형식을 차용했다. 한문투 표현이 강한 글이다.

1917년 5월 9일 오전 8시 반 남대문역에서 출발했는데, 특별열차인 관계로 승객의 승하차 없이 함흥까지 직행한다. 그러나 영흥-함흥간 도로 사정으로 원산에서 일일을 체류하게 된다. 한양에서 원산까지 6시간에 도착한 것에 놀란다.

원산에서 하루 체류하는 동안 원산항 장덕산에 올라 해당화 나무가 늘어선 해변과 바다에 뜬 배가 그려내는 아름다운 풍경을 감상한다. 이튿날에도 영흥만의 해당화와 명사십리 해변을 구경한다. 그러나 원산에 조선 태조의 인연이 적지 않음을 기억하고 오늘날 외인들의 별장만 늘어선 모습에 무상함을 느낀다. 객관으로 돌아오는 중에 경성에서는 보기 어려운 구엽전이 유통되는 것이 반가워 백동화 하나를 주고 엽전 25개로 바꾸어 기념으로 간직한다. 저녁에는 원산 교육계에 관한 이야기를 듣는다.

5월 11일 오전 9시 원산을 출발해 철로로 영흥까지 이동하고 거기서 자동차로 함흥까지 이동한다. 연도에 황제의 행행을 보려는 군중이 많고 자동차를 신기해 하는 사람이 생각보다 많아 놀란다. 12일에는 우천으로 제사가 순연되어 반룡산에 올라 태조의 유적을 보지만 산하는 옛날처럼 아름답지만 지락정, 악민루는 공허할 뿐이라 한다. 이튿날 13일 날씨가 좋아 함흥 본궁의 제사가 오후에 엄숙히 거행된다. 필자는 제사에 참집한 나이든 유생들이 조선조의 사모와 관복을 입고 절하는 모습을 내려다 보면서 "갑오이전이 되돌아온 듯 엉덩이를 들고 절하는 모습들이 가소롭고 가련하다" 평한다.

함흥 지방 민가에 있는 정주간을 매우 특색있는 거주 공간으로 소개한다. 음식을 만들고 옷을 짓고 잠자고 밥 먹는 것을 모두 정주에서 행하며 축사도 그 안에 있고 땔나무며 양식을 저장하는 곳이기도 하다. 주가에서는 영업소가 되고 객주에서는 응접실이 된다고 한다. 함흥은 또한 관북의 수부로서 교육 사상도 매우 널리 보급되어 있다고 칭찬한다.

5월 14일 함흥을 떠나 15일까지 석왕사에서 놀고 16일 오후 1시에 한양으로 출발한다. 청량리를 지나 한강을 끼고 돌며 남산을 바라보니 그동안 여행지에서 봤던 것보다 더한 절경이라 반가워한다.

김진량

(이하 각 편 해제 필자 동일)

⊙ 六堂先生

⊙ 今回의 咸興行은 陪行이라는 語가 임의 被動的이오 兼하야 突然에서

나온 일이라 北關의 地理 太祖의 歷史는 姑捨하고 此紀行의 根柢될 關北殿 陵誌一冊도 閱見치 못하야 거의 赤手로 戰線에 立하는 感이 有하외다.

⊙ 그러나 平素에 薄識寡聞임을 恨하는 外에 他道가 更無한지라. 그런대로 가볼쩌나 하는 厚面皮로 五月 九日 午前 八時 半 南大門驛에서 尊駕를 밧들고 北行의 路에 登하얏나이다.

⊙ 汽車가 大路에 橫走하며 驛站을 通過할 쌔마다 祗迎祗送의 官民이 堵를 成하얏나이다. 逍遙山의 新綠을 指願할 餘暇도 업시 漣川驛까지는 다만 沿路의 羣衆을 탐스럽게 觀望하얏나이다. 車中은 적이 無聊하외다. 汽車의 長時旅行에는 此驛에서 新客이 下하고 彼驛에서 新客이 上하는 代謝의 觀望도 적지아니한 消遣인대 他人의 乘降을 禁한 特別列車는 山河 幾百里를 行하야도 南門驛부터의 熟面쑨이오 다시 一新顔을 볼 수 업나이다.

⊙ 海拔 二千尺의 洗浦驛을 飛騰하야 三防天險에 入하면서는 壯山이 漸高하야 重疊한 羣峯은 雪을 載하고 徘徊하고 叢雲은 驟雨조차 去來케 하야 滿目眺望이 都是 雄偉할 쑨이로이다. 三防驛에서부터는 아조 峽中의 天地ㅣ라. 縱橫한 山水는 變化가 益妙한데 長蛇가튼 火車가 土龍가치 明暗에 出入할 쌔마다 絶景이 絶景을 加하야 初行客의 心神을 悅惚케 하나이다.

⊙ 主要한 車站마다 電報가 交換되더니 永興 咸興間 道路 險惡으로 元山에 一日을 滯在케 되는 貌樣이라. 올치 永興灣 視察할 機會가 생기나보다 하고 홀로 적은 愉快를 쌔다르며 二時 五十分 元山驛에 到着하얏나이다. 漢陽에서 元山까지 山岳重疊한 半千里를 僅히 六時餘에 得達하니 舟車의 別은 다르지만은 千里江陵一日還의 句가 想起되나이다.

⊙ 六堂先生

⊙「酒可飮, 兵可用」이라는 陳龍川의 京口評은 그대로 옴겨다가 元山에 仍用할 수 잇나이다. 今日에는 要塞地帶라 兵可用은 事實이 此를 語하거니와 明沙十里의 勝景과 永興灣의 壯觀을 賞하는 人은 大白을 傾하야써 咸興

을 挑發치 아니할 수 업나이다.

⊙ 港口의 鎭山이라 할 長德山上에 立하니 灣內의 風光이 一眸에 入하나이다. 十里의 細長한 半島에는 海棠老樹가 連立하고 屛風에 圍繞된듯한 海面에 島嶼는 遠近한데 隱現하는 點點白帆은 一部식세여도 名畵아님이 업나이다.

⊙ 十日午后舟를 汎하야 永興灣의 淸風에 塵腸을 滌하고 車를 驅하야 明沙의 海棠下에 如狂 如醉하며 元山은 良港보다도 勝區라 云함이 適合하다는 印象이 더욱 깁헛나이다. 그러나 제짠은 本來 多感한 人이오. 今次는 尊駕를 陪隨하야 咸興行의 中路ㅣ라. 더욱이 太祖와 緣分이 不少하던 此地에 臨하야 明媚한 風光에 心神이 半天에 飛走할지라도 그 的을 立하던 長德島에는 洋式의 燈臺가 屹然하고 射를 習하던 明沙에는 外人의 別莊이 列立하얏슬 쑌이오 다시 舊代의 面貌를 尋得지 못함에 이르러는 多少의 無常之感을 참아 禁치 못하얏나이다.

⊙ 客舘의 歸路 赤田橋의 店頭에서 석량 一匣을 求하니 店子가 葉錢으로써 過客을 傳하더이다.「아아 반갑다 此一分의 葉錢이여」하는 叫聲이 出口함을 自禁치 못하며 永失한 寶物이 手에 還한듯이 부르를 썰리는 掌中에 安置하고 一時는 茫然히 俯視하얏나이다.

⊙ 京地에 葉錢이 影을 絶한지 이미 十餘年, 此地에 來하야 舊顔을 邂逅하니 愛錢黨에 參與치 못하는 爲人이라 그러한지 情理에 果然 百圓紙幣보다 此一分이 반갑더이다. 開化가 葉錢을 驅逐하얏는지 葉錢이 開化를 厭避하얏는지 葉錢은 無口라. 百問하야도 一答을 得지 못하겟지만은 葉錢이 殘留한 地에는 多少의 舊風이 仍存함을 髣髴할 수 잇는듯 하외다. 白銅貨一個를 出하야 葉錢으로 相換키를 請하니 店子가 그까진 葉錢은 무엇에 쓰려는가 하고 漢陽遊客의 好奇心을 嘲弄하며 二十五枚를 換出하더이다. 旅行紀念으로 携歸코져 紙錢의 旅費보다도 鄭重히 懷中 緊藏하얏나이다.

⊙ 夕刻에는 中淸洞이라는 該地名所의 某女史別邸에서 元山의 靑年教育家 諸氏와 相逢하는 好機를 得하야 元山教育界의 狀況을 聞하얏나이다. 元山에는 公立普校를 除한 外에 六七個處의 男女學校 모다 教會의 經營에 屬한 바 生徒도 不少하며 靑年의 氣風도 可觀할 바이있다 하더이다.

⊙ 六堂先生

⊙ 十一日 午前 九時에 元山을 發하야 鐵路로 永興에 그로부터 自動車로 一百三十里를 驅馳하야 咸興에 到着하얏나이다. 尊駕를 拜觀코져 沿路에 參集한 人은 입이 버러지게 多數러이다. 그리고 自動車를 珍奇히 녁입온 想像以上이러이다.

⊙ 十二日은 春雨濛濛, 本宮親祭가 順延된 閑暇를 乘히야 宣化堂后의 蟠龍山에 登하얏나이다. 山麓에서 太祖의 遺跡馳馬臺의 舊基를 仰瞻하고 眼을 轉하야 城川江을 下瞰하니 萬歲巨橋는 雲靄에 依稀하고 長堤老柳는 枝枝가 如眠한데 背山臨流하야 雨中에 立한 遊客은 畵中의 人인줄 心獨喜하얏나이다. 山을 仰하야는 그 靈을 吊하겟고 水에 俯하야는 그 淸을 掬할지라. 明媚한 山水는 如故하지만은 知樂亭은 何를 知하는지 樂民樓는 空墟쑌이러이다.

⊙ 十三日은 快晴, 咸興 本宮의 親祭가 午后부터 嚴肅한 古儀式으로 擧行되얏나이다. 本宮은 萬頃麥田이 四方에 遍開하야 蓬蓬한 麥穗는 春風에 늣기는듯한대 黑巾白袍 紗帽 團領으로 參集한 父老儒生들은 甲午以前이 更返한듯이 雙臀을 掀搖하는 貌樣이 可笑롭고 쏘한 可憐하더이다.

⊙ 咸興地方에 在하야는 生活의 本據가 民法의 云한 住所의 全體가 아니라 實로 一間精廚이러이다. 烹飪도 裁衣도 寢도 食도 此에서 營하며 鷄舍도 此內에 牛廐도 此內에 在하고 柴炭은 無論이오, 穀粟도 儲藏하며 酒家에 在하야는 營業所가 되고 客主에 在하야는 應接室이라. 南男北女라는 北關의 美人은 總히 此精廚에서 玉成된 것이러이다.

⊙ 咸興은 진실로 北關의 首府라. 教育思想도 자못 普及됨을 聞하얏나이다. 東京 京都 其他의 學校에 卒業 又는 在學中의 青年이 近百名이라하며 笈을 負하고 漢陽에 遊하는 子弟가 二百餘名이라 하더이다. 咸興高等普通學校는 十年前의 創設로 三個學校의 合成된 바오 廣濶한 鄉校基址에 校舍를 建하고 五萬圓의 基本財産을 有하야 그 基礎의 鞏固함이 地方私學中에 罕觀일 쑨 아니라 이미 五回에 七十餘名의 卒業生을 送出하야 關北文明에 貢獻한 바도 不少하며 現今 二百餘名의 生徒를 收容하야 可觀할 成績이 有함으로 鏡城 會寧 等地로부터 來學하는 者도 有하야 今年의 入學志望者는 募集定員보다 四倍나 超過하얏다 하더이다.

⊙ 六堂先生

⊙ 十四日 咸興發, 十五日까지 釋王寺에 留하고 十六日 午后 一時에 雪峰山을 뒤에 두고 漢陽을 向하얏나이다. 八日間의 旅行을 回顧하니 愉快도 잇고 不平도 잇고 쏘한 적으나 마엿흐나마 말하지 못할 感動도 업지 아니하얏나이다.

⊙ 包擁한 傳說로던지 占據한 風景으로던지 連檐한 堂樓로던지 釋王寺는 堂堂한 大刹이러이다. 다만 이러틋 堂堂한 大刹에 如何히 碩大具足한 高僧이 有하야 大慈悲의 佛消息을 靈界에 傳布하는가 하면 此는 疑問이라. 然이나 此疑問은 半島垂千의 寺刹에 一般인 疑問이니 吾人은 차라리 釋王寺에 限하야만 此語를 下키 不能함을 慨歎할 쑨이로이다.

⊙ 廣大한 寺刹이라도 百餘人의 大行次에 僧侶와 其他를 合하야 近 三百名이 奔走往來하기에 이르러는 市場이나 無異한지라. 釋王寺의 二日間에 山寺의 靜趣는 맛보지 못한 것이 遺憾이라 하겟스나 그러할 運命과 伴來한 客이라 更히 何를 語하오릿가. 다만 寺境에 水는 奇하고 山은 高하지만은 奇巖巨石은 도로혀 貴하야 美妙한 風光을 餘地업시 滅殺식히는 遊客의 刻名이 鮮少함은 釋王寺를 爲하야 偶然한 幸福이러이다. 그러나 勝地에 遊하고

名을 留치 못하야 마음에 지샏드듯한 것은 風流郎의 共有癖인지 石을 破치 못한 餘忿은 無數한 名牌로 變하야 樓堂의 天井에 遍貼하고 柱楊壁簷의 戱書는 다른 名山大刹보다 尤甚하더이다.

⊙ 此日은 旅行中의 第一快天氣이나 車中의 苦熱은 夏와 如하고 連日의 疲勞는 身을 惱하야 三防의 奇勝도 坐睡斷續中에 迎送하고 鐵原을 過하야는 歸家의 歡喜에 馳赴하는 列車도 尙遲의 感이 有하얏나이다. 淸凉里를 지나서 漢江을 씨고 돌며 南山을 仰視하니 이야말로 天下의 絶勝이라. 今行에 元山의 明沙, 咸興의 長江, 釋王寺의 雪峰 等 有名한 勝地에 周遊하얏건만 平生에 飽看하던 南山의 凡容이 僅八日間의 隔阻에 다만 그보다 以上일 쑨 아니라 天下第一景인듯이 반갑더이다. 誰가 云하얏나잇가「고기도 놀던 물이 조타고」

⊙ 午后 六時 二十五分 南大門驛에 降하야 尊駕祇迎의 人海中에서 반가운 同生과 手를 握하고 慈母安寧의 消息을 드르니 八日의 困疲가 一時除斥된듯하외다. 아아 반가온 것은 南山의 凡容, 깃거운 것은 慈母의 建顔, 이것이 八日苦旅의 餘樂인가 하나이다.

記念 호 李王殿下咸興行啓

《반도시론》, 1917년 6월

이상협의 배종기가 다룬 것과 같이 순종황제의 함흥 행행 과정을 여정과 사실 묘사 중심으로 보고하는 글이다. 1917년 5월 9일 8시 25분에 남대문역을 출발하였는데, 일행으로는 의친왕 이강 공, 민병석 이왕직장관, 이완용 백작, 코쿠분(國分) 이왕직차관 등 68인을 대동했다고 적었다. 황제가 탄 특별귀빈차는 기관차 뒤에 연결했는데 중앙에 황제, 좌우에 내인, 체지, 무관 등이 호위하였으며 귀족 등과 환담했다고 기록했다. 연도에 소학교 학생, 관민, 흥릉 관원 등 많은 인파가 나와 환송하는 모습을 주요 역을 지날 때마다 자세히 묘사했다. 아울러 정거장을 지날 때마다 순종황제가 관민에게 손을 들어 답하고 어떤 정거장이며 어떤 사람이 출영 나왔는지 물어보았다고 했다. 차중에서 이왕직 주선실의 사무관과 요리사 등이 준비한 양식으로 오찬을 들었으며, 오후 2시 50분 경 원산역에 도착한다. 원산에서는 부윤 관사에서 묵었다.

이튿날 10일 오전 7시에 원산을 출발해 열차로 함흥까지 이동할 예정이었으나 계획이 변경되어 영흥-함흥간 도로를 이용하게 된다. 이에 황제는 지역 유지들과 환담하고 학교에 장학금, 산업 발전 유공자에게 특별 사금, 고령자에게 주효료를 하사하였는데 그 자세한 내역을 기록했다.

11일 오전 9시에 원산역에서 영흥역으로 이동하였다. 영흥역에서 태조황제의 발상지 되는 선원전(璿源殿)에 작헌례를 봉행하게 하고 자동차 18대를 이용해 함흥으로 향한다. 비가 많이 내려 도로 사정이 험해졌는데 130리 여정 중 약 40리는 진흙이 무릎이 빠질 정도라 운전이 극도로 어려웠으나 관민들이 수수깡 바자를 부설하는 등의 노력을 기울여 오후 4시에 무사히 함흥에 도착한다. 함흥에서 황제는 도장관관사에서 묵는다.

12일은 비가 그치지 않아 제례를 중지하고 함흥평야의 풍경을 조망하고 일반 고령자에게 주효료를 하사하였다. 13일에 본궁과 정릉, 화릉에 제사를 올린다. 제물로 법찬 이외에 40여 종의 내찬을 올렸다고 적었다.

14일 오후 3시에 영흥을 출발해 5시 50분 원산을 통과한 뒤 6시에 석왕사에 도착한다. 황제가 모란이 만개한 석왕사 정원에서 옥색주의를 입고 설봉산 저녁 풍경을 감상하였으며, 보명당에서 자고 15일에 이른 아침에 계곡을 둘러보고 오후에는 심원에 올라 경색을 감상하였다. 황제는 석왕사에의 양잠사업에 대해 천 원의 금을 하사하고 인근 양어장에서 헌상한 생선을 맛보았으며 광천수 몇 병을 챙겨 덕수궁에 헌상하기로 한다.

16일 어후 6시 20분에 남대문역에 특별열차로 귀경하였으며, 이후 황제는 덕수궁에 들러 태황제에게 고하고 창덕궁으로 돌아왔다.

李王殿下께옵셔 咸興本宮과 定陵和陵에 展謁ᄒ시기 爲ᄒ샤 咸興에 行啓ᄒ신 事ᄂ 誰가 承聞치 못ᄒ얏스리오만은 此ᄂ 吾儕의 紀念ᄒ올만ᄒ 盛事라 千里遠程에 安康히 御往復ᄒ신 始末을 謹述ᄒ야 讀者諸君의 敬覽에 供

코지ᄒᆞ노라.

殿下께셔 李綱公殿下以下 閔丙奭子, 李完用伯, 國分次官等 六十八人을 率ᄒᆞ시고 五月九日 午前八時 二十五分 南大門驛에서 臨事列車를 搭乘ᄒᆞ시고 長谷川總督以下 官民의 奉送中에셔 御出發ᄒᆞ셧ᄂᆞᆫᄃᆡ 御搭乘ᄒᆞ신 特別貴賓車ᄂᆞᆫ 列車의 後에 連結ᄒᆞᆫ바 貴賓車 中央에ᄂᆞᆫ 殿下의 御座가 有ᄒᆞ고 左右에ᄂᆞᆫ 內人, 替侍, 武官 等이 奉護ᄒᆞ얏스며 殿下께셔ᄂᆞᆫ 華麗ᄒᆞᆫ 御顔으로 陪從ᄒᆞᄂᆞᆫ 貴族等과 御談話가 有ᄒᆞ얏도다.

是日은 天氣가 晴亮ᄒᆞ야 風和日暖ᄒᆞᆫᄃᆡ 沿路의 風景이 佳麗ᄒᆞ야 桃花躑躅은 殘紅을 留ᄒᆞ고 野柳山櫻은 綠陰이 薄ᄒᆞ야 實로 錦繡江山이 眼光에 照ᄒᆞᄂᆞᆫ 中 沿路邊에ᄂᆞᆫ 官民의 祇迎祇送의 光景이 盛況을 呈ᄒᆞ얏스니 淸凉里에셔ᄂᆞᆫ 洪陵陵官이 紗帽冠帶로 拜禮祇送ᄒᆞ고 驛의 構外에ᄂᆞᆫ 多少의 農民老少가 行列을 作ᄒᆞ야 俯伏ᄒᆞ얏스며 停車場마다 近地官民은 勿論 內鮮人의 小學校生徒等이 至誠으로 送迎ᄒᆞ얏도다.

九時十五分에 東豆川을 歷ᄒᆞ고 十時二十五分에 漣川을 御通過ᄒᆞ셧ᄂᆞᆫᄃᆡ 漣川의 祇迎은 就中에 盛大ᄒᆞ얏스니 郡守以下 郡廳職員과 小學校와 普通學校 生徒一同이 列立拜禮ᄒᆞ고 停車場 後面에 數千人의 男女老少가 雲集ᄒᆞ야 送迎의 敬意를 表ᄒᆞᄂᆞᆫᄃᆡ 此等 農民은 殿下의 御行啓ᄒᆞ심을 承聞ᄒᆞ고 遠地로부터 豫期來到ᄒᆞ야 一二日 宿泊ᄒᆞ고 殿下의 行駕를 待ᄒᆞ야 早朝부터 停車場에 來集ᄒᆞ얏스니 此處에만 限ᄒᆞ야 如斯ᄒᆞᆯᄲᅮᆫ아니라 沿路各所가 擧皆如此ᄒᆞᆷ과 無異ᄒᆞ더라.

殿下께셔ᄂᆞᆫ 停車場을 通過ᄒᆞ실 時마다 送迎의 官民을 顧ᄒᆞ시며 一一擧手御答ᄒᆞ시고 此處ᄂᆞᆫ 如何ᄒᆞᆫ 停車場이며 如何ᄒᆞᆫ 人員等이 出迎ᄒᆞᆷ을 下問ᄒᆞ신 事ㅣ 有ᄒᆞ셧도다 列車가 十時五十分 鐵原驛에 御著ᄒᆞᆷ이 此地의 送迎ᄒᆞᄂᆞᆫ 光景은 一層 盛大ᄒᆞ얏스니 日鮮學校生徒로 爲始ᄒᆞ야 老少男女가 廣大ᄒᆞᆫ 停車場內에 充滿ᄒᆞ야 列車의 到着과 出發의 際에 萬歲를 唱ᄒᆞᄂᆞᆫ 聲이

山川을 振動홈과 如ᄒ더라.

行啓中의 御餐은 李王職 主膳室에셔 事務官과 官屬及 繕手와 廚房內人 等이 陪從ᄒ며 特別히 進供ᄒᄂᄂ바 是日行車中의 午餐은 洋食을 進供ᄒ얏ᄂᄃᆡ 殿下꼐셔ᄂ 十二時半頃 黔佛狼의 雄秀ᄒ 山川의 風光을 御覽ᄒ시며 進御ᄒ시고 午後 二時五十分 元山驛에 御著ᄒ셧더라.

春色이 倍新ᄒ 京元間 六百里의 旅程을 安康히 御著ᄒ셧ᄂᄃᆡ 中途 葛麻 驛에셔 霏霏ᄒ 細雨가 降ᄒ얏스나 幸히 元山驛에 御著ᄒ실 際에ᄂ 晴天을 見홈에 至ᄒ얏스며 當驛前의 官民出迎은 頗히 盛況을 呈ᄒ얏ᄂᄃᆡ 下꼐셔ᄂ 如斯히 盛大ᄒ 祇迎의 歡聲中에셔 特別 陞降場에 下車ᄒ시와 貴賓室에셔 暫時 御休ᄒ시고 卽時 黃轎黃傘으로 御旅館되ᄂ 府尹官舍에 入御ᄒ셧도.

此日 元山 停車場의 構內에ᄂ 新鮮ᄒ 紅白帳을 圍ᄒ고 陞降場과 停車場 間에ᄂ 華麗ᄒ 臨時覆途를 設ᄒ야 縱然雨天일지라도 御陞降에 何等障碍 가 無ᄒ깃스며 停車場 構內에ᄂ 府尹을 爲始ᄒ야 各官廳 長官과 軍隊 士官 과 公共團體의 代表者와 有名ᄒ 人士 等 數百人이 左右에 羅列ᄒ야 祇迎ᄒ ᄂᄃᆡ 殿下꼐셔ᄂ 一一이 擧手ᄒ샤 御答禮를 下ᄒ셧고 停車場 構外에ᄂ 二 個中隊의 步兵과 日鮮人學校 生徒와 其他 各團體官民이 列立ᄒ얏고 其後 에ᄂ 一般 觀光男女가 三四匝을 圍繞ᄒ야 元山에ᄂ 初有의 盛況을 見홈과 如ᄒ며 市內民家에ᄂ 一齊히 國旗를 揚ᄒ야 祇迎의 意를 表ᄒ얏고 重要ᄒ 區域마다 憲警이 警衛ᄒ얏더라.

殿下꼐옵셔 御出發의 際에 豫定ᄒ오신바ᄂ 十日午前 七時에 元山을 出 發ᄒ샤 咸興에 行啓ᄒ시기로 ᄒ셧더니 永興咸興間에 路途에 滯留ᄒ시기로 變更된바 十日午前 十一時에 元山의 重要 官民 卽 要塞司令官, 守備隊長, 警察置長, 高等文官 其他 民間 代表等 二十一人에게 御賜謁ᄒ시고 又ᄂ 當 地에 在ᄒ야 産業方面에 盡力ᄒ야 多大ᄒ 功勞가 有ᄒ 者 三人에게 特別賜 金을 下ᄒ시고 奬學賜金과 高齡者에게 酒肴料로 賜金ᄒ심이 如左ᄒ니.

金 五十圓 海蔘製造春日町 西島留藏

金 五十圓 牡蠣泰殖及于蠣製造本町 中村國太郎

金 五十圓 漁船及 漁業改良者 北村洞 尹相弼

金 三百五十圓 尋常高等小學校

金 四十圓 尋常小學校

金 三十圓 保光學校

金 五十圓 光成學校

金 五十圓 進誠女學校

金 五十五圓 培成學校

金 二十圓 簡易商業學校

金 四十五圓 櫻氏建仍金女學校

金 百五十五圓 普通學校

金 九十八圓 港市內七十歲以上 老人酒肴料

此等 賜金에 對ᄒ야 市民은 感泣不已ᄒ얏도다.

　十一日午前九時에 元山을 出發ᄒ샤 愉快ᄒ 御旅程을 繼續ᄒ시ᄂᆞᆮ 咸鏡線 文川驛에셔ᄂᆞ 翼祖大王姚의 淑陵으로부터 祭官이 奉迎ᄒ얏고 十一時에 永興驛에 到着ᄒ샤 停車場에 下ᄒ야 少憩ᄒ신 後 璿派李氏一同을 賜謁ᄒ시고 太祖皇帝의 發祥地되ᄂᆞ 璿源殿에 酌獻禮를 奉行케ᄒ시고 直히 自動車 十八臺를 驅ᄒ야 咸興으로 向ᄒ셧ᄂᆞᆮ 永興咸興間 道路ᄂᆞ 連日降雨로 因ᄒ야 新築道路가 險惡ᄒ게 될ᄲ아니라 百三十里의 途程四十餘里ᄂᆞ 泥濘이 沒膝ᄒ야 自動車 運轉이 極度로 困難ᄒ지라 然이나 官民의 熱誠 治道ᄒ 結果로 甚至於 高粱幹簾(수수쌍바자)를 敷設ᄒ 處가 凡二十餘里에 達ᄒ얏스되 御一行은 奉迎者가 途路沿邊에 連結ᄒ 中으로 午後 四時에 無事히 咸興에 安着ᄒ샤 御旅館되ᄂᆞ 道長官官舍에 入ᄒ셧더라

十二日은 夜雨가 不口흠으로 各陵祭奠을 中止ㅎ시고 旅館에셔 潛在ㅎ
신 中 咸興平野에 秀흔 楊柳細雨를 眺望ㅎ시고 又는 自來로 有名흔 咸興梨
를 進御ㅎ셧스며 一般高齡者에게 酒肴料를 下賜ㅎ시고 李氏一同에게 賜謁
ㅎ셧더라 十三日午後에는 咸興本宮과 定陵 和陵에 親祭를 行ㅎㅂ셧는디
祭物은 法饌以外 內饌을 進ㅎ신바 內饌은 四十餘種의 珍饌이더라.

十四日에 遺駕의 途에 就ㅎ샤 午後 三時에 永興에셔 發車ㅎ야 五時五十
分에 元山을 通過ㅎ시고 六時에 釋王寺에 安着ㅎ셧는디 適히 小雨가 有ㅎ
야 新綠의 山色이 尤極淸爽ㅎ지라 殿下쎄셔는 牧丹이 滿開흔 庭畔에셔 玉
色周依를 着ㅎ시고 雪峰山의 暮景을 愛賞ㅎ셧스며 夜에 入ㅎ야는 映月堂
으로부터 表門씨지 數千의 國旗提燈이 有ㅎ얏도다.

釋王寺에셔 寢所는 寶明堂으로 定ㅎ시고 十五日朝에는 早起ㅎ샤 新綠
의 谷間을 御覽ㅎ시고 歡喜莫甚ㅎ셧스며 午後에는 深院에 登ㅎ샤 寺의 景
色을 玩賞ㅎ셧더라.

此時 山麓을 巡遊ㅎ시는 同時에 御覽ㅎ신 寺의 泰蠶事業에 對ㅎ야샤 千
圓의 金을 下賜ㅎ셧고 增野養魚場에셔 獻上흔 數尾의 生鮮도 進御ㅎ셧스
며 同處의 鑛泉은 數瓶을 携來ㅎ샤 德壽宮에 獻上ㅎ깃다ㅎ시더라.

以上과 如히 巡遊ㅎ시던 殿下쎄셔는 十六日午後 六時二十分 南大門驛
着 特別列車로 歸京ㅎ시니 往返이 凡八日間이라 山路野風에 玉體旺健히
御安着ㅎ샤 總督以下 總督府 官吏와 貴族諸公의 奉迎을 慰ㅎ시고 德壽宮
에 伺候ㅎ샤 行啓中 御覽ㅎ신 景況을 告ㅎ신 後 昌德宮에 還御ㅎ셧도다.
殿下 行啓中에 如何흔 所感이 有ㅎ셧는지 此는 姑히 承聞치 못ㅎ얏거니와
北鮮地方의 光榮은 初有의 盛事라ㅎ깃도다.

咸興遊覽記

김원근

《靑年》 3권 9호, 1920년

정신여학교 교사 김원근(金瑗根)으로 추정되는 필자가 1920년 여름 원산과 함흥 사이를 '유람'한 것을 계기로 쓴 함흥 기행문이다. 연혁, 위치, 관공 청사와 기타, 저명지, 명승고적, 발상의 약사 등의 소제목을 나누어 쓴 글인데, 명승고적 부분만 필자의 답사 경험을 반영하고 나머지는 고적과 지식을 근거로 정리한 설명문이다. 글을 쓰는 취지로 북방 수학여행 제씨에게 참고가 될까 한다고 썼다.

함흥의 연혁은 한사군 중 현토군이 함흥이라는 설명에서 시작하며 이후 고려시대 여진 세력과 자주 영토를 다툰 상황과 임진왜란 당시 왜군이 안변과 함흥에 주둔해 군정을 펼친 사실을 적었다. 함흥의 위치 설명에서는 함흥평야의 광대함을 주로 서술했으며 시가지에 있던 성벽과 6개의 누대가 최근 모두 철거되거나 훼손되었으며 신식 시가로 개축할 예정이라 전한다. 이밖에 도로와 철도 운행 상황을 소개했다. 관공서로 도청을 비롯해 경찰서, 형무소, 금융조

합, 학교, 청년회 등이 소재함을 밝히고 있다. 함흥의 저명지로 서호항을 소개하는데 곡물을 주로 실어내는 탓에 관세감시소와 군수지부, 경찰주재소 등이 소재하며 해로상으로 원산까지 430리, 성진까지 84리 거리라 밝힌다.

명승과 고적에서는 주요 지역의 일반 사실을 정리하고 필자가 구경한 느낌을 추가하는 방식으로 정리하였다. 만세교, 반룡산, 향교, 치마대(馳馬臺)와 마사(馬祠), 본궁(태조 이성계가 경흥에서 함흥으로 이주해 거주하던 곳을 중수해 본궁이라 칭함), 귀주사(歸州寺), 경흥전(태조의 조상인 도조와 환조가 거주하던 곳) 등을 소개한다. 특히 본궁의 구조와 주요 건물을 자세히 소개한다.

발상의 약사로 태조 이성계의 가계와 조선 창업까지의 경과를 약술하였다.

마지막 결론으로 최근 함흥 출신 인물로 마해월(馬海月), 이제마(李濟馬), 주석면(朱錫冕), 이용익(李容翊) 지창한(池昌翰) 등을 들었다.

나난 今年 夏季에 名山이나 寺院에 가셔 休息하지 안코 다만 元山과 咸興間에 遊覽하엿다. 그 사이에 七郡과 十四驛이 잇난대 驛마다 보고들른 것이 잇다. 그中 元山과 永興과 咸興 等 古蹟과 景致와 形便을 聞見대로 쓰랴 하엿더니 너무 만할 듯 하야 몬져 咸興만 記載하야 北方修學旅行諸氏게 參考가 될가한다.

　一 咸興의 沿革

咸興은 咸鏡南道의 首府오 道廳이 잇난 곳이다. 漢武帝가 衛滿朝鮮을 奪하고 樂浪과 臨屯과 玄菟와 眞蕃 의 四郡을 置하엿스니 玄菟난 곳 咸興이다. 그後 난 高句麗의 領有가 되엿다가 新羅를 經하야 高麗에 밋치난 오래동안 女(滿洲)의 領有가 되고 高麗에난 女眞의 侵略이 滋甚하엿다. 高麗 睿宗째에 (約八百十年前) 女眞人을 쳐서 쫏고 興以北의 地까지 領有하엿다가 그째 난 女眞(後에 金國이 됨)이 한참 强盛한 째라 그 威力에 견대지 못하야 겨우 二을 經하야 다시 女眞의게 쎅앗겻다.

(女眞)나라이 亡한 後에 元나라이 그 地方을 領有하야 哈蘭府라 稱하고 永興까지 隷屬하야 오다가 恭愍王 五年에 桓祖諱子 春을 命하야 雙城(永興)을 쳐서 破하고 其地方을 다시 回復하엿고 太祖朝에 今의 名을 곳쳐 府를 삼고 觀察使의 本營을 두엇다가 太祖朝에 本營을 廢하고 永興府에 移置하엿더니 그後에 다시 咸興으로 移置하엿다. 咸興은 古來로 南道의 重鎭이다. 다그럼으로 壬辰役에 日本大將 加藤淸正은 本陣을 安邊에 置하고 吉州와 明川과 北靑과 端川과 鏡城 等의 七郡을 分領하엿고 鍋島直茂난 本陣을 咸興에 置하고 洪原과 定平과 永興과 高原과 文川과 德源等의 七郡을 領하야 軍政을 布施하엿다. 咸州·哈蘭府·咸平·咸山 等의 名稱은 다 咸興의 古號이다.

二 咸興의 位置

邑의 位置난 北으로 盤龍山을 負하고 西北으로 城川江을 拱하고 西南은 平野가 廣濶하고 土壤이 肥沃하야 百餘里에 連亘하엿고 農作物의 饒多함이 咸鏡南道에 第一位를 占하야 全州萬頃의 野와 黃州의 野로 竝稱한다. 朝鮮에 三大野를 稱하난대 其一은 곳 咸興平野일다.

市街난 年前까지 四周에 城壁이 環繞하고 六個의 樓垈가 宏壯華麗하엿다. 至今은 다 毀撤하엿고 將次 新式市街를 改築할 豫定이라 한다.

交通은 東方인 洪原을 經하야 北靑으로 出하고 北方인 城川江을 沿하야 長津를 達하고 西난 定平草原을 經하야 永興과 元山을 通하고 南은 邑의 咽喉인 西湖津에 至한다.

西湖 間 三十里 鐵道난 咸興炭鑛鐵道株式會社의 經營으로 成한 輕便鐵道를 布設하고 一般貨客을 運輸한다. 同會社 經營의 主要炭鑛은 咸興서 一百五十里되난 新興郡(分邑된 邑) 加平面에 잇난대 現今 每日 約 百噸의 石炭을 輸送한다 云한다. 坮 咸興 長津 間에 輕鐵을 敷設하고 廣大한 森林을 採伐하야 輸出한다더라.

三 官公衙의 廳舍와 其他

道廳 · 郡廳 · 聯隊本郡 · 憲兵隊本部 · 地方法院 · 警察署 · 刑務所(監獄) · 郵便局 · 地方法院 · 物産陳列所 · 道種苗場 · 新聞社 · 金融組合 · 拓殖銀行支店 · 北鮮商業銀行 · 電氣會社 · 咸興炭鑛鐵道株式會社 · 學校組合 · 男女普通學校 · 師範學校永生女學校 · 耶穌教會禮拜堂 · 基督教靑年會 · 咸興靑年會 等이 잇다.

四 著名地

西湖난 咸興邑에서 南으로 相距가 四十里되난 輕便鐵道를 通한다. 此處난 原來當地輸移出入貨物의 呑吐하난 惟一의 港이다. 該處에난 稅關監視所와 道水産傳習所와 陸軍輸部支部와 警察官駐在所와 學校組合 等이 잇다. 居民戶數난 百八十餘오 人口난 千餘오 日人은 七十餘戶오 人口난 二百五十餘가 잇다. 穀類輸移出入의 年額이 四百萬圓에 達한다. 海路난 元山이 四百三十餘오 城津이 八十四里가 된다. 將來에 港口를 開設할 豫定이라 한다.

五 名勝과 古蹟

萬歲橋난 邑의 西方 元山 街道로 通하난 城川江上에 架한 長橋이다. 其橋의 長은 數百間인대 四五年前에 新式으로 數設하야 成하엿다. 規模가 頗

히 整然하야 普通의 橋梁에 比하면 過한 點이 만하다. 本橋의 起原을 말하면 遠히 李朝 以前부터 잇난것 갓다. 太祖씌셔 此地에셔 發祥하시고 쏘 일즉이 此橋로 御幸 하셧다. 刱架할 當時에 木橋로 製하엿난대 年年히 霖雨潦水째 에난 撤毁하야 其流失함을 防備하고 秋侯水涸할 時에난 다시 架設하엿다. 이것이 萬歲不易의 뜻이오. 쏘 李朝의 降祥을 頌祝하난 뜻으로 萬歲라 名稱 하엿다. 此橋난 我國에 唯一의 木橋일다. 昔時에 橋材난 民賦를 憑하엿더니 後에 官府에 倉庫를 設置하고 木材를 常儲하야 其의 費를 償給하엿다. 萬歲 橋에서 入海口까지 六十里인대 將次 運河를 파셔 큰 船舶이 通하게 한다.

蟠龍山은 道廳 卽 昔時 宣化堂 背後에 主鎭한 名山이다. 此山이 어대셔 부터 其原되엿난지 알 수 업스나 目觀함으로난 二十里박게셔부터 游龍體로 蟠崛하야 西南으로 나려오다가 道廳 後面에 이르러난 殘山短麓이 南向으로 屈曲하야 明朗秀麗하게 左右로 나려벗엇고 그 主體의 머리난 南向으로 回曲 하야 城川江邊과 萬歲橋 머리까지와셔 굿천난대 昔時에난 龍의 머리우히로 城壁이 環繞하고 그 우히난 곳 樂民樓이다. 至今은 樂民樓와 城壁은 다 毁撤 하고 辯護士 洪聖淵氏의 斜郞大廳이 되엿다. 世上일은 이와 갓치 變幻하난 것이다. 그 大廳에 안져 澄淸廣河와 跨空한 長橋를 遠望하며 庶潤한 家屋과 櫛比한 市街를 俯瞰하며 縹緲한 遠山과 曠邈한 大野를 聘眺할 째에 胸衿이 爽豁한 中에 다시 無限한 感想이 업지 못하엿다. 道廳엽헤 左東夾路로 언덕 을 올나가니 압헤 宏大한 日本人의 普通學校가 잇고 그 우히난 곳 和樂亭의 遺址인대 至今은 日本神祠를 뫼셧다. 그곳에 明秀한 像態와 奇絶한 幽景은 사람으로 하여금 世慮를 忘却하고 心神을 悅케 한다. 이난 天然的 公園이다. 이런 名園에 니를 째에 하나님의 權能과 그의 恩惠를 感謝할 수 박게 업다. 대게 樂民樓와 和樂亭의 古址에 登臨하면 咸興邑 西南半部의 全景과 東北 半部의 全景을 다 볼 수 잇다.

쏘 東北夾路로 도라나려가면 左右의 山麓이 回環擁抱한 中間에 鄕校가 잇다. 大成殿과 東西廡前에난 곳 明倫堂인대 現今은 師範學校로 使用한다. 外面에 부친 明倫堂 懸板은 前觀察使 金壽鉉씨의 華蹟이다. 그 압헤 너른 마당 우헤 二層華麗한 樓閣이 잇난대 光風樓와 霽月樓 懸板을 붓쳐스니 坐한 金壽鉉氏의 華蹟이다. 鄕校와 神社基址內에 쟝차 公園을 設置하리라 한다. 그 압길노 나와서 新昌里 골목으로 드러가면 山腰岸上에 宣敎師 住宅과 禮拜堂과 永生男女學校 等이 잇고 禮拜堂을 안고 西北으로 잠간 도라가면 峰巒이 西南으로 擁抱한 中間에 宣敎師 馬具禮氏의 住宅이 잇다. 그 幽邃淸淨한 景槪난 畵境과 仙境을 兼하엿고 淸江一面과 長橋 萬歲橋 半部를 俯瞰한다. 그곳에 안져 깃분 마암을 이기지 못하야 榮華롭다 樂園이여. 그 山岳에 셔 바라보고란 찬미를 부르고 도라왓다.

馳馬臺난 邑 東北 蟠龍山巓에 잇다. 此난 太祖끠셔 馳馬하시든 所이다. 圓峯이 前後에 隆然하고 其間이 좀 平坦하게 되어 놉고 시원하다. 此地에서 鞍上에 顧眄하시면서 雄偉하신 氣岸을 養成하신 줄을 像想할지로다. 坐 馬祠가 잇셧다. 太祖끠셔 御乘하시던 八駿이 잇셧난대 그 일홈은 獅子黃 · 發電赭 · 遊麟靑 · 凝霜白 · 追風鳥 · 橫雲鶻 · 玄貌이다.

其中 玄豹 遊麟靑이 죽으매 그곳에 뭇고 遊麟靑이라 색인 表石을 세우고 馬祠를 세웟더니 年前에 毁撤하고 馬塚을 發掘하엿다 한다.

本宮은 邑의 東南 十一里즘 되난(輕便鐵道 停車場에셔 北으로 二마쟝 즘) 雲田面宮東里에 잇다. 太祖潛邸째에 慶興里에셔 此地로 徒居하엿다. 讓位하신 八年間을 此處에서 御住하엿다. 其後에 重修하고 本宮이라 稱하엿다. 田園四周에 小閣이 잇고 宮城의 方은 數丁이 된다. 老松芳樹가 蒼鬱하야 苑內에 廢覆하엿다. 門樓와 殿閣이 頗히 壯麗하며 宮前에 紅살門과 路東에 下馬碑가 잇고 宮門上에 咸興本宮四字의 懸板이 잇다. 庭內에 半畝方塘이 잇고 그 겻헤는 豊沛樓가 잇난대 二層六間이오 朱紅으로써 彩하엿다. 樓의 懸板은 前觀察使 李鼎運氏의 奉敎하야 쓴 華蹟이다.

庭西夾門으로 드러가면 齋室이 잇난대 門柱에 上享衞門禁雜人이란 懸板이 잇다. 齋室은 畏敬齋이다. 齋室房屋은 다 廣闊하다. 參奉官 一人과 守僕 一人이 守護한다. 그 西南便에 大廳 一座와 若干의 空廊가 잇는대 參奉의게 殿內拜謁하기를 請하야 許可를 어덧다.

本宮殿閣은 十五間이오 月廊이 十二間이오 月廊中間에 正門이 잇는대 嚴鎖하엿다. 守僕이 東便夾門을 연후에 敬畏한 마암으로 드러가 恭覽하엿다. 殿庭左東에 太祖의셔 潛居하실 째에 後庭에 六松을 御手植하셧다. 그럼으로 仍하야 御號를 松軒이라 하셧스니 그 松枝에 항샹 御角弓을 掛하심으로써 弓懸松 쏘는 御手植松이라 稱한다. 秪今은 二株만 無恙히 存餘하엿는대 考攷이 蟠屈하고 蒼鬚이 欝翠하야 五百六七十年間 許多한 歷史를 經過하고 吾人을 對하야 後凋不變 하는 節을 자랑하는 듯하다. 老松一枝 는 地面으로 벗어나가 蟠屈偃盖하야 苑庭半面에 滿覆하고 短柱로 種種하게 宕立하엿다. 殿內에 恭覽하매 穆祖・翼祖・度祖・桓祖 四代와 밋 太祖까지 五代의 位牌를 奉安하고 黃裸로 덥헛는대 春秋로 奉祀한다. 卓子上에 각기 燭臺 一雙과 香燭香盒 各 一事式 排列하엿다. 廣陽傘 一雙과 鈇鉞 一雙과 廣鱗旗 等 儀仗을 陳列하엿다. 殿閣東隅에 大櫃가 잇스니 그 안에 太祖의셔 御用하시든 御遺物을 奉置하엿다.

御着하시든 紗笠(廣이 周尺 三尺假量)이 잇는대 좀 弊落하엿스며 御笠의 粧飾品인 虎鬚 二枚와 孔雀尾 一과 銀으로 만든 虎鬚와 孔雀尾 꼿는 諸具 二枚와 玉鷲 一事와 御射하시든 角弓 一張과 箭 五枚와 (箭鏃은 쎄쪽하고 둥굴넙격한대 戰時用品) 箭甬과 筒箇 各 一事와 靴 一雙이 잇고 銀으로 製造한 씌돈 一雙이 잇다. 圓形이 當百錢만한대 一은 鶴을 雕刻하고 一은 虎를 雕刻하엿다.

定陵和陵 一邑 東 十里許되는 慶興里에 奉安하셧다. 此는 淵武聖桓大王 懿惠王后의 塋陵이다. (太祖의 父母兩位陵) 此地는 懶翁禪師의 擇定한 바

이다. 齋室에 定和齋室의 懸板이 잇다. 參奉 一人과 守僕 一人이 守護한다. 陵上에 恭詣할새길 左便岸上에 定和陵記實碑閣이 잇다. 碑閣左東에 쏘 碑閣이 잇는대 大韓桓祖大王之陵과 大韓懿惠王后之陵이라. 篆字로 쓴 碑 두 대를 奉安하엿다. 陵下에 丁字閣과 典祀廳이 잇다. 陵上에는 定陵과 和陵을 同原에 相距가 멀지 안케 連하야 奉安하엿다. 陵後에 曲墻이 잇고 床石과 燈臺石과 羊馬石과 文武石人 各 二를 압흐로 陳列하엿다. 主山은 土體로 二峯이 屈起하야 卯坐 西向으로 나려오다가 陵所가 結局되엿다. 左龍은 多字形으로 右向回環하다가 正面으로 芙蓉갓흔 峯이 突起하면서 內案山이 되엿고 右虎는 表裡山脉이 左向回環하야 龍虎가 左右로 均適하게 擁抱되엿고 西으로 十五里즘 되는 蟠龍山이 一字體로 外案이 되엿다. 도곡은 매우 幽邃閑穩하야 淑靈한 祥瑞의 긔운이오. 히러남은 경사를 싸흔듯 하다. 西邊에 老松이 蒼鬱한대 白鷺와 玄鶴이 翩舞棲息하니 古蹟박게 淸雅한 趣味를 다 말할 수 업다. 此地에서 懶翁과 無學의 놉흔 눈을 한번 더 欽賀하엿다.

歸州寺는 定和陵後谷五里許에 잇는대 萬松이 蒼翠하고 溪流가 縈廻한대 窈然한 一洞壑이다. 此는 關北 禪敎兩宗大本山의 一部이다. 昔時에는 伽藍과 堂塔이 整備하엿는대 遊客이 半日의 閑을 得할만한 곳이다. 不幸히 昨年에 火災를 맛나 燒却되고 燼餘殘房에 僧侶幾人이 棲息하는대 장차 다시 建築할 貌樣이며 그 區域內에 讀書堂이 잇는대 此는 太祖끠셔 當年 修學하시던 所이라 한다.

慶興殿은 邑東北十餘里 되는 洲東面 慶興里에 잇다. 此는 度祖桓祖끠셔 御駐하시든 邸址일다. 桓祖끠셔 永興에서 移來하샤 此處에 居하셧고 初에 翼祖끠셔 慶興셔 來往하셧는 故로 里人이 慶興宅이라 稱하셧다. 太祖끠셔 卽位하신 后에 改築하시고 慶興殿이라 稱하셧다.

發祥의 畧史

李朝太祖는 桓祖(諱 子春)의 第二子시다. 元나라 至正元年 高麗 忠肅王後五年 日本後醍醐 天定建武二年에 永興 黑石里에서 誕降하셧다. (秪今 永興 濬源殿이 誕生하신 舊邸이다.) 幼詩에 桓祖를 從하샤 永興셔 咸興에 移徙하셧다. 十一, 二歲時에 桓祖의 喪을 遭하셧다. 十六, 七歲時에 慶興에셔 蒙古를 막으셧다. 二十六歲에 世職을 니여 東北面 上萬戶의 職을 任하셧다. 二十七歲에 紅巾賊을 擊破하셧고 二十八歲에 咸興에셔 納哈出을 討克하셧다. 二十九歲에 塔帖木을 撻川에셔 破하셧다. 三十歲에 女眞의 名將인 三善三介를 擊逐하셧다. 三十六歲에 東北面元의 職을 任하셧다. 四十六歲에 倭寇를 雲峯에서 大破하시고 威望이 날노 놉흐셧다. 高麗의 禪讓을 受하시고 卽位하신 째는 明나라 洪武 二十五年이시오 御春秋는 五十八歲시다. 此로 觀하면 太祖께셔 聖智神武하신 天姿로 大業을 定하심은 實노 天命과 人心이 順歸하심이로다.

結論

人傑은 地靈이라 關北의 明朗雄深한 山勢가 足히 偉大한 人物을 鍾出할만하다. 그럼으로 古代는 尙矣勿論이오. 近世로 말하면 馬海月의 人氣와 李濟馬의 醫學과 朱錫冕의 任俠과 李容翊의 經濟와 池昌翰의 筆法갓흔 이는 다 表表한 者라 稱할지로다.

咸北縱橫四十有七日

朴達成

《開闢》 43호, 1924년 1월

박달성이 〈개벽〉 조선문화의 근본조사 시리즈의 하나로 함경북도 지역 각 도시의 지역 특징, 소감, 인상, 활동 내용 등을 답사 일정에 따라 순서대로 정리한 글이다. 활동 기간이나 원고 분량이 상당하나 글 서두에 함북 답사 또한 실패라 적었다. 원문의 내용이 방대해 본 자료에서는 독자 편의를 위해 4개 장으로 구분했다. 1장은 전체 여정, 2장은 함북 개관, 3장은 평가, 4장은 여담이다. 1장의 전체 여정만 주요 행선지 중심으로 요약하면 아래와 같다.

출발: 10월 6일 오전 8시 50분. 일기 청명. 청량리에서 경원선. 보성고등보통학교 수학여행단과 동승. 청량리 - 창동 - 소요산 - 복계(승객 하차 사고. 사람의 생사, 운명에 관한 번민) - 洗浦역(보성 학생과 작별) - 원산(하차. 태사여관.)

■ 청진행: 10월 7일. 오전 10시. 일기 청명. 청진성진정기연락선 **丸. 매표원의 호의로 3등실 표를 50% 할인가로 사고 실제 선실은 2등실 사용. 원산

- 똥섬 - 알섬 - 성진(새벽 3시) - 갑판에서 일출(10월 8일. "'이 놈들아 잘 잤느냐' 아니 '이 악마놈들아 잡아먹겠다' 하듯이 우뚝 솟아 천변에 오른다. 녹파만경은 어느덧 은파만리로 회색천지는 어느덧 백색세계로 화해진 다.") - 청진(10월 8일 오전 10시. 그러나 풍랑으로 종선이 오지 못해 오후 4시까지 배 위에서 고생. 4시 30분 청진 상륙.)

- 청진 시가지: 10월 8일 오후 상륙. 북방의 찬 바람에 고생. 대차인지 밀차인 지 장기판 같은 것을 타고 조선인 마을 신암동 길명여관에 투숙. 집이 겹집 인 점, 부엌이 부엌 겸 식당 겸 침실 겸용으로 된 것 확인. 음식은 불결해보이 고 간이 적음. 저녁 후 시내를 둘러볼 제 경매하는 소리(파산 소리)에 절망, 음식점 많은 것에 실망. 9일 아침 일찍 신암동 뒷산에 올라 시가지 내려봄. 시가는 좁고 발전 가망이 없어 보임. 포항, 수성평야. 항구로는 조선에서 가 장 못생긴 항구. 시가지를 보며 〈청진及나진〉이라는 참고서 꺼내 살핌. 청 진 일반 소개. 청진은 벌써 우리의 청진이 아님. 항구에 뜬 배, 거리의 은행, 회사 모두 우리 것이 아니며 우리 것 일부조차 척식, 식산, 조은, 상은에 모두 저당잡힌 것들. 아침 식후 더 이상 시가지 살필 것을 단념하고 나남행 결정.

- 나남행: 10월 9일 8시 10분. 주을행 기차. 수성역(청진 다음 역. 잠시 들러 천도교회, 보통학교 방문. 주변 풍속: 사투리, 검소한 의복, 부인네 맨발, 나 무 굴뚝에 '경신년경신월경신일경신시강태공조작이태백하마처'라 쓰 임.) - 강덕역(수성 다음 역. 친구 박 군 방문. 1박.)

- 나남 시가: 10월 10일. 강덕 박 군 집에서 자고 아침에 나남으로 출발. 生駒 町이라는 조선인 시가 이춘만 집에 숙소. 함락서관 강학병 안내로 신사 있 는 곳에 올라 시가 외형 관찰. 온전히 일본인 시가, 군인의 시가. 나남 역시 조선인의 나남은 아니다. 나남은 함북 도청소재지이자 일본 19사단 주둔 지. 청진의 남쪽 4리, 鏡城의 북 1리에 위치. 본래 경성군 오촌면 나남리로 30호 미만의 농촌. 러일전쟁 후 일본군 주둔, 대정 8년 19사단 신설, 대정

9년 도청소재지 이전. 도청에서 자료 얻고 조선인 시장에서 여성들의 활발한 모습(맨발, 머리 수건 없음, 무명옷 베옷을 아무렇게 두르고, 나무 함박 벼자루를 이고 들고.). 羅赤嶺 아래 석탄광 구경. 여관(1박). 10월 11일. 나남 시가 구경 계속.

■ 경성과 주을: 10월 12일. 정오 차로 경성행. 나남역 앞에서 북선일일 기자 김기철에게 〈會寧及間島〉 책 얻음. 역에서 대차를 타고 군청 뒤 黃淸頌이란 집에 숙소. 면소, 군청 등 성 위아래에 19사단 군인들이 훈련하느라 소란. 숙소에도 군인. 남문거리에 나가 남문루 올라 읍내 관찰. 도청을 빼앗기고 노쇠의 기미가 보임. 명승고적이 많다. 어물, 삼림, 임금(과일) 등이 모두 좋다. 남문 밖으로 나와 점심 먹을 집을 찾으니 집집마다 음식점인데 점마다 고기을 걸어두었다. 지저분한 풍경. 여관에 돌아와 1박. 10월 13일. 군청, 면소, 향교, 청북사 등 방문. 일본인이 경영하는 雉城園에 들러 林檎 먹음. 10월 14일. 9시 차로 주을온천 행. 생기령 탄광을 차 안에서 보고 주을역에 도착. 차에 내려 한양여관에 숙소. 金田溫泉에서 목욕. 저녁 뒤 몇 사람이 찾아와 야경을 구경. 유락지라 음식점이 많다. 10월 15일. 주을온천으로 도보로 감. 주을역에서 북으로 4리. 가던 길에 용담에서 과일 먹으며 휴식(수석이 청결하고 기장해 볼 만함.) 주을 온천지에 갔으나 돌아오는 차 시간 때문에 제대로 목욕도 못하고 돌아옴. 주을역에 돌아와 다시 1박. 10월 16일 주을 역 근처 약수터 방문. 10월 17일. 원사대 구경. 독진 방문. 경성과 나남을 거쳐 친구 박 군 집에서 1박. 10월 18일. 용성면소 인사, 수성 청진 들러 미진한 일 처리.

■ 부령행: 10월 20일 오전 7시. 청진에서 부령행 기차. 차 안에서 일본인 사냥 행렬을 보고 부러워한다. "산에 가 집승을 쏘거나 물에 가 고기를 잡거나 자유자재이겠다. 그 자들은… 그런데 우리네는… 기가 막히지." 부령에 도착. 작은 소읍이지만 성지, 오리점, 우편국, 경찰서, 보통학교, 군청, 금융조

합 등이 다 있다. 군수의 소극적이고 무사안일한 태도 비판. 군청, 보통학교를 거쳐 오후 1시 차로 회령으로 떠날 작정. 나남의 기자 김기철을 우연히 역에서 만나 지체하다 6시 차로 함께 회령행.

- 회령: 10월 20일 오후 8시 30분에 회령역 도착. 제법 도회다운 첫인상. 鰲城旅館에 숙소. 차가운 비바람. 10월 21일. 鰲山에 올라 시가 전경 관찰. 장방형 시가가 넓고 집도 큼직큼직. 두만강은 좁고 얕은 것에 실망. 행정, 지리, 산업 등 개관. 저녁 후 순사가 찾아오고 야경을 보러 나와 기생집 구경. 조선 여자가 일본 복장을 한 것을 봄. 10월 22일. 회령에 머물며 회령과 간도 이야기를 들음. 회령 냉면 맛봄. 10월 23일. 강 건너 용정 행.

- 용정행: "신조선의 조선인 중심의 신도시" 간도를 지나칠 수 없다 함. 10월 23일 오전 8시 30분 上三峯行 기차. 역에서 경성청년회장 이용의와 동행. 차 안에는 간도로 이주가는 사람이 드문드문 보임. "차는 輕鐵이다. 방울 당나귀 탄 것 같다. 내내 두만강邊 산비탈로 돌랑돌랑 내려간다. 큰 물이 나면 차가 배로 화할 듯하다. 대안에서는 수목이란 볼 수가 없다. 개가죽벗기듯이 대가리로 발꿈치까지 죽 벗겨놓았다(160쪽)." 차 안에서도 순사들이 번가아 확인. 12시에 강안에 내림. 순사들의 행객 검사를 거쳐 너벅船을 타고 강을 건넘. 도문강종점역으로 이동(새로 부설된 天圖鐵道 - 일중협변회사 天寶山至開山屯까지의 경철-의 역). 오후 1시 차. 개산둔에서 용정까지 차비 1월 75전. 차 안에서 좌우 구경. 전혀 조선인촌. 개산둔 주민을 통해 일본이나 중국의 간섭 없이 여름 농사로 일 년 편하게 지낸다는 이야기 들음. 차는 내내 산도 아니고 들도 아닌 구릉을 지난다. 구릉은 모두 경지요 촌락. 고토를 잃고 간도를 떠나는 것에 눈물 흘렸으나 이런 땅이 있고 우리가 선점해 불행 중 다행. 그러나 언제까지 우리 땅이 될 것인가?

- 鍾城행: 10월 27일. 천관철도와 도문선으로 鍾城에 옴. 동일여관에 숙소. 공의 차덕규와 시가 구경. 상인 김이택과 만나 술자리 후 두만강변 산책. 저

녁 후 차, 김 다시 방문. 군수 면장 유지들은 모두 경성 공진회 및 나남품평회 구경. 군세일람 살핌. 1막. 10월 28일 육현각 답사.

- 경원행: 10월 29일. 자동차로 경원 행. 雲霧嶺을 넘다 수백 정보에 이르는 일본군마 양마장을 봄. 이곳은 군마의 영지가 되고말았다. 경원은 육진의 하나. 용당: 조선 태조의 조상 중 목조가 전주에서 몸을 피해 왔던 곳.

- 훈춘행: 동만주 명소 훈춘을 잠시 구경. 여관 주인 우진홍과 도보로 도강. 훈춘 구경담은 간도호에.

- 웅기행: 10월 31일 훈춘에서 도보로 귀환. 강변에서 우 씨와 작별. 도보로 두만강변을 따라 웅기까지. "이제야말로 관운장의 力을 빌 밖에 없다. 국경 험로 두만강 삼백리를 單身*(쌍?)影으로 도보 답사할 밖에 없다. 탈래야 탈 것도 없고 있다 해도 길이 험하니 더 곤란이겠다. 여행가의 본령도 지켜야 겠다. 초화나 마화나 그것도 없다. 구두로 삼백 리를 절뚝거려야 되겠다. 아구 발이야(165쪽)." 경원군 안풍면 승량리 이문근 집에서 1박. 다음 날 새벽 출발. 강변 비탈길 따라 답사. 新乾原(독립당에 혹해를 받은) 도착. 경찰 검문. 계속 비탈길 진행. "외투를 가로 메고 막대를 끌고 산비탈로 도는 것이 내가 보아도 할 수 없는 개 장사 아니 너구리 장사 같다... 강 속에 비친 나의 影子를 보고 하하 웃었다. 비춘파면 불능이란 생각이 안다. 아닌게 아니라 다른 친구는 생심도 못하리라(166쪽)." 新阿山 도착. 형사 검문. "그들을 '개'라고 별명 지은 것은 참 용하겠다. 냄새 맡기로는 파리 이상이겠다. 파리 二 字를 加하여 개파리라고 했으면 더 근사할 듯하다(166쪽)." 삼등로를 따라 경흥 경내. 상하면 삼봉동 김동희 집에서 1박. 이곳 사람은 모두 고무신에 긴 통저고리와 상투 있는 채 방한모.

- 雄基행: 11월 2일(?). 일찍 출발. 큰 고개 넘고 긴 계곡 지나 청학동(웅기에서 경흥까지 통하는 1등로 만남. 40리만 가면 웅기.) - 웅기령(일명 서무령. 좌우에 청학산, 백학산) - 웅기항(오기안 집에 숙소. 공원에 올라 읍내 전경

관찰. 경흥군청이 이곳으로 이전. 장래 발전 가능. 군청과 유지 방문. 면장
집에서 잔치 음식 대접. 경흥도 미간지가 많으나 모두 일인들이 차지해 농
장 설립. 광산 경영도 일인 차지. 조선인의 것이란 찾기 어려워 문화조사할
의욕이 생기지 않음.)

- 어랑진행: 11월 5일. 정오에 新高丸으로 회로에 오름. 용향에서 친구 박을
  만나 명천, 길주, 성진까지 동행 작정. 나남에 들러 북선일일 김기철 기자
  집에 1박.

- 어랑진: 11월 6일(?) 어랑 수남 도착(어랑천을 좌우로 수북 수남이라 함).
  함북의 모범청년회 동일청년회 회원 만남. 수북수남을 왕래하며 오호삼대
  (장연, 무계, 동연, 서연, 북명호. 귀암, 팔경, 수중대) 이야기. 어랑은 인흥지
  령의 고장. 1박(?). 명천 서면에 도착. 서면 사무소 방문. 서면 면장 차종권
  만남. 차 면장은 모범 면장, 서면은 모범면. 살계백반의 후한 대접 받음.

- 명천행: 11월 11일 명천행(어랑진에서 2리). 차종근 동행으로 명천읍 도
  착. 5백호 남짓의 소읍. 이명연 집에 숙소. 시가 일주. 1박. 11월 12일 군내
  청년유지 방문. 上雲面소 면장 방문.

- 칠보산행: 11월 12일. 명천에서 6리 떨어진 칠보산행. 동서사면의 시루봉
  을 쳐다보며 명윤동(고개 위 마을: 기병관 집에서 감자를 얻어 먹다.) - 박
  달대령(고개 넘다 길을 잃어 일군의 부인들에게 길을 물음. "산상에 逢美
  人하야 問路更回步하니 일흔 듯 어든 듯 不如不相逢의 감이 난다." 오를
  수록 태산, 내릴수록 장곡. 박달령은 간신히 넘었으나 해 저물어 마음 급함.
  숯 굽는 이에게 길을 물어 3등로로 내려옴 - 길주 보촌에 이르는 길.) - 烏
  地店(烏地器 굽는 제작장. 함북, 간도, 함남 오지기는 모두 이곳 소출. 동장
  정기남 만남. 칠보산 개심사 주지 私處에서 1박.) 11월 13일. 밤에 내린 눈
  으로 세상이 눈으로 덮임. 주지와 개심사행. 개심사 - 望海臺(주지에게 누
  른밥과 머루 얻어 오름) - 금강굴 - 회상대(주지 김도일과 작별) - 玉馱峯

(넘고) - 漢三浦(지나) - 닭의 버둥이(어떤 집에서 잠깐 쉬며 누른밥과 왜떡으로 요기. 아이들이 몰려들어 시계를 가리키며 '이게 무스게요' 물음. 해는 저물고 눈이 또 내림.) - 향로봉(50분만에 정상. 이제 하산행.) - 하고면 송곡동(황혼 무렵. 오봉남 씨 댁에 1박.) - 11월 14일 橋項洞 楚基英 댁 방문(하고면장. 살계백반으로 환대.) - 하평(면소재지 荷坪 동해변 마을. 동창 최덕종 집에서 1박.)

- 花臺행: 11월 15일. 초씨 등 일행 4명 화대행. 화대는 명천의 저명한 고장. 마침 하가, rt(?)상가, 하고 삼면 연합의 축산물 품평회 열림. 축산물보다는 화대면장(선선한 교제), 명천군수(평민식 동작), 군서기(학자식 언행), 공립보통학교훈도(일인풍), 차씨(함북 본색), 하고면장 초씨(하이카라), 모범면장 차씨(모범), 박씨 둘(박달성과 친구 박)의 인물평이 더 흥미. 화대에서 이틀은 유쾌.

- 길주행: 11월 17일(?) 차, 초, 김 제씨를 화대에서 작별. 장덕령 넘어 길주읍 도착. 공보 선생 이인구 씨 숙소에 숙소 정함. 여러 유지와 군수 만나 길주 개황 들음. 고려말 회복한 여진 땅. 길주 평야가 자랑. 세조때 이시애의 난을 일으킨 이시애가 난 곳.

- 성진행: 11월 19일. 오전 8시 자동차로 성진행. 臨溟嶺 - 임명시 - 성진 (12에 도착. 동아지국 강홍준 만남. 시가 일주, 군청 방문. 군세 개황. 보신여교 방문. 서양인 경영 병원 방문.). 원산행 기선이 당일 밤 9시에 떠난다 하고 오늘 못 가면 다시 3일 머물러야 한다는 말에 떠나기로 결정. 그러나 배는 새벽 6시에 입항.

- 원산행: 11월 20일 오전 망양정에 올라 성진 전경 구경. 청진 이상의 양항. 정오에 상선.

1.

北鮮의 境域을 들기까지에

記者가 咸北道號의 責任을 가지고 北方을 向하든 날은 발서 석달 前 卽 지난 十月 六日이엿다. 언으듯 발서 昨年이다. 이제 그 쌔의 日記를 다시 더듬자 하니 좀-구석지는 感이 업지 못하다. 그러나 日記帳이 아직 써러지지 안엇고 그 쌔의 感念이 그대로 머리속에 남어잇스니 조곰이나 假分이 업슬 것은 自信한다.

그날-十月 六日은 日記가 매우 淸明하얏다. 말숙한 마즈막 가을 샌맑안 첫 아츰에 行李를 묵거 멀니 北方을 向하는 나의 心身은 더할수 업는 輕快를 가졋섯다. 午前 八時 五十分은 淸凉里에서 車에 몸을 싯든 쌔이다. 맛츰 나의 母校인 普成高等普通學校의 金剛山 修學旅行團(五年級 六十名) 一行을 만나게 되야 더-한層 조흔 氣勢를 가졋다. 車는 구을기 始作하얏다. 百穀이 무르익은 누런 倉洞들이라든지 萬葉이 빗츨 닷토는 빰-안 逍遙山麓이라든지 그는 翫賞할 餘暇도 업시 普成校友와의 歡樂에 醉하고 마럿다. 崔鳴煥선생의 例의 少年式 交際法은 말도 말고 學生 中 林明均君의 멋 만든 短曲이라든지 崔成三君의 억개춤이 날만한 俗謠曲 쌔요링이라든지 金佑榮君의 心肝을 간지럽게 하는 하모니카는 디-할수 업는 우슴과 拍手이엿다. 나도 지나본 바이지만 中學時代의 修學旅行이란 이러케 興이요 멋이겟다. 平生을 두고 다시 엇지 못할 好時節은 이쌔 쑨 이겟다.

나는 이러케 이러케 歡樂中에서 京元線의 中央點 福溪까지 왓섯다. 「아-이게 웬일이냐」 「아-이런 大變-」하고 써드는 소리가 車窓 밧그로 들니운다. 「무엇 응 무엇」하고 遑忙히 쒸여 내리니 아-이런 大變 사람이 치엿섯다. 피를 콸콸 쏫으며 어즈럽게 넘어진 이가 보인다. 警官 醫師 驛夫들은 왓다갓다 愴惶罔措中인데 轢傷된 當者는 죽엇는지 살앗는지 피만 콸콸 쏫을 쑨이다. 왼

팔이 부러지고 머리가 깨여졋다. 피 흘너 도랑이 되고 비린내 乘客의 코를 씨른다. 이 急報를 드른 福溪驛 前의 그 어머니는 大聲痛哭 發狂야단을 하며 다라나온다. 死體다운 아들의 가슴에 얼골을 비비며 쌍을 처 慟哭하는 慘景은 눈으로 참아 보지 못하겟다. 車가 써나니 엇지하랴 그의 下回가 퍽 궁금하얏섯다. 急하게나마 驛頭에서 뉘게 무르니 그는 우리 탄 車에 同乘하얏든 兄弟 中 遂安人 文炳植(二九)이라 한다. 그는 分明히 貧者엿다. 生活의 末由로 福溪驛 前에 移居하야 勞動으로 지내엿든 모양이다. 秋夕 名日을 爲하야 잠간 故鄕에 단녀오든 길인데 下車驛 福溪를 오닛가 어머니 보일 生覺에 그랫든지 急遽히 飛降을 하다가 그리 된 것이엿다.

이런 光景을 當하고 나니 盡日의 所得은 어대로 갓는지 山도 실코 물도 실코 다만 보이는 것이 사람 죽는 그것 쑨이다. 아-사람의 生死! 그는 누가 保障해 주는 이가 업느냐! 아-사람의 運命! 前後左右 쌕쌕하게도 둘너싼 運命의 黑幕! 에라 모르겟다. 나 亦 압 停車場에서 엇지될지. 方當이 一分 一秒 間에 엇지 될지 누가 아드냐 아!

나는 이러케 悲哀 懷疑 恐怖 惶怯 中에서 洗浦驛을 왓다. 여기서 普成敎友도 그만 作別이 이엿다.

三防의 丹楓 釋王寺의 蒼松 葛麻의 黃金波-그것을 普通時 갓흐면 모도 다 내가 쌔아섯겟지만 그대로 한아 닷치지 안코 閉眼冥想中에서 元山下車가 되얏다. 驛前에서 엇던 案內者를 싸라 太史旅館이란 곳에 宿所를 定하고 爲先 淸津行 船便부터 무르닛가 바로 明朝 卽 七日 午前 十時 發 (淸津城津 定期聯絡船) 鏡丸이 잇다한다. 卽時로 市中을 向하야 林根泰 趙鍾浯 金容浩 金大郁諸友를 찾고 밤즁만하야 旅館에 도라왓다. 夕飯을 畢하고 자리에 누으니 다른 무엇은 生覺키우는 것이 업고 머리속에 뒤엉크려 先後無住着한 것은 다만 生死問題 그것 쑨이엿섯다. 生을 剝奪하랴는 惡魔의 黑手가 나의 全身을 왈칵 그러당기는 듯 쑴안인 虛想에 몸이 흠츳흠츳해진다. 旅館 秋窓

의 외로운 身勢가 惡夢이 무서워 잠을 엇기 어렵다. 艱幸히 잠을 비러 한 時間 지내니 날이 새인다. 이제야 그 생각이 거의 沈息이 된다.

十月 七日이겟다. 이날도 일기는 청량하다. 항해에 더욱 조흔 날이다. 여관 쏀이를 불너 滿鐵「파쓰」를 내여주며「나는 이러한 사람이니 船票 한 장를 사오되 할인을 구해보라」하닛가 쏀이는 예상외의 貴손님인 것처럼「네-기자심니다 그려. 기자는 모론 2할은 해줍니다. 모론 2등표를 사시겟지요」하고 뭇는다. 나는 금시 곳 얼굴이 홧홧해젓다. 그러나 얼풋 변색을 하고 안이 3등이 조와. 우리갓치 가난쟁이들이 2등이 무슨 2등. 滿鐵에서는 무임우대를 밧아스닛가. 염치업는 2등이지만...」하고 서슴업시 말하엿다. 쏀이는 해즉-우스며 의미잇는 표정을 하드니 한 30분만에 船票를 사가지고 와서 싸닭업시 깁뻐하면서「여보셔요. 이「파쓰」를 가지고 가서 표 파는 이에게 보이면서 2할인을 해달나 하닛가 표 파는 이가 보더니만 그이 말이 이는 내가 잘 아는 이닛가 특별히 5할을 해드릴 터이니 내 명함을 가지고 가서 말슴이나 드려다고 하면서

「5割을 해주어요. 이런이가요」하고 名啣 한 장과 파쓰와 船票를 내여준다.「어-고마운 이도 게시다. 누구시냐」하고 名啣을 보니 郵船會社라 肩書한 沈泰浩씨이다. 일즉 顔面은 업는 이이다. 疑訝를 하면서 시간에 매여 棧橋를 향하얏다.

배는 써나려고 준비가 밥분 모양이다. 짐을 실으며 손을 태우며 닷을 감으며 한참 부산하다. 맛츰 趙鑑浯씨가 나오셨다. 기회조케 沈씨의 고마운 말을 하고 보여스면 조켓다하는 중인데 또 맛츰 沈씨가 나오셨다. 人事와 致謝를 아울너 드리니 氏는 3,4년 전부터 기자를 안다 하면서 퍽도 반겨한다. 그리고 사무장과 船人들에게 소개하야「2등에 잘 모셔달나」고 부탁을 한다. 나는 소위 기자란 명색을 가지고 3등표 더구나 5割의 過待를 밧고 쏘 2등의 過待까지 밧기는 넘우도 북그럽고 미안하고 염치적어서 굿게 사양하고 부덕부덕 3등

실로 기여들엇스나 그는 기어코 손목을 잡아다려 2등실로 스러드리며「平心安行」을 다시금 부탁한다. 할 수 업시 외면을 하다십히 2등 1偶에 옥으리고 누엇섯다. 船人보기가 엇지나 북그러운지 게다가 オジヤニ ケット니하고 친절한 호의를 줄대는 더-얼굴이 확확해졌다. 좀 그리지 마러스면-조켓섯다. 同乘한 日人 쏘 中國人들은 남의 간지러운 내용은 모르고 점잔은 손으로 아라줌이 더욱 우습엇다. 점잔치 안은 바는 안이지만…

배는 써낫다. 쏭섬 알섬을 지나 언으듯 茫茫大海에 나섯다. 배가 흔들니기 시작한다. 풍랑이 이나보다. 속이 좃치 못하다. 가만히 누어 이슬 밧게 업다. 누으닛가 잠이든다. 얼마나 왓는지 모르겟다. 밤 새로 세시쯤이다. 城津이라하기에 갑판우에 나서니 海天이 茫茫蒼黑色인데 오직 一面에 무수한 전등이 반작어린다. 새벽 찬바람! 더구나 바다를 씻쳐 泰山에 부드치는 맵고 짠 海風! 아이 못견디겟다. 선실로 쏫겨드러갈 수 밧게 업다. 쏘 자리에 누엇다. 배는 쏘 간다. 오전 열한시면 淸津에 닷는다하니 열한시만 기다릴 밧게 업다. 그러나 東海의 朝日은 한번 안이 볼 수 업다. 여섯시쯤 하야 어즈러운 머리를 억지로 드러 비틀비틀 취한 거름으로 갑판우에 나섯다. 과연 상쾌하다. 東方이 훤이 밝으며 遠山最上峯에 一條曙光이 빗치운다. 언으듯 바다의 正複판으로서 一輪紅日이 붉근 소스며「이놈들아 잘잣느냐」안이「이 惡魔놈들아 잡아먹겟다」하듯이 웃득 소사 天邊에 올은다. 綠波萬項은 언으듯 銀波萬里로 회색 천지는 언으듯 白色 세계로 化해진다.

구름아 일지마라. 紅日은 惡魔가 안이다.

바람아 부지마라 나는 紅日의 벗이란다.

고기야 쮜여라. 白鷗야 날너라.

맑고 쌔긋한 이 자연의 첫아츰에

紅日을 안고서 마음것 쮜놀자.

나는 이러케 부르지지며 왔다갓다 갑판이 좁음을 嘆하면서 8日의 아츰을 지내엿섯다. 알면 다-친구겟지만 그러나 갓튼 감정의 옛친구 업슴이 큰 한이 엿다. 갓치 지내든 金이나 李이나 생각이 간절히도 생각키웟다.

이렁저렁 11시가 되니 배는 거줏말 업시 淸津에 이르럿다.「내리자. 싀원하다」하고 行李를 수급하야 갑판우에 나서니 웬걸 是何風浪고 이야말노 쏨작 不이로구나 마조나오든 從船은 쫏겨드러가고 도라오든 漁船은 죽여라 살녀라 하는데 爲先 우리 탄배가 이러섯다 업더젓다한다. 風浪이 식기전에는 도저히 상륙치 못한다고 한다. 이것은 淸津港이 아적도 棧橋를 두지 못한 싸닭이다.

淸津에 다와서 淸津을 밟지 못하게 되니 얼마나 애가타랴. 이제나 저제나 肝이 타다싶히 기다리는 것이 오후 4시까지엿다. 이째야 風浪이 조곰 沈息이 되얏다. 從船이 와다으니 모다 조와라고 덤비여 下船하니 기자! 北鮮境域(海面은 말고)에 들든 첫날 10월 8일의 오후 4시반이엿다.

所謂 北鮮의 第一港淸津부터

10월 8일 오후이겟다. 淸津港頭에 상륙하니 쌀쌀한 바람이 귀밋틀 째린다.「이놈아 北方이 엇던가 보아라」고 정말 北方威勢를 사정업시 내붓친다. 외투를 뒤집어 쓰고 엉큼엉큼 埠頭빗게 나서니 例의 巡査들의 注目이 잇는 듯하다. 그러나 預通이 이섯느지 두고 볼 쑨이다. 臺車인지 밀車인지 장기판 갓튼 것을 타고 日本人 市街를 지내 朝鮮人村新岩洞於口에서 내려서 엇던 안내자를 싸러 吉明旅舘이란 한 방을 엇어드럿다. 여관에 드러안자 문득 이런 생각부터 난다. 올치 이제부터는 咸鏡北道엿다. 듯든 말과 갓튼가 어디좀 - 자세히 볼 필요가 잇다. 爲先 言語 風俗부터 주목해야 겟고 衣食住에 대한 제도부터 검사해야겟다. 음식은 이제 져녁 床에서 참고할 셈 잡고 爲先 부엌부터 좀-보아스면 조켓는데-하고 방안을 이리져리 살피니 방안은 彼此가 一

樣이다. 그런데 겹집이다. 말(斗)마콤한 방이 전에도 上下 2間 後에도 上下 2間이다. 겹집!야. 그게 그럴 듯 하다. 爲先-거처에 편리하고 防寒에 편리하겟다.「여보시오. 주인. 咸鏡道집은 다-이러케 겹집이요?」하고 무럿다.「네-대개다-겹집이지요」한다. 부엌이 보고십다. 드자마자 부엌 구경부터 하자기는 안되얏고 보고는 십고-그래서 주인나간 틈을 타서 문틈으로 부엌을 내다보앗다. 안인게 안이라 듯든 말과 갓다. 부엌兼 방兼 식당兼 침실兼으로 한구석에는 식기가 느러잇고 한구석에는 寢具가 노여잇고 아궁뒤에는 가마솟이 걸녀잇고 솟뒤에는 삿자리를 깔고 그-삿자리우에서는 婦女들이 안저 음식을 맨든다. 부엌制는 장차 좀더 자세히 볼셈치고 대관절 저녁이나 어서 주어스면-하고 침을 생키고 잇노라니 저녁이 드러온다. 음식이 좀 불결한 듯 하나 또 양렴이 적은 듯 하나 그러나 구태여 트집잡을 것은 업다. 배에서 주렷든 터이라 째맛나게 먹엇다. 저녁을 먹어스니 淸津의 야경을 좀-보자하고 新岩洞市街에 나섯다. 눈에 얼핏 씌우는 것이 店門압의 군중이다. 무어냐?고 가보니「10錢10錢」「50錢50錢」하는 경매의 소리 破産소리 그것이다. 두어 거름을 옴기니 또 그 소리 또 두어 거름 옴기니 또 그 꼴악산이다. 야 이게 웬일이냐. 淸津이 다-떠나가는구나. 이꼴을 보려고 내가 왓는가. 에이 朝鮮 人사는 곳은 도처가 破産이구나. 서울서도 그 꼴을 보고 왓드니... 더구나 港口處닛가 무슨 근거가 이서스랴. 에라 짠곳을 좀-보자 하고 이번은 幽側으로 드러섯다.

아구 더럽게도 모야드럿다. 등달닌 집이란 전혀 음식점이라해도 可하겟다. 元山집이니 咸興집이니 서울집이니 무슨 酒店 무슨 屋 다문토리집-하야 暫間세여도 한 100여집 된다. 竊盜군놈 모양으로 이리기웃 저리기웃 엿보닛가 집집마다 賣笑婦의 간드러진 우슴이다. 엇던 놈들을 잡아먹는지...이러고도 破産을 안이 당하랴. 내막을 좀-보아스면 조케스나 동모업고 쏘 돈업고 게다가 체면까지 부트니 그만 도라서고 마럿다.

9일이겟다. 未朋에 이러나 淸津全景을 보랴고 新岩洞 뒷 山(雙燕山麓인지 天馬山麓인지?)에 올나섯다. 全景이 다-보인다. 뒤로 雙燕, 天馬의 昇風然한 산맥 압흐로 茫茫大海 그리고 浦項洞, 停車場, 輸城平野, 멀니 羅南市까지 보인다. 爲先 淸津及羅南이란 參考書부터 쯰내드럿다. 아- 淸津이 이럿쿠나. 엇젯든 좁다. 市街는 더-발전될 가망이 업다. 浦項一隅가 잇고 輸城平野를 連하야스니 장래가 엇덜넌지? 도대체 항구의 형체는 朝鮮의 諸港중 제일 못생겻다해도 可하다. 자- 여기서 淸津의 大體를 그려보자.(參考書에 의하야)

淸津은 엇던 곳인가. 爲先 위치 及 地勢로 보고 다음 과거 及 현재로 보고 교통 及 物貨로 볼 수 밧게 업다.

淸津은 咸鏡北道의 중앙 東海岸에 位한 (東經129度 42, 北緯41度 43,)北鮮唯一의 開港場이다. 雙燕及天馬山脈이 해안을 둘너섯고 북으로 輸城平野를 連하야 海陸 共히 발달의 餘望이 만흔 곳이다. 그런데 과거로 보면 즉 日露役 당시까지도 100戶에 不及하든 一漁村이엿다. 좀 자세히 말하면 본래-鏡城郡에 속하얏든 地로 世宗31년에 富居縣이 되얏다가 후에 富寧郡에 속하얏든 地이다. 그러든 것이 明治40년에 城津理事廳支廳所在地가 되얏고 全年12월에 淸津理事廳으로 승격이 되야가지고 全41년 4월 1일에 萬國通商貿易港으로 開港되야 全43년에 淸津府로 훨적 쮜여섯다. 현재의 인구로 말하면 大正12年計가 朝鮮人이 1,866戶에 인구가 12,078人이고 일본인이 1,388戶에 인구가 5,509人이고 외국인이 93戶에 700餘人이라한다. 港灣은 灣口가 넓지 못해 그럿치 水深은 10尋이상은 잘되야 日露戰役時는 6,000噸 이상되는 배가 36隻이나 一時에 淀泊되얏다 한다. 그리고 不凍港이고 쏘 아직 완성은 못되야스나 工費250萬圓이나 드려서 方在築港中이닛가 竣工의 日은 毋論 新面目을 쯰일 것이다. 그리고

交通으로 말하면 海路로 城津 元山 釜山등 諸要港을 것처 日本諸海岸과 연락되고 雄基를 것처 浦鹽港과 연락을 하니 海運의 便은 말도말고 육상으로 말하면 淸會線이 잇고 이제 咸鏡線(大正16년 개통)이 개통될 터이고 또 북으로 茂山과 통하는 兩江拓林鐵道(未久開通)가 연락될 터이고 더 북으로 圖們鐵道 豆滿江을 건너서 天圖鐵道와 연락하야 龍井 局子街 天寶山等 間島諸 都市와 통하고 아직 문제이지만 吉會線이 개통되면 南滿一幅을 一日之內에 통할 터이니 교통은 더 말할 수 업는 즉 四通五達의 要塞이다. 여긔 싸라 運輸의 便宜 商工業등 산업의 발달은 不言司想이 되고 만다. 간단히 말하면 海陸物 內外國物을 一時에 먹엇다 배텃다 하는 곳이다. 더구나 海에는 明太 鱈 鯨 鯖 鰕 海參 昆布등이 무진장으로 産出되고 陸에는 大豆 白太등 곡물이 多産되고 또 材木石炭이 多産되니 可謂商工業地의 首位라 하겟다. 그래 그런지 淸津貿易의 高가 元山을 능가한다 하니 그 통계가 大正11년만 輸移出이 405만 8,000餘圓이고 輸移入이 760만 4,000餘圓이라 한다.

그까짓 우리에게 實業슨 이약이들 張遑해 쓸데가 업다. 雙燕山麓의 黎明에 北風을 무엇하야 이러구 저러구 淸津의 대세를 그리는 나부터 淸津이 발서 우리의 淸津이 안이로구나. 생각이 불일 듯 한다. 더-보고도 십지 안코 더-말하고도 십지 안타. 敗家亡身한 옛 주인의 孤子가 밥박아지들고 남의 집 담넘겨다 보는 것 갓다. 그러케 나부터 불상히 보인다. 日本人 市街를 볼째에는 脈이 풀니며 長太息이 나올 쑨이고 朝鮮人 市街를 볼째에는 하염업는 눈물만 수루루 나올 쑨이다.

港口에 무수히 떠잇는 저-선박은 누구의 것이냐? 市街에 놉즛놉즛한 저-銀行會社는 누구의 것이냐? 저건 누구의 것이며 이건 누구의 것이냐? 아-한아도 업구나 한아도 업서! 우리의 것이란 한아 업구나! 잇다는 것이 新岩洞 쏘는 浦項洞 一隅에 반작반작하는 洋鐵집웅의 한 一字집 그것쑨이 朝鮮人의 것이라 한다. 그것도 基地도 건물도 제것대로 가진 것이 멧집이 못된다한다. 拓殖에 殖産에 朝銀에 商銀에 鐵道에 郵船에 그 元線이 다 매여잇다한다. 한번 잡아다리면 말콤 쓸녀갈 쌘이라 한다. 발서 쓰을기 시작하야 더구나 震災담으네 밧삭 쓰러당기여 발서 픽픽 잡싸지며 짓발피며 쓰을녀 간 것이 其數不知라고 한다. 아! 처량한 앗츰이다. 氣가 막키고 맥이 풀닌다. 回館할 힘도 안이 생긴다. 주첨주첨 거름을 옴기니 天地山川이 「불상한 놈. 너갓치 貧弱者들은 죽어야 조타」 하고 등덜미를 치는 것 갓다.

앗츰을 먹고 멧군데 방문을 하자다가 다시 淸津들닐 기회가 잇기에 바로 十里許되는 朴庸淮君을 차저보고 咸北首府라는 羅南을 向하기로 하얏다.

軍閥中心의 羅南一圓으로

羅南을 가기에 몬저 朴君을 만내야 겟다. 그는 前本社의 사원이엿든 君이요. 이번 咸北號에 多大한 依賴를 밧을 나의 10년 知友이다. 8시 10분 朱乙行車를 탓다. 爲先 淸津의 다음 驛 輸城부터 보아야겟다. 輸城은 전부터 北關의 名驛으로 남북교통의 대로이엿다. 지금은 滿鐵의 중요 驛인데 北으로 會寧 東으로 淸津 南으로 羅南(길게 말하면 元山 京城에 까지)에 至하는 3線分岐点이다. 한번 볼 필요가 잇다. 驛에 내리니 엑크 말발굽소리가 連해 들니운다. 軍閥地가 각가운가 보다. 本誌 讀者인 池華瑞씨부터 차젓다. 초면이나 구면 갓티 반겨준다. 氏의 안내로 天道敎會를 찻고 私立普通學校에 들녀 교장 金淸錫씨로부터 학교의 상황(10 餘年 前 창립 現학생 200餘名) 소년회장 申圭範씨로부터 소년회 상황(지난 7월 조직 회원 100餘名) 기타 청년회 及 부녀야학회의 상황을 듯고 다시 들닐 기회를 두고 池氏와 갓티 한 停車場 더 가 康德驛前 즉 鏡城龍鄕洞 朴君을 찾게 되얏다. 停車場을 向하든 길에 생전처음 甘藷국수를 먹어 본 것은 큰 기념거리이다. 그리고 이제부터는 그들의 음식 의복 가옥 언어 풍속에 耳目이 작구 간다. 엇던 쌔는 정신병자갓티 혼자 숙은

거리기도 하고 엇던 째는 도적놈 갓티 공연히 남의 집을 넘석넘석 엿보게도
된다. 부인네의 발벗고 단니는 것이 눈에 쒸운다.「그랫소ᄼᆞ마」「저랫소ᄼᆞ마」
의 사투리도 들니운다. 부엌과 連한 馬廐間도 보앗다. 바로 鼎廚겻해 개가
누은 것도 보인다. 집들은 전혀 겹집인데 모다 一字形이다. 의복은 검소한데
부인들은 모다 머리를 트러언젓다. 그리고 수건을 쓰지 안엇다. 집집의 놉다
란 나무 통굴둑에「庚申年 庚申月 庚申日 庚申時 姜太公造作 李太白下馬處」
의 句를 長書한 것이 보인다.

朴君의 집을 차젓다. 康德驛에서 5馬町밧게 안이된다. 路邊의 적온 草幕
이다. 쓸에 柴木덤이가 잇다. 놀한 암케가 콩콩 즈즈며 나온다. 池씨로부터
先通하니 맛츰 伯氏宅에 가고 안게시다한다. 落望이 될번 하다가 곳 온다는
말에 적이 위안이 된다. 이째 나는 좀-불쾌하얏다. 朴君은 母論 君의 夫人도
내가 일즉 서울서 뵈인 일이 잇다. 남편의 親友 쏘 말하면 자기의 知面人 즉
春坡라는 고객이 千里遠程에 못처럼 차잣는데 방안에서 안이 계시다고 전달
하고 마는 것은 퍽 섭섭하얏다. 朝鮮의 婦女들은 다-그러시닛가. 더구나 內外
가 심한 咸鏡北道닛가 말하는 내가 실수이다. (이것은 특히 朴의 內外와 친분
이 잇기에 한번 우스라고 쓴다. 다른 친구도 한번 참고하라고) 나는 밧게 서서
기다리기가 急하야 朴이 간 곳을 차저 갓다. 半里나 되는 곳을-맛츰 朴은 만내
엿다. 헌 양복 웃저고리에 朝鮮바지를 입고 머리에는 아무것도 안쓰고 炭鑛
事務員갓흔 쑹쑹한 것이 먼빗에 물쓰럼히 보더니「아-春坡!」하고 달려든다.
그는 그동안 한다하는 나무군이되얏다. 감발하고 낫가라차고 山에 가서 火木
70餘束을 비엿다한다. 손바닥이 울퉁불퉁 공기여 터졋다. 이날은 그 나무를
실어 가리고 牛車를 傳하노라고 伯氏宅에 왓든 터이라 한다.

아-고마운 친구 實務에 先着한 친구! 한번 더- 힘잇는 악수를 주엇다. 隔
阻의 情을 풀며 감으며 一步一話 二步二話로 朴의 집에 왓다. 친구의 부인의
지은 밥은 별로히 맛나게 다 배가 터지도록 먹엇다. 그러나 걱정은 夜具가

업다. 木枕조차 업다. 람프燈도 업다. 조막만한 石油燈下에서 그래도 달콤하게 속은거렷다. 맛츰 龍城靑年會長 李永順씨가 차저와 자미나는 이약이를 들녀준다.

　이곳에 彰義堂(1名兩王子碑)이란 유명한 古蹟이 잇다. 그는 즉 壬辰倭亂時에 宣祖의 兩王子(順和君 臨海君)及 四宰臣이 禍를 피하야 北에 入하얏다가 土賊(당시 會寧賊鞠世弼)의 害를 被하게 됨에 當地(現 彰義堂의 舊主人) 士人朴唯一이 義로 曉喩하야 賊을 逐하고 兩王子를 自家로 모셔다가 3년이나 盡誠盡忠하다가 平亂後에 還宮케 하얏다는 곳이다. 지금것 兩王子碑文이 完在하나 右의 사실이기 畧한다. 日人은 稱하야 加藤淸正公石碑라고 그리고 道北院이 잇다. 그는 鏡城의 儒賢松巖 李載亨 龜岩 李元培등 八賢을 奉祀하는 곳이라 한다. 자-그럿타하고 羅南으로 옴겨가자.

　10月 10일이다. 朴君의 집에서 자고 李永順宅에서 朝飯을 먹고 곳 羅南에 왓다. 停車場에서 生駒町이란 朝鮮人 市街를 오기난 쐐 멀다. 近 1里나 되는 것 갓다. 李春萬家에 숙소를 정하니 맛츰 佛敎의 李範大씨를 만내게 된다. 그는 京城으로부터 羅南等地에 온지 게오 月餘인데 발서 敎徒 400餘人을 어덧다 한다. 關北佛敎會란 간판까지 쑤려시 부치고 잇다. 爲先 본사와 인연이 잇는 咸樂書舘主 姜鶴秉씨를 차젓다. 來意를 告하고 안내를 請하니 氏는 반가히 마저 快히 應한다. 雜談除하고 爲先 市街의 外形부터 보자하고 그 즁 놉흔 곳 저들의 神社잇는 곳을 올나섯다. 市街는 어지간하다. 전혀 日本人 市街 안이 軍閥의 市街이다. 1師團이나 배치한 곳이니 더-말할 것이 업다. 아무데 가든 그-心術구진 꼴은 一樣이다. 羅南 亦 朝鮮人의 羅南은 안이다. 生駒町 又는 美吉町 한구석에 쫓겨나는 形勢로 불상하게도 멧 百戶 모여 붓튼 것은 淸津 以上의 불쾌를 感하게 된다. 그런데

　羅南이란 엇던 곳인가. 간단히 말하면 道廳所在地 19師團所在地인 그 곳이다. 좀-자세히 말하면 羅南은 淸津의 南4里許 鏡城의 北1里許에 位한 3面

丘陸의 摺鉢形의 咸北의 새로 된 한 都會로서 戶口 2,760餘戶 (朝鮮人 1,056 戶 日本人 1,630戶 中國人 78戶) 人口 11,300餘口(朝人 5,042, 日人 6,075, 中國人 83)를 둔 곳이다. 本來 이곳은 鏡城君 梧村面 羅南里로서 戶數 三十 에 未滿하든 農村으로 日露戰役의 終局과 同時에 日本駐屯軍의 兵營池에 選定되자부터 逐次 發達된 곳인데 大正八年 十九師團 新設로써 한階級 더 올나섯고 仝九年 道廳이 옴겨옴에서 쏘한層 쒸여 咸北을 무릅아레깔고 안저 「이놈들 꼼작마라 내가 어룬이다」 하는 首位가 된곳이다. 俗談에 「네며누리 가랑마나 내집에서 길너낸 쌀이로다」 하듯이 鏡城사람들은 비죽비죽할만한 곳이다 그만아라두자

姜氏와 갓티 北鮮日日社를 차저 記者 金基哲氏에게 來意를 通하야 조흔 案內를 求하고 다시 市街에 나서 縱橫으로 求景을 하고 道廳을 차자가니 知 事도 各部長도 다 出張中이라한다. 社會課에 들녀 道勢一覽及 多少參考 書 類를 엇어가지고 回路에 朝鮮人 市場을 보앗다. 市場에 婦女의 出張이 男人 에 三四倍 더함을 보니 果然 듯든 말과 갓치 北關女子의 活動性만흠에 驚嘆 하얏다. 발은 全혀 맨발로 머리에는 手巾도 한아안이동이고 무명옷 벼옷을 아무케나 잡아두루고 그리고 나무함박 벼자루를 이고들고 왓다갓다 하는 것 이 外面은 좀 醜雜한듯하나 生을 爲하야는 퍽조흔 일이라 하겟다. 点心을 하 고 羅赤嶺下의 石炭鑛을 보고 旅館에 오니 저녁이 드러온다. 저녁을 먹고 안 젓노라니 金基哲 姜鶴秉諸氏가 차저준다. 羅南의 朝鮮人團體를 무르니 會 로는 黑一靑年會 우리 親睦會 少年會 勉勵靑年會 職工親睦會 婦女夜學會 醫藥講習會가 잇고 敎會로는 耶蘇 佛敎 等 敎會가 잇다한다. 맛츰 龍城으로 부터 前約이 잇든 朴庸准君이 왓다. 耶蘇敎堂에 講演會가 잇다기에 傍聽을 가니 聽衆이 不過 百名에 演士의 말은 무엇인지 頭緖를 몰으겟다. 씨가 안드 러보인다. 아마 講演演習인가보다.

十月十一日이다 이날도 姜, 朴, 金 諸兄의 案內로 市內의 某某諸氏를 찻

고 이렁저렁 羅南求景에 奔走하얏다. 北鮮日日社長 洪鍾華氏를 차젓다가 코세인 生覺을 하면 至今도 허리가 시다. 엇지면 氏의 交際術 안이 社會的 常識이 그리도 世上과는 싼판으로 獨特히 놉핫는지? 그만하기에 社長이 되 섯겟지만……부체밋구멍은 건드릴사록 삼거울이나온다고 洪氏의 밋흔 건 듸럴사록……그만두자

羅南에도 機會가 쏘이스니 잠간 멈울고 경성으로

老鏡邑과 少朱乙에

十二日이다 朴君과 갓치 正午車로 鏡城邑을 向하얏다. 羅南驛頭에서 金 基哲氏가 준 會寧 及 間島 一冊은 큰 參考品이엿다. 羅赤嶺道隊를 버서나 잠간 내려다르니 바로 鏡城邑이다. 松林이 욱어진 곳에 鄕校가 보인다 城박 퀴가 보인다. 靖北祠가 보인다. 停車場에 내럿다 行具담으네 할수업시 臺車 를 탓다. 西門밧글가니 左便 쌔만 거러노은 日本式 建物 한아가 보인다. 工事 는 안이한다. 무어냐 무르니 그것이 鏡城靑年會館인데 上梁은 하야스나 財 政難으로 工事가 不進中이라한다. 西門을 드러셔자 左便으로 一字形의 宏 壯한 二層 벽돌집이 보인다. 새로 落成된 高等普通學校 라 한다. 싀골하고는 쇄 偉觀이다. 右便으로 살피니 新舊式官舍가 交在한데 公立農業 公立普校 蠶種製造等 門牌가 부터잇다. 半空에 웃득히 홀로 소는 南大門이보인다. 面 所도 郡廳도 보인다. 압다 웬 軍人이냐 만키도 하다 불개암이쎄 것튼 것이 城上城下에 게엉기듯하얏다 말굽소리 칼소리 귀가 搖亂하다. 戰時갓다. 알 고보니 十九師團 演習時라한다. 郡廳뒤 黃淸頌이란 집에 宿所를 定하니 그 집도 軍人이 와글와글한다. 求景 兼 點心 兼 南門距里에 나섯다. 爲先 南門樓 에 올나 全景부터 보앗다. 城은 橢圓式이다. 東西北門樓는 업서저스나 城趾 는 아직잇다. 城內는 統잡아 二百戶 未滿인 아조 쓸쓸한 村과 갓다. 西南通의 官公署를 除하고는 全혀 農家이다. 商店도 볼만한 것이 업다. 南門 外가 比較

的 家屋도 만코 좀 殷盛한듯하나 퍽 너즐-해보인다. 道廳을 쌔앗긴 感이 今時 곳난다. 老衰의 氣味가 確實히 보인다. 朴君은 自己 鄕邑이라 모든 것을 잘 안다 무럿다 쏘 參考書를 내드렷다.

北으로 骨額이요 肉脚인 山이 보인다. 鏡城鎭山 勝岩山이라 한다. 東脈 에 鄕校가 잇고 南脈에는 靖北祠가 잇다.

靖北祠는 北道의 大恩人 高麗睿宗時 十七萬 大兵으로 女眞을 掃蕩한 大 元師 尹瓘(文肅公) 副元師 吳延寵(文襄公) 兩先生을 奉祀하든 곳이다. 後에 李朝 世宗 十六年 六鎭을 開拓한다. 咸吉道 兵馬使 金宗瑞(忠翼公) 先生을 追祠하고 仁祖時 李适의 亂을 平定한 吳珀(海成君)先生을 追享케하야 咸北 恩人 四先生이 享祀밧는 곳으로 由來ㅣ 人士의 白日場 又는 養士處로 名하 더니 至今은 東明義塾이란 學校로 되야잇다.

邑西南에는 南山城이 잇다. 城趾는 업서저스나 城墟에는 觀海寺가 잇다. 海를 面한 高地의 妙刹이라 遊樂에 適하다한다. 그리고 南으로 海岸에 兀然 히 소슨 元師臺는 尹文肅公이 勝捷後 回軍 餉饋한 處라 하야 文肅公 二十二 世 孫憲周가 觀察使로 來莅時에 立碑立閣하고 前面「元師臺」三字와 後面 「功蓋海東威振漠北千仞高臺萬古遺躅」이란 字를 刻하얏다한다.

鏡城이 조기클 조타 名勝古蹟이 만흔 모양이다. 元師臺서 海岸을 끼고 限一里을 나오면 獨津이라 浦口가 잇서 魚物이 多産이라하며 그리고 生氣嶺 炭鑛이 有名하고 朱乙溫泉이 關北第一이고 長白山 左右의 森林이 無盡藏 이요 漁郎面의 五湖三臺가 有名하고 雉城園林橊이 맛좃타한다. 그런데 暫 間 忘却이 되얏다. 이 南門은 何時何人의 所築이냐?

鏡城의 沿革부터 아러보자

이쌍은 本來 北沃沮의 地로 高句麗의 銅地가 되얏다가 女眞의 攄한바 되얏더니 高麗睿宗二年 行營大元師 尹瓘이 十七萬兵으로 女眞을 放逐함에 서 高麗의 地가 되얏다. 後에 暫間 金, 元 兩國에 屬하다가 恭愍王時에 回復

되얏스니 由來의 名稱은 □寵耳, 木郎吉 雲□褒, 雉城이다가 李太祖 七年에 鏡城이라 稱하고 定宗二年에 郡을 設하야 兵馬使를 置하얏다. 其後 世宗 二十九年에 北方開拓의 實을 擧하니 當時 咸吉道 兵馬使 金宗瑞가 嶢□의 城을 築하고 北道의 首府를 吉州로부터 移轉하얏다. 仁祖 十二年에 □□을 此에 移建하고 英祖四十三年에 兵使 李團□이 四城門을 改築하고 南門을 壽星門이라하얏다. 李太王八年에 判官을 改하야 郡守가 되얏더니 明治四十三年에 觀察府를 道廳이라하야 大正九年에 道廳은 그만 羅南으로 가고 至今은 鏡城郡으로 在하다 그런데

郡의 面積은 百九十八方里 남즛하고 行政區域은 七面四町百二十八洞이며 戶口는 一萬五千六百七十二戶(朝鮮人 一二,五五八 日本人 一九五〇 外國人 一七一) 人口는 總히 九萬七千三百九人(朝鮮人 八九,四八〇 日本七,一三七 外人 六九一)이라한다. 住民의

職業으로는 毋論 農業이 最多數요 商業이 其次요 漁業이 第三이다 其他는 雜業이니 別로 統計의 必要가 업고

産物로는 農業이 毋論 第一位니 耕地面積沓이 二千四百餘町步에 米의 收穫이 年二萬一千石假量이고 田이 三萬四千九百餘町步에 麥이 三萬二千餘石 豆類가 三萬三千餘石 雜穀이 十二萬一千餘石 蔬菜가 四百三十四萬三千餘石이라한다. 中에 特히 馬鈴薯만 年三百九十餘萬石이니 馬鈴薯國이라해도 可하다.

그리고 商品으로는 麻布가 第一이니 北布의 名價는 內外國을 通하야 (鏡城만은 안이지만) 兒童도 아는 바어니와 鏡城의 年産額이 十一萬 三千餘圓이라한다. 그리고 陶磁器 瓦 煉瓦 金屬品 眞鍮器 草筵 車輪 等이 多産하는데 各히 年萬圓 以上의 産額을 得하며 特히 淸酒가 二十萬圓 燒酒가 二十萬以上의 高額을 得한다. 그리고 이곳의 名産은 石炭이니 鑛區가 五個所요 年採取高가 一萬九千八百餘噸이요 販賣額이 十萬二千餘圓인바 石炭은 無盡이

나 採取의 率이 未進中에 잇다한다. 그리고 또 名物은 이곳의 林業이니 林野 面積이 二十六萬七千餘町步에 造林本樹만 百萬餘株라 한다. 그리고 또 名 産은 漁業이니 明太-하면 卽 北魚라하면 귀명어리도 알듯키 鏡城 近海에서 特히만히난다. 明太 뿐이 안이다. 鯖, 鱈, 鰡, 鰊 等 別□ 고기가 數업시나니 年槪産額만 九十萬乃至 百萬圓이라한다 이만하면 鏡城은 天然의 富國이다 農商工이다-적당한 짱이다 아직도 人爲의 力이 不及하야 그럿치 天然의 품 은 山山水水에 無盡藏으로 남아잇다 그리고

宗敎는 日本人 佛敎 及 神道를 除한 외 耶蘇敎가 全郡에 한 千餘名되고 天道敎가 한 三百名된다하나 不振이고 其他는 업다해도 可하며 敎育은 日本 人 中心이 五個所 朝鮮人 中心이 八十三個所인데 中에는 書堂이 七十一個 所이다. 그리고 各地에 靑年會가 잇고 靑年會의 中心으로 講習會 矯風會 갓 튼 것이 잇서 착착 發展 중에 잇다고 한다.

이만콤 아라두자 點心이나 먹고보자 남문밧글 나섯다.

아이고 醜雜해 집집이 飮食店인데 店마다 肉庫로구나 검웃 푸릇 붉웃한 豬肉 黃肉이 집집의 巨里方에 매여달녓는데 한참 可觀이다. 深秋인데 蠅軍 은 何其多며 所謂 咸北名地에 食店은 何其□□고 水滸誌의 人肉庫 안이 人 肉素饌頭生覺이 발칵난다. 寧饑死연녕 드러가고 십지안타 그대도 좀 볼 必 要가 잇다 方안으로 기여드러갓다. 所謂 鼎廚라는 곳에는 店母가 안져 豬肉 을 썰고 아궁압헤는 기림새가 지질지질한 불독이군이 잇다. 往來行人이 番 가라 부엌으로 들나날나한다. 사투리마다 우슬내기에 腹臟이 動搖된 중에 甘□옥수에 파리 生鮮이 그만 口逆을 준다. 「에잉」하고 입맛을 다시고 나닛 가 市街를 니볼곳이 업다. 旅館에 도라왓다. 하도 심심하야 또 써나 城一週를 하얏다.

밤이다 尹秉球 李雲赫 金哲殷 諸氏가 차져와 鏡城이약이로써 들녀준다.

十三日이다 早朝에 靑年會長 李庸儀氏가 차저준다. 朝飯後 李雲赫氏 案

內로 郡廳 面所 鄕校 靖北祠를 두루 訪問하고 元師臺를 向하다가 日暮의 嫌으로 後期를 두고 日人 經營의 雉城圓에 들녀 林檎먹기에 滋味를 붓처섯다

十四日이다 九時車로 朱乙溫을 向하얏다. 車中에서 生氣嶺 石炭鑛을 보 앗다. 生氣嶺口隊를 나셔니 발서 朱乙驛이 보인다. 下車 卽時로 漢陽旅館에 들녓다. 當地 有志 朴周亮氏를 차저 조흔 案內를 請해두고 金田溫泉에서 沐浴을 하얏다.

저녁 뒤이다 八鄕洞으로서 朴東健氏 오고 羅南으로 金基哲氏 오신다. 夜景을 보았다. 市街는 近 四百餘戶나 되는 新市街인데 半數가 飮食店갓다. 溫泉場이니 毋論 遊樂地이다. 트집잡을 것은 업다. 市街는 井然하고 刷然하다 前面長 車炳轍氏의 功勞라고 稱聲이 만타 反面에 日鮮人間에셔서 居間비슷한 노릇을 한다고 惡聲도 만타. 自重해야될 것을 付託한다.

十五日이다 羅南金氏는 가고 驛前에서 車炳轍 孫政起(面長)氏와 相面이 되얏다. 來意와 並 조흔 周旋을 말하고 이여 朱乙溫泉을 徒步로 써낫다.

朱乙溫泉은 朱乙驛에서 北으로 四里나 遡上하야 山谷間 朱乙川 北岸에 잇다. 自動車의 往來가 日 二三回이다. 가든길에 尹益善 鄕家에서 (偶然히) 果實 멧개를 사들고 朱乙 名所 龍潭을 차저가 먹든 일은 平生의 記憶거리다. 龍潭이야말로 水石이 淸快하고도 奇壯하야 한번 볼만한 곳이다. 보면 써나고 십지안은 곳이다.

朱乙堡舊基를 지나 山비탈을 끼고 도라드니 樹林中에 洋鐵집이 듬웃듬웃보인다. 이가 곳 溫泉이다. 山明水麗 果然 風景이 조타. 仙境인 듯 俗界는 안이다. 滿山紅葉은 正히 探秋를 告하는데 前川 細鱗은 結氷을 두려워 한번 더- 뛴다.

「야-물이 쐐 쓰겁다 아이구 여긔도 저긔도 웬 溫場이 이러케 만흐냐?」「이골안은 全部라네 到處가 溫水라네 한湯 두湯 서너 湯하고 가세 그리고 仙山閣에서 한잔 불니고 가세」

이말은 이곳에 온사람은 內外人 毋論하고 다-하겟다. 우리도 햇다. 그러나 時間이 엇지도 밥분지 두湯은 말고 牛湯만에 안이나는 옷을 벗다말고 도라섯다. 自動車 時間담으네- (갈째는 徒步 올째는) 關北의 代表的 名勝地를 나는 이러케 소경싀집단녀오듯하얏다. 朱乙驛에와서 普通學校 面所 其他 某某處를 찻고 밤은 當地 有志의 주는 情酒에 醉해 넘어젓다.

十六日이다. 朱乙驛에서 南으로 一里許에 名藥水가 發見되야 男女病客이 日百餘名이라하기에 暫間 가서 보앗다. 한번 허허웃고 곳 도라섯다.(別記)

午後는 朴周亮氏 紹介로 市中店門에 各히 人事를 드리고 저녁車로 鏡邑에 다시왓다.

十七日이다. 元師臺를 보고 獨津에 들녀 멧곳을 訪問하고 鏡邑, 羅南을 훌적 것처 朴君의 집에서 一泊을 하고 龍城面所에 人事하고 다시 輸城淸津에 暫間들녀 未盡事를 것우고 二十日은 富寧을 向하얏다.

富寧을 것처 北國境都市를 보고

二十日이겟다 淸津서 午前 七時車로 富寧을 向하얏다 輸城을 지나면서는 그냥 山谷으로 드러간다. 日人 獵夫들의 산양行裝이 퍽부럽게 보인다. 山에 가 짐승을 쏘거나 물에 가 고기를 잡거나 自由自在이겟다. 그者들은……그런데 우리네는 ……氣가 막키지.

「이것이 所謂 富寧邑이란말가 可笑하지 村中에도 尤甚한 村일세 그래도 城趾는 잇네 앗다 게다가 쏘 料理店 이건 무언고? 郵便局 이건? 警察署 저건? 普通學校 쏘 이건? 郡廳 쏘 저건? 金融組合 그래도 이슬 것은 다 잇다 郡廳부터 차저보자」하야 「郡守令監께 面會요」 하고 名啣을 通하니 드러오라한다. 來意를 通하고 郡의 槪況을 무르니 山邑이요 小邑이요 古蹟도 名勝도 다-업고 그저 그저-하고 만다. 郡勢一覽을 한아 빌니라하니 아직 못되얏다고 되면

은 하나 붓처들이겟노라고 그리고 住所를 分明히 쓰고 注意表까지 해놋나보
더니 이 原稿쓰기까지 消息이 업다.

大體로 말하면 富寧은 山邑임과 同時에 北으로 會寧에 눌니우고 南으로
淸津, 鏡城에 쌔앗기게 되닛가 發達의 餘望이 업다. 淸會線 中央驛이라하나
쩌러질 것은 石炭재밧게 업슬 것이다. 그래서 商店이란 煙草商 酒商 四五個
所가 잇슬쑌이다. 山에 가 나무하고 火田에 밧가라 냇물기러 甘藷나 조밥일
망정 배불니먹고 帝力何有於我哉만 불으면 아조 便한 쌍이다. 그러나 지-海
岸富居面 等地에는 漁業도 相當하고 人文도 進步되야 他郡面에 後할것이
업다한다. 古蹟으로 말하면 女眞 古塚이 만하 奇貨恠物을 隨時 發掘하며 海
中 中臺갓흔 것은 東海岸 名勝으로 甲에 居한다한다. 그리고 淸會線을 中心
잡아 日露戰蹟이 이스나 可考의 値가 업고 兄弟巖이 奇勝하나 一個岩石이
요 邑附近에 溫泉이 잇스나 亦不景況이라한다.

이곳도 特히 麻布産地로 有名하고 馬鈴薯 大豆가 多産하야 民間生活에
는 큰 保障이라한다.

郡廳에서나와 普通學校를 보고 城趾에 올나 全景을 보고 下午 一時車로
會寧行을 作하려하얏더니 一時車에 金基哲君이 羅南으로 와내린다. 반가워
라고 握手하야 二三時間 더-눌다가 六時車로 三人이 同行 會寧이엿다. 有名
한 茂山嶺을 期於히 보랴하얏더니 밤이라 그만 소경노름에 부치고 마럿다.

八時三十分에 會寧驛에 왓다. 富寧을 보아 그런지 제법 都會갓다 停車場
도 큼짓하고 電氣가 輝煌하고 行客이 首尾 連한 것이 名不虛傳의 北國境
都會이다. 그러나 夜間 暫見으로 미리 말할 수는 업다.

驛前 大路로 쑥드러가 鰲城旅館에 자리를 잡고 안즈니 엇더케 아섯는지
崔冕載 許鍾國 諸氏가 차저준다.

猛風이 大作한다 玉雨가 툭탁내린다. 窓이 덜넝거린다. 北方威勢를 단단
히 배푼다. 「치워」 소리가 나오기시작한다. 困氣를 엿본 손님들은 明日 再見

으로 도라간다.

二十一日 아츰이다. 全景을 보려고 金朴과 가티 鰲山에 올나섯다. 日氣가 어지간이 맵다. 長方形의 市街가 쇄 넓다 집들도 큼즛큼즛하다. 뒤로 丘陵을 지고 압흐로 平野를 노앗다. 北國境都會의 價値가 잇다.

豆滿江 아-落心이다. 듯든바와 다르다「저것이 豆滿江이야 거짓말 豆滿江은 싸로 잇겟지 豆滿江이 어대 그리 적을나고 안이야 안이」

아무리 안이다하나 事實이 豆滿江인데 엇지할고 少用이다 그-長은 幾百里라 하나 넓이 쏘 水深은 小川에 不過하다 그럿타하고

會寧의 大體를 말해보자

會寧은 自古로 北國境의 都會로서 地理上 歷史上 名聲이 만흔 곳이다. 豆滿江 · (一名 圖們江) · 을 벼개하야 바로 越便은 中國이요 東西南으로 三千里 鄕土가 비단가티 노혀잇다.

本來-이짱은 簡單히 말하면 肅愼及 北沃沮의 地엿다가 高句麗의 領域이 되얏고 다시 女眞의 所攄가 되얏더니 高麗에 至하야 尹瓘의 功으로 高麗領이 되얏다가 쏘다시 金의 一族東眞國이 되얏다가 맛침내 李太祖에 至하야 朝鮮의 짱이 되얏다. 이만하면 大槪의 系統은 될듯하다. 這間의 累累變遷이야 可考한들 所用이 무엇이랴

李朝에 至하야도 累次 女眞의 侵掠을 受하다가 世宗時 金宗瑞 六鎭 開拓의 後 南方 民의 多數 移居함에서 비로소 整頓된 朝鮮族의 部落地가 된 것이다.

그러나 아직도 著族來襲의 虞가 有하야 金宗瑞는 石城을 築하야 會寧을 鎭으로 하고 다시 穩城 訓戎에 至하기싸지 二百三十鮮里의 城을 築하얏다.

그리하야 會寧鎭은 世祖 午年에 府로 昇格되야 都護府使를 置하고 從來 鎭民은 邑民이 되야 北方의 行勢地가 되얏다. 李太王 二十八年에 府를 郡으로 改하야 今에 至하얏다

會寧은 이와갓치 만흔 沿革을 가젓다. 現在의 行政區域은 八面四十三洞
으로 戶口 五千五百餘戶(朝人 四,七二八 日人 八〇一 外人 六九) 人口 三萬
一千餘名(朝人 三〇,九二四 日人 二,六一一 外人 四三一)이라한다 그리고
會寧의 總面積은 八十一方里 남짓하다.

住民의 職業은 亦農商工이 順次이다.

農業으로 말하면 耕地面積이 約一萬四百餘町步인데 其內에 田이 一萬
三百九十餘町步이고 沓이 게오 四十餘町步에 不過한다. 主産物은 粟 大豆
大麥 蔬菜 燕麥玉 蜀等이고 馬鈴薯 大麻 等이 亦多産하는데 粟 二萬一千餘
石 大豆가 一萬二千餘石 大麥이 九千餘石 馬鈴薯가 二十六萬三千餘石이
라한다.

商業은 엇더냐 國境都會라 古來-中國과 貿易上 大市場이 되얏든 곳으로
近日은 淸會線 圖門鐵道 또 天圖鐵道가 잇다. 장차 兩江 拓林鐵道 北鮮興業
鐵道가 開通되면 鐵路만 東西南北으로 縱橫할 곳이니 長足 大進步의 地이
다. 더구나 뒤로 吉林 龍井 局子街 琿春 等의 都市가 잇고 압흐로 朝鮮 全幅을
一貫한 곳이라 如干 商事에 눈쓴 者는 저마다 침을 생키게 되얏다. 그래 그런
지 年取引高가 一千萬圓 以上인데 間島貿易만 五百五十萬餘圓이라 한다.
이제 그-輸移出의 大槪를 보면 大正十一年度만 輸出이 三十三萬七千餘圓
輸入이 八十二萬六千餘圓이고 通過 移出이 八十九萬 三千餘圓 通過 運送
만 一百三十三萬五千餘圓이라 한다.

工業品은 主로 麻布 陶磁器 杞柳製品 蘆筵 木皮蓆等인데 麻布의 年産
額이 三萬一千八百餘圓이고 陶磁器가 五千五百餘圓 蘆筵이 二千餘圓이
라한다.

林業으로 말하면 要存林面積이 六萬六千九百餘町步인데 紅松이 六十
七萬 杉松이 五千七百四十餘萬 落葉松이 九千 濶葉雜木이 八千七百八十
尺締라 한다. 그리고 當地에서 製林 又는 原木대로 賣出高가 年一百五十萬

圓에 達한다하니 正히 林業國이라.

鑛業은 石炭이 亦首位인데 五十五區 三萬三千餘坪이고 鐵鑛이 一區인데 五萬二千餘坪이고 其他 金, 銀, 黑鉛, 高嶺土鑛도 잇스나 財界의 不振으로 모다 採取는 못하고 그대로 保管해둔다한다.

넘우 支離하다 敎育及 宗敎 狀況이나 아라보고 묵자. 敎育은 不振中에 잇다. 公商이 一 公普가 二 私立學校가 十個所이다. 宗敎도 亦 不況인데 日人 佛敎를 除한 外 朝鮮人 佛敎徒가 六百名 耶蘇敎徒가 四百餘名이라 한다.

市街求景을 써낫다 靑年會館이 보인다. 新築인데 完成은 못되얏다 多大한 誠力을 드렷다. 五六百名 收容될만한 好材木의 朝鮮式 瓦家이다. 求景의 路次에 各商店에 人事를 드렷다. 市街가 淸潔하고 殷盛하다. 家屋도 굴줏굴줏하고 店의 內部도 무엇이 잇는 듯이 보인다. 北鮮의 第一 씨잇는 都市갓다. 郡廳을 차젓다. 普通學校를 차젓다.

저녁을 먹고 잇노라니 巡査들이 問安을 드린다. 好意惡意는 姑捨하고 반가웁다. 夜景을 보려고 써나섯다. 金君의 計에 끌녀 花界의 內幕을 보앗다. 分明히 朝鮮女子인데 全혀 日服을 햇다. 그래야 內外손을 兩通한다고.

二十二日도 會寧에서 지웟다. 永井君을 차자 會寧及 間島이약이를 들엇다. 回路에 會寧冷麵을 맛보앗다. 그럴듯하다.

二十三日은 써낫다. 朴君은 鏡城으로 나는 저-越便 龍井으로 서로 손을 논히엿다. 金君은 어적께 羅南으로 갓다.(古蹟에 對하야는 後期를 둔다)

新朝鮮을 感하며 龍井市까지

會寧에서 圖們鐵道를 타고 鍾城으로 가는 길이것다. 여기까지와서 저-間島의 名都市 龍井을 안이볼수 업다. 더구나 新朝鮮의 朝鮮人 中心의 新都會라하니 그냥 슬적 지나자기는 北方行兒의 敢히 못할 일이다. 本社가 間島號를 짜로하기로 經營中이라 本來 豫定地는 안이다마는 私欲으로라도 一二

日 橫領치 안을 수 업다. 그러자 不計하고 江을 건너보자.

十月 二十三日이다. 大風이 起한다. 午前 八時三十分 上三峯行을 타기로 하고 停車場에 나갓다. 맛츰 鏡城靑年會長 李庸儀氏를 驛前에서 만내엿다. 龍井까지 同行이 되게 되얏다. 間島로 移徒가는 褓싸리들이 드믄드믄보인다. 車는 輕鐵이다. 방울당나귀탄 것 갓다. 本來 豆滿江 邊山비탈로 돌랑돌랑 내려간다. 큰물이 나나면 車가 배로 化할듯하다. 對岸에서는 樹木이란 볼수가 업다. 개가죽볏기듯이 대가리로 발꿈치까지 쭉벗게노앗다. 龍井인 趙陽澤氏와 人事를 請하고 左右岸의 이약이거리를 무럿다. 巡査들이 番가라 車中 問安을 드린다.

十二時 江岸에서 내렷다. 滿風이 날나와 쌤을 후려갈긴다. 익크 至毒하구려 外套를 뒤집어 써라 보료를 잡아둘너라 모다야단이다. 巡査들은 行客 檢査에 야단이다. 너벅船을 타고 江을 건넛다. 外國에 왓다. 안이 新朝鮮에 왓다. 엇던 中國店에서 饅頭한 그릇을 먹고이여 停車場으로 向햇다. 이 停車場은 새로 龍井까지 開通된 天圖鐵道(日中協辦會社의 天寶山支開山屯까지의 輕鐵)의 圖們江 終點驛이다. 새로 開業인지라 아직 整頓이 못되얏다. 驛員들은 大槪가 中國人인데 監督인지 副驛長인지 日本人 一二名이 석겨잇다. 平生 첫 榮光이라듯이 中國驛員들의 겻둑거리는 꼴이야 우슴이 왈칵난다. 더구나 車掌의 이리 줌쌧 저리줌쌧 行客에게 그 壯한 威勢를 자랑하는 줏이야말로 한참 可觀이다.

開山屯서 龍井까지의 車費가 一圓七十五錢(銀價의 高低로 隨時變動)이다. 下午 一時車를 탓다 간다 左右를 番가라 살피자 야-全혀 朝鮮人村이로구나 村落도 三四十戶 五六十戶의 大村落 그리고 一里二里 方方谷谷에 圖中이 連絡되얏다. 그리고 村落마다 學校이다 맛츰-開山屯人 全泰英氏와 相面이 되야 間島 事情을 듯게 되얏다. 間島 移住의 朝鮮人은 凡三十萬乃至 四十萬 假量인데 龍井을 中心잡아 四方四五百里에 全혀 朝鮮人 部落이라

한다. 그리고 部落마다 學校가 잇는데 龍井以南만 三百六十餘校라 한다. 生活은 地廣土沃하야 夏節 二三個月 勞作으로 一年이 泰平이라 한다. 日中兩國의 勢圈內에 介在하야 無數壓迫이 잇스리라고 하닛가 그러치 안타고한다. 中國官廳도 슬적슬적 日本官廳도 別無 쯧쯧 兩國이 서로 爭權 或 讓權에서 朝鮮人 쑨 泰平無事라한다.

車는 本來 丘陵을 回上回下한다. 쏭아리가티 지난 線路를 다시 回上한다한 奇觀이다. 山도 안이오 들도 안인 울둑불둑한 丘陵은 全혀 耕地요 쏘 村落이다.

아-新朝鮮! 本來 朝鮮의 舊地라고 우리가 늘-主張하든 바이어니와 果然-이제야 回復하얏다. 銃 한 個 칼 한자루 안이가지고 自然히-엇지도 반가운지 날쒸고 십다.

或은 말하기를 自己의 故土를 異民族에게 쌔앗기고 할수할수업서 男負女戴하야 피눈물을 쑤리며 豆滿江을 건너선 生의 落後者인 불상한 朝鮮民이라한다. 그것이 事實은 事實이나 이곳에 이와 가튼 쌍이 업섯고 잇다해도 우리가 先占치 못하얏다하고보면 쏘 얼마나 한 境遇에 잇겟느냐를 生覺하면 이 쏘한 不幸 中 大幸이 안이랴 나는 이러케 生覺키운다 그런데 밀니기 始作하면 작구 밀니게 되나니 이곳에서 쏘 밀려날가? 그것이 발서부터 念慮가 생긴다. 政治上 經濟上 아모 勢力이 업는 우리들에게 그쌍이 엇지 永遠한 朝鮮人의 쌍임을 保障하겟느냐말이다.

이런 生覺이 날사록 쏘한 兄弟를 爲하야 한줄기 눈물이 좌르르 흐른다. 아 兄弟야 永遠히 兄弟의 福地를 만들 能力이 잇느냐 만들겟다는 무슨 단단한 決心이 잇느냐……

여섯時에야 龍井에 내럿다(以下畧)

龍井市記도 잇고 朝鮮同胞의 近年事情中 獨立軍의 記事도 잇고 쏘 大正九年 彼들의 間島討伐에 對한 말못할 慘狀記도 잇고 龍井市南三里許의 十

九 義士塚이약이도 잇고 張德俊君이약이도 잇스나 이다음 間島號에 넘기고 만다.

鍾城, 慶源을 보고 琿春彼地에

新朝鮮의 文化中心地 大龍井(東興, 大成等 四五百名 乃至 千餘名 收容의 中學校만 四個所)을 소경시집 단녀오듯이 無住着하게보고 十月 二十七日은 다시 天圖鐵道로 또 圖們線으로 國境六鎭의 一되든 鍾城에 왓다. 東一旅館에 宿所를 定하고 當地의 公醫 車德奎氏부터 차젓다. 來意를 말하니 氏는 발서 苦待中이엇다고 親切히 握手해준다. 氏에게 郡勢一覽을 어더들고 또 氏와 同伴하야 市街求景을 하얏다. 受降樓란 三層樓閣이 市의 中央에 놉피소삿다. 樓前의 西門通은 整然한 商店街이다. 商民 有志 金履澤氏도 만내엿다. 두분이 주시는 情酒에 얼건하게 醉해가지고 豆滿江邊에 逍遙하얏다. 古間島를 보앗다. 朝鮮中國間의 界爭地이다가 勢力上 彼의 領이라한다. 同胞越江談 庚寅治髮談으로써 들녀준다(다음 間島號에)

저녁을 먹엇다. 刑事들이 차저둔다. 車, 金 兩兄도 차저준다. 市內 有志 及 郡守面長은 서울共進會 또는 羅南品評會에 가서 市中이비인듯하다고 訪問할곳이 업다고 한다. 그러면 鍾城의 過去現在나 아라보자-하고 郡勢一覽을 펴놋코 보고 또 무럿다.

鍾城도 會寧과 비슷한 沿革을 가젓다. 高句麗의 舊地로서 女眞의 所據가 되얏다가 尹瓘의 功 金宗瑞의 六鎭開拓에서 鍾城鎭이 되야 今에 郡이 되얏다.

郡의 面積은 七十二方里 남즛한데 六面三十一洞으로 分하야 戶數 四千三百八十一戶 人口 二萬五千六百十六人을 둔 고을이다.

敎育으로는 普通學校 二 私立學校 八 書堂 二十九個所이고 宗敎는 基督敎人 四五十名外에는 업다.

産業으로는 또한 農業이 主인데 耕地面積 一萬二千餘町步에 沓은 게오 三百六十餘町步 밧게 안된다.

그리하야 米의 收穫이 年千餘石 麥이 六千餘石 豆類가 二萬二千餘石 雜 穀 四萬四千石 蔬菜가 五十一萬二千餘石이라한다. 特히 甘藷가 二十萬石 以上이라하니 果然-듯든말과 가튼 北方甘藷國이다 그리고 商品으로도 別 것이 업다. 이곳 또한 麻布가 代表的 作物이고 特히 硯石이 多出하니 鍾城硯 石-하면 全道에 有名한 것이다. 그리고 이 고을에도 石炭이 만흐니 鑛區가 三十七個所나 된다한다. 鍾城名物에 또한가지는 牛-그것이다.

古蹟은 무엇이냐 鍾關面 山城洞에 童巾山城이 잇스니 約七百年前에 童 巾이란 女眞族이 築한 것이요 邑中에 受降樓가 이스니 傳說이 太多하야 可 考키 難하다. 或은 尹瓘이 女眞을 降伏밧은 紀念樓라하며 或은 邑形局이 航 舟形이라 돗(棹)대를 意味하야 邑中央에 놉히 三層樓를 세윗다하며 日本人 은 加藤淸正 駐屯紀念樓라고 한다. 그리고 鍾城의 名地로는 上三峯을 안이 말할수 업스니 圖們鐵道와 天圖鐵道가 連絡하는 豆滿江要塞地로 對岸貿易 의 咽喉이다. 天寶山 龍井 局子街 等 間島의 物貨는 다-上三峯을 것처서야 朝鮮各地 及 日本에까지 分排가 된다. 鍾城邑 以上의 發展地이다.

밤은 깁허간다. 손님들은 간다. 알엣방에는 有何美人인지 情답게도 속 살거린다. 쌔요링소리도 난다. 望鄕曲인지 作別曲인지 가느름한 노래까지 들니운다. 國境一夜 風窓寒燈下의 靑年孤客의 心思는 속절업시 다-녹아버 린다.

翌日黎明에 孤步를 더듬어 城一周를 하다가 六賢閣을 보앗다. 當地 先儒 朱鎭福 蔡弘勉 朱若祖 吳命鼇 朴長漢 金文軾 六 先生을 追享하는 곳이다. 그들로 因하야 鍾城의 舊文化는 大進하얏다고.

日字는 急하고 갈길은 멀고만흐니 엇지하랴 가자 未盡이 만흐나 엇지하 랴 가자.

二十九日은 自動車의 손이되야 有名한 雲霧嶺을 넘어 慶源에 왓다. 穩城行을 할가말가 퍽도 躊躇한 것은 至今에도 큰 遺恨이다. 雲霧嶺을 넘어서자 數百町步의 土城을 보앗다. 古蹟인가 疑心하얏더니 日本陸軍 軍馬補充府의 養馬場이라한다. 慶興寬谷洞에 本府를 두고 慶興 慶源 數千數百町步의 大土城을 作하야 年四五百七八百頭의 軍馬를 養하는데 將次 大擴張을 한다고 한다. 이곳은 軍馬의 領地가 되고마럿다.

慶源은 豆滿江에서 約一里半이나 들어와 雲霧嶺下 小丘下에 長方形으로 된 고을이다. 邑에 드는 첫길로 郡廳及 警察를 차저 來意를 말하고 案內를 請해스나 別로 반기는 이가 업다. 다행이 郡書記(元山人) 徐成材氏를 만나서 孤宿을 免햇다.

慶源도 六鎭의 一이라 會寧 鍾城과 大同小異하다 高句麗의 領地로 孔州 匡州의 稱이 잇다가 女眞 所遽가 되얏고 尹瓘 女眞驅逐에 依하야 公峻鎭防禦所가 되얏더니 李朝 太宗七年에 李朝 先祖 所居之地라하야 昇히야 府가 되얏다가 光武元年에 郡이 되얏다.

郡의 面積은 五十方里 남즛한데 六名六十一個洞으로 分하야 戶數 三千七百 人口 二萬四千을 두엇다.

住民의 職業은 全혀 農業인데 全郡 一年所得이 豆太가 一萬三千餘石 雜穀이 四萬三千餘石이라한다. 아직도 未墾地가 만타. 南鮮民이 土地업는 걱정을 이곳에서는 웃고 잇다. 쌍도 薄地가 안이라 沃土라 한다. 이곳의 産物도 亦 麻布가 名하고 石炭이 名하고 牛馬六畜이 名하다. 咸北은 到處가 石炭이요 麻布이것다 「당신네 고을의 名産이 무엇이요」하면 如出一口로 大豆외다 麻布외다 石炭이외다 材木이외다 이것이것다 그리고 現在의 名物로는 巡査가 한 目든다고 한다.

慶源에는 龍堂이란 名古蹟이 잇다. 李朝 先祖 穆祖가 全州로부터 私禍를 避하야 三陟, 德源을 經하야 願從者 七十餘名을 率하고 慶源龍堂(豆滿江

邊)에 至하야 所居를 定하고 弓馬를 習하며 異術을 學하든 곳이다. 李朝 五百十九年에 龍堂이란 閣을 建하고 聖蹟紀念碑를 立하야 世代 享祀하는 곳이다. 그리고 珥島洞(豆滿江中)에 淸韓定界碑(上中下三碑)가 잇다. 西北經略使 魚允仲이 光緒九年 癸未에 立한 것이다(碑文別項) 定界를 하나마나 쓸데업는 作亂들이엿다. 碑一個로 엇지 彼我域을 定하야 人間의 自由進展을 禦하겟느냐 말이다.

慶源求景도 이만하고 여기까지와스니 東滿洲의 名所 琿春求景이나 暫間하자 一日만 橫領하자하야 旅館主人 禹鎭洪氏와 가티 徒步로 江渡하야 琿春彼域에 들어섯다.(間島號 째문에 略한다.)

豆滿江岸을 踏下하야 雄基港까지

十月의 마즈막날이다. 琿春으로부터 쏘다시 徒步로 豆滿江을 건넛다. 江邊에서 禹氏와도 作別하얏다. 이제야말로 關雲長의 力을 빌밧게업다. 國境險路 豆滿江 三百里를 單身隻影으로 徒步踏下할밧게 업다. 탈내야 탈것도 업고 잇다해도 길이 險하니 더-困難이겟다. 旅行家의 本領도 직케야겟다 草鞋나 麻鞋나 그것도 업다. 구즈로 三百里를 씻둑거려야 되겟다. 아구발이야-日色이 저물어진다. 江邊에는 黃犢이 長嘶한다. 山麓에는 生雉가 亂飛한다. 村家의 炊煙은 발서 雲化가 되고 마럿다. 行人도 업스니 問路도 어럽다. 아-遠方 孤客이 발압푸고 배주린데 日暮路亦遠하고 無人間 亦難하니 엇지할고 어머니 生覺도 나고 親舊의 生覺도 나고 개가 한아 서잇도 조켓다는 生覺이 난다.

날저므는 豆滿江 가에

홀올노 허덕이는 이내 春坡야

社命도 重커니와 몸도 重하니

아무데나 들녀서 자고가거라

자고갈줄이야 누가 모르랴
行色이 다르다 손을 허위며
房이업다고 門부터 닷으니
寒屯을 할밧게 數가 업노라

구즈를 버서들엇다. 어득컴컴한 農村 小路로 줄곳 헐덕여내려다렷다. 大
路가 낫타난다. 길역에 人家ㅣ 잇서 불이 반작어린다. 기웃기웃 살펴보니「旅
人宿」三字가 分明히 보인다. 조와라고 숨을 훨내여쉬엿다.「게심닛가」할가
「겝신둥」할가 에라 本色대로하자「게심닛가」하고 소리를 백질넛다「거-누
구 드러옵세」라고 부엌에서 말이나온다. 웃방문을 덜걱거리며「에헴」소리만
치닛가「이리들어옵세 그 방문 걸녓는둥」한다. 主人의 말대로 부엌으로 드러
서니 鼎廚우에 모야안저 저녁밥이 한참이다. 그들은 눈이 쑹글해진다. 이게
獨立軍이나 안인가 巡査나오느냐 안인가하야 注目을 단단히 한다. 나는 나
의 本色을 露骨示하야 그들의 疑心을 탁풀어주엇다. 人情다른곳업다고 알고
보면 一般이것다. 싀장하실터이니 아무러커나 좀-먹고보라고 自己들 먹든
床에 닥아붓트라한다. 그래라고 닥아붓터 李道令式으로 한참 퍼먹으니 엇잿
든 조타.

　이집은 慶源郡 安農面 承良里 李文根집이다. 하로밤 큰身勢를 지고 翌日
未明에 쏘써낫다.

　江비탈로 가면 길은 險하나 直路이요 大路로 가면 一二里도러간다한다.
에라 내 行色에 이것저것가리겟늬 비탈로 가자-하고 구즈를 버서들고 行李
를 둘너메고 써낫다. 조곰가다가 江邊兀然한 山上에 올나 名所 龍堂(碑文
略)을 보고 이제부터 江비탈에 기여돌아 獨立黨에게 酷害를 밧은 彼ㅣ 新乾

原에를 왔다. 駐在所 압흘 지내노라니 나으리님이 들어오라고한다. 그러라
고 쓱들어가 本色을 말하니 그러시냐고 惶恐未安한 듯이 茶菓로써 勸해준
다. 조와라고 한참 집어생키고 쏘써낫다. 쏘 十里長 비탈을 기여도랏다. 外套
를 가로메고 막대를 끌고 山비탈로 도는 것이 내가보아도 할수업는 개장사
안이 너구리장사갓다. 바위우에 올나 江속에 빗치인 나의 影子를 보고 하하
우섯다. 非春坡면 不能이란 生覺이 난다. 안인게 안이라 다른 親舊는 生心도
못하리라.

新阿山에 왔다. 警察署 郵便局- 다-잇다. 江邊하고는 쇄繁盛한 곳이다.
人家도 近四百餘戶이다. 點心을 먹노라니 어느 겨를에 냄새를 맛텃는지 발
서 刑事가 온다. 그들을「개」라고 別名지은 것은 참 용하겟다. 냄새맛기로는
파리 以上이것이다. 파리 二字를 加하야 개파리라고 해스면 더 近似할 듯하다.

이제부터는 三等路이다. 쏘가자 발서 慶興境內에 들어섯다. 上下面 三峯
洞 金棟億집에서 하로밤 등을 부첫다. 主母가 깨끗하고 밧主人이 親切하다.
밤에 洞里사람들이 모야와서 범잡든 이약이를 한참히 다가간다. 구수-한 것
이 수수단지 씩한밥먹은 것보다 낫다. 무서운 꿈이 쑤여질가봐 念慮이다. 이
곳 양반들도 全혀 고무신이다. 朝鮮신이라고는 보고죽을 내야 업다. 그리고
긴-通 저고리에 상투잇는 채 防寒帽를 쓰고단인다.

여긔서 雄基가 九里라한다. 일즉 써나 盡日 헐덕어려야 雄基까지 가겟다
「가자 어서」하야 泰嶺을 넘고 長谷을 지내여 靑鶴洞에 나서니 雄基서 慶興邑
(이제는 舊邑)까지 通하는 一等路이다. 시원하다. 四十里만 가면 雄基라한
다. 雄基嶺(一名 西戌嶺)을 넘엇다. 左右에 웃둑웃둑 놉흔 山을 靑鶴山 白鶴
山이라 한다. 雄基港에 왔다.

吳基安家에 宿所를 定하고 東亞分局을 차자 柳宗學氏를 보고 쏘 讀者
崔德煥氏를 차젓다. 一面 如舊로 親切한 周旋을 준다. 公園에 올나 全景을
보니 灣口가 좁은 듯하나 매우 얌전이 생겻다. 길죽하게 된 市街가 얼핏보아

도 千戶以上은 되야 보인다. 慶興郡廳이 이곳으로 移轉됨에 싸라 將來의 發展은 不言可想이라 郡廳 及 民間 有志를 차저보고 面長집에 들녓다가 잔채 飮食을 맛잇게 어더먹은 것은 紀念거리이다.

雄基-안이 慶興은 本來-萬戶를 置하든 곳으로 孔□縣이 되얏더니 世祖 十九年에 穆祖 皇□地라 하야 郡으로 仝二十五年에 昇하야 都護府가 되얏다가 다시 郡으로 쏘다시 府로 멧번 昇下하다가 明治 四十三年에 郡이 되엿다. 朝鮮의 極東 豆滿江邊에 位하야 面積 三萬二千餘町步에 人口 三萬四千餘名을 둔 고을이다. 住民의 □은 農業 漁業이 主인대 農産物로는 亦 大豆 大麥 栗稷이 多産되고 漁物로는 明太 鱈 鯖 鰊 鰈 海鼠 鯨 等인데 一年 總價額이 九十萬 乃至 百萬圓에 至한다.

慶興도 亦未墾地가 만흐나 朝鮮人은 꿈도 못 쒸고 日本人들이 率先하야 貸付를 맛허 農場을 발서 두엇다한다. 石炭이 亦 多出되나 그도 日本人의 經營이다. 朝鮮人이란 由來의 耕作地 그것에서 耕하야 食하고 作하야 衣하면서 世上 如何를 不知에 付하는 모양이다.

文化調査고 무엇이고 惰力이 생긴다. 朝鮮人의 것이야 어대 잇서야지 敎育으로는 公普三個所 宗敎로는 基督敎 幾百名 産業으로는 農業外에- 그리고 慶興이나 雄基니 西水羅니 그런 要地는 全혀 日本人 中心일 쓴이다. 붓대를 던지고 말고 십다. 쓰기가 실타. 억지로 게운 죽먹듯할 必要는 업다.

慶興에는 赤池니 赤島니 李朝先祖를 中心한 名勝古蹟이 잇다하나 썩어진 亡靈가튼 古事를 다시둘출 必要가 업다. 그러나 써놋코 한번 우서보자.

赤池는 慶興古邑에서 約半里許에 잇다한다. 李太祖의 祖 度王이 慶興擧德山下에 居하더니 一夜는 夢에 神翁이 現하야 曰 我乃南池의 龍이러니 客龍(黑龍)이 侵我하야 連日相爭하되 勝負를 未決이니 公이 弓슷로써 客龍을 餘禦하면 後에 重報하리라하고 因忽不見이라 度王이 夢事에 依하야 池邊에 往見則 果是二龍이 相爭에 其勢大亂한지라 弓을 張하야 矢를 放하려하나

何是主何是客을 未分하야 止射徒還이러니 再夢에 神翁이 又訴하되 黑은 客이요 白은 我이니 黑만 正酷하라하는지라 夢事대로 反往見則 亦黑白二龍이 相爭하는지라 黑을 向하야 矢를 放하니 正中된지라 黑龍이 大聲一放에 敗走東海去라하얏다. 黑龍敗走의 迹이 今尙完在하니 赤池로 豆滿江까지 九十九回 曲線이 잇고 黑龍의 赤血로 尙今 池邊의 砂石이 赤色이라한다. 그리고

赤島는 西水羅海中에 在하니 李太祖 曾祖 翼王이 本來 豆滿江 越便 幹東이란 地方에 世居하야 女眞長諸千戶와 相交하다가 諸千戶翼王을 忌하야 害코저할세 神人의 指示로 赤島에 避命하얏다는 곳이다.

碑文이 잇스니 曰 李太祖曾祖翼王居慶興幹東時女眞酋長諸千戶招請王往來宴飲部下皆敬慕王諸厭忌謀殺王諸佯言曰吾出高漠願狩獵二十日後相見諸過期不返王怪之奚關城問行道上一老嫗水盆戴來 王渴甚呼一盃水嫗洗椀給水曰 公知千戶行所否 王曰不知嫗盡說千戶謀害王事實 王急去家衆載口沼流赤島欲住孫妃共乘馬行慶興後峴望見則幹東賊勢振 驚走赤島對岸亦無孤舟莫知所向賊是後襲惷忙瞬間　　水忽退因前進入赤島救命……云

崔柳兩氏의 周到한 案內로 雄基의 二日을 지나고 十一月 五日 正午에 新高丸으로 回路에 登하얏다

慶興貿易高(大正十一年)

	雄基	慶興	土里	古邑	計
輸入	八五一,六五一 圓	一二八,三四五	二二,七七九	二〇,三六六	一,〇二三,一四二
輸出	一,三二二,一七六	四九九,九一三	二一,一八〇	一一,三一四	一,八五二,〇八〇
計	二,一七三,八二八	六二八,二五八	四三,九五九	一七,二二三	二,八七五,二二二

漁郞名地를 보고 明川四面에

餘地는 尙多하고 日字는 促急하니 이제부터는 李道令行次式을 取할밧게 업다. 바다을 거너라 淸涯을 지내라 羅南을 것처라 朱溫도 일업다 漁郞으로 가자- 이러케 휙휙다라나게 되얏다. 龍鄕서 朴庸准君을 쏘 만내엿다. 明川 吉州 聖津까지 同苦同樂하기로 쏘 作定이 되얏다. 羅南에 들녀 金基哲君의 그-알들살들한 살림속에 하로저녁을 지내며 君의 어린누동생의 天眞스런 보드란 손으로 지어주는 아츰저녁을 달게 먹으며 서로 속살거리든 生覺을 하면 平生잇지못할 記念거리이다.

漁郞에 왓다. 水南이란 곳이다. 漁郞川을 左右하야 水北水南의 稱이 잇다. 山明水麗-鏡城의 勝名이다. 咸鏡線의 水北停車場이 될 곳이다. 咸北의 模範靑年會라는 東一靑年會가 잇다. 會館도 새로 宏大히 建築하얏다. 全혀 會員들의 쌈의 結晶이라한다. 아직도 會員諸氏가 勞役中에 잇다. 朴慶宰 朴慶煥 諸氏를 만내엿다. 靑年會長 車淳榮氏를 만내엿다. 曹百雲氏를 맛내엿다. 水北水南에 往還하면서 五湖三臺談 張지압이이약이를 드럿다. 五湖는 무어냐 長淵 武溪 東蓮 西蓮 北溟湖이다. 三臺는 무어냐 龜岩 八景 水中의 三臺이다. 아-人與之靈의 漁郞面이다. 五湖가 잇고 三臺가 잇고 山川이 淸秀하고 土地가 肥沃하고 咸北模範의 東一靑年會가 잇고 學校가 잇고 留學生이만코-勝地이다. 漁郞川 左右岸景은 赤壁인지 洞庭인지 그림갓고 活動寫眞가튼 奇絶壯絶의 景槪이다.

當地 兄弟와 茶菓를 논으면서 盡夜토록 情談을 相交하니 長長秋夜가 오히려 쌀바 걱정이다.

가자 어서가자 明川으로 가자

模範面이란 明川西面에 왓다. 路中에서 술이 醉하야 덤벙거리는 三名의 巡査쎄를 만내여 한찬 酬酌한 것은 밉다못하야 발길로 차버리고 십헛다.

倦步를 겨우거두어 西面所에 들니니 面長(開闢社友) 車鍾瓘氏가 짯듯히 손을 쥐어준다. 寒喧을 畢하고 車氏의 私宅으로 가다 立石이란 외대바위가 半空에 兀然히 소슨 것을 보고 奇岩怪岩天下岩이라고 두 번 세 번 열 번 百번 처다보앗다. 그리고 立石此地가 明川邑趾이라한다. 城趾가 아직 보인다. 李牧隱의 祠堂도 잇다. 李氏가 만히 산다한다.

車面長宅에 困한 몸을 더지니 親庭의 아릇목가티 心身이 俱安하다 社友 全厚喆氏도 만내고 京城 熟面든 車鐘協 任錫顯 諸氏도 만내엿다. 車氏宅 뒤에는 明東學校가 잇다. 洞內의 留學生이 二十餘名이라한다. 面民은 敎育에 熱中이라하며 産業에 特長이라한다. 新聞雜誌를 愛讀하며 講習所 書堂을 時代化하야 農暇에 常識엇기를 힘쓴다한다. 如何間 明川의 模範面으로 또 車氏는 模範面長이라 한다.

殺鷄白飯- 이는 새사돈안이면 안되는 법인데 朝夕으로 먹게됨은 넘우 宏壯한 待接이다 任錫顯氏 좃차 그리하니 未安하기 짝이 업다. 가자 明邑을 보고 七寶山으로 가자 車鐘瓘氏와 가티 써낫다.

明川邑을 것처 關北 金剛七寶山에

十一月 十一日이다. 車鐘瓘씨와 同行으로 明川邑을 向하얏다. 二里밧게는 안된다. 路中에서 地方狀況을 드럿다. 西面에는 興學契가 잇는데 面民一同이 共同出資하야 每年 一二人式 京城 或 外國에 留學을 식킨다한다. 中等 以上 學校에 入學 手續證이 잇는 者에 限하야 共同推薦으로 適者라 認하는 者에게 卒業하기까지 學費를 支撥하기로 하는데 現在 三名의 留學生이 잇다고 한다.

明川邑에 왓다. 亦是 小邑이다 市街地가 限 五百戶될나말나한데 商店이란 보잘 것이 업다. 李明蓮집에 宿所를 定하고 市街一周를 하얏다. 郡書記 金峰秀氏가 차저준다. 郡勢一覽을 빌려준다.

明川도 亦鏡城과 大同小異한 歷史를 가젓다. 女眞의 所據地이다가 李朝

에 至하야 明川郡으로 되얏다. 面積이 一百三十四里 남즛한데 十面(東西面
은 幾年前 鏡城의 地) 一百二十六洞으로 分하야 戶數 一萬六千四百餘戶 人
口 十一萬 以上을 가진 咸北의 大郡이다. 住民의 職業은 亦農業이 主이고
其他는 漁業及 商業이다.

農業으로는 耕地面積이 約四萬三千餘 町步인데 畓은 二千餘 町步에 不
過한다. 그리하야 一年米의 收穫이 一萬六千餘石에 不過하고 其他는 豆類
及 雜穀인데 大豆가 年 九萬八千餘石이 産한다. 그리고 粟이 七萬三千餘石
稷이 七千餘石 玉蜀黍가 五千餘石 燕麥이 萬餘石이라한다. 그리고 大麻가
年四萬七千餘貫인데 麻布收入이 十三萬 二千圓이라한다. 그리고 明川의
水産으로는 亦 明太 鱈 鯖等이 有名한데 年産額이 四十三萬九千餘圓이라
한다. 그다음 商品으로는 生絲가 二萬餘圓 陶磁器가 三萬二千餘圓인데 明
川의 鳥地器라하면 全鮮에 有名한 것이다. 그리고 明川에도 石炭이 多한데
鑛區만 六十二個所라한다. 咸北은 統트러 石炭國이라해도 可하다. 그리고
明川牛가 有名한데 牛現數가 一萬七千餘頭라한다. 特히 明川의 在德山城
共同牧場은 全鮮에 類업는 民間 在來의 牧場이다. 在德山을 中心한 部落民
들이 自來로 一定한 慣例下에 每年 春夏秋期를 利用하야 牛犢을 共同한 例
로 飼畜하는데 該牧場의 牛는 特히 二割乃至 三割의 高價를 呼한다고 한다.

明川의 宗敎界는 靈星하고 敎育界는 稍히 進步되얏는데 公立普校가 四
個所 私立學校가 十個所이라한다. 明川에는 古蹟은 別無하고 名勝으로 七
寶山이 有名하니 卽 關北金剛이라한다. 이에 明邑은 尙矣라 關北金剛七寶
山으로 옴기게 되얏다.

十二日이다 郡內의 靑年有志 李汪淡氏宅으로 다시 上雲面所를 차자 面
長 崔泰重外 職員 一同을 보고 이여 竹杖麻鞋로 六里七寶山에 登하얏다.

三里長谷을 溯上한다. 東西西面으로 낫타나는 시루峰의 妙한 姿勢는 거
름거름이 처다보게 된다. 明潤洞이란 嶺上村落에 이르럿다. 여기까지에 凡

九次나 길을 무럿다. 白雲을 웅켜 손을 싯츠니 새안인 七寶行이 안인가하얏다. 엇던 집마당을 지내노라니 少女가 少女를 업엇다 업핀 少女가 甘藷를 먹는다.「한알주렴- 오 착하지」하닛가 少女는 서슴업시 한아준다 고마워라고 代로 五錢一分을 쥐여주니 엽헤서보는 父兄은 엇더케 生覺하얏는지 우리를 불너드린다. 甘藷를 한턱내인다 엇더케 맛잇게 먹엇는지- 그는 奇秉官이란 집이엿다.

長嶺高嶺 朴撻大嶺을 넘기는 實로 어립다. 岐路는 엇지 그리만흔지 逢人則輒問이 그만 誤入을 하야 三四町이나 橫走를 하엿다. 마츰- 五六名의 婦人隊가 소를 모라올나온다 무럿다. 其中 粉紅 美人이 纖手를 들어 七寶山 彼路를 말해준다. 山上에 逢美人하야 問路 更回步하니 일흔 듯 어든 듯 不如不相逢의 感이 난다. 雲霧가 쏘한 惡戲한다 바람도 인다. 눈이 날닌다. 에라 獨脚이라도 나거라 虎狼이라도 나거라 三人六脚이니 萬難인들 何關이냐.

그러나 어럽다 올을사록 泰山이요 내릴사록 長谷이다. 朴撻嶺은 艱辛히 넘엇스나 日色이 己暮에 谷深不知端이 正말 急하다. 숫굽는 이에게 길을 물어 溪邊으로 내려다르니 疊疊山中에 一條의 三等路는 반갑기 싯이업다. 吉州邑으로 寶村에 이르는 길이라한다. 七寶山이 보인다. 千佛峰이 보인다. 開心寺는 一里라 한다. 人如佛如의 奇嶺怪石은 소스는 듯 내리는 듯 頭上一尺地인데 神如人如의 負男載女는 오락가락 烏地器뿐이다.

烏地店에 왓다. 咸北의 名物 烏地器 製作場에 왓다. 咸北, 間島, 咸南 各地의 烏地器(白土로 만든 독과 항아리)는 다-이 七寶山 中 烏地店의 所出이다 방아에 白土를 洗末하며 工場에서 그릇을 만들며 燃場에서는 그릇을 굽는다. 洞長 鄭基男氏를 만내엿다. 이곳은 明川郡 上古面 開心洞이라 한다. 烏地店은 開心洞에 上下二店이 잇는데 組合別로 누구나 加入하면 自由作業이라 한다. 年總額이 萬圓以上이라 한다. 洞長의 紹介로 開心寺 住持 金道日氏를 氏의 私處에서 만내엿다. 開心寺는 烏地店에서도 半里나 되는데 平時는

住持가 村家에 寄宿한다. 特히 來客이 잇슬 째만 寺內로 引導한다고 한다. 住持의 私處에서 잣다.

밤중만하야 바람이 분다. 비가 나린다. 비는 눈이 되얏다. 눈이 펄펄 나린다. 「山深夜深客愁深月白雪白大地白」은 꼭 이밤의 우리들이 當하는 卽景이다. 明日은 早朝에 써나 泰山峻嶺을 넘어 九里나 되는 下古面 楚基英氏를 차즐터인대 風不止雪長下하니 山客의 心臟이 거의 다- 녹는다.

翌日이다. 風雪은 요행머젓다. 開門하니 雪滿乾坤에 萬逕이 絕踪이라 快哉快哉 丈夫의 健脚은 在正此時라고 住持僧과 갓티 歡喜재를 넘어 開心寺 洞口에 들어섯다. 奇巖怪石 層山疊峰이 果是 關北의 金剛이 尺雪을 헤지며 石逕을 도라드니 三株의 栢木이 亨亨히 셔서 來客에게 寺在此山中 我後 數步地라한다.

開心寺에 왓다. 大雄殿 及 左右의 殿閣은 如前한데 萬歲樓는 씨우려 넘어간다. 小歇하면서 寺의 創建을 問하니 高麗禑王 三年에 羅翁大師가 創建하얏다한다. 寺의 所有는 田이 二三日耕 山이 三百餘町步 吉州에 四五十石의 土地가 이슬 外에 그만이라 한다. 財政難으로 萬歲樓 重修도 前路 茫然이라 한다.

住持로부터 누른밥을 엇어씸으며 머루를 엇어싸가지고 望海臺에 올나 萬里東海를 보고 內外七寶를 보앗다. 다시 天下名山 第一峰에 올나 天下를 적다듯이 한번웃고 石壁을 씨고도라 金剛窟을 보고 會像臺에 올나 硯滴峰 浮屠峰 書冊峰의 千態萬象을 보고 前路의 遠으로 仍卽키 七寶山을 下直하니 一夜의 緣이나 金道日氏 作別이 섭섭하다.

七寶山景을 何所說고 一篇詩句가 여기잇다

初入門岩見諸峰/ 連心行○金藏寺/ 層層臺上歡喜峙
寶卓山上開心寺/ 萬民常樂開心臺/ 向壁觀心修道菴

菩提座下卓子峰/ 齊米供佛弟子窟/ 松栢森森萬口峰

念佛歡喜龍神屈/ 西城佛閣千佛峰/ 神仙舞歌滿月臺

五百聖象羅漢佛/ 人間命根倉庫峰/ 盛民活穀露積峰

萬人皆上上仙臺/ 天環虛空鍾閣峰/ 萬頃蒼波海望臺

三十三天金剛峰/ 層層臺上金剛窟/ 碁置持筆硯滴峰

諸佛都聚會象臺/ 世尊上會三浮屠/ 八萬大藏書冊峰

依憑拱手朝衙峰/ 下官解置仰床峰/ 海水夫人船主峰

諸因浮駄舟岩回/ 叢林大刹寺岩回/ 天作之地皇率岩

奉獻三寶飯頭峰/ 天雨四花雨傘峰/ 龍女夫人口岩回

雲門胡餅餅岩回/ 各入天中玉駄峰/ 病差多味藥駄峰

諸岩諸峰無題名/ 七寶行跡無限景

    路程記를 펴처들고 이제부터는 下古를 向하야 줄다름을 하게 되얏다. 玉駄峰을 넘어라 漢三浦를 지내라 닭의 버둥이에 왓다. 엇던집에서 잠간 쉬면서 가지고 오든 누른밥과 倭쩍으로 療飢를 하얏다. 더벙머리 코흘니개 쌜가숭이 兒童들이 求景낫다고 셍둘너선다. 時計를 보고 生前 첫求景으로 만지고 다시 만지면서 「이게 무스게요」 하고 뭇는 것은 山中何所見 逢客今日始를 歷歷키 알켜준다. 日暮한데 雪又降한다. 香爐峯을 엇더케 넘으냐 氣가 딱막킨다. 勇氣를 更作하야 으얏차 步一步上上去하니 五十分만에야 嶺上이라 한다. 이제부터는 長嶺을 直下하니 黃昏時에 下古面 松谷洞에 왓다. 吳鳳南氏宅에서 一夜의 緣을 멧고 翌早朝에 橋項洞 楚基英氏宅을 차젓다. 氏는 맛츰 在家中이라 반가히 만내엿다. 氏는 承旨의 孫이요 郡守의 子라 明邑에서는 有名字한 兩班이요 쏘 恒產家이다 지금 下古面長이다 크다란 瓦家에 左右圍園이 그럴듯하다.

    殺鷄白飯으로 來客을 疑待하니 客이 쏘한 心을 傾하야 感謝를 表한다.

氏와 갓티 荷坪이란 面所在地로 가니 맛츰- 同窓友 崔憙鍾君의 鄕里이다.
東海邊이다. 崔君의 집에서 一夜의 緣을 두고 翌日은 下加面 花臺로 갓다.
楚氏와 아울너 四人이 되얏다.

花臺 泗浦를 보고 吉州邑까지

花臺는 明川의 著名地이다. 花臺市場은 明邑以上의 繁華地이다. 山水
明媚하고 田野가 肥沃하고 泗浦港이 在近하야 海陸物産이 交集하는 곳이
다. 이새 맛츰 下加 上加 下古三面이 聯合하야 産業物品評會가 잇다. 郡守以
下 各面職員 上下住民이 만히 모엿다.

品評會라야 別로 볼것이 업는데 特히 麻布가 最多点이요 牛豚이 次点이
다. 面長 董弼漢氏의 선선한 交際와 郡守 李丙植氏의 平民式 動作과 郡書記
金元日氏의 學者式 言行과 公普校 訓導 玄台榮氏의 日人風과 車鍾奭氏와
咸北 本色은 綜合하니 一種 人物品評會갓다. 게다가 하이카라 面長 楚氏가
잇고 模範面長 車氏가 잇고 쏘 朴哥 둘이 셕겨스니 人物品評만도 足하다.
如何間 花臺의 二日은 快하얏다. 泗浦를 보니 적은 港口이나마 住民들의 生
活은 너즐해보이지 안는다.

花臺를 써나자 아직도 吉州城津이 잇다. 挽留는 人情이다 人情에 拘束될
餘暇가 업다 花臺 柳亭에서 車, 楚, 金, 諸氏를 作別하기는 퍽도 섭섭하얏다.
長德嶺을 넘어 吉州邑에 왓다.

京城舊面이든 公普先生 李麟求氏를 만내엿다. 氏의 宿所에 자리를 잡엇
다. 金鶴天 黃泰成 趙東煥 鄭一善 諸氏를 차저 吉州談을 듯고 郡守 張錫元氏
를 차저 郡勢槪況을 드럿다.

吉州도 女眞의 地로서 高麗朝에 回復하야 城을 築하고 吉州라하야 防禦
使를 置하얏다가 再次 女眞의 據한바 되얏스나 高麗 恭愍王時에 아조 回復
하야 管軍萬戶를 置하야 英州 雄州 宣化鎭을 統治하얏다. 李太祖 七年에 牧

使를 置하얏다. 世祖 十三年 州人 李施愛의 亂 後 慶宗 元年에 縣으로 降하야 永平嶺 以北 一部을 管轄케 하더니 中宗 七年에 州로 陞하야 다시 牧使를 置하다가 翌年에 다시 縣이 되고 未久에 또 牧使를 置하다가 明治 二十八年에 郡이 되야 今에 至한바 明治 三十三年에 雪峰山 以南을 割하야 城津郡을 獨立식켯다.

郡의 面積은 八十九方里 남즛한데 七面五十四個洞에 分하야 戶數 一萬 二千 人口 七萬五千餘人을 둔 咸北의 南部에 位한 盆地로서 土地가 肥沃하야 農業에 適한 地方이다. 北에는 山岳이 多하나 中部의 吉州 平野와 南의 海岸一帶는 氣候風土가 生活에 適當하다. 그리하야 農産物로는 米 大麥 粟 大豆 小豆 玉蜀黍等이 多出되니 米가 一萬四千石 大麥이 四萬五千石 粟이 五萬七千石 大豆가 七萬三千餘石이 産한다. 그리고 特用作物로 大麻 馬鈴 薯 等이 만히 난다.

大槪가 道內 他鄕과 大同小異한데 吉州의 자랑은 吉州平野 그것이오 由 來-咸北의 首位地엿든 그것이다. 敎育도 宗敎도 産業도 다-他郡과 莫上莫 下한다. 그리고 民間에 貯蓄契가 잇서 銀行以上의 勢를 得한 것이 他郡에 업는 現像이다. 流動金이 十五萬圓이라한다. 그도 官廳에서 解散하라고.

吉州에는 世祖時의 反逆이라는 李施愛라는 人物이 낫다 李는 端宗의 抑 鬱을 爲하야 世祖를 討하려고 義를 起하얏다가 妻男되는 許唯禮(吉成君)의 計에 敗하야 逆賊의 名으로 千古의 恨을 남기고 죽엇다. 朴彭年 河緯地 갓튼 六臣은 後에 忠臣의 名으로 萬古에 芳名을 傳하나 李施愛는 同事件의 同行 爲이나 北人이라 그런지 至今것 反逆이라 하야 傳한다. 郡民이 愛惜해한다. 吉州이약이도 그만하고 城津으로 옴기자.

足蹟의 終點城津에서

十一月 十九日이다 午前 八時 自動車로 城津을 向하얏다. 五里 長坪을

直破하야 臨溟嶺을 넘어서니 臨溟市가 잇다. 公普 金組 靑年會가 잇고 商店
도 만타. 十二時에 城津에 왓다. 東亞支局을 차자 康弘俊氏를 만내엿다. 市
街를 一週하고 郡廳에 들녀 崔泰亭氏를 만내엿다. 郡勢의 槪況을 듯고 普信
女校를 찾고 西人經營의 病院을 보고 宿所로 도라오니 傳하는말이 元山行
汽船이 바로 今夜 九時라한다. 社에서는 速歸來의 寄別이 잇고 배는 方在四
五時間內에 써나고 所看事는 아직 未盡이라 엇쩔지 두루덩덩거리기만 하얏
다. 今夜 不出이면 三日 更留라는 말에 그만 써나기로 斷定하얏다. 未盡은
朴庸准君에게 넘기엿다. 밤九時에 入港한다는 배가 十時 十二時 새로 三時
四時 가 되야도 안이온다. 여섯時에야 入港이 된다 밤새 잠못자고 電話에 매
여달녓든 生覺을 하면 忿해 죽을 지경이다.

　二十日 午前에 康弘俊 申鉉道氏의 案內로 望洋亭 上에 올나 城津의 全景
을 보니 俗眼이나마 淸津 以上의 良港이다 市街도 亦然커니와 灣內가 廣闊
하고 全景이 亦좃타.

　正午가 되니 上船 督促이 잇다. 그만- 城津아 잘 잇거라 咸北아 잘 잇거라
咸北行 四十有七日에 그대의 愛護에 몸無事히 잘돌아간다. 아-고마운 咸北
이여!

　城津은 本來 吉州郡이엿다. 明治 三十年에 吉州의 一部를 쩨여 一郡이
되얏다가 仝三十三年에 다시 吉州郡에 倂合되얏다가 郡民의 反對로 中央
政府의 裁斷으로 仝 三十五年에 吉州의 南五面과 端川의 一面을 割하야 城
津郡을 新設하얏다. 그리고 明治 三十二年 六月에 馬山群山과 가티 各國 貿
易港으로 開港되얏다. 그리하야 仝 三十九年에 一時府가 되얏다가 四十三
年에 다시 郡이 된 咸北에 南端最終郡이다 面積이 六十方里인데 七面三町
五十五個洞이다. 戶口는 現在 一萬二千五百餘戶요 人口는 七萬三千九百
餘人이다. 大綱이만콤만 아라두고 後期를 기다리기로 한다. 貿易高나 알아
두자.

輸移出重要品中 大豆가 六萬四千六百餘石에 價額 一百十二萬圓이고 魚類가 日百八萬餘斤에 價額 十六萬二千餘圓이요 鐵鑛이 一千四百七千萬斤인데 八萬八千餘圓이고 牛皮가 三萬六千八百餘斤인데 一萬一千九百餘圓외 生牛가 五百四十餘頭인데 三萬六千餘圓이다 輸出總額이 一百四十一萬九千餘圓이다. 其他 雜品이 十萬八千三百餘圓이고 沿岸貿易이 八十六萬六千八百餘圓이라한다. (大正 十一年) 그리고 輸移入品으로는 米 小麥粉 砂糖 酒類 綿類 白米 毛織物 其他日用物인데 輸移入總額이 一百五十一萬二千餘圓이고 雜品이 八十三萬七千餘圓 沿岸貿易이 二百三十三萬九千餘圓이라한다. 그리고 城津의 漁獲高를 보면 明太가 八十六萬 六千餘斤에 十萬三千圓 鰊이 十七萬斤에 一萬三千九百圓 鱈이 十七萬四千斤에 二萬三千七百餘圓 鯨이 二萬餘斤에 六千圓 鯖이 二十九萬餘斤에 四萬三千餘원 和布가 三十三萬 四千餘斤에 三萬四千圓 其他 鰊 魷 口等의 産額을 合하면 二十四萬三千餘圓이라한다. 그리고 鰭 鰮 蛸蟹 其他 雜魚類를 總合하면 年 二百十六萬四千七百七十七貫에 二十八萬六千八百二十二圓의 高額에 達한다.(以下畧)

2.

그러면 咸北의 大體가 엇더한가
地理로 보고 歷史로 보자

地理上으로 本道를 말하자면 朝鮮의 東北에 位한 東西가 約四十五里 南北이 約八十里 總面積이 約一千三百十九方里인데 一府(淸津) 十一郡(鏡城, 明川, 吉州, 城津, 富寧, 茂山, 會寧, 鍾城, 穩城, 慶源, 慶興) 八十一面 七百九町洞에 논여잇는 道로서 戶口 八萬六千三百三十九戶 人口 五十二萬

三千八百九十人을 살니는 곳이다. 北은 豆滿江을 隔하야 間島, 琿春 及 露領烏蘇里에 接하고 西南은 白頭山 及 摩天嶺과 界하야 咸鏡南道와 隣하고 東南은 日本海에 臨하얏다. 極東은 慶興郡 土里洞이오 極西는 白頭山, 極南은 城津郡 松亭洞, 極北은 穩城郡 世仙洞이다.

山脈은 白頭山脈이 南走하야 南雲嶺 摩天嶺이 되야 海에 盡하고 그 支脈이 道內에 連亘하야 長白山 及 茂山嶺이 되고 餘脈이 東進하야 松眞山이 되얏다. 그리하야 道의 中央은 高峻하고 南北은 傾斜가 되얏나니 大體로 山國이다. 鏡城 茂山의 境界 冠帽峯 茂山의 白頭山 西峴嶺 慶興의 松眞山 會寧의 瑟峯 鍾城의 甑山等은 다- 海拔 千米突 以上의 高山이다.

河川은 白頭山에 發源하야 東으로 百里의 山谷을 流下하야 日本海에 入한 豆滿江이 最長江이오 其支流 茂山川 會寧川 八乙川이 잇스나 延長 十里 或 二三十里에 不過한 小川이고 鏡城의 朱南川 明川의 明澗川, 明川 吉州의 郡界地 大川도 잇스나 한 淺灘小流에 不過한다.

港灣은 東南이 海에 面하얏스나 屈曲이 別無하야 海岸線이 短하다. 其中 西水維, 雄基, 清津, 獨津, 漁大津, 大良化, 泗浦, 城津等 港灣이 잇스나 灣入은 淺하고 水面은 深하야 築港이 難하다. 그리고 風浪이 甚하야 運役의 不便이 多하다.

沼澤은 鏡城漁郎面에 長淵湖(長五町幅一町深百間) 武溪湖等이 最大하고 茂山三社의 三池淵 富寧 觀海面의 眞珠池가 有하야 風景이 佳麗하다.

氣候는 中央에서 東西로 橫한 大山脈의 關係로 南北의 差가 甚하다. 北面의 夏節은 南面의 淸快한 海風이 不及되야 極히 더우며 또 冬節은 海面의 暖風을 밧지 못하야 甚히 칩다. 反對로 南面의 夏節은 比較的 凉하고 冬節은 比較的 溫暖하다 母論 本道의 南北 比較로 보면 그러하나 他道와의 寒暑는 特殊하다. 그리고 北面은 風이 强하야 空氣의 乾燥로 比較的 雨雪이 少하고 反對로 南面은 雪霧及 雨雪이 多하야 夏季는 雲霧日이 月半數以上이다. 寒

暑의 度는 會寧地方의 夏季 最高 溫度가 華氏 百度 以上 冬季 最低 溫度가 攝氏 零下 三十度 以上이 普通이고 南面鏡城地方은 會寧에 比하야 冬夏間 約五六度 差가 잇다.

地理上으로 大體가 이러하고

沿革으로 말하면 鏡城及 會寧記事에도 畧示하얏거니와 本道는 本來-肅愼 又는 沃沮의 地라가 漢의 玄菟郡에 屬하얏다가 後에 高句麗의 領이 되야 七百餘年이나 지내엿다. 高句麗 亡함에 싸라 다시 唐의 安東都護府의 領이 되얏고 渤海族이 間島로부터 興함에 싸라 渤海의 龍原府가 되얏고 渤海가 契丹에게 滅함애 遂히 女眞族의 所據가 되얏더니 高麗 成宗 十四年에 至하야 女眞을 放逐하고 本道의 地를 朔方道라 하얏다. 靖宗二年에 東海라 改稱하고 文宗 九年에 東北面으로 쏘 改稱하얏다. 다시 女眞의 侵掠이 有하더니 睿宗 二年에 尹瓘이 女眞을 掃蕩하고 間島 先春嶺에 境界를 定하야 碑를 立하고 쏘 公嶮鎭(慶源地方) 咸興間에 九城을 築하야 蕃族을 防備하얏다. 其後 再次 女眞의 逆襲을 受하야 九城을 還付하야스니 永興을 中心하야 沿海州道라 稱하얏다. 後에 靺鞨의 侵도 잇섯고 元의 害도 이서스나 高麗 恭愍王에 이르러 豆滿江 以南을 回復하야 다시 朔方道라 稱하얏다.

李太祖 七年에 豆滿江 附近의 住民을 慰撫하고 本道를 孔, 鏡, 吉의 三州에 分하야 治하다가 太宗 十三年에 永吉道라 稱하고 後三年에 咸吉道로 改稱하얏다. 世宗時에 會寧, 穩城, 鍾城, 慶興의 四邑을 置하야 七邑에 分治하고 成宗元年에 永安道라 稱하고 中宗四年에 咸鏡道라 改稱하야 觀察使를 置하고 其營을 咸興에 置하얏다.

이와가치 累變累遷하야 常在民이 別無하고 寧日이 쏘한업든 本道이다. 宣宗時에 쏘한 豆滿江岸의 邊民이 作亂하야 動搖가 甚하야 李朝로부터는 先祖 穆祖翼祖의 墓를 幹東(慶興越豆滿江東岸)으로부터 慶興에, 다시 慶興

으로부터 咸興에 移하며 且慶源慶興의 人民을 鏡城方面으로 移住케하야 北方一帶는 空虛의 境에 至하얏다. 其後 敦化地方의 酋長 奴兒哈赤(淸太祖)이 淸國을 興하매 人民이 또한 亂을 避하야 朝鮮內地로 逃入하며 北方이 매우 擾亂하다가 淸太祖 滿洲內地로 入함에 좃차 間島一帶는 쓸쓸한 空虛의 地가 되얏다. 其後 淸太宗及 朝鮮仁宗의 間에 協約이 成立되야 兩國이 國境 嚴守를 約하고 互相越境을 絶對 禁止하얏다. 其後 朝鮮人은 生活欲으로 冒險渡江者ㅣ 日增함에 兩國은 肅宗三十七年에 白頭山에 定界하야 兩國境을 明示하얏다.

이와가티 多端한 本道는 李太王時代에 至하야 咸鏡北道가 되야 鏡城에 觀察使를 置하다가 今은 道廳이 되야 道知事로써 一府十一郡을 統轄케 한다.

人情風俗은 엇더한가.

普通말하기를 咸鏡道 사람은 勤儉하다. 忍耐性이 만타 根氣가 잇다하겟다. 또는 咸鏡道의 人心을 評하야 泥田鬪狗라 磚田耕牛라하는 말이 잇것다. 그리고 게ㅅ불피엿놋코 싸우느니 三年을 두고 싸우느니 當代 멧代를 두고 싸우느니한다. 이는 그道 사람들의 썐작썐작하고 持久性잇고 참을性 만흠을 表示한 말이것다. 두고두고 겨거본바에서 그中 近似한 말로 이러한 말을 붓친 것이닛가 또 評한다해도 그러하다할밧게 別말이 업다.

모든 評中에 『磚田耕牛』란 말이 其中 適當한듯하다 忍耐力이 만코 持久性이 만코 儉素質朴한 것으로는 朝鮮의 代表라 할수 잇다 果然말이지 咸北 人은

平安道와 가티 快活치는 못하나 江原道와 가티 溫順치도 안타 慶尙道와 가티 뚝뚝티는 못하나 全羅道와 가티 怜悧치도 못하다 그져-두리두리한 것이 各自 自己의 압길만 보고 다니는 사람들이다. 다시 말하면 自己一身하나

는 어대까지든지 살리되 手段과 智巧로 함보다 忍耐와 質朴으로써 살리인
다. 제품파라 제가 먹자는 것은 그들의 特長이다.

그래서 그들은 무엇에든지 執着만하면 반듯이 成功을 한다. 忍耐와 質朴
그것으로써- 엇던 方面으로 보면 좀- 너즐한 便도 보이고 짠질짠질한 기림쌔
냄새도 나는 일이 잇지만 如何間 朝鮮十三道中 가장- 生에 適當한 性質을
가젓다할밧게 업다.

咸北에 가서 依賴를 求하든지 同情을 엇자하다가는 누구나 큰코닷칠 것
이다. 그들은 男女老少間 自作自給의 性質이 强하기에 本來 ㅣ 남에게 눈을
흘기지 안이한다. 쌀이 업스면 굼거나 나아가 勞動하지 決코 남에게 꾸지안
이하며 工夫하고 십흐면 물지게나 藥加房을 질지언정 手段智巧를 부려 남에
게 덧업히지는 안이한다.

如何間 조흔 便이만타 짠질짠질하고 固執不通하고 付接性이 들한 것은
社會生活에 좀- 미움을 밧을지 모르나 各自 生을 圖得함에는 그들이 第一位
에 處할 것으로 나는 보앗다. 그만하고

咸北의 風俗으로 말하면 西道 又는 南道와 大同小異하다. 本來 ㅣ 이쌍은
우에 말함과 가티 上古로 中古까지 멧千年을 두고 雜種民族이 들엇다낫다하
야 本來의 土民은 적고 高麗以後로 南鮮 或은 西鮮의 移住民으로 組織된 道
民이닛가 風俗이 別로 怪風異俗이 업다. 地方이 北이라 氣候風土上 卽 自然
의 勢에 依하야 多少의 差異는 잇슬 것이다. 다시 말하면 氣候에 싸라 防寒
避暑, 産物에 싸라 原料의 關係로 衣食住의 別方式이 잇슬 것이다. 이것은
咸北 쑨안이라 他道도 쏘한 그러하다.

衣服品으로 麻布가 만흐닛가 布衣가 만타 冬節은 치운지라 毛皮服을 만
히 입는다. 食糧으로는 조와 甘藷가 만타 그래서 조밥을 먹으며 甘藷국수를
먹는다. 風寒 暑濕이 甚한 곳이다 그래서 집은 겹집이다. 쏘 深冬에는 牛馬六
畜이 凍死할 念慮가 잇다. 그래서 부엌과 連接하야 馬廐間을 지엇다. 그것이

무슨 別風俗이냐 氣候風土에 따른 自然의 勢가 안이냐 冠婚喪祭는 他道와 갓다. 鄉土先儒의 主出에서 多少의 變式이 잇스나 大體로 갓다. 咸北은 喪祭를 重히하고 冠婚을 輕히함이 조곰 엇덜넌지- 그리고 年中行事도 他道와 갓다. 風巫卜術의 迷信도 他道에 잇는 것이다. 異風怪俗이 업다. 江邊民이 오소리冠을 쓴다든지 淸服 비슷한 通저고리를 입는 것은 亦是 國境이요 寒帶이닛가 그럿타. 그리고 男女의 別이 甚한 것도 儒風上 南北一樣이고 그리면서도 婦女가 市場出入에 能한 것은 他道에 比하야 한 異風이다 亦好風이다 그만해두고

宗敎로 보고 敎育으로 보자

咸北은 平北과 反對의 感이 잇다. 平北은 敎育이 不振이고 宗敎가 盛況임에 反하야 咸北은 敎育이 盛況이요 宗敎는 不振이다.

宗敎界는 아조 零星하다 日本人의 神道及 佛敎는 그만두고 朝鮮人으로의 宗敎界가 그러케도 零星하다. 咸北의 人은 本來 宗敎性이 업나보다 안이 地方이 北에 偏한지라 交通上 各敎의 宣敎力이 아직 밋지못한지도 모르겟다. 그-흔한 耶蘇敎 그- 써드는 天道敎가 이 地方에서는 容手를 못하는 貌樣이다.

耶蘇敎로 말하면 加奈陀 長老派가 잇서 城津 會寧 淸津 吉州서 좀- 盛況을 呈하나 其他 各地에는 有耶無耶 別로 이럿타할 것이 업고 天道敎는 鏡城 明川 吉州 城津에 綜理院이 잇서 己未年中에 盛況인듯하더니 今에는 有耶無耶에 歸하고 佛敎는 由來의 寺刹이 道內에 二十餘個所나 廢寺 或 住持 一二人式이 寺를 직킬쑨이다. 그리고 侍天敎가 잇고 太極敎가 잇스나 亦不振이고 其他는 山村僻地에 或- 某某團體가 잇는지 모르나 外形上 보이는 것이 업다. 그런데

敎育界는 그럿치안은 貌樣이다. 到處에 學校가 잇다. 비록 深山幽谷에서

도 學生帽 쓴사람을 만히 보겟다. 爲先 내가 첫재 놀내인 것은 淸津에서 學校를 보고 二里未滿인 輸城에서 쏘보고 輸城서 一里未滿인 龍鄕에서 쏘보고 龍鄕에서 一里未滿인 水北에서 쏘보고 그이웃 羅南에서 보고 쏘이웃 鏡城에서 보고 그렁그렁 一里二里에서 學校를 작구 發見하얏다. 公私間 一面一校는 確實히 된다. 交通이 便하고 文化가 集中된 直路邊이라그런가? 안이 山間幽村에도 面마다 學校가 잇다한다. 朱乙에 朱乙學校 朱北에 朱北學校 朱南에 朱南學校 面마다 반듯이 잇다. 이제 그- 統計를 보면 日本人 除하고 純朝鮮人敎育만 公私立間 公認된 學校가(書堂은 除)道內 七十九個所니 全道 八十一에 比하면 一面一校에 二校가 不足이나 日本人 敎育이 十四個所니 統트러 一面一校가 훨신 넘는다. 여기에 書堂 六百六十三個所를 加하면 他道에 比하야 훨신 進步된 貌樣이다. 그리고 外國留學生이 全道內 三百七十三名이라함은 調査의 誤失인지 豫想과는 小數이다 안이 一府十一郡에 比해보면 一郡에 二十三名씀되니 一郡 平均 二十三名이 現今 朝鮮의 處地에서 決코 小數라 할수업다. 壯하다 他道他郡은 名啣도 못드리겟다.

宗敎及 敎育界는 이러케 보앗다.

交通及 産業은 엇더한가

過去의 交通은 毋論 不便하얏다. 그러나 現在及 將來의 交通은 海陸間에 便利하게 되얏다. 日本人의 힘이지만 如何間 交通 그것은 便하단 말이다.

海路로 말하면 淸津을 中心잡아 淸津大阪間은 大阪商船會社 及 互光商會의 定期船이 잇고 淸津敦賀間은 朝鮮郵船의 定期船이 잇고 쏘 同會社의 大阪浦塩間及 馬關雄基의 定期船이 往復 共히 淸津에 들니고 北陸汽船會社의 伏末浦塩等間의 定期船이 淸津에 들고 쏘朝鮮郵船의 定期船이 本道海岸各港에 들니고 其他 釜山 元山 城津 雄基 浦塩으로 往來하는 無數帆船이 잇서 何日何時든지 交通不便의 慮는 업다.

陸上으로 말하면 將次 開通될 滿鐵의 咸鏡線은 말도말고 이미 開通된 淸津會寧, 淸津朱乙의 滿線이 잇고 會寧서 鍾城까지의 圖們鐵道가 잇고 그리고 淸津羅南間 生氣嶺獨津間의 手押式 輕鐵(一名 臺車)이 잇다. 一二三等路는 且置하고 將次 兩江拓林鐵道가 古茂山서 白頭山 附近까지 또 北鮮興業鐵道가 會寧서 雄基까지 開通이 될터이라고 게다가 滿鐵이 咸北을 一貫하면 可謂 蛛網式의 交通이라 할수잇다.

交通은 海陸間 그처럼 便宜하다하고

産業界는 엇더한가 本道의 産業은 母論 自然의 力에 依한 農業 及 畜業 林業 漁業으로 始하야 商工에 至할 것이다 爲先

農業으로 보면 耕地面積이 畓이 七千三百五十七町步에 年六萬四千八百餘石의 米를 産하고 田이 十九萬六千六百餘町步에 麥二十五萬四千石 內外 豆類 三十三萬餘石 雜穀 七十五萬二千餘石 蔬菜二千一百五十九萬八千餘石을 産한다. 그리고 特用作物로 大麻, 苴, 胡麻, 莞草가 年三十八萬七千餘貫이 産한다. 그리고 果實이 年十三萬貫의 産을 得한다.

畜産物로는 本道가 本來- 畜産地라해도 可하니 첫재 牛가 九萬六千七百三十三頭라하니 道內 八萬六千戶에 比하야 一家一頭하고도 萬餘頭가 남는다. 馬나 驢는 且置하고 豚이 十萬餘頭라한다. 그리하야 牛皮가 年十一萬斤 牛骨이 二十五萬斤 牛脂가 萬餘斤이나 産出된다 그리고 生牛輸移出이 年二三千頭乃至 四五千頭가 되는데 價額이 四五十萬圓에 達한다. 大正九年의 移出額이 三千二百二十八頭에 三十六萬一千九百十三圓이라한다 그만하고

水産은 더구나 本道의 特長이다 年槪産額으로만 一百九十二萬一千餘圓이라한다. 就中 漁業者가 鮮日人合하야 二萬六千餘名이라하니 農業國임과 同時에 漁業國이다. 그리고 本道의

林業은 더구나 말도 말자 林野面積이 成林地가 八百八十一萬町步요 稚

樹林地가 二百十四萬町步요 未立木地가 五百二十三萬町步에 合一千六百十八萬町步라한다. 그리도 道의 造林本數가 六十萬本以上이고 私營造林數가 一千七百九十七萬五千餘本이라한다.(大正 九年까지 累計) 이것만 보면 亦林業國이라고도 할수 잇다. 그리고

商業으로는 內外人間會社가 三十三 工場이 三十八 市場이 四十三個所인데 一個年 賣買高가 農産物이 二十七萬三千餘元 水産物이 三十七萬四千餘圓 織物이 二百十八萬四千餘圓 畜産物이 一百十七萬圓 其他가 五十六萬七千餘圓 合四百五十七萬圓이라한다. 商品中 工場物의 主要品으로는 麻布가 第一位니 年四十九萬八千餘圓을 産하고 陶磁器가 四萬五千餘圓 土管及 瓦, 燒瓦가 三十餘萬圓 金屬品이 十九萬四千餘圓 挽物이 五十萬 乃至 六十萬圓 其他 繩, 履物, 農具, 車輛, 船舶, 食料品등이 主産物인대 一年 總價額이 四百八十四萬 三千餘圓이라한다. 그리고 本道에는

鑛産이 坐한 만흐니 其中 石炭 鑛區가 一百三十區 金, 砂金鑛이 各五區 鐵鑛이 十七區 其他 銀, 銅, 黑鉛, 高嶺土 鑛區도 不少한데 特히 石炭만 一年 採取高가 四萬九千四百餘噸인데 年販賣價額이 三十七萬五千餘圓이라한다. 그러나 財界 不振으로 採取率이 말안이다. 그나마 朝鮮人에게는 何等의 所得이 업다.

마즉막 彼의 警備一覽

그러면 엇던가 咸北의 大體는 거의 보앗다할가 저들의 警備機關이나 한번더- 보아볼가 놀내지마라 一府十一郡에 警察署만 十九個所이다. 警察部는 且置하고 그리고 駐在所가 一百十一이요 派出所가 五個所이다 그리하야 警官이 一千三百六十七名이라한다. 國境沿岸의 守備隊 憲兵分遣所 等은 말도말고- 꼼작달삭못하리만치 鐵桶가티 에워싸고안젓다 꼼작마라 달삭하면 銃알이다 에헤 무서워- 게다가 羅南의 十九師團이 뒤에 안저 올너메니

可謂 그들로는 搖頭轉尾를 할만하다 무서운 記事는 조곰 쓰고말자

이만하면 大體는 되겟다 안이 名勝古蹟이 잇다. 그는 紀行中에서 차져보기로 하고 이제 大體의 그中에서 또 簡單히 추려서 咸北을 놋코 長短是非를 率直하게 말해보자

3.

咸北사람의 본 咸北과 記者의 본 咸北

咸北의 兄弟들아 兄弟들의 곳이니 咸北觀이 記者보다는 毋論 徹底하리라 아는대로 率直하게 그곳의 長短是非를 말해보라 記者도 初行이나마 走馬看山格이나마 본대로 드른대로 右와 가티 橫設堅說 두루얼거노앗다. 그리고 또 이러구 저러구 是非를 거러노으려한다.

咸北의 長處는 무엇이냐 자랑거리말이다 兄弟를 代表하야 내가 말하마.

첫재자랑은 生活平均이다. 咸北이야말이지 다른 道에 업는 큰자랑거리가 잇다. 班常의 別이 업고 貧富의 差가 업시 萬民平等으로 各自 獨立生活하는 것 그야말로 時代的이요 先進步이다 蔽一言하고 地主 小作人은 名辭부터 모르고 依賴 求乞은 꿈도 안이쭌다. 제各其 쌀독에 쌀녓코 팟독에 팟독에 팟녓코 살아라간다. 이것이 첫재자랑이고

둘재로는 咸北人의 性質이니 이쏘한 자랑거리다. 忍耐性이 만코 또 質朴하여서 磚田耕牛모양으로 不眠不休히 쑤준히 自己에 充實한 것은 다른 道에 比치 못할 자랑이고

셋재로는 白頭山이 자랑거리요 넷재로는 北布가 자랑거리요 다섯재로는 森林이요 일곱재로는 海産物이요 다음은 콩이요 다음은 甘藷이다.

其他도 자랑거리가 만치만 넘우 자랑하면 嫉妬가 잇슬듯하다. 咸牛라든

지 長白山虎狼이라든지 잇기는 만치만……이것이 咸北兄弟의 자랑거리겟
다. 내 對答하마 안이 나의 본 것을 이약이해들이마

　咸北兄弟들아 兄弟들의 자랑이 半分이나 거즛도 안이요 誇張도 안이다
나보기에도 그러하다 그러나 兄弟들아 兄弟네야말로 돌아 右便 첫재이다.
그 자랑과 가티 常班이 업고 貧富가 업시 萬民一致 平等 그것이야 事實上 時
代的이요 進步的이다 그러나 돌아右便 첫재이다. 來來 뒤써러저오다가 時
代가 확박귀이니까「압흐로갓」만하다가 갑자기「도아우편」을 부르니 써러
저가든 놈이 첫재가 안이겟느냐「三南兩班 西北常놈」이 말은 西北놈으로서
는 萬代의 怨을 품고오든터이니말이지 咸北에 엇지 班常의 別이 本來부터
잇섯드냐 오 自己집 簷下에서 오소리冠 쓰고 에험하든 그 양반말이냐? 그러
닛가 班常階級은 本來업섯고 잇다해도 그는 問題거리가 안이고 貧富別로
말해도 兄弟들은 由來로 土廣人稀의 中에서 배곱흔줄, 몸치운줄 몰으고 지
냇섯다. 적은 쌍에서 만흔 人口가 살아보지는 못하얏다. 至今까지도 쌍에 肥
料를 안이하고 해먹는다고 兄弟들의 입으로 하지 안엇는가? 그리고 咸北 第
一人口만흔곳 鏡城邑近處에서 地主가 小作人을 못어더 걱정하는 째가 만타
고 그리지 안이햇는가? 그러닛가 아직도 土廣人稀한 곳에 누어서 발 長短치
는 모양이다.

　貧富업는 自然의 共産, 누가 조치 안타하랴 兄弟들이 자랑을 하니 말이지
人爲的 無階級이 안이라 自然力에 依한 無階級이고 理想的 平等主義가 안
이라 돌아우편 첫재란 말이다. 於此於彼 조흔 現像이다. 永遠히 그 現像을
保持하면 그야말로 永遠의 자랑거리이다 그러나 쌍은 限이 잇고 사람은 작구
增殖하는데 더구나 彼의 毒手가 南北으로 홀근거리고 彼의 鐵網은 前後에
둘럿스니 아-엇지하니 精神차려야한다.

　그리고 兄弟들의 性質말이다 母論조타 그러나 世人이 評하기를 咸鏡道
사람은 陋하고 固執하고 付接性이 업다고 한다. 그래서 咸鏡道 사람이라면

발서 돌아선다 속을 안이준다 그는 兄弟들이 속을 안이주고 쏘 自己에 欲望만 達하랴닛가 對方도 그리하게 된다. 大槪보닛가 그럿터란 말이다 注意.

그리고 무어니 무어니 그는 자랑할 거 업다. 그 地方에는 그 地方의 特産이 各各잇고 쏘 名物업는 곳이 업나니 내대일 必要가 업고

내가 보기에 咸北에서 안이된 것은 人情이 넘우 單調無味하단 그말이다. 다시 말하면 意志的 人物들이요 感情的 人物은 안이다함이다.

儒家의 禮節에 넘우도 종질을 하랴기에 그랫던지 言語 行動其他 모든 交際에 情的 氣分은 볼랴아 볼수가 업섯다. 父母兄弟 隣里 親戚 鄕黨朋友間 都大體 그러하드란말이다.

三年만에 만나는 兄을 보고 아우의 하는 짓이 「兄님 어써오」의 아조 冷情하고 씁슬한 말로 이러고 만다. 웨웃지못하고 손을 못잡아볼가 他道 他人도 一樣은 一樣이다마는……그리고 그아버지가 그아들을 보고 씀즉이도 점지 안은 듯이 뒤짐싹지고 아조 正色하고 하기실은 말을 억지로 아무개 이리저리 -하고는 슬격 外面을 한다. 感情의 發露는 조곰도 못보겟다. 親戚 朋輩間에 도 그런 貌樣이다. 엇잿든 感情은 鈍하다. 感情이 鈍한 民族은 進就性이 업다 는 말이 잇다. 그리고

女子의 內外는 다른 道보다 尤甚한 모양이다. 길을 가다가 男女가 相對方으로 서로 만나게 되는 째는 女子는 五六步나 橫路로 빗켜섯다가 男子가 멀니간뒤에야 간다는 말 女子가 在家時에는 엇던 男子가 오든지 門은 안이연다 는 말= 그런 것이 넘우 甚하다 안이 그도 有萬不同인 貌樣이다. 엇던 집에서는 知不知間 男女가 부엌으로 共同出入하기가 常事이다. 이를 보면 家家人人이 다다르겟다. 他道他人은 안이그럿타고 서울도 內外 甚한 집은 그 以上이요 開放된 집은 쏘 그 以上이니까 別로 트집할 것은 업다.

트집거리가 업나? 업다 잇다한들 무슨 惡心術에 남의 短處만 잡아내이겟느냐.

그런데 咸北女子로는 왜 賣笑婦가튼 職業者가 업는지? 各道各郡을 다 단녀보다도 咸北女子로의 妓生이나 色酒家 가튼 것은 못보겟더니 咸北 卽 그 地方에 가도 그 土産으로의 그런 女子는 업다 업는 것이 걱정이 안이라 업드란 말이다. 可賞해서 하는 말이다. 各自 正業에 充實하야 生活이 裕足한 까닭이겟지- 안이 本來ㅣ 先祖째부터 그런 버릇이 업서 그리되얏겟지 아무랫든 걱정할 必要가 무엇이랴 그만두기로 하자.

恨을 남겨둔 茂山과 穩城

내가 단닌일이지만 奇怪한 일이외다. 平北을 갓슬째에 엇지엇지하야 厚昌 渭原 두 고을을 뭇보고 큰恨을 남겻더니 이번 쏘 咸北에서 꼭 마챤가지로 두고을을 못본 恨을 남기게 되얏습니다.

「잘못하고 잘못되얏습니다하면 그쑨일가 이놈-」 하고 두고을 兄弟로부터 嚴하신 責이 내리는듯하외다. 그러나 잘못하고도 안이 잘못되얏다고 쑥 쌔치는 놈보다는 나을 듯하야 두고을 兄弟에게 謝過합니다.

責任진 記者의 잘못은 母論이외다마는 두고을은 고을自身부터 잘못이라합니다. 茂山은 왜그리 泰山峻嶺을 넘어 무섭고무섭은 虎狼이 만흔 白頭山下에 位置를 定햇습닛가. 穩城은 왜그리 北하고도 찰北 朝鮮의 뒷쏙댁이 쏫테 位置를 잡앗습닛가. 보르르 써는 어린 手足이 미즐랴야 밋지 못하리만치 실작 避해 안젓습닛가. 그러컨 저러컨 責任은 記者에게 잇지만……그런데

茂山이여 내가 恨을 둔 茂山이여 容恕하소서 期於코 特別機會를 어더 가보기로 決心합니다. 무엇보다 白頭山이 보고십습니다. 쏘는 茂山의 大森林 속에서 호랑이와 자고 십습니다. 茂山가면 우리 主山 白頭山은 안이볼수업스니 如干 日字 如干 準備로야 敢히 生心이나 하겟습닛가. 그래서 이번은 못들넛소이다. 諒恕하소서.

아-틔업는 茂山兄님의 손목도 쥐고십고 天眞스러운 茂山아즈머니의 손수지은 밥도 먹고 십슴니다. 더군다나 김이 무럭무럭나는 소볼알갓흔 甘藷 1또 구수한 갓김치에 도야지고기친국수- 그것이 다- 그립소이다. 꼭한번갈게 부대 薄待는 마라주소서 그러고

穩城이여 말하면 간사한놈이라 하겟기 더-말치 만코「잘못이외다」고 待令할밧게 업슴니다. 鍾城서 慶源가는 길에 무엇이 엇지하야 못가보여스랴 誠意업는 것이 事實이외다 그럿소이다 지내놋코 보니 後悔가 밋슬 것이 업소이다 다만 日字의 促急- 그것에 訴하고 말쏸이외다.

茂山穩城兄弟여 保重하소서 國境이니 더욱 保重하소서 記事잇스면 째째로 보내주소서.

4.

最後로 멧조각 雜同散異
아구-洋服아 사람살녀라

北方은 치운곳이니 튼튼히 準備해가지고 써나라고. 또는 官民間 交際上에는 洋服이 한갑더나는 法이니 洋服을 하고가라고. 이것이 써날째의 親舊의 懇切한 付托이엿다 내 生覺도 그럴듯하야 朝鮮服 한 벌은 튼튼히 準備하얏다. 그러나 洋服은 可望이 업다. 그래도 洋服欲은 잇섯든지 엇던 쏭쏭하고 키적은 親舊에게 最後의 勇氣로 艱辛히 洋服웃저고리 하나를 비럿다. 그도 深冬服이기 쌈으네 입지안코 두어두는 것이기 째문에이다.

이리저리 두루모듬으로 十月初에 써나는놈이 深冬洋服을 비위조케 입어섯다. 電車에서도 外面 停車場에서도 外面 車中에서도 外面이것다. 부쓰러워서……게다가 소매는 쌀고 기럭지는 허리도 못가리우니 如干 부쓰러웟스랴

그래도 洋服쟁이라고 車掌 船人 旅館쏀이까지 別待接을 해준다. 下陸時에도 洋服쟁이를 만저 내리워준다 洋服멋이 조키는 좃타. 남도 그래서 입는 모양이다. 場돗이를 내서라도……그런데 뭇지만 안으면 關係치 안켓는데 이 境遇 모르는 이들은 「時體洋服은 그러케 짤븐가요」 하고 뭇는 것이 窒塞이다. 그러타기도 안이그러타기도 그저 外面하고 우믈쭈믈이엿다. 그리고 「덥지 안으서요」의 問安이 쏘한거북하엿다. 果然 비지짬이 좍좍흐른다. 엇던째는 손을 채펴지못하고 엇던 째는 다리를 굽으리하고 半病身노릇한 것이 더욱 우스웟다. 그러나저러나 洋服바람에 到處에서 行勢客 노릇을 하다가 하도 거북하야 버서버리고 朝鮮服을 입엇더니 車掌이 注目, 船人이 注目, 旅館쏀이까지 우습게 보아준다. 더구나 가튼 三等客이엿는데 洋服者는 問題업시 下陸식키고 記者 肩書의 이놈은 朝鮮服의 嫌으로 巡査놈에게 酷毒한 質問을 當하얏다. 洋服아 사람살녀라 可笑.

돈은 돈이요 사람은 사람이지

잔채집이 가서 待接 못바든 늙은이가 自己집에 와서는 혼자 불눅거리겟다. 내가 그 모양인지는 모르나 淸津兄弟들아 나는 誠意를 다-하야보입고저 三顧草廬하다십히 兄弟의 곳을 三次나 들넛는데 왜그러케 凉情히도 귀엿는가 나의 誠意가 不足한가보아 동무 權坡君으로 兄弟와 一面을 付托하얏는데도 終是안이보여주니 그런 沒人情이 어대잇는가 母論- 내잘못이지만 그래도 人情間에 善惡間 遠方孤客을 그러케도 薄待는 너무 甚하지 안은가 돈은 업는데 祝賀해달나가봐서 그러케 방문을 쏙쏙 닷으섯지? 나는 그러케 너즈러한 비렁뱅이는 안이엿다. 生覺사록 속이 不安해서 외로안저한마듸.

問題의 「スヂカキ」(筋書)

「누구든지 엇던 講演이던지 請願 當時에 반듯이 スヂカキ를 添付해라 그럿치 안으면 못한다」이것은 羅南警察署의 그 管內에 對한 嚴命이것다「여보시오 講演中에 不穩의 句가 잇스면 中止나 或 解散을 식켜도 조치안소 スヂカキ까지는 넘우 甚하지 안소 제발 그것은 諒恕해주시오」이것은 民衆의 懇切한 要求이것다.「안되여 警察當局이 한번 命하면 그만이야……글세 안된다닛가 命令이야 職權이야」하고 싹잡아 쎄고마는 것은 두 번재 警察의 말이라한다. 이러케 スヂカキ問題로 羅南一圓은 큰 輿論거리이다. 警察署도 쇄매삽게귀노라지만 民衆들도 쇄싸드락이판이란다. 어대 싸워봐라 누가이기나 지는 편은 봐보.

郡守쯤은 쇄놉흔모양이것다

어대를 가든지 所謂 朝鮮人 官吏라는 者들의 주제넘은 꼴이야 눈알이 가루서서 못보겟다. 엇더케 보면 불상도 하것다「저것이 얼마나 官吏를 부럽게 보다가 요행되닛가 저러케 거트렁거리노-」하고 그까짓말은 그만두고 郡守라는 者들은 大槪 보면 初面人事時에 自己의 姓名은 말치안컷다 누구든지 名啣을 가지고가서 先通을 하고보겟다하면 들어오래놋코는 갑자기 점지안은 氣色으로 숙엿든 허리를 別로 잿치며 人事밧기 爲하야의 안이쇼운 臨時 假作을 하것다 저는 아무인데 이러저리하와다하면 발쏨치부터 뒷쪽댁이까지 장대기로 벗친 놈처럼 꼼작안코 안즌 그대로「응」도 안이고「에」도 안인 間音(半말을 햇스면 조켓는데 그리지는 못하고)으로 우물쭈물하고는 말것다 自己姓名은 말치안것다 그래 일부러 무러야「에나는」하고 姓名을 말하겟다 엇지도 검방진지 쌤을 후려갈겨도 시원치 안을 者들이만타 郡守라고다-그러치는 안타 엇던이는 심즉이도 親切하겟다 내가 이번도 그런 者- 둘을 보앗다. 누구라 指名은 안한다 그러케 점잔은 者 어룬인 子 郡守令監 城主님 使徒님이 밤이면 色酒家 料理店 出入을 忌憚업시하다가 靑年들에게 주먹씸도 격는다는가 可笑絕腸이지.

말하든 次이니 日本사람 稱讚을 좀하쟈 어대가든지 日本사람은 官吏일 스록 高等官일스록 親切 丁寧하것다 손이 가면 依例 일어서서 人事하고 두세 번 禮하고 반듯이 姓名을 말하것다. 놈들이 그만이나 하길내 朝鮮와서 이리 구저러구 하지만.

벙어리 말하는 名藥水

아무데나 迷信업는 곳이 업고 쏘 藥水업는 곳이 업것다. 鏡城 朱乙을 가닛가 바로 一里許에 藥水가 新現되엇는데 男女病客이 구름모이는듯한다고. 그리고 벙어리말하고 소경눈쓰고 마치 金益斗만치나 靈한 藥水인 듯이 써든다. 꼴을 좀 볼량으로 가보앗다. 안인게 안이라 男女老少 病客이 二三十名모 앗다. 藥水는 路傍泥田속에서 나온다. 먹어보닛가 비린내 좀- 나고 鐵分氣가 좀- 잇다. 엇던 소경 老人을 보고「당신은 무슨 病으로 왓소」「네눈이 멀어서 요」「오신지 멧칠이나되오」「엿세체요」「좀낫소」다-골은 눈을 억지로 씀적씀 적하며「좀나은듯해요」한다 엇지 우수운지 돌아서서 한참웃다가「안이 이 藥水먹고 벙어리가 말하고 갓다니 果然이요」하닛가「그랫다고합듸다마는 나는 못보앗서요」한다 그러쟈 엇던 老婆하나가「그도 病者」안이애요 엇던 婦人이 六七歲된 벙어리아들을 다리고 와서 물을 작구 먹이고 沐浴을 작구 식키고 아츰저녁 끅댁이로 물을 작구부으닛가 애가 氣가차서「아-잇」하고 한마듸하고 말앗서요 벙어리가 말을 하면 天下名水게요」하고 웃는다「그러 면 당신은 왜왓소」하닛가「滯症이 이서요 滯症가튼 것은 좀 나어요」하고 率直하게 말한다.

이런줄은 모르고 奔走한 가을에 두루 모여드는 꼴이야 싹도하지 등쏩쟁이도 목밧치개도 절능발이도 別怪物이만히오것다. 불상한 人生들-.

在家僧이약이

이 咸北에는 아직도 在家僧이 잇는데 富寧 茂山 等地에 만타한다. 그들은 本來-女眞의 遺族으로 歸化되야 本土民과 同居키 不能함에서 머리 싹고 중이 되야 平時는 入寺하고 戰時는 軍需品을 運搬하며 又는 黃紙를 製하야 官에 納하얏다한다. 그러케 奴僕生活 極下級의 待遇를 밧는 民族인데 西北經略使 魚允中이 그 苦役을 解除해주기로 努力하얏스나 오랜 慣習이라 容易치 안어 말엇는데 至今도 그-部落이 山間僻地에는 만타고 한다. 日時가 잇더면 그들도 一訪햇슬 것을 그들은 冠婚間 自己部落끼리라고.

講演隊라는 놈들은

雄基에를 들넛다. 金泰憲이란 快동모를 만내엿다. 엇지도 만겨하는지 넓적다리를 무러쓰들것갓다. 한참 반기다가 그는 넘우 興分되야 거두리욕이나 오기 始作한다. 呼訴라할년지 不平이라할년지 如何間 나도 쌈을 내엿거니와 다른 누구들도 쌈날일이다.

「그 所謂 무슨 講演隊이니 무슨 演劇團이니 무어니무어니 文化를 標榜하고 다니는 놈들 말금 개자식들입듸다. 이놈들 汽船 汽車에 누어 便한곳만 단이고 日本놈이 施設해노은 淸津, 羅南가튼 都會에만 다니고 되지 못한 놈들 그놈들이 文化가 다- 무어고 民族이 다- 무어요 입만 짜들고 다니는 아모 精神업는 놈들 왜 이런 僻地-雄基에는 못오고 전 山間農村에는 못가요 直路邊 都會地에 무슨 일이 잇서요 왜 저 農村에는 못 들어가요 事實로의 文化 事實로의 生命은 農村에 잇슴을 그者들이 왜 몰나요 新聞記者 雜誌記者 그놈들 亦是 그럿치요 朴公이 이곳에 처음이요 하두 반가워서 平素의 不平을 말하오……日字問題, 交通問題, 旅費問題 그게 무슨 개썩가튼 소리요 單하로도 조코 單 한곳도 좃소 都會地는 그者들 안이라도 걱정업서요 特히 付托합니다 이다음부터는 그런 者들이 잇스면 이 雄基가튼곳 이뒤 慶興 慶源 가튼 곳으로 가라고 말좀 해주시오 만약 淸津이나 羅南왔다가 農村을 中心잡은 이뒤를 안이것친다하면 쌀하가 그놈들의 다리를 썩글것이요…」

한참 내려패는 바람에 쌈이 쏙흐른다. 事實이다 同感이다 다니다가 第一 만히 쌈내기도 이쌔, 第一 만히 感動키도 이쌔, 第一 반갑기도 이쌔이엿다. 동무들도 아라두면 或 逢變을 免하겟기 紹介한다 자칫하면.

所謂 香山祭

他道에서도 或 잇는지 咸北에는 十月初上이면 집에서 香山祭(太白祭) 라고 아조 盛況으로 지내는 風이 잇다. 新穀으로 精米로 정성으로 썩을 쳐서 西南을 向하야 祭祀를 지내는데 그썩은 맛이 別로 조타하면 아무리 만히 먹 어도 배탈이 안이나고 그리고 그날은 남에게 물을 안이주며 어대 出入을 안이 한다나 卽 新穀을 해놋코 檀君님쎄 一年을 祝福한다는 意味깁흔 祭祀라고 쇄들 자랑한다. 썩치는 소리는 前家後家에서 들엇스나 한 個 맛보지 못함은 지금것 섭섭하다. 그런 風이 잇드란 말이다. (이만)

北行 三日間

朴達成

《開闢》52호, 1924년 10월

8월 30일 함경남도 답사 출발 날부터 9월 1일 배를 타고 군선(群仙)항에 상륙해 이원읍으로 이동하는 경과를 간단히 소개한 글이다. 박달성이 함경남도 지역을 본격 답사하기 전의 삼일간 기록이다. 서두에는 경성에서 출발하는 장면인데 청량리역에서 나도향을 만나 동승한다. 동두천, 소요산을 지나 철원에서 나도향과 헤어지고 원산에서 다시 친구가 동승해 반가워 한다. 덕원, 영흥, 성천을 지나 밤에 함흥에 도착한다. 8월 31일 이원으로 가기 위해 새벽 4시에 일어나 항구로 가 해주환이라는 배를 탄다. 선내 3등 객실의 악취와 무질서에 질려 갑판으로 나와 밤새 머문다. 9월 1일 새벽 5시에 군선항에 내린다. 이원읍으로 이동하며 서울에서 헤어진 동료들을 떠올리며 앞으로 여정을 생각한다.

遮湖에서

8월 30일(土)墨. 咸南 답사의 책임을 지고 咸南一府 16郡을 향하야 써나는 날이다. 5시에 起하야 行李를 준비하노라니 小春一然 靑吾 諸兄이 니어니어 차자준다. 조반을 재촉해 먹고 써낫다. 東大門外 常春園에 잠간 들녓다가 곳 淸凉里驛에 당도햇다. 構內를 드러서자 羅稻香君의 屈曲面이 나타난다. 각자 所向地를 뭇고 8시 50분에 咸興행 차에 올낫다. 初秋의 野色에 心神이 상쾌하얏다. 逍遙山은 가을을 맛기에 밧분 듯 하고 東豆川은 녀름을 보내기에 서운한 듯 하다. 羅君은 鐵原에서 작별되얏다. 三防別境을 지내고 釋王遊園을 지내서 元山에 이르럿다. 前約이 잇든 姜玄礎군이 빙글거리며 上車를 한다. 昨別 今逢이지만 10년 隔友를 맛난 듯 하다.

德源을 지내고 고원을 지냇다. 永興을 지내서 定平 쌍을 當하니까 黑幕이 대지를 덥는다. 一路의 年事는 凶豊을 가리기는 어려우나 대체로 잘된 듯이 보엿다.

成川橋를 건너자 大咸興의 점점한 電光이 눈에 번듯 띄인다. 不幾에 咸驛에 내리니 崔斗先 崔基弼 朴來玉 文泰稷 諸君이 마저 준다. 新昌里 太極旅館에 투숙하얏다.

仝 31일(日)晴. 특별한 사정에 의하야 利原부터 답사하게 되어 利原행 船便을 구하든 터인데 오늘 오전 7시경에 맛츰 선편이 잇섯다. 4시에 起하야 5시 50분 4호차을 타게 되얏다. 昨日의 車中支離 今朝의 수면부족 벌서부터 行苦의 감이 생긴다. 姜君도 입맛이 씁슬한가 보다. 8시에 써난다든 배가 10시가 거신 지내서야 써나게 된다. 海州丸 甲板上의 2시간 徘徊는 너무 지리햇다. 小津大津의 알쓸한 섬도 보기가 실타. 遠浦歸帆疎雨白鷗도 尋常해 뵌다. 작별하얏든 咸興의 崔 朴 양군이 越便小津島 해안까지 追來하야 擧巾而餞送은 실로 意外千萬이엿다. 高聲相呼連 3차에 그만 배ㅅ머리가 돌아서니 그들이 만약 내가 사랑하는 美人이엿드면 내가 얼마나 斷腸이 되엿슬고? 하는 생각에 마음이 좀- 이상해진다.

3등실에 기여드러 잠간 點視하니 嘔逆이 今時 곳 나을낸다. 시퀴한 악취는 코를 찌르고 五齡의 箔蠶가튼 승객의 무질서는 눈을 거슬닌다. 쏀이들의 승객 취급은 산골 순사의 촌민 취급과 꼭 갓다. 어대서 어대로 팔녀가는 여자들인지 신세가련하게도 누어 그대로 難捧歌만 和唱한다. 곳 갑판우로 쮜여 나왓다. 盡日盡夜를 갑판 우에서 지내게 되얏다.

9월 1일(月) 晴. 오전 5시- 東昇의 紅日과 가티 群仙港에 下陸되얏다. 三面皆陸一水口의 郡仙港은 初看者의 눈에도 정이 담쏙 든다. 엇던 여관에서 鮮魚湯으로써 해갈을 하고 당지 金允學씨 안내로 시가를 일주한 후 곳 利原色을 향하얏다.

利原명물의 十里松亭을 왼편으로 보며 利原平野에 거름을 옴기니 初秋의 野色味가 다시 淸凉里의 벗 생각으로 돌아간다. 그리고 長安 친구들이 생각난다. 반갑게 夜雷兄을 맛낫섯다.

이제부터의 압길은 順일넌지 逆일넌지 지내는대로 발표기에 총발표를 하리라. 다만 利原着의 선보쓴.

咸南에서 본 이쓸 저쓸

《開闢》53호, 1924년 11월

기명은 없으나 박달성이 함남 지방을 답사하며 작성한 기사 가운데 일부이다. 함경북도 등 다른 지역의 사례를 통해 보면, 지역의 정세 전반을 사실 위주로 소개한 다음 여행 중에 만난 사람, 사건, 풍경 등과 인상을 짧은 스케치 형식으로 묘사해 지역의 인심과 세태를 이해하는 데 도움이 되도록 전체 답사기의 말미에 붙였다. 필자가 구분한 소제목에 따라 전체 내용을 요약하면 다음과 같다.

- 朝시장과 부녀 꼴: 함경도 시장은 부녀자 중심이며 5일에 한 번이 아니라 매일 선다. 하지만 하루종일 개시하지 않고 오전 7시에서 10시 사이 3시간만 개시하고 파한다. 이때문에 朝시장이라 한다.
- 여관과 음식점 꼴: 함경도의 여관은 주인이 불친절하고 사환이 꼴불견이다. 음식점에서 파는 음식은 대개 澱粉국수 아니면 싱겁고도 냄새 나는 소주, 장국뿐이다.
- 掌議 소리와 도포의 꼴: 함경남도에도 유림의 구습을 억지로 유지하는 자

들이 많아 도포에 학자 걸음을 하는 장의(掌議)들이 많다.

- 단발 처녀 何其多: 서울이나 평양에는 단발 미인이 생긴다 하지만 북청, 이원, 단천 등지에는 단발 처녀가 많다. 꽃 같은 아가씨들이 열병 치른 사람처럼 머리가 자라지 못해 美의 방면으로는 섭섭하다.

- 북청의 남대문 꼴: 북청의 남대문을 헐어놓았는데, 정리를 하지 않아 좋은 재목들을 거리에 방치해 썩히고 있다.

- 개회 벽두 고문 何其多 : 혜산 청년회 창립회 구경. 개회 뒤 고문 선거부터 하는데, 경찰서장, 공보교장, 자혜의원장, 영림廠장, 헌병분대장, 보혜면장, 학교조합관리원... 등이 고문이다. 국경이기 깨문에 이러지 않고는 청년회고 무어고 못한다.

- 日女에게 욕을 당하고: 전날 북청에서 함흥까지 자동차 표를 사거 신포에 내려 볼일을 보고 이날 다시 차를 타고 가기로 예약. 막상 차가 왔을 때 일본인 한 명과 함께 타게 되었는데 차는 북청에서부터 만원이 되어 있었다. 전화를 해서 다시 타게 되었으나 차에 있던 일본 여자들이 일본인을 후원하며 일본말로 무안을 준다. 너무 분해 눈물이 쏟아지려 했다.

- 도처에 치욕 받는 조선 말 조선 옷: 조선옷 조선말이 곳곳에서 치욕을 받고 있다.

朝市場과 婦女의 꼴—旅舘과 飮食店꼴—掌議소리와 道抱꼴—
短髮處女何其多—北廳의 南大門꼴—開會劈頭問何其多—
日女에게 辱을 當하고—到處에 辱을 當하는 朝鮮말과 朝鮮옷—

朝市場과 婦女꼴

「咸鏡道 市場은 婦女의 市場」인 줄은 발서부터 아는 터이라 그닥 異常千

萬은 안이엿다마는 하두 엄청나니 한번 그려 보련다.

다른 곳 市場은 5日一次開市를 하지만 咸鏡道沿海岸市場은 每日開市
를 한다. 開市를 하되 全部全民이 모야 盡日盡夜로 하는 것이 안이라 大部
分 婦女가 모야 午前만 보고(7時로 仝10時 約3時)헤여진다. 故로 日 朝市場
이다.

자-朝市場이 열릴 쌔다. 나아가 求景하자. 모야든다. 四面으로 모야든다.
이고 들고 씨고 업고 우루릉우루릉 쓰러든다. 길죽한 나무 함지에 生鮮담어
인 이가 第一만타. 쌀과 콩 배와 복숭아를 이고 오는 이도 만타. 닭을 씨고 鷄卵
쑤럼이를 든 이도 만타. 그러나 신발 버서든 이가 第一만타. 어린애 업고 함지
박인 이도 만타. 한발식 되는 紫朱안고름 粉紅것 고름이 연(鳶)발 날리듯 억개
넘어로 겨드랑이 아레로 너펄거린다.

萬場판이라 別別 장사가 다 모야 온다. 東馳西走商路에서 다른지라 美色
은 업다. 발은 王발이요 손은 북두갈구리다. 머리는 쪽진 이도 잇고 트러 언즌
이도 잇다. 太半은 젓가슴을 내 노핫다.

市場에 드러섯다. 성냥통 속에 든 것 가티 꼼작달삭 몸을 쌜 수 업다. 삿닥
하다가는 코도 쎄이고 발등도 잘리겟다. 魚場을 보자. 가재미가 第一만코 고
등魚가 만코 靑魚가 만코 冬太도 잇고 굴젓도 잇고 別 이름모를 고기가 만타.
얼마오 무르니 「닷돈」이라 한다. 「五錢이면 싸다.」하닛가 다시 「十錢」이라고
한다. 「싸시오」 「앙이싸우」 「아망이」 「아즈방이」 「줍세」 「올소」 「가티갑세」 「저
아망이 우리 애기 밧슴」 等 別 사투리가 막 나와버러지는데 귀도 어지간이
압흐지만 알아 듯기도 퍽 어렵다. 飮食塵을 보자 수수엿이며 콩과 질며 기
장쩍이며 찹쌀쩍이며 왜국수며 되국수며 別別飮食이 만타. 「쩍-앙이 싸자시
우. 좀-싸오」 하는 이의 쓸은 젓가슴 드러내 놋코 風이 들럿는지 입좀 쩍으러
진 40假量의 中老婆이다. 菓實전을 보자 林檎 사과 삶은 배 좀복숭아가 第一
만타. 쌀전도 그 모양 나무전도 그 모양 오직 雜貨전 쑨 산애가 만타.

그만보자. 一見萬可知로 朝市場風은 다 알앗다.

이들은 이날이 市場에서 헤여지면 村으로 팔러가고 漁場으로 사려고 가고 行賣로 도라단이지 決코 집에가서 안젓거나 눕지는 안는다. 것꼴은 좀-능글능글 해 보이지만 속 꼴은 어대가서 取치 못할 조흔 꼴이다.

咸南에 無貧富說은 이런 째문이다.

旅舘과 飮食店꼴

『旅舘生活은 北鮮에서 말도 말자』고 엇던 친구가 付託을 한다. 果然이다. 집이 지저분하거나 房이 더럽다는 말은 안이다. 밥이 낫부고 반찬이 업다는 말도 안이다.(飮食調理도 不及이 안인바는 안이지만)主人不親切 使喚不可見—이것이 問題이다. 北鮮사람이 本來 뚝뚝하다지만 旅舘主로서 對客까지 이리케 生뚝뚝은 意外千萬이엿다. 심부림군 한번을 三呼五呼而後에 야 보게되고 洗手물 하번을 七請八請而後에 엇게되니 親切不親切을 말해 무엇하랴. 如干해서야 樂天家夜雷親舊의 입으로「千呼萬呼不出來北旅孤客難得水」의 明堂詩가 나왓스랴.

좀-親切하지 못할가(다는 안그럿켓지) 그리고 飮食店의 꼴! 엇던 집이거나 鼎住밧게 쌁안 찬장해 붓친 집이면 不問可知飮食店이다. 그 안에 무엇이 잇는고 하니 미리해서 싸하노은 澱粉국수 안이면 숭겁고도 냄새나는 燒酒쑨이다. 안이 또 장국도 잇다. 국수 달라면 싸하노은데에서 한사리 집어 한번 훌적 씻쳐 소여물(穀草쓴 것) 가튼 무뭇침이 서너쪽과 말나 꼿꼿한 고기서너점 노아서 준다. 그럿타. 장국도 그 式이다. 꼴이 이럿타. 그래서 점잔은 사람이거나 或-그런 사람을 가티 한사람은 반듯이 中國집으로 간다. 그놈의 집꼴도 것꼴은 맛찬가지지만 그래도 料理法이 다르닛가— 좀-째긋하고 먹음즉하게 해 보지 못할가.

掌議소리와 道袍의 쏠

咸南도 依然히 儒林世界엿다. 엇던 놈의 掌議直員이 그리만흔지 北靑을 가도 掌議直員 豊山을 가도 掌議直員 甲山을 가도—如干해서야 北靑故普期 成會에서까지 掌議帖發賣를 數三次하얏다고하랴. 金掌議朴掌議-掌議안 이면 呼名을 못하리만치 되야 잇다. 그리고 그 掌議님들은 아직도 道袍를 입 고 學者님 거름을 한다. 무슨 書院 무슨 齊하고 春亭이니 秋亭이니하야 道袍 風을 날니며 개고기 냄새를 풀풀 피우고 上下祭廳으로 왓다갓다하는 꼴이야 말로-古物보듯 一種의 奇觀이 안임은 아니다. 이 꼴은 나도 한번 보앗거니와 그럿타고 一般 나가튼 친구들의 써드는 말이엿다.

短髮處女何其多

서울 或 平壤가튼데는 斷髮美人이 만히 생긴다 하지만 北靑, 利原, 端川 等地에는 短髮處女가 만트란 말이다. 웬 까닭인지는 모르나 그-確實한 處女 싯 가튼 아가씨들은 熱病치른 사람 가티 머리가 모다 자라지 못했다. 큰 處女 거나 작은 아가씨거나 大體로 머리가 짧다.

그래서 美의 方面으로 좀-섭섭하다. 쉬-處女評은 大禁物이다. 그러나 얼 굴 評이 안이요 뒤로 본 머리쑌이니 別關係는 업겟지.

北靑의 南大門쏠

北靑郡廳員은 눈쌀도 업는지 그-어즈러운 南大門쏠도 안보고 지내는가 보다. 南大門을 헐엇스면 아조 쌔긋이나 하지 關北大邑이라 자랑하는 自郡 의 主門을 허러 놋코 三路街上에 그 조흔 材木을 그대로 放棄하야 그대로 썩 여버리니 大體-웬 心思들이냐. 그러케 썩일바에는 細民에게 火木으로나 주 지. 그러치도 못하겟스면 파라 公費에라도 보태지. 그도 못하겟스면 썩지 안 토록 保管이라도 하지-. 올치 個人의 것이 안이요 公有이닛가 各其 본체만체

하는 셈이지. 所謂 北靑郡 當局者들아 그대들 責任이 무어냐 市民의 輿論에
귀도 안이 가렵드냐. 꼴하고도-

開會劈頭顧問何其多

惠山靑年會創立總會가 열닌다 하기에 祝賀兼求景兼 가보앗엇다. 開會
가 되자 點名을 한다. 經過報告가 잇다. 規則草案報告가 잇다. 逐條可決을
한다. 規則을 通過하다놋코 顧問選擧부터 먼저 한다. 자-나온다. 顧問이 나
온다. 第一次로 警察署長이 나온다. 第二次로 公普校長이 나온다. 第三次로
慈惠醫院長이 나온다. 第四次로 營林廠長이 나온다. 第五次로 憲兵分隊長
이 나온다. 弟六次로 普惠面長이 나온다. 第七次로 學校組合管理員이 나온
다...또 업나? 하도 만흐니 1, 2 個쯤 漏落되야도 좃타. 顧問何其多오 안이다.
쉬-國境이다 國境! 그러지 안코는 靑年會고 무어고 못한다. 實上말이지
顧問이 何關고 靑年會만 잘되면 그만이 안이랴.
惠山靑年會에 一言을 付한다. 決코 貴會를 들어 빙정거리는 酬酌은 안이
다. 貴會로서는 그러지 안이치 못할 卽 속살안인 假式이나마 不得已헤서 두
루 春風格을 取하는 그것을 안다. 國境에서는 靑年會를 해도 그러지 안코는
못한다는 一表微을 他地方兄弟에게 알키는 말이다.

日女에게 辱을 當하고

엇던놈은 自己가 當한 辱은 슬적 감춘다드라마는 나는 말해 두겟다. 同化
主義者들이 드르면 입이 실룩해질넌지 모르나 大體로 日本년놈은 此處에
排斥을 안이밧고는 못백일 餘裕업는 섬나라 民族이라고 안이 할 수 업다. 바
로 新浦서 當한 일이다. 그 前날 北靑서 咸興까지 自動車票를 내인 나는 新浦
내려서 볼일을 보고 이날은 쏙 가기로 미리 約束해 두엇든 터이다. 엇던 日本
人 하나도 亦 나와 비슷한 事情으로 가티 타려고 하얏다. 그는 나보다 하루

들 묵엇다. 그러나 約束과는 틀렷다. 北靑서부터 滿員이 되야 왓다. 둘이 다 못타게 되얏다. 自動車部의 無信用을 責한들 임의 滿員인 바에 奈何오 不得已 步行안이면 하루 더 묵게 되얏다. 나는 멍하고 섯섯다. 日人은 滿員임도 不拘하고 期於히 비비대고 올나 안는다.

是非가 생겻다. 北靑으로 電話질을 한다. 北靑으로의 答이 滿員이나 小兒1名이 잇스니 朴先生(記者) 한 분 쑨은 태워가라고 分明히 電話가 온다. 그래서 서슴업시 나는 올나 탓다. 日人은 골이 萬丈이나 나서 다시 電話질을 한다. 이째에 北靑으로부터 타고온 日女3名은 擧口一致로 日人을 後授한다. 맛츰내 이런 말이 나온다.

「ヨボサンハノラナクデモイイジャナイカ」라고 아-昌皮莫甚이지 년놈들과 다시 말해 무엇하랴. 이째 나는 드른 체 못드른 체 햇다. 눈물이 쏘다지려 햇다. 년놈들에게 是非曲直間 이런 말을 듯게 될 째에 그런 년놈들과 싸우는 생각보다 먼저 「아- 朝鮮놈 나는 朝鮮놈」 하고 그냥 울고만 십헛다. 다른 兄弟들의 생각도 겹처 나왓다. 더군다나 農村兄弟 國境兄弟 無識한 兄弟 全朝鮮兄弟가 다-생각낫다. 내가 當하는 이 꼴과 가튼 꼴 그 以上의 꼴 더 以上의 꼴이 눈에 환하게 보엿다. 나는 昨年이 째 福溪驛에서 엇던 日本兒童에게 「ヨボサンガニドウニノシタヨ」소리를 드른 적도 잇다. 그 생각도 나온다. 가슴이 맥키리 만치 忿怒가 써오른다. 엇지하랴. 못난놈 朝鮮놈이. 一言一拳이나 當場이기면 무엇이 所用이랴. 참어라 꾹 참어라 하얏슬 쑨이다. 當局者들은 이 말헷다고 또 便力이나 안이 할넌지?(結局滿員以上不法乘으로 둘이 다 타고 왓다)

到處에 恥辱밧는 朝鮮말 朝鮮옷

목아지가 부러지고 허리가 썩거진 놈에게 手足의 傷處를 何暇에 論하랴마는 朝鮮天地에 잇서 朝鮮말과 朝鮮옷이 이러케도 無價値 無能力하드란 말이냐. 朝鮮놈치고도 朝鮮말 하기를 붓그러워하고 朝鮮옷 입기를 罪囚옷 가티 보니 말을 더 해 무엇하랴. 郡廳에를 가도 面所에를 가도 學校에를 가도 汽車汽船을 타도 旅舘에 드러도 甚之於 理髮所 沐浴湯에를 가도 朝鮮말 朝鮮옷은 恥辱을 當하고야 말게되니 요러케도 亡해 들어가는 수도 잇슬가. 朝鮮天地에 다 다녀보라. 朝鮮놈으로 朝鮮말 朝鮮옷 하기를 붓그러워하는 안이꼽은 자식들이 얼마나 만흐며 또 朝鮮말 朝鮮옷 째문에 恥辱當하는 者는 얼마나 만흔가를-氣가 막켜도 分數가 잇지 요러케도 亡해 들어 갈줄이야 누가 알앗스랴. 民族性이 本來 그런지? 四圍의 事情이 그러케만 되얏는지? 두어라 事實은 根本問題라 한다.

北國千里行

靑吾

《開闢》54호, 1924년 12월

차상찬이 함경남도 답사 여행 중이던 박달성의 급전을 받고 급히 함흥 여행을 하게 된 소이와 함흥에서 본 사회상을 엮어 기록한 기행문 겸 취재 보도문이다. 십여 개의 소제목으로 나누어 구성했는데 크게 보아 10월 3일 낮 12시 5분 차로 경성을 출발해 철원에서 일박 후 이튿날 함흥에 도착하기까지의 여정 기록과 함흥 도착 이후 현지에서 견문한 내용으로 나눌 수 있다.

전반부에는 경성에서 출발해 철원까지 이동하는 차중에서 겪은 몇 가지 일화를 소개하고 철원에 내려 개벽사의 관동 지사 이용순이라는 지인을 만나 하룻밤 지낸 일을 전한다. 이튿날 10월 4일 다시 철원역에 나가기 위해 새로 개통된 금강산 전차를 타는데 철원역으로 총독 일행을 마중하러 가는 군수 등 유지들을 차중에서 만난다. 철원역에 도착해서 함흥행 차로 도착하는 총독 일행과 이들을 영접하는 군수, 경찰 등의 모습을 구경한다. 총독 일행이 다 내린 차안에 오르며 "…시간의 힘은 참 무서운 것이다. 삽시간에 총독부 세력을 다

퇴출하여 버렸구나..." 생각한다. 함흥까지 가는 열차 안에서 통과하는 삼방 계곡의 아름다운 가을 풍경을 감상하며 감격한다.

함흥 도착 이후 만세교와 본궁을 구경한다. 본궁에서 우연히 만난 노인이 함흥이 왕이 태어난 고장이라 자랑하는 모습을 보고 이 태조가 나서 조선 아니 함흥에 무슨 이익이 되었는지 속으로 냉소한다. 특히 조선조 서북 사람을 오백 년 넘게 등용하지 않은 사실을 들며 동네 부자에게 집 땅 다 빼앗긴 거지가 자기 동네에 부자 있다 자랑하는 것 같다 생각한다. 함흥 거리 풍경을 묘사하는데 특히 술집이 많고 집마다 어린 작부(갈보)가 두서넛씩 있으며, 술은 독소주뿐이오 안주는 빼빼 마른 것(군밤, 대추, 사과, 밥누룽지)뿐이라 평한다. 어린 작부는 대개 경상도 출생으로 몇 십 원에 팔려온 가련한 신세라 소개한다. 함흥이 감사영이 있던 곳이라 이름 있는 관기들이 많았던 곳이었으나 근래에는 화류계가 몰락한 중에 전국에서 기생이 모여들어 조합이 생기고 몇몇은 명기로 이름을 날린다 소개한다. 그러면서 함흥의 청년들에게 주머니를 단단히 조이라 고한다.

客中又爲客

秋雨 蕭蕭한 10월 3일이엿다. 나는 張飛의 軍令 모양으로 咸南 답사 중에 잇는 春坡君에게 咸興으로 와달라는 急電을 밧고 허둥지둥 행장을 수습하야 京城驛으로 나아갓다. 來報去報를 都是 말하지 안코 獨行 잘하는 특성이 잇는 나는 이날에도 역시 아모 친구에게도 떠나는 시간을 말하지 안키 때문에 정거장에도 전송하는 친구가 하나도 업섯다. 다만 藤擔 竹節으로 정다운 친구를 삼고 車中으로 들어갓다. 이 차는 오후 영시오분 福溪行 열차엿다. 차중에는 승객도 별로 업다. 더구나 실음업는 가을비가 부슬부슬 오고보니 차 안

이 한층더 쓸쓸하다. 18년간이나 가정의 안락을 맛보지 못하고 동분서주하며 客窓 생활을 하는 내가 언제인들 고적하지 안으리오마는 오날은 새삼스럽게 고적한 생각이 더 난다. 혼자말로 객중에 又爲客이라 하고 차창 밧을 내다보니 그 번성하던 철교 가도의 버들닙이 벌서 반이나 쇠잔하야 비와 바람에 흔들리는 것이 마치 春花老骨에 병든 미인이 멋만 남어서 웅덩 춤추고 팔질하는 것 갓다. 그것도 또한 悲感하게 뵈인다. 나는 심심 破寂겸 시나 한 수 지으랴고 운자를 내엿더니 시도 역시 생각이 잘 나지 아어서 겨우 한 구만 짓고 말엇다. 「江風吹葉雨蕭蕭寒入車窓睡未饒」

有女同車顔如鬼

어느결에 차는 龍山, 西氷庫, 往十里 諸驛을 지내서 벌서 淸凉里에 도착하얏다. 東大門 구멍이 쥐코만하게 뵈인다. 정거장의 사람이 개암이(蟻)떼 모양으로 몰려든다. 갓 쓴 사람, 長竹 든 사람, 봇짐 진 사람 애 업은 여자, 꽁지 긴 支那人 방때 진 日人 코웃둑한 露人 각색인물이 다 잇다. 앗가까지 쓸쓸하던 차안이 별안간 부자가 되얏다. 그 중에는 엇던 白衣黑裳에 쇠똥머리한 여자 한 분이 北岳山 만한 책보를 끼고 내 근처에 와서 나를 등지고 섯다. 나는 무슨 동정이 그다지 만핫던지 좁은 자리를 빅혀주면서 겻테 안지라고 권하얏다. 그는 서슴지 안코 와서 안는다. 웬걸이요 뒤로 보매는 楊貴妃 갓더니 압흐로 보니 夜叉鬼 갓다. 혼자 속으로 우수면서 여복이 업는 놈은 차중에서 刹那부인을 어더도 이럿쿠나 하고 낙심천만하얏다. 그래도 인사성은 만해서 「곰압습니다. 실례합니다. 미안합니다.」하고 連해 신식인사를 겹처 한다. 또 越邊에 안진 엇던 노파하고 말을 밧고 차기로 하면서 「그놈 꿈에도 보기 실소. 원숭이가튼 相이 생각만 하야도 진저리가 나오」 한다. 눈치 빠른 나는 벌서 짐작하얏다. 그 여자는 필경 자기의 남편을 소박하고 명색 독신생활하는 여자이거니 하고 안이나 다를가 알고보니 과연 西大門 外 모여학교 교원으로 근래에 새로 이혼을 하고 잇다감 혼자 심심푸리를 하는 L씨라는 여자이다. 차는 또 倉洞驛에 도착하얏다. 그 여자는 구만 나려서 자기 친가로 간다고 작별를 한다. 아모리 미인도 안이요 親치도 못하지마는 잠시 동석인연을 매젓다가 이별을 하니 참 섭섭하얏다. 연애는 실로 미추가 업는 것이다 하고 허허 우섯다.

弓裔 古都를 찻고서

議政府, 德亭, 東豆川, 全谷, 漣川, 大光里 허다의 정거장을 한아도 빼놋치 안코 몃십분식이나 휴식하야 가는 완행차는 오후 5시반경이나 되야 겨우 鐵原驛에 도착하얏다. 나는 關東 지사의 李龍洄君을 잠간 만나보고 가랴고 鐵原驛에서 하차하얏다. 객을 等待하고 잇던 자동차는 나를 태워서 鐵原城 중으로 드러간다. 뉘엿뉘엿 넘어가는 저녁볏은 金鶴山으로 날어드는 감마귀 (鴉) 등에 번득이고 슬슬이 부는 가을바람은 弓裔城의 거친 풀을 나붓기는데 滿山의 楓葉, 遍野의 黃稻 모든 것이 다 泰封國의 녯 근심을 새로 자아낸다. 나는 차에 나려서 滿城의 秋色을 구경하며 李군의 집을 차저갓다. 이군은 어듸를 갓다가 늦게야 온다. 작년에 갓슬 때는 철원소년회원들이 집에서 득실득실 하더니 이번에는 소년들의 그림자도 볼 수 업다. 그 대신에 이군은 다른 곳에다 愛를 둔 모양이다. 한참 동안에도 엇던 사람이 비밀편지를 두 번식이나 가지고 오는데 가티 잇는 朴南極군하고 「엣스」니 「케」니 하고 눈짓을 하며 암호의 말을 한다. 몰론 이군은 有爲의 청년이닛가 잠시 사정관계에 그런 것이오 결코 타락되는 말을 줄 밋지만은 퍽 섭섭하게 생각하얏다. 불과 일년 동안에 사람의 일이 이와 가티 변하나 하고 개탄함을 말지 *엇다. 그날밤에는 이군의 초대로 엇던 중국인 요리집에 가서 잘 먹고 또 이군의 집 客枕에서 고향의 꿈을 꾸엇다.

月下驛을 早發하야

4일 오전 9시 경이다. 나는 호기심으로 새로 개통된 金剛山電車(其時는 임시기차 사용)를 타고 鐵原驛으로 가랴고 李 朴 양군과 가티 月下里 신정거장으로 갓다. 이 月下里는 작년에 우리 開闢紙 상에도 잠간 기재되엿던 鐵原 老色魔로 유명한 朴義秉대감의 집이 잇는 곳이다. 그 대감은 그동안 아들의 동리로 그 사설유곽의 칭호 듯던 굉대한 집까지 집행을 당하고 진짬유곽인 廣島屋에 賣渡하랴고 언론 중이오. 애첩도 租包 몃섬식 주어 解散式을 하고 자기는 면목이 업서서 京城으로 뺑손이를 첫다한다. 원래 망할 짓만 하면 그런 법이다 하고 한참 잇다가 시간이 되야 車 中으로 드러서니 당지 군수 尹希誠군의 허여멀건 얼골이 뵈인다. 어듸를 거너냐고 무른 즉 정차장에 좀 볼일이 잇다고 한다. 나는 벌서 알어채리고 올치 金剛山 가는 총독의 영접 가는구나 하엿더니 참 꼭 마젓다. 안이나 그럴가 엇던 일본인이 또 무르닛가 귀에다 대구「소-독구각가노데무가이」라고 한다. 아-하-우슙다. 나는 몬저 아는 것을 비밀이다. 무엇이냐 참 충실한 관리다. 아모쪼록 조선인 하고는 通情을 안이하더라도 일본인하고는 비밀담을 하여라.

宏壯한 總督行

鐵原驛을 당도하니 벌서 야단법석이다. 鐵原에 잇는 칼치장사는 총출동을 하야 무슨 중대사건이 생긴듯시 비상선을 느리고 오는 사람 가는 사람을 막 노려보고 관청출입이나 좀하는 鐵原의 유지신사 나으리들도 다 나왓다.

참 꾕장하다. 나는 정신이 띵해서 대합실 안에 우둑허니 안젓더니 조곰 잇다가 함흥행 차가 빽 소리를 지르고 온다. 뒤꽁문이에 임시로 단 특등실에서 몸이 깍지덩이 갓고 머리가 목화박가튼 총독이 나오더니 尹希誠군을 위시하야 영접 나온 여러 사람의 허리가 일시에 볼어지고 코가 땅내를 맛는다. 또 칼치 장사측에서는「척」「꽥」하면서 손들이 모도 모자 우에 가 붓는다. 나는 잡담 제하고 이등차실로 드러가니 그 안에도 總督府 공기가 충만하얏다. 관리는 물론이고 御用紙 수행기자 淑明女學校의 潤澤 여선생까지 잇다. 당나귀 말둑가튼 呂宋烟 말오줌가튼 「위이식기」를 막터치면서 「공고산」이 엇더니 「헤이고」가 엇더니 하고 떠든다. 그러자 차가 떠난다. 나도 李 朴 양군의 땃든한 손을 떠나게 되얏다. 月井驛을 지내 平康을 가니 그곳은 총독의 하차할 곳인고로 경계도 鐵原보다 엄밀한 모양이오. 영접온 사람들도 퍽 만타. 자동차 인력거가 驛頭에 삑삑하고 平康의 남녀노소, 학생까지 다 나왔다. 안전방어하고 송장만 안이 온 모양이다. 또 六堂 崔南善군의 쇠똥모자가 遠*으로 뵈인다. (그도 金剛山 행) 총독일행이 다 나리고 보니 차안은 다시 從容하야것다. 나는 혼자 생각하기를 이아-시간의 힘은 참 무서운 것이다. 삽시간에 차안의 총독부 세력을 다 퇴출하야 버렷구나 하고 「벤도」와 차를 사가지고 점심을 먹엇다.

天下奇觀 三防의 秋色

차는 다시 平康驛을 떠나 福溪驛에서 잠간 쉬고 해발 2,007척 되는 釖拂浪으로 향하얏다. 원래 고산지대가 되고 보니 제아모리 鐵馬라도 숨이 퍽 찬 모양이다.

꾁-꾁-소리만 억지로 지르고 잘가지 못한다. 沿路에 온 고산식물인 山荻이 잔득 욱여서고 백설과 가튼 그 꽃이 만발하야 차가는 바람에 흔들이는데 마치 소복담장한 미인대가 나를 환영하너라고 纖纖玉手를 내흔드는 것 갓다. 나는 그 구경에 정신이 황홀하야 차가 가는지 안이 가는지 알지도 못햇다. 그럭저럭 차가 釖拂浪을 지냇다. 여긔서부터는 建甁水 모양으로 근두박질을 하고 간다. 잠간새에 洗浦에 이르럿다. 약 10여 분 동안을 휴식하고 다시 떠나 혹은 隧道(自 釖拂浪 至 三防 凡14隧道) 혹은 橋梁(교량 19)을 지나 작구 나려가니 山谷이 점점 深邃하고 水石이 淸幽한데 懸崖絶壁에 滿林紅葉이 좌우로 相暎하야 멀니보면 채운을 두른 듯 하고 각가이 보면 錦屛을 친 듯하야 그 奇絶妙絶함을 실로 형언할 수 업스니 이는 세인이 다 勝地로 膾慕하는 3防幽谷이다. 역에 이르러 차가 멈추매 잠시 안저 滿山의 홍엽을 구경하니 넷적 杜牧之의「停車坐愛楓林晚霜葉紅於二月花」란 시구가 문득 생각난다. (이하 繼續文은 紙頁의 관계로 유감이나마 略하고 감상된 것 몃가지만 기록한다)

感慨無量한 龍興江

차가 永興郡境에 다다르니 洋洋이 흐르는 龍興江이 眼前에 뵈인다. 이 강의 元名은 橫江으로서 永興이 李朝의 발상지가 되는 까닭에 龍興江이라고 變名한 것이다. 나는 이 강을 볼 때에 무량한 감개가 생겻다. 즉 李太祖가 그 子 太宗과 골육상쟁을 하고 咸興에 退居하얏슬 때에 太宗이 太祖를 還京캐 하랴고 백방으로 고심하든 중 (先是太宗使臣屢次勸諫次往咸興皆被害不得歸 所謂咸興差使是) 其臣 朴淳이라 하는 이가 子母의 백마로 太祖를 悔心케 하고 歸途에 此江을 渡하다가 太祖의 사신에게 被害하면서「半在江中半在船」의 시를 지은 그 史實이다. 소위 새우 쌈에 고래가 죽는다더니 아모리 군주 정치시대의 일이라도 남의 父子 쌈에 無辜한 忠良이 만이 죽은 것은 지금에 생각하야도 참 우서운 일이오 또 가엽슨 일이다. 하여간 그 인물 그 백마는 지금에 간곳이 업고 다만 江水만이 嗚咽이 흘너 천고의 충혼을 吊할 뿐이니 누가 감개의 懷를 능히 금하랴. 나는 차중에서 그 생각을 하다가 우연이 회고시 1수를 지엿다.

龍興江水接天流, 碧血淋漓梁鴨頭.
白馬不歸秋又老, 滿汀蘆荻夜**.

月夜의 萬歲橋

月白白夜廖廖한데 正是孤客이 難眠할 어느날 밤이엇다. 나는 혼자 萬歲橋로 산보를 나갓섯다. 이 萬歲橋는 咸興의 명물, 안이 조선의 명물이다. 長 275간, 폭 3간으로 광대한 城川江 상에 橫跨하야 원경으로 보면 마치 萬丈彩虹이 은하수를 횡단함과 如한 감이 잇다. (張忠貞 安世 府尹時 創建) 특히 그날밤에는 달이 유난이 밝어서 城川 강변의 십리 明沙가 모다 은세계로 化한 듯한데 萬歲橋에 산보 온 사람은 나혼자 뿐이엇다. 夜色 구경이 조키도 하고 상쾌도 하지만은 혼자되고 보니 또한 고적한 생각이 낫섯다. 혼자말로 아-咸興의 사람들은 몰취미도 하다. 이 조흔 밤에 「개천거리」 더러운 술집에 가서 밤이 새도록 귀중한 금전과 시간을 허비하면서 毒酒는 작고 먹지마는 이 대자연의 구경은 할 줄 모르는구나. 하다못하야 연애하는 청춘남녀 학생의 비밀 산보도 업구나 하고. 다리 난간에 의지하야 안젓더니 홀연이 風便으로 청량한 短簫聲이 들린다. 자서이 들으니 橋畔盤龍山 斷崖上에 잇는 엇던 賣法선생의 집에서 부는 것이다. 올치 저것이 前日 樂民樓 터로구나. 樂民樓! 樂民樓! 이름은 좃타. 前日에도 守令方伯 놈들이 인민의 膏血을 착취하야 가지고 獨樂을 하야 樂民樓下 落民淚라는 민요까지 나더니 금일에는 賣法者의 첩살림하는 獨樂房이 되엿구나. 나는 萬歲橋 상에 홀로 섯스니 힘 안드리고 독립 만세로다마는 너는 무슨 힘을 그다지 드러서 與衆樂樂할 樂民樓를 독차지하고 산단말이냐 하고 혼자 심중에 불평을 부르짓다가 되지 안은 시 한 수를 또 짓고 왓다.

五里長橋十里川, 川南川北屋相連.
玉簫聲斷無人見, 風滿山樓月滿天.

噫. 落葉이 蕭蕭한 本宮

本宮은 咸興平野의 동단 雲田面 宮西里에 잇스니(李朝太祖의 舊邸다) 基地 5,881평되는 광대한 지면상에 正殿이 잇고 其外 移實室典祀室 내외 東軒豊沛樓 등 건물이 잇다. 內庭에는 太祖의 弓懸松 기타 老松 古柳가 交立하얏고 外庭에는 蓮池가 잇다. (春夏蓮花滿開) 나는 어느날 이 本宮을 관람하얏섯다. 「때엇던 노인 한 분인 門外에 잇기로 이 집이 本宮이냐고 물엇더니 그 노인은 그럿타고 대답하면서 책망 비슷 자랑 비슷 이런 말을 한다. 「엇지—本宮을 입때 모르오. 우리 나라 太祖大王님이 사시던 집이외다. 咸興이 과연 壯하오, 王님이 다 나섯지오. 그래서 豊沛故鄕이라 하지오」흥—李太祖가 이 지방에서 낫스니 물론 풍패고향이라 하겟다. 그러나 李太祖가 나서, 조선 안이 함흥에 무슨 이익이 되엿나. 그가 조선의 왕권을 점탈한 후로 국가를 사유물로 視하야 억만대까지 자기자손에게만 전하랴고 서북사람 (咸興은 물론)을 오백년간 금고에 처하고 여하한 인물아 잇던지 大用치 안이하야 소위 文不過持平掌令武不過萬戶僉使가 되게 하지 안엇나. 咸興사람으로 李太祖의 출생한 것을 자랑하는 것은 마치 빈민이 동리 부자놈에게 집, 땅을 다 뺏기고 걸인이 되야 流離구걸하면서도 우리 동리에 엇던 부자양반님이 잇다고 자랑하는 것과 갓다. 그 무슨 필요가 잇느냐. 하여간 往日 번화존엄하던 本宮이 今에 낙엽이 蕭蕭하야 滿目 황량할 뿐이니 엇지 感舊의 懷가 업스랴. 나는 또 시 한수를 지여 그곳에 갓던 기념을 삼엇다.

五百光陰一*撈, 英雄事業復如何.
鄕人且莫誇豊沛, 漢苑蕭蕭落葉多.

可憐한 嶺南의 娘子軍

咸興의 개천거리나 鐵碑石거리라 하면 누구나 다 술집 만흔 곳으로 알

것이다. 그곳은 京城의 前日 수박다리 今日 幷木町과 가튼 곳이다. 수백여
호의 음식점 문패가 총독부 말둑처럼 곳곳이 백혀 잇는데 황소갈보, 깨묵갈
보, 호박갈보, 쳇다리갈보, 루덕갈보, 너덜갈보 봉사버례 목사버례 大邱집,
晋州집, 서울집, 元山집, 北青집 하는 가지각색의 별명을 가진 낭자군들이
한집에 3, 4인식 1, 2인식 들석들석하고 술이라고는 毒燒酒 안주라고는 군밤
을 大棗알갱이 사과 쪽 밥누룽지 등 빼빼 마른 것 뿐이다. 그 낭자군들은 대개
慶尙道 출생으로 2, 3십원 혹 4, 5십원에 팔녀서 악귀와 가튼 영업주에게 몸을
매고 잇다. 시험적으로 咸興滋味가 엇더냐고 물으면 불과 몃 마듸 말에 입을
비죽비죽하고 눈물을 흘리면서 「아이고 서울양반을 보면 친정부모 본 것 갓
구마. 咸興은 몬살쇠. 칩고 사람들이 좁하고 욕 잘하고 삼(쌈) 잘하고 말소리
가 뚝뚝해세요—영감이 초면이시지만 몃십원만 주시면 오날이라도 몸갑을
치러주고 宅에 가서 종노릇이라도 하겟습니다」라고 한다. 아—이것이 무슨
비참한 말이냐 가련한 영남의 낭자군들을 그 누가 구제할가.

작구 느러가는 咸興의 妓生

咸興도 역시 前日 監司營이 잇던 곳인 고로 이전부터 妓가 官잇던 것은
사실이다. 彼 壬辰亂에 東萊府使 宋象賢씨와 가티 節死한 그의 애첩 金蟾도
이 咸興의 명기요, 열녀로 旌門까지 한 修撰 黃奎河의 첩 晩香, 黃璋의 첩 金
時, 金剛의 첩 玉眞이도 咸興의 명기다. 근래 노기의 玉蟾(元 朴箕陽妾) 夏雲
(現 음식점영업) 등도 비록 자태는 별로 업스나 가무 詩書로 일반의 사랑을
만히 바덧다. 그러나 甲辰 이후로 관기가 革罷되면서 咸興의 화류계는 아주
몰락이 되야 歌樓舞殿이 寂寞蕭條를 不免하더니 近日에는 각지의 기생이
작구 모혀들어 其 수가 旣히 20여 명에 달하야 각색 조합도 생겨서 매우 경기
가 조흔 모양인데 其中 取締의 車竹葉과 蓮玉, 松月, 環月(善 伽倻琴), 桂仙,
碧桃, 山月, 등이 명기 노릇을 하고 또 咸興産으로는 弄琴이가 비록 童妓나

歌, 舞, 자태가 다 咸興화류계에 萬緣叢中 一占紅이라 한다. 이야이 썩은 간나들아- 무엇 먹자고 작구 오느냐. 咸興의 청년들아, 주머니를 단단이만 졸나라. 너의 어머니는 맨발로 소를 끌고 이 쟝 저 쟝 단니면서 10전, 5전에 쌈을 하고 너의 아버지는 새우젓을 먹으면 밥이 쉬나린다고 항문에다가 부치고 京城 출입을 한다고 소문이 낫다.

바다로 가면

李亮

《朝鮮之光》85호, 1926년 6월

필자가 바다를 보기 위해 경성에서 원산까지 열차로 여행하고 원산 명사십리 백사장에서 밀려오는 파도를 보며 감격스러워진 마음을 표현한 글이다. 바다를 보는 여행이 동기가 되었지만 여정이나 지역 특성에 대한 기술보다는 바다에 관한 필자의 수상이나 문화적 의미부여가 주로 표현되어 있다. 열차 안에서 일행과 대화를 통해 바다를 "인생생활에 큰 예술"이라 표현하거나 해변으로 규칙있게 밀려오는 파도를 보며 "이 바닷가에서 우리의 마음이나 우리의 생활양식을 고치고 이 바다의 행동을 본받아 새로운 인생의 생활을… 지여보고 싶"다는 등의 매우 고조된 감흥이 바다를 보는 경험 자체에서 기인하는 것인지 의아해보이기도 하다. 바다를 구경하는 동안 일기가 변해 폭우와 우레, 거친 파도가 일어나는 모습을 본다. 결론으로 이 바다 여행을 통해 "우리의 마음은 비상하게도 힘찬 기운"을 가지게 되었으며 "보통생활을 떠나서 우리네만은 높은 보좌에 거룩한 사람이 된 듯하다"고 평한다.

오— 바다로 가면!

여름 사람 소리외다. 더욱 서울갓튼 都市에 사는 사람들의게는 밥갓튼 飢渴이요. 큰 念願이외다.

우리는 어느날 이 바다 求景을 하기 爲하여 써낫소이다. 黃海보다도 碧海— 푸른 물결이 움줄거리고 巨浪이 뛰노는 東海바다 元山港으로 向하엿습니다.

아츰 여덜時 五十分 우리는 京城驛을 써낫소이다. 窓안으로 스치는 아츰 또 뭉게뭉게 南山 꼭대기를 가로타고 넘어가는 여름구름을 바라볼 째에『初夏의 旅行이란 것은 참말 조운 것이구나』생각하는 동안 어느새 龍山驛을 지나서 西氷庫에 왓습니다. 廣州벌, 書院벌을 쑬코 洋洋히 흐르는 泓浩의 大漢江도 바다를 보러가는 우리의 마음에는 아모 感興도 일으키지 못하엿습니다. 오늘짜라 각금 가보던 漢江물도, 漢江鐵橋도 그 月色도 오늘 우리 生活에는 아모 價値도 못 주는 것 갓습니다.

오직 우리의 旅情을 쯰는 것이라면 각금 가다가 볏셈이며 장작개비며 野菜가튼 것을 山데미와 갓치 굿득굿득 실고 배가 써나려가는지 물결이 흐르는지 모르게 悠悠히 써나려 오는 배가 잇서서 우리의 談話材料를 脚色하여줄 뿐임니다. 참말인즉 江에는 배가 잇서야 될 條件이겟슴니다.

벌서 往十里도 지나고 물결도 볼 수 업시 서울의 한 停車場 淸凉里驛에 이르럿슴니다.

『우와—』몰녀나오는 改札口의 情景 무슨일들이 그리 밥분지 騷然한 말소리 밥분거름— 人生의 生活이란 것은 참말 苦鬪임니다. 그런데 우리 몃사람만은 걱정도 입고 근심도 업시 바다 求景을 써나고 보니 북그러운 생각도 나더이다. 그러나 가만히 안저서 車內를 둘너보면 우리만 바다 求景을 가는 閑暇한 旅客이 아니요. 妓生도 데리고 情婦도 갓치 버젓한 旅行道具에 흥청거리는 客도 만히 뵈이더이다. 우리는 客地生活—寂寞, 憂鬱, 苦熱, 쏘 적은 일이나마 바다 求景 兼하여 볼일도 잇서 써나온 길이니 엇더케 생각하면 그 無爲無用하게 써도라단이는 有閑輩보다 헐신, 갑잇는 旅行이라고도 하겟습니다.

아— 바다求景! 우리는 오늘 밤이나 내일 아츰에 볼 바다를 생각하고 여러 가지 像想에 잠기엿습니다.

바다는 넓을 것이다. 바다는 끗업시 넓을 것이다. 그래서 그 바다에는 無邊한 生活이 잇고 無底한 動力이 잇서서 늘 슬넝슬넝 끗침업는 삶(生活)를 우리에게 뵈일 것이다. 이 바다를 볼 째 이 無限한 生命의 바다를 볼 째 우리의 마음은 엇더할 것인가. 그러고 이 바다 가운데 네 활개를 벌치고 헐헐 춤추며 海水浴을 하게되면 엇더할 것인가— 우리는 별별 생각을 다하엿습니다.

우리 三人 一行가운데 S라는 映畫監督한 친구가 잇서서 바다와 風情— 그 이야긔가 그럴듯하게 나옵니다.

『여보게들 君들이 聖山이라는 佛蘭西映畫을 보앗나? 참말이 聖山에 나오는 舞姬의『바다춤』이야말노 바다의 精靈을 잘도 말하고 波濤의 生命을 잘도 表現하엿네. 그 카-트카-트에 나오는『바다의 춤』이야말노 우리를 人魚로 만드러주고 우리를 白鶴로도 맨드러주어서 바다와 人生을 連結식키여노앗네. 바다는 아모래도 우리 人生生活에 큰 藝術이야 하하』

『陸地는 不藝術이고 하하 아니움지기지 못하는 不藝術—부처님의 藝術이고 하하………』

『그러면 山은 第三者藝術인가 아니— 여보게 S君, 映畫監督! 第七天國을 본바더서 바다를 그저 人生生活에 對한 한 개 큰 藝術이다라고만 하지말고 第七藝術— 바다라 하던지 第九藝術— 바다라 하던지 獨特한 자네 命名을 붓치지……』

우리는 익살맛게 映畫監督 S君을 놀녀먹으면서 어느새 元山驛前 葛麻驛에 이르럿습니다.

京城驛으로붓터 元山港짜지 오는 동안에 山水로 有名한 三防幽峽도 잇고 釋王寺도 잇고 또 법부새곳이며 자지빗 도라지 곳이니 들百合花며 其外 奇奇娃娃한 山花野草가 만히 피고잇는 平康벌판과 劍佛浪이 잇스나 우리는 바다이야기에 이것을 留意할 수도 업시 지내왓습니다.

　　이제 十分이나 十五分이면 元山驛에 到着할 생각을 하니 갑작히 머리가 緊張하여지고 또는 異狀하게도 바다에 對한 □感을 가지게 되엿습니다.

　　참말, 바다求景인가. 碧海求景인가. 출넝거리는 가슴을 안고 잇슬새 마중나와준 K君의 周旋으로 족으마한 旅舍에 宿所를 定한 후 우리의 議論은 먼저 明沙十里로 가게되엿습니다. 이것은 우리가 늘 드러오던 明沙十里 海棠花—民謠—그립던 碧海—白沙汀— 이것이 焦急하게도 우리의 注意를 쓰—을고 간 然故외다.

　　더운 여름날 終日 汽車旅行에 몸은 疲困하고 또는 勾配가 만흔 元山市街地에 엉터리만잇는 乘合自動車에 궁뎅이가 압푸도록 몹시 출낭거리지마는 바다求景에, 여름바다求景에 餘念이 업는 一行은 □—□으로 갓가워오는 바다외 展望을 생각하고 急遠力으로 自動車를 달니엿습니다.

　　◇

　　오—바다다!

　　오—바다다!

　　우리 一行은 소리를 놉혀 白沙汀에 밀니어 들어오는 波濤소리와 함게 부르지젓습니다.

　　눈이 모자라도록 우리 압헤 펼처잇는 바다의 光景— 그 힘잇고도 豪膽한 波濤소리— 이 압헤선 우리 一行은 말할 수 업는 壓倒를 늣기게 됩니다.

　　바다는 참말 우리가 像想하던 바와 갓치 無限한 힘과 無限한 勞動을 가지고 無邊된 生活에 살고 잇슴니다.

수와─밀녀서오는 파도물결이 쏘처드리오다가 수와─소리를 쏘 내고 거품을 내쑴습니다. 水平線에서 水平線에 遺憾업시 펼치여잇는 바다는 一波一波─萬波가 動하야 힘잇는 一體行動으로 目的한 모래언덕에 깃거운 소리를 내고 퍼저감니다.

바다는 참말 統一된 생활이요. 統一된 行動이외다. 그곳에는 命令도 업고 制度도 업고……… 업스나 永久한 바다의 生命은 永久한 勞働에 統一되어 잇슴니다.

우리는 우리의 世上을 생각할째 넘우도 슬어운 생각이 써돔니다. 싸홈도 만코 헛된 粉飾도 만코 誠實다운 生活의 努力도 업슴을 다시 생각할째 이 바다를 對한 우리의 몸뎅이가 북그러워짐니다.

엇더케 할 수 만 잇다면 이 자리에서 이 바다ㅅ가에서 우리의 마음이나 우리의 生活樣式을 곤치고 이 바다의 行動을 본바다 새로운 人生의 生活……을 지여보고 십슴니다.

東海바다─北洋으로 北洋으로 北洋으로 흘너오고 쒸여오는 碧海의 激浪은 무서운 自然의 威脅이면서도 壯烈하게 힘찬 交響樂으로써 不順한 人間生活을 叱呼하는것 갓슴니다. 각금가다가 그 怒한 波濤의 소리 웅웅! 우리의 가슴을 울일째 우리는 우리의 자랑 今日의 文明에對해서 限업는 반역심을 일으키고 잇슴니다. 엇더케 하면 저 바다와 갓치 粗野하면서도 統一되어가는 男性的生活性을 가질 수 잇슬가. 엇더케 하면 저 바다와 갓치 永久한 生命에 움즈기고 잇슬가. 거듭거듭 바다에 對한 尊敬을 가지게 됨니다.

오늘날 이 바다는 여름날 苦熱을 避해주는 한 場面의 平凡한 避暑場이 아니고 根本的으로 人生의 마음을 가러주는 靈地갓사외다.

─한참 서서잇노라니 무서운 雷聲이 北쪽 하날에서 울니여옴니다.

元來 變하기 쉬운 海上日氣라. 只今 비나 아니올가 망설거리며 우리 一行은 발길을 옴기려 할 째 무서운 비방울은 쏘다지기 始作합니다. 맛치 바위등

에 부다치고 쏘다지는 瀑布의 비발과 갓치 주록록주록록 쏘다짐니다. 雷聲은 亦是 슷지지 안코 우루렁우루렁 번개불은 번적거림니다. 바다는 雷聲과 아울니고 번개불과 아울너 무거운 行動을 이르킬듯시 푸르고 거문물결이 猛獸처럼 쒸놈니다.

멀—니 써나가던 汽船이나 갓가히 드러오던 漁船은 네려 쏘다지는 暴雨에다 쌔여지고 定處업시 흘너갓는지 其形體가 悽慘하게도 뵈이지 안슴니다.

아— 바다는 무섭소이다. 怒濤의 우름소리 北天의 雷聲소리— 萬物은 쥐 죽은듯 고요하외다. 야들야들 해ㅅ발을 밧고잇던 白沙汀의 野草는 무서운듯이 고개를 쭉— 쉬기고 잇슴니다.

그러나 오늘 바다의 天性을 배우고 바다의 尊敬을 차저낸 우리의 마음은 非常하게도 힘찬 氣運을 가지게 되엿슴니다. 四肢가 어름에 드러가는듯 차고도 淸淸한 精神— 普通生活을 써나서 우리네만은 놉흔 寶座에 거룩한 사람이 된 듯 하외다. 누가 이 自然을 이 바다를 狂暴하다 殘忍하다— 생각하겟슴니까. 더러운 粉飾生活에 괴로운 여름 苦熱에 이 바다의 情景이야말노 우리를 英雄도 맨들고 盛者도 맨드러주지 안슴니까— 더욱 여름 한 째 바다旅行은 새롭고도 참된 人生記錄이 아니겟슴니까.

雙浦遊記

崔曙海

《新民》16호, 1926년 8월

제목 그대로 최서해가 수년 전 고향인 함경북도 성진(지금의 김책시)의 쌍포라는 곳에서 고향 벗들과 여름 하루 배를 타고 바다로 나가 고기를 잡고 음식을 준비해 술과 함께 즐기고 논 일화를 쓴 글이다. 글을 쓰는 현재 시점은 여름 특집으로 시원한 기사를 쓰라는 독촉에 정작 필자는 등골에 땀을 흘려 가며 글을 써야 하는 형편이다. 시원한 일화로 다룰 소재가 넉넉하지 않으니 자연스레 서두가 길어진다. 여정이나 지역 소개와 같은 내용을 다루지 않았으며 놀이 당일 집에서 쌍포 해변으로 나오는 과정과 배를 타고 먼 바다로 나아가는 중간 일행들의 표정을 그려놓았다. 먼바다에서 거세지는 바람과 파도를 피해 하대 뒷바위라는 곳으로 피해 조약돌과 모래 깔린 곳에 내려 조개를 줍고 고기를 낚는다. 배불리 먹고 해가 넘어간 뒤 다시 배를 타고 쌍포로 돌아온다.

再昨年 녀름이엇다.

나는 故鄕을 차젓다가 故友들과 雙浦바다에서 三伏의 하로를 재밋게 놀앗다. 雙浦는 내 故鄕에 잇는 浦口이다. 그런까닭게 雙浦바다에 배를 흘리저어 즐긴것도 한두번 아니며 雙浦에 가서 여러날식 逗留한것도 여러번이다. 그런데 그前 記憶은 그저 희미하나 再昨年 녀름 記憶은 그저 머리속에 새롭다. 아마 오래오래 他鄕에 流々轉々 하다가 故鄕에 돌아오니 깃거웟고 깃거운中에도 淸遊의 깃거움이 더 컷든가보다. 이러케 녀름날 몬지구뎅이에 안저서 빈대와 蚊軍의 襲擊을 바드면 그쌔 淸遊가 더욱 憧憬이 된다.

◇

數千萬의 煽風機와 氷水店이 잇서도 唯不足인지 雜誌社에서 까지 시언한것 시언한것하고 納凉號를 내인다. 그래 시언한것만 쓰라고 졸르니 그것은 몸괴로운 일이다. 科學의 威力으로도 抵抗치 못하는 祝融의 暴熱을 魯鈍한 一筆簡으로 막을수 잇슬런지 疑心스러운 일이다.

마즘 첫머리에 大略 적엇지만 再昨年淸遊의 記憶이 써오르니 그것이나 써볼싸? 그러나 나는 시언하다고 썻것마는 讀者가 시언을 늑길런지? 只今 시언하다고쓰는 나도 둥에 쌈이 흐르고 더위에 呼吸이 막힐 地境이다. 趣味 업시 읽는이야 더 할일이다. 果然 그러타면 첫재 雜誌에 未安한 일이오 둘째 나도 헛受苦다. 하나 先打後見血이라는 中國文字대로 써노코 볼판이다.

◇

이 액이는 다시 머리로 돌아간다.

故鄕가서 一週日이나 잇는데 하루는 雙浦어썬 講習所에서 敎鞭을 잡은 곰보 金君게서 請牒이 왓다. 나는 여러 친구들과 定한 날을 어기지안코 갓다. 三伏더위라는 것은 말만 들어도 괴로운것인데 머리에 불가튼 벼츨 이고 그

노프나 노픈 雙浦嶺을 넘고보니 해가 두발이나 나왔다. 萬一 誇張한다면 닷발은 나왔다구 하엿을것이다.

그러나 嶺上에서 水天이 相接한 東海를 보는째에는 그만 心神이 쇄락해지는듯이 爽快하엿다.

◇

벗은 발을 싹씀싹씀 刺戟하는 熱沙를 밟으면서 바다ㅅ가에 金君의 引導를 바다서 나온 一行은 漁船에 올럿다.

우리를 실은 배는 바루 雙바위 새이로 굼실굼실 돌오는 滄浪을 헤치면서 나아갓다. 雙바위는 雙浦의 保護岩이라한다. 그것은 바로 雙浦아페 홍살문 기둥가티 버텨선것인데 노피가 十餘杖이나된다. 이 바위가 잇는 째문에 雙浦에 돈이 모아진다고 한다. 왜그런지는 몰은다. 쏘 개와집을 지흐면 이 바위가 문허진다한다. 雙浦에는 개와집이 업다. 그것도 왜 그런지 몰은다. 이 바위째문에 이곳 일홈이 雙浦인것은 疑心이 업다. 그런데 昔日 南怡가 北伐時에 이 바위에 서서 활쏜것이 明川舞水 쯧테가서 어쩐 山을 쭐럿다는 전설이 잇다. 果然 그러치 안은지는 알수업스나 듯는이로서는 興味가 자못 깁다.

◇

雙바위를 휘몰아 茫々한 바다를 아프로 바라보면서 櫓지를 세차게 하엿다. 물ㅅ결이 물ㅅ결을 밀치고 들어와서 배ㅅ머리를 칠째마다 落葉가튼 적은 배는 올랏다 쩌러진다. 船頭에 실음 업시안저서 뒤로 靑山을 바라보고 아프로 卵島波間에 昇沈하는 白帆을 바라보니 熱日은 依然히 머리우에 빗나것마는 世上外에 超越한듯 爽快하다. 벌서부터 數杯酒에 紅潮가을은 벗들은 뱃전을 치고 노래를 부르니 그 노래 비록 名唱은 아니나 足히 興은 풀만하다.

陸地가 멀어질수록 바람이 세차고 바람이 세찰수록 怒濤가 배ㅅ머리를 처서 興이 變하야 怯으로 옴기니 뱃머리를 陸地로 돌리라는 말이 나온다. 그러나 더러는 그양 大海洋上에 저어보자는 主張이다. 結局 바람이 甚하야 저편하대 뒤ㅅ山 아래로 배를 들이 저엇다.

◇

배를 돌려 下臺뒷바위 아래로 들이 저으니 靑山이 東南을 막엇고 바위가 웅긋중긋이 느러서서 모진 바람과 急한 波濤를 막아서 所謂 風靜浪息의 勢를 일우엇다.

조악돌과 흰모래쌀린 海濱에 배를 매여노코 一行十餘人은 배에서 내렷다. 배에서 내린뒤에는 둘식 셋식 쎼를 지허서 조개를 줏고 고기를 낙가 국을 씌리고 밥짓고 술을 데여서 배가 南山이 되도록 먹으니 一世之 호강은 우리 홀로 차지한듯하엿다.

◇

쓰겁든 해가 西山넘어로 숨으고 楡津머리가 夕煙에 잠길 쌔 우리는 다시 배에 올랏다.

山그늘 바든 滄浪은 水底가 보일듯이 맑엇는데 크고 적은 고기쎼가 배ㅅ그림자가 일으는 쌔마다 이리 저리 몰려간다. 멀리 卵島波間에는 夕陽의 殘紅이 피가티 흐르고 어느새 雙浦도 夕煙에 잠겻는데 두서개 漁船이 돗을 비슥히 달고 슬금슬금 돌아든다.

배가 부르고 興이 도덧는데 바람자고 물ㅅ결까지 고요한지라 도라갈것을 니저버리고 배ㅅ머리를 大洋을 向하야 저엇다.

―끗―

北陸紀行

李時穆

《現代評論》, 1928년 9월

이시목이 1927년 8월 원산을 중심으로 주변 지역을 여행한 경험을 쓴 기행문이다. 필자의 이동과 답사, 느낌을 현대적인 표현으로 잘 엮어내어 짜임새 있고 재미있는 글이 되었다. 글의 구성은 일정에 따라 전개되는데 내용으로는 원산까지의 철도 여행, 원산 지역에서의 유희, 짧은 영흥 방문, 경성으로 돌아오는 길에 들른 삼방 약수와 폭포, 석왕사 답사 소감 등 넷으로 나눌 수 있다.

1927년 8월 1일 밤 열시 50분에 배재고보 교사 K(필자의 친구), 배재고보 수영부 학생 10여 명, 배재고보 교사 몇 명 등과 일행을 이루어 경성을 출발한다. 차중 기록은 소략한데, 삼방 지역을 지나며 바깥에 비친 나무와 자연 풍경을 보면서 '절선미'가 많아 "기후가 온화하고 연약하고 윤택기 많고 곡선미가 풍부한 남국"의 자연에 비해 외국 산천을 대한 것같은 느낌이라 적고 있다. 종합해 "남국의 산천이 어여쁘게 단장한 여성과 같다면 북륙의 그것은 위풍늠름

한 남성적"이라 표현한다. 이튿날 아침 7시에 원산역에 도착한다.

원산역에서 송도원으로 이동한다. 원산항은 바다를 앞두고 세장형으로 생겨 부산항과 흡사하다 한다. 또한 일인의 세가 커서 역에서 오 리 가까이 송도원으로 향하는 길가에 일본인 상점뿐이라 한다. 일행은 조선 도시가 다 한 가지라 탄식한다. 원산의 토산이라는 소제목으로 청포묵과 가자미를 소개한다. 또 유기반과 물동이로 사용하는 소소토기(素燒土器)가 애호성을 준다 했다. 송도원에 여관을 잡고 며칠 동안 명사십리를 보고 배를 타고 선유도 즐긴다.

원산에서 일행과 떨어져 영흥에 있는 동경 유학 동창생 Z를 찾는다. 영흥으로 가는 열차가 용담을 지나는 동안 중국 노동자들이 모여 있는 것을 보고 동경에 있을 때 한국 노동자들을 보던 것을 떠올린다. 우리도 사방으로 유리걸식하는 처지에 중국인들이 도처에 유입하는 것에 탄식한다. 친구 집에서 점심으로 먹은 영흥면, 영흥 가옥이 흑요석으로 개와한 것을 특징으로 적는다. 밤에 현지 친구 몇과 이야기를 나누는 중 영흥에는 마르크스 주의자가 많은 듯하다 생각한다. 이튿날은 영흥의 유적인 이태조 탄생지 준원전(濬源殿)과 본궁을 구경한다. 준원전 전각 안에 있는 이태조 영정을 구경한다. 늦은 점심으로 함경도 토산인 피쌀밥을 청해 먹는다. 밤차로 원산으로 돌아온다.

십여일 동안 놀던 원산을 떠나 석왕사로 향한다. 역에서 석왕사로 도보 이동하는 중에 비를 만난다. 우연히 만난 친구가 묵는 여관에서 잠시 비를 피한 뒤 세우가 내리는 중에 석왕사로 올라간다. "묵묵히 부처같이 서 있는 소나무 머리에 은빛같이 내리는 제천화우"가 석왕사의 경치를 돋우는 듯한 감상을 적었다. 절 승려의 안내로 구경하고 석왕사가 조선 태조와 인연이 깊은 점, 불상, 사천왕상, 장경고 등에 대해 언급한다. 절 구경을 마치고 내려와 자동차로 삼방으로 이동한다. 삼방약수 근처에 수많은 병자들이 모여 물 마시기를 다투는 것을 보고 불쾌한 감을 느낀다. 다음날 삼방폭포를 구경하는데 영흥에서

부터 생긴 발병으로 곤란을 겪지만 용기를 내었다고 밝힌다. 그날 밤 저녁을 먹고 삼방역으로 다시 돌아와 경성으로 돌아오는 밤 기차를 탄다. 새벽에 경성에 내리며 며칠 못 본 북악산이며 한강수에 새삼 다정함을 느낀다.

나는 발서부터 한번 北陸地方의 嚴壯한 自然美와 生殊로운 人情風俗을 求景해보는 것이 나의 宿望의 하나이엇섯다. 그러나 나는 이 째까지 그런 機會를 가지지 못하엿다. 今番 偶然히 K君이 말하기로 自己가 培材高普水泳部學生을 引率하고 元山으로 가게되얏스니 가티가보는 것이 엇더켓느냐고 하기에 나는 늘 機會를 기다리든 中이라 K君과 同行하게되엿다. 前後旅行日數는 限二週日假量이나 되얏스나 事實 日數의 大部分은 元山海水浴에서 消費하고 남은 二三日을 利用하야 逆旅過客으로 몃군데 것둥것둥 보앗슴으로 何等의 仔細한 觀察과 깁흔 印象은 엇지 못하엿다. 그러나 淺薄하나마 보는 그대로 들은 그대로 몃가지 남은 印象을 적어보려 한다.

내가 몹시 더운 京城을 써나기는 八月 一日 밤 十時 五十分 K君과 培材高普 先生 몃 분과(K君도 其中의 一人) 學生一同과 함께 新北靑行 汽車를 탓다. 아츰부터 오다가 말다가 하는 비는 우리 모처럼 旅行하는 一同의게 얼마콤 不安을 주게 되엿다. 汽車가 京城驛을 써나 한 停車場 두 停車場진냄을 싸라 車에 오른 사람의 數爻가 차차 만하짐으로 車室은 몹시 複雜해진다. K君의 紹介로 其中에 初面인 先生 몃 분의게 知面을 하고 나는 차차 疲困해지는 몸을 車窓에 비기고 旅行의 압길을 想像하면서 안잣다. 汽車가 얼마동안 一 約 한時間이나 넘게 가더니 악가부터 未幾에 쏘다지랴든 비ㅅ줄기는 발서 그동안 참지 못하야 큰 소리를 지어가는 汽車소리와 함께 어두운 밤空氣를

搖亂케 할 쑨이다. 나는 그 어느틈 잠이 들엇던지 얼마동안 자다가 문득 車窓에서 들어오는 새벽바람의 찬긔운에 놀내 일어나니 車는 발서 니름도 모르는 엇던 山빗탈 高原地로 지나간다. 저便에 안잣던 K先生(K君이 안임)이 여긔가 藥水로 有名한 三防이라 한다. 나는 여긔서부터 나의 旅行本旨의 하나인 北陸의 山水美를 보기 爲하야 車窓에 머리를 내밀고 한부로 左右로 살펴보앗다. 果然 山들은 險峻하고 雄健하고 가을나무닙처름 色彩가 單調로운 말하자면 折線美가 만타, 오래동안 氣候가 溫和하고 姸弱하고 潤澤氣만코 曲線美가 豐富한 南國의 自然에 봐익어온 나로서는 異常히도 外國山川을 對한듯한 늣김이 업지안타.

만일 南國의 山川이 어엽부게 단장한 女性과 갓다면 北陸의 그것은 威風凜凜한 男性的이라 할 수 잇다. 저건너 조(粟)밧, 강냉이밧 가에 하나식 둘식 드물게 보이는 강담벽 움집들은 마치 原始時代의 生活狀態를 想像케 한다. 汽車가 高原地를 얼마동안 내려가 高圓, 龍池院, 釋王寺 等驛—이새에는 날이 벌서 새여 車지낼 째마다 驛名을 읽게되엿다—을 지내니 安邊平野가 눈압헤 展開된다. 이곳은 또 악가지내던 三防과는 짠世上갓다. 왼들이 水田인데 여들여들한 베싹들은 아츰이슬에 잠을 쌔이기 始作한다. 어제밤에 우리의게 不安을 주던 비ㅅ소식도 이제는 다 어듸로 가버리고 紫紅色으로 물드린 아츰 구름이 水晶가튼 맑은 하늘에 繡노흘제 車窓에 빗처오르는 불동이 가튼 햇발은 아즉도 잠이 채 덜어쌔인 사람의 눈알을 부수게한다. 우리 一行이 元山驛에 到着하기는 아츰 七時頃이엿다.

當地에 잇는 몃 靑年과 學生의 引導로 「푸래트폼」에 나서니 朝鮮에 엇던 都會地라도 잇는 例와 가티 성가신 案內군들이 덤비든다. 旅館보—이, 지게군, 人力車군님내들이. 旅館보—이들은, 救世軍式 모자에 金字로 무슨旅館 무슨旅館하고 색인것이 우섭게 눈에 쓰인다. 우리 一行은 가지고 간 텐트와 旅裝을 小荷車에 실니고 바로 松濤園으로 向하엿다. 元山市街는 바다를 압

두고 細長形으로 생긴 것이 釜山港과 恰似하다. 쭌만 안이라 元山이 北鮮에서 第一 큰 都市인 것만큼 쪼한 日人의 勢力이 宏壯하다. 驛에서 限 五里나 松濤園으로 가기까지는 全部 日人네의 商店쭌이요. 朝鮮집이라고는 하나도 보이지 안옴으로 나는 一種의 궁금한 생각이 나서 엽혜가는 K君의게 「여보 元山에 朝鮮사람은 다 어데로갓소」 한즉 K君은 흥到處에 다 一般이지. 朝鮮에 都市라면 다 그네들 勢力이지, 하고 만다. 疲困한 몸을 씌을고 近 十里나 되는 旅館을 當到하니 朝飯가튼 것도 거긔잇는이가 다 미리 말하여두엇다 하건만 원악 一行이 近 三十名이나 되는지라 아마 열시가 넘어서 비로소 朝飯을 對하게 되엿다. 밥을 먹고는 곳 오래동안 憧憬하던 바다로 나가 都市에서 病든 俗累과 車中에서 시달인 疲勞를 다 싯고나니 그날부터는 宛然히 物外仙客이 된 것 갓다. 그날밤에는 쪼 食事의 不便과 旅室의 狹窄함을 因하야 市內 石隅洞 咸信旅館으로 옴기게 되얏다. 이제 알고보니 이곳이 참 朝鮮人의 市街地라 한다.

元山의 土産

元山의 土産을 말할 것 가트면 무엇보다도 먼저 묵(淸泡)과 가쟁이(比目魚)일 것이다. 이것 두 가지는 每日 食床에 안오르는 날이 업다. 쪼 하나는 鍮器盤 이盤은 純鍮器로 된 것인데 모양은 南鮮地方의 祭器와 恰似하고 直徑이 約 二尺假量이나 되어보이는 圓形盤이다. 當地人의 말을 닷건대 그 盤은 쒜 高客이 안이면 求景하기가 어렵다한다. 그러나 第一 나의게 愛好性을 주는 것은 素燒土器이다. 이것은 아마 元山地方에만 限한 것이 안이라 咸鏡道 全體의 土産일 것이다.(?) 卽今엔 大盖 물동위(水盤)로 使用하는대 貌樣과 手法이 純全히 上古式 그대로이다. 風俗으로 말하면 大略 南鮮地方과 別로히 다른 것은 업스나 北方女性은 比較的 活動的이다. 市場으로 가나, 海水浴場으로 가나 大部分 女性의 占領이다. 그리고 比較的 美人이 만흔 것 갓해

보인다. 살빗이 潔白하고 皮膚가 妍澤한 것은 確實히 北方女性美의 特色이
라 하겟다.

明沙十里

朝鮮서 名勝地라면 明沙十里도 한손싸락을 씁는단 말은 예전부터 들은
지 오래이엇섯다. 明沙十里는 元山서 東으로 건너다보는 바다 저便 約 十餘
里되는 地點인 葛麻半島에 잇다. 市街에서 距離가 좀 逍遠한 所以인지 浴客
도 別로히 오지안는 대단히 閑靜한 곳이다. 압흐로는 東海에서 밀녀오는 물
결을 내밧고 뒤로는 구름가튼 松林이 들너잇스니 果然 別有天地인듯하다.
그러나 그 松林밋헤 웃둑웃둑 서잇는 二層洋屋은 全部 西洋人의 別莊이라
한다.

    明沙十里 海棠花를 옛듯고 이제보니
    明沙는 依舊하나 海棠花 어데며요
    쌍싸시 시든꼿아래 옛痕迹 찻노매라

    △ △ △
    바다는 가이업고 물결은 휘도는대
    나는白鷗 씌는고기 제맘대로 놀아나니
    사람도 自然싸라서 自由롭게살과저.

몃 해 전싸지는 여긔서 朝鮮人이 海水浴싸지도 自由로 못하다가 近來에
와서 元山靑年들의 交涉으로 그런 差別條件은 다 徹廢되엿다 한다. 同行하
얏던 先生님 한 분이 西洋人의 別莊을 보고 西洋人이 예수밋어 天堂간다는
말이 結局 돈가지고 이런 곳에 避暑간다는 意味에 不過하다한다. 그는 嘲笑

的인지 羨望的인지 그 意味는 仔細히 알 수 업지만 나는 左右間 한 奇談으로 들엇다. 우리 一行은 가저간 午餐에 海魚사서 국 쑬이고 맛잇게 먹은 뒤에 씰차기, 競步하기, 헤움질치기 가지各色으로 自由롭게 愉快하게 씌놀다가 歸路에는 培材校長 阿扁薛羅氏의 引導로 西洋人村을 求景하고 밤 어둡게 元山으로 도라왓다.

船遊

오늘은 쏘 船遊하기로 決定이 되어 點心먹을 밥과 닭 몃 마리를 사가지고 布帆船 一隻에다 실고 葛麻半島의 一隅인 元山서 所謂 小金剛이라 부르는 대로 向하엿다. 오늘이사 마침 風勢가 不利하야 비록 힌布帆은 두 개나 달앗스나 海路로 不過 一里나 되는대를 한짓 두時間이나 걸니게 되얏다. 中路에 우리 一行은 궁금함을 익이지 못하야 제각금 長枝대로 노래한마듸식 하기로 議決이 되얏는대 그中에 엇던 學生의 짐치싹뒤기打令과 쏘 滑稽로 有名한 C란 學生의 映畵解說에 우리 一行은 잠간동안 孤寂을 消遣하게 되얏다. 그렁저렁 배가 目的地에 到着되자 우리 一行은 그동안 발서 海上生活에 厭症이 낫든지 코롬버쓰가 亞米利加新大陸이나 發見한듯이 닷토아 上陸하야 古木나무 그늘에 솟을 걸고 쎌거버신 몸으로 한便에는 닭을 삼고 한편에는 석은 나무싹지를 주어 불을 째이니 나는 문듯 로빈손 漂流記가 생각이 난다. 로빈손이 無名孤島에 漂着하얏슬 쎄에 아마 이러한 生活을 하얏슬 것이다. 한참 동안 活動한 結果 맛도 업는 鷄白熟蕩 한 그릇에 허긔를 免하고 바다에 쓰는 군 山에 올으는군 제각기 趣味대로 自由롭게 놀게 되얏다. 나는 元來 놉흔대 올나 景全體를 俯瞰하기를 조하하는 性質인고로 혼자 山길로 올나 아모것도 걸님업는 萬頃蒼波의 바다 저편을 바라보고 안잣스니 언제인지 日本千葉海岸에서 놀던 로맨쓰한 氣分이 다시 蘇生이 되는듯하다. 어늬듯 저녁햇발은 긔름가튼 海面에 金빗을 씌우고 모타―단배, 布帆단 배들은 그림가티 저녁

선창을 向하거늘 우리 一行도 노앗던 닷줄을 다시것어 白鷺를 짝을 지여 도라가니 元山海에서 이러케 한번 노는 것도 頗히 興味업는 일은 안이엿섯다.

永興行

나는 元來 水興을 거처 咸興까지 求景하랴 하엿더니 中路에 事情이 不如意하야 咸興은 그만두고 永興親舊만 訪問하게 되얏다. 日前에 東京에 잇는 同窓生인 Z君이 故鄕가는 길에 京城에서 만나 元山까지 오는 거름에 永興 自己집에 한번 오라는 付託도 잇슬 분 안이라. 永興은 李太祖의 誕生地인 것만큼 歷史的 古蹟도 잇슬듯하야 밧분 旅行의 一日을 割愛하야 긔여히 永興을 訪問하게 되얏다. 元山驛에서 혼자 車를 타고 左右山川을 歷歷히 살펴보며 車停止하는대마다 驛名을 읽기 始作하엿다. 어제밤 暴雨로 큰 개천, 적은 개천일 것 업시 모다 汎濫되야 모퍽이 수수가지묻은 황토色 물에 半이나 파뭇치게 되얏다. 汽車가 龍潭이란 假驛을 지내니 푸르스럼한 勞働服 입은 中國勞働者들이 洋鐵집웅 木板壁에 風雨도 가리지 못한 난달가개에서 드러갓다 나갓다 하는 것을 보니 나는 문듯 東京잇슬 째 우리나라 勞働하는 분들의 生活을 보던 생각이 난다. 卽今 우리도 밥을 못 엇어먹어서 四方으로 流離求乞하는데 당신내들은 또 엇지하얏다고 이러케 到處에 流入하는가. 可歎事中하나이다. 午後 一時頃 永興驛에 下車하니 기다리는 N君이 발서 出口에서 반갑게 마자준다. 가티 Z君의 집으로 가서 簡單한 永興麵으로 午食을 마치고 이런 이약이 저런 이약이 하다가 夕陽에 南山에 올나 永興全景을 俯瞰하면서 Z君이 一一히 說明을 부처준다. 永興은 全體로 보아서는 山水좃코 農土조흔 閑靜한 農村이다.

집은 얄핏한 黑曜石으로 盖瓦한 것이 永興의 特産이다. 밤에는 當地 親舊 몃분이 와서 當地事情의 大略을 이약이해주는 것은 生殊한 곳의 旅行者의게 感謝한 일이라 안이할 수 업다. 그런대 永興에서는 맑쓰主義者가 만흔 모양이다. 當夜 話題는 唯物史觀을 基礎로 한 無産階級 政治鬪爭에 關한 것인대 맑쓰思想의 專門硏究者의 안인 나로서는 勿論 理解못할 點도 만타. 그러나 나는 나의 意見 몃가지를 添付하야 問答을 交換하는 中 밤 깁허가는 줄을 몰 나섯다.

李太祖 誕生地인 濬源殿

翌日 Z君과 李太祖 誕生地인 濬源殿 求景을 갓다. 殿은 永興邑에서 限 十餘里 되는 地點에 잇는데 五百年 基業을 創造한 이의 誕生地인만큼 山川 은 秀麗하다. 만일 迷信的인 風水의 눈으로 보앗스면 陰陽五行說이 잘 符合 될는지도 모르겟지. 周圍限 十餘萬坪되는 地帶에 落落長松이 빈틈업시 鬱 蒼하고 이름모르는 새소리들은 過去의 歷史를 말하는듯한데 부지럽시 旅客 으로 하여곰 懷古之感을 禁치 못하게 한다. 後面有志의 손으로 經營하는 昌 松學校를 보고 卽今 經費의 不足으로 얼마나 繼續될가하는 것이 疑問이란 말을 드르니 또 한번 긴 한숨을 쉬게 되얏다. 그길로 濬源殿에 들어가 殿直인 지 參奉인지 한 老人의게 殿의 觀覽을 請하니 近來에는 一般의 觀覽을 잘 許諾지 안는다 한다. 엽헤잇던 Z君이 멀니 서울서 史的 參考兼 예까지 왓다는 말을 하니 그 째야 못이긴듯이 下人을 불너 문을 녈게 한다. 들어가보니 殿은 그다지 宏壯한 建築物도 안이요. 또는 朝鮮建築式에도 比較的 稀少한 本正 面檐下로부터 두어간이나 달아낸 마치 日本寺刹의 玄關가튼 것이 압흐로 쑥 내밀고 잇다. (그것은 參拜者의 便利를 爲하야 싸로 付屬된 것인지는 모르지 만) 室內에는 李太祖의 影幀과 若干의 儀杖이 잇다. 우리 兩人은 帽子를 버서 略禮를 한 후 仔細히 갓가히 들어가보니 비록 影幀일지라도 果然 五百年 大 業을 創造한 것만큼 威風이 堂堂한 英雄의 氣槪가 보인다. 影幀는 距今 約 一百五十年前에 舊幀을 模倣한 것이라 하는대 筆致가 近世的인만큼 柔妍하 고 技巧的이다. 얼마금 李太祖의 雄建한 威風을 傷하지나 아니하엿는지 하는 感이 잇다. 當地親舊 禹仁漢氏와 함께 李太祖誕生舊里遺墟碑와 그의 祖先을 追享한 本宮을 求景하고 곳 Z君의 父親이 管理하는 永明學校로 向하엿다. 該校는 財源도 相當하고 校舍도 新築을 하엿스나 卽今 學校認可가 나지 안이하야 當局에 交涉中이라 한다. 나는 Z君을 來年 卒業後에 學交나 맛하잘 經營해보라고 勸告하엿다. 君의 從弟인 金〇變氏宅에 가서 點心兼 晚餐을 하는대 咸鏡道 土産인 피쌀밥을 나의 特請에 依하야 먹게 되얏다. (나는 이째것 피쌀밥은 먹어본 일이 업섯다) 밤 어둡게 邑으로 도라와 Z君의 口挽을 不拘하고 밤車로 元山으로 도라오게되얏다. 그 理由는 來日 우리 一行이 가티 京城으로 도라가게 된 까닭이다. 臨發에 쏘 Z君이 時間이 업서 맨들지 못하엿다고 한가치푸 두 개나될 永興土紬을 주거늘 나는 너무 未安하나 親舊의 厚誼라 感謝하게 밧지 안을 수 업섯다.

釋王寺의 雨景

오늘은 우리 一行이 限 十餘日동안 愉快하게 自由롭게 놀던 元山海와 明沙十里를 離別치 안으면 안될 期日이 되얏다. 그동안 親해진 몃 親舊의 送別로 우리 一行을 실은 汽車는 元山驛을 등지고 우렁찬 소래로 釋王寺로 向한다. 오늘도 우리가 서울서 出發하던 날 모양으로 昏濁한 空氣에 쌔인 하늘은 몹시도 비오기를 催促하는 듯하다. 約 한時間 남은 후에 우리 一行은 釋王寺驛에 내려 徒步로 驛에서 十里나 되는 釋王寺로 올나갓다. 釋王寺는 北鮮의 大刹일 쑨안이라 景致로써도 우리의 귀에 膾炙한 것만큼 洞口에 들어서니 俗味만흔 旅館이 櫛比하엿다. 악가부터 쏘다지랴는 비는 左右便소나무 그늘에 瀑布가티 내리붓는다. 거긔서 마참 서울잇는 C君을 만나 그 旅館에서 잠깐 비를 避해 가지고 아즉도 細滴이 잇슴을 不拘하고 절까지 올나가니 默默히 붓처가티 서잇는 소나무 머리에 銀빗가티 나리는 諸天花雨는 더 一層 釋王寺의 景을 도우는듯 하다. 절까지 채 못밋처가서 途中에 藥泉이 잇거늘 藥水라기에 한두어잔 마시어보니 口分이 만흔 所以인지 마시기에 대단 거북하다. 한거름 두거름 올나가니 보기실흔 石上題石이 쏘 눈에 쯰인다. ××××, ××××, 閔××, 하는 것은 몬과 勢力이 만흔 것만콤 自然의 冒瀆이 크다. 當寺의 젊은 和尙의 案內로 볼만한 것은 大강 보앗다.

釋王寺는 南鮮地方의 寺刹에 比하면 그다지 큰 迦藍이라 할 수는 업스나 建築의 華麗와 構造의 端整함은 確實히 李朝初年의 代表的 建築中의 하나인 듯 하다. 그리고 李太祖와 因緣이 깁흔 까닭으로 李朝의 特別한 保護를 받든 것도 事實이다. 釋王寺란 이름까지도 李太祖의 王될 것을 그 절 老僧이 解釋하엿다는 事實에 依하야 命名하엿다 한다. 佛像은 擧皆 그절 創建 當時 卽 李朝初 의 製作이라 特別히 感心할만한 것은 업스나 들어가는 門左右에 선 四天王만은 當時 傑作中 하나인듯 하다. 極樂殿엽 海藏殿에는 高麗刻 大藏經板이 한庫싸엿다. 그것은 엇던 他寺에서 移來한 것이라 한다. 羅沃殿에 들어가니 五百羅漢에 對하야 亦是 李太祖의 이약이 傳來된다. 李太祖가 공부할 째에 이 五百羅漢을 每日 하나式 移置하다가 맨 마즈막 날에는 두 座를 한꺼번에 移來하엿더니. 羅漢 한 분이 李太祖의 無誠意함을 憤慨하야 不知去處로 가버렷다. 그럼으로 現在 五百羅漢에 一座가 비엿다 한다. 거긔서 바로 내려와 四時 五○分 車로 三防으로 向하엿다.

三防藥水

三防! 藥水로 有名한 三防!

그러나 나는 三防을 들어슬 째 맨 먼저 不快한 感 을 늣기게 되얏다. 웨? 이곳 저곳에서 血氣좃치 못한 분, 지침하는 분, 肺病患者, 消化不良症者 , 別別 病者가 눈에 씌이는 까닭이다. 쪼고만한 山골 동리가 全部가 다 旅館인데 그래도 손님 收容할 곳이 업서서 旅館主人들이 눈코를 일는다. 우리 一行도 잘대가 업서 禮拜堂을 交涉하야 一夜를 지내게 되엿다. 나도 旣往 예까지 왓스니까 病은 업지만 藥水나 한잔 먹어보랴고 藥물터로 가보니 시골 共同井戸 가튼 쏘만한 웃물터에서 男女老少할 것 업시 갬이처럼 쌩돌아 안자서 제각금 먼저 먹엇다고 或은 만히 먹겟다고 복작복작 싸홈 하는데 나는 긔가 맥혀서 藥水 먹고십흔 생각도 다 어대로 달아나버렷다. 아! 불상한 人生이다. 그것을 먹고 살겟다고 病을 나주겟다고! 實地 藥效는 얼마나 잇는지 모르지만 一種 의 迷信갓해보인다. 나는 宿所에 도라가 엇던 親舊의 길너온 것을 한잔 먹어 보니 물맛은 釋王寺 그것보다는 좀 먹기가 낫다. 그전 듯기에는「싸이다」以 上으로 香冽하다 하더니 所聞과 갓지만 안치만「소ㅡ다」性이 多量으로 包含 된 것은 事實이다.

　翌日 三防瀑布 求景 가게되야 나는 永興서부터 發病이 나서 절늠절늠하 는 다리를 쓰을고 山길노 約 二十里나 가자니 困難莫甚이다. 그러나 나는 아즉 瀑布라고는 한번도 본 일이 업섯슴으로 期於히 한번 勇氣를 내엿다. 藥물 터에서 十里나 되는 三防驛을 나가서 거긔서 또 山길로 約 十里나 올나가는데 左右로 樹木은 鬱蒼하고ㅡ그다지 큰나무는 업스나ㅡ白玉가티 맑은 물은 큰바 위 적은바위에 부더처 소리내여 흘으는데 景趣로서는 아마 釋王寺보다 오히 려 나헛스면 나헛지 遜色은 업다. 차차 山中허리를 올나가자 물소리 커지는 곳이 곳 瀑布잇는 곳이러라. 瀑布長은 百四十尺 이나 되나 웃口下가 쑥 내밀지 못하야 流勢가 그다지 壯快하지는 못하다. 나는 偶然히 一句를 을펏다.

　　山깁고 골깁흔데 물쩔어 瀑布지니,
　　百四十尺 긴바위에 그形勢 壯하도다,
　　아모리 모진더위도 여긔와선 降服하네.

　우리는 맑은 시내물에 쌔끗히 목욕하고 가저간 三防인절미로 點心을 代 身하고 여긔온 紀念으로 寫眞까지 찍은 後 다시 三防藥水 잇는대로 도라왓다. 本來 豫定은 그날밤까지 三防서 묵고 來日 歸京하랴는 것이 그날밤에 不得已한 事情으로 因하야 京城으로 도라가지 안으면 안될 形便에 니르럿다. 저녁을 먹고 終日 勞困한 몸에 쏘 다시 十里나 되는 三防驛을 나가랴니 事實 困難치 안은 것은 안이나 그러나 團體的 行動이 되얏스니 不得已 쏘 저는 다리를 쓰을고 限 二十餘名이 제각기 行裝을 메고 으스름 달밤에 쑥 行列을 지어 나가니 마치 ○○○이 白頭山 넘은 생각이 난다. 驛까지 當到하니 아즉 汽車時間은 두時間 以上이 남아잇다. 待合室이 狹窄하야 二十名이 다 안지 못함으로 各目便利한 場所를 삼아 露宿을 하다가 밤 한시 五十分에 京城行 列車를 타게 되얏다. 車는 몹시 複雜하얏다. 그러나 원악 괴로운 몸이라 睡魔는 유달슬히 侵犯한다. 새는날 京城驛에 내리게되니 그래도 몃칠동안 못보던 北岳山 漢江水가 새삼스럽게 多情해 보인다.

ー 一九二七·八·二一 稿了 ー

北方의 東海岸

八峯

《朝鮮之光》86호, 1929년 8월

김기진이 최근 3, 4년 간 함경북도 여행을 자주하게 된 사정과 함께 북방 동해안을 기차로 여행할 때 보게 되는 바다, 솔밭, 산과 화전 등의 경치를 소개하고 함경도 여행이 필요한 이유를 설명하는 글이다. 글의 전반부는 과거 여행을 통해 함경도 동해안에서 느낀 감흥과 경치를 소개하고, 여행을 하려거든 함경선으로 가라고 말하고 싶을 정도이며 당년 여름에도 목선을 타고 청진이나 웅기에서부터 원산까지 동해안을 모조리 둘러보고 싶다고 말한다. 이어지는 글의 후반부에는 정작 그가 북방 동해안에 애착하는 다른 이유가 나온다. 바로 최근 일본 자본이 가장 격렬하게 몰려 들어와 수익 창출에 혈안이 된 곳이 함경도이기 때문이다. 이를 필자는 "함경도는 지금 조선의 땅덩어리 중에서 가장 최후로 그리고 가장 유망하게 팔리는 중"이라 표현한다. 대표적인 일본의 자본으로 든 것이 흥남의 질소비료, 장진의 수력발전, 나흥의 철광이다. 여기에 더해 청진에 들어오는 동경의 합동유지 글리세린 회사, 시모노세키

임겸산업의 어유제조공장, 특히 미쯔비시(三菱)는 전 산업을 장악하려 한다
고 썼다. 이런 상황임에도 주민들은 대세에 어두운 것을 개탄한다. 이런 상황
에서 북방의 동해안이 십 년 이내에 어떻게 변할 것이냐가 필자의 마지막 질
문이다.

나는 三四年前부터 咸鏡道와 因緣이 잇서서 今年까지 前後五六次나 咸
鏡線列車를 타보앗다. 처음에 新浦라는 곳까지 가보앗슬 째에 나의 눈을 즐
거웁게 하야 준 것은 咸興을 지나서부터 線路軌道의 방축 밋까지 갓가히 들
어와서 거품을 일으키며 희롱하는 東海의 물결이엇다.

나는 朝鮮 안에서 京釜線과 京義線에서는 平壤까지밧게 汽車를 타본 일
이 업다. 湖南線方面을 지금까지 한번도 가본 일이 업고 京元線方面도 이째
新浦에 가본 것이 비롯오 처음이 잇섯다. 그리하야 나의 北方東海岸에 對한
愛着은 이째부터 시작된다.

    ×

咸興을 지나 興南, 西湖서부터는 바다가 눈압헤 내려다보인다. 昌湖, 退
湖, 三湖, 前津, 景浦, 靈武— 이러케 北으로 점점 올라가면서 汽車는 왼便으
로 險峻한 山을 끼고 오른편으로 東海의 滄浪과 숨박굼질을 한다. 밝아케 이
루어먹은 火田과 피와 감자를 심은 平野를 지나면서 浦口갓가히 오고가는
帆船과 速力을 競爭하다가 絶壁이 가리우면 山腹을 쏠코서 누가 심엇는지
볼르는 廣大한 솔밧속으로 달음질한다. 멀어젓든 바다가 쏘다시 발밋혜까지
밀려들어와서 익기낀 바위와 택견을 할째에는 갈매기는 水平線을 向하야
날러가고 汽車는 조그만 停車場에서 다리를 쉬인다. 京城서 群仙까지 朝鮮
里數로 一千四十里를 이와가튼 景致를 보면서 今年에도 벌서 네차례를 往來

하엿다.

×

지난 六月에 淸津까지 갓슬째도 汽車는 될수잇는대로 海岸線을 싸라가면서 進行하는 것을 늣기엇다. 新浦를 지나 乾自, 居山, 羅興, 曾山, 口益, 松端, 群仙까지도 이리하거니와 群仙서 다시 雙岩, 谷口, 奇岩, 吾夢里, 瑞川, 汝海津, 龍臺, 日新, 雙龍으로 城津까지도 하늘과 맛다흔 바다와 가운데 쎄엄쎄엄 써러저잇는 孤島와 쏘는 陸地에 갓가이 나와서 잇는 물속의 層岩과 붉은 돗과 旗들 다른 漁船 等이 보이다 말다 숨엇다 나타낫다 하야 눈이 疲困한줄을 몰럿다.「旅行을 할려거든 咸鏡線으로 가라」고 나는 말하고 십다. 나도 될 수 잇스면 이녀름에 木船을 타고서 淸津이나 雄基서부터 元山까지의 東海岸을 쎄놋는 곳 업시 모조리 돌어다니면서 구경할 작정이다. 아직 내가 본 곳은 北靑의 新浦, 長湖, 浦津, 利原의 遮湖, 群仙, 長津 等地에서 지나지 안는다. 咸鏡道 住民들의 建築樣式과 日常生活의 風習과 經濟狀態와 氣質等은 나의 興味를 크게 붓잡는 固有한 現象들이오. 北方東海岸에 對한 나의 愛着, 硏究心을 크게 맨드는 重要한 動機가 된다.

×

그러나 北方東海岸에 對한 愛着과 硏究心을 일으키게 하는 動機는 이샌만이 아니라 咸鏡道는 지금 조선의 쌍덩어리 중에서 가장 最後로 그리고 가장 有望하게 팔리는 中이다. 咸鏡線 列車 二等客은 全部 日本人이오. 그中에는 咸興, 羅南, 淸津, 會寧 等地로 往來하는 陸軍上官을 間或 發見하는 外에는 貿易商, 鑛産業 運輸業에 從事하는 商人들과 利權을 發見하야가지고 一攫千金하려고 하는 무리들이다.

「한번 크게 붓잡어야겟는데 그리자면 咸鏡北道로 가야한다!」

二等客들은 저희끼리 이런 말을 주고밧고 한다.

「파스」를 가진 德으로 나는 이런 사람들의 對話를 듯는다. 事實 咸鏡南道

는 이미 다 팔렷다고 하야도 過言이 아니다. 興南의 窒素肥料, 長津의 水力電氣, 羅興의 鐵鑛─ 여기만 써러진 日本의 資本이 어찌 一二百萬圓으로 計算할 수 잇슬가부냐. 汽車로 咸興을 지나고 本宮을 지나서 興南까지 갈려면 興南停車場을 멀리 바라보면서부터 窒素肥料의 工場과 탱크와 社員社宅이 눈압헤 벌려 잇다. 一棟에 十餘戶의 家族들이 居處하게 된 社宅長屋이 數十戶 整列하야 잇스니 急行列車는 이 社宅압흘 지나기를 한참동안이나 두고서 지나간다. 確實히는 몰르나 이 窒素肥料의 社員만이 一千멧名에 達하고 勞働者가 一萬名을 넘어가게 되리라고 하는 말을 들은 일이 잇다. 거미집가치 鐵絲로 얽어노흔 怪物은 發電所요. 붉게 칠하고 검게 칠한 海邊에 웃둑소슨 집 가튼 것은 「탱크」요. 바다밧게와서 기달리고 잇는 시컴은 그림자는 咸南을 집어삼키기 爲하야 오고가는 日本商船이다. 長津水力電氣는 完成만 되는 날이면 朝鮮全土를 電化할 能力이 잇다. 廣漠한 咸興平野가 電力으로 耕作될 날도 멀지아니한 것이다. 羅興鐵鑛의 鑛石은 海邊으로 運搬하야나가 主로 遮湖에서 汽船에 실어가지고 日本으로 간다. 이 쌔문에 羅興에서 遮湖까지는 支線鐵道가 敷設되는 中이니 이 鐵路에 工夫로 從事하는 사람은 이 地方의 勞働者들이다. 오는 八月이면 開通된다고 하니 咸南은 이와가치 하야서 海岸線 一帶는 「賣約濟」로 되엇다하야도 過言이 아니다.

남어잇는 것이 咸鏡北道다. 今年부터 비록 淸津에는 東海岸 埠頭에 十萬圓을 던진 東京에 잇는 合同油脂그리세린會社의 탱크와 數十萬圓을 던질 覺悟로 시작하는 下關의 林兼의 魚油製造工場의 設置를 보게되엇다 할지라도 아직도 北道는 資本의 流出口가 만히 남어잇다. 漁業에 鑛山에 山林에 日本의 大資本은 지금 크게 움즈기기 시작하고 그 中의 三菱은 全産業을 掌握하려고 하지 안는가.

그런데도 不拘하고 住民들은 大勢에 어둡다. 咸鏡道가 팔리는 차레인지 江原道가 다 팔렷는지 싸마케 몰른다.(안댓자 팔리는 것을 못팔리게 안팔리게 할 쟁비도 업지만)— 이 地方을 먹으려고 덤뷔는 손은 크고 이 地方 사람은 그 손을 늦기지도 못한다. 北方의 東海岸은 果然 十年二內에 어써케 變할 것인가? 이것도 나의 愛着心—研究心을 싀으는 重大한 現象이다.

「旅行을 갈려거든 咸鏡線으로 가거라. 팔리가는 咸鏡道를 直接보아라.」

—七月九日於京城—

北遊 三千里

今夏日記數節

金昶濟

《삼천리》 제3권 제10호, 1931년 10월

기독교 교육자이자 YMCA 운동가인 김창제가 23년만에 함경북도 경성(鏡城)을 찾아 옛 지인들을 만나고 청진을 거쳐 두만강 너머 용정을 방문한 일을 기록한 글이다. 글의 구성은 열차로 경성 직전 주을역에 내려 주을온천으로 이동하기까지 과정을 소개한 전반부와 이후 주을에서 경성으로 이동해 지인들을 만나고 여러 일정을 소화하는 부분, 그리고 청진을 지나 용정을 방문해 활동한 내역을 기록한 부분 등 셋으로 나눌 수 있다. 원문에 표시된 일자를 보면 세 부분의 여정이 일관되게 이어지지 않으며 후반부가 일정상 오히려 이른 시기의 활동으로 표시되어 있다.

여정의 출발은 1931년 8월 23일이다. 주을까지 이동하는 과정에는 두 가지 주목할 사실을 기록하고 있다. 먼저 함흥의 질소비료 공장의 규모가 큰 것에 대한 감탄이다. 투자 금액이 1억 원이며 그 규모가 동양 제일이라 한다. 이후로는 동해안 철로가 터널과 해안 절경을 통과하는 것을 들어 풍경이 일본철도의 아카시(明石)에서 스마(須磨)에 이르는 구간에 버금간다고 했다. 여러 지역을 지나며 23년 전의 기억을 떠올리던 중 차중에서 함일학교 시대 친구라는 홍종화를 만난다. 필자는 알아보지 못했으나 고향 친구를 만난 것 같은 반가움으로 여러 추억을 나누며 경성 시대를 떠올린다. 필자의 기록에 따르면 최초의 경성공립보통학교장(구한국시대), 최초 경성교회 설립자, 최초의 사립학교 함일학교, 보성학교 등의 이력이 이 시기의 일이라 한다. 구체적으로 23세 봄부터 30세 봄까지라 하였다. 현재 확인되는 김창제의 출생연도가 1877 또는 1880년인 것을 고려해 역산하면 경성 지역에서 교장을 맡고 교회를 설립한 시기는 1900~1903년에서 1907~1910년 사이로 추정된다. 현재 알려진 생애 기록상 함일학교 학감으로 부임한 것이 1915년인 것을 보면 그 이전에 이미 경성에서 함일학교 설립 등의 일에 관여한 것으로 보인다. 흥미로운 것은 6-7년 가량 되는 이 시기의 경성에 대해 "...다 나의 가장 맑고 뜨거운 청춘의 피를 솟게 한 곳" "나의 최초의 로만틱한 생활을 하게 한 곳" "육적으로 타락하였던 곳도 이곳, 영적으로 부활한 곳도 이곳" 등으로 묘사하고 있는 부분이다.

이어지는 둘째 부분은 주을에서 경성으로 출발하지만 일자가 7월 26일로 되어 있다. (주을 온천에서 3일 정도 머물렀다 8월 26일 출발한 것일 수도 있다.) 경성에 도착한 저녁에 회당에서 강연하고 이튿날 지인을 만나고 만찬 등의 일정을 소화한다. 그 이튿날 청진 가는 자동차를 타는 것으로 마무리된다.

마지막 부분은 간도 방문기이다. 날짜는 다시 7월 5일이다. 용정의 인구와 호수, 조선인과 일본인, 중국인의 구성, 인구는 가장 많지만 가장 차별받는 조선인의 사정 등을 소개했다. 이밖에 용정의 교육기관과 치안기관, 공원, 명소, 해란강 등을 간략히 언급했다. 이튿날 용정의 국자가(局子街) 시가를 구경하고 연길 감옥을 방문에 구경한다. 규모, 수용인원, 수감자 구성 등을 자세히 기록하였는데, 특히 조선인 수감자가 가장 많고 노예같은 대접을 받는 것을 보고 한탄한다.

○一億圓의 窒素工場을 보면서 海岸線 岸路의 絶境

一九三一年 八月 二十三日

車는 어느 새에 三防高山의 峻嶺을 너머 元山에 이르럿다가 咸興을 지나 內湖를 지나간다.

여기서 나는 一億萬圓의 巨財를 던지어 窒素工業를 企業하고 잇는 저 有名한 窒素會社의 姿態를 바라보면서 새삼스럽게 놀내지 안을 수 업섯다.

실로 오늘의 조선에 잇서서 무엇이나 저들의 손이 쌔치지 아니한 것이 업지만은 아마 이것이야말로 朝鮮 第一 아니 東洋 第一의 ××機關이라 할가 보다. 여기서부터 줄곳 海岸線을 沿하야 온다. 東海의 淸澄은 元來 말할 것도 업지마는 碧水白波는 無限한 海色이 展開된다. 원악 急峻한 海岸山脈을 싣어서 鐵路를 노은 故로 턴넬을 지나서는 鏡湖 가튼 海灣이 잇고 灣을 지나서는 또 턴넬이 잇다. 奇岩怪島는 處々의 絶景이다. 驛名에도 松端 雙岩 奇巖 等이 스스로 보이고 잇다. 特히 新北青을 지나서 利原 南松亭 一帶의 松林을 지날 째에 그 白沙靑松이 海色을 通하야 照應하는 日本 明石 須磨와 伯仲을 다툴 것이다. 城津을 지날 째에 亦是 二十三年前의 追憶이 懇切하다. 何如튼 回程에 들러기로 後期를 暗約하고 月歸地를 向하야 驀進한다. 今日 車 中에서 더욱 奇緣인 것은 羅南에 住所를 둔 洪鍾華君을 邂逅한 것이다. 勿論 나로서는 아러보지 못하엿다. 君은 二十四五年前 鏡城 咸一學校 時代의 친구라 한다. 可謂 故鄕親舊를 만나본 것처럼 반가웟다. 追憶이 만흔 鏡城 이야기로써 終日 談話의 大部分을 占領하엿다. 鏡城 짱이 漸々 갓가워 온다. 그럴사록 나는 形言할 수 업는 情緒를 自制할 수가 업다. 最初의 鏡城公立普通學校長 (舊韓國時代) 最初 鏡城敎會의 設立者(最初의 領袖) 그리고 最初의 私立學校로 咸一學校 普成學校 等이 다 나의 가장 맑고 쯔거운 靑春의 피를 숏게 한 곳이다. 아니 쏘 나의 最初의 로만틱한 生活을 하게 한 곳이다. 肉的으로 墮落하엿든 곳도 이곳 靈的으로 復活한 곳도 이곳 何如間 나의 靑春의 가장 꼿다운 時期를 六七年間 보내인 곳이다(二十四歲의 春으로부터 三十歲의 春까지). 아- 그런데 지금은 무엇이 남어 잇는가. 귀밋헤 白髮만이 성성하지 아니하냐. 二十三年만에 다시 이곳을 온다. 二十三年!

이 歲月은 果然 길다면 길고 쌃다면 쌃분 時間이다. 그동안 朝鮮은 말할 것도 업시 地圖의 빗까지 변하엿다. 쑨 아니라 世界的으로 보아도 可謂「에포메이킹」이라 할만하게 變하엿다. 今日 나의 行色이 全然 個人的이오 私的이오 아모 名義 업는 것과 쏘한 조흔 對照라 할가. 元山以北으로는 津々浦々가 다 나의 낫익은 곳이다. 前日에 汽船으로 元山 釜山까지 도라서 通行한 째가 잇섯다. 午後 七時 朱乙驛에서 洪君을 作別하고 崔鵬南君(前日 親友)에게 刺를 通하고 卽時 自動車로 朱乙溫泉을 向하엿다. 여기는 아주 鏡城 쌍이다. 이 溫泉이야말로 나의 最初의 溫泉의 智識을 엇은 곳이다. 그째는 아마 二十四五年前 大成峴普成學校 時代에 探勝한 곳이다. 今日은 可謂「而江山을 不可復識」이라 할 만큼 高樓正閣인 旅舘이 잇고 電灯이 달렷고 自動車가 달닌다.

○ 二十三年만의 넷 城에서

七月 二十六日 가는 비가 나린다.

午後 네시 車로 朱乙을 써나 鏡城을 向하니 途中 途山川은 漸々 낫익는 듯 하다. 우선 勝岩山을 對할 째에 依舊히 반겨주는 듯하다. 驛에는 姜牧師 以外 數人의 交友가 來迎하여 준다. 저녁에「二十三年」만이란 演題로 會堂에서 講演하니 이것이 實로 鏡城에서 演壇에 올나보기 二十三年 만이오 쏘한 今年 以來 第三十五次의 講演이다. 一時間餘를「解放」에 對하야 조곰 말하고 大部分은 追憶談을 하엿다.

그 이튿날이다. 아츰 안개는 녜와 別다른 것이 업시 左右山脈이 고요히 깃어잇다. 咸鍾洽 長老의 引導로 本地 高普教諭인 朴最吉君을 往訪하니 이는 故朴燾起君의 令息이오 또 妻는 H女史이다. 이이는 二十五六年前에 나를 아버지라고 부르든 사람이다. 그째에는 勿論 코흘니든 幼兒이엇다. 그럿큰대 今日은 그째의 當者보다도 長成한 子女 三人을 다리고 잇다. 이러한 것을 目擊한 째에는 더욱 니의 젊지 아니한 것을 깨닷게 한다. 居無何에 朴最吉君이 外出하엿다가 도라온다. 공손히 拜禮한다. 그러나 나는 알어볼 길이 업다. 敍禮後에 種々의 話題로 長時間을 보낸다. 卽 學生 스트라익 東亞日報의 李忠武公 墓所問題 등.

그곳을 써나 申宗岳 姜達鎬 兩君으로 더부러 넷날의 咸一學校 터전을 도라보고 故 李雲協氏 老親 哲鎬翁을 訪하고 다시 前日 普成中學校의 臨時 使用하든 鄕校를 訪하다. 이곳만은 古色蒼然한 舊建物 그대로 남어 잇서서 더욱 追憶의 情을 간절게 한다. 昔日의 登臨하든 風永樓에 올라 한참 徘徊하다.

夕陽에 洪鍾一君의 私宅에서 晩餐會가 열니엇는데 席上에서 鄭斗賢君이 이러케 紹介한다.

「우리에게는 咸友契라는 前日 咸一學校의 同窓과 或은 關係者들로써 組織된 團體가 잇는데 五十餘人의 係員이다.(今日 參會者는 十餘人) 目的은 故 李雲協氏의 記念碑를 세울랴 한다. 그런데 今日 金昶濟 先生을 二十三年만에 다시 만나보게 되는 것은 마치 故 李先生을 보게 되는 것과 다름이 업다. 우리가 이 金錢으로써 先生을 歡迎하는 것이 地下에 게신 李先生도 오늘 매우 깁버하실 줄 밋는다.」

라는 簡潔 深切한 말을 주엇다. 나는 甚히 感激하겻다. 一同은 長時間 懇談하엿다. 밤은 陰曆 六月 열사흔날의 둥근 달이 썩 明朗하다. K孃이 步月하기를 暗示한다. 나는 快히 短杖을 쓸엇다. 孃의 弟와 三人이 將臺의 벌판을 지나서 大川邊에 散策하니 淸凉한 夜氣와 明朗한 月色은 遠客의 懷와 追憶의 情을 惹起한다. 今日 余의 不在中 金東煥君이 (三千里 主幹) 留刺하엿다.

그 이튿날 午後에 나는 萬解의 情懷에 어르키엇고 또 二十三年 만에 맛낫든 넷城 鏡城을 뒤에 두고 淸津 가는 自動車에 올낫다. 朴最吉, 金東煥, 鄭斗賢, 咸鍾洽, 李周燦鎬君이 餞別하여 준다………

豆滿江의 國際鐵道를 건너 荒凉한 間島 風光

七月 五日 나는 豆滿江을 너머 天圖鐵道를 타고 荒冷한 異國 風光에 亢奮하면서 龍井으로 왓다. 龍井市는 支那稱 六道溝이라 하는데 商埠地로서 日本總領事館의 所在地로서 間島 唯一의 朝, 日, 中人 商業中心地의 大都市이다. 戶口로는 日本人 略三百戶(千五百名) 朝鮮人 三千戶(一萬五千人) 中國人 七百戶(三千名) 其他 白露 若干人, 宣敎師 若干人, 戶數 合計 四千 人口 略 二萬이라 한다. 時의 行政警察로는 二重機關이 있다. 卽 日本領事館의 治外法權과 最多數의 住民이 朝鮮人인 中國人은 日本人과 朝鮮人은 同等으로 取扱하지를 못하는 것이다. 그리하야 朝鮮人은 結局 二重의 ××生活을 하고 잇는 것이다. 무슨 犯人이라고 檢擧하는 時에는 日本領事館에서나 支那軍警에서나 競爭的으로 몬저 着手하는 者의 것이 되고 만다. 참 可憐할 할 朝鮮人이라 하겟다.

敎育機關으로 말하면 總督府의 經營의 普通學校인 中央學校(生徒 一千 數百名) 其他 日本人 經營의 永新中學, 光明高等女學校이 잇고 카나다 宣敎會의 經營인 恩眞中學 及 明信女學校 等이 잇고 朝鮮人의 經營으로는 東興中學, 大成中學 等이 잇스나 元來 基本金이 업서 維持困難한 形便이엇다.

其他 治安으로는 支那陸軍이 잇고 其他 地方裁判廳, 商埠局, 巡警局 等이 잇다. 名所로는 商埠地公園이 잇고 山에는 西으로 西三峰, 馬蹄山 等이 잇다. 그리고 海蘭江이라는 大川이 잇다. (中略)

나는 그 이튿날 局子街에 이르러 金永學 老友와 張竹燮君으로 더부러 市街를 求景하고 延吉監獄을 訪問하기로 하엿다. 이에 一行은 郊外에 잇는 監

獄을 往訪하엿다. 몬저 張竹變氏의 幹旋으로 우리 一行의 來意를 特히 遠來의 余를 압장 세워 가지고 觀覽의 許可를 어덧다. 典獄君은 中年의 溫厚한 紳士이다. 매우 親切히 待遇하여 준다. 一官吏의 引導로 囚徒의 各監房을 觀覽하는데 制度는 十字形으로 되엇는데 正中에는 大廊下가 되잇고 거기서 東, 西, 南, 北 四方으로 갈려가게 되엇고 正中은 層階의 高樓가 되어 그 樓上에서는 守直軍이 望臺로 쓰는 모양이다. 그런데 各 監房은 中國式의 칸이라는 溫突로 되엇는데 그 더럽기 無類하고 아조 惡臭가 觸鼻할 듯한 곳에 五六式의 囚徒가 아주 陰禁한 起色으로 버려잇다. 먹이기는 一日 二食을 준다. (쏘 衣服은 自備로 自由라 云) 元來 이 監獄은 定員 四百名의 室인데 近日 共産黨事件의 激增으로 因하야 六百八十二名이 잇다. 그리고 其中에 四百名은 朝鮮人이라 한다.(方十尺의 室에 定員은 五人인데 現今 六七人이 잇다). 朝鮮人은 ××의 奴隷生活을 하고 잇는 것을 實地로 보앗다. 어찌 痛嘆할 바가 아니냐.

이곳을 나와서 다시 市內로 도라와서는 某友와 함께 中國學校를 觀察하기로 하야 延吉縣立師範學校를 往訪하엿다. 마츰 職員 中 主要人物은 볼 수 업는 것이 遺憾이다. 그러나 다행히 敎授 中 一人인 趙峻峰氏가 잇서서 應接하여 준다. 特히 이 學校에서 注意를 끄으는 것은 課程表 中에 韓語가 잇는 것인데 每週 二時間 式이라 한다. (以下略)

車中所見, 北方旅行의 에피소-드

兪鎭午

《만국부인》 제1호, 1932년 10월

필자는 오랫동안 관북지방 여행을 소원하고 있었다. 관북지방에 대한 최근의
관심이 높아져있기 때문이다. 글의 서두에 관심의 이유로 든 것은 거대한 자
본 투하지, 노동자가 몰리는 곳, 여인네가 사내같이 일한다는 곳, 준마같은 의
기를 엿볼 수 있는 젊은이들의 관북 등이다. 마침내 올 여름 기회가 되어 관북
여행을 나섰고 9일 동안의 여정 동안 관북에 대한 소문으로 들었던 '문평의
석유 탱크' '흥남의 질소비료회사' '대규모 축항 공사 중인 청진' '길주에서 혜
산진으로 박차고 들어가는 삼림철도' '황량한 어촌에까지 빛나는 전등' 등 모
든 것이 예상을 수배나 초월하는 경이였다고 요약한다. 그러나 정작 글의 본
문은 이런 여행기나 소감이 아니라 함흥까지 가는 열차 안에서 만났던 어떤
여인과 일본인 여급 세 사람에 관한 일화이다. 짧은 소설처럼 세밀하게 묘사
되어 있다. 여행기 형식을 띠긴 했으나 글이 실린 〈만국부인〉이라는 잡지 성
향에 맞추어 당대의 세태를 암시하는 두 여성 인물을 부각해 흥미롭게 구성한

것으로 보인다.

내가 關北地方을 가보고 십허 한 지는 벌서 오래다, 山 깁고 波濤 험하고 물 맑은 關北 巨大한 資本投下地로서 大規模의 工場과 鑛山이 해마다 느러가는 關北, 勞動者의 巨群이 大海의 물결가치 밀니는 關北, 女人네가 사내가치 活潑하고 사내가치 일한다는 關北, 여러 가지로, 駿馬가튼 意氣를 엿볼 수 잇는 절문이들의 關北-이 關北의 푸로필이 나에게는 몹시도 그리웟든 것이다.

이번 夏休에는 期於코 갓다오랴든 것이 이 일 저 일에 妨害되어 어느듯 八月도 下旬이 되어 이번에도 쏘 여러 해의 宿望을 이루지 못하는가 하엿다. 그리든 길에 맛침 寸暇를 어둘 수 잇게 되엇다. 萬事를 제치고 나는 關北旅行의 길을 나섯다. 走馬看山이고 무엇이고 간에 엇잿든 關北의 風物을 瞥見하자는 것이다.

아흐래 동안의 旅行에서 본 關北 風物-有名한 文坪의 石油탕크를 비롯하야 興南의 窒素肥料會社 大規模의 築港工事로 뒤잡어 업고 잇는 淸津港, 吉州서 惠山鎭으로 壘々한 큰 山을 박차고 들어가는 森林鐵道의 精力的인 식컴언 레-일, 長汀曲浦에 點綴하는 荒凉한 漁村에까지 빗나고 잇는 電燈-모든 것이 나의 豫想을 數倍나 超越하는 驚異的의 것이엇다 躍動하는 巨大한 蛟龍! 이것이 내가 처음 보는 關北地方으로부터 바든 印象이엇다. 이 蛟龍의 躍動은 無心한 一時의 旅行者의 가슴까지도 鼓動케 하고야 마는 것이엇다.

그러나 이곳에는 이 모든 感激的 光景을 다 제처 노코-그것을 모다 記錄하자면 必要 以上으로 길어지겟스니-떠나는 날 車 속에서 본 조그마한 事件-

싱겁다면 極히 싱거운 事件을 하나 紹介하고 그만두랴 한다.

八月 二十七日 여름도 다 간 이 철의 京咸線 찻 속은 쓸〻하기 짝이 업다. 몃칠째 오락가락하든 비는 이 날도 개이지 아니하야 묵어운 구름이 하늘을 내리 덥고 안개가치 흐리는 가을비가 소리도 업시 車窓을 째리고 잇섯다. 車가 漢江을 씨도 돌 때 나는 바로 鐵道ㅅ둑밋까지 밀려 드러온 붉게 흐린 江물을 無心코 내다보고 잇섯다.

마즌 便坐席에는 스물 대 여섯 되여 보이는 절문 女人이 혼자서 역시 나모양으로 車窓 박글 내여다 보고 안젓다. 둥근 얼골 똥〻한 體格 어글어글한 눈 金으로 둘네한 니 人造絹 치마 저고리 美人이라면 美人이나 그의 化粧 其他로 보아 엇재 普通 사람은 아닌 것 갓허 보엿다.

우리가 안저 잇는 저편 「뽁스」에는 악가 龍山서 탄 절문 日女 세 사람이 亂雜하게 허트리고 안저 귀가 아푸게 써들고 잇다. 卑俗한 流行歌를 함부르 부르고 잇는 것이라든지 그들의 엽헤 그들을 引率하고 가는 귀신가튼 老婆가 직히고 안젓는 것이라든지 그들이 그 老婆에게 引率되여 어듸로인지 가는 女給의 一團이라는 것을 단번에 짐작되엇다. 그들의 말하는 것으로 보아서는 大阪 女子들인 것이 분명하다. 필경 大阪서 關北地方의 어느 「카페-」로 팔여가는 娘子軍의 一隊임에 틀님이 업다. 娼妓로는 天草지만 女給으로는 大阪이 「本場」이라 한다.

비나리는 漢江 西氷庫의 포푸라 숩이 한 暴의 水墨畵 갓다. 主人업는 배가 저 혼자 쥴넝출넝 江기슭에 매달여 잇다. 車窓을 치는 소리도 업는 가을비 女給軍의 狼籍와는 대체 別世界다.

「鏡城가시오? 이 車가 洗浦에 몃 시에 다음닛가?」

별안간 마즘 편에 안즌 女子가 뭇는다. 나는 넘무나 意外에

「네- 洗浦요.」

하고 車窓으로부터 고개를 돌니며 두 시 반 가량 해 닷지오.

「네-」

女子는 愛嬌잇게 빙끗 우스며 고개를 끄덱끄덱하고 담배를 피어 물고 다시 窓 밧을 내어다 보기 시작하엿다. 그러나 나는 그가 엇지해 내가 鏡城 가는 것을 알고 잇는지 퍽이나 궁금하엿다, 한참이나 躊저하다가.

「내가 鏡城가는 것은 엇더케 아심닛가?」

「엇더케요?」하고 그는 작난군 갓치 싱긋 웃으며 「악가 정거장에서 친구 양반하고 이야기하시는 것을 들엇지요.」

그리고 보닛가 악가 그가 정거장 대합실에서 나와 兩君이 이야기하는 엽헤 안젓든 것이 생각낫다. 알고 보니 퍽으나 싱거웟스나 何如間 이것이 始作이 되여 그와 나와는 마침 다른 아는 사람도 업서 심々하든 터이라 이야기를 주고 밧고 하게 되엇다.

그는 능난한 말솜씨로 내가 뭇지 안는 말까지도 더벅더벅 대답하엿다. 그의 말에 依하면- 그의 일홈은 정한숙이라 하엿다.- 그는 有名한 H판서의 손자와 살엇섯는데 그의 男便은 今年 四月에 스물 세 살의 젊은 나히로 夭折햇다는 것이엇다.

「스물 세 살요?」

하고 내가 되뭇는 말에

「네 저보다도 서방님이 나히가 어렷세요.」

그는 단번에 내가 뭇는 쯧을 안 것 갓치 이럿케 대답하고서 그의 이약이를 게속하엿다.

지금은 싀집에서 나온 황금정×정목에서 혼자ㅅ 살님을 하고 잇는데 이번 길은 洗浦에 사는 自己 동생이 病이 들엇슴으로 그를 맞나보랴 써난 것이라 한다.

대체 그가 웨 그러케 뭇지도 안는 말까지-스물 다섯 살 먹은 유복스런 寡婦라는 것을 말하는가를 나는 알 수가 업섯다. 얼뜻 나에게는 日前에 新聞에 낫든 金剛山行 車中의 넌센쓰談이 생각낫다. 엇던 大阪 商人 하나가 滿洲視察로부터 도라가는 길에 金剛山 求景을 하랴고 金剛山行 汽車을 탓다. 車中에서 그는 웬 朝鮮 美人 하나이 車窓에 의지해 깁흔 愁心에 싸여잇는 것을 보고 親切하게(?) 웨 그럿케 愁心에 싸엇나를 물어 보앗드니 그 美人은 自己는 理由가 잇서 金剛山에 祈禱를 드러가는 길인데 路費가 不足해서 걱정이라고 對答하엿다. 惻隱心(?)을 이르킨 大阪 商人은 걱정말나고 慰安한 後 自己가 費用을 擔當해 그 美人을 金剛山까지 더리고 가서 一流(?) 旅館에 同宿하고 그리고도 惻隱心이 들 풀녓든지 다시 京城까지 同行하야 某 日本人 旅館에서 몃칠을 또 묵엇다. 그 때 그 大阪 商人이 自己는 天下의 美男子요. 手段客이요. 好運兒라고 內心 得意의 코우슴을 처슬 것은 說明할 必要도 업다. 그러나 이곳에 意外의 벽력이 써러젓다. 어느날 낫에 沐浴을 하고 도라와보니 女子가 간 곳이 업다. 八方으로 찻다가 못차진 그 日人은 내종에 自己의 돈지갑을 차젓드니 지갑도-現金 百五十圓이 들어잇는 지갑도 간 곳이 업다. 大阪으로 드라갈 路費도 업서진 그는 샛파락케 질녀 제가 한 짓은 엇잿든 間에 警察로 달녀갓다. 그러나 女子는 아즉도 未逮捕라는 것이다.

그 新聞記事를 읽을 때 나는 朝鮮에도 벌서 이런 女子가 생겨나나 하고 感歎(?) 不己하엿다, 우리는 日本의 넌센스 作家의 作品에서 이와 꼭 갓흔 이야기도 흔히 보는 것이다. 다만 다른 것은 女子가 다러날 때 조희조각에 男子를 愚弄 嘲笑하는 文句를 써놋치 안은 것 뿐이다. 써노앗드면 그대로 好個의 넉센스 作品이 될 것을 畵龍點睛이 싸진 세음이다. 그 女子가 第一「똔 판」의 故事를 알엇드면

「바든 것만치는 드리엇노라 무엇을 중얼중얼 하시느요?」
라고 적어 노앗을 것을. 그럼 엇지 햇든 狡猾한 商人의 낫작을 샛파라케 맨드러논 것만은 痛快하기 짝이 업섯다.

　 -이 新聞記事를 읽든 記憶이 나에게 새로워젓다. 나는 혹시 지금 내 눈압

혜 안즌 女子가 그 女子나 아닌가. 나를 第二의 大阪商人을 맨들랴는 것이 아닌가. 그러타면 이번에는 失敗올시다. 생각하며 그의 얼골을 다시 들여다 보앗다. 그러나 그럴 것 갓지는 안엇다.

나의 疑心을 눈치채인 듯이 그는

「웨 작고 보세요?」

「아니올시다. 실상은 일전에 신문에 낫든 이야기가 생각이 나서-」

해노코 나는 그 新聞에 낫든 事實을 이야기 하엿다. 이야기가 끗나자 그는

「호... 웨 제가 그 女子나 아닌가 하고 그리세요.」

「아니요.」

나는 아니라고 고개를 좌우로 흔들엇스나 그는 내가 自己를 普通 女子가 아닌 것으로 생각하는 것을 짐작하엿는지

「하기는요.」하고 빙꿋 웃고서「저도 무어 그 녀자와 그리 달을 거야 잇습닛가. 사실은 사월에 홀로 된 후 날마다 집에 혼자 안저 속은 상하고 무어 할 일이 잇서야지요. 그래 오월부터 집에서 술을 팔기 시작햇담니다. 물논 저는 나가 팔지 안치만요. 서울 도라오시거든 차저 오세요.

말을 맛치고서 그는 본색을 탄로내인 어색한 얼골로 쓸쓸하게 고개를 돌니엇다. 나도 처음부터 대강 그러니 하고 짐작은 한 것이지만 그래도 그 말을 듯고 나니 얼마쯤 現實暴露의 悲哀를 늣기지 안을 수 업섯다.

그 째엿다. 저편에 안저 잇는 女給軍의 한 사람이 별안간 소매를 눈에 대고 가늘게 늣겨 울기 시작한 것이다.

「웬일일가?」하는 눈치로 나는 정한숙 녀사의 얼골을 보앗다. 그는 어색한 얼골을 다시 곳치어 웃으며.

「악가부터 웬 男子의 寫眞을 쎄내 보고 잇드니 그래요.」

하々-나는 그 女子의 우는 理由를 알엇다. 그는 必然 大阪近郊의 農村의 쌀일 것이다. 故鄕에 그리운 男子를 남겨 두고 大阪으로 팔녀와 다시 北鮮地

方-머나먼 植民地의 ㅅ으로 팔녀가는 그는 별안간 故鄕 생각 님 생각이 간절히 터진 것이다. 소리업시 나리는 가을비에 荒凉한 沿線의 風景 植民地의 들판을 달니는 汽車 박휘의 規則的 鼓動 그 中에 그는 나와 마조 안즌 女子를 무슨 多情한 夫婦사이로 誤解한 듯도 십헛다. 악가부터 그가 타는 듯한 羨望의 눈으로 우리 두 사람을 건너다보든 것이 생각이 낫다.

「아마 우리 둘을 무슨 多情한 내외로나 안가 보오.」

「글세요.」

우리는 승거운 우슴을 交換하지 아니할 수 업섯다. 그러나 생각하면 우리는 지금 그 女子의 눈물을 一笑에 부처 버려도 올흘 것인가? 아니다. 멀니 植民地 ㅅ단 곳ㅺ지 팔녀 나와서 故鄕에 남겨 둔 愛人의 寫眞을 ㅆ내 보고 눈물짓는 팔녀가는 女子! 우리는 엇더케 그를 웃서버릴 것인가. 이것도 ㅽ한 농촌을 파멸케 한 지금의 사회제도의 지은 죄이다.

그리고 이런 광경은 우리 조선에서는 일본보다도 몃 倍나 몃 十倍나 더 甚한 것이다.

滿洲 넓은 天地에 퍼진 朝鮮 娼妓는 이리해 생겨난 것이다.

마즌 편에 안즌 女子가 별안간 저것 보라고 눈짓을 한다. 눈을 돌니니 지금ㅺ지 울든 그 女給은 지금 바야흐로 名啣 반족만한 그 愛人의 寫眞을 가만히 입술에 갓다 대인 판이다. 그의 마음에는 지금 아모도 自己의 하는 것을 보지 못하는 것으로 생각하는 듯 십다. 二三차 입에 갓다 대이드니 最後로 그는 熱情的으로 寫眞에 接吻하고 그만 도로 넛기 始作하엿다. 同行 두 女子는 몰으는 체 하고 「잘 잇거라 上海야.」의 流行歌를 을푸며 窓박을 내여다보고 잇섯다.

그 事件 以後 나는 그 女給을 작고 注意해 보앗다. 十分에 한 번 식은 지갑 속으로부터 그 名啣 반족만한 寫眞을 ㅆ내 둘여다 보고는 비죽비죽 우는 것이엇다.

나의 마즌 편에 안젓든 女子는 豫定대로 洗浦서 나려갓다. 女子가 나려가는 것을 그 女給은 意外의 눈초리로 나와 그 女子의 얼골을 번가러 보앗다.

　기차가 써나자 마자 그는 나에게

　「あの方は 途づれでしたの?」

하고 얼든 얼골에 웃슴을 씌우며 뭇는다.

　「ええ」

　「そうでしたか」

　意外라는 듯이 그는 대답하고 또 한 번 빙그레 웃섯다.

　비는 終日 如一하게 내렷다. 그러나 洗浦서부터는 그 女給은 다시는 愛人의 寫眞을 써내지 아니하고 다른 동모들과 함게 누어자다가 雜誌를 넑다가 流行歌를 불으다 하엿다.

　女給軍은 咸興서 나렷다. 나도 일이 잇서 咸興에서 途中下車 하엿다. K氏가 일부러 비가 오는데도 나를 마지하러 驛까지 나와 잇섯다. 驛頭에는 女給 一行을 마지하려 그들을 引率하고 온 老婆의 男便인 듯한 植民地에서 十餘 年 콜너먹은 듯한 兇惡한 상판을 한 늙은 자가 女給 數人을 더리고 나와 잇섯다. (끗)

赴戰高原

毛允淑

《삼천리》 제12권 제8호, 1940년 9월

모윤숙이 개마고원에 있는 부전호수를 여행하고 쓴 기행문이다. 글의 구성은
전반부에 함흥역에서 목적지까지 이동경과를 그렸으며, 목적지인 부전호수
에서 2박하는 동안의 기록이 중간 부분, 마지막으로 함흥역으로 되돌아와 필
자의 집에서 하룻밤 묵기까지를 기록하고 있다. 이동하는 열차 안의 풍경, 행
로에 따른 감상, 사이사이의 활동 상황을 여성적 표현으로 섬세하게 묘사하
였다.

첫날, 친구 K와 서함흥역에서 열차를 타고 송흥역까지 이동, 송흥역에서 산악
철도를 타고 사수까지 이동, 사수에서 배를 타고 부전호수를 건너 호텔에 도
착한다. 산악 열차가 높은 고원을 오르게 하는 기계장치를 보고 과학의 힘에
놀란다. 호수가 생각보다 크고 자신들이 타고 가는 배가 기선만큼 큰 발동성
이라 또 놀란다. 호텔에 도착해 목욕과 저녁 식사를 마치고 주위를 산책하다
딸기밭을 발견하고 다음날 다시 오기로 한다. 돌아오는 길에 큰 물레방아를

보고 놀란다.

이튿날 도시락을 싸서 다시 호수 주변 산책을 산책한다. 무성한 딸기밭에서 신선한 딸기를 맛보며 감미에 놀란다. 행로에 지역에 사는 노파를 만나 풀이름 몇 가지를 알게 된다. 호수로 흘러드는 강가에서 점심을 먹는다. 호수 주변을 두 시간여 걸어 한 바퀴 돈다. 이따금 만난 현지 여성들의 억센 모습을 보며 함경도 여성의 특색과 그들의 삶을 생각한다. 아름다운 호숫가에 야생적인 부락만 존재한다는 것이 미래를 위해 생각할 문제가 아닌가 생각한다. 호수 언저리 빈 배에 앉아 노래와 이야기를 밤 늦게 까지 시간을 보낸다. 호수 둘레를 등불로 장식하고 노래로 밤을 새는 호수가 되었으면 하는 꿈을 꾼다. 방에 돌아와 각자 편지를 쓰지만 필자는 수신자가 누구일지 정하지 못한다.

마지막 날 배를 타고 귀로에 오른다. 조선만치 풍부한 자연을 가진 곳도 드물 것이라 스스로 믿으며 밤에 쓴 편지를 호수에 던진다. 송흥역에서 들죽물을 사고 산에서 캐온 꽃과 열매를 가방에 담아 온다. 경성으로 돌아가려는 친구를 끌고 함흥 집으로 돌아와 밤 늦게까지 캐어온 풀과 꽃나무를 화분과 화병에 담는다.

초가을 일은 아침이다. 若干의 행장을 수습해 가지고 K와 나는 西咸興驛으로 나갔다. 바람이 꽤 쌀쌀하게 모시적삼 밑으로 슴여든다. 참외 몇 개와, 풋사과 몇 개를 더 사서 헌겁주머니에 넣고 車를 탔다. 어느 학교단체인지 女學生 五十餘名이 소살소살 떠들며 바로 앞 車간에서 요란하다.

『야아 거기 가문웅 퍼렁은 풀이랑 있단다. 그렁기야 여름에두 동삼처럼 칩닥하더라.』

『애구 참 물이 곱다.』

성천강 기슭을 호아올라가는 경편철도 안에 함흥사투리는 자못 명랑하게 자자하다.

K는 모파상의 소설을 읽고, 나는 그저 밖앗만 내다보며 내 궁리에 취해있었다.

드믄드믄 工事에 분주한 人夫들이 철길에 널려있고 山은 뻗어 올라간 대로 좃아가서 파내리고 파내리고 하여 허무러저가는 붉은 흙이 너실너실 멀리서 보기에도 맥없어 보인다.

正午가 되며 햇볕이 꽤 등을 따겁게 쏘아준다. 비좁은 車간에 땀내, 숨내가 한데 엉키여 숨을 돌릴 수가 없는 中 앉은 자리가 편치않어 일어섯다 앉었다 앉일부질을 해가며 몇시간 지났다. 松興驛에 와서야 車에서 우선 나리게 되고 땀을 좀 디리게 되였다. 나리며 보니 왼쪽으로 하얀 돌이 딱 퍼저네려간 골이 보인다. 일름은 松興江이라 하나 매말라서 물은 볼 수 없고 힌 차돌만이 햇빛 아래 못견디어 구을고 있다.

국수집이 바로 앞이라는 바람에 乘換時間까지 될 동안에 국수를 먹기로 하고 베수건을 길게 첨하에 드리운 토방집으로 들어갔다.

국수맛이란 지린내 나는 장맛에 뫼밀가루 설익은 냄새가 겻디린 일종 흉한 맛을 자아냈다.

역부가 시간이 되었다고 소리치는 바람에 국수사발을 놓고 달려 나왔다.

이제부터 잉라인이라는 鐵線을 通해서 車를 타고 高山地帶로 올라가는 것이다.

K와 나는 좋은 자리를 얻으랴고 했으나 원체 단체가 있고 또 旅行군이 많어서 좀체로 알맞은 자리를 구할 수가 없었다. K는 어느 갓쓴 노인 곁에 쪼그리고 앉고 나는 맨 뒤에 서 있었다.

삥 소리를 發하드니 車는 떠나 쿵쿵쿵쿵 올라간다. 車窓앞으로 굽으려 올려다보니 빳빳하게 올라간 山岳이 어마어마하게 올려 뻗쳤다. 도무지 이 車의 힘으로 또 많은 사람을 끄을고 깍아세운 듯한 그곳으로 다라난다는 사실이 믿어지지를 않는다. 좌우 옆으론 어느새 희부연 연기같은 것이 몰여드는데 안개라고 한다. 점점 양쪽으로 퍼렇게 보이는 山도 안보이고 그 희퍼런 안개의 날름이 힘차고 빠르게 山岳을 뒤덮는다. 서있던 나는 어느새 자세를 바로 잡을 수 없으리만치 뒤로 앞으로 삐뚜러지고 어지럽고 하여 발밑이 어대 의지할 곳을 모르겠다. 車는 一直線으로 뻗어 올라가나 전기의 힘으로 극히 安全하다 한다. 히끗히끗한 구름발 틈으로 내다보니 山우로 검은 철통을 連해 올려놓았다. 드르니 우리가 지금 가는 湖水의 물을 引用하여 鐵桶으로 나려솟게 하고 그 물로 다시 電氣를 發動시킨다 한다. 科學의 힘, 人工의 偉力이란 얼마나 위대한 것인 것을 새삼스레 느끼지 않을 수 없었다. 太古로부터 人間의 世界와 別離되었던 이 머나먼 山岳 속에 自然의 神秘 엄숙한 沈默을 깨트리고 人生은 幸福의 요람지를 여기 창설하고 있다.

웅웅하는 기계의 모-토소리와 함께 山은 새로운 아름다움을 먹고 산다.

첩첩깊은 구름속에
돌아가는 싸이렌
人生의 호미소리, 마치소리,
치고부서저나리는 흑뎀 옆에
몸은 고닲어도 光明의 世界를 내다보며가네.

피곤한 것도 점점 잊어버리게 되고 새로 보이는 높은 山의 위엄과 낯선 식물의 모습이 새로운 好奇心을 끄은다. 한번도 사람이 닳어보지 못한 순수한 高山植物이다. 생김생김이 모두가 自然 그대로 활기를 띠고 풍성풍성한 인상을 주는 데는 자연 마음조차 풍성해지지 않을 수 없다.

한참 이러한 풍경 속에 車는 달리드니 맨 高原꼭대기에 가서 멈춘다. 휘게 소인 듯한 적은 木製집으로부터 솜저구리 입은 女人네가 함지박을 들고 나온다. 디려다보니 안에는 적은 날로가 피여 있었다. 여기는 오늘 아침에도 어름이 얼었다 한다. 溫度의 正確性은 잘 몰으겠으나 如何間 K와 나는 모시적삼을 입고 간 때라 저윽이 여기 氣候에 놀라지 않을 수 없었다. 누가 車窓을 조금 열었다. 찬바람이 안개발을 밀며 솨하고 디리친다. 이제부터는 올라온 것 만침은 아니라도 그 三分의 一만큼한 比例로 傾斜진 行路라 한다. 호각소리가 나자 車는 아래로 달리기 始作한다. 나려오며 드르니 여기서부터서 長津땅이라 한다. 감자 많고 보리 많기로 有名한 어릴 때부터 익히 듣던 장진땅이라 한다.

山勢는 뒤에서보다 比較的 억세지 않은 편이나 昨年인가 언제 산불이 났다해서 나무는 다- 타고 타다 남은 소나무 전나무가 검은 채로 우뚝우뚝 서있어 山谷마다 섭섭한 풍경이 들어날 뿐이다.

안개는 여전이 山우으로 휘몰리고 寂寂한 山下로 멀리 푸른 물이 편듯편듯 보이기 始作한다. 그 물이 바로 부전湖水의 始初되는 데라는 데 일름은 泗水라 한다. 車가 이윽고 泗水에 다다르자 一行은 나려 배로 옴겨탔다. 물은 昨年 洪水以來로 흐려있는 것이 지금까지 맑지가 못한다. 똑딱선에 올라앉어 앞을 바라보니 湖水라는 느낌보다도 차라리 적은 바다라고 해도 유감이 없으리만치 물은 넓은 地幅을 占하고 퍼져있다.

배는 꽤 빠른 속도로 물쌀을 차며 다라났다. 나는 말로 드를 때보다 이 湖水의 인상이 어떤가 不足한 데가 있는 것같이 생각되었다. 첫재로 나는 이렇게 큰 湖水를 상상도 못했고 또 이런 기선같은 배를 타고 湖水를 橫斷한다는 것도 상상 못했다. 물이 푸르고 조그마한 面積 우에 곤도라를 띠우며 하날과 바람과 별과 햇빛의 情緖를 질길 수 있는 마음의 故鄕같은 그런 湖水를 연상해 왔다. 그러나 이 湖水는 꿈과 美를 갖운 랑만의 노리터라기보다 文明의 자욱자욱을 빛내기 위한 生命의 태반이 되어 있는 것을 잊어서는 안된다. 湖水 周圍가 三百里라 한다. 人工戶數로 이만한 湖水는 東洋에 오직 이 湖水가

存在할 뿐이라 한다. 발동기선이 꽤 빠른 속도로 가건만 좀체로 짧은 時間으로는 가기 어려운 모양이다. 해가 어느듯 지고 붉은 노을이 듬성듬성 西쪽 하늘에 떠돌 무렵해서야 나는 비로소 湖水우에 떠있는 내 마음의 소리를 듣는 것 같았다. 풍경도 아까보다는 점점 그윽하여 山岳이 屈曲진 데마다 물소리가 그 안에서도 철석 철석 들려왔다. 이제 밤이 오면 호수는 나무그늘을 잠재우고, 그리고 고요한 별을 안고 안옥한 꿈을 꾸려나, 이러한 생각을 퍼부어가면서 나는 저녁이 기뜨린 湖水의 가슴에 고닯음을 의지하려했다. 차차 솔그늘이 물우에 나려앉고 붉은 물이 밤빛에 어리여 왁살스런 감정을 덮어버린 후라, 나는 호수와 함께 내 꿈을 이야기할 수 있었다.

나는 문득 불란서 詩人 미르네르희의 湖水라는 詩를 연상하였다. 사람과 追憶과 幸福의 요람이든 그 湖水의 언덕으로 내 마음은 끄을려 갔다.

K는 하늘만 처다보고 앉었다. 湖水를 하늘에서 연상하는 모양이다.

저녁 일곱시경에야 배는 어느 언덕 앞에 다다랐다. 물이 언덕에 찰락찰락 이여있는데 참하게 꾸며진 二層 石造집이 서있다. 저런 文化色이 룽후한 건물이 어찌 여기 세워젔나하고 의아하였더니 여기 唯一의 호텔이라 한다.

K와 나도 거기 들기로 相約하고 빵을 하나 주문했더니 마침 빈방이 있어서 쉽사리 짐을 나릴 수 있었다. 이왕이면 湖水로 面한 방을 원했으나 다- 차있고 뒤로 山에 面한 방이 깃에 남게 되었다.

K는 남의 방임에도 불고하고 이따금 건너가서는 창턱에 걸앉어 湖水를 내다보군 하였다. 우리는 몸도 풀 겸하여 먼저 목욕탕으로 들어갔다. 湖水물을 길어다 물을 데인다 한다. 옥실 북편 쪽으로 적은 창이 달려있고 西南쪽으로 湖水가 나려다 보이게 되여 있다.

나는 옥실에 들어앉어 무한히 내다 보이는 湖水를 바라보며 애급의 女人들이 라일江물을 퍼서 목욕탕에 부꼬 왼갖 神話를 질기던 옛생각을 해보았다. 이따금 北창으로 산드러운 잎파리가 유리창을 싫어 날린다. 어느 새 떴는지 올여다보니 초승달이 높은 나무가지 새로 산득 빛난다.

『애 달이 떳구나, 어서 나가 저녁먹구 산보해, 응』

『오늘이 음역 초닷새지 아마』하며 K도 달빛에 유혹을 받았든지 탕물을 튕기고 나간다. 저녁은 참말 달게 먹었다. 음식은 습관 안된 內地음식이나 다꾸왕이 맛있어서 두 번에 두 쪼각을 더 청구해 먹었다. 우리는 가저온 원피쓰로 가볍게 몸을 차리고 호텔 밖을 나왔다. 손에는 집행이 하나식을 들었다.

굽으러진 언덕으로 자꾸 우리는 올라갔다. 아까 배에서 가치 나린 內地人 젊은 부부도 저리로 山을 끼고 돌아간다.

집행이 끝엔 이따금 찬이슬이 튀여올라 양말 신은 다리에 촉감을 이르킨다. 四方 좌우에 둘러선 山, 山은 엄숙한 채 久遠한 신비 속에 잠겨 있다.

K와 나는 아무 말없이 곧은 길로 올라갔다. 활작 넘어간 山허리에 푸른 하늘이 萬里라도 끌고 다라날 듯이 멀고 먼 줄을 가슴에서 끄으는 것 같다.

이윽고 K가

『내 주를 가까이 함은

십자가 짐같은 고생이나

내 일생 소원은 늘 찬송하면서

주께 더 나가기 원합내다.』

하는 곱고 부드러운 노래를 부르고 나서 숨을 한번 휘 쉬더니 집행이를 멈추고

『이런델 오면 자연 맘이 경건해 지는구려, 아유 참말루 표헐 수 없는 풍경 아니우?』

하고 나를 본다.

나는 아모 말도 대구하지 않고 가만이 아배마리아를 험잉해 보았다.

벌서 기우러지기 시작하는 얼네달이 이상한 매혹을 가지고 달려있다. 여기만 홀로 떠있는 달의 모습같았다. 넓은 湖水面에 달은 불붙는 情熱을 쏟으

며 고독하다. K와 나는 잠시 가든 길을 멈추고 이 넘쳐 흐르는 自然의 調和를 마음껏 눈으로 魂으로 어루만졌다. 湖水 언저리로 검은 나무 그림자가 달빛에 그믈그믈 어리어 한 개의 황홀한 묵화를 일우고 있다.

어디서 향긋한 내음새가 풍겨오자 K가

『딸기가 있나봐, 꼭 딸기 무르녹은 냄새 같지 않어?』

하더니 집행이로 숲울새를 더듬는다. 그러드니

『아유 거봐 이거 딸기안유? 아이참 어쩜 이렇게 향기가 좋아?』

한줌 쥐고 내 눈 앞에 닦아선다.

빨간 딸기다. 흰 이슬을 함뿍 쓴 말랑말랑한 딸기다. 우리는 일종 기이한 느낌으로 먹지도 않고 손바닥에 노흔 채 한참 딸기예찬에 정신없었다.

『여보 지금은 어두우니 내일 우리 싫건 따먹읍시다.』

『그래- 자- 그럼 이켄 돌아 내려가지, 어째 山속이라 무시무시하구나.』

하고 K를 재촉했다.

『글세 말이, 이런덴 맨이 하나 가치 와야 든든헌데.』

하며 무안한 말을 했다는 듯이 상긋 나를 보며 웃는다.

우리는 이름도 모를 山모통이를 돌아서 퍼런 물이 고인 조그만 숲같은 것이 있는 언덕 언저리에 길을 타고 내려왔다.

첩첩山中이다. 음폭 들어간 山谷새에 파란 물이 가득 고였다. 이 물도 저 湖水의 연장인 모양이나 웬일인지 물빛이 흐리지 않고 파란 것이 밤이라도 알어챌 수가 있었다.

『아유 저게 뭐야? 저것 좀 봐.』

K가 황당히 억게를 치는 통에 가르키는 곳을 바라보니 참말로 처음보는 거물이 하늘을 향해 그 생김생김이 거창하게 우뚝 올라간다. 물방아다.

巨大한 데다가 곁에 아모 人家도 없이 혼자 우뚝 놓여 있어 이따금 물이 고이면 쑥 머리를 하늘로 올려 솟구치는 머리가 으쓱하도록 무서웠다. 그것도 으스름 밤이라 그 올라가는 모양이 을슨영스럽도록 무서웠던 것이다. K와 나는 저도 모르게 두손에 땀을 모와 쥐고 달여나려왔다. 뒤에서 꼭 그 물방아가 소리를 지르며 달여나려오는 것만 같았다.

호텔 현관에 왔을 때 나는 웃음절반으로 숨을 돌리며

『야 너두 정말 나처럼 무서웠늬?』

K는 웃음진 눈가장자리를 한번 깜박하더니 정색하여지며

『여보! 참 혼났우? 그게 웨 그렇게 무서우? 꼭 나는 송장이 왁하고 이러서는 것같이 뵈저서. 그 물방아 빛이 회색빛이 되어 그런지 참 숭허기두 허이.』

하며 절반은 혼자말같이 중얼거리나 정말 혼이 좀 난 모양이다.

나는 신을 벗어 신장에 넣으며 K더러

『내일 우리 다시 한번 가볼까? 낮엔 괜찮겠지.』

하고 다시 약속을 걸었더니

『아유 난 싫으우, 부전고원 왔다가 넋잃고 가게? 그까짓건 또 봐 뭘해?』

올라가서 파쟈마로 가라입고 나서 우리는 딸기얘기와 일름모를 풀애기를 두서없이 짖거리다가 누가 먼저 잠이 들었는지 잠이 드렀다.

이튿날은 새벽에 일직이 집행이를 끄을고 손주머니에 벤또를 넣어 가지고 山구경 湖水구경을 떠났다. 이 부전湖水 말고도 長津湖水라는 큰 湖水가 있어서 장엄한 風光을 가추고 있다한다. 자동차 길이 문어저서 지금은 통행할 수 없다 한다. 우리는 경쾌한 걸음으로 어제저녁 올랐던 山峯을 넘었다. 엄청나게 딸기 숲이 들어찼다. K와 나는 정신없이 딸기 숲으로 빨리 들어가서 K는 벤또를 다~ 잃고 한참 웃으며 찾으러 다녔다. 금시 따서 금시 입에 넣었다. 형요할 수 없이 신선한 甘味여서 먹어보지 않고는 말할 바가 못된다. 비탈진 山峯을 하나하나 나려오며 우리는 그 곳서 사는 老파 한분을 만나게 되어 풀이름을 더러 알었다.

거기 고사리며, 넌출도토리, 산사나무, 개회나무, 화살나무, 궁궁이, 며느리바플, 가지송이풀, 뫼꼬리풀, 산딸나무, 애기산딸나무, 노루꿈풀, 생달나무, 가마귀쪽나무, 이런 이름들을 배와 알었다.

이름들이 하도 재미나서 붉은 딸기숲을 몇이나 그냥 지나쳤다.

『나는 이질누 간당이, 귀공으 잘하구 갑새.』

老파는 왼편으로 보이는 동리를 향하고 갈라지며 정답게 말한다.

우리는 또다시 딸기숲에 드러붙어 떠러질 줄을 모르고 뜨더 먹었다. 집에 있는 일선이 생각이 나서 수건에다 좀 모으면 모으는 대로 K에게 다 빼끼고 아무 수획다 없었다.

우리는 내려다뵈는 江을 향하고 걸었다. 동리가 얌전하게 둘러있고 무슨 야학교인 듯한 공공한 집도 하나 보였다.

江기슭에 힌 돌이 꽤 많었다. 우리는 발을 벗어 물에 잠그고 벤또를 끌렀다. 큰 호수보다 이쪽편이 훨신 아담한 맛이 있고 물빛도 파랗고 맑아서 맘에 드렀다. 그리고 이 湖水는 옛적부터 天然的으로 되어있는 湖水요 저- 뒤엣 것 모양으로 人工을 加하지 않었다 한다. 건너편 펀한 들 한가운데 세멘트공장같은 것이 서있고 굴둑에서 연기가 내솟는데 아마 이 湖水에 관연한 무슨 건물인 듯 싶다.

K와 나는 이 湖水의 주위를 한박휘 돌아본다. 운동화만 맨발에 신고 떠났다. 길은 단조로웠으나 절벽같이 둘러선 山峽으로 보지 못한 꽃과 풀, 나무들이 別有天地에 감을 자아 내였다. 山꼭대기엔 벌서 단풍이 누렇게 물드렀다. 日氣가 치운 곳이니까 단풍도 먼저 찾아오는 모양이다. 가다가 다리가 困하면 쉬고쉬고하여 두어시간만에 우리는 湖水주위를 한번 돌아올 수 있었다. 이따금 커다란 감자를 한 함지식 이고 앞가슴은 다- 흘으러진 채 맨발로 걸어오는 女人네를 본다. 얼굴엔 억센 기운이 돌고 걸음거리도 대단히 활기가 있어 北咸興의 특색을 잘 나타내고 있다.

여기는 대개 女子들이 롬사지여 살림하고 남자는 大都會로 나가 뇌동업을 해서 돈을 벌어 디린다 한다. 이 部落의 女人들은 감자, 보리농사는 물론 개, 소, 닭, 도야지를 손수 길러서 판다 한다. 그러면서도 生殖은 할대로 해서 아이 업지 않은 女人네가 별로 없다. 教育程度래야 겨우 야학을 치렀을 뿐으로 언문 나브랑이나 알가말가한 程度다. 이렇게 아름다운 湖水 옆에 이렇게 野生的인 部落만이 存在한다는 것은 미래를 위해선 좀 생각할 문제가 아닌가도 생각해 보았다.

우리는 저녁 때나 되어서야 호텔로 들어왔다. 저녁을 먹고 나니 아랫층 로-까에서 라디오 소리가 들린다. 이런 벽촌 深山에도 라디오시설은 어김없이 되어 있다. 노래는 유행가인 모양인 데 몇일 심심하던 귀에는 대단히 큰 위안이 되는 것을 알았다. 여기가 해발 五千尺 高地라 한다. 湖水幅이 하도 平原같이 넓어서 高原地帶같은 느낌을 덜 이르킨다.

人工으로 山岳을 파헷치고 물을 디리대여서 湖水를 만드렀다는 그 努力과 공적엔 높은 敬意를 表하지 않을 수 없다.

K와 나는 한가하게 湖水 언저리 빈배머리에 걸터앉아서 노래와 이야기로 밤가는 줄을 몰랐다. 구름이 끼여 달빛도 볼 수 없다. 湖水는 어둠에 함뽁 가리었고 이따금 바람 건느는 소리가 물을 차고 찰락찰락할 뿐이다.

湖水 언저리로 동불을 장식하고 노래로 밤을 새는 그런 湖水가 어서 되었으면 하고 나는 이 湖水의 아름다운 未來를 꿈꾸어 보았다. 조용한 湖水面이다. 우리의 이야기도 한없이 조용하여 물우에서 기웃기웃하는 배에 몸을 실은 채 한밤이 즐거웁기로 했다.

방에 돌아와 K는 동무들께 편지를 쓰는 모양이었다. 나도 누구에겐지 모르게 기다란 편지를 썼다. 다- 쓰고 나서 읽어보니 대단히 자미있다. 그러나 누구에게 썼는지 그 이름이 世上에는 없는 것이었다. 나는 봉투에 편지를 넣고 편지 받을 사람 이름을 쓰랴했으나 내가 現在 아는 이 中엔 이 편지 받을 이가 없는 것 같았다. 아모도 이 편지 안에 담긴 心境을 理解해줄 듯 싶지 않었다. 나는 相對없는 글을 써놓고 뜯어온 풀들을 다시 한번 가즈란이 세여놓고 잠들었다.

이튿날 正午에 우리는 배를 타고 들아오는 길에 올랐다. 올 때보다 물도 잔잔하고 하늘도 고요해서 풍경을 살피기에 좋왔다.

나는 아직 다른 나라에 가본 일이 없으나 조선만치 풍부한 自然을 가진 곳도 드물 것이라고 스사로 믿어버렸다. 나는 이런 생각을 하며 핸드빽에서 어제밤 써 두었던 문체의 편지를 그대로 湖水에 던졌다. 나는 이렇게 空想的 작란을 질기는 성미를 가졌다.

松興驛까지 오며 내내 K가 편지를 가지고 나를 놀려댔다. K는 재미있는 동무다.

赴戰高原엔 들죽물이 유명하다. 어떻게 구할 길이 없을가 하고 망서리는 지음에 마침 松興驛前에서 여인네들이 들고나와 팔고 있다. 나는 一圓짜리 두병을 사서 꾸려 넣었다. K는 서울까지 가지고 간다고 세병이나 샀다. 경편철도에 다시 앉으니 그제서야 湖水의 面影이 새로 그립고 떠나온 것이 서운하였다. 못잊어운 딸기숲이며, 놀라도록 크다란 물방아며, 이름 모를 가지가지 꽃일름, 풀이름이 다시 한번 머리에 펀득펀득 신선한 감을 이르킨다.

K와 나는 꽃열매가 시들지 않도록 자조자조 망태에서 꺼내보고 잃어버리지 않었다하여 조사에 분망하였다. 함흥역은 대단이 복잡하였다. K는 오늘밤으로 서울을 간다고 욱였으나 구지 붙잡어 우리 집으로 끄을었다. 열두시가 되도록 캐여온 풀과 꽃나무를 화분에, 화병에 모시노라고 고단한 줄도 몰랐다. 그 중에 며느리풀이라는 풀이 하나 없어졌다고 K가 근심하였다. (끝)

楊柳 五月의 樓臺, 咸興 豊沛舘

盤龍山頭의 그 凉味

李石薰

《삼천리》 제13권 제6호, 1941년 6월

소설가 이석훈(李錫壎)이 함흥 반룡산에 있는 누각 풍패관(豊沛舘)의 정취를 소개하는 글이다. 본격 기행문으로 보기는 어려우나 함흥의 반룡산과 풍패관의 아름다움을 남부의 도시 부여와 사비루에 비교해 약간은 거칠고 무뚝뚝하지만 나름의 수려함을 갖추고 있음을 설명한다. 필자는 관북에서 드물게 보는 승경이라 칭찬한다. 풍패관의 내력은 자세히 알지 못하나 현재는 결혼식에도 쓰이는 사정을 말하는데, 평론가 백철이 당지에서 결혼식을 올렸으며 자신과 백석이 들러리 선 일을 회고하였다. 풍패관에서 조망하는 함흥평야와 동해의 풍경은 사비루와 같은 한숨 쉬게 하는 회고적 감회가 아니라 근대적인 약동하는 건실한 감동이라 평가한다. 거친 함흥의 자연에 일맥의 윤택을 주고 위안을 주는 아껴야 할 곳이라고도 한다. 이러한 표현은 뒤따르는 "북선은 과거를 따르는 일체의 감상을 물리치고 보다 높은 명백의 희망 있는 생활에로 약진하는 생산지대" "'북선을 보기 전에는 조선을 말하지 말라!'는 현대적 속

언까지 생기게 된 것" 등의 서술과 연결되어 일본 자본의 관북지방 침탈에 대한 긍정적 해석을 표현한 것으로 읽힌다.

　豊沛舘 하여도 그것이 어디 있는 무슨 집인지 아는 사람이 드물 것이다. 아마 모르긴 몰라도 咸興사람에게도 이 名詞는 그다지 귀에 익지 못하지 않을까? 그만치 豊沛舘은 無名의 存在요 世人의 입에 오르나리고 俗人의 來遊가 드믄 點에 있어서는 이를테면 處女地일게다. 도대체 豊沛舘이란 이름부터 괴벽스럽다. 척경「풍시」라 잘못 읽기 쉬울만큼 그 이름은「포퓰러」하지 못하다.

　나도 咸興 가기 前에는 勿論 그런 이름을 咸興서 發見한 줄은 몰랐다. 世上에 널리 이름이 난 곳은 所謂 名勝地라 하야 대개는 한 두개「무엇」을 가지고 있는 법이다. 첫재 平壤하면 누구나 大同江을 聯想할 것이오 浮碧樓란 이름이 自然 떠오를 것이다. 그만큼 浮碧樓는 平壤과는 뗄랴야 뗄 수 없는 普遍的인 有名한 이름이다. 무어 浮碧樓 그 自體가 굉장한 建物이어서 그런 것도 아니다. 우리가 항용 꿈과 幻想을 그 곳에서 發見하고 追憶할만한 무슨 歷史의 흔적을 지닌 때문도 아니다. 지난 時代의 조고만 선물, 조고만 片鱗으로서 現代人에게 哀惜되는 存在로서의 오랜 樓閣이나 亭子가 드믄 이 江山에서 이 浮碧樓는 牧円峯 일대의 奇峯과 大同江의 淸流와 綾羅島의 섬세한 風趣란 모든 條件을 左右에 具備한 存在인 것이 그로 하여금 有名케 한 것이다. 뿐 아니라 그것이 山間 奧地에 있지 않고 交通이 至便한 곳에 있어서 詩人墨客으로부터 심지어는 어중이 떠중이에 이르기까지 쉬이 찾을 수 있기 때문에 더 이름이 퍼진 것이다.

그러한 交通 不便이란 「핸디캡」으로 因하야 좀 더 알려저도 좋을 곳이 파묻혀 있는 勝地는 한두 곳이 아닐 것이다. 말하자면 扶餘의 泗泚樓 같은 것이 그것이오, 여기 말하는 咸興의 豊沛館이 또한 그러하다. 더군다나 泗泚樓는 그가 지닌 것이란 것보다 그 곳에서 찾을 수 있는 歷史的인 幻想은 보다 더 浪漫的이어서 그 限에는 到底히 浮碧樓는 그 比가 아니다. 豊沛館도 좀 더 알려저도 좋을 것이나 그것이 北國의 것인 限 周圍의 景致를 가지고 사람을 이끌기는 어려울 것이다.

北國으로 갈수록 自然은 거칠다. 그러한 角度로 보더라도 咸興도 北國의 面目이 躍如한 곳이다. 나는 近者 百濟古都 扶餘를 보고 咸興을 생각할 때 더욱 그러한 感이 切實한 바 있었다. 扶餘는 南國인 만큼 (事實은 中部朝鮮이나), 그 山野의 線이 南畵風으로 優雅함을 알았다. 優雅한 點에서는 柳京의 山水도 오이려 따르지 못할 것이다. 그 代身 柳京은 奇妙한 點에서 勝하고 咸興 豊沛館 一帶는 雄健한 點에서 勝한다. 그 點 男性的이오, 따라서 그 곳을 볼 때 우리는 扶餘 泗泚樓에서 느끼기 쉬운 懷古的, 感傷的인 感想 대신에 健實하고 씩씩한 感想을 이르켜 주는 것이다.

그러나 아모리 해도 咸興의 自然은 때로 索漠하리만큼 거치른 것은 어찌할 수 없다. 그러한 咸興에서 盤龍山은 없지 못할 存在이다. 대저 都邑이 생길 때 반드시 山과 水를 끼고 생기는 법이다. 그것은 人間生活에 潤澤을 주는 「오아씨스」이기 때문이다. 萬一 「시베리야」나 南滿洲와같은 허허벌판에 산다고 하면 우리의 感情은 얼마나 거칠어지고 자칫하면 虛無感에 빠질 것인가? 無限한 自然에서 人生의 짧은 生命을 생각할 때 흔이 虛無에 빠지기 쉬울 것이다.

盤龍山, 이름부터 엉큼하고 굵직하고 무뚝뚝하지 않은가? 그것이 곳 咸興의 性格을 表現함이 아닐까? 山 그 自體가 偉大한 大自然의 盤石같고 그 形姿가 누은 靑龍같다. 그래서 다사로운 情緖를 주기 前에 자칫하면 罪 많은

人間에게 罰을 주기 爲하야 天地를 뒤흔드는 雷聲벽력을 부르짖으며 몸을 꿈틀거리고 아우성을 칠 것 같은 그저 警戒感 비슷한 조심성을 이르키게 한다. 말하자면 「親分」을 주지 않는다는 말이다. 그러한 山이라도 없어선 안될 咸興은 얼마나 自然의 惠澤에는 不幸한 都市인가?

그러나 이것은 盤龍山 全體에 대한 大凡한 느낌이요, 山에 올라 여기저기 다니던가 혹은 거리에서 그 어떤 한 部分만을 비라 볼 때는 퍽으나 秀麗한 곳이 그 山에 있음을 잘 알 것이다. 그 中에서도 盤龍이 그 기다란 꼬리를 城川江에게 동강 잘려버린 곳 둥그스름한 봉오리가 되고 그 중턱쯤 해서 臺를 이루어 거기 붉은 丹靑이 오랜 風雨에 낡은 李朝式 건물 한 채가 亭亭한 老松 몇 그루 사이로 隱見하는 일대의 風致는 단연 關北에서 드물게 보는 勝景이다. 이것이 즉 豊沛舘이다. 대체 이 집의 由를 나는 잘 모르거니와 본디 咸興은 李朝 발상의 地요, 지금도 本宮을 위시하야 數處의 그 遺蹟과 御陵이 있어서 옛날에는 가끔 임금님이 행차하여 오시었을 것이니 豊沛舘은 그때의 御宿處로 지은 것이나 아닌지?

그러나 지금은 舘을 一般에게 공개하야 簡易食堂이란 것까지 있어서 젊은 男女의 「랑데부-」에도 매우 좋은 곳이오, 또 한편 大房은 結婚式같은 것에도 빌려준다. 年前 白鐵씨가 咸興서 장가를 들었을 때 바로 이곳에서 結婚을 하였고 나는 그 때 白石씨와 함께 「들러리」를 선 일이 있다. 그것은 盤龍山에 野菊이 滿發한 晚秋였었는데 그날은 北國의 하늘이 深碧으로 맑게 개이고 太陽은 晚秋이긴하나 다사로운 볕을 豊沛舘 뜰악 하나로 가뜩 내려 부어주고 스산한 朔風도 그날만은 盤龍山을 넘어 오기를 사양하야 참으로 惠澤받은 靑春의 結婚 日氣였었다.

뜰악에 나서지않더라도 大房 유리窓門을 열어 제낀 즉 바로 東海로 연다은 咸興平野의 一部와 平野를 흐르는 城川江과 멀리 안개 낀 듯한 興南 一帶의 工場地帶와 밋굴둑들과 그리고 그 뒤로 검푸른 東海의 一部와 거기 뜬 흰

돗들이 한눈에 드는 것이었다. 이 장면의 一幅의 風景은 泗泚樓의 한숨 쉬게 하는 懷古的 感懷가 아니라 近代的인 躍動하는 健實한 感動인 것이다. 과연 北鮮은 過去를 따르는 一切의 感想을 물리치고 보다 높은 明白의 希望 있는 生活에로 躍進하는 生産地帶로서 오늘은 적어도 「北鮮을 보기 前에는 朝鮮을 말하지 말라!」는 現代的 俗諺까지 생기게 된 것이다. 그러니까 豊沛舘도 生産에 躍進하는 北鮮 사람에게는 그리 觀心이 안가는 것도 當然할 것이나 다만 그곳의 風景만은 거치른 咸興의 自然에 일맥의 潤澤을 주고 慰安을 주는 아껴야 할 곳임을 알고 될 수 있는 대로 自己 地方의 자랑거리로서 내세워야 할 것이다.

나는 咸興 사는 동안 봄이건 가을이건 가끔 이곳을 찾았다. 어떤 봄날에는 캄캄한 밤중에도 놀러 갔었다. 달밤에는 더욱 좋다. 또 만일 고요히 이야기할 「벨아미」라도 있고 보면 가치 이곳을 찾고 뒷길로 올라가 盤龍山을 헤매는 것도 질거운 일이겠다. (끝) (以下次號繼續)

백두산
白頭山

白頭山探檢槪況(譯)

和田雄治

《新文界》제2권 제5호, 1914년 5월

일본의 기상학자이자 해양학자인 와다 유우지가 등반 역사를 포함해 여러 역사적, 실증적 자료를 활용해 백두산에 대해 개관한 글이다. 〈신문계〉2권 5호(1914. 5)부터 7호(1914. 7)까지 3회에 나누어 번역 게재하고 있다.

1회분에서는 백두산 등반의 역사를 고증하고 있는데 최초의 기록으로 여진족 왕 소조 석노의 백두산 등산이 당시로부터 약 1천 년 전에 이루어졌다고 주장하며, 조선인으로는 세종조 역관 3명이 북극 고도 측정을 위해 파유되었음을 밝히고 있다. 이밖에도 서양인과 중국인, 그리고 최근 일본인의 등산 내력도 살폈다. 등산로에 관해서도 세 가지로 정리해두고 있다. 첫째는 만주 길림 방면으로부터 송화강연안으로 접근하는 경로, 둘째는 남선 방면에서 압록강 유역으로 접근하는 경로, 셋째는 경성(鏡城) 또는 동간도 방면에서 도문강(圖們江. 필자는 두만강을 도문강으로 표기하고 있다) 유역으로 접근하는 경로를 꼽았다. 아울러 자신들의 백두산 등산 기간과 경로를 요약하는데, 연도

는 "올해 여름"으로만 적고 있어 분명치 않으나 일정은 8월 4일 청진항에 상
륙하는 때로부터 동월 16일까지의 경과를 밝혔다.

一. 探檢史 白頭山은 朝鮮滿洲의 國境에 突起흔 最高嶺(海拔二千七百
米突로 稱)이니 東亞三大河 鴨綠江, 圖們江, 松花江의 發源地이라, 古來로
登山흔 高官學者等이 不少ᄒ나 史蹟에 見흔 第一初占은 金王昭祖이니 「金
史」 本紀第一에

　　昭祖耀武至于靑嶺白山

이라ᄒ니라. 昭祖의 諱ᄂ 石魯이오 太祖二三代前의 王이니 其登山은 卽今
으로브터 約一千年前에 屬ᄒ고 其次朝鮮人의 登山흔 이ᄂ 世宗朝(距今四
百七八十年前)의 曆官이니 「增補文獻備考」 卷二에 云

　　昔在世宗朝分遣曆官尹士雄崔天衢李茂林測北極高度于江華府摩尼山, 甲山府
　　白頭山濟州牧漢拏山此載觀象監日記而其所測高度數則不傳

曆官三名中, 何人을 白頭山에 派遣ᄒ엿ᄂ지 分明치ᄂ 못ᄒ나 文章의 序列
로 窺見ᄒ면 崔天衢가 其任을 當ᄒ엿슬쯧ᄒ고 其後로 內外人의 登山흔 이
가 多ᄒ나 英人 써언, 푸란씨스, 에드워드, 영허쓰쎈드(現今의 가시유미야
統監) 如히 二回를 試探흔 것을 聞한즉 氏ᄂ 明治十九年 陸軍中尉時에 에
취,이,엠,쎄임쓰及에취,풀포드 兩氏와 共히 滿洲湯河口로브터 登山ᄒ고 또

明治卄八年 氏가 陸軍大佐時에 이담쓰氏와 共히 登山ᄒ엿고 其他登山者의
氏名年月을 記ᄒ면 左와 如홈

康熙十六年(西曆一六七七年) 淸國內大臣吳木訥耀色等 一行이 六月
二日 吉林에셔 發ᄒ야 十四日을 費ᄒ야 山頂에 達ᄒ고

康熙二十三年(西曆 一六八四年) 淸國駐防協領勒出等이 登山ᄒ고

康熙五十一年(西曆 一七一二年) 淸國烏喇總管穆克登과 朝鮮差使官
朴道常等이 定界ᄒ기 爲ᄒ야 五月十五日 惠山鎭으로브터 登山하고

乾隆三十一年(西曆 一七六六年) 朝鮮人徐命膺 趙曮等이 惠山鎭으로
브터 六月十四日에 山頂에 達ᄒ고 明治十六年 朝鮮人金禹軾等이 官命에
依ᄒ야 舊五月十五日 同六月八日에 二回를 茂山으로브터 登山ᄒ고

明治二十年 淸國勘界使 奏煐과 朝鮮勘界使 李重夏等이 茂山으로브터
登山ᄒ고

明治二十六年 九月 기-벤, 리쓰시유가 惠山鎭으로브터 登山ᄒ고

明治三十二年 舊四月 咸鏡北道吏員 金應龍等, 官命에 依ᄒ야 茂山으로
브터 登山ᄒ고

明治五六年頃 露人 아-네루도等 一行이 登山ᄒ야 龍王潭을 처음으로
撮影ᄒ고

明治三十九年 太田銃太郎이 茂山으로브터 登山ᄒ고

明治三十九年 九月 步兵第五聯隊 第三大隊 第十二中隊長 林陸軍步兵
大尉等 一行이 登山ᄒ고

明治四十年 大會根誠二中原佐藏等, 茂山으로브터 登山ᄒ고

明治四十一年 舊四月 吉林邊務 第一班測繪稽測孫蘭芳 一行이 登山ᄒ
고

明治四十二年 四月 統監府臨時間島出張所員工學士 太田篤 一行, 茂山
으로브터 登山ᄒ고

大正元年 中村陸軍憲兵伍長等 一行, 蒼坪으로브터 登山ᄒ고

同年 六月 에취, 에쓰, 위이갈, 싸블유, 에푸, 톰린손 惠山鎭으로브터 登山ᄒ고

同年 七月 믹, 가린, 씌, 엠, 톰린손, 소머릴, 시몬쓰 惠山鎭으로브터 登山ᄒ고

同年 八月 十四日 朝鮮人 金官瑞와 同南綻翼, 三下面으로브터 登山ᄒ고

大正二年 七月 臨時土地調査局武內技手 一行, 惠山鎭으로브터 登山ᄒ고

同年 八月 十日 믹, 클유어, 에이, 싸불유, 쓰커릿트쩨, 윌리임쓰, 인더손, 一行, 惠山鎭으로브터 登山ᄒ야 龍王潭沿岸에 達ᄒ야 撮影ᄒ고

同年 八月 十三日 故咸鏡北道長官帆足準三 一行, 茂山으로브터 登山ᄒ고

同年 八月 二十日 臨時土地調査局技師土屋陸軍少將 一行, 惠山鎭으로브터 登山ᄒ고

前記外 大崎陸軍步兵少佐林學士今川雄市는 帽兒山으로브터 登ᄒ고 가두베루, 구-루도, 아다두스는 惠山鎭으로브터 登ᄒ엿스나 其年月은 未詳ᄒ더라.

二. 登山路 前記와 如히 從來로 內外人의 登山ᄒ는 通路는 三이 有ᄒ니 一은 滿洲吉林方面으로브터 來者의 便利ᄒ 處이니 松花江沿岸이오. 二는 鴨綠江流域이니 南鮮方面으로브터 來ᄒ는 者만히 此通路를 經過ᄒ고 三은 圖們江流域이니 鏡城 又는 東間島方面으로브터 來ᄒ는 者는 此로 由ᄒ여야 便利ᄒ지라, 白頭山은 海拔九千尺에 近ᄒ나 海岸을 距ᄒ기 六十餘里에 在ᄒᆷ으로 其緩易傾斜ᄒᆷ을 馬行이 便ᄒ야 西洋人과 如ᄒ니는 往々山頂ᄭ지 馬行ᄒ는 이가 有ᄒ다 云ᄒ나 但登山ᄒᆯ 時에 最히 困難ᄒᆫ바는 山麓二十餘里中間이 殆히 無人地境임으로 糧食과 寢具의 携帶를 必要ᄒ는지라. 我의 一行은 東口農事洞으로브터 往復ᄒᆷ으로 他口와 比較的 試驗이 不可能ᄒ엿스나 所聞에 依ᄒ면 西口卽惠山鎭으로브터 登山ᄒᆷ이 最히 便利타ᄒ니

京城方面으로셔 登山코져ᄒᆞᄂᆞᆫ 者ᄂᆞᆫ 現今 京元線으로 元山에 達ᄒᆞ고 元山
에셔 新浦를 經ᄒᆞ고 北靑甲山을 由ᄒᆞ야 惠山鎭에 至ᄒᆞᄂᆞᆫ 新道路를 從行ᄒᆞ
면 甚ᄒᆞᆫ 困難은 可無ᄒᆞᆯ너라.

三. 登山槪況 故咸鏡北道長官 帆足準三氏ᄂᆞᆫ 今夏管內茂山郡을 巡視의
便을 因ᄒᆞ야 白頭山의 探檢을 企畵ᄒᆞ니 二十名內外의 同行을 慫慂홈은 遠
히 東京帝國大學敎授라도 勸誘ᄒᆞᆯ것 ᄀᆞᆺ더라. 故로 今回ᄂᆞᆫ 茂山에셔ᄂᆞᆫ 一行
의 集合地로 ᄒᆞ고 農事洞에셔ᄂᆞᆫ 解散地로 ᄒᆞ니 我一行의 實行ᄒᆞᆫ 行程은 左
와 如ᄒᆞ더라.

月 日	出發地	宿泊地	里程
八月 八日	茂山	三下面	九里
同 九日	三下面	農事洞	六里
同 十日	農事洞	茂峯	七里半
八月 十一日	茂峯	神武城	七里
同 十二日	神武城	無頭峯	四里
同 十三日	無頭峯(登山)	無頭峯	八里
同 十四日	無頭峯	神武城	四里
同 十五日	神武城	溪間里	八里
同 十六日	溪間里	農事洞	四里

八月四日 淸津港 上陸, 五日 臺車로 同地에셔 發ᄒᆞ야 輪城富寧을 經ᄒᆞ
야 武陵臺에 至ᄒᆞ고 武陵臺에셔 馬行ᄒᆞ야 車踰嶺을 越ᄒᆞ야 六日 茂山에 着
ᄒᆞ니 此地ᄂᆞᆫ 海拔四百六十米突인ᄃᆡ 圖們江의 右岸茂山川과 合流點에 在
ᄒᆞ더라. 圖們江의 河幅은 約八十米突인ᄃᆡ 上流白頭山에 至ᄒᆞ기ᄂᆞᆫ 約三十
五里오. 下流河口에 至ᄒᆞ기ᄂᆞᆫ 約九十里라. 水流ᄂᆞᆫ 此邊에 至ᄒᆞ야 甚히 急ᄒᆞ
나 下流에 至ᄒᆞ야ᄂᆞᆫ 河底가 大槪砂礫이오 流勢가 大加ᄒᆞ야 舟筏航通의 便

이 無ᄒ다더라. 八日 茂山을 發ᄒ야 三下面에 至ᄒᄂ 中間은 圖們江右岸의 臺地를 通ᄒᄂ디 平坦ᄒ 處가 多ᄒ나 地質은 玄武岩에 屬ᄒ고 表土下ᄂ 細粒의 火山灰層인디 大槪水利가 乏ᄒ야 麥類와 煙草等을 耕作ᄒᆷ에 僅히 不過ᄒ고 滴々細流가 有ᄒ것도 灰色을 呈ᄒ고 飲料ᄂ 勿論 灌漑에도 供ᄒ기 不能ᄒᆯ것 ᄀᆺᄒ고 此에 反ᄒ야 對岸되ᄂ 間島ᄂ 低地로셔 江水利用이 便ᄒᆷ으로써 一望數里中間이 皆是 耕作地라. 麥과 大豆類가 其過半을 占ᄒᆷ을 認得ᄒᆯ너라.

三下面은 海拔五百四十米突인디 西頭水가 北流ᄒ야 圖們江에 合水ᄒᄂ 處이라. 圖們江의 河幅은 約卅米突인디 西頭水가 도리혀 幅이 廣見ᄒ니 此ㅣ 卽 明治二十年, 淸韓勘界使 折衝ᄒᆯ 際에 奏煥이 西頌水로써 圖們江本流가 되엿다고 絶叫ᄒ던 處이라. 三下面으로브터 農事洞에 至ᄒ기 六里間은 大槪 圖們江河岸의 低地를 進ᄒᆷ으로써 道路가 險ᄒ고 小紅湍水의 溪流를 過ᄒ니 此邊에 至ᄒ면 火山灰의 粒이 稍大ᄒ고 且三層을 成ᄒ 處도 有ᄒ니 上層은 表土下僅히 七八寸이 深ᄒ디 其厚ᄂ 二三寸에 不過ᄒ고 更히 四五寸을 隔ᄒ야 中層이 有ᄒ니 其厚ᄂ 五六寸에 至ᄒ고 更히 黑土를 界ᄒ야 下層에 至ᄒ면 其厚ᄂ 數尺에 及ᄒ고 灰粒은 拳大와 如ᄒ니라. 然ᄒ나 山地ᄂ 樹木이 稍多ᄒ디 特히 溪流에 臨ᄒ야 巨樹의 繁茂ᄒᆷ을 見ᄒᆯ너라.

農事洞은 海拔八百六十米突, 大紅湍水의 三池淵方面으로브터 東流ᄒ야 圖們江에 合ᄒᄂ 處가 된지라. 圖們江의 河幅은 此邊에 至ᄒ야 約十五六米突인디 深은 一米突內外가 될ᄯᅳᆺᄒ고 現今은 橋梁의 設備가 有ᄒ야 鮮支兩國人의 日常往來ᄒᄂ 處가 된지라. (支那領士에 住ᄒᄂ 者ᄂ 鮮人이 多ᄒᆷ) 農事洞으로브터 上流約一里의 右岸에 紅岩洞이란 一部落이 有ᄒ니 鮮人家屋十五六座가 有ᄒ고 此로브터 以西二十三里의 中間은 無人地境에 屬ᄒ야 僅히 獵師, 探藥人, 登山者 等이 通行ᄒᄂ데 不過ᄒ야 往々支那馬賊이 出沒ᄒ야 旅人을 苦惱ᄒᆫ다 云ᄒ더라.

白頭山探檢概況(譯) (二)

和田雄治
《신문계》 제2권 제6호, 1914년 6월

2회분에는 백두산 등산 경로의 중요 지점에 관해 주로 기록하고 있다. 본격 등반의 출발점이 된 농사동에서 도문강(圖們江. 필자는 두만강을 도문강으로 표기하고 있다) 양안을 따라 진행한다. 밀림이 울창하고 수종은 낙엽송이 가장 많고 다음으로 백화하이송류(白樺蝦夷松類)이며, 낙엽송 직경이 4척에 이르는 것이 있다 했다. 지질적 특성과 함께 수목에 해를 끼치는 밀림 지역의 화재 유형도 자세히 설명하고 있다. 아울러 두만강 흐름을 개수하고 철도를 설치하면 밀림 지역의 큰 재원을 얻을 수 있다고 적었다. 백두산 정상 동편 해발 천사백 미터 지역의 신무성에 대해서도 기록하고 있다. 이 지역에 청나라 정부가 수년 전 병사를 보내 목조 가옥을 설치한 흔적을 보고 도로를 개설하려 한 흔적도 확인한다. 필자는 이곳에 관아를 설치해 혜산과 무산 사이의 통신연락에 활용할 것을 제안한다. 백두산 남동방 이천이백 미터 지점에 있는 정계비에 관해서도 매우 상세하게 고증하였다. 이후 필자 일행은 폭풍우와 농무 때문에 정상 답사를 하지 못했으며 여러 장비를 활용한 검측도 할 수 없었다고 밝힌다. 이에 따라 2회분의 후반부는 백두산의 명칭, 표고, 경위도 상의 위치, 분화 기록 고증 등의 내용을 기록하였다.

我의 一行은 農事洞에셔 人夫駄馬等을 用意ᄒ야 憲兵下士以下五名의 護衛로 八月十日에 出發ᄒ니 道長官의 隨行者ᄂ 技師 一名, 郡守 一名, 書記 一名, 技手 一名, 通譯 一名, 藥劑士 一名, 巡視 一名, 寫眞師 一名이오. 參加同行者가 十一名外에 馬夫人夫 二十七名, 合計 五十二名, 馬二十九頭라 今에 其主要ᄒ 것을 類別ᄒ면 左와 如ᄒ니

文官 四名 武官 六名 技術官 七名

敎員 三名 新聞記者 二名 寫眞師 一名

이니 技術官中에ᄂ 八田道技師 ᄯ흔, 農林專門學士가 有ᄒ고, 川崎總督府技師 ᄯ흔, 地質鑛物專攻學士가 有ᄒ고, ᄯ 京城中學校의 平井敎諭, 京城高等普通學校의 森生熊兩敎諭 ᄯ흔 動植物標本의 採收를 目的ᄒ 이도 有ᄒ니 從來 登山者 中 罕見한바 專門家로써 組織ᄒ 探險隊러라.

農事洞의 上流ᄂ 河幅이 不廣ᄒ고 且河底가 不深ᄒ 處로셔 一行은 圖們江兩岸에 一般이 通行ᄒ기 便ᄒ 地點을 選擇ᄒ야 進行ᄒ니 時에 沿岸을 距ᄒ기 一里餘에 及ᄒ야 屢々流聲이 耳朶에 達ᄒ더라, 農事洞으로셔 登ᄒ야 二里海拔九百米突地點에 及ᄒ기ᄂ 白晝에도 오히려 暗黑ᄒ 密林을 帶ᄒ고 進入ᄒᆯ시 枯木이 亂倒ᄒ 中間으로 行馬ᄒ고 樹木은 落葉松이 最多ᄒᄃᆡ 其直徑이 四尺에 及ᄒᆯ 것이 有ᄒ고 白樺蝦夷松類가 其次인ᄃᆡ 密林中에 往々廣

大き 濕地가 有き니 一種雜草外에 繁茂き것이 無き고 草根突起き것을 踏き면 沒脚에 至きゃ 危險이 不尠き니 此則寒地에 多見きと 處「쓴도라」地로셔 熔岩低에 冬季의 降雪은 夏季에 融解き 것이 此에 排泄を 途가 無きゃ 恒常熔岩上에 停滯きゃ 更히 冬季에 至き면 凝結きゃ 草根을 突起식힌것이오. 其他 密林中에 屢々遭遇き것은 風害와 火災에 罹き 林木이라 風害と 冬季 降雪際에 起き것곳치 顚倒의 方向은 會會偏北風의 剛烈홈을 示홀샏 不啻라 居木의 尖端도 亦南方으로 傾曲케き것이 多き지라. 然きゃ 風害의 著大홈은 地質도 亦是關係가 有き지라. 前述홈과 如히 地磐은 皆玄武로셔 縱根은 深히 三四尺以上에 達き고 橫根만 十餘尺에 延長き 故로 冬季樹葉에 積雪이 되고 烈風을 加上き면 忽地에 顚倒きと 것이 明白き고 此方面에 樹木은 樹齡을 全히 きゃ 顚倒枯死에 隨至きと것이더라. 火災의 原因은 雷火를 主張홈도 有き지마と 余と 落雷의 痕跡을 見き 事가 無き지라. 針葉樹에 落雷と 先히 樹頭를 燒き고 樹皮一部를 剝脫きゃ 樹根에 至きと것이 常例인디 此方面의 火災と 皆樹根으로 發きゃ 頭部에 達き고 其中에 根本이 燃燒き디로 生在き 것도 往々見 き니 推憶き면 入山者의 不注意로 焚燒의 殘火로셔 發き 것이 其原因인듯き고 其他樹害と 黑蟻, 寄生草等이 有홈을 可認홀너라. 森林地と 農事洞의 西方約二里로셔 白頭山下約二里 海拔二千米突의 地點에 至きと디 二里의 延長으로 認きゃ 無頭峯山頂에셔 此를 遠望き면 其區域은 頗히 廣大きゃ 總面積이 其萬町步에 及き겟다고 目測き 바이라. 今에 萬一圖們江의 河身을 改修きゃ 通符의 便을 開き고 且鐵道를 設きゃ 運材의 方法을 講き면 一大財源을 得홈은 別論을 不俟홀너라.

白頭山頂에셔 東方에 距き기 四里, 海拔千四百米突의 地를 神武城(一名 新民屯라이) 稱き고 圖們江의 溪谷이 稱히 開濶きゃ 飮料水가 富き니 此方面에と 唯一의 休息地가 되얏더라. 去今 數年前에 淸國政府と 兵員五十名을 此地에 派遣きゃ 何等을 築造を 目的으로 我古代建築校倉式(農事洞

附近에도 此建物이 有홈)과 如히 木造家屋一棟을 設ᄒ고 板材를 製ᄒ고 煉瓦를 燒ᄒ엿다 云ᄒᄂ디 現今에 其遺物이 甚多ᄒ고 且煉瓦爐의 殘存ᄒᆫ 것이 有ᄒ더라. 我一行은 登山歸路에 圖們江左岸에 涉ᄒ야 赤峯下圓池에 到ᄒᄂ디 神武城과 圓池間은 殆히 一直線으로 瀑二十餘里米突을 伐木ᄒ고 一大道路를 設ᄒ랴고ᄒᆫ 形跡이 有ᄒ더라. 圓池ᄂ 惠山鎭에셔 神武城을 經ᄒ야 滿洲仍頭山如一隅吉林等에 至ᄒᄂ 要路에 一小沼湖가 有ᄒ디 周圍에 木柵을 結ᄒ고 東西南北에 小門을 備ᄒ엿더라.

一說에 淸國政府ᄂ 當時圓池內에 一廟를 建立코져ᄒ엿다 傳ᄒ나 或表面은 建廟ᄒ고 其實은 何等의 武的設備를 施코져ᄒ다가 中止ᄒᆫ 것과 如ᄒ더라. 願念컨디 神武城은 國境의 唯一要害地일ᄲᆫ 不是라 鮮滿交通의 衝路로 一은 馬賊警이오 一은 關稅監視니 此地에 相當ᄒᆫ 官衙를 設置ᄒ야 惠山鎭 茂山과 通信連絡의 必要를 認홈일너라.

四. 定界碑 碑石은 康熙五十一年(西曆 一七一二年) 淸韓兩政府委員의 實地踏査로 建設ᄒᆫ 것인디 白頭山南東方約一里, 標高 二千二百米突地에 有ᄒ야 臨時土地調査局員의 略測에 依ᄒ면 其經緯度ᄂ 左와 如ᄒ다 云홈.

北緯 四十二度五分五十秒
東經 百二十八度八分四十秒

碑石은 淡黑色山岩이니 長方形으로ᄒ고 其頭部ᄂ 兩隅를 斷ᄒ엿스니, 全長二尺六寸 幅上八寸 下一尺八寸이더라. 自然岩上에 臍嵌ᄒ야 樹立ᄒ엿스니 其表面에 記ᄒᆫ 것이 左와 如홈.

烏喇總管穆克登奉
旨查邊至此審視西爲鴨綠東爲土門故於分水嶺上勒石爲記

康熙五十一年五月十五日

筆帖式蘇爾昌通官二哥

朝鮮軍官李義復趙台相

差使官許樑朴道常

通官金應瀗金慶門

定界碑를 距ᄒᆞ기 東方百間內外의 地에 石塊水十箇를 疊積ᄒᆞ야 方柱形을 作ᄒᆞ고 殆히 此와 類似ᄒᆞᆫ 것은 不正直線을 作ᄒᆞ야 山麓에 向ᄒᆞᆫ 것이 三四箇가 有ᄒᆞ니 此定界碑와 共히 康熙年間에 建設ᄒᆞᆫ 石堆니 其延長이 數里에 及ᄒᆞ고 其以下에 達ᄒᆞᄂᆞᆫ 것을 土堆가 有흠을 聞ᄒᆞ엿스나 此ᄂᆞᆫ 實見을 試치 못ᄒᆞ고 推憶ᄒᆞ니 此石土兩堆ᄂᆞᆫ 定界碑와 共히 境界를 示ᄒᆞᆫ 것이니 此ᄂᆞᆫ 正當ᄒᆞᆫ 分界일너라.

乾隆三十一年에 登山ᄒᆞᆫ 徐命膺의 著書「保晚齋集」卷七中에「遊白頭山記」有ᄒᆞ니 其內에 次의 記事가 有ᄒᆞ고

東南岡下列植木柵延十數顚倒剝缺存者無幾

又「北塞記略」에

分水嶺下定界碑碑下立木柵數十里柵下築土墩東抵於大角峰自立碑距角峰爲
四十里

此木柵은 去今約五百年前ᄭ지ᄂᆞᆫ 幾分存在ᄒᆞ엿던것과 如ᄒᆞ나 今日에 如此이 됨을 見ᄒᆞ겟고 唯森林地를 脫ᄒᆞ야 山頂에 向ᄒᆞᄂᆞᆫ 途次에 枯木과 如ᄒᆞᆫ 數本의 輕石이 原中에 遺存ᄒᆞᆫ 것이 有ᄒᆞ니 前記의 石堆와 相隔ᄒᆞᆫ 것을 思考

ᄒᆞ면 境界用의 標識와는 不同ᄒᆞ나 後日參考키 爲ᄒᆞ야 記ᄒᆞ노라.

　五. 白頭山 支那人은 此를 長白山이라 云ᄒᆞ고 又 古來, 不咸山, 徒太山, 太白山, 白山, 蓋馬大山 等의 名이 有ᄒᆞ더라.「淸一統志」에 載ᄒᆞᆫ바 吳木訥記 行의 一端을 擧ᄒᆞ면 左와 如ᄒᆞ니

　　登山相視見山麓一所四周密林叢翳其中圜平草木不生出林里許香樹行列黃花
　　紛郁山半雲垂霧羃不可仰睇諸大臣跪宣旨畢雲霧倐廓山形瞭然有徑可登其半
　　有石砌臺坦平宜四望山巓作圜形積雪皚及陟其上五峰環峙如俯南一峯稍下如
　　門中潭窈杳距峷五十丈許周可四十餘里山之四周百泉奔注卽三大江所由發源
　　也(中略)遠而望之頂如覆白甕于高俎

　農事洞으로브터 進ᄒᆞᄂᆞᆫ것은 密林의 緣故로 山頂을 望ᄒᆞᆷ은 神武城東方約 一里半의 地點에 至치 아니ᄒᆞ면 極難ᄒᆞ나 然ᄒᆞ나 山貌를 明白히 仰見ᄒᆞᆷ을 得ᄒᆞᆷ은 東方山麓無頭峯附近이라. 此地로셔 山形全體를 窺見ᄒᆞ면 緩傾斜 의 三峯이 有ᄒᆞ니 南方이 最低ᄒᆞ고 中央이 其次오 北方으로 見ᄒᆞᄂᆞᆫ것이 最 高ᄒᆞᆫ듯ᄒᆞ니 其狀은 恰似히 淺間山을 南方에셔 望ᄒᆞᆷ과 如ᄒᆞ고 蓋山貌ᄂᆞᆫ 當 初에ᄂᆞᆫ 圓錐形이엿스나 數回의 爆發을 因ᄒᆞ야 四面이 飛散壞裂ᄒᆞ야 今日 의 形態에 至ᄒᆞ엿더라. 溪間에 殘雪은 點々ᄒᆞ나 其他白色을 呈ᄒᆞᄂᆞᆫ것은 皆 輕石이라. 諸書에 四時白雪이 皚々ᄒᆞᆷ으로써 長白山 又ᄂᆞᆫ 白頭山을 名ᄒᆞ엿 다 ᄒᆞᆷ은 誤點이더라.

　我一行은 登山ᄒᆞᆯ 際에 不幸히 暴風雨와 濃霧를 遭遇ᄒᆞ야 山頂의 踏査ᄂᆞᆫ 勿論이오. 機械의 驗測도 不可能ᄒᆞ엿스나 我一行前後에 登山ᄒᆞᆫ 土屋陸軍 少將과 지쎄맥글유어 兩氏의 直話에 依ᄒᆞ면 從來內外人等의 著ᄒᆞᆫ 記行에 ᄂᆞᆫ 甚히 誤記가 無ᄒᆞᆫ듯ᄒᆞ니 唯頂上에 在ᄒᆞᆫ 湖水龍王潭의 廣은「大明一統志」 「東國輿地勝覽」에 周八十里라 ᄒᆞᆷ은 約倍數에 相當ᄒᆞ고「滿洲源流考」에 周

圍寬濶約有三四十里라 記ᄒ고「北路記略」에 有池如顯穴周可三十里, 라ᄒ
고「保晩齋集」에 周可三十里,「海左地圖說」에도 周可二三十里「長白山賦」
에 池在山之極頂縱餘五里橫八里, 라ᄒ고「鴨綠江」에ᄂ 南北二十町東西略
十町이라ᄒ고 又 에취, 에, 엠, 쎄임쓰의 湖幅一哩半周圍六七里, 와 土屋少
將의 東西約三千米突南北約五千米突 周圍約三里의 卵圓形이라 記ᄒ 것과
合符ᄒ엿도다. 池湖周圍ᄂ 懸崖絶壁이 되야 嶺頭로브터 池面에 至ᄒᄂ 距
離ᄂ「滿洲源流考」에ᄂ 所立山峯去池水約有五十餘丈「保晩齋集」에ᄂ 峯
下距地五六百丈, 虛曠平夷大澤中焉「鴨綠江」四圍의 崖上으로 水面ᄭ지
平均約三百呎이라ᄒ고, 土屋少將은 約三百米突이라ᄒ고 에취, 에, 엠, 쎄
임쓰ᄂ 三百五十呎(百七米突)이라ᄒ고 本年지쎄멕클유어 同行ᄒ 쓰커릿
트氏ᄂ 千五百呎(四百五十七米突)이라ᄒᄂ지라. 蓋지쎄맥클유어의 一行은
湖面에 降ᄒ야 空盒晴雨計로써 計ᄒ 것이면 目測보다ᄂ 稍言ᄒ너라.

　　六. 白頭山의 標高 白頭山頂은 多少의 凹凸이 有ᄒᄆ으로써 從來 登山者
測定의 標高에 一致를 見ᄒ기 極難ᄒᄂ바이어ᄂ 況器械의 精粗, 觀測法의 異
同 等에 在ᄒ이리오. 今에 年次의 順序를 從ᄒ야 此를 記ᄒ면 左와 如ᄒ니

　　八千二十五呎(約二千四百五十米突)

　　明治十九年 英人 양우하스바도水의 沸騰法

　　八千九百呎(約二千五百米突)

　　米人 구루도, 아다무스

　　二千六百米突(約八千五百呎)

　　明治三十五年頃 露人 아네루도

　　二千七百三十六米突(約九千四十呎)

　　明治四十二年 工學士太田篤

　　九千五百呎(約二千八百九十米突)

大正二年 英人스구리쓰도 空盒晴雨計法

二千六百二十米突(約八千六百呎)

大正二年 土屋陸軍少將

前記六回의 測高는 假令同一한 峯頭에서 施行한 것이면 最大約二千九百米突로브터 最小約二千五百米突에 至하는 中間에 四百米突의 差가 有하니 從來 富士山에서 經驗한바에 依하면 氣壓遞滅法으로 三四千米突以上의 標高를 算出함은 標高에 對하야 約一割의 誤差가 有함을 不免하는바이니 果然이냐하면 前記六回의 平均標高二千七百米突은 約三百米突의 誤差範圍에서 此를 白頭山의 標高로 하고 債用함도 可하니라.

七. 白頭山의 位置 從來發行된 地圖上, 白頭山의 位置는 區々하야 一件도 信憑에는 不足하나 千八百八十年版「韓佛字典」의 附錄名字彙에 同山의 經緯度를 左와 如히 記載함.

北緯 四十一度五十九分 東經 百二十六度五分

以上의 經度는 巴里가 本位됨으로써 此를 구린니쓰디 本初子午線에 改算하면

東經 百二十八度二十五分

에 可한지라. 然故로 此位置는 如何한 地圖를 依看할지라도 不明하나 康熙四十八年佛人싸토로(淸名杜德美)外 二名이 滿洲의 實測을 行한 事로 크라푸로쓰著의「亞細亞紀行」에 見하면 或其當時의 成績이됨인지도 不知하겟고 且康熙五十一年, 淸國查邊委員으로 韓國에 來한 穆克登은 其翌年 漢陽에 入하야 緯度를 測量하야 三十七度三十九分十五秒를 得한 事「增補文獻備考」를 卷二 左와 如히 記載하엿더라.

臣按, 右漢陽北極高度, 肅宗朝癸巳(康熙五十二年) 淸人穆克登率五官司曆來實測者也

果然이면, 穆克登은 白頭山을 登臨홀 際에 定界碑 又는 其他의 地點에
셔 當然히 實測ㅎ엿스면 韓佛字典記載의 經緯度도 或은 穆等의 成績이 되
얏는지도 不知ㅎ겟고 又乾隆三十一年에 登山혼 徐命膺도 驛緯度의 觀測
을 ㅎ엿스니

泉水 四十二度小强 臙脂峯 四十二度三分이라고 記行中에 記載혼지라.
今回土屋少將의 略測에 依ㅎ면 龍王潭의 中央位置는 左와 如ㅎ니

北緯 四十二度七分五十秒 東經 百二十八度五分三十秒

此를 陸地測量版百萬分一東亞餘地圖의 位置에 比ㅎ면 總히 經緯度가
約二十分의 差가 有ㅎ다 云ㅎ더라.

八. 白頭山의 噴火 白頭山의 熄火山된 事는 其山面과 周圍의 噴出物輕
石及黑曜石이 此를 證明홀 뿐아니라 山頂의 內壁懸崖된 것이 所謂噴火口됨
은 別論을 不俟홀바이라. 其噴火의 年代는 史籍에 此를 足徵홀 것이 無ㅎ나
近世以來로 同山의 噴出흠을 認得ㅎ는 것이 二三이 有ㅎ니 今參考件으로
左에 記載ㅎ노니

宣祖王三十年(西曆 一五九七年) 八月 二十六日 觀象監官員來言, 卽刻地動目
南向西矣「宣祖實錄」卷九十一 十月 己未, 咸鏡道觀察使宋言愼書狀, 去八月二
十六日辰時, 三水郡境地震, 暫時而止, 二十七日未時又爲地震城子二處頹圮,
而郡越邊甑岩半片崩頹, 同岩底, 三水洞中川, 水色變爲白, 二十八日更變爲黃
仁遮外堡東距五里許赤色土水湧出, 數日而乃止, 八月二十六日辰時, 小農堡越
邊北德者耳絶壁人不接足處, 再度有放砲之聲, 仰見則烟氣漲天, 大如數抱之
石, 隨煙拆出, 飛過大山後, 不知去處, 二十七日酉時, 地震, 同絶壁更爲拆落, 同
日亥時、子時, 地震事,「宣祖實錄」卷九十三
顯宗王九年(西曆 一六六八年) 四月 辛卯, 咸鏡道府雨灰「顯宗實錄」卷十四
肅宗王八年(西曆一七〇二年) 四月 辛丑, 咸鏡道富寧府, 今月十四日午時, 天地

忽然晦暝, 時或黃赤, 有同烟焰腥臭滿室若在紅爐中, 人不堪熏熱, 四更後消止,
而至朝視之, 則遍野雨灰, 恰似焚蛤殼者, 然鏡城府同月同日稍晚後, 煙霧之氣,
忽自西北地, 昏暗腥膻之臭襲人衣裾「肅宗實錄」卷三十六

由來로 朝鮮의 地ᄂᆞᆫ 火山이 乏少ᄒᆞ야, 活火山은 一抹도 無ᄒᆞᄂᆞᆫ 熄火山이라
認ᄒᆞᆯ만ᄒᆞᆫ 것은 白頭山外에 濟州島 鬱陵島 慶州郡 吐含山 寧海郡 松峴 白川
郡 兎山에 不過ᄒᆞ고, 史籍에 表示ᄒᆞᆫ 噴火事蹟은 二千年來에 僅히 十六回가
有ᄒᆞᆯᄯᅮᆫ이오. 十六回中에 各三回ᄂᆞᆫ 白頭山 吐含山에 係ᄒᆞ고 各二回ᄂᆞᆫ 濟州
島와 寧海郡에 關ᄒᆞ고 且最近의 噴火記事ᄂᆞᆫ 景宗王四年(西曆 一七二四年)
洪原郡으로써 終ᄒᆞ엿스니 其記事에 云

景宗王四年閏四月甲戌, 咸鏡道洪原縣地火迸出十餘日不減, 土黑枯, 煙氣漫天
「景宗實錄」卷十四

爾來 二百餘年間은 噴火라 認ᄒᆞᆯ 記錄이 無ᄒᆞ야 恰似히 地震의 靜止期(目下
朝鮮은 地震靜止期라ᄂᆞᆫ 自分의 論文이 有)란 遇中ᄒᆞᆫ 觀이 有ᄒᆞ니 白頭山의
噴出이라 認ᄒᆞᄂᆞᆫ 前揭三回의 記事ᄂᆞᆫ 誰某던지 山巓東方에 降灰ᄒᆞᆫ 것으로
ᄒᆞ고, 淺間磐代硫黃諸山의 旣往에 噴出을 徵ᄒᆞᆷ도 降灰區域이 皆其東方에
偏ᄒᆞᆷ이 常列이라. 此上層氣流의 方向은 偏西에 基因ᄒᆞᆫ 것이라 然ᄒᆞ나 肅宗
二十八年에 在ᄒᆞ야ᄂᆞᆫ 鏡城의 降灰ᄂᆞᆫ 富寧보다 稍晚ᄒᆞᆫ 것은 噴口가 其西方에
在ᄒᆞᆷ을 足徵ᄒᆞ겟고 且宣祖三十年의 噴火ᄂᆞᆫ 其前後에 附近에 地震을 數發
ᄒᆞ야 一回ᄂᆞᆫ 其餘波가 京城에 達ᄒᆞᆫ 것을 見ᄒᆞ면 噴出이 如何히 殷盛ᄒᆞᆷ은
足窺ᄒᆞ니 此로써 考見ᄒᆞ면 圖們江上流沿岸에서 二三灰層이 存在ᄒᆞᆷ을 認ᄒᆞᆷ
은 或此等噴出의 遺跡이 아닌가 專門家의 硏究를 待ᄒᆞ야 決定을 要ᄒᆞ노라.

白頭山探檢槪況(譯) (三)

和田雄治

《신문계》 제2권 제7호, 1914년 7월

3회분에는 2회분에 이어 백두산 지역의 특성을 세밀하게 기록하고 있다. 백두산 부근의 연못과 호수에 대한 글에서는 신무성 하류 적봉산록에 있는 원지에 관해 자세히 기록했다. 원지에 관한 전설로 만주족 '애신각라 씨'(원문의 愛親覺羅는 오기인 듯)의 발상지라거나 충신 아무개의 투신지라는 설을 소개하고 고대 유적이 없는가 발굴을 시도하기도 한다. 삼지연은 직접 답사하지는 못하고 들은 이야기를 통해 그 규모와 수심 등을 기록하였다. 백두산 주변의 중국과 경계 구분에 관해서도 자세히 기록한다. 특히 청나라와 일본이 백두산의 청한 양국의 국경으로 정한 사실과 연관된 고증을 자세히 검토한다. 마지막으로 필자는 8월 18일 일행과 헤어져 성진(城津. 지금의 김책시 지역)에서 기선을 타기 위해 농사동에서 유평, 창평, 연암, 서두수 지역으로 이동한다. 통행하는 경로상에 낙엽송 거목이 밀림을 이룬 것을 보고 다시 한번 도문강 하류의 흐름을 개수해 보고를 활용할 것을 생각한다.

九. 白頭山附近의 沼湖 神武城의 下流, 左岸約五里, 赤峰山麓에 圓池라 稱ᄒᄂᆫ 沼湖가 有ᄒ니 周圍가 五里인ᄃᆡ 四方을 繞ᄒ야 木柵을 ᄒ고 東西南北에 門이 有ᄒᆫᄃᆡ 或은 愛親覺羅氏發祥의 地라 ᄒ고 或은 忠臣某의 投身ᄒᆫ 池라ᄒ니 如此히 傳說을 生ᄒᆷ에 古史時代에 何等의 遺跡이 無ᄒ가 思考ᄒ야 沿岸으로브터 中心에 進入ᄒ야 發堀을 試ᄒ나 水底에 殘存ᄒᆫ 遺物이 無ᄒ고 水深은 中央이 幾許인지 不知ᄒ나 中央近邊에 莞草가 繁茂ᄒᆷ을 見ᄒ면 其深이 僅히 五六尺에 不過ᄒᆯ듯ᄒ고 ᄯᅩ 我一行은 踏査ᄒ야 無頭峯에셔 遠望ᄒᄂᆫᄃᆡ 其東南方에 三池淵이라 稱ᄒᄂᆫ 沼湖가 有ᄒ니 土屋少將의 實見ᄒᆫ바에 依ᄒ면 大池四이 有ᄒ니 南方에셔 第二位에 有ᄒᆫ 것이 最大ᄒ야 幅이 三百米突, 長五百米突이 有ᄒ고 中央에 周回約百米突의 島가 有ᄒ다 云ᄒ더라. 米國博物館動物部助手 알,시,인드리유쓰氏ᄂᆫ 大正元年五月에 動物採集ᄒ기 爲ᄒ야 三池淵에 四日을 滯在ᄒ야 水深과 水族을 硏究ᄒᆫ지라. 其報告에 「水深은 各地大差가 無히 六呎으로 十八呎에 至ᄒ고 水底에ᄂᆫ 細粒의 輕石이니 白頭山으로브터 來降ᄒᆫ 것이라.」ᄒ고 ᄯᅩ 徐命膺의 記行中에

「仲淵叱其官隷曰趣入水量淺深來君受止之曰如有溺者將奈何仲淵不聽之督令入水自岸之東至島之西水僅過膝君受大喜卽躍登肩輿明瑞次之仲淵又次之士振諸人이又次之至于島(中略)君受曰島與池有定名乎尙泰曰無之矣乃名三池之中曰上元右曰中元左曰下元島曰地樞蓋自枕峯至白頭六十餘里爲樞於東北山河猶北極之徑六度爲樞於渾天也」

의 文字가 有ᄒ니 所以로 水不甚深ᄒᆷ을 可知ᄒᆯ너라

에취,에,엠,쩨임쓰著(長白山)에 依ᄒ면 小臙脂峯西方卽白頭山의 南麓二里에 硫黃泉이 有ᄒ니 水溫이 華氏百四十二度라 記ᄒ엿더라. 我一行이

下山의 途神武城 一泊의 際에 鮮人數名도 亦此地에서 露宿홈은 湯治ᄒ기爲ᄒ야 入浴에 赴혼다 云ᄒ더라.

十. 國界의 分界 明治十二年 九月 四日 日淸兩國政府代表者ᄂ 北京에셔 日淸協約을 締結ᄒᆞᆯᆺᅵ 其第一條에 曰 日淸兩國政府ᄂ 圖們江을 淸韓兩國의 國境으로ᄒ고 江原地方에셔ᄂ 定界碑를 起點으로ᄒ고 石乙水로써 兩國의 國界로 홈을 聲明ᄒ다.」本文은 淸韓勘界使의 最後談判에셔 雙方이 讓步혼 結果를 由ᄒ야 明治二十年 四月, 淸國政府ᄂ 琿春黑頂子等 處屯墾會辨邊防營務處 方朗을 總理로 ᄒ고 吉林朝鮮通商會辨邊防營務處 奏煐을 督理로ᄒ야 會寧에 派遣ᄒ고 韓國政府ᄂ 德源府使 李重夏를 勘界使로 ᄒ니 當時淸國勘界使ᄂ 十五碑를 紅湍水로 運ᄒ야 其水源地三池淵에 立코져ᄒᄂ것을 李重夏ᄂ 其無理를 論辯홈이 淸使曰穆克登의 建혼바 碑ᄂ 査邊碑오 分界碑ᄂ 아니니 紅湍水로써 定界ᄒᄂ것이 如何의 不可홈은 업다ᄒ나 李重夏ᄂ 三百年來에 國史野乘에 載在ᄒ고 ᄯᅩ 盛京通誌에 長白以南은 朝鮮界라홈이 有ᄒ고 欽定通典에도 朝鮮은 圖們江으로써 定界라ᄂ 等例를 擧ᄒ야 此에 不服ᄒ니 各水를 踏査혼 後에 國境을 協定ᄒ기로 合議ᄒ고 各使가 茂山을 經ᄒ야 山에 入ᄒᆞᆯᆺᅵ 西頭水合流點에 至ᄒ야 淸使ᄂ ᄯᅩ 提議ᄒ야 本水로써 圖們江의 幹流됨을 主張ᄒᄂ것도 李氏ᄂ 遂히 不應ᄒ고 閏四月十六日 定界碑에 到ᄒ니 此時淸國에 委員三名이 相集ᄒ야 李氏를 脅迫ᄒ되 碑ᄂ 後人이 移建혼것이니 其移建혼 人도 知홈을 明言홈은 忍置ᄒ고 且淸朝가 長白山을 祭祀ᄒᆯ 時 往來의 標識됨을 說明ᄒᄂ지라. 李重夏ᄂ 此로써 一大事件을 ᄒ야 明白혼 公文으로 照會ᄒ면 我朝에 奏ᄒ야 此를 究辨ᄒᆯ 것이라 論ᄒ야 辯難幾回에 秋毫도 相下치 아니ᄒ니 淸國派員은 大怒ᄒ야 任意로 紅湍水에 決立ᄒ랴고 謂ᄒ고 ᄯᅩ 益々激怒厲聲ᄒ야써 李를 逼迫ᄒ니 李ᄂ 答ᄒ야 曰 吾頭ᄂ 寧斷ᄒᆯ지라도 國疆은 縮少키 不可ᄒ다ᄒ고 遂히 淸使方朗은 五月 十六日, 李重夏를 告別ᄒ랴고 訪問ᄒ기에 臨ᄒ

야 石乙水로써 定界라 ᄒ면 貴國은 長坡를 失홀지라도 利益이 되거던 오히려 紅土水를 主張홈은 何故이뇨 反問ᄒᄂ지라. 李ᄂ 紅土水와 石乙水와ᄂ 其間의 相距가 數里에 不過ᄒ고 無用의 地이지마ᄂ 國家의 疆土ᄂ 尺寸이라도 甚重ᄒ다 答ᄒ고 遂히 談判結局에 不至ᄒ고 相別ᄒ다. 以上은 (間島國境問題)라고 題ᄒ고 幣原博士의 東洋協會學術報告第一冊에 記ᄒ바로써, 日淸協約에 石乙水로써 淸韓의 國境을 議定ᄒ 根元을 足知ᄒ겟도다. 그러나 今回에 實地를 踏査홈이 石乙水의 位置가 甚히 不明ᄒ도다.「東亞同文會報告」中의 地圖에 依ᄒ면 紅土水ᄂ 圓池로브터 發ᄒ고 石乙水ᄂ 甑山과 北甑山의 中間으로 流「間島産業調査書」홈에 依ᄒ면 同水ᄂ 虛頂峰小白山間으로 流ᄒᄂ것ᄀ치 記ᄒ지라. 그러ᄒ나 神武城無頭峰間을 經過ᄒᄂ 一溪谷이 有ᄒ니 流水潤澤ᄒ고 圖們江의 水源이 된듯ᄒ도다. 大槪如斯ᄒᄃ 位置不明ᄒ 石乙水로써 日淸兩國의 境界라홈은 將來의 問題를 惹起홀만ᄒ 것이 明白ᄒ도다. 是以로 余의 望홈은 臨時土地調査局에서 白頭山方面에 大三角測量을 實施홀 際에ᄂ 我政府ᄂ 支那共和國政府에 交涉ᄒ야 雙方이 地形測量隊를 派出ᄒ야 共同實測ᄒ 後에 石乙水의 位置와 石乙水와 定界碑의 連鎖를 劃定ᄒ고 堅牢ᄒ 境界標를 設定ᄒᄂ 것이 恰似히 樺太에 日露界標와 如히 홈이라.

十一. 西頭水沿岸의 森林 余ᄂ 八月 十八日 一行과 分ᄒ야 農事洞으로브터 應坪을 經ᄒ야 西頭水 流域에 向ᄒ니 蓋南雪嶺을 越ᄒ야 吉州에 出ᄒ야 城津에셔 汽船便을 得코져홈이라. 此通路ᄂ 楡坪 蒼坪을 經ᄒ야 延岩(標高千百米突)에 至ᄒᄂ 處인ᄃ 曾往에 同地에 營林廠出張所가 有ᄒ엿슴으로 通行이 便利ᄒ더라. 其通行ᄒᄂ 處에 落葉松의 密林으로 其巨樹에 富홈은 白頭山道와 伯仲이 될너라. 余輩의 通行ᄒᄂ 西頭水 沿岸 楡坪으로써 南雪嶺에 至ᄒ기 十五里間은 다 森林地帶인ᄃ 特히 延岩의 上流ᄂ 一大密林

이 되야 日光을 漏照ᄒᄂᆞᆫ 地片이 鮮少ᄒᆞ고 地方面은 白頭山附近과 異ᄒᆞ야 風力이 不甚ᄒᆞᆷ인지 地質의 天然ᄒᆞᆷ인지ᄂᆞᆫ 不審이나 樹木의 損害ᄂᆞᆫ 比較的 少ᄒᆞ더라. 然ᄒᆞ나 今에 延岩營林廠出張所의 廢止됨을 見ᄒᆞ면 必히 其理由 가 有ᄒᆞᆫ듯ᄒᆞ나 西頭水에ᄂᆞᆫ 流筏의 便이 有ᄒᆞ고 圖們江下流의 河身을 一日 이라도 速히 改修實行ᄒᆞ면 此寶庫의 開鍵은 可期ᄒᆞᆯ너라.

東方의「히마라야」白頭山登陟記

釋大隱

《佛教》89호, 1931년 11월

〈불교〉89호(1931)에 실린 백두산 등반 여행기의 전편이다. 필자는 스스로 "불법을 신수호지하는 불자"임을 밝히고 있는 바, 백두산을 히말라야 다음 가는 영산으로 생각하며 성지 순례와 같은 마음가짐으로 백두산에 다녀온 기록이다. 도입부에는 백두산 등반의 두 경로를 무산과 혜산으로 나누고 각 지수비대와 동반하는 것이 가장 일반적인 방법임을 소개한다. 이와 함께 각 경로에 소요되는 경비, 필요한 물품과 기구 또한 소개하고 있다.

앞서 언급했듯이 백두산 참관의 동기는 히말라야 영산을 동경한 바가 컸으나 여러 조건으로 볼 때 참관할 길이 없음을 안타까워하다 종성불교부인회(함경북도 종성군)의 전도 여행 요청을 계기로 백두산 참관을 결정하였음을 밝히고 있다. 1931년 7월 10일 경성을 출발해 22일까지 종성 인근 국경 연안의 전도를 마치고 23일부터 29일까지의 백두산 등정 여정을 기록했다. 백두산 여정을 경유지별로 구분한 목차에 따라 정리하면 다음과 같다.

* 무산 출발과 인원행렬: 7월 23일 오전 6시 무산수비대 군영 마당에서 출발한다. 수비대원이 40여 명, 지방단원 20여 명, 단원 편입 이외 사람 30여 명, 군부와 경찰 20여 명, 마부와 기타 오십 여 명 등 인마 합쳐 200여 명이 대를 이루었다. 두만강을 오른쪽으로 내려다 보면서 행진하는 모습이 배수진을 치고 장사형으로 돌격하는 느낌이라 적었다. 필자는 대 안에 포함되어 있기는 하나 다른 일행 3명과 말 한 필을 포함해 4인 일단으로 자유롭게 움직인다고 표현했다. 두만강이 강처럼 보이지 않고 강 건나 간도 땅도 중국 땅처럼 보이지 않는 정황을 설명한다. 두만강을 건너 간도를 통해 삼장으로 가면 길을 줄일 수 있다 하나 경비를 절약하기 위해 필자는 그대로 조선 내지로 진행한다.

* 연상내의 물을 건너 흥암동에 점심: 수비대와 헤어져 큰 고개 하나를 넘은 뒤 연상면에 당도해 큰 하천을 건너지 못해 당황한다. 이때 키가 구척 같은 한 사람이 나타나 일행을 모두 건네주고 말과 짐까지 건네준다. 크게 감사하고 흥암동에 이르러 점심을 먹는다. 이 지역 가옥 지붕을 흙으로 올려 풀이 무성한 것을 보고 시조를 지어 읊는다. 삼장이라는 곳이 국경 도시로 번성함을 보고 서두수와 두만강물이 합류하는 지형의 묘함을 본다. 불교 신도의 여관에서 묵는다.

* 삼장 출발과 소홍단의 천주당: 7월 24일 오전 6시에 깨어 수비대 일행을 따른다. 청년으로 조직된 백두등산자유단 삼십 여 명이 추가된다. 창포원이라는 고원지대를 지나 소홍단 아래 주점에서 점심한 뒤 홍단이라는 곳을 향해 올라간다. 소홍단 역시 백두산으로 올라가는 층층 계단 지역 중 하나라 한다. 격류가 흐르고 좌우고 백화, 낙엽송, 금송 등이 울창하다. 삼림 속에 백두산 도산령을 모신 천주당이 있다. 두만강이 작은 하천으로 좁아진 곳에 집도 없는 물방아가 혼자 방아를 찧는 모습을 본다. 물이 있는 곳에는 물방아를 만들어 조나 보리를 제멋대로 찧게 하고 7, 8시간 뒤에 와서 퍼가는 모습이

국경 지대의 이색 풍경이라 생각한다. 서울에서 온 화가 노수현과 매일신보 이익상 등과 동반해 농사동에 이른다. 농사동에서 일박한다.

*농사동 출발과 백화원: 7월 25일 오전 6시에 일어나 수비대를 따라 출발한다. 농사동 주민 남녀노소 나와서 일행일 구경한다. 처녀들의 의복이 보잘것 없고 말소리가 거칠지만 얼굴과 자태가 아름답다고 한다. 백두산 탐승객 때문에 처녀들이 놀아난다는 현지 노인들의 말에 그들의 생명이 순진이고 천연이니 세속자에 속지말고 천연을 지키라 생각한다. 이들의 작별을 받으며 인간계를 떠나 황무지 백화원으로 들어간다. 비단꽃, 개발꽃, 호미화, 개나리꽃, 쇠채꽃, 좁쌀꽃, 붓꽃, 꿩의 발꽃, 사리꽃, 멈돌레꽃, 해당화꽃 등의 다양한 화초가 50리 가량 빈틈없이 피어있는 장관을 구경한다.

◇ 白頭山행의 順路及其他案內

白頭山紀行文을 쓰기 前에 몬저 順路와 其他案內의 參考事項을 紹介하야 後日 白頭山 가는 이의 便宜를 도와바치고저 한다. 白頭登山은 茂山守備隊와 惠山鎭守備隊가 每年 七月二十日頃이면 年中行事로 登山하는 바이다. 그럼으로 白頭山을 보고저 하는 사람은 七月十日內로 茂山郡廳이나 守備隊에 어느날에 떠나는가 그 日字를 書面으로서 무러보고 그날字에 맞추어서 가는게 便利하다. 白頭山으로 드러가는 順路는 두 곳의 길이 잇으니 一은 會寧行의 車를 타고 가다가 俗厚라는 驛에서 나려서 自動車를 타고 惠山鎭으로 가서 普天堡와 實秦洞을 經由하야 虛項嶺으로 올라가는 길이요. 一은 會寧行 車로 가다가 俗厚를 헐석지나서 古茂山驛에 下車하야 茂山行의 輕便車를 타고 茂山邑에 下車하야 三長과 農事洞을 經由하야 紅岩으로부터 大紅端으로 올라가는 길이다.

◇費用

그런데 費用으로 말하면 京城驛에서 茂山邑까지 汽車 賃金이 片道에 十四圓이며 茂山서 天池까지 갓다가 오는데 守備隊에 納入하는 食費가 十日間費로 十六圓이요. 말(公馬)을 타고 갈 것 같으면 馬一頭에 十日間 賃金으로 二十二圓을 支拂하여야 된다. 이러케 따지고보면 京城서 까白頭山지 往復하자면 적어도 八十圓金額은 가저야 된다. 만일 俗厚서 惠山鎭으로 輕便車가 노히면 茂山行보다 얼마간 旅費가 減少될는지 모르나 俗厚서 自動車로 往復하려면 茂山으로 갓다가 오는 것보다 十餘圓이나 더 걸닌다고 한다.

그러나 茂山으로 가드래도 守備隊의 支配를 밧는 地方團員에 들지 아니하고 따로 모든 器具를 準備하야 私馬를 어더가지고 갈 것 같흐면 十圓金額은 節約할 수가 잇다.

◇登山器具

八十圓假量의 旅費로서 守備隊와 가티 地方團員에 드러서 따라갈 것 가트면 다못 外套 冬內服 雨具 狗皮 二三枚 水筒 一個만 가지고 가면 그만이고 만일 團體行動을 버서나서 個人行動으로 그네를 따라서만 가려면 十日間의 食糧米 남비 양제기 같은 食器 숫갈 鹽醬 도끼 낫 天幕(廣木 二十尺이나 三十尺의 連幅으로 맨든 혼이불이면 使用할 수 잇다) 담뇨 狗皮나 鹿皮 二三枚(狗皮는 山中에서 露宿할時 깔고자면 溫氣를 防禦한다) 水筒 雨裝 運動靴 消化藥 間食用의 食방 바늘과 실 以上의 모든 器具를 準備하여야 된다.

◇備考

地方團員에 드러서 守備隊의 支配下에 따라가면 多少 便利한 點이 만으나 規則 嚴守의 精神的 苦痛이 잇고 個人行動으로 가게 되면 經濟가 되고 自由하나 雨夜가튼 때 多少 不便한 點이 잇다.

◇白頭山參觀의 動機

나는 佛法을 信受護持하는 佛子인만큼 釋尊을 思慕함이 크며 그 思慕의
情이 클수록 世尊께서 修行하시든 雪山을 憧憬함이 普通사람에 比할 바가
아니엿다. 엇더케하든지 印度의 佛蹟을 巡禮할 機會가 잇으면 雪山부터 拜
見하리라는 생각을 가진지가 오랫섯다. 雪山은 히마라야(Himalaya)山을 가
르친 것이니 이 山은 四時에 白雪이 皚皚한 山이라. 그럼으로 「히마라야」山
이라고 한다. 「히마라야」라 함은 梵語이니 「히마」는 雪의 義요. 「아라야」는
藏의 義라. 「히마라야」를 飜譯하면 雪藏山이라는 뜻이다. 그러키 때문에 藏
字는 略하고 雪山이라는 두 글자로만 經典에 나타나게 되엿다.

이 雪山은 누구나 다 아는 바와 가티 印度大半島北境에 聳立한 大山이니
그 最高峰은 「에베레스트」峰이라는 것인데 二萬九千英尺이요 次는 「간딘쟌
가」峰이라는 것이니 二萬七千八百英尺이라 한다. 印度半島의 모든 大河는
다―그 水源을 이 山脉에서 發하야 흘으고 잇다. 그래서 印度敎徒들이 이르
는 大自在天의 極樂淨土信仰도 이 雪山을 中心으로하야 自在天宮이 이 山
속에 잇다하며 佛敎에서 이르는 須彌山信仰과 北洲의 信仰도 이 山을 中心
으로 表現되고 잇다. 우리가 經典 가운데서 어더보는 本緣說話의 雪山童子
가 涅槃經의 四句偈(諸行無常 是生滅法 生滅滅己 寂滅爲樂)를 羅刹의게 어
더듯기 爲하야 爲法亡□하엿다 함도 이 亡에서 이러난 神話며 或은 傳說을
指摘한 것이니 雪山은 熱帶地方인 印度全民族이 理想鄕으로 憧憬하는 山인
同時에 우리 世界佛敎徒가 思慕하는 聖地요 靈場이나 그러나 모든 環境이
남의 나라와 갓지 못한 더욱히 物質이 許諾지 안는 朝鮮佛徒 가운데 한 사람
인 나로서는 아모리 보고싶은 印度일지라도 갈 길이 茫然하며 따라서 아모리
寤寐不忘하는 雪山이라도 參觀할 길이 보히지를 안는다.

그런 까닭으로 나는 白頭山을 第二雪山으로 想像하고 白頭山만 가보드
래도 雪山에 견주어 見聞所得이 만으리라는 생각을 하엿다. 그리하야 언제

든지 白頭山에 登陟할 機會가 도라오기만 기다리고 잇엇다. 그러든 次에 마침 鐘城佛敎婦人會로부터 傳道를 爲하야 왔다가라는 招請이 잇엇음으로 이 機會를 타서 白頭聖山을 參觀하리라는 信念이 불가티 이러나게 되엿다. 그래서 七月十日 밤에 京城을 出發하야 二十二日까지 國境沿岸의 傳道를 마치고 二十三日부터 白頭山을 登陟하게 되엿다.

◇ 茂山出發과 人員行列

七月二十三日 午前 六時 白頭山을 親見하려고 情熱이 끌는 사람들은 四處로 會集하야 日字와 時間을 마처서 茂山守備隊軍營마당에 參集하였다. 守備隊側의 四十餘人 地方團員이 二十餘人 團員編入以外의 사람이 三十餘人 軍部와 警察側에서 二十餘人 馬夫其他五十餘人 人馬竝하야 近二百餘名이 모히니 守備隊의 幹部將校로부터는 白頭山登陟에 對한 訓示와 가튼 主意의 說明이 잇엇다. 그 說明의 內容은 白頭山은 普通山岳과 달라서 만일 가다가 疲困하야 隊伍에 떠러지든지 或은 失路를 하든지 하면 生命이 危殆하다는 것이며 또는 白頭山內이 十匪馬賊(紅衣賊) 가튼 것이 無時로 橫行하기 때문에 不斷히 主意하야 戰地로 가는 氣分을 갓지 안으면 아니된다는 說明이엿다. 여러 사람들은 이 말을 듯고 모다 恐縮과 緊張된 마음으로 行列을 지여 느러스니 未曾有의 壯觀이엿다. 우리는 나팔을 불고 나아가는 軍隊를 前頭에 압서우고 茂山邑을 떠나서 豆滿江의 激流를 右便으로 나려다보면서 進行한다. 마티 敵軍을 向하야 背水陣을 치며 長蛇形으로 突擊하는 늣김이 잇다. 이러케 守備隊를 따라가는 가운데 우리 一行의 四人團은 自由行動을 取하야 가게 되엿으니 그것은 우리의 四人一行이 地方團에 들지 안코 싸로 自由團으로 何等의 支配와 拘束이 업시 마음대로 가게된 까닭이다. 四人一行이라 함은 내가 鏡城서부터 同行하야온 張用尙君과 吳世德君과 또 馬夫一人을 兼하야 四人一團이니 우리 四人一團은 모든 食粮과 器具를 말께 실리고 守備

隊를 따라가는 바 그네들보다 압서가고 싶으면 압서가고 뒤에 가고 싶으면 뒤에 떠러저간다. 勿論 森林地帶密林 속에 드러가서는 一致한 行動을 取하지 안으면 아니되겟지마는 農事洞까지는 人家가 드믄드믄 잇는 곳이라. 이 동안에는 自由한 行動을 取할 수 잇다. 그래서 平壤의 淸流壁과 같은 斷崖를 도라서 水月庵 밑으로 도라갈 때에는 우리는 일부러 軍隊보다 뒤떠더저는 水月庵으로 올라갓다. 그리하야 이곳서 不足한 食粮과 器具를 더 準備하엿다. 이 庵子에서 잠깐동안 쉬여가지고 다시 나려와서 三長을 向하야가는 큰 길로 豆滿江 上流를 끼고 올라간다. 豆滿江은 江이라는 말을 듯고 또는 國境이라는 말을 듯고 보면 江인가 하는 생각이 나기도 하지마는 그런 말을 듯지도 못하고 아모 생각조차 업시 간다면 누구라도 江이라고 認識할 수는 업다. 또는 마조 보히는 間島땅도 저것이 中國의 땅이라는 말을 듯고보면 그런가 싶은 생각이 업지도 아니하나 그러나 아모 말도 듯지 안코 본다면 아모리 보아도 남의 나라거니하는 생각이 나지를 아니한다. 웨그러냐하면 一口帶水인 豆滿江을 끼고 올라가는 間島땅에 中人은 볼 수 업고 우리 白衣同胞만이 만히 居住하는 까닭이다.

그러나 一切惟心造의 格으로 江갓지 안은 江이라도 國境을 代表한 江이거니 생각하며 다가튼 土地요 平原이것만은 저것은 中國의 땅이거니 한은 생각을 가진 즉 모든 것이 凄凉스럽게 생각하고 쓸쓸하게 눈에 비췬다. 따라서 보드럽게 보히든 豆滿江水도 새삼스럽게 激流로 보히며 그 가운데 둥실둥실 떠나려오는 筏木軍의 노래소리도 類달리 슬프게 들린다. 나는 이러한 哀想을 자아내며 가는 줄 모르게 가는 동안에 馳馬臺를 지나서 篤所里에 到着하엿다. 이곳에서는 間島 땅의 느꼴이라는 동네를 바라보게 되는데 百餘戶나 되엿보히는 市場越便에 웃둑하게 소슨 土塀이 보히며 따라서 鐵道庫間 같은 草家집과 洋鐵집이 보힌다. 이것이 무엇이냐고 무른즉 中國軍隊가 駐屯하야 잇는 兵營이라고 한다. 篤所의 渡船場으로 배를 건너서 間島땅을 經由하야 三長으로 가게 되면 二十里를 질러가게 되고 不然하야 朝鮮內地로 갈 것 같으면 二十里를 도라가게 된다고 한다. 그런 까닭으로 守備隊와 地方團員들은 다─篤所에서 배를 타고 間島로 건너갓다. 우리도 처음에는 間島로 건너갈가 하엿으나 團員에 들지아니한 우리라 站稅라는 것을 내지아니할 수가 업다. 四人이 이것을 내게 된다면 八十錢이란 돈이 걸린다. 그래서 모든 것이 經濟時代닛가 그대로 도라가자 하고 우리는 朝鮮內地로 도라가게 되엿다. 그런데 사공들이 瀑布水가튼 激流에 통배를 띄여서 여러 사람을 태우고 橫斷하야 건너가는 것을 볼 때는 말할 수 업는 나의 好奇心을 끌게 한다. 이것도 國境이 아니고 볼 수 업는 異趣엿다.

◇延上내의 물을 건너 興岩洞에 點心

우리는 篤所에서 大軍一行과 갈려서 얼마동안을 거러오다가 南村이라는 洞里를 지나서 泰山峻嶺을 하나 넘엇다. 守備隊 一行이 間島땅을 經由함은 이 泰嶺을 避하야 간 모양이다. 땀을 흘리며 이 고개를 넘어서 延上面駐在所 잇는 곳을 當到하니 거진 豆滿江만한 河川이 노혀잇는데 夜來雨에 다리가 떠나가고 업다. 黃土水가 물밋을 가려 흘러가는 내물이라. 이곳 事情을 아지 못하는 우리로서는 함부로 대들 수가 업다. 우리는 水上水下로 오르락 나리락 하며 八十錢을 앗겨서 間島로 가지 아니한 것을 無限히 怪嘆하얏다. 그리고 白頭山 求景도 다하고 마랏다는 悲觀의 말까지 내게되엿다. 이럴 때에 마침 키가 九尺가튼 一員大人이 나타나서 우리를 보더니 越川해주기를 自願한다. 나는 上下服을 홀덕벗고 그가 하라는대로 그의 억개를 집고 내물을 건너가매 水深이 나의 腋下에까지 다앗는지라. 하마트면 큰일날번하엿다. 山꼴의 물이라 水勢가 빠르고 물살이 시─ㄴ 가운데 바닥에 깔녀잇는 돌조차 이끼가 부터잇는지라 맷그럽기가 짝이 업다. 내가 越川軍을 붓들고 갓다는 것보다 그가 나를 끼고 간 모양이다. 그는 우리 一行을 다─ 건너주고 말이며 짐까

지 다— 運般하야 주엇다. 그는 흔히 볼 수 엄는 方士인 同時에 우리 一行의게
는 觀世音菩薩의 化身이엿다. 그리하야 그는 우리의게 無畏를 施하고 苦를
拔하고 樂을 與하엿다. 우리는 그의게 百拜致謝하고 禮金을 올니엿다. 그리
고 興岩洞이라는 곳에 가서 點心밥을 먹엇다. 茂山서부터 이곳에 이르기까
지는 家屋의 집옹이 大槪 瓦家를 除하고는 흙밧이다. 집을 새로 지을 적에
白樺皮로 한번 집옹을 덥흔 뒤에 新十駄의 雜土를 올려싸아 덥흔 지라. 靑草
가 茂盛한대로 자라나서 屋上에 욱어저잇다. 그럼으로 먼데서 보면 풀무데기
요. 갓가히 가서 보면 家屋이다. 그럼으로 나는 時調한 수를 지여서 콧노래
삼아 불럿다.

풀무덕이 집옹이요. 집옹이 풀무데라. 들면 房이요. 나와보면 언덕일네. 이따
에 첫눈 印象은 이것인가 하노라.

우리 一行은 풀무덕이 집옹을 더푼 한 酒幕에서 中食을 마친 뒤에 엇던
山모통이를 하나 지내서 平平한 高原으로 멧十里가량이나 지내오다가 斷崖
와 가튼 나림길을 지내서 豆滿江水를 끼고 올라가니 兩派水가 合친 곳에 山
中都坊이 몰녀잇으니 이 곳이 뭇지아니하여도 三長이라는 곳이다. 이곳은
三百餘戶를 擁立한 山中都市요. 또는 國境終端의 大都會라. 守備隊도 잇고
警察署도 잇고 普通學校도 잇고 面役所도 잇다. 可謂 國境을 防備하는 要塞
地라 하겟다. 兩派水라 함은 西頭水와 豆滿江이 合流되야 三角地帶로 形成
되여잇는데 그 地形結搆에 妙함이 比할 수 업다. 이곳은 對岸間島十場이라
는 곳과 貿易中心地가 되여잇기 때문에 돈나는 일도 相當히 만은 것 갓다.
우리는 이곳의 徐相星이라는 이의 旅舘에 드럿는데 그 主人은 南方에서 드러
온 信佛者라 우리가 僧侶임을 안후부터는 더욱히 厚待를 하여주엇다. 茂
山서 이곳가지의 行程은 八十里라. 山陜길로 八十里를 거러온 우리는 夕食

後에 昏夢天地로 드러가고 마랏다.

◇三長出發과 小紅端의 天主堂

　七月二十四日 午前 六時 喇叭소리가 새벽 空氣를 깨트리며 困한 잠을 깨워준다. 그래서 우리는 일즉히 이러나서 洗手와 靜坐를 지난 뒤에 새벽 밥을 빨리 먹고 守備隊 一行을 따라스게 되엿다. 그런데 이곳의 三長守備隊員 三十餘名이 다시 隊伍를 作하야 나스고 靑年으로 組織된 白頭登山 自由團 三十餘名이 追加되야 따라스게 됨으로 登山人員은 茂山서보다 大量으로 膨脹하게 느럿다. 人馬並하야 二百四十名이 一字로 느러서서 喇叭手를 압세고 三長 뒷山을 올라갈 때에는 까닭 모르는 意氣가 揚揚하야 空然히 억개가 웃줄웃줄 하엿엇다. 오늘 行程은 六十里에 不過한지라 능청거리면서 가게되엿다. 그러나 三長 뒤에 臺地를 올라갈 때에는 땀통이 끈어진듯 限업시 구실같은 땀물이 흘러나렷다. 이것이 白頭山을 올라가는 처음되는 階段이라고 할 수 잇는데 이 臺地 우에는 七八十里를 連 하야 잇는 荒蕪地의 벌판이다. 길가에 보히는 것은 大麥 小麥 燕麥 等이 때느진 푸른 싹을 가지고 잇고 玉蜀黍 馬鈴暮같은 것이 南國의 初夏를 想起케 한다. 그런 가운데 더욱히 사람의 마음을 끌게 함은 菖蒲입새와 붓곳이며 百合花가 바람부는대로 나밧기는 것이엿다. 이곳은 菖蒲가 만은고로 俗稱 菖蒲原이라고 한다. 우리는 이러한 벌판으로 가다가 臺地를 버리고 나려와서 小紅端 미테잇는 酒店에서 點心하고 紅端을 向하야 올라간다. 紅端이라는 곳은 大紅端과 小紅端 두군데로 노나 잇는데 大紅端은 農事洞서 四十里를 드러가서 잇고 小紅端은 農事洞서 三十里를 나와서 잇다. 이 小紅端 亦是 白頭山을 올라가는 層層 階段에 不過하다. 그러나 紅端밑에서 臺地까지 올라가기는 꽤 梢遠한 距離를 가지고 잇다. 그런데 이곳에는 푸른 시내가 激流를 지여서 狂奔하고 左右 對岸에는 白樺며 落葉松 金松 雜木들이 鬱密하게 茂盛하야잇다. 이 森林 숙으로 한참 올라가

면 金碧丹靑이 燦爛한 社堂一棟이 나타나는데 이것은 무를 것 업시 白頭山의 都山靈을 모서노은 天主堂이다. 이 天主堂은 自古로 土民덜의 信仰焦點이 되어가지고 잇든 곳이라 只今도 咸鏡南北道의 數千名이 이곳에 誠致을 단인다고 한다. 넷날에는 이 天主堂 압흐로 乘馬하고 가는 사람이 잇스면 말굽을 덕덕부처노앗다고 한다. 只今도 靈驗이 相當하게 잇다고 하야 中國사람도 와서 致誠을 드리고 日本사람도 와서 致誠을 드리고 간다고 한다. 그래서 地方團員으로 온 사람 가운데도 이곳에 禮拜하고 默禱하는 者가 不少하다. 그리고 馬夫들은 너도나도 할 것 업시 모조리 절들을 하고간다. 그래서 나는 속으로 이런 詩句를 생각하야 보앗다.

白頭靈氣 모힌 곳에 精舍를 지여노코 都山靈을 모섯으니 天主堂이 이곳이라.
예부터 驗靈잇어 절하는 이 만터라.

이러한 詩句를 흥얼거리면서 四方으로 삥삥 돌녀싸은 담안으로 드러가서 堂閣을 살펴보니 前面의 네기동에는 「白頭鍾氣 紅端靈社 萬古名山 一國祖宗」이라는 木刻柱聯書가 부터잇다. 이 社堂은 從來에 民間에서만 信奉하고 祝祭함이 안이라 요전까지도 官家에서 祭餐을 밧드러왓다고 한다. 白頭山이 民族的으로 崇敬의 對照聖岳이 된이만치 이 天王堂도 官設의 神壇으로 崇奉을 바닷든 것이 明白한 事實이다. 이런 일을 생각한즉 太白의 威貌를 接한듯한 늣김이 깁허지는지라. 正襟跪坐하야 默禱코저하는 信念조차 이러한다. 그래서 나도 여러사람과 가티 禮拜하고 默禱하엿다.

청산은 놉고놉고 綠水는 길고 긴데 웃둑 소슨 이 靈社를 뉘아니 崇奉하랴. 절하고 心祝하노니 都山거름 도으소서.

우리는 天王堂을 지내서 臺地로 얼마동안을 거러가며 茫茫한 귀리밧을 바라보고 이런 생각 저런 생각 하는 동안에 高原의 臺地는 어느듯 다하고 低地로 나려가게 된다. 그리하야 이러버럿든 豆滿江을 다시 끼고 올라가게 된다. 이곳의 豆滿江은 참으로 조고마한 渠川에 不過한지라 아모타도 다리만 거드면 건너가고 건너온다. 여기와서는 아주 國境이라는 觀念조차 이르킬 수 업슬만치 接屬地가 되고마랏다. 그럴수록 警備는 다른 곳보다 더힘써야 된다고 이곳의 駐在所員은 말을 하며 밤이나 낫이나 마음을 놀 때가 업다고 辛酸한 經驗의 哀訴를 한다. 豆滿江의 沿邊에는 집도 업는 믈방아가 제멋대로 올라갓다 나려갓다 하며 날이 맛도록 머―ㄴ 山을 보고 절을 하고 잇다. 이것은 國境인 이곳 밧게는 볼 수 업는 現相인 바 이곳에는 無人之境이라도 水便만 조흐면 아모데든지 집도 업시 외통나무의 물방아를 거러노코 조이든 지 보리 같은 것을 느어서 제멋대로 찌케하고 도라보지를 아니한다. 그리하야 七八時間을 經過한 뒤에야 사람이 가서 까불기도 하고 퍼오기도 한다. 도적이 업다는 平和스러운 南方에는 한 時間이라도 방아깐을 비울 수가 업는데 이곳에는 胡賊의 巢窟이라 하면서도 無人之境에 방아 혼자 제멋대로 쌀을 찌케함은 能見難思의 不思議한 일이다.

우리 一行은 이러한 눈에 서투른 물방아를 보면서 얼마를 가다가 여러 團員들과 가티 金잔듸 밧헤서 쉬게 되엿다. 이 곳에서 數日前에 親父된 鏡城都守徐炳鉉氏는 나를 보드니 우리 地方團에 경성친구 멧 분이 드럿는데 或 아느냐고 한다. 그래서 姓名이 누구라드냐고 무른즉 한 분은 每申에 잇는 星海李益相氏요. 한 분은 畵家 沁汕盧壽鉉氏라고 한다. 이 두분은 本是부터 顔面은 업스나 듯기는 만이한분이다. 따라서 그네들의 作品을 보기도 하고 읽기도 한 나이라 이런 곳에서 만나보는 것도 奇緣이라 생각하고 만나보앗으면 하엿드니 老婆心切한 徐郡守는 일부러 나를 그네들의게 紹介하야준다. 그래서 서로 姓名을 通하니 그네들도 나의 얼굴은 모르나 이름은 아랏노라 하며

『다른 名山에는 寺院이 만은고로 大師님을 보기 쉬우나 이곳에는 寺院이 업는 고로 大師님을 볼 수 업드니 마침 大隱法師를 만나게 된 것도 奇緣이외다』하며 如干한 好意로써 對하야주지를 안는다. 可謂 一面如舊의 親切叮嚀이다. 더구나 沁汕은 熱情的이다. 무슨 이야기든지 내입으로 나온 말은 무슨 眞理나 包含되어 잇는 것처럼 佛敎의 말을 듯겨달라고 졸라댄다. 그래서 나는 徐, 盧, 李氏를 爲하야 或은 經典說話도 紹介하고 或은 禪門古德의 傳說도 紹介하며 其外 짤막짤막한 金口所說의 典雅한 戒訓을 講話式으로 說明하얏다. 이러케 이 얘기 하면서 쉬다가 가다가 하은 동안에 農事洞을 當到하얏다. 農事洞은 白頭山의 마즈막 入口인 同時에 하날미테 첫 동네라 하겟다. 이곳을 지나면 人家하나 볼 수 업시 森林地帶로 드러간다고 한다. 이곳서 白頭山 天池까지 片道로 二百三十里라 한다. 往復을 並하면 四百六十里가 된다. 그런데 이 四百六十里를 갓다오는 동안에는 一週日間을 山에서 자지 안으면 아니되게 생겻다. 農事洞은 얼른 보기에도 貧寒한 村落이라. 戶數도 여기저기 떠러저 잇는 것을 綜合하야 五十戶에 不過하다. 그러나 이곳이 國境의 最終端인만치 駐在所도 잇고 若干의 守備隊드 잇다. 駐在所 잇는 附近에 酒店 가튼 것이 十餘戶에 不過한데 二百五十餘나 넘은지라 집집이 滿員이다. 우리와 같은 自由團은 어느 곳이나 接足할 데가 업다. 그래서 우리는 생각다 못하야 어느 드러안진 집으로 차저가서 一夜를 經過케 되엿으니 이 집이 蔡東俊氏의 집이다. 蔡氏는 이곳에서 區長도 지내고 私立學院의 院長으로 藥種商을 兼하야 잇는 분이라. 이곳에서는 重鎭의 人物이며 따라서 漢學의 知識이 相當한 분이다. 그럼으로 우리를 對하여서도 恪別한 厚待를 하니 親切하게 對하여준다. 우리는 이집에서 無事히 하로밤을 經過하얏다.

◇農事洞出發과 百花原

七月二十五日 午前 六時 喇叭 소리에 깨여나서 일즉히 食事를 마친 뒤에

行具를 차려가지고 守備隊를 따라섯다. 오늘부터는 것헤서 사람을 죽여도 알 수 업는 密林地帶로 드러가는 날이라 他日보다 倍나 더욱 緊張되야 守備隊를 밧작밧작 따라섯다. 그리하야 案內者의 指導를 바더서 알 수 업는 荒原으로 드러간다. 一年 中 十二朔에 오즉 한 번 밧게 사람구경을 못하는 農事洞의 婦女들은 男女老少 勿論하고 잇는 數대로 다—나와서 우리 一行을 目送하며 손가락질도 하고 人物展覽의 品評도 하는 모양이다. 그런데 이곳의 處女들은 衣服이 볼 것 업고 말소리가 좀 거칠지마는 얼골과 姿態는 모다 仙女가 티 아름답다. 그런故로 우리 一行의 절문 사람들은 눈이 뚜러지도록 그네를 바라보며 발길을 띄여놀 줄 모른다. 野薄한 人間俗子가 仙女를 낙금인가? 白頭聖母의 待衛玉女가 蕩子를 꾀임인가? 서로서로 보지못하든 눈이 마처지매 世上에서 볼 수 업는 情緖를 끄러낸다. 이곳 老人들의게 드르면 年復年來에 白頭山探勝客 때문에 이곳 處女가 만이 노라난다고 한다. 果然 그러하리라. 그 보지 못하든 洋服 구두 하이카라 머리 살빗 香臭 모든 것이 山꼴 處女의 好奇心을 끌만도 할 것이다. 그러나 그대들의 生命은 純眞이요 天然이니 世俗子에 속지말고 天然을 직히라. 白頭山色不變커니 그대 마음 變할 것가? 우리는 純眞을 사랑하며 天然을 讚美한다. 우리 一行은 天眞漫漫한 處女들의 마주막 餞別을 밧고 人間界를 떠나서 濕地密林의 燒跡을 向하야 荒蕪地의 百花原으로 잡아든다. 이곳은 五六萬步 以上의 廣漠한 未墾地라. 百草香花가 마음대로 피여너부러젓다. 案內人이 손을 드러 가르치는 곳은 農事洞의 農事試驗場이라고 하는데 그 곳에는 水稻며 大麥 小麥 玉蜀黍 燕麥 大豆 小豆 菜豆 大麻 栗 葱頭 牧草 甜菜 等의 農作物을 栽培試驗中인바 相當한 好成績을 거둔다 하며 不遠將來에는 數萬名의 火田民을 이곳으로 移民하야 白頭山麓을 開拓할 計劃이라고 한다. 이것은 咸鏡北道에서 計劃하는 移民方針이라 確實히 實現되리라고 한다. 하루밧비 實現되기를 바란다. 우리는 이런 說明을 드르며 百花原에 드러섯다. 이곳 方言으로 비단꼿 개발꼿 虎尾

花 개나리꼿 쇠채꼿 좁살꼿 붓꼿 꿩의 발곳 싸리꼿 멈돌레꼿 해당화꼿 이러한 種類의 꼿이 或은 三里許 或은 五里許나 되는 벌판에 빈틈업시 다투어 피고 잇다. 陽曆으로 七月이요 陰曆으로 六月이라 南方가트면 볼 수도 업는 꼿인데 이곳에서는 六月달을 三月節季로 역이는듯 이러케도 야단스럽게 꼿이 피여잇다. 神仙사는 山谷에는 異香이 滿洞이라드니 이곳이야말로 異香이 滿野라. 마티 香積世界를 차저온 것 갓다. 그래서 나는 百花를 바라다보며 몰난 절에 詩興이 滔滔하야 변변치 안은 時調한 首를 을펏다.

> 聖祖가신 이 玉京에 무삼 節序 잇으랴만 三月春風 好時節은 눈 속에서 다 보내고 六月을 제철인양 하야 百花다퉈 피더라

  우리는 百花原을 지나서 密林地帶로 드러간다. 그런데 密林을 들기 前에 이 中間에는 수렁이 가로노혀서 四五十間 동안이나 차지하고 잇다. 이곳에 군데군데 소사오른 정검다리가튼 풀포기를 발고 지내간다. 만일 발 하나만 빗긋하면 넙적다리까지 쓱쓱 빠아진다. 사람은 누구나 다— 꾀잇는 動物이라 빠지지 안코 건느지만은 駄馬는 아주 질색이다. 빈 몸에도 어렵거늘 重駄를 직혀노코 덥허노코 가자하매 여러 말들은 죽는다고 高喊을 치며 자빠지기도 하고 어퍼지기도 한다. 그래서 畢竟에는 짐을 푸러서 사람이 저나르고 빈말로 끄러낸다. 그리하야 말께 실은 器具와 行裝들은 물투성이가 되어잇다. 누가 사람을 일러서 萬物에 靈長이라 하엿노. 말께 함을 보아서는 萬物에 糟糠이나 될는지? (未完)

東方의「히마라야」白頭山登陟記 (續)

釋大隱

《佛敎》90호, 1931년 12월

전편에서 이어지는 백두산 등반 여행기의 후속편이다.

* 광막한 천평에 채목이 밀립: 수렁 지대를 지나 밀림지대로 나아간다. 하늘을 찌르도록 높이 솟은 채목 지대를 지난다. 백두산 동서남북을 통해 수천리 되는 벌판이 연달아 있는 천평이라는 곳을 지나고 대홍단을 지난다. 대홍단에서 점심을 하고 대는 둘로 나뉜다. 하나는 삼지연을 거쳐 혜산진으로 나아가고 다른 쪽은 바로 백두산을 향해 거칠봉으로 가는 경로이다. 필자 일행은 삼장수비대를 따라 삼지연으로 향한다. 삼지연 도착 전에 포태산 근방에서 노숙한다. 나무를 베어 쌓아놓고 물을 피우는데 불쏘시개를 위에 놓아 불이 아래로 내려가도록 하는 게 신기한 현상이라 한다. 천막이 없는 일행은 천막 있는 사람들에게 사정해 한 명씩 흩어져 자게 된다.

* 아연실로와 삼지연에 맑은 물: 7월 26일 오전 6시에 일어나 출발한다. 비가 계속 이어진다. 답답한 수풀 속 행로가 이어지며 간간이 산불로 넓게 트인

곳을 만난다. 그런 중에 안내원조차 길을 잃고 일행은 한참 없는 길로 고생한다. 마침내 극적으로 삼지연에 도달해 다른 일행과 야영한다. 혜산진 쪽에서 오는 등반대와 합류한다. 세 개의 늪이 나란히 모여있는 삼지연의 유래를 이야기한다. 연못을 둘러보고 기념 사진을 촬영한다. 토굴 초막에서 노숙한다.

*매젓에 갈정 쉬고 신식치를 넘어가: 7월 27일 오전 6시 일찍 일어나 출발한다. 혜산진에서 오는 150여 명의 대원과 합류해 신무치로 향한다. 올라가듯 내려가고 내려가듯 올라가는 여정을 40리 가량 이어간다. 극심한 갈증에 들죽과 매젓을 따먹으며 갈증을 지운다. 신무치라는 고개에서 점심을 하고 거칠봉(茂峰)을 경유해 백두산으로 올라간 무산수비대원들이 자고간 흔적을 본다. 이어 한병화라는 사람이 백두산중에 영묘를 건설하려다 실패했다는 흔적을 구경한다.(이 일화는 다음 장 이종태의 "백두산등척기"에는 한변외(韓邊外)라는 사람에 대한 이야기로 인용되어 있다.) 골짜기에서 다시 야영한다.

*심사불평정계비와 은한마촬병사봉: 7월 28일 오전 5시에 무투륵봉(無頭峰)에서 출발한다. 연지봉을 접어들어 이깔나무, 문비나무, 가문비나무 들이 나지막해 지는 모습을 본다. 천평의 광활하던 평원도 잦아든다. 군데군데 눈뭉치와 얼음이 놓여있다. 일기가 좋아 백두산상 천왕봉에 오색구름이 뜨고 병사봉이 관세음보살 같이 엄연한 모습을 본다. 청대에 세워진 정계비에 심사가 상한다. 백두산에 오르는 사람 중에는 이 비를 뽑아 백두산상에 올려 다놓고 오는데 중국 마적들이 다시 가져다 놓는다는 이야기를 전한다. 정계비를 지나 토문강 상류와 압록강 상류에 해당한다는 좌우 골짜기를 보며 백두산으로 오른다. 경석 지대를 거쳐 천왕봉(대장봉)을 오른다. 경사가 급하고 바람이 강한 중에 겨우 등척해 봉상에 오른다. 몸이 허공에 드는 듯해 놀라움과 경탄의 부르짖음이 저절로 일어나며 천야만야의 절벽과 고봉이 하늘

에 닿을 듯 서있는 모습이 좌편에 병사봉, 우편에 천왕봉임을 깨닫는다. 봉우리에 둘러싸인 천지를 내려다보는 순간 언어가 끊어지고 생각조차 비어버린다. 부지중에 나무불 나무법 나무승 삼보예찬을 드리는데, 천지는 그 자체로 불보이며 법보이며 승보이기 때문이라 설명한다. 아울러 천지를 둘러싼 서일봉, 불류봉, 용왕봉이 모두 장삼 입고 가사 메고 주장 짚고 앉아 선정에 든 천진나한으로 보인다. 또한 백두산은 관음형이요 나한형이며 천지는 곧 아누달지요 팔공덕수라 묘사한다. 천지의 모습을 더 자세히 보고자 대장봉과 병사봉을 오른다.

*천지 안의 온천과 송화강구 종덕사: 병사봉과 대장봉 사이로 뚫린 길을 따라 천지로 내려간다. 내려가는 길은 사태석이 쌓여 있는 곳이라 사람들 발에 밀린 돌이 굴러내려 위험하기 짝이 없다. 그럼에도 용케 천지 아래에까지 내려온다. 가까이 간 천지는 포근한 이불 속에 들어온 듯, 자모의 젖가슴에 안긴 듯 넉넉하고 훈훈하다. 천지의 팔덕으로 징청의 공덕, 청량한 공덕, 감미한 공덕, 경연한 공덕, 윤택한 공덕, 안화한 공덕, 제환의 공덕, 증익의 공덕을 칭찬한다. 송화강구로 빠져나가는 천지수문에 온천과 사원이 있다는 말을 듣고 구경하러 간다. 온천수를 마시고 씻고 사진 촬영도 한다. 단애를 돌아 송화강구에 이르러 천연암석의 대 위에 팔각당이 지어진 모습을 본다. 불상은 없고 '옥황상제천불지위'라는 목패만 보인다. 필자는 이것이 백백교도의 소위라 짐작한다. 천지 호반에서 하룻밤을 자고 7월 29일 오전 3시 반에 일어나 다시 천왕봉으로 기어오른다. 불과 2킬로미터 정도의 거리를 세시간 반에 걸쳐 올라 장군봉에 이르고 오색채운이 천지에 덮이는 조화를 보며 천의를 입고 선녀 틈에 끼인 하늘 사람 같은 느낌을 갖는다. 마침내 천궁에서 인간으로 내려가는 걸음을 취한다. 이후의 하산 과정을 기록하지 않았다.

◇廣漠한 天坪에 杉木이 密立

우리는 무섭은 수렁을 지나서 密林地帶로 들어간다. 雜木이 얼크러저 咫
尺을 不分하게 길을 막고 잇는 곳에는 三百餘名이나 되는 一行이지만은 뒤에
오는 사람도 보이지를 안코 압헤 가는 사람도 보히지를 안는다. 다못 사람 소
리와 말소리만 寂寞한 太古의 天地를 요란케 할 분이다. 이런 곳을 지내서
杉木이슨 곳을 다다르면 하날을 찌를 것 가티 곳게곳게 소슨 나무가 수수밧이
나 삼밧(麻田)가티 密密하게 느러서 잇다. 그럼으로 컴컴한 속을 거러가매
하날만 겨우 치어다보일 분이다.

그런데 이 나무는 멧千年부터 절로 나서 절로 크고 절로 커서 절로 죽으며
또 다시 절로 나서 절로 크는지라 榮枯가 둘 아니요 生滅이 하나임은 이를
보고 깨닷겟다. 여기서부터 白頭山의 東西南北을 通하야 數千里되는 벌판
의 連하야 잇는데 이것을 가르쳐서 天坪이라고 한다.

山 절로 水 절로 나무가 절로 절로 나고 죽음 飜覆하난 茫茫한 이 蒼坡를 엣님도
와본 양하야 天坪이라 이르더라.

나는 이러한 詩句를 울푸며 形容엄는 幻想을 그리면서 森林地帶로 兎逕
가튼 좁은 길로 거러간다. 그리하야 노름山이란 山을 엽헤두고 올라가는듯
나려가는듯 얼마동안을 가다보니 조곰 노푼언덕이 잇는데 이것이 곳 大紅端
이라는 곳이다. 이곳에도 조고마한 집을 지여노코「南無白頭山天王之位」라
는 木牌를 세워노앗다. 그런데 그 미테는 엇던 사람이 움을 짓고 祈禱를 하엿
든지 房門까지 다라노코 御寒한 形迹이 잇다. 農事洞서 이곳이 四十里라고
한다. 우리는 이곳에서 點心하고 쏘 다시 密林을 向하야 간다. 난데업는 안개
가 날리며 소낙비가 쏘다진다. 이곳에서는 三池淵을 經由하야 惠山鎭으로
가는 길이 잇고 바로 白頭山을 向하야 거칠峰(茂峰)으로 가는 길이 잇다. 이

갈님길에서 茂山서 떠나온 守備隊는 바로 거칠峰으로 向하야 가기로 하고 三長서 떠나온 守備隊는 三池淵을 經由하야 그곳서 (宿하고 惠山鎭守備隊와 가티 合同하야 白頭山으로 올라가기로 하며 地方團員이나 自由附屬員 가운데 누구든지 三池淵을 보고저하는 사람은 三長守備隊를 따르라고 한다 그러나 三池淵으로 드라가면 七十里나 八十里 길을 더 좀 도라간다고 한다. 守備隊의 幹部로부터 이 말이 떠러지자 行步에 卑㤼한 사람은 모다 茂山守備隊를 따라서 茂峰으로 向하고 行步에 堪能하고 探勝에 趣味깁흔 者는 三池淵을 向하게 된다. 나도 白頭山을 드러온 以上에난 名勝地를 빼노코 所關이 何事이냐는 생각으로 三長守備隊를 따라서 三池淵으로 向하얏다. 잇다면 잇고 업다면 업는 有形無形의 길로 올라가는듯 나려가고 나려가는듯 올라가기를 限업시 反覆하며 密林을 헤처간다. 그러다가 目的地까지 가기 前에 날이 저물므로 이름도 모르는 곳에서 食水의 便이 잇다하야 露宿한다 하며 守備隊는 行進을 中止하고 露營을 命令한다.

그래서 우리도 짐을 푸러노코 엇던 아람도리의 이깔나무미틀 占領하얏다. 개가죽을 깔고 밥을 지여먹은 뒤에 一夜의 安頓을 圖謀키 爲하야 도끼를 들고 나무를 비러단이기 始作하얏다. 나뭇가지를 끄러오려고 벌판으로 단이는 곳에도 올라갓다 나려갓다 함으로 나는 이러한 詩句를 콧노래하얏다.

東西 千里千里 끗도 업시 넓은 벌에 雲雨를 압뒤세 오르나림 壯한지고 開闢이
예서되나니 興못참아 하노라.

너나 할 것 업시 아람도리 나무를 비여다가 山뎀이가티 싸아노코 불을 질러 火光이 衝天캐 하고 곳곳이 天幕을 치고 모혀안진 것은 原始民의 生活을 그대로 옴겨온 것 갓다. 이곳에는 高山地帶라 불을 질러도 토막 나무는 미테 싸코 불소시개는 우에 싸아서 소복하게 맨드러노코 우에서부터 불을 질른다.

그리하면 우에 불이 미트로 타나려간다. 이것이 南方에서 못 볼 現狀이다. 그리고 또 한가지는 이곳은 山中이라도 돌이 귀한 고로 나뭇가지를 짤막하게 꺽거서 서너개를 맨드러 三角形으로 땅에 박고 그 우에 남비를 거러노은 後에 밥도 지여먹고 국도 끄려먹는다. 메칠전부터도 오락가락하는 霖雨를 날마다 맛다십히 맛코 왓지마는 人家도 업는 이 山中에는 비가 더욱 자주온다. 그첫 든 비는 지금도 다시 게속 하려한다. 그래서 天幕을 갓지 안은 우리 一行의게 는 큰 致命傷이다. 그럼으로 우리는 天幕을 가진 靑年들의게 事情하야 各各 한 사람式 부처자게 되엿다. 그리고 본 즉 四人 一行이라고 하나 朝衆暮散의 格이다. 엇젯던지 오늘 밤에는 同行人의 天幕속에서 비도 맛지안코 하로 밤 을 經過하게 되엿다. 밤이 깁허 갈수록 한잠을 자다가 깨여나니 寒氣가 뼈에 사모친다. 비는 그첫. 그래서 나는 火덕불로 나와서 불을 쪼이며 呪文과 經文을 외오면서 날새기를 기다렷다. 우리가 野營한 이곳은 名不知한 곳인 데 案內者의 말을 드르면 胞胎山 近方이라고 한다.

◇俄然失路와 三池淵에 맑은 물

七月二十六日 午前 六時 우리는 새벽에 일즉이 이러나서 먹는듯 마는듯 朝食을 마치고 다시 前進하야 定處업시 林海에서 휘영질을 친다. 或은 올라 가며 或은 나려가며 속이 답답하게 수풀 속으로만 빠저나아간다. 게다가 비까 지 兼하야 물두루마리가 되여가지고 거러간다. 이러케 답답하게 거러가다가 가슴이 싀원하게 터지는 곳은 天火가 이러나서 멧十里를 通하야 불살러 업새 버린 곳이다. 이런 곳에는 그러케 稠密함을 자랑하든 杉木들도 電報때나무 나 船舶의 도때나무 가티 송굿모양으로 뾰죽뾰죽하게 느러서 잇을 분이다. 그리고 或은 불에 타서 籌算까지를 헤트려 논 것가티 여기저기 노여잇을 분이 다. 우리는 넘어저잇는 아무를 타넘어가기가 큰일이엿다. 엇던 때는 발목의 복숭아뼈까지 다처가지고 한참식이나 苦悶한 때가 잇엇다. 우리는 이와가티

密林地帶를 지내고 或은 枯林地帶를 지내서 가다가 俄然 失路케 되엿다. 그러지 아니하여도 有耶無耶 하든 길이 그것조차 마저 볼 수가 업게 되엿다. 그래서 우리는 左往右往하다가 어느 골자구니에 개천을 건너선즉 그곳에는 人家 하나가 잇다. 二日間을 거러와도 사람하나 만날 수 업는 곳에 이것은 奇想天外의 喜消息이다. 모두가 雀躍하야 드러가서 본즉 房에는 갈자리를 깔고 부엌에는 食鹽이 노엿으며 아공에는 火氣가 그냥 잇다. 그리고 집 밧게는 白菜가 파랏케 되여잇다. 그러나 사람은 간 곳이 업다. 우리 一行의 喇叭소리에 魂飛魄散하야 避身한 것 갓다. 그런데 이 사람이 무엇째문에 이곳에 사는가 하면 杉木種子를 모키 爲함이다. 이곳말로 이깔나무 씨라고 하는데 이것을 모아서 山밧게 내다가 팔면 大斗 一斗에 八圓假量이나 나간다고 한다. 그래서 그런지 이 집의 周圍에는 이깔씨가 여러섬으로 싸여잇다. 그런데도 이곳에 宿食할 時는 宗敎의 힘이 아니고 엇지 할 수 업는 듯이 집밧게도 亦是 小閣을 지여노코 神靈의 位牌를 모서논 것이 보힌다.

우리 一行은 이곳에서 비를 마저가며 鳩首討議를 한 後에 地圖를 中心으로 하야 方向만 견우고 進行핸다. 案內者도 面目이 업는 듯 守備隊員의게 꾸지람을 듯고 주먹마진 감투가 되여서 조차갈 분이다. 그러나 우리는 不安을 몹시 늣것다. 나는 오히려 거칠峰으로 바로가지 못한 것을 後悔하엿다. 그러치만 이럴 수도 업고 저럴 수도 업는 境遇인 故로 朝念觀世音 暮念觀世音의 信仰으로 觀音菩薩만 暗誦하며 默念하면서 泰然自若한듯 進行한다. 勿論 길은 업다. 工兵의 힘으로 가시밧도 헤치고 다리업는 깁흔 물에는 다리도 노아가며 허둥지둥 가기를 마지아니하엿다. 이러케 얼마를 갓던지 가다가 보니까 길 하나이 나서지는지라. 우리는 깃버하고 이 길로만 向하야 쉬지도 안코 몰악을 써가며 달려갓다. 그런데 意外로 萬歲소리가 들리며 澄淸한 못을 發見케 되니 이것이 뭇지아니 하여도 三池淵이란 못이다. 그 萬歲소리는 先發隊의 工兵덜이 몬저 三池淵을 發見하고 깃분 마음에 북바처서 부르지즌

소리엿다. 나도 이것을 보고서는 한숨을 돌리며 이제는 사랏고나 한은 깃분 생각을 내게 되엿다. 우리는 이곳에서 宿泊地를 삼고 나무를 해오며 밤을 짓고 하엿다. 그러나 저녁이 되니 天幕업는 것이 큰 걱정이엿다. 그래서 越便의 못가를 바라보니 白樺나무 겁질로 草幕을 맨드러논 것이 잇다. 이것은 狩獵軍의 所爲인듯 하다. 우리는 이것을 占領하고 이 속에서 하로밤을 지내기로 하엿다. 午後 六時頃이나 되여서 三池淵 下方으로부터 나팔 소리가 들닌다. 이것은 뭇지 아니하여도 惠山鎭서 오는 守備隊이다. 이곳서도 答喇叭을 불드니 서로 露宿地를 打合하는 모양이엿다. 三池淵은 三兄弟의 늡흐로 나란하게 동안이 떨어지게 노여잇는 못인데 마티 京都의 琵琶湖나 日光의 中禪寺湖를 보는 것 가티 處女가튼 아름다운 늡히다. 三池淵은 元來에 큰 河水로 되여잇엇는데 白頭山이 噴火듸야 터저문어지는 바람에 河水가 메여지고 군데군데 못이 生기게 되엿다. 그래서 그의 原形으로 三池淵이 남게된 바 三池淵이라 함은 못이 세 개인 까닭이라 한다.

우리는 이 못 가운데서 撮影가지 하고 못 周圍를 도라보앗다. 만일 이 못을 보지 아니하엿드면 큰 遺感이엿을 것을 생각하엿다. 그리고 오날 오다가 失路에 苦生하엿으나 苦盡甘來이엿음을 늣겻다. 나무가 저저서 불이 타지를 아니한다. 이에 엇지할 줄을 몰랏더니 누가 樺皮를 벗겨서 불을 부처보라고 한다. 그래서 樺皮를 벗겨서 불을 부치니 火藥가티 타오른다. 사람은 아모데를 가드래도 살게 마련임을 이곳에서도 깨치게 되엿다. 저녁먹기 前 까지도 흐렷든 日氣는 차츰차츰 거더지며 東方으로부터 月光이 비처온다. 그런데 三池淵에는 물새덜이 노리를 하는지 잘 집을 찾는지 오락가락 날나단이기를 마지안는다. 그래서 나는 내대로 詩興에 겨워서 時調한 수를 노래하엿다.

三池水 말근 물에 瓊波가 潺潺한데 달조차 비최이니 仙境이 여기로다. 물새도 제 興겨워서 오락가락 하더라.

우리가 드러잇는 草幕窟은 地方團員들이 天幕친데와 마주건너다 보히는 곳인데 中間에 못을 隔하야 보게 됨으로 저쪽에서 衝火의 光焰이 하날로 치쀠칠때마다 水中에는 異常하게 비첫다. 그리고 百餘名이 들석거리는데 보다 우리 四人一行만이 잇는 곳은 마티 寺院처럼 고요하다. 그럼으로 馬夫는 異常한듯 나를 보며

「大師님들은 山中에 드러와서도 분주한 곳을 시러하야 고요한 곳을 다시 가리니 이것도 무슨 八字所關입닛가. 여기는 저근너에 比하야 보니 아주 절 간이올시다 그려.」

한다. 何如間 우리는 이 절간가튼 土窟草幕에서 하로밤을 便히 신세지게 되엿다.

◇매젓에 渴情쉬고 神武峙를 넘어가

七月二十七日 午前 六時 새벽에 일즉히 이러나서 朝飯을 되는대로 지어 먹고 떠나기 실은 발길을 압흐로 내여 노아서 神武峙를 向하야 올라간다. 그런데 오늘 우리 一行은 大量으로 늘게 되엿으니 惠鎭山에서 올라오는 一百五十名의 登山隊員과 合한 까닭이다. 그래서 惠山鎭서 올라오는 守備隊는 가장 압헤가는 前頭에 세우고 그뒤에는 우리 一行의 三長守備隊가 따라서서 압서거니 뒤서거니 하야 喇叭을 불고가는 맛은 果然그럴듯 하엿다. 가는 길은 樹林이오 넘는 것은 丘陵이라. 오늘도 어제와 가티 올라가는듯 나려가고 나려가는듯 올라간다. 茫茫한 蒼坡에 어듸가 어딘 줄을 아지못하고 따라가기만 하는 우리는 답답症만 더할 분이엿다. 이러캐 四十里 동안을 或은 密林地帶로 或은 燒死林地帶로 올라간다. 그런데 우리는 가다가 大渴症에 걸렷다. 그래서 내 水筒의 물은 잇는대로 다 마시고 다른 사람의 水筒까지 말렷것마는 渴症은 依然히 쉬지를 안는다. 곳 미칠듯이 水鬼가 咽喉구녕에 드러안저서 물만 드러보내라고 졸라댄다. 엇지도 목이 말랏든지 오즘이라도 물이라면

마실 지경이다. 그러나 물이 업거니 엇지하랴. 迷悶 苦痛 悲嘆 속에 싸여서 가는데 엇던 사람이 들죽나무에 들죽을 따먹으며 매젓나무에 매젓을 따먹는다. 그럼으로 나도 그 사람과 가티 들죽과 매젓을 따먹으며 渴症을 쉬엿다. 들죽나무라 함은 이 亦是 高山植物이라 이곳이 아니고는 볼 수 업는 나무다. 키가 작달막하게 땅에 달라부터 잔디잔입새를 가진 나무인데 열매는 쌧열매가튼 것이 다닥다닥하게 부텃다. 그러고 매젓나무라 함은 들죽나무와 四寸兄弟나 될 만한 나무인데 그 열매는 자지빗나게 생겻다. 마티 무슨 짐성의 젓과 가티 생겻다. 그런데 그 열매의 맛은 시금하고도 달착직은하다. 이런 것을 따먹으면서 얼마 동안을 가다가본 즉 神武峙라는데가 나슨다. 이곳도 재라고 하면 재로 보힐는지 모르나 其實은 若干의 丘陵을 兼한 벌판에 不過하다. 우리는 이곳에서 點心하게 된 바 茂峰을 經由하야 바로올라간 茂山守備隊員이 이곳에서 자고간지라 그녀들의 지내간 자취가 狼藉하다. 밤새도록 피우든 토막나무불은 지금까지도 烟氣를 피우고 잇다. 이곳을 떠나서 한 언덕 가튼데를 올나서서 한참 가다가본 즉 練瓦 무데기가 싸여잇다. 이것에 對하야 或은 露人의 所爲이니 中國人의 所爲이니 여러 가지로 말하는 사람이 만으나 其實은 韓秉和라는 사람이 白頭山中에 乃父의 靈廟를 建設하려고 計劃하다가 失敗한 것이라고 한다. 傳하는 바에 依하면 七八十年 前에 明川으로부터 韓某라는 사람이 白頭山下에 들어와서 狩獵을 專業하며 熊鹿其他를 잡아서 生活하더니 한번은 豆滿江 上流 紅土水源인 圓池邊에서 馬賊을 맛나서 所獲과 한가지 목숨을 빼앗겻는데 이 때에 屍身은 圓池의 속에 던저버린배 되엇섯다. 그의 아들 秉和가 時年이 十三四러니 마음에 깁히 父讐를 갑고저 하야 날로 銳技를 鍊磨하엿다. 그래서 마츰내 百發百中의 神을 어더서 山으로써 집을 삼고 일변 산양으로써 資生하는 同時에 일변으로는 馬賊이라는 것을 맛나는 대로 射殺하야 一人으로 能히 十百人을 當敵하엿다. 그럼으로 秉和의 勇名이 四方에 떨처서 歸附하는 者를 만이 엇게되얏다. 그리하야 그는 長

白山北麓松 花江輝發何間에 一大王國을 建設하고 私法을 쓰는 別天地를 形成하엿다 한다. 그러나 그는 蠻勇無識을 因하야 淸國官府厚待에 슬며시 마음이 팔려서 흐지부지한 사람이 되고 마랏다고 한다. 그럼으로 乃父의 靈位를 모시려든 殿閣建立의 計劃도 水泡로 도라가고 마랏다 한다. 우리는 이 러한 이야기를 드러가면서 올라가다보니 어느듯 神武峙서 四十里라는 無頭 峰까지 올라가게 되엿다는데 이곳은 꽤 까파르게 올라간다. 이 近處에 나무 들은 익갈나무를 除하고 다른 나무는 모다 矮曲하고 擁腫하야 보잘 것이 업 다. 그러나 地衣가 異常하게도 石衣가티 비단좌북가티 되엿는데 그 우에 이 름도 알 수 업는 꼿치 滿發하엿다. 鐘形의 紫花 流蘇形의 白花 菊樣의 黃花 石竹樣의 紅花가 한데 어울어저서 찰란하게 되여잇다. 무두 峰은 제법 峰가 티 생긴 峰이다. 우리는 이곳의 한 골자구니에서 一夜를 지내게 되엿다.

◇心思不平定界碑와 銀漢摩撮兵使峯

七月二十八日 午前 五時 우리는 俗稱 무투룩하게 생겻다고 해서 무투룩 峰이라는 無頭峰에서 하로밤을 지내고 첫 새벽에 喇叭소래와 가티 이러낫 다. 그리하야 엇저녁에 해두엇든 밥을 물만 데워서 마라먹고 어둠컴컴한 새벽 에 떠나서 臙脂峰을 經由하야 白頭上峰을 바라고 올라간다. 낙가리가 千이 라도 주저리가 웃듬이라고 千辛萬苦로 애써 온 白頭聖山의 參拜目的은 오날 하로에 달렷다. 臙脂峰을 잡아드니 그러케 키큰체 하든 익갈나무 문비나무 가문비나무도 나지막나지막하게 땅으로 기여드러가기를 시작한다. 그리고 茫茫한 林海로 太平洋과 幅을 다투든 天坪도 이제는 그만이올시다 하는格으 로 그 鬱密하든 蒼坡를 감추고 내노치를 안는다. 오즉 잔풀만 굿센 바람에 한들한들하며 애오라지 天命을 기다리고 잇슬 분이다. 그리고 겨울내 봄내 여름내 어럿든 땅은 이제야사 겨우 녹느라고 질척질척하는 수렁을 이루엇는 데 運動靴를 신엇지마는 발바닥을 비여내는 것가티 차다. 그리고 土門江 上

流에는 氷河가저서 철안인 琉璃땅이 되어가지고 잇으며 군데군데 눈뭉치와 어름뭉치가 或은 절구통 가티 或은 장작가리 가티 노여잇다.

天氣가 明朗하야 해쌀이 비처주매 白頭山上 天王峰에서는 五色구름이 亂舞를 하고 白色의 輕石으로 머리를 장식한 兵使峰은 白衣聖母 觀世音菩薩가티 儼然하게 안저잇다. 우리는 거ㅅ고 또 거러서 所謂 分水嶺 定界碑에 當到하엿다. 이곳에는 所謂 國境을 表示함이라는듯 돌무메기를 十里許나 뻐치게 군데군데 느러노코 碑갓지도 안은 短碣을 세워노앗다. 이 碑대로 한다면 平素에 생각하든 우리 咸鏡道 白頭山이라 하든 것이 왼통 남의 山이 되고 마랏다. 理由如何를 뭇기 前에 조고마한 定界碑는 눈알에 가시가티 보여지고 만다. 碑의 全文을 볼 것 가트면

大淸

烏喇總管穆克登奉

旨査邊至此審視西爲鴨綠東

爲土門故於分水嶺上靭石爲記

康熙五十一年五月十五日

筆帖式蘇爾昌

朝鮮軍官李義復趙台相

差使官許樑 朴道常

通官金應瀗 金慶門

이러한 文句가 씨워잇다. 그런데 이 碑에 對한 大綱한 이 얘기를 드를 것 가트면 肅宗 三十八年 壬辰(西紀 一七一二年)에 세운 것인 바 이제로부터 二百十八年前에 세운 것이다. 그러나 이 碑는 우리나라 사람의 意思대로 세운 것이

아니고 淸朝의 獨單 으로 세우다 싶이 세운 것인데 그나마도 우리편 勘界使로
갓든 朴權이니 李善溥이니 하는 者들은 올라가다가 中路에서 回還하고 軍官
驛館幾個人의 隨從員이 따라가서 저들의 하자는 대로 세워버리고 만 것이
다. 이것을 생각하면 이 碑는 風風雨雨 二百二十年 동안에 朝鮮사람의 無力
無能을 嘲笑하고 잇든 碑다. 그럼으로 우리나라 사람으로 白頭山을 오르는
者 힘깨나 잇는 者면 이 碑를 빼서 둘러메고 白頭山上에 세워노코 오는데 馬
賊덜이 와서 보고 찻다가 업스면 다시 山上에 잇는 것을 發見하고 빼서 걸머
지고 나러와서 이 곳에 세우는지라 이 碑는 멧번이나 白頭山上을 올라갓다가
나려왓다가 하는지 모른다고 한다. 이런 이얘기를 드를 때에 우섭기도 하지마
는 實은 우슬 일이 안이다. 民族的 感情과 領土的 感情은 풀닙이나 흙 한 줌에
도 이상스럽게 매치는 것이라 나의 눈에 이 定界碑가 띄키고 돌무데기가 비출
대에는 스사로도 아지못할 忿怒의 悲憤的 感想이 끄러오르고 가슴이 터질만
치 心思가 타오름을 금치 못하엿다.

　　조 한 알 못 심을 땅 네내것 다추리만 無用空地도 내해이면 앗가울사 이 따에
　　定界碑스니 恥辱인가 하노라

　　우리는 定界碑에서 不快한 늣김을 먹음고 土門江 上流와 鴨綠江 上流라
는 물도 업는 左右 골자구니를 바라보며 白頭山으로 올라가는 바 百聞이 不
如一見이란 말을 철저하게 늣겻다. 平素에 드를 때는 白頭山의 天池가 三派
水로 流出하야 一은 松花江 一은 豆滿江 一은 鴨綠江으로 흐른다고 드럿는
데 정작 이곳에 와서 보니 豆滿江과 鴨綠江은 天池와 얼토당토 아니한 거짓
말이다. 天池는 여게서도 二十里나 가야잇다. 定界碑를 지내서부터는 제법
泰山高岳을 오르는 것가티 올라가는 맛이난다. 그런데 논뱀이가튼 天然階段
이 無數하게 層臺를 지여가지고 잇다. 우리는 이러한 自然階段의 輕石을 발

부면서 天王峰(或은 大將峰)으로 올라간다. 이곳의 輕石이라함은 世所謂 속돌(燒石)이라는 것인데 或은 바다 물거품이라고도 한다. 그럼으로 이 돌은 농짝같은 것이리라도 가볍기가 綿花뭉치와 갓다. 물에 지버느면 가라안지 안코 동실동실 떠도라단이는 돌이다. 어느 사람이든지 白頭聖山을 오르다가 風雨를 맛나는 사람이면 이 無數한 輕石덜이 날려서 머리도 때리고 뺨도 처서 눈을 뜨지 못하게 함으로 제 아모라도 관우장비 가튼 사람이라도 恐怖를 늦기고 도망가지 안는 사람이 업다. 이럴 때마다 그들은 天罰이라 하고 물러갓다 한다. 우리는 이러한 輕石을 발부면서 마즈막 天壇의 두루뭉툭한 곳을 오른다. 이곳은 엇지도 急峻한지 다리무릅에 종지뼈가 팽팽하야저서 올라갈 수가 업다. 左右斷厓에는 아직도 白雪이 하야케 싸여서 녹지를 아니하고, 精神이 번적나는 北國의 寒風이 부러닥친다. 五臟이 다—어는듯 寒風가 骨髓에 사모친다. 옷자락을 바람에 날리면서 僅僅登陟하야 峰上에 올라스니 身入虛空의 늣김이 나며 奇哉快哉의 부르지즘이 不覺에 口門을 열게한다. 千耶萬耶의 削壁과 高峰이 銀漢을 摩撮하는듯 서잇으니 이것이 右便에 天王峰과 左便에 兵使峰이다. 그런데 天王峰은 아즉도 噴火時의 燒迹이 시커머케 부터 잇는지라 지금도 곳 터질것 가튼 威脅을 주고잇다. 그런데 이보다도 더 大呼絶叫의 望天吼를 부르지즐만치 神秘한 巨物이 앞에 나타나잇으니 이것이 무를 것 업시 白頭山의 大潭이요. 天池다. 天池는 腎臟形 或은 半月形으로 생겻다. 天池는 峰上에서 十里나 或은 五里許의 距里를 깍가질닌듯한 絶壁으로 나려가서 노혀잇는 못인데 四方으로 層岩絶壁의 連峰이 氷雪에 싸여 둘러서 잇다. 이 天池를 俯瞰하는 瞬間에는 言語가 끈어질분더러 思慮조차 空해저 버리고 만다. 그저 神秘하고 嵩高하고 莊嚴함을 直感하고 恐縮跪坐하야 그 威嚴에 눌닐분이다. 나는 不覺에 南無佛 南無法 南無僧의 三寶禮讚을 드렷다. 所以者何오. 白頭山의 天池는 그대로 最勝業徧知色無礙自在한 救世大悲者이신 佛寶이시며 無量功德藏을 具足한 法性眞如悔인 法寶시며 大慈大

悲한 聖母觀音의 化現이며 內秘菩薩하고 外現聲聞한 天眞羅漢의 如實修行을 躰現한 僧寶이신 까닭이다. 八十里의 周圍와 三千尺의 水深을 가진 天池越便의 遮日峰과 沸流峰과 龍王峰은 塀風가티 둘러섯는데 모다 長衫입고 袈裟메고 柱杖집고 안저서 禪定에든 天眞羅漢으로 보인다. 그러고 兵使峰 미테 푸르고 거믄 물속으로는 곳 魚龍이 登天하는듯 碧波가 湧沸하는 것 갓다. 일즉히 姜秋琴이 白頭山을 와서보고

幾度欲爲僧　　　見僧心自漫

忽瞻常白山　　　稽首大羅漢

이라하엿다 하거니와 白頭山은 觀音形이요 羅漢形이며 天池는 곳 阿耨達池요 八功德水라 하겟다. 나는 三四日동안이나 蒼坡 속으로 오든 林海를 바라보고 天池의 圓形을 똑똑히 보고저 하야 가장 놉다는 大將峰을 올라가보고 다시 나려와서 兵使峰으로 올라갓다. 陰谷에는 군데군데 싸여잇는 雪堆와 水塊가 보힌다. 兵使峰에서 蒼坡를 나려다보니 그러케 놉고 놉하서 鬱密하든 익갈나무는 하나도 보히지 안코 그저 퍼런 벌판만 보인다. 그리하야 그 벌판 가운데로 웃둑소슨 間白山 胞胎山 小白山 같은 것이 보일 분이다. 그럼으로 蒼坡는 林海라고 부르고 모든 山峰은 嶋嶼라고 보지아니할 수가 업다. 나는 여게서 釋尊의 雪山苦行을 憶慕하엿다.

　　萬古氷雪 이고잇는 雪山은 어드멘지 千里林海 소사오른 白頭山은 여기로다.
　　내 몸도 님의 뜻 바다 에서 깨처보오리.

나는 밧그로 林海를 내다보고 안으로 天池를 너려다 보면서 釋尊憶慕의 時調를 을프며 法華經의 高遠한 理想과 華嚴經의 廣博한 精神을 躰驗하고

般若經의 空漠한 思想과 湟槃經의 深玄한 理想을 그대로 思索하며 그려보았다. 그리고 佛敎의 偉大한 精神은 이러케 偉大한 大自然에 抱擁되여 보지 못하면 到底히 알기 어려우리라고까지 생각하야 보앗다. 그러나 禪悅食을 엇지 못한 나로 생각만 가지고는 배가 부르지 안음으로 이 聖境에 와서도 人間의 搏食을 取하야 所謂 點心밥을 멋엇다.

◇天池안의 溫泉과 松花江口宗德寺

神秘不測한 阿耨達池와 같은 天池를 너려다보는 것만으로는 滿足하지 못하다. 시처보고 발라보고 먹어보아야 할 일이다. 그럼으로 우리 一行은 兵使峰의 絶壁과 大將峰의 削壁새로 뚤려잇는 傾斜진 곳으로 나려간다.

五六百名의 人員이 다 떨어지고 가장 探勝에 熱中한 小壯派 절문 사람과 茂山서 올라온 守備隊만 나려가는데 먼저 압슨 사람은 마티 개미와 가치 아물아물하게 나러가는 모양이 보인다. 나도 그 가운데 한 사람이 되어서 나려가는데 이 傾斜地는 石壁이 아니고 沙汰石이 싸여잇는 곳이라 돌이며 사람이 한테 싸여서 굴러가는 細音이다. 危險하기가 짝이 업다. 所懼者는 돌인데 이 무서운 돌은 몃 사람의 不注意로 가끔가끔 굴러나려온다. 나는 나려가는 路中에 내 뒤로 굴러오는 돌이 덩어리만한 强石을 두 번이나 만낫다. 그러나 다—僥倖하게 비키엿는데 비킬 대마다 肝臟이 녹앗다. 생각 할수록 아실아실한 일이다. 또는 내가 돌을 굴려서 하나트면 사람 하나를 잡을 번도 하엿다. 그러나 朝念暮念의 觀音力으로 나도 避하고 남도 避하야 다—避하고 마럿다. 우리는 이러케 危險한 곳을 너려갈 때에 발로 거러간 것이 아니다. 몸으로 굴러간심이다. 九死一生으로 天池畔에 이르러서 나려올 곳을 치어다보니 현기증이 날만치 까마케 치어다보인다. 그래서 나는 무슨 재주로 저 곳을 나려왓는가 하고 스사로 나의 神通도 적지 안음을 생각하엿다. 그런데 天池에 갓가히 가서본즉 兵使峰에서 너려다볼 때보다는 아주 딴판으로 보드랍게 보히고 곱게 보히고 人情답게 보힌다. 살을 어이는듯한 削風도 간곳업고 肝를 떨리게 하든 치움도 간 곳 업도 그저 포군포군한 이불 속에 드러온 것가티 또 慈母님의 젓가슴에 안긴것 가티 마음이 넉넉하고 周圍가 훈훈하다. 그리고 天池는 八德이 가추어잇다. 첫째는 티끌하나 볼 수 업스니 澄淸의 功德이 잇고 둘재는 맑고 차니 淸凉한 功德이 잇고 셋재는 마실 수록 달고 아름다우니 甘美한 功德이 잇고 넷재는 몸을 씻고 바르되 가볍고 부두러우니 輕軟한 功德이 잇고 다섯재는 물결이 빗나고 光彩가 잇으니 潤澤한 功德이 잇고 여섯재는 아모리 마시여도 배 속에 平安하니 安和한 功德이 잇고 일곱재는 飢渴을 채워주니 除患의 功德이 잇고 여덜재는 물을 마시매 爽快하고 精神이 맑으니 增益의 功德이 잇다.

예듯든 八功德水 달리어대 찾으리오
淸凉한 天池水를 이 山에서 보는구야
天福이 내게도 오다니 그를 깃버하노라

우리 一行은 이 天地가에서 얼골도 씻고 마시기도 하며 얼마동안을 노랏다. 그런 뒤에 다시 松花江口로 빠아저나아가는 天池水門에 寺院이 잇다하며 그리고 그곳으로 가는 中路에 溫泉이 잇다는 말을 들엇다. 그래서 나는 溫泉도 볼겸 절도 차저볼겸 하야 天池가으로부터서 十五里나 되는 距里를 도라간다. 天池가에 잇는 자각돌은 全혀 속돌이라 모래고 돌이고 할 것업시 물 속에 집어던지면 동실동실 떠서 도라단인다. 나는 이에 滋味부처서 돌팔매 장난을 하엿다. 가다가 스며 섯다가 가며 이런 돌팔매 작난을 하면서 溫泉을 向하야 가는데 이 天池涯畔은 모다 沙汰가 너려밀닌 斷厓요 傾斜질난 곳이다. 돌과 돌 사이로 요리 붓고 조리 부터서 얼마를 지내간 즉 이곳은 溫泉이 湧沸한다. 天池의 冷水와 합하야 잇음으로 그러케 뜨거운 줄은 몰으겟으나 만일 冷水와 隔離식혀서 따로 試驗하야 본다면 相當한 熱度를 가젓스리라고 想像된다. 그래서 나는 이곳에서 溫水를 먹기도 하고 머리까지 씨섯다. 그리고 撮影까지 하엿다. 여기서부터 절이 잇다는데까지 가기는 如干 險하지를 안은 곳이다. 或은 매달녀서 或은 엉금엉금 기여서 斷厓를 도라가는데 발 하나만 잘못하면 龍宮구경을 하게된 곳이다. 이러한 難處 三四곳을 지내서 江口에 다다르니 天然岩石이 臺를 이루어 水門이 되야 天池의 맑은 물이 넘처 흘러 빠아진다. 그런데 그 臺 우에 날라가는듯 八角堂을 지엇스니 이것이 절이라 하는 곳인데 이곳 사람들은 이 멸을 덩덕궁이 절이라고 한다. 正門을 드러스며 懸板을 치어다보니 白頭山 宗德寺라는 八字가 보기조케 부터잇다. 그래서 內部로 드러가보니 三重回廊으로 지은 八角堂이라 門을 거듭 세 번이나 열고 드러가게 된다. 그러나 佛像과 位目이 보히지를 안코 컴컴한 木牌만 보일 분이다. 唐煌을 켜서 木牌를 보니 「玉皇上帝天佛之位」라고 써부첫다. 그리고 사람은 하나도 업다. 居處할 房도 업다. 그래서 나는 이것을 中國 道敎人의 所爲로 看做하엿다. 그랫더니 나중에 李時榮의 木牌가 스고 朝鮮 사람의 氏名이 씨여잇음을 發見하엿다. 그래서 이것이 中國人의 所爲가 아니라 白白敎徒의 所爲인 줄로 看破하엿다. 如何튼지 나무 하나 풀 하나 나지 안은 不毛地에 이러틋 建物을 세운 것은 그들이 아니고는 될 수 업는 일이다. 그러나 당치도 안은 곳에 寺字를 부치고 佛字를 써논 것은 그들의 無識과 野心을 불상히 하는 同時에 不快한 늣김을 갓게한다. 神堂으로 지엇거든 철저한 神堂으로 하야 上帝를 모실 것이요 寺院으로 지엇거든 철저한 寺院으로 지어서 佛像을 모실 것이 안인가. 玉皇上帝天佛이라 하엿으니 무엇을 意味함인가. 이것이 憑佛欺人이 아니고 무엇이랴. 이곳에 이러한 집을 짓고 祈禱한다 함은 엇던 欲求를 滿足식히기 爲하야 欺人取物의 詐欺手段가티 밧게 보히지 안는다. 不然하다면 魍魅所攝의 空想病에 걸닌 사람의 짓일 것이다. 더구나 내 뒤를 따라오든 사람이 僧侶인 나의게 구태히 이것을 質問한은지라

나는 對答하기에 苦笑와 悶妄을 禁할 수 업섯다. 만일 이곳의 宗德寺라는 汚
點만 업스면 다시 말할 수 업는 玉境인데 이것이 잇기 때문 白玉에 틔가티
드럽힌 것 갓다. 나는 이 江口石門臺上에서 天池一圓을 두루두루 도라보고
無限한 幻想을 그리다가 해가 저무러 감으로 다시 다리를 옴겨서 먼저 쉬든
天池가으로 도라왓다. 오날밤은 이 天池에서 자게 됨으로 돌가튼 빵족을 씹
으면서 星海 沁油 徐郡守 三氏로 더부러 밤이 이식하도록 池畔에서 談話하
고 佛敎 이얘기를 하엿다. 그리하야 皎月이 東嶺에 올라서 天池에 넘어비침
을 볼 대에는 마티 日月宮을 이웃한 淨居天에 안진듯 하엿다. 그래서 우리는
分明히 天上 사람이요 地下사람이 아닌 것 갓햇다. 마치 兜率天宮에 彌勒菩
薩이 無言의 說法을 듯겨주는것 갓다. 따라서 天女의 音樂도 잇는 것 갓다.
그러나 業障이 깁흔 衆生이라 天福을 바드면서도 天福을 아지못하니 엇지하
랴. 우리는 이와가티 하로 밤으로 天宮龍宮에서 자고 二十九日 午前 三時 半
에 이러나서 다시 天王峰으로 기어오름에 일곱시나 되어서 白頭山 마루테기
에 오르게 되엿다. 不過 五里에 三時半이나 걸렷스니 這間辛苦를 엇지 말로
써 다하랴. 兵使峰에 오르니 五色彩雲이 天池에 덥히며 妙變莫測의 造化가
쉴새업시 이러난다. 太陽이 비취며 구름이 헤저서 풀풀 나라가매 나의 옷소
매 속으로 限업시 五色彩雲이 드러간다. 나는 일부러 팔을 폇다 오그렷다 하
니 마티 天衣를 입고 仙女 틈에 끼여서 하날 사람과 가티 춤을 추는 것 갓햇다.
岩色 雲色 空色 모든 色이 天池에 비처서 일넝거릴 때는 물빗조차 五色으로
變形하야 가진 各色의 온갖 빗을 다— 보혀준다. 그러나 우리는 언제든지 天
福만 누릴 수 업는 凡夫라 人間界로 墮落하지 아니할 수가 업다. 墮落한다는
것보다 天宮에서 하로밤 밧게는 더—빌려주지를 아니하니 엇지하랴. 그럼으
로 나는 心經讀誦一遍으로 後緣을 거러노코 엇지할 수 업시 天宮에서 人間
으로 나려가는 거름을 取하엿다.

附記 本社로부터 特派될 분더러 미리 白頭山紀行을 豫告까지 하얏기에 처음 생각에는 白頭山에 對한 歷史던지 傳說, 神話, 奇蹟가튼 것을 드러서 滋味엇게 興味本位로 쓰려고 하엿으나 筆者의 菲才와 時間의 悾惚과 紙面의 制限을 因하야 龍頭蛇尾로 된 平凡한 印象記에 그치고 마랏다. 筆者 스사로 遺感으로 아는 同時에 讀者의게 未安함을 謝過하야 마지아니한다. 그러나 天候와 金錢과 健康의 三緣이 가추지 못하면 到底히 볼 수 업는 聖山인데 身弱하고 貧乏한 나의게 天候까지 惠與하야 無事히 靈岳拜觀의 使命을 맞추엇음으로 첫재 三寶恩에 感激하고 둘재 各地에서 後援하야 주시든 諸位의게 感謝를 드리노라.

白頭山登陟記

李鍾泰

《학등》23호

〈학등〉23호(1936년)에 실린 이종태의 백두산 등반 소감 및 안내 사항을 적은 글이다. 필자가 소화 4년(1929) 7월 29일부터 8월 6일 혜산으로 돌아올 때까지 등반 준비와 산행 과정을 몇몇 경유 지점과 일자별로 기록하고 있다. 산행 기간은 잡지 발행 시기와 6, 7년의 시차가 있다.

서두에 "백두산의 사정은 지금도 오히려 세상과는 떠난 무슨 커다란 영적 선계인 듯한 감을 준다."는 표현이 당시 백두산에 대한 대중들의 태도 또는 느낌을 짐작하게 해준다. 필자 또한 이렇게 오래된 일을 쓰게 되는 것이 '거룩한 백두산의 고덕'이며, 등산에서 얻은 감상과 교양이 일생애의 큰 충동으로 여전히 남아있는 탓이라 표현하고 있다. 그럼에도 필자의 기록이 고전적인 백두산등척기류의 기행문과 구분되는 점은 있다. 필자는 자신의 백두산행을 '등산운동'으로 평가하는데, 이는 무엇보다 보건상 가치가 높다. 따라서 '우리의 본성'인 억센 용기를 자랑하고, 위험을 당해 원만무애의 인격에 도달하게 하는 시련으로서 백두산 등척을 권하며 글을 쓰는 이유 또한 오로지 이 때문이라 한다. 따라서 그의 기행문은 백두산에 관한 고전적 문헌 인용 없이 오로지 체험한 사실만을 기록한다고 밝힌다.

글의 구성을 소제목에 따라 요약하면 다음과 같다.

* 머리말: 집필 동기, 글의 취지와 성격에 대해 서술하였다.

* 등산 시기와 준비: 백두산 등반에 알맞은 시기와 필요한 준비 사항을 소개한다. 백두산 등반에 가장 안전한 시기는 (허항령과 삼지연, 소백산 일대가 만주 마적의 소굴인 관계로) 매년 7월 말에 실시하는 무산, 혜산 수비대에서 백두산을 중심으로 군사훈련을 할 때라고 소개한다. 반드시 갖추어야 할 준비물은 사슴가죽과 노루가죽인데 밤에 사용하는 깔개와 낮에 길가다 쉴 때 사용하는 깔개로 구분하였다. 그밖에 비옷, 내의, 겨울울 옷 한 벌, 천말, 취사도구도 준비물이다. 경로는 험하지 않은 편이라 말로 대장군봉까지 갈 수 있으며 조선 쪽 등산로는 무산으로 가서 혜산으로, 또는 그 반대로 진행하는 한 길 뿐이라 한다. 경성에서 단체로 갈 경우 일인당 40원 가량 경비가 필요하다.

* 괘궁정하로 혜산진 출발: 1929년 7월 29일 오전 8시 혜산 수비대 광장 앞에서 출발한다. 등반대 구성은 장교와 병사 48명, 헌병과 경관 등 척후대 십수 명이 동행하고 나팔을 울리며 나아가 전지에 나아가는 듯한 분위기이다. 연도에 촌락을 지날 때마다 남녀노소 구경꾼이 몰려 나오는 모습을 보며 "몹시도 원이인간적인 풍태"라는 감상을 남긴다. 위연포화전리, 천수리의 국경 지역 풍경과 옆으로 흐르는 압록강에 목재 뗏목이 흘러내려오는 모습을 기록했다. 가림리와 남설령, 보천보를 지난다.

* 보천보에서 포태리까지: 7월 30일이며 밤 기온이 매우 춥게 느껴진다. 압록 강의 유속이 빨라지며 흐르는 소리도 우렁차다고 기록한다. 곳곳에 벌채한 목재가 쌓여있다. 서서히 심산의 기미가 나타나는 중에 고원지대인 보태리

를 지난다. 보태리를 떠나 큰 고개를 비를 맞으며 넘어 백두산 아래 첫 동네라 하는 포태산리에 도착한다. 포태산리는 매우 깊은 오지이나 보통학교가 있으며 마적 장강호 사건이 벌어졌던 곳이라는 소개가 있다.

* 사십리 허항령: 7월 31일에 포태리를 떠나 백두산 등척의 진미가 나는 탐험이 시작된다. 깊은 삼림에는 이깔나무가 많고 이채로운 송낙도 있다. 허항령 아래 실리봉에서 점심 후 계속 진행한다. 산림 속에서 국사당 하나를 만난다. 마적과 맹수의 위험을 무릅쓰고 치성을 드리러 오는 사람이 많다는 이야기를 듣고 백두산이 일반 민간 신앙에 큰 숭배의 표적이 됨을 다시 짐작한다. 매젓과 들죽과 같은 과실이 가득한 것을 본다. 단군천왕이 신시를 연 곳이 이곳이 아니었나 생각한다. 크고 작은 연못이 흩어져 있는 것을 보고 삼지연이라는 말을 연상하게 된다. 이름 모를 잡목과 화초가 연못 사이로 흩어진 것을 보고 신시의 옛터전이라는 생각을 다시 한번 하게 된다. 노숙하기 위해 천막을 세우고 취사하고 기념촬영을 한다.

* 삼지에서 신무성: 8월 1일 삼지를 출발해 협로를 들어 백두산으로 행진한다. 고원지대 곳곳에 사람의 흔적이 많으며, 곳곳에 연병장처럼 넓은 광장이 있고 딸기가 많다. 일기가 급변해 비가 쏟아진다. 신무성까지 와서 노숙하는 밤까지 비가 이어진다. 비를 맞는 잠자리에서 단군천왕이 신무성과 삼지연을 중심으로 조선 사람의 본원지를 삼았으니 언젠가는 이곳까지 와서 살 날이 있으리라는 생각을 한다. 무산에서 출발한 또다른 등산대가 합류한다. 새벽에 손을 불어가며 밥 지을 쌀을 씻는다.

* 신무문에서 무두봉까지: 삼림이 울창하고 장엄하며 무시무시하기도 하다. 이 지역의 유명한 이야기 소재가 되는 한변외(韓邊外)의 일화를 소개하고 그 흔적으로 남은 벽돌과 기와무지를 구경한다. 골짜기를 지나면서도 여전히 산의 모습이 보이지 않는 것을 이상하게 여긴다. 백두산편에서 마지막 노숙을 한다. 공기가 희박해 밥이 되지 않는 것을 경험한다.

* 천지성욕: 8월 3일 새벽 한 시에 일찍 출발한다. 이깔나무가 없어지고 천리
  송이 이어진다. 곧이어 푸른 돌버섯(석이)로 덮인 지대를 지난다. 흔히 길을
  잃는 저점이라 한다. 이어서 화산에서 생긴 경석 지대를 지난다. 강한 바람
  에 생긴 사석이 날려 큰 운동장처럼 된 것이 경사답의 논두렁과 흡사하다
  생각한다. 대연지봉 아래 빙산과 백설이 남아 있는 것을 본다. 기압 차로 숨
  이 차고 호흡에 압박을 느낀다. 어려운 중에 애를 쓰다 문득 무량광대한 백두
  성산의 이마에 다다른다. 운무가 심해 천지의 모습을 분간하지 못하다 강한
  바람에 한 모퉁이를 보게 되나 바람이 점차 강해지고 빗방울까지 떨어진다.
  기념사진을 촬영한다. 바람이 너무 강해 결국 천지 아래로 내려가지 못한다.
  하산길에 정계비를 본다. 무두봉에 이르러 마부들을 만난다. 점심을 먹고
  무신성으로 이동한다.

* 무신성의 철야: 일본군 우에노 대위가 준 위스키를 마시며 하룻밤 흥겹게
  논다. 떠들고 노는 중에 총성이 나고 총성이 점차 가까워지는 것으로 여겨지
  자 우에노 대위를 필두도 장교와 조장, 오장들이 회의를 열고 마적일 수 있으
  니 척후대가 가 살피고 그 회보에 따라 행동하기로 한다. 모든 일행이 긴장하
  고 경계했으나 결국 무산에서 출발한 등산대에 동행하던 경관 한 명이 길을
  잃고 헤매다 총을 쏘고 소리를 질러 신호를 한 것으로 확인된다.

* 정드러진 천평: 8월 4일 출발 직전 간밤에 길을 잃고 소란을 피웠던 경관이
  와서 사과한다. 유쾌한 기분으로 간반에 있었던 일로 웃고 떠든다. 포태산에
  오후 네 시 전에 도착한다. 이튿날 독산리, 농산리를 거쳐 가림리에서 자고
  8월 6일 혜산 도착 예정으로 일정을 확인한다. 백두산은 글로 본다든가 말로
  들어서 그 진의를 얻을 수 없음을 깨닫는다. 갈 때의 마음과 나올 때의 심경
  이 달라져 자신의 웅대, 광활, 고결해진 것을 알게 되는 것이 등산의 소득이
  요 백두산이 주는 교훈이라 한다.

一. 머리말

이 글 쓰게 된 動機는 우리 法政學友中에 筆者外에는 一人도 白頭 갔다 온 사람이 없을 뿐 아니라 白頭山의 事情은 只今도 오히려 世上과는 떠난 무슨 크다란 靈的仙界인듯 한 感을 준다. 이것이 얼마나 우리와 白頭山 그어른 과의 사이가 悚隔한 것을 말함인가! 同時에 登山에 趣味를 가지고 山岳으로 벗을 삼은 江湖 여러 동모들의게 或 白頭山 登攀의 參考나 될가하여 數年前 事實을 쓰게 되엿다. 처음 쓰는 拙文에 다 넘어 오래된 일을 쓰게되는 것도 미상불 거룩한 白頭山의 高德이 안이고는 못될 일이다.

따라서 筆者가 느낀 바 感想과 또는 얻어진 敎養과 風餐露宿의 淸新味는 나의 一生涯의 한 크다란 衝動을 주어 只今까지 確然히 남아있은 것도 白頭 山이 아니고는 안될 일이다.

하물며 白頭山은 우리 震城東方民族의 祖山이오. 天山靈界로 民族信仰 의 한 큰 對象이 되고 있음이리오. 三伏炎天에 떨면서 米山을 끼고 눈 서리마 즈면서 變化無雙한 바람과 구름 비와 우뢰도 心靈의 極致點을 어마어마한 雰圍氣 속에서 지내던 일이 날이 갈수록 더 明瞭하여짐을 깨닷고 언제 한 번 다시 雄大한 그 품 속에 안겨보아스면 하는 欲望이 소사난다.

오늘날 保健上으로 보아 무엇보다 重히 여기는 登山運動은 생각만해도 吾人의 心身을 아울러 健康케 한다. 우리는 個人的 或 團體的으로 우리의 本性인 억세인 勇□를 자랑하기 爲하야 또는 危急을 當하여 圓滿無碍의 人 格에 到達케 하는 試練으로 數百里 無人之境大森林을 뚤코 白頭山登陟을 特히 懇勸하는 바다. 이글 쓰는 의미도 오로지 여기에 있다할 수 있다.

그럼으로 나는 白頭山에 對한 古典的研究文獻은 한낫도 參考치 않고 自 身이 그때에 體驗한 事實 그대로 거짓 없이 여러분 앞에 紹介하려고 한다.

二. 登山時期와 準備

白頭山은 世上이 다 아는 바 天下에 높은 山으로 언제던지 그 絶頂까지는 가지 못한다는 것이 民間의 信條이다.

그러니만큼 夏節이 아니고는 마음 놓고 登山할 수 없는 추운 地帶이다. (昨冬 京都帝大 스키一隊가 冬節 白頭山登陟을 成功하엿지만)

여기에 第一 安全한 좋은 機會는 每年 七月末日頃이면 實施하는 茂山, 惠山 兩守備隊에서 白頭山을 中心삼고 實戰練習 兼 登山할 때가 좋다. 只今까지의 登山客 大部分이 그 便으로 來往하였다 할 수 있다.

그것은 密林地帶인 虛項嶺과 三池淵 및 小白山은 滿洲名物馬賊의 巢窟이 關係로 다른 山과 같이 함부로 단이지 못한다. 그리고 반다시 準備하여야 할 것은 사슴(鹿)가죽 한 개와 노루가죽 한 개가 必要하다. 사슴가죽은 저녁 잘 때에 깔고 적은 노루가죽은 낮에 길가다 쉬는 때에 물 많은 곳이라도 깔고 앉으면 그만이다. 튼튼하고 좋은 비옷(雨衣)과 衣服은 普通 登山服에 內衣만은 잘 입어야 할 것이오. 特히 冬節 옷 한 벌 式 가지는 것도 좋다.

밤에 잘 때에 입고 비 많은 白頭山 旅行에 비맞은 뒤에 입을 必要가 있다. 露營生活이 數日임으로 天幕外炊事諸具와 食糧準備는 勿論이다. 길은 絶로 險하지 않음으로 말을 타고 大將軍峯인 絶頂까지 갈 수 있다. 登山路는 滿洲便을 除하고 朝鮮땅으로 가는데는 오직 한 길 뿐이다. 茂山에서 떠나도 神式城에서부터는 한 길이 된다. 그럼으로 大概 茂山으로 가면 올 때는 惠山으로 惠山으로 가면 回路에는 茂山으로 온다. 그것은 白頭山 허리의 差異다. 旅費는 京城에서 團體로 갔다 온다면 每人 平均 四十圓을 갖어야 할 것이다.

이제 登山記로 들어갈려 한다.

三. 掛弓亭下로 惠山鎭 出發

昭和 四年 七月 二十九日 今日부터는 人間의 잔재조인 배 타고 車 탄다는

것은 버리고 健脚으로 徒步하여서 아직은 그렇지 안치만은 將次 二百里 無人山中과 五六日 露宿을 지낼길임으로 혹시나 未備한 일이나 없나 하여 行具를 歲密히 檢査한 후 아츰 八時 正刻에 守備隊 廣場에 集合하자 導率者의 注意事項은 이러하였다. 첫재 隊에서 落後하지 말라는 것이다. 그것은 馬賊 及 猛獸의 念慮다. 陷穽과 毒蛇를 注意하되 一動 一講의 軍隊와 같이 時間을 嚴守하는 等 大端히 緊張味 있는 말이었다. 人馬의 整齊가 끗나매 上野大尉 引率한 士官과 兵 四十八名과 憲兵과 警官으로 組織된 斥候隊 十數名으로 行軍하니 그 陣勢가 壯嚴하며 나팔 소리 天地를 振動하면서 어느 戰地에나 나가는 듯한 氣分이 濃厚하였다.

餞送하는 人士의 말소래와 求景군들의 아우성에 말머리 방울 소리에 말군들의 御馬하는 소리가 아츰 空氣에 生新한 波動을 준다. 마츰 日氣는 晴明하여 一行은 掛弓亭下를 지나 外容만 좋은 越便長白縣市街를 건너다 보면서 步步前進하였다.

村落을 지낼 적마다 男女老少 구경군이 몰리여나와 精神 잃고 보는 것이 우수운듯 하나 山村人의 안 그럴 수 없는 事情이라고 하였다. 머리감던 새악씨가 한 손으로 머리채를 감어쥐고 한 손에는 얼게빗을 쥔 채로 江 건너 山비탈로 거러오던 푸른 옷 입은 胡老胡兒들이 어안이 벙벙하게 서서 바라보는 光景? 몹시도 原始人間的의 風態인듯 하였다.

渭淵浦樺田里를 지나 泉水里에 와서 그근驛在所에서 작정한 場所에서 點心을 먹었다. 이 곧은 다— 國境 第一線으로 十里內外에 巡査駐在所가 있으되 반드시 옛날 城郭처럼 石壁으로 쌓인 堅固한 담이 돌리여 있다. 옆으로 흐르는 鴨綠江에는 江上 名物인 流筏이 자조 흘러나려온다. 自然의 寶庫 속에서 限없이 잘자란 木材를 採伐하여 넓히로 十餘個式 連幅하고 길리는 七八段式 連幅하야 이 물 우에 띄워가지고 新義州까지 간다.

그 큰 떼(筏)를 한 사람 或 두사람이 넉넉히 運用하는 것을 보면 符夫들의 익숙한 才操에도 嘆服하거니와 淸江에 나려가는 멋이 시원도 하여보인다.

佳林里 좀 아래에서 南雪嶺 가는 길로 잡아들러 한 참 오다가 景致 좋은 岩隅를 지나 普天堡(보타위)에 오니 이 곳은 山中의 한 市街地로 四方山이 안옥하게 屛風처럼 둘려막키고 사람살기에 매우 좋은 곳이다. 옛적 堡城터로요 몇해 前까지 陸軍이 와있었다 한다. 私立普成學校가 있어서 初等敎育에 힘쓰고 住民은 大槪 山農이고 其後는 木材業者와 서로 關聯하여 或 請負者 或 雇用人夫, 下級勞役으로 生活을 하여 간다고 한다. 駐在所 森林保護區도 있었다. 只今은 北鮮 農事試驗場이 設立되여 白頭山 中心의 農事物栽培에 硏究中이오, 普天面이 새로되면서 面事務所 所在地이다.

四. 普天堡에서 胞胎里까지

三十日 氣候의 差異가 現著하다. 밤은 매우 추운 感이 나면서 旅舘溫突이 따뜻한 것이 도리여 좋다.

八時 지나서 隊伍를 整齊하여 가지고 떠나는데 한참 동안이 걸리였다. 鴨綠江이 元來 急流나 여기서부터는 川勢가 빠르고 流聲이 을엉차다. 가는 途中에 드문드문 쌓이여 놓은 材木을 볼 수 있고 長短高低로 氣운 있게 소리치는 人夫들의 일打령이 길 가는 손의 心境을 자어낸다. 이곧부터는 深山味가 나기 始作한다. 좁고 嶮한 길과 左右山 언덕에 익갈나무 숩이 삼(麻)서듯 하였다. 멀리 石壁으로 까까 세우는듯한 一高峯이 있으니 그것이 有名한 胞胎山 將軍峯이라 한다. (傳說略) 地形은 平平한듯 하면서 높하가고 그렇케 크지 않던 개울창도 이렁저렁 와서보면 아득한 낭떠러지가 되어진다. 다시 말하면 슬그면이, 아모 기적도 없이 남모르는 동안에 한참 가다가보면 얼마큼 높하간다. 完然히 偉人의 心量갓기도 하였다.

이렇게 數十里 올라와서 그 頂點에 高原이 있고 村落이 있으니 寶泰里다. 私立日新學校가 있고 駐在所가 있다. 學校에서 點心먹었다 맛츰 그 學

校敎員 朴庚洽氏는 中學校時代同窓으로 意外에 맛나게 되어 普通 다른 곧에서 맛나는 것보다 좀 다른 感激을 받었다. 洞里곁에는 溪川이 흐르고 있으니 이것이 이고장(地方)의 村落되는 한 條件이다. 飮料도 되려니와 물방아(水槽)의 動力이 된다. 燕麥(귀밀)으로 쌀(米) 만드는 機具로 없어서는 안되는 것이다.

　寶泰里에서 떠나 올임길로 숨이 턱에 닷케 三里쯤 올라설 때에는 그 山마루인가 하였더니 다다라보매「덕」이다. 이렇게 密林을 뚫고 나가는데 猝然히 暴雨가 쏟아진다. 참 비드 이렇게 몹시 올 비야 어데있을가 하는 疑問을 품으면서 가고가도 다—할 줄 모르는 그덕이오. 十里되고, 二十里 지내도 끗날 생각을 아니하더니 다시 五里나 나아가매 비로소 나림길이 된다. 이 덕 일홈을 長德이라고 부르는데 참 일홈과 같이 長德이다. 嶺을 다— 나리매 白頭山下 첫 洞里 胞胎山里다. 指定한 洞里 집에서 비 맞은 옷을 갈아입고 나니 이근 學校先生이 찾어왔다. 內心에 敎育普及熱이 相當하다고 하였다. 우리랑 最終 人影의 이 山村에 □□□ 敎育機關이 設立되여 있음이 무엇보다 반가웠다. 오래지 않은 數十年前까지도 白頭山의 무릉도원으로 나라도 모르고 官衙도 모르던 朝鮮으로 큰 罪지는者의 避亂處가 되돈 곧이다. 壬辰年 七月에 武裝團과 警官의 一大激戰이 있은 후 樂閑의 感이 없어지고 도리여 平安치 못한 埠帶가 되어 집이 뿔지 못한다고 한다. □明水魚라는 고기가 퍽 많은데 이 고기는 물이 찰수록 잘 繁殖하는 이곳 特産物로 저녁 반찬에 먹어보니 맛시 매우 좋다.

　部落은 南溪, 北溪로 兩處合 數十戶라 한다. 저 有名한 馬賊頭目長江處事件 으로 世目을 놀내게 한 곳이라면 讀者들도 잘 알것이다. 방에는 그곳 사람들의게서 白頭山에 對한 神話的 이야기를 많이 들어스나 可히 紹介할만한 것이 못됨으로 그만둔다. 今日 行程 六十里.

六. 四十里 虛項嶺

三十一日 여기서부터 人烟을 떠나 그야말로 白頭山 登陟의 眞味나는 探險的 豪氣가 소사난다. 急傾斜의 山路로 올름길을 시작하여 二里쯤 가니 平地가 되어지고 四面이 통열리였다. 아마 虛項嶺 마루턱에 올나온듯 하였다. 한울도 보이지 안는 密林에 漸漸 보기 좋게 아래 우이 없이 헌칠하게 서서 옛적부터 斧鉞不入을 자랑하는듯 하였다. 가담가담 얕은 개천비슷한 것이 있어 그런데마다 기다란 익갈나무를 □□발비처럼 길이로 깔었는데 청한 곳은 좋지만은 썩고 부서진데도 적지 안해서 짐 실은 말이 건너다 빠지고 넘어지는 통에 한쪽으로 敏活한 軍人들의 工作으로 無事히 지내였다.

그 中間에 절로 넘어진 큰 진대(큰 나무가 절노 넘어진 것 가길을 막어서 낮은 놈은 뛰여 넘고 높은 놈은 하는 수 없이 톱(鉅)으로 써고 간신간신이 나가는 것이 거북하기가 짝이 없었다. 그러나 登山이란 말 뿐이오. 줄창 平地로 노가는 셈이다. 올으는 수고 대신 넘으며 건너뛰는 수고가 도리여 더한듯 하였다. 거름거름이 森林 속이오 또 두문두문 보이는 히익갈나무송낙(松絡)은 形狀 그대로 한異彩를 도다준다.

虛項嶺 턱 밑인 실리峯 허리에서 點心먹었다. 同行 金氏 의 말에 依하면 再昨年 登山隊가 이 등성이에서 馬賊 一派를 맛났으나 劫많은 馬賊들이 林間으로 逃避하여 버리였다고 班長 許氏는 이번에도 自己가 官報에서 二十四道構(俗名 속돌개) 馬賊團 一百五十名이 今次 登山隊 襲擊 云云의 記事를 보았으니 마음 놓을 수 없다 한다. 事實로 알어본즉 大連工科大學生 一團이 白頭山을 目的하고 오다. 그 官報를 보고 그만 □線을 變更하여 金剛山으로 가고 그 中에서 三名 學生이 勇敢하게 初志대로 우리 一行에 同伴한 것을 알었다. 그 밖에 總督府 咸南道廳側 技師와 營林署側 數十人 一團이 가는 것도 알었다. 小息 後 떠나 좀 行進하다 방정마즌 다람쥐(山鼠)란 놈이 길가에서 헤매 무를 쌓고 威嚇하니 그놈이 도로나려오다 손 빨은 軍人의 채쭉에

맞어 그만 죽었다. 一同은 無限히 기뻐하면서 무슨 큰 勝利나 얻은듯이 떠든다. 우리들 보기에도 痛快하였다. 여기에는 大木밧사이에 구름(山果) 나무가 많은데 이 나무는 編筏製作의 타래木(編筏할 때에 쓰는 것)에 第一 好材로 때맟츰 타래木 製造人들이 많이 들러와있어 뜨름뜨름 맛나게 되었다.

斥候隊에서는 그 者들이 或是 馬賊의 密探이나 아닌가 하여 만날적마다 무슨 일 하는 사람이냐고 訊問하노라고 길이 좀 건체되었다. 千萬意外에 큰 나무 사이로 곱게 丹靑하고 크고 깨끗한 堂字가 보이었다. 不知中 올치! 國師堂이로구나 하는 생각이 번개같이 났다. 位牌에는 大字正書로 國師大天王之位라고 뚜렷하게 섰다.

惠山을 떠난 후 돌모로(石隅)에서 山등성이에서 본 國師堂이 無慮 數十個所였으나 이렇게 尊嚴한 印象을 주는 것을 못보았다. 數百里 밖에서 馬賊과 猛獸의 危嶮을 무르쓰고 精誠을 다―하야 이곳까지 致誠오는 사람이 連日不絶이라 하니 모름직이 白頭山이 우리 一般民間信仰에 얼마나한 崇拜의 標的이 되는 것을 넉넉히 斟酌할 수 있었다. 여기서부터는 高山平原인듯 일홈모를 花草가 내련듯이 고은 姿態를 보이여준다. 그리고 天然 山果인「매젓」과「들죽」이 林下 間間이 그 數득 실려있다. 나는 여기에서 이렇게 撫想하였다. 옛적 우리

檀君天王께서 神市를 이르고 百姓에게 一年 三百六十餘政을 施하던 거룩한 殿堂이 이 無邊世界 이곳이나 아니었든가 하고나니 눈결에 光彩 燦爛한 偉大한 光景이 눈을 어지럽게 하면서 아름다운 얼골을 나타낸다. 遠近左右를 살펴보니 크고 적은 못(池)이 넓은 이 땅 우에 여기저기에 있은 것을 보고 三池淵이라는 말을 聯想하였다. 거름을 재촉하여 가장 큰 못가에 와서 門南을 바라보니 저물러가는 夕陽해ㅅ빛이 자는듯 고요하고 붉은듯 풀은 水面을 비처주니 完然히 비단 장막으로 고이도 꾸미어놓은 하늘님의 게신 넓은 龍席 같아였다. 무엇보다도 못 속 中央에 크지도 적지도 않은 섬이 있고 그 섬에는

人間의 손이 닷지않은 일홈 모를 어린듯한 雜木과 花草가 天然 그대로 서있
다. 左右에 울러지는 景物이 神市의 옛터전이 分明 이곳이로구나 하는 感을
새삼스러히 느끼었다. 壯하다 世界에 드믄 이 景槪, 雄大하다 廣漠한 이 터전!
永替無能한 後生은 땀만 쥐고, 눈만 감었다 떳다 한다. 그 때의 우리 先祖님의
唯一의 食糧인 저「매젓」과「들죽」이 □□롭게 보여진다.

　一行은 그 池邊에서 露宿케 되어 한참 떠들석하더니 웃둑웃둑 이러선 木
小墓屋이 十數個나 되어 별안간 無人深林 속에 一大村落이 建設되었다.

　와 幕內整理와 火투불 等 分業이 한참 떠들석하였으니 炊事, 吸水는 그만
두고 大木을 버이어서 火투불 놓기와 幕內에 溫突은 할 수 없고 木皮를 뻐겨
다 깔고 그 우에「새」라는 보드러운 풀을 비어다가 厚하게 편 후 또 그 우에
鹿皮나 노루 가죽을 깔고 거기에 軍用 보료를 깔었다. 幕마다 煙氣가 뭉게뭉
게 나고 밥 짓고 국 끄리는 내음새가 난다. 우리 班員 一同은 大池를 背景삼고
記念寫眞을 撮影하였다. 마음으로 몹시 喜悅을 느낀 것은 저녁 후 맑은 달빛
아래에서 파란 물이 잠자는 것처럼 고요한데 이幕 저幕으로 노래 소리와 웃음
소리가 새어나오나 나는 그것보다도 옛 先祖의 形跡을 남달리 無人深林에서
더욱 이 깊은 밤 밝은 달 아래에서 요렇게 情답게 날카롭게 소—크를 맛보게
하는 點이다. 들은즉 이 물은 溫水, 寒水의 混合體로 차지도 않고 뜨겁지도
않으며 큰 子의 周圍는 五六里나 되고 楕圓形이다.

　池邊에 깔린 모래는 火山의 輕石으로 黃白色의 重量은 퍽 輕하였다. 藝術
家나 詩人이 只今 나의 環境을 當한다면 얼마나 震坡에 빛나는 作이 나올고.
혼자 鈍才를 嘆息하였다. 幕의 東西 四方에는 보초兵이 서서 밤을 보낸다.
얼마나 未安하던지 모르겠다.

七. 三池에서 神式城

　八月 一日 喇叭소리와 같이 떠러지기 싫은 三池를 버리고 白頭山 가는

狹路에 들어서서 北으로 北으로 行進하였다.

오늘 들은즉 昨日 斥候隊員들이 三池에 先着하였을 때에 저쪽 못가에 사슴(鹿) 한 마리가 물 먹고 있은 것을 發見하고 여러 사람이 서로 自己가 쏘겠다고 競爭한 關係로 잡지 못하였다 한 것이 도리여 當幸스러웠다. 이 地帶는 茂山延社와 甲山普惠 또 滿洲撫松敦化等地와 連絡하는 交叉點數百里無人深林으로 一年中 四時 어느 때를 勿論하고 사람의 來往이 많으며 거기 따라서 馬賊의 巢窟처럼 當屯하는 痕跡으로 處處에 밥끄리던 자리가 있다. 옛말에 神市는 千里平原이라더니 가고 가도 도모지 끝날 데 없는 無邊林野 그 속에 一里에 뻐친 長火한 陣勢로도 입을 안 벌일 수 없이 큰 天坪이다.

間或 練兵場처럼 天然 廣場이 있어 나무도 없이 되어 말달리기 좋게 되었고 딸기가 많으므로 佐賴甲山郡守(其時)는 딸기 새영에 熱中하여 여러번 行陣에 落後하였다.

午後 零時부터 한 時間 동안은 언제 났는지 큰 불이 나서 타고 남은 자리를 지내게 되었다. 그러므로 쓸쓸한 荒野같기도 하였으나 元體 雄大한 基局으로 外廊을 삼었으므로 도리어 굵은 어른의 작난 같기도 하였다.

별안간 日氣는 卒變하여 흐리기 始作하더니 굵은 비덩이가 밖으로 퍼붓는듯이 쏟아진다. 一同은 雨衣를 펼처입었다. 이웃입은 꼴은 □□□인듯도 하다. 더욱 馬夫들의 차린차린 그 모양, 原始的 草衣 그대로 옛날 神市 百姓인 듯 하였다. 오날 半日 行程에는 乾山으로 물이 없었다. 一行은 準備하였던 물瓶에 물은 다― 먹고도 不足들 하였다. 더욱 가도록 甚한 비는 漸漸 볼 품 없는 우리로 變하게 하였다. 하는 수 없이 □步式으로 神武城까지 오게되니. 異口同聲으로 爲先 물이다. 독기들러멘 班員들이 나무를 버이고 其他는 마른 나무를 주서다. 山떼미 같은 큰 불을 놓고 그 다음에 幕을 쳤다. 急하게 하는 일이라 잘 되지 않으나 昨日에 經驗한 탓으로 손쉽게 세웠으나 不充分한 模樣인지 비가 새다. 마츰 저녁 먹을 때에 비가 끄처서 고마웠으나 그것은 暫時

오 終夜 暴雨로 一般은 苦生스럽게 지냈다.

다못 幕前南에 통나무 화투불의 惠澤을 大發하여 그 德에 어느 程度까지의 慰勞를 받었다. 昨夜에는 初夜이자 天氣晴明하여 馬賊과 猛獸의 侵入이 있을가 憂慮하였더니 오늘밤은 비 맞는 대신에 馬賊의 걱정은 없었다. 나는 이런 中에서도 이런 生覺 저런 生覺을 안 할 수 없었다. 옛적 檀君天王께서 이 神武城과 三池淵을 中心삼으시고 우리 初創의 本源地를 삼었다면 오늘날 우리 朝鮮사람의 生活原理에 不可避的事實로 不遠한 將來에 이곳까지 와서 살지않고서는 못백이어 날 情狀이 日前에 나타났다. 同時에 옛적 神市의 不朽의 文物이 幻夢과 같이 머리에 떠돌았다. 茂山隊에서는 언제 떠났는지 우리 一行이 到着한 후 한 時間이나 늦어서 馬兵數人을 先頭로 세우고 왔다. 멋모르는 친구들은 馬賊이나 아닌가하였다. 비는 줄줄오나 昨夜보다 휠신 큰 村落을 現成하였다. 참으로 燕麥과 감자는 못될 것 같지않은 点으로 二三十萬戶의 收容은 오히려 남음이 있지나 않을가 하였다. 우리 班員中 泄瀉하는 사람이 三人이나 되어 가지고온 藥品으로 極力治飮을 시키었다. 이날 行程 六十里 새벽 말들의 호용소리에 놀라 깨여나서 개울물에 가서 손을 불면서 간신이 밥 지을 쌀을 씻었다. 참 이것도 三伏의 한 生覺지 못한 紀念이다.

八. 神武門에서 無頭峯까지

여기에서부터는 森林이 빽빽하기는 하나 그렇게 몹시 높지도 않고 크지도 않다. 그러나 거름 거름이 壯嚴하고 무시무시하여 무슨 크다란 神密을 가지고 있는 幽玄한 聖的 樹林, 靈的 大森林인듯 싶다. 日氣 陰鬱하여 큰 비를 서는듯 하여 一般은 하늘을 連겁허 처다보니 이것이 生을 爲한 人間의 常套다. 이제 極度의 暴雨를 만나면 어찌할가 말은 못하나 얼골에 나타나는 一行의 共通된 心境이 아닐 수 없었든 것이다.

개울 하나를 건너 三馬場 가면 白頭山 旅行에 한 큰 이야기 材料되는 怪傑

韓邊外의 歷史를 말하는 벽돌과 개와무지가 있다. 韓氏는 明川出生으로 白頭山에서 사슴새영 하다가 馬賊한테 죽은 父□를 報仇하고 이어 馬賊頭目이 되어 大志를 품고 將來 大業을 成功할려고 部下를 거느리고 이곳에 와서 兵營을 짓고 秘密히 養兵하자든 것인데 冬節이 너무 추워서 그만 安□方面滿洲로 移轉할 때에 大部分은 運搬하여 가고 只今이 벽돌과 개와는 남은 것이라 한다.

차츰 登山味가 난다. 큰 비로 因하여 만들어진듯한 큰 개울처럼 된 골작이 하나를 지나는데 山路에 익은 朝鮮馬와 嶮地일사록 能率을 發揮하는 馬夫들이 땀을 좔좔 흘리면서 精力을 다—하야 團體的으로 말한 匹式 건너가게 하니 白頭山 登山에서 只今껏 처음보는 光景이다. 如前히 深林 속에 「들죽」과 「매젓」나무와 金□梅의 노란 꽃은 계속하여있다.

그러나 한 가지 遺憾스러운 것은 가는데가 山이라 하면서도 인제는 咫尺에 있다 하면서도 山이란 것은 그림자도 보는 수 없는 것이다. 다만 森林 속으로 해난 날도 해ㅅ빛 못보고 비오는 날도 비를 맞지 않으면서 나무 世上으로 거러오는 판이다. 흐린 날세는 가는 비로 洗禮를 준다. 아래ㅅ모로보다 춥기도 顯著하려니와 앙상한 익괄나무가 漸漸 그 크던 키를 쪼리는데야 어찌하랴 나무도 드문드문 서고 서되 여기저기, 둘式, 세ㅅ式, 짝을 지어선 것이 造化翁의 苦心한 手法인듯도 하다. 漸漸 올러갈 수록 나무키는 낮어저서 고개를 제치고 보던 나무를 마조보고 굽어보게 되면서 둥그런 웃뚝한 봉을 發見하였으니 이것이 有名한 「무투럭」峯이다. 卽 無頭峯이다. 白頭山 그 어른이 게신 곳에는 서리 엉킨 물안개가 폭 돌라싸서 世俗壁人에게 그 거룩한 靈體를 함부로 보일소냐 하는듯 하다. 이따금 이따금 무서운 소리와 같이 볼을 스치는 찬바람은 一生에 잊치지 않은 자극을 주면서 自然 우리 心境으로 하여금 祈願의 一夜를 지내게 하였다.

나무도 白頭山便에는 가지가 나지못하고 말었다. 이것이 마즈막 露營處

所다. 이 以上은 空氣稀薄하여 밥이 되지 않으므로 저녁 먹고 난 후 또 밥을
짓되 來日 아츰과 点心 까지 먹을 밥을 準備하라고 하며 出發은 새로 午前
一時라고 한다. 幕 앞 화투불길이 바람에 날려 幕內로 확확 들어오고 말할
수 없는 陰酸한 雰圍氣는 안저서 자려고 하여도 잘 수 없었다.

今日行程 五十里

九. 天池聖容

八月 三日 喇叭 소리에 번쩍 精神을 차리고 더나 軍隊의 뒤를 따렀다. 여
기와서는 軍隊를 따르려고 애를 써도 健康□體의 그네들한테 떨어지고 떨어
지고 하여서 길 引率者가 旗를 흔들면서 빨리 오기를 재촉한 적이 여러번 있
섰다. 하늘에는 달이 떠 있었으나 갈팡질팡하는 方向없는듯 自由自在의 흰
구름 검은 구름 번가라오고 가면서 새벽의 神境을 황홀케 한다. 略圖에 依
하면 大小臙脂峯이 있었으나 어두어서 分別할 수 없었다. 어제 전녁부터의
지낸 일은 어떻게 글로 形容할 수 없는 마음오로는 다—알뜻한, 다만 한마듸
로 表現한다면「번」하다는 그것 뿐으로 나의 全身이 確實히 白頭山化한 것
처럼 되었다는 것이다. 한 十里쯤 가니 익갈나무는 없어지고 白頭山 有名한
千里松판이 내닷는다. 이 千里松은 이 山에 값가는 畵幅裝飾으로 完然히 虎
皮등거리를 입으신듯한 地帶이다. 이 사이를 지나니 이번에는 푸른돌 버슷
(石茸)으로 全身을 돌라싸신 裝飾, 完然히 수달피로 목도리 하신듯한 地点
이다. 이 地点이 白頭山에서 初行은 姑捨하고 길 아는 사람이라도 흔히 길을
잃은 곳이다. 돌버슷은 사람이 몇百名이 지나가도 지나가면 다시 발자욱이
없어져서 容易히 길이 나지 않으므로써이다. 이제부터는 火山에서 생긴 輕
石砂場이다. 特別히 强한 바람이 四時에 뻐쳐 그 바람으로 생긴 砂場層階는
一見에 天然으로 된듯 하나 모진 바람에 砂石이 날리어 큰 運動場처럼 넓게
된 것이 傾斜쌀의 논뜨렁이 恰似하였다. 날이 밝아 가면서 左右를 살펴보니

大臙脂峯 밑에는 氷山과 白雪이 남어있으니 三伏에 녹지 아니한이 氷山과 눈이 언제 녹아볼가 하여 萬年氷雪의 意義를 가지고 있다. 그러나 여기에서부터는 氣壓의 不足으로 有別히 숨이 차며 呼吸에 壓迫을 깨닫게 한다. 그러므로 軍隊와 一同은 자조 쉬면서 어떻다 할 수 없는 厚하면서도 내라고 뚜두러진 곳이 없이 생긴 살진 덕이랄지 이 어른의 언개라고 할지 모르는 등성이를 여러번 지나서 이번이나 저번이나 무척 애를 쓰다. 氣破한 餘에 아직 멀러스런니 도로 마음이 갈라앉은 뒤에 뜻밖에 無量廣大의 大法身인 우리 白頭聖山의 이마에 다달렀다.

먼저 올나간 여러 사람은 우뚝우뚝 서면서 어서 오라고 손짓들을 한다. 天生 길력을 다 내여 勇步로 올라간즉 다시는 앞길이 끈치고 巨墾世界가 雲霧中에 싸여스니 처음에는 무엇인지 認識할 수가 없다가 문득 앞에 안개바다는 面紗布가리운 天池聖容이거니 하였다. 멀리 北쪽으로 구름인지 안개인지 무서운 바람과 같이 우리 선 곳으로 쏵소리치면 오더니 天池의 御容 한 모통이를 보이셨다. 곳감추신다 바람은 아까 턱밑부터 불던 것이 漸漸 더 무섭게 불며 날도 흘리여 비방울도 떠러진다. 그냥 서서 天池를 구버볼 수 없이 天動바람이 불러온다. 업듸여서 보는 사람. 단장에 힘주고 튼튼히 서서 날럿다 보는 사람도 있었다. 이런 바람이야 내가 다시 白頭山에 와서야 맛날 氣가 칵칵 맥키는 砂石이 날리는 바람이다.

一同은 紀念寫眞을 撮影하였다. 斥候員들이 天池로 나려가자고 길於口에 들어서자 襲來하던 바람에 뛰여서 四五尺 뒤에 떠러지게 되고는 다시 나려갈 生念을 못가지면서 우리들게 勸한다. 朝鮮사람은 나려가도 우리는 무서워서 못가겠다고! 이것이 한 우수운 말이다. 그러나 白頭山頂이 아니고는 못 얻어들을 말이다. 눈을 감고 生覺하니 白頭山 絶頂에 오기는 하였느냐 왔다는 말을 할 수 있게 된 것만도 큰 成功이다. 右側에 울듯소슨 大將軍峯은 萬峯의 大元帥가 分明코나. 億萬劫灰에다 못 獨尊인 이뫼뿔리가 白頭山上의 最

高峯이다. 陸軍 一隊는 回還하였고 其他 諸仗도 찾음 돌아서 날려가기 始作한다. 우리班 八人은 어찌한다던지 天池에 갔다오자고 約束하고 平隱하기를 기다리나 조금도 틈을 주지 안어 애닯게도 池邊에 가서 손수 물마시어보고 또 池邊 풀릇풀릇한 잔디밭을 밥지 못한 것이 只今까지 遺憾이다.

天地開闢의 初와 같이 한울과 땅이 한데 어울러저 變化莫側의 □嚴한 속에 무릇 다섯時間이나 벗치고 서서 天池의 聖容을 보와 달라고 哀願한 結果인지 前後 세 번을 뵈와스되 御容全體의 面色을 完全히 보이기는 僥倖스럽게도 한번이었다. 여기에서 天池까지 나려가기는 실노 五千米突로 엄청나게 깊은 造化翁의 온갖 誠意를 다一하여 만드신 仙的巨墅世界다. 여러분 아시는 바 火山의 噴火口로 그 形狀은 長方形의 長이 二十里오 幅이 十里오 周圍가 六十里의 大池와 四國兩白邊과 그 밖에 푸릇푸릇한 잔듸밭까지 퍽 넓었다.

三池 큰 못의 깊이도 몰났건이와 天池의 水深은 내가 간 그 때까지는 測量한 사람이 없다고 한다. 天池는 朝鮮靈境의 靈眼이오, 白頭山은 朝鮮文化의 經典이다. 그양볼래빛의 물은 宇宙萬水의 本源이며 世界의 胞水라 아니할 수 없었다. 우리는 이 水雲이 重疊하고 玄玄昭昭한 이 精神으로 돌아가자. 나의 몸은 大自然의 雄偉한 天胞 속에서 차질 수 없은 極히 적은 아모것도 아이라는 것을 깨달게 되었다. 돌나서서 西南을 나려다보니 눈 아래보이는 것이 全部 검은 森林이 眼界에 가득 찾는데 別로 높지도 別로 낮지도 안한 林海인듯하고 東北을 바라보며 千山萬岳이 주먹처럼 적어보인다.

茂山隊에서 뒤늦어 올라오면서 우리를 빨리 나려오라는 惠山隊의 付託을 傳한다.

떠러지지 안은 발을 긔회보아 다시 한번 오리라 心契을 주어 간신이 돌아서는 거름을 지었다. 나려올 때에도 바람은 如前히 불고 등성이 砂場을 仔細히 보니 山菊花의 一種인듯한 눈에 잘 보이지 않게 적은 꽃이 그래도 내라고 하는 듯이 바람에 한들한들하고 있으니 여기에도 生의 躍動은 꺼질 줄을 몰으

는구나 하면서 거름을 빨리하여 새벽을 나가던 길로 보다 좀 北便 등성을 타고
한 五里쯤 나려오니 定界碑가 서있었다.

　肅宗大王 三十八年 壬辰(西紀) 一七一二年에 세운 國境을 定界한 碑로
서 高는 二尺三寸, 廣은 一尺八寸의 적은 自然石에다 잘 쓰지 못한 글씨에
섯투른 刻法으로 색여스니 그 全文이 이러하다.

　大 淸

　　烏喇總管穆克登峯
旨査邊至此審視西爲鴨綠東
　爲土門故於分水嶺上靭石爲記
康五十一年五月十五日
　　筆帖式蘇爾昌
　朝鮮軍官李義復趙台相
　　差使官許樑朴道常
　　通官金應憲金慶門

(지난밤 비가와 서리가 녹음인지)
　碑 全身에 물이 얼리었다. 그리고 天池로 떠러저 松花江 上流된다는 飛龍
瀑와 中人의 寺刹은 終始 보지못하였거니와 鴨綠豆滿江의 眞源은 어데인지
알 수 없다. 生각컨대 西東으로 各各 數十里式 나려와서 發源함이 事實인듯
하다. 世上에서는 흔히 天池에서 發源한다 함은 가보지 못하고 想像으로 말
함인듯 하다. 許先生과 두 사람이 그 글을 草하고 準備하였던 먹통에서 먹물
을 碑石에 발으고 白紙로 騰寫하였으나 잘되지 안었다. 日氣가 어느 사이에
해가 나고 明朗함으로 다시 돌아서 白頭山頂을 치었다보니 如前히 검고 푸른

구름과 안개 싸이여 있고 바람이 부는 模樣이다.

　나림길이고 한데몽키였던 마음이 풀러지며 어적게 보던 바와 反對로 眼
下의 林海은 어찌나 情다워지는지 몰으겠다. 어느듯 無頭峯에 오니 馬夫들
이 기다리고 있다. 馬夫들은 每年 白頭山으로 오나 이곳까지라 한다. 한사람
도 天池에 가려고 하는 사람이 없음이 우리로 볼 때에는 얼마나 밀망한지 몰으
겠으나 그들은 當初 그런 生각도 가지지 안었다. 여기서 點心먹고 떠나 一路
無事히 神武城까지 왔다.

九. 神武城의 徹夜

　白頭山들어선 후 처음보는 개인 한울에 밝은 달이 소사서 저녁밥 먹기 前
부터 一同은 自然樂園에 興을 이기지 못한 듯이 幕마다 질겁게 놀았다. 우리
들도 上野大尉가 가저다주는 「우이스키」 한 瓶으로 오래간만에 마음 놓고 떠
들었다. 一同이 한참 잘놀면 떠드는데 뜻밖에 멀리 들리는 銃聲은 고요한 밤
空氣를 울일대로 울인다. 一同은 한 번 놀았다. 이날 밤은 茂山隊는 無頭峯에
서 자고 惠山隊는 神武城서 자는데 그 中 警察隊는 또 數里를 더나와서 자게
되어 말하면 三處分宿이 되었다. 첫 번 銃소리는 尋常視 하고 계속하여 놀나
스나 한食頃에 한번식 들리는 銃 소리 漸漸 가까이 딱어오는 形跡이 그 音響
으로 알려진다. 總指揮 上野大尉以下 大, 中, 小尉, 軍曹曹長, 伍長 等 合 二
十餘名이 한데 모이여 무슨 秘議를 하더니 各班 班長을 부른다. 班長이 갔다
와서 하는 말이 이것이 確實이 馬賊인지는 몰으겠으나, 이런 곳에서 나는 銃
聲는 반드시 馬賊이 아니라고 할 수 없다. 只今 斥候隊가 나갔으니 그 回報을
기다리되 萬若 馬賊侵入이라면 不得已 交火할 터이니 交戰되면 그대들은
우리 幹部室로 모이라. 그 때에 다시 第二段對策을 세우겠다고 傳한다.

　또 搖亂한 銃소리가 들인다. 上野大尉은 「이번 銃소리는 멧千米突에서
나는 것이라」 한다. 幹部級에서는 作戰計劃를 討論하는듯하더니 乃終에 上

野大尉가 높은 말로 責任은 내가 질 터이니 나의 主張을 딸으라하여 銃創든 斥候兵이 二人式 東西南北 四方, 仔細히 쓰면 白頭山方面, 小白山方面, 茂山方面, 惠山方面으로 步調를 마추어 가지고 나가는데 그 氣勢가 凜凜하고 칼이 月光에 번적이는 것이 시산하였다. 따라서 機關銃에 彈丸 재우는 소리가 類달리 鼓膜을 울린다. 화투불은 다 죽이고 사람 없는 곳에 놓으니 이것도 術策이다. 馬夫들에게는 너이는 銃소리 나면 말을 풀러놓고 다라나되 풀밑으로 기여가고 絕對로 金書房 李書房 소리를 치지말나고 注意식킨다.

그런데 우리 幕에 와서 警戒하는 憲兵 二人이 自己들끼리 이렇게 말한다. 나는 今年이 二十五歲다. 人生이 五十이라면 半은 살았다. 이런데서 싸운다는 것은 죽엄을 覺悟하여야 한다. 그러나 한사람도 죽이지 못하고 죽는다면 地下에 갈 面目이 없다고 참 男兒답게 말하고 섰다. 銃소리는 또 나고 따라 이번에는 사람의 소리까지 난다. 때는 새로 한 시다. 總指揮는 中央에서 注意을 준다. 絕對로 먼저 發砲치 말라. 또 東으로 賊이 들어온다고 거기만 注力치 말라, 各各 自己들의 擔當方向을 잘 직키라. 그러고 射擊은 猛烈이 하여 敵을 全滅하여야 하겠다하는 소리가 命令的으로 힘있게 들린다. 우리 班員들도 모든 行衣를 整頓하고 이제나 저제나 하면서 將次 展開되는 말할 수 없는 實戰의 場面을 豫測하면서 恐怖心의 支配을 받은中 許興龍 金庚鍾 兩氏는 덜덜 떨고 李元模氏는 코을 골면서 자고 있다. 자지말라고 하면 도리여 性을 낸다. 銃가진 砲手令監은 그래도 고기값이나 하겠다고 銃을 쥐고 누어있다. 刹那刹那은 참 어렵게 지냈다. 두 눈은 똑똑하여지고 두 주먹은 쥐워지면서 앉었는데 斥候의 警報가 온다. 四方을 搜探해본즉 念慮스러울만한 일은 없다고 한다. 이 때 바로 우리 幕뒤 白頭山方面의 斥候伏兵의 緊急報告가 있었다. 우리들 있는데로부터 二千米突, 林間으로 불이 들어온다고 한다. 白頭山의 有事之秋는 刻刻으로 닥처오는 셈이다. 指揮官은 또다시 全軍에 激勵의 注意을 주고 난 瞬間, 大千三千世界의 第一 고요寂寂한 刹那 견듸기 짜릿짜

릿하던 끝에 날카롭고 모지고 아지러운 「タレカ」하는 소리가 들리드니 뒤미처 곳 「モザンタイ」라는 큰 對答소리가 난다. 들은즉 茂山隊警官 一人이 白頭山에서 나려오는 길에 忽然히 조으럼이 와서 그만 자다깨어보니 해는 저물고 劫이 난 끝에 荒忙이 서돌다 길을 잃고 終夜헤매면서 銃 놓고 소리지르며 이 近處까지 온 모양이라 한다.

一般에게 기친 바 害가 크다 안할 수 없으나 도리여 그런 工巧로운 場面이 생겨나서 섯트른 無勞漢에게 實戰의 경애를 맛보게 하고 너머 一行이 마음놓고 내라고 入山할 때는 볼 수 없던 世俗化가 한동안 다시 白頭山的 緊張味를 濃厚케 하는 것도 至當한 일이라 하였다. 새로 네시 반이다. 今日 行程 百六十里

十. 情드러진 天坪

八月 四日 一行이 떠날 때에 作夜 길 잃고 욕본 警官이 와서 죽어가는 말로 謝過한다 들어갈 때에 낫설던 山河가 今日에는 어찌나 情 깊어지는지 몰으겠다. 隊伍도 三三五五로 논아지고 軍人들도 뜨름뜨름 떠러저서 오게 되여 自然 서로 이야기가 나오게 된다. 우리는 어제 저녁 이야기 끝에 李元模氏의 코고던 말이 나오자 本人이 도리여 우리들게 뭇는다. 당신들은 昨夜에 萬若 交戰이 되면 어떻게 하자고 하였소 나는 자는척 하다가 銃소리만 나면 개울바닥으로 구울러 나려갈 計劃이었다고 한다. 우리는 幹部들한테로 가자던 생각보다 도리여 나은듯하여 一同은 크게 웃었다. 날세는 매우 좋으나 어제 아츰 天池에 못가본 것이 어찌 않타가운지 참 限이 된다. 後에 다시 한번 간다면 特別히 同志를 모이여가지고 自衛的器具도 準備한 後 天池에 가서 적어도 三日間쯤 滯在하면서 充分히 探險하여스면 마음이 시원할듯 하였다. 日字는 豫定보다 二日間이 발러진것도 遺憾이다. 胞胎山 百里를 어느듯 夕陽 네시 前에 왔다. 來日은 口明水里을 바라보면서 獨山里 農山里로 佳林里에서

자고 八月 六日 惠山着이라 한다. 이번 白頭山에서 얻은 바 나의 感想을 말한다면 이러하다. 白頭山은 글로 본다던가 말로 들러서는 到底히 그 眞諦를 어들 수 없다는 것과 들러갈 때의 마음과 나올 때의 心境은 確實히 그 範圍가 커저서 어지간한 것은 그렇게 눈에 들지 안을 뿐 아니라 自身의 雄大 廣濶 高潔하여진 것을 알게된다. 이것이 나의 所得이오 白頭山이 나에게 默契하여주신 嚴訓이다. 그럼으로 나는 只今도 事物의 標準을 白頭山에서 求할려고 하며 차길려고 하는 바다.

不充分한 모든 點은 널리 容恕하여주기를 바란다.

十二月 十九日 午後 二時

莊嚴한 天池가에서

安在鴻

《신동아》, 1934년 10월

안재홍이 〈조선일보〉에 1930년 8월 11일부터 9월 15일까지 34회에 걸쳐 연재하고 이후 1931년에 단행본으로 간행한 "백두산 등척기"의 일부이다. 〈신동아〉 지면에 일부 소개된 이 글은 백두산 천지에 이르러 주변 봉우리의 명칭과 특성을 묘사하고 이들 중 '병사봉' 정상에 오르는 과정, 아울러 병사 봉 정상에서 다시 둘러본 천지 주변의 경관을 그리고 있다. 또 천지의 물이 대 동강, 압록강과 중국의 송화강으로 분류하는 양상을 설명하고 각 물줄기가 천지와 어떻게 연결되는지 고찰하고 있다. 천지의 명칭이 향토인과 중국, 만 주 등지에서 천상수(天上水,) 대택회택(大澤滙澤), 용왕담(龍王潭), 달문 지(闥門池) 등으로 다양하게 불리지만 조선 선민과 뗄 수 없는 기연을 이루 어 민족 발전의 지리적 기축이자 역사 생장의 연총이 되는 것은 변함이 없음 을 지적한다. 또한 과학 기술이 백두산의 생성 유래를 선명히 밝혀 신화와 전 설에 싸인 신비를 짓밟게 되지만 유사무사의 천추에 깊이 새겨진 한민족의 신과 염을 거부하기는 어려움을 인정한다.

　　大臙脂峰으로 쌔더나간 등성이를 타서 怒氣騰騰한 玄武巖의 사닥다리를 밧구어드듸며 인저는 絶頂을 다올러왔다. 째는 午前 十一時이다. 右로는 東의 一峰이 가장 雄建敦厚한 氣象을 업고 天池로 向하야 望天吼의 엄청난 아구리를 치처들고 벌엿스니 天王峰(이 名稱은 넓히 使用되지 안는다)이오 그 다음이 잘룩한 鞍部로 되고 左의 一峰이 南으로 등성이를 늘이고 北崖에서 가장 突兀한 黑曜石의 塊結인 峻峰으로 되엿스니 이는 兵使峰이오. 兵使峰이 最高峰으로서 二七四四米突(九〇五五尺二寸)에 相當하니 鞍部는 넉넉 二千數百米突에 達할 것이오 걸음을 옴기어 그 嶺上에 다다르매 紺碧한 빗을 진하게 드린 天池의 물이 그야말로 天池石壁 깁고 깁흔 속에 고요히 담겨 水面의 쌔씃함이 거울가티 곱은데 蒼古하고 口黑한 外輪山의 千仞斷崖가 火口의 本色대로 四圍에 치솟어서 神秘靈異한 氣色이 저절로 超俗的인 神韻을 나붓기게하면 斷崖에 곳바로 쏘는 太陽이 燦爛玲瓏하게 水面으로 光線을 내려노아 쌀른 바람에 주름처 퍼지는 물결이 가볍게 밀릴스록 千變萬化의 色態를 들어내서 壯嚴 쏘 秀雅함이 形容할 수 업다. 내 甲嶺에서 苦熱에 病臥하고 茂峰神武峙에서 찬비를 맛날적마다 마음 속의 暗祝으로 하루의 快晴이 天山天池의 大壯嚴한 光景을 正視精審하기 얼마나 祈願하엿드니 眼下에 이러한 靈境이 通徹無碍하게 展開됨에 臨하야는 오즉 靜肅한 感嘆이 氣息을 눌르며 敬虔한 沈默이 가슴에 잠기엇다.
　　天池의 神秘境이 이미 이러한데 天王峰의 저속 天池의 물도 슬몃이 쏘처가는 沸流山의 나지막한 아굴텅이요. 다흔듯 썰어진듯 그대로 쪽벌어진 滿

洲별의 億萬頃 넓고 넓은 雲海가 東北으로 탁터짐은 瑤海에 다흔 碧海인지 神澤에 連한 千萬里瑤海인지 參差한 峰巒은 拳石가터 슷만 내어 마치 蕩蕩洋洋한 大瑤池가 波心에 奇岩을 싸고 잇서 굽니는 깁흔 물결이 보드러히 岩角을 물어쯧는듯 心魂이 슬녀갓노라 머ー니 하니바라보매 十洲 海上 그지업시 爛兮한 慶雲을 驚喜讚嘆 아득하게 바라다만 보되 天長地久一萬年에 언제나 가볼길 업는 양 虛曠浩茫縹緲靈遠한 景槪! 筆舌로 名狀함을 써나 一栗가튼 내 한몸은 잇든가 업든가? 오즉 空明洞□한 靈感만이 雲霞와 함께 宇宙間에 漂蕩하고 조타가 못견대여 다만 無量大 큰소리로 天地도 뒤눕도록 放聲大一哭을 하얏스면 半生의 鬱積이 씨슨듯 내려갈상 하다. 이를 無頭峯上 森嚴靜寂 神秘幽遠한 그 限界에 比하매 大白頭의 壯嚴洪博한 大景像은 마치 色相의 界를 全然超脫하야 말과 가튼 神州帝鄉에 넌지시 노이는듯 逍遙遊의 眞境을 이제서 體得한 것이다. 아ー崇嚴壯麗한 大舖置이다. (此間二十四行 詩는 不得己略)

壯嚴한 光景 속에 感嘆의 佇立을 持續하는 동안 大部隊는 벌서 最高點인 兵使峰의 絕頂을 올으는 것이다.

오늘 天池가에서 露營키로 하고 半日의 自由行動이 잇슴으로 우리 同伴은 바우사이에 자리잡어 모진바람 避파면서 우선 療飢하얏다. 이 一境에는 氣溫이 매우 나저 晝間이 溫度華氏 四十七度 或은 四十一度로서 凉秋九月이 인제 나온듯 不毛帶로된 砂礫의 쌍에 「시누버들」과 野生虞美人草의 새노란 곳이 듬성듬성 피어잇서 마치 天界에서 잠간 나린 □美한 玉人을 보는듯 드듸어 兵使峰의 여윈 등성이로 一層峰을 마저 올르기로 하얏다.

絕頂에 다다르매 쏖족한 石峰이 潭心에 불긋솟어 南岸은 浮石이 太半 씻겨 淡白한 바탕에 七分의 荒凉味가 잇고 北岸에는 □□한 黑曜石이 爆破當年의 恐嚇的인 集塊岩의 斷崖로 남어 시퍼런 潭面까지 實로 일六〇七尺 넘는 崔嵬한 偉容을 나타내엇스니 발을 조심 올너서매 萬千年 견듸어온 峰이 이제하마 넘어지랴마는 서늘한 心膽이 潭心을 正視하기 怯나고 까닭업는 情感이 凜凜한 神威에 눌리는듯 오래 잇지 못하리라. 비탈을 내려설제 左로 펑뚤어진 岩穴이 兩峰間에 끼어 잇씨미트로 絶壁에 부듯는 푸른 물결 雷神의 怒目가티 마주처서 나의 숨을 쌜어드리는듯 바위에 기대어 西南으로 바라보니 萬千里 雲煙이 森嚴渺茫하야 端倪할 수 업는 것은 北東과 비슷하매 그저 一嘆三嘆 다시 聲咳를 發할 수 업고 咸南平北 저편의 雄麗堅固한 山河는 바야흐로 明朗하게 볏들엇다.

이 外輪山의 위ㅅ전(上緣)으로 된 火口의 周圍 五日里 水面의 周圍 二日里 三十二町 그의 東西 十八町 南北은 三十五町(三十六町이 一日里) 面積 七百八十町步이오 水面의 高位 二二五七米로 이 絶頂까지 四八七米(一六〇七尺一寸)의 斷崖로 된 것이다. 예서 俯瞰하매 天池의 全景이 一眸에 드는데 天王峰의 望天吼가 가장 雄偉한 體勢로 되어 역시 暗黑色인 黑曜石의 斷落面으로 形成된 아구리가 無限肅殺의 氣象을 보이고 이것이 멀니 西南에 向하야 벌엿스매 古來의 術士들은 東北의 諸民族이 西南으로 向하야 中國에 入主한 者 往往히 잇슨 것에 神秘한 因果를 부티엇스며 天王峰 獅子岩의 名稱이 그들 사이에 流轉되엇다 한다. 兵使峰에서 빗슥西北으로 樺田縣方面에 막어선 것은「한」峰(日本人曰 西出峰)이오. 거의 正面 天池의 北으로 磅礴한 氣勢를 씌인 것은 遮日峰(同 帿竹峰)이오. 北東으로 쓴허저서 天池의 물이 北으로 달려넘는 곳 闥門이니 그의 東에 제법 巉巖巇峻한 氣勢를 가진 것은 天王峰에서 바로 버더돌은 沸流峰(同 赤壁山)이다. 그런데 兵使峰의 불숙나온 비알이 潭心에 들어 이것을 中心으로 감돌은 水面은 휘유듬한 外輪山과 함께 天池의 全體에서 一種의 山太極 水太極의 形局을 나타내니 兵使峰이 아니면 이 全景을 볼 수 업고 北岸에서는 이와 달을 것이다.

闥門의 넘는 물이 松花江의 眞源으로 되니 松花江의「숭가리우라」는 天河를 뜻함이오. 松花江의 谷地는 檀君夫餘 累千年에 朝鮮先民生育의 根據

地이니 天山天池天坪天河로 大白頭水源의 正胍을 바들임을 首肯하겟고 東
과 西의 雄堅固密한 石峰이 □城無隙 金甌無缺한 狀態이어서 다시 一點水
도 샐 곳이 업스니 東流爲豆滿江 西流爲鴨綠江의 古文獻은 여기서 破壞된
것이다. 다만 天池의 水面이 無頭峯의 露營地보담 二百六七十米의 高位를
보이고 無頭峯下에서 퉁겨지는 豆滿江源은 潛流水가 岩穴로 쏘침이 매우
急激하니 天池와 一胍이 서로 通함인지 斷定키는 어렵다. 이 天地는 名稱이
만허 鄕土人이 天上水라고 하고 大澤滙澤이 쏘 異名이오 中國人은 龍王潭
滿洲語에는 闥門池라 하엿슴이 모다 그 異稱이다. 萬千年 묵은 옛날 터지고
쒸놀든 大莊嚴 그대로의 이 火山이 너누룩멈추고 火口가 어느덧 湖水로 되어
神異靈祥한 氣品이 古今人의 虔肅敬仰의 聲域으로 되엇든가? 古震人以來
朝鮮先民과는 本末形影 뗄 수 업는 機緣을 일우어 民族發展의 地理的 機軸
이오 歷史生長의 聖跡的 淵叢이 되엇든 것이니 科學의 無慈悲가 神話와 傳
說의 想華의 殿堂에 쒸어들고 開拓의 斧鉞이 野人으로 天藏地秘한 超俗의
境域을 막우 밟게 될지라도 이 有史無史萬千秋에 깁히 깁히 무저진 □慕 愛
戀 景仰執着의 信과 念은 드듸어 拒否할 수 업슬 것이다. 그리하야 神市下降
弘益人間하는 正經的인 諸事實로부터 乘□朝天五龍御車 하는 傍系的인 諸
傳說도 太半은 이 一境을 舞臺로서 生長分派된 바일 것이다. 이제 이 千百里
幽僻한 싸에 神秘莊嚴한 山水의 眞境이 極樂淨土도 別界가 아닌듯이 靈遠
無限한 情感을 닐으키니 東北神明之宅 三神山 不老의 靈境이 넓히 中外古
今의 사람들에게 想望崇奉된 由來는 구타여 贅論할 바 아니다. 아아 宇宙千
年 山河萬里無量劫會 無邊衆生 왓느니 갓느니 깃거니 슯거니 浮石의 가루
와삭와삭 天池의 물결 출령 출령, 造化의 天然한 자춰 뉘 주제 넓게 干涉할
줄 잇스랴? 두어라. 가야할 人生이니 내 쏘 내려가리라.

(「白頭山登陟記」에서)

聖地 白頭山 探險飛行記

金東業

《삼천리》 제7권 제10호, 1935년 11월

필자 김동업은 비행사이며 중앙일보사의 주선으로 백두산 일대를 비행기로
둘러본 경험을 본 기행문으로 남기게 되었음을 밝히고 있다. 스스로 감동해
마지않듯이 백두산을 보행으로 탐험하는 경우는 많으나 비행기로 '공중탐
험'하기는 처음인 만큼 여행기로서도 흥미롭다. 여정은 1935년 9월 26일 오
전 11시 50분에 여의도 비행장에서 출발해 나남(羅南. 현재의 함경북도 청진
시 나남구역)까지 1,500여 리(약 600킬로미터)를 네 시간에 걸쳐 비행해가
는 것으로 시작한다. 경로에 자리한 18개 도시에서 저공선회하며 환영객에
사례하고 나남에 착륙해서는 기관점검과 연료보충을 마친 뒤 여관에 든다.
이튿날 9월 26일(실제로 27일로 추정) 서쪽 하늘에 구름이 있는 것을 보고 망
설이다 조금 늦은 오전 8시 18분에 사진 기자를 태우고 이륙해 관모연봉을
포함한 소장백산맥의 72좌를 한눈에 내려다보며 백두산을 향해 직선으로 비
행한다. 그러나 목적지를 14킬로미터 가량 남겼을 즈음 발달한 구름 속에서

더 이상 비행하기가 어려워 출발지로 회항한다. 이튿날 6월 28일에는 오전 7시 7분 20초에 이륙해 관모연봉을 지나 개마고원 수해에 이르러 멀리 백두 영봉이 흰 눈에 덮인 모습을 목격한다. 그 감격에 "아! 장하도다 백두! 엄하도 다 영봉이여!"라 영탄한다. 개마고원 지역에는 화전민의 오막살이가 흩어져 있고 백두 산록으로 오를수록 나무가 드물어지고 큰 암석만이 하늘을 높이 찌른다고 묘사한다. 물 위에 닿을 듯 말 듯 7,8회 선회하며 굽어본 천지는 비단 결처럼 파랗고 주위에 둘러선 연봉들이 백설을 이고 있어 그 모양이 더욱 거룩 함을 그려내었다. 전인미답의 대자연을 한눈에 정복하고 발아래 굽어보는 장 쾌와 기개는 형언하기 어려운 경지라 감격한다. 오전 10시 29분 30초에 출발 지에 착륙해 기다리던 인사들의 환영을 받고, 다음날은 본 탐험에 선발대로 동행한 이관구 씨를 태우고 같은 코스를 다시 한 번 비행한다. 필자에게 백두 산 비행은 "필설로 그리지 못할 몽환경"이었다.

나는 이번 白頭山 探險飛行이 첫 번의 일이다.

지금까지 많은 사람들이 白頭의 靈峯을 步行으로는 探險하엿스나, 飛行 機로 空中探險을 하기는 이번이 矯矢일가 한다.

나는 飛行士로 나슨 以後 오래 전부터, 未踏의 處女飛行인 이 白頭靈峯의 崇嚴莊麗한 天池속 배포를 굽어보며 우리 겨레의 發祥한 靈山의 神秘를 巡 禮할까하는 생각을 늘 먹어오든 次, 이번 中央日報社의 壯圖로서 그의 全貌 를 探險卑行할 機會를 만들게 됨은 實로 반갑고도 심히 깁분 일이다.

하도 초조하게 기다리고 머리속에 그 幼像을 그리던 나는, 일즉이 너머본 일이 없는 小長白山脈의 冠帽連峯의 險關을 지나, 往返千餘里의 크나큰 모 험이엇스매 목숨을 내여놓고 보고 왓스나, 그 신비롭고 숭엄장려한 白嶽靈峯

의 描寫는 나의 冗拙한 붓끝으로는 도저히 그째의 보고 느끼든 바를 그대로 그릴 수는 없는 바이다.

역시 도라오매 다시금 그 옛날과 갓치 꿈의 世界로 도라가고 마는 것이다.

×

지난 九月 二十四日은, 이번 探險飛行의 先發隊로 李寬求氏는 汽車로 京城驛을 떠나 一路羅南으로 行하야 내려갓다.

羅南의 飛行場에 가서 모든 着陸準備와 그곳의 氣象을 알리우기 위하야 먼저 내려간 李氏에게서 二十五日에 받은 電報는, 그곳은 지금 날세가 甚히 나뻐, 구름이 많고 西北風이 甚하다는 것이엇다.

하로를 더 기다려서, 二十六日 午前 十一時 五十分에는 汝矣島의 飛行場을 떠나, 寫眞班의 洪秉玉氏와 같이 올라탓다.

飛行場에는 餞別을 나온 呂社長 以下의 社員들과 여러 親知들이 몰려나와 餞別旗빨의 물결속과 萬歲聲의 우렁찬 가운데, 戰地로 나가는 兵士와도 같이 一路 羅南을 行하여 드디어 이번의 探險飛行 鵬程에 올랏다.

이날의 日氣는 前日의 그 險惡하든 日氣에 비하면 퍽 나은 편이엇스나, 아즉도 바람은 세고 구름은 여기저기에서 떠도랏다.

汝矣島를 떠나 漣川, 鐵原, 新高山, 高原, 咸興, 端川, 吉州 等, 十八都市를 低空旋回하며 각 支局을 방문하여, 그 곳 地方人士들에게서 물쓸 듯하는 歡呼와 聲援에 一一히 謝禮하면서 一千五百里나 되는, 머나먼 길을 네시간만에 着陸地 羅南으로 다다렷다.

바람을 거슬리며 구름과 싸워가면서 째로는 비와 우박에 나래를 적셔가면서 難航의 一千五百里를 날려와, 朱乙을 지내며 冠帽連峯의 버든 방향을 바라보니 連峯은 구름에 잠겨 산 모습을 볼 수가 없다.

羅南市街를 두어 박휘 돌고 機首를 숙이고 發動을 停止하며 모든 準備가다-된 着陸場에 슬며시 내리엇다.

李寬求氏는 제일 먼저 우리 앞으로 달여오며 無事히 來着을 위로하며 반가운 握手를 건니운다.

또한 거기에는 中央日報 羅南支局長이며 그곳 여러 人士들이 마중을 나와 모다들 굳은 握手를 하여 준다.

그날의 해도 저물어 李氏는 얼는 旅裝을 풀러 가기를 재촉하나, 機關士도 없는 왼몸이라, 기관의 이모저모를 살펴보고 기름걸레로 닥지 안을 수 없어, 종일토록 굶어 온몸에는 요기할 생각도 내지 안코, 까소링통을 쓰더 먼저 飛行機의 배를 불리윗다. 八時가 지나서야 비로서 손을 떼고 려관으로 돌아갓다.

서울을 떠나, 예까지 오는 동안 十八都市의 그 열열한 환호와 성원을 밧든 이야기며 내일의 코-스 등을, 어울리여 주고밧고 하는 동안 벌서 밤은 늦엇다.

다만 처지는 걱정은 明日로 박두한 우리의 큰 任務를 어떻게 달성할까가 잇슬 쑨이다.

　　　×

九月 二十六日 이날이야말로 우리들의 마지막 코-스로 올을 날이다. 새벽 네시경에 일어나 창 박을 내다보니 구름없는 별 한울이 무엇보다도 반가웟다. 이로부터 백두산 탐험비행의 本格的 준비로 옴기엇스나 그 중에도 만일의 경우를 념려하는 不時着陸의 준비가 그 중 중요한 것이엇다. 그리하야 전날 분대장에게 량해를 어더둔 전서구를 실코 련병장으로 달려가니 때는 어느 틈에 六시를 가르첫다.

그러나 기관에서 손을 쎄고 막 출발하랴 할 쎄에 한울을 처다보니 동으로 바다편은 한점의 구름업서 갓 떠올은 고흔해ㅅ살이 거침없이 퍼저 잇지만 우리의 향해갈 서북의 관모련봉에는 벌서 구름이 모히기를 시작한다. 저 원수의 구름이 언제나 가시려나! 조춤조춤 망서릴동안에 벌서 八시가 지나고 말 앗다. 그리하여 李氏는 오늘의 飛行을 斷念하자거니 나는 그래도 나선 김에 가보고 말겟다거니 한참동안 론난하다가 마지막 八시 十八분에 사진반 홍기 자를 태우고 드디어 써나버리고 말앗다.

조선의 룡마루(脊梁)인 소장백산맥의 줄기 더욱이 관모련봉을 필두로 二 千메터 이상의 峻嶺 七十二좌가 한울이 낫다하고 다투어 쎄내인 이르는 바 조선알프스는 동해를 향하야 절벽으로 써러지고 그 너머는 一천五六백메- 터 이상의 망망 盖馬高原 千里天坪이란, 예를 두고 이름인데 가업는 樹海가 이 속에 담겨 잇서 멀리 백두산의 웅장한 자태가 바라보인다. 다시말하면 鏡 城, 茂山의 分水嶺인 이 관모련봉은 개마고원을 툭 처막은 한 성벽과 가터서 실상은 백두산의 神秘境을 옹호하는 무서운 險關이니 언제나 해ㅅ살이 퍼질 째는 기픈 溪谷에서 구름이 피어 올라 가진 조화를 다부리고 동해의 바람이란 바람을 호을로 몰아밧아 對流하는 본바닥 氣流와 어울려 그대로 용소슴치는 魔界로 이름이 놉다. 前人未到의 이 航空路를 開拓함이 이번 飛行의 큰 목적 이 되어 잇는 것이지만 벌서 해ㅅ살이 퍼지고 구름이 인 것을 번연히 보고 써 난 것은 모험 중에도 큰 모험이다.

정작 어려운 관모련봉은 무사돌파해 가지고 樹海로 들어서 백두산을 바 라보고 一직선으로 날러갈 째 압에 어릿거리는 구름 한 점이 고만 천구름, 만구름쎄를 모라가지고 그대로 휩싸고 말앗다. 이는 바로 목적지를 四十키로 남기고 이러난 일이엇다.

이 때에 洪氏를 도라다보니, 손짓으로 작고 그만두고 도라가자는 신호엿다.

나는 그래도 마음 먹은 길이니 기여히 힘자라는데까지 나가보겟다고 용 기를 더욱 내엇다.

아무리 쑬코 헤치고 나가보아도 그 턱이 그 턱으로 지척을 분별못하야 어 쩔 수 없이 돌처 온 것이 천만다행으로 一髮의 危機를 벗어나게 된 것이다.

착륙한 것이 열시 二十분! 꼭 출발시로부터 한시간 十분이다.

무사히 도라온 것만은 다행이나 생각하면 할수록 실패의 분함이 더욱 크다.

二十八日 새벽은 도라왓다.

이 날의 日氣는 보기드문 快晴한 날세엿다. 아츰 해쓰기 전에 출발하는 것이 가장 조타는 말을 들은 우리 一行은 오전 七時 七分 二十초에 離陸을 하여, 험한 태산준령의 관모연봉을 무난이 너머 一漠廣闊한 高原地帶의 樹海를 접어드니, 멀리 바라보이는 白頭의 靈峰은 흰 눈이 덥히여 거륵할손 장엄하다!

이 째의 나의 감격됨을 어찌서 말로 다할지며, 어찌서 붓으로 그릴소냐!

아! 壯하도다 白頭! 嚴하도다 靈峯이여!

이 곳 高原地帶에는 해발 一千메-타이나 되는 곳이엇마는 火田民의 오막사리 군데군데 호터젓고, 맑은 물, 푸른 숩이 눈아래에 즐비하다.

樹海를 지나, 점점 白頭의 山麓을 차저드니, 나무는 점점 드물어가고, 큰 岩石만이 하눌을 높이 찌르고 잇다.

天池속 神秘境까지 날러드러 물우에 달듯말듯 七八回나 떠돌면서 아래를 굽어보니, 天池는 잠잠하여 비단결같이 새파라코, 사방을 둘러싼 連峯들은 白雪을 받어이고 더욱 그 모양 거륵하다.

이 前人未踏의 大自然을 한눈에 정복하고 足下에 굽어보는 壯快와 氣槪는 무어라 말할 바를 모르겟다.

예로부터 수많은 순례자들이 막대에 몸을 기대여 이 靈峯을 차젓스나, 한눈에 굽어보는 天池의 신비경은 재탄삼탄한들 시원치가 안타.

이째의 나의 마음의 즐거움은 일생을 두고 이즐 수가 없다.

성공과 승리의 意氣에 가득차서 十時 二十九分 三十초에 무사히 도라오니 李氏의 반가워 날뜀과 초조하게 기다라든 여러 人士들의 반가워함도 당연할 것이다.

다음날은 李寬求씨와 同乘하여 전날과 같은 코-스를 飛行하엿는데, 李氏의 감탄하는 것도 우연한 일은 아닐 것이다.

이제 다시금 생각하여 보면 그 째의 충격밧든 나의 心境은 도저히 필설로 그리지 못할 몽환경이엇다!

서경석

서울대학교 인문대학을 졸업하고 동대학교에서 문학박사학위를 취득하였다. 주요 저서로는 『한국 근대문학사 연구』, 『한국 근대 리얼리즘문학사 연구』 등이 있으며 국내 학술지에 70여 편의 논문을 발표했다. 『한국문학』 편집위원, 『대산문화』 편집위원, 한국언어문화학회와 우리말글학회 회장 등을 역임했다. 현재 한양대학교 인문대학 국어국문학과 명예교수이다.

김진량

한양대학교 국문학과를 졸업하고 동대학원에서 문학 석사 및 박사 학위를 받았다. 평론 "죽음, 그 환한 바깥"으로 2000년 〈문학과 창작〉 신인상을 수상하였으며, 「유비쿼터스 시대의 융복합교양교육 과정 모델 개발」, 「스리랑카 한국어 교육의 문제 개선을 위한 제안」, 「해외한국학의 현지화 연구」 등의 논문과 『인터넷, 게시판 그리고 판타지소설』, 『디지털 텍스트와 문화 읽기』, 『식민지 지식인의 개화 사상 유학기』 등의 저서가 있다.

김중철

한양대학교 국어국문학과를 졸업하고 같은 대학원에서 박사학위를 받았다. 「근대 초기 여행기에 나타난 활동사진의 비유에 대한 연구」, 「말하기, 글쓰기에 있어서 거짓과 진실의 문제」 등의 논문과 『소설과 영화』, 『소설을 찾는 영화, 영화를 찾는 소설』, 『영화에서 글쓰기를 보다』 등의 저서가 있으며 문학과 상상, 글쓰기와 인문 교양에 대해 탐구하고 있다. 한양대학교 연구교수와 한양사이버 대학교 전임강사를 거쳐 현재 안양대학교 부교수로 재직 중이다.

우미영

한양대 국어국문학과에서 공부했다. 근현대 한국 서사 문학을 텍스트로 삼아 여성 · 광기 · 장소 · 과학 등을 해명한 글을 발표했다. 제국의 도시 도쿄, SF의 상상력과 서사의 미래, 기후변화 내러티브 등을 탐색 중이다. 한양대 창의융합교육원에 몸담고 있다.

한양대학교 동아시아문화연구소 동아시아문화자료총서 2

근대 기행문 자료집 5
평안도 · 함경도

초판1쇄 발행 2024년 12월 30일

엮은이 서경석 · 김진량 · 김중철 · 우미영

주간 조승연
편집 · 디자인　오경희 · 조정화 · 오성현
　　　　　　　　신나래 · 박선주 · 정성희
관리 박정대

펴낸이 홍종화
펴낸곳 민속원
창업 홍기원
출판등록 제1990-000045호
주소 서울 마포구 토정로25길 41(대흥동 337-25)
전화 02) 804-3320, 805-3320, 806-3320(代)
팩스 02) 802-3346
이메일 minsok1@chollian.net, minsokwon@naver.com
홈페이지 www.minsokwon.com

ISBN　　978-89-285-2062-6　94910
SET　　　978-89-285-1219-5　94910